人群动态的观测理论与方法

方志祥 杨喜平 涂 伟
仲浩宇 邹欣妍 王 晓 等著

科学出版社
北京

内 容 简 介

全球观测体系随着人类社会快速发展,对人观测面临着极大的挑战。科学准确地观测人群动态是精细化国家治理与社会服务中的重大研究与应用需求,同时也是解决人群活动对地理环境影响的这一地学研究科学难题的重要基础,已成为地理信息科学的前沿理论与研究热点。虽然大数据时代提供了丰富多样的人群动态相关数据,但是人群活动动态观测的可靠性与稳健性仍是当前研究的关键问题。本书是作者在人群大数据与时空 GIS 领域多年的研究成果,系统地提出对人群动态的观测概念、理论、方法与应用,重点围绕人群活动、行为与效应的时空定量与预测理论,分 4 个部分阐述:第一部分(第 1~3 章)是人群活动数据分析篇,主要包括人群动态绪论、数据过滤、时空尺度效应等内容;第二部分(第 4~8 章)是理论建模篇,包括对人群动态观测基础理论及定类、定序、定距、定比等观测方法;第三部分(第 9~11 章)是预测方法篇,主要涉及活动动态的时空预测、群体活动行为-效应-智能的时空预测;第四部分(第 12 章)是行业应用篇,对地理信息科学、交通科学、城市规划、公共安全、公共卫生等领域中人群动态的分析、建模与应用提供科学依据和指导。

本书可作为测绘遥感、地理计算、城市规划、公共管理、公共安全与卫生等领域的本科生和研究生教材,也可作为研究机构、高科技企业人员的参考用书。

图书在版编目(CIP)数据

人群动态的观测理论与方法 / 方志祥等著. —北京:科学出版社, 2020.12
ISBN 978-7-03-066790-8

Ⅰ. ①人… Ⅱ. ①方… Ⅲ. ①社会学-观测-研究方法 Ⅳ. ①C91-03

中国版本图书馆 CIP 数据核字(2020)第 220978 号

责任编辑:杨光华/责任校对:高 嵘
责任印制:彭 超/封面设计:苏 波

科 学 出 版 社 出版
北京东黄城根北街 16 号
邮政编码:100717
http://www.sciencep.com

武汉精一佳印刷有限公司印刷
科学出版社发行 各地新华书店经销
*

开本:787×1092 1/16
2020 年 12 月第 一 版 印张:21 1/4
2020 年 12 月第一次印刷 字数:520 000
定价:**258.00 元**
(如有印装质量问题,我社负责调换)

作 者 简 介

方志祥，工学博士，武汉大学三级教授、博士生导师，美国田纳西大学访问学者和 Adjunct 教授，中国地理信息产业协会理论与方法工作委员会委员、中国城市科学研究会高级会员和城市大数据专业委员会委员、中国 GIS 协会第一届应急工作委员会委员、中国交通地理信息系统协会会员、世界交通运输大会智慧公交系统技术委员会委员、ACM SIGSpatial China 创会委员、国际华人地理信息科学协会（CPGIS）会员、ISPRS-Working Group V/I Member-Land-based Mobile Mapping System 成员，以及 Association of American Geographers（AAG）和 Association for Computing Machinery（ACM）成员。国际期刊 *Journal of Location Based Services*、*Journal of Advanced Transportation*、*Smart Cities* 等编委，*Environment and Planning B:Urban Analytics and City Science*、*Remote Sensing*、《武汉大学学报（信息科学版）》、《地球信息科学学报》等特邀专辑主编，*ISPRS Journal of Photogrammetry and Remote Sensing* 等 60 余个 SCI/SSCI 期刊的审稿人。2018 年获得湖北省科技进步奖二等奖（1）和 2019 年教育部科技进步奖二等奖（1）、2019 年测绘科技进步奖（5）、2014 年地理信息科技进步奖一等奖（8）。

杨喜平，工学博士，陕西师范大学地理科学与旅游学院副教授，2010 年毕业于成都理工大学，2012 年和 2017 年在武汉大学获得硕士和博士学位。研究方向为时空轨迹大数据挖掘，先后主持国家自然科学基金青年基金，国家博士后基金特别资助、面上资助项目和中央高校基本业务等科研项目，在 *International Journal of Geographical Information Science*、*Cities*、*Journal of Transport Geography*、《武汉大学学报（信息科学版）》、《地球信息科学学报》发表 20 多篇论文，合编专著 1 部，获得 2019 年教育部科技进步奖二等奖（7）。

涂伟，工学博士，深圳大学城市空间信息工程系副系主任，副教授。深圳市孔雀计划人才、深圳市高层次后备级人才，国际摄影测量与遥感协会 WG IV/10 共同主席，深圳大学荔园优青学者，麻省理工学院访问学者。研究方向为时空 GIS、智慧交通、城市感知与优化。主持国家重点研发计划子课题、国家自然科学基金、广东省自然科学基金、深圳市基础研究项目 10 余项。作为研究骨干参与国家自然科学基金中欧国际合作项目、重点项目和面上项目。在 IJGIS、ISPRS J、CEUS、TGIS、IEEE Industrial Informatics 等测绘、地理信息、交通期刊发表 SSCI/SCI 论文 40 余篇，其中 ESI 高被引论文 3 篇；获得 2019 年教育部科技进步奖二等奖（4）和地理信息科技进步奖一等奖（2014 年、2015 年）。

龚健雅序

人群动态的观测与应用是测绘地理信息的研究前沿，在城市交通、物流、规划、社会管理、公共安全、公共卫生等领域都有非常迫切的应用需求，对"新城镇化""美丽中国""人工智能""新基建"等国家战略中城市和区域的绿色、高效、智慧与可持续发展等都有重要支撑作用。然而，目前尚未形成专门针对人群动态的观测理论体系和方法体系，如何做到人群动态的准确和稳健观测是难点科学问题。手机、轨迹、视频等各种大数据的涌现，给人群动态的观测带来了难得的机遇，测绘和地理信息工作者可以将以往对自然地理环境和目标的观测与信息处理扩展到对人群的动态观测与分析。为此，需要从测绘和地理信息科学的角度去思考、提炼和创新人群动态的观测理论与方法，对构建和完善"空-天-地-海-人"的全球观测体系具有较大的战略与实践意义。

方志祥教授长期从事人群大数据分析与时空 GIS 研究，与美国田纳西大学萧世瑜教授有长期良好的合作关系，共同完成了国家自然科学基金重点项目"基于海量手机数据的群体活动与城市空间结构适应度分析及选址优化"，并取得了非常好的研究成果，共同出版了城市人群活动方面的第一部专著《城市人群活动时空 GIS 分析》。方志祥教授团队从测绘学科的视野，深入围绕人群动态这一多学科研究与多领域应用的基础信息需求，完成的《人群动态的观测理论与方法》是该领域的最新研究成果。该书涵盖了他所参与的国家自然科学基金重点项目和国家重点研发计划项目等成果，围绕大数据支持下的人群动态的观测与应用前沿研究工作，较为系统地阐述了人群动态的定类、定序、定距和定比系列化观测理论，以及人群活动、行为和动态特性的时空预测方法，是测绘和地理信息科学领域第一部关于人群动态的观测理论、方法与应用的系统性专著，具有重要的学术意义和实用价值。

大数据计算已经成为一种广泛被采用的研究范式和应用创新模式，并且已经渗透到国民生活、经济发展与国家安全、"新基建"等诸多领域。我相信该书的出版，将在人群动态的研究与应用领域发挥重要的引领与推动作用，吸引越来越多的科研工作者参与该方面的基础研究，以及引导相关企业参与该方面的创新应用，为服务我国国家战略、提升百姓生活质量等做出应有的贡献。

中国科学院院士
2020 年 9 月

周成虎序

在漫长的 38 亿年地球生命演化进程中，曾出现过生命的多次爆发与灭绝。人类的始祖大约诞生于 380 万年前，并在不断地进化，成为今天具有高度智能、种群量达到百亿规模的一种生物种群。伴随人类科学与技术进步，智人利用和改造自然的能力不断提升，乃至达到对自然环境产生深刻影响，地球也迈入了人类世，研究人类行为及其对自然和人类影响也成为一门独立的新兴学科。

人类行为是人类为满足自身需要而采取的利用、改造和适应自然与社会环境所表现出来的活动或方式的总和。从空间选择、空间移动、空间探索等视角开展人类空间行为研究，不仅是人类地理学研究的重要内容，也是人类行为学的基础研究方向。现代空间感知技术的发展，极大地提升了人类空间行为观测能力和数据获取能力，实时、动态的人类活动大数据为人类空间行为研究开启了新征程，形成了一批有重大影响力的新成果。

自 2007 年以来，方志祥博士依托李清泉教授研究团队，与美国田纳西大学萧世瑜教授、资源与环境信息系统国家重点实验室的裴韬研究员和陆锋研究员深度合作，联合陕西师范大学的杨喜平博士、深圳大学的涂伟博士等，围绕人群动态的时空特性定量、人群活动与环境的时空过程匹配、人群活动的时空精确服务三大核心问题展开人群动态行为研究，建立了数据支持下的人群动态基础观测手段与分析方法、精确与精细化的人群活动行为与时空变化规律的理论等，特别是提出和建立的人群活动功能及网络的定序观测、人群动态时空特性的定距观测和大规模人群动态度量的定比观测等具有显著的创新性。

薛定谔在《生命是什么》的论著中说道：一个人要想跨越他专项的那一小块领域以驾驭整个知识王国，已近乎不可能。《人群动态的观测理论与方法》作为我国人群动态观测理论与方法研究的第一本专著，涉及人群行为研究的诸多方面，包括自然科学、经济学、社会学等，很难在短时间形成一个完整的体系。但我相信该书的出版，一定会极大地推动人群动态观测与测绘地理信息、地理学、城乡规划学、经济学、公共管理科学、公共安全科学等领域的深度融合与创新发展。同时也期待更多的研究学者和学生参与到地理大数据研究中来，促进学科发展与产业进步。

歌德说：精神在最高处的激情翱翔，将借助于图片和形象来实现。希望该书能够得到读者的喜欢。

中国科学院院士
2020 年 9 月

郭仁忠序

人是社会经济系统运转的动力和主体，地理环境是社会经济系统运转的空间和框架。一切关于社会经济系统的分析、设计、优化和控制均是以人为中心，以空间和时间为基础的。社会经济系统的动态性根本上讲是由人类活动的时空动态性决定的，所以，关于人群的动态分析是社会经济分析的最重要、核心和关键的内容。地理学、环境生态、智慧城市、空间规划、交通工程、公共卫生与安全应急、军事等领域的研究与应用，无一不需要进行人群动态分析。人群动态分析是大数据时代地理空间信息领域的研究前沿和热点，《人群动态的观测理论与方法》对人群动态的观测理论与方法进行了系统梳理和总结，相关内容是本领域的最新研究成果，具有较大的理论和应用价值。

方志祥博士早在 2002 年就开始从事导航与位置服务、时空大数据等相关研究，利用手机数据、GPS 轨迹数据、地铁公交刷卡数据、共享单车数据等，带领团队开展了大量卓有成效的时空 GIS 分析创新研究，经过十多年的积累，总结形成了该书。该书具有三方面的显著特质。第一，独特性。该书从对人观测的独特视角，来探索和量化人群动态的时空特性，形成人群动态的时空定量与综合能力，为时空 GIS 提供人群动态时空定量研究与应用等方面的有力支撑。第二，新颖性。该书聚焦于多空间人群活动、行为、群体效应等角度，系统构建了人群动态的定类、定序、定距、定比四个层次的观测与分析方法，并基于此提出人群动态时空情景的预测方法，在时空 GIS 领域发展了一个针对人群动态特有的新颖理论体系与方法。第三，唯一性。该书是到目前为止第一部对人群动态的观测、时空定量与综合分析的系统性专著，可有力支撑"空-天-地-海-人"完整全球观测体系中对人观测的这一重要部分，将为社会经济及环境生态等多领域的智能时空应用提供重要的理论与方法参考。

鉴于以上原因，我毫无保留地推荐该书。希望更多的专家、学者和青年学生加入时空大数据领域，贡献智慧和力量，为地理信息科学的发展，为社会生活的智能化、经济发展的智慧化、科技创新的人性化，为信息时代的科技进步、社会进步，民族复兴做出贡献。

郭仁忠

深圳大学　教授

中国工程院院士

2020 年 10 月 1 日

前　言

人群是地理环境中非常重要的空间对象，人群的群居现象、活动的自主性、行为的随机性等，在地理环境与社会系统层面的综合叠加作用下，产生了非常复杂的人群动态现象与规律。如何调控人群活动对环境的影响、如何引导社会的良性发展等科学问题的解决与应用，都离不开对人群动态的科学观测与合理利用。在很大程度上，对人群动态的观测与应用，已经关系到国家经济与社会安全战略、国土空间发展与资源利用的可持续战略、创新创造与生活水平提升战略、地缘政治与国土安全战略等，是继"空-天-地-海"为主体的全球观测体系之后，又一个重要的观测内涵和观测任务布局，对构成"空-天-地-海-人"五位一体的全方位观测体系具有显著的促进作用。但是，迄今为止，尚无专著介绍人群动态的观测理论与方法。

全球定位与导航技术、室内外传感器技术、视频捕捉与监控技术、无线高速通信技术等的普及应用，产生了大量的、不断增长的与人群活动相关的业务大数据，为人群动态的实时观测与应用提供了非常好的数据源。但是，这些数据具有多源、异构、标准不统一、跨模态与多空间联动等特性，亟须建立多源活动大数据支持下的人群动态观测与方法，来构建人群结构的时空感知能力、群体特征的时空建模能力、群体动态的时空预测能力等。作者带领研究团队多年来围绕人群动态的时空特性定量、人群活动与环境的时空过程匹配、人群活动的时空精确服务三大核心难点开展研究，结合交通、规划、安全、卫生等领域应用，建立了人群动态的观测理论与方法体系。本书系统地阐述作者与团队在人群动态观测与应用方面的研究成果，力求较为系统地梳理该方面成果，为研究人员和相关从业人员提供有益的参考。

本书分为12章：第1章重点介绍人群动态的相关概念、观测需求和典型应用；第2～3章重点介绍人群活动动态数据的过滤（乒乓效应过滤、时空异常点过滤和异常行为数据探测）和时空尺度效应（包括：空间尺度效应和实际尺度效应）；第4～9章是本书的核心，侧重点是人群动态的观测基础理论、人群活动的定类观测、人群活动功能网络的定序观测、人群时空动态特征的定距观测、大规模人群动态定量的定比观测、群体智能时空定量模型等；第10～11章侧重点是群体活动动态（包括：交互动态、群体互补/互斥动态、群体活动网络动态、群体活动影响动态等）、群体活动行为-效应-智能（包括：选择行为、活动时空预测、避险效应和群体决策等）的时空预测；第12章侧重点是人群动态观测的典型应用，包括城市客运网络客流状态监测与风险评价、公交客流数据时空分析应用、轨道交通线网规划、时空物流、应急疏散和公共卫生传染病等。

武汉大学仲浩宇、邹欣妍、王晓凡、胡悦、余红楚、管昉立等研究生，以及陕西师范大学杨喜平副教授、交通运输部科学研究院城市交通中心智能交通部主任刘向龙博士、深圳大学涂伟副教授、武汉市交通发展战略研究院郑猛主任、华中师范大学周洋博士、中国科学院科学政策与管理科学研究所宋敦江副研究员等，参与撰写了本书部分章节的相关内容，在此表示衷心感谢！

  本书的相关工作得到多个项目资助：国家自然科学基金重点项目"基于海量手机数据的群体活动与城市空间结构适应度分析及选址优化"（编号：41231171）、国家自然科学基金面上项目"基于显著地标带的城市街景环境行人相对导航方法"（编号：41771473）和武汉大学新型冠状病毒肺炎防治基金项目 A 类（2042020kfxg24）。

  由于作者学识有限和经验不足，加之书稿整理较为匆忙，本书难免会出现疏漏或者存在不足，敬请各位专家同仁、读者批评指正，通过邮箱 zxfang@whu.edu.cn 来信告知，作者表示衷心感谢！所提意见将在改版时做深入修正！

方志祥

2020 年 8 月 18 日于武汉大学

目 录

第1章 绪论 ··· 1
 1.1 人群动态的相关概念 ·· 1
  1.1.1 人类空间行为 ··· 1
  1.1.2 人类行为动力学 ·· 2
  1.1.3 人群活动 ·· 2
  1.1.4 人群动态 ·· 3
 1.2 对人群动态的观测及需求 ··· 5
  1.2.1 对人群动态的观测定义、内涵与边界 ··· 5
  1.2.2 对人群动态的观测需求 ·· 7
 1.3 人群动态典型应用 ·· 10
  1.3.1 资源环境领域 ··· 10
  1.3.2 城市规划领域 ··· 11
  1.3.3 公共安全领域 ··· 11
  1.3.4 公共卫生领域 ··· 12
  1.3.5 智慧城市管理与服务领域 ·· 12
 参考文献 ··· 13

第2章 人群活动动态的数据过滤 ·· 17
 2.1 手机数据的乒乓效应过滤 ··· 17
  2.1.1 手机数据乒乓效应检测方法 ·· 19
  2.1.2 实验分析 ·· 19
 2.2 轨迹数据的时空异常点过滤 ··· 23
  2.2.1 基于目标对象匹配的异常点过滤 ··· 24
  2.2.2 基于时空约束的异常点过滤 ·· 25
  2.2.3 基于频繁活动区域的异常点过滤 ··· 26
 2.3 人群活动行为的异常探测 ··· 27
  2.3.1 基于时空轨迹相似性的异常行为探测 ······································· 27
  2.3.2 基于分类的异常行为探测 ·· 30
  2.3.3 基于密度和方向的异常行为探测 ··· 30
 参考文献 ··· 31

第3章 人群动态数据的时空尺度效应 34

3.1 人群动态数据空间尺度效应 34
3.1.1 人群动态数据的可塑空间单元问题 34
3.1.2 空间交互建模中的尺度效应 36
3.2 人群动态数据时间尺度效应 46
3.2.1 人群动态数据可塑时间单元问题 46
3.2.2 人群移动性度量的尺度效应 47
参考文献 58

第4章 人群动态的观测基础理论 61

4.1 人群动态的观测对象 61
4.1.1 人群活动 61
4.1.2 人群行为 62
4.1.3 人群效应 62
4.2 人群动态的时空特征定量 63
4.2.1 混合性时空特性 63
4.2.2 时空拥挤度特征 64
4.2.3 时空利用效率特征 64
4.2.4 时空稳定性特征 65
4.2.5 时空波动性特征 65
4.2.6 时空扩散性特征 66
4.2.7 时空分异性特征 67
4.3 人群动态观测的理论体系 67
4.3.1 时空轨迹 68
4.3.2 人群样本规模与轨迹时空采样 70
4.3.3 时空轨迹流场 71
4.3.4 时空轨迹流场中的人群动态观测 74
4.3.5 不同类型数据源的时空轨迹流场建模思路 77
4.3.6 人群动态定量观测类别 79
4.3.7 人群动态的观测总体路线及其计算逻辑 80
4.3.8 人群动态观测的准确性与可靠性 81
参考文献 83

第5章 人群活动的定类观测与建模 85

5.1 人群活动的类别与特点 85
5.1.1 活动类别 85

  5.1.2　活动特点·····87
 5.2　人群活动定类观测·····89
  5.2.1　定类测量·····89
  5.2.2　人群活动的分类方法·····89
 5.3　物理空间中人群活动的定类观测·····93
  5.3.1　物理空间中人群活动的影响因素·····93
  5.3.2　物理空间人群活动的定类方法·····94
 5.4　网络空间中人群活动的定类观测·····98
  5.4.1　网络空间人群活动的影响因素·····98
  5.4.2　网络空间人群活动的定类方法·····99
 5.5　心理空间中人群活动的定类观测·····104
  5.5.1　心理空间人群活动的影响因素·····104
  5.5.2　心理空间人群活动的定类方法·····105
 参考文献·····108

第 6 章　人群活动功能及网络的定序观测·····111
 6.1　人群活动功能识别及其网络特性·····111
  6.1.1　人群活动功能的识别方法·····111
  6.1.2　人群活动功能网络的结构与特性·····118
 6.2　人群活动功能网络的定序与构建·····121
  6.2.1　人群活动功能网络构建方法·····121
  6.2.2　人群活动功能网络结构动态变化的度量方法·····126
  6.2.3　人群活动功能网络结构动态变化的定序模型·····130
 6.3　人群活动功能时空演化特性的定序·····131
  6.3.1　网络区域尺度的人群活动时空演化特性·····132
  6.3.2　人群活动功能时空演化特性的定序模型·····133
 参考文献·····136

第 7 章　人群动态时空特性的定距观测·····137
 7.1　时空定距测量理论·····138
  7.1.1　基础距离测量方法·····138
  7.1.2　时空要素间的距离·····139
  7.1.3　语义距离测量·····142
 7.2　群体活动区域的时空特征定距观测·····143
  7.2.1　群体活动时空区域的构建方法·····144
  7.2.2　群体热点活动区域提取·····145
  7.2.3　群体活动区域计算示例·····148

7.3　群体活动功能特征的时空定距观测·········149
　　7.3.1　群体行为模式的表达方式·········149
　　7.3.2　构建个体行为模式·········150
　　7.3.3　行为模式聚合下的群体活动功能探测·········152
7.4　群体移动性的时空定距观测·········156
　　7.4.1　群体移动性的表达方式·········156
　　7.4.2　大尺度群体移动性预测模型·········158
　　7.4.3　小尺度下的群体移动性表述与观测·········160
7.5　群体活动风险的时空定距模型·········164
　　7.5.1　群体活动风险静态计算模型·········165
　　7.5.2　群体活动风险时空动态模型·········167
　　7.5.3　港内船舶活动时空风险例子·········169
参考文献·········178

第 8 章　大规模人群动态度量的定比观测·········180

8.1　群体活动动态的定比观测·········180
　　8.1.1　群体活动对象的定比观测·········180
　　8.1.2　群体活动源域与活动时空域的定比观测·········182
　　8.1.3　群体活动模式与交通模式的定比观测·········188
8.2　群体行为动态的定比观测·········191
　　8.2.1　群体间与群体内行为的定比观测·········192
　　8.2.2　约束/扰动下群体行为动态的定比观测·········195
　　8.2.3　群体行为情感动态的时空定比观测·········202
参考文献·········206

第 9 章　群体智能时空定量模型·········207

9.1　群体智能的建模框架·········207
　　9.1.1　群体智能与人群智能的概述·········207
　　9.1.2　人群智能的建模框架·········208
9.2　群体选择行为的时空定量建模·········209
　　9.2.1　选择行为建模·········210
　　9.2.2　选择行为交互与反馈·········212
9.3　群体活动模式的时空定量识别·········214
　　9.3.1　活动四要素·········214
　　9.3.2　活动链·········216
　　9.3.3　活动多类模式的区分与挖掘方法·········217
9.4　群体避险效应的时空定量模型·········219
　　9.4.1　避险情境下的群体分类·········219

        9.4.2 避险环境的时空特征量化 ································· 220
        9.4.3 避险过程的社会力模型 ··································· 224
        9.4.4 避险中群体行为的建模 ··································· 225
    9.5 群体决策智能的时空定量建模 ······································ 226
        9.5.1 群体特征 ·· 227
        9.5.2 群体网络 ·· 228
        9.5.3 群体决策智能的更新与变化 ······························· 230
    参考文献 ·· 233

第10章 群体活动动态的时空预测 ··································· 235
   10.1 群体活动交互动态的时空预测 ······································ 236
        10.1.1 群体活动行为交互预测 ··································· 238
        10.1.2 群体活动的信息交互预测 ································ 241
        10.1.3 群体活动交互网络 ··· 243
   10.2 群体互补/互斥动态的时空预测 ····································· 243
        10.2.1 群体互补/互斥状态的判定 ······························· 245
        10.2.2 结合群体移动矢量场的预测方法 ······················· 246
        10.2.3 结合时空演化树的概率型预测方法 ··················· 248
   10.3 群体活动网络动态的时空预测 ······································ 251
        10.3.1 复杂网络的结构特性 ······································ 252
        10.3.2 结合复杂网络结构特性的群体关系链路预测 ······· 253
        10.3.3 结合动力学的群体状态时空预测 ······················ 255
   10.4 群体活动影响的测算及其动态的时空预测 ······················ 256
        10.4.1 群体活动影响力的时空测算 ····························· 257
        10.4.2 群体活动影响动态的时空预测 ························· 259
    参考文献 ·· 261

第11章 群体活动行为-效应-智能的时空预测 ······················ 262
   11.1 群体选择行为的时空预测 ·· 262
        11.1.1 模型概述 ·· 262
        11.1.2 动态选择模型 ·· 265
   11.2 群体活动链的时空预测 ··· 269
        11.2.1 群体活动轨迹的预测 ······································ 269
        11.2.2 群体活动内容及活动链的预测 ·························· 273
        11.2.3 群体活动预测实例 ·· 279
   11.3 群体避险效应的时空预测 ·· 280
        11.3.1 元胞自动机模型 ··· 281

· xiii ·

- 11.3.2 社会力模型 …… 282
- 11.3.3 Agent模型 …… 282
- 11.3.4 群体避险的泛化 …… 283
- 11.4 群体决策的时空预测 …… 285
  - 11.4.1 群体时空交互网络 …… 285
  - 11.4.2 群体决策的稳定性 …… 287
  - 11.4.3 群体决策的预测模型 …… 288
- 参考文献 …… 289

第12章 人群动态观测的典型应用 …… 291

- 12.1 城市客运网络客流状态监测、风险评价 …… 291
  - 12.1.1 城市客运网络客流状态监测与风险评价基本功能 …… 291
  - 12.1.2 系统数据 …… 292
  - 12.1.3 系统实现 …… 292
- 12.2 轨道交通线网规划 …… 296
  - 12.2.1 城际轨道交通线网规划 …… 296
  - 12.2.2 市区内轨道交通线网规划 …… 299
- 12.3 城市物流行业典型应用 …… 301
  - 12.3.1 众包物流 …… 302
  - 12.3.2 深圳市众包物流配送路径优化案例 …… 304
- 12.4 社会群体的应急疏散应用 …… 305
  - 12.4.1 利用反向流和冲突消除进行人车混行疏散路网优化服务 …… 305
  - 12.4.2 基于时空拥挤度的应急疏散路径优化服务 …… 308
- 12.5 社会公共卫生典型应用 …… 312
  - 12.5.1 传染病患者的识别 …… 312
  - 12.5.2 传染病趋势预测 …… 315
- 参考文献 …… 321

第1章 绪 论

21世纪的国家经济发展、科技创新与突破、社会公共管理、环境保护与治理、交通运营与监管、医疗服务与发展、文化教育与传承、城市规划与可持续发展、军事准备与斗争、智慧与智能服务等应用,都离不开对人群动态的科学理解和掌控。大数据时代各式各样的传感器采集了多个空间(物理空间、虚拟空间、网络空间、社交空间等)中的人群动态信息,为科学理解和研究人群动态提供了非常丰富的数据源保障,其大数据的建模与分析构成了人群动态的基础研究前沿,也触发了人群动态相关应用的新浪潮,为现实世界提供更加科学化、准确化和个性化的决策与服务。本章将首先简要地介绍人群动态的相关概念,然后分析人群动态观测的需求,最后总结人群动态的一些典型应用。

1.1 人群动态的相关概念

1.1.1 人类空间行为

人类行为学(praxeology)是一门研究人类行为的学科。人类行为通常会受到人的大脑与神经系统,以及人类所处的社会系统、文化系统、环境系统、经济系统等复杂系统的综合影响。对人类行为的理解和研究,一直以来都是社会学、心理学、物理学、地理学、管理学等学科领域学者都很关注的焦点与前沿领域。空间行为是地理学研究人类行为的重要视角(Golledge et al.,1997)。人必须生活在特定的空间环境中,如自然环境、社会环境、自身生物特性环境等,统称人的生存空间。人在生存空间内表现出了各种日常的、无意识的、(非)探索性的、反复/偶发的空间行为(柴彦威 等,2008),如空间移动行为、空间选址行为、空间选择偏好行为、空间探索行为等。然而,人类空间行为与经济、社会、文化、政治、法律、道德和其他多种环境之间的相互作用非常复杂,其形成机制与外部影响机理、时空分布与功能特性、空间交互关系等尚未明确,亟待开展相关研究。比如研究各种人类空间移动与接触行为模型,包括布朗运动、随机游走、空间网络、图案(motifs)模型、二部图模型、引力(gravity)模型、接触频率、接触次数分布、社会网络等。

人类行为学认为人类行为是人类为满足自身需要而采取某种方式去适应环境所表现出来的活动或者方式(王瑞鸿,2002),它具有的特性包括5个方面。①适应性:人类行为能够并且必须适应所处的环境。②多样性:人类行为具有复杂的决策机制,很多机理到目前为止也是未知的,行为呈现出丰富的多样性,包括不同空间和维度、不同观察视野和角度等。③变化性:人类行为会受到人类自身需求的变化、环境条件动态变化而发生相应的动态变化。④可控制性:人类行为受自身意识、社会文化、资源条件等方面的约束和限定,具有一定的可控性。⑤整合性:人类行为是多种因素综合影响下的表现结果,多学科交叉和渗透整合是了解人类行为的基本要求。

1.1.2 人类行为动力学

人类行为动力学是统计物理学科中复杂系统的一个研究分支，主要是探索人类日常的行为模式中蕴含的时空统计规律及其机制，研究人群运动、队列和复杂人类交互系统、人类活动网络和通信网络等的统计模型，通过建立动力学模型来再现观察到的现象和规律（周涛 等，2013；韩筱璞 等，2010；Barabási，2005）。研究人类行为动力学一方面是探索人类行为的动力学机制与来源，另一方面是探索人类行为对社会和环境系统的影响。人类行为动力学研究主要聚焦人类行为的空间特性、时间特性、社交特性等方面的规律，并总结出人类行为的重尾特征、级联特征、周期特征、波动特征、兴趣特征、自相似特征等（樊超 等，2011）。在空间特性方面，一般采用回旋半径、移动距离、移动熵等对人类行为进行定量（Zhao et al.，2019）研究，分析人类行为的空间标度规律；在时间特性方面，一般假设人类行为服从泊松分布，相邻时间发生的行为服从指数分布，人类行为在单位时间内具有随机与平稳性，很多学者利用通信数据、图书借阅数据、金融活动数据、网页浏览数据、在线电影点播数据等对人类行为偏离泊松统计做了实证研究（周涛，2008；Vdzquez et al.，2006；Oliveira et al.，2005；Eckmann et al.，2004；Johansen，2004）；在社交方面，主要分析社交模式、结构、偏好、兴趣等行为规律，以及社交传播影响机制，从相似性、多样性、空间移动和在线交友等角度分析基于社交关系的人类行为的耦合关联和行为策略等（樊超，2013）。

还有一些学者从心理学、社会学、社会心理学、人类学等学科角度（樊超 等，2011）研究人类行为动力学，包括个人、人群、社会与环境要素及其影响对行为的交互作用，如个体的生理、心理、认知、情感等内因，以及经济、家庭、单位、民族、制度、宗教、政治、文化等外因等对人类行为的影响与制约。这个方面的研究还非常复杂，有待进一步深入揭示其机理。

1.1.3 人群活动

人群活动是不同的地理环境中多人所形成的群体性活动，与个人和整个社会系统存在某些特定的相互关系，存在有主动意识或无意识被动的聚集等特性，比如就业、娱乐、居住、交通、购物、社交聚会，以及组织的各种规模的集体活动等。人群活动空间反映了个人与地理环境的直接接触关系，并且这种关系对于人们形成和划定自身行为空间范围起到了非常重要的作用，也就是说，人群活动空间反映了人们获取多渠道多类型的信息，并将其综合起来与所在环境进行捆绑联系的重要时空过程。

人群活动存在如下的特性（图 1.1）。

（1）人际空间特性。人群活动都是基于个人之间的人际空间（interpersonal space）而开展的。人际空间根据距离的远近有明确的区分（Hall，1966）[图 1.1（b）]，比如家庭成员间的亲密距离、朋友之间的个人距离、陌生人之间的社交距离、社会关系对象之间的公共距离等。其中，个人距离和亲密距离所形成的部分称为个人空间（personal space），个人距离之外和社交距离以内的部分称为社交空间，社交距离之外和公共距离之内的部分称为公共空间。空间关系学（proxemics）是研究人们空间使用，以及分析人口密度对行为、沟通和社交活动等影响效应的学科（Moore，2010），人们对此有较为深入的分析。

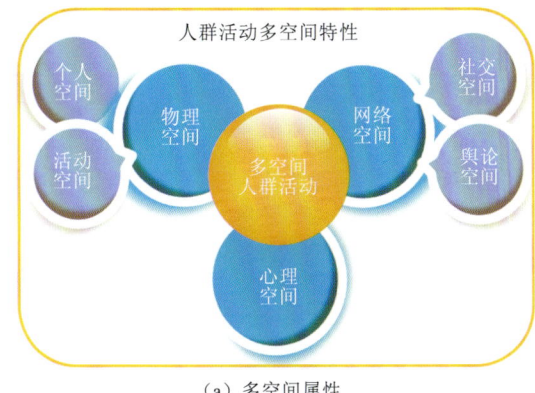 

（a）多空间属性　　　　　　　　（b）个人、社交与公共空间的区别

图 1.1　人群活动的多空间特性

（2）多对象交互特征。人群活动存在多个同类/异类对象在社交空间与公共空间内的交互，如同一道路环境中的人与人、人与车的对象交互；同时，在环境的约束下，还存在对象与环境之间的交互现象，如在建筑空间中人与墙、电梯、隔离/警示设施等交互；在自然公园环境中人与瀑布、桥梁、古树名木等的交互。

（3）多类空间聚集特征。大量人群在特定时间和空间上的同步，就会出现人群聚集现象。然而，人群的聚集不仅仅存在于物理空间（如集会），还存在于网络空间（包括社交空间）等。这些多空间的聚集可以相互影响，如网络舆情空间热点关注问题会导致物理空间上的特定人群聚集；特定人群在物理空间上的聚集，也会加强或者改变人群的心理空间状态，以及网络舆情或者社交空间的问题热度。

（4）活动功能特性。人群活动大都是以某些行为目的和需求为出发点而开展的活动，具有明显的活动功能特性，如教育活动、金融服务、休闲游憩、集会就餐等。人群活动所呈现出来的功能特性通常与土地利用的性质联系在一起，如教育、交通、工业、居住、旅游等类型的用地，其人群活动的特定功能在这些区域相对比较集中。

（5）人群心理作用特征。人群心理作用是指人们在共同活动中所产生的群体本身特有的心理现象，这种作用容易产生一些群体行为特征，包括竞争行为、侵犯行为与利他行为、决策、群体内聚力、社会心理气氛等（彭聃龄，2012），易受群体心理预判、群体交互强度、社会文化与宗教及信息交流通畅度与频繁度等影响。

人群活动的以上几个典型特性，充分体现人、环境等对象之间的信息沟通、行为决策、影响作用机制的系统性、复杂性及高动态性。人地关系的研究是地理学的基础研究科学问题，对人群活动空间的辨析、理解与剖析将有助于地理学深入研究人地关系。

1.1.4　人群动态

人群动态（crowd dynamics）是指人群的自身特性与差异、活动空间、行为过程、空间交互等核心要素在时空维（space-time）上的动态的统称。传统物理学意义上的 human dynamics 是指人类行为动力学，human 泛指人类，探寻的规律大多是某些行为特征符合幂函数分布、指数分布等物理学统计意义上的分布规律。而这里 crowd dynamics 则表达的是人群群体性动态的涵义，与 human dynamics 有明显的差异，聚焦于人群活动所呈现出来的多空间特性、多对象交互性能、吸引与聚集效应等方面的时空动态特征、模式、规律、影响作用。一般地，人群动态的基本范畴（图1.2）包括6个方面。

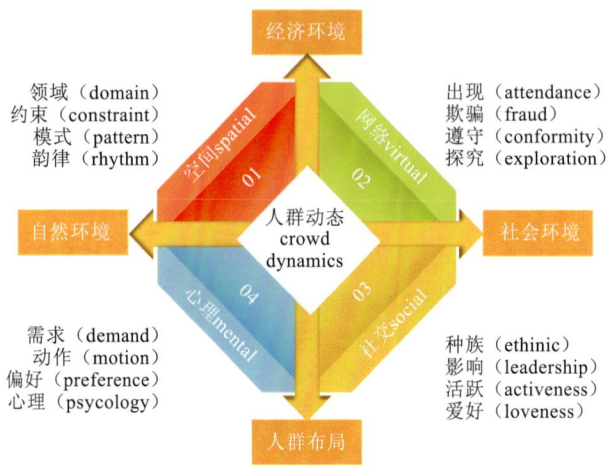

图 1.2 人群动态的基本范畴

（1）人群动态的环境约束。人群动态必然受到自然环境、经济环境、社会环境、通信环境及人口布局等方面因素的影响，存在多重作用的关系。其原因是这些因素与人群的活动需求密切相关，直接影响人群活动的资源的丰富程度、可获得性、公平性等，而且这些因素之间也存在相互作用与影响关系，直接增加了人群动态的理解难度，比如如何从繁杂的因素中遴选出关键的人群动态制约因素？这些因素有时也因群体的组成结构、时空环境等方面的差异而动态变化。

（2）物理空间的时空动态。人群在物理空间的动态是指现实空间真实存在于地理环境中的人群活动空间的时空变化动态，涉及空间要素的时空过程演变规律，如人群活动强度和范围的实时变化，活动中的人群组成结构的动态变化，气候与环境物理约束作用的动态变化，群体性活动时空韵律的形成与发展等。

（3）网络空间的时空动态。人群在网络或者虚拟空间的动态是指在数字与信息通信环境中人群活动特征的时空变化动态，涉及在网络或者虚拟空间中活动关系的群体性演变规律，如动态群组关系的组织、形成与发展，网络社区的活动与疆域边界动态，网络空间活动对象的区域性分异动态，以及在网络空间的活动、规则遵守、欺骗与新领域探究等动态。

（4）社交空间的时空动态。人群在社交空间的动态是指在社交复杂网络中人群交互关系及其特性的时空变化动态，涉及社交空间中网络结构动态、网络演变动态、社交传播动态等方面的时空韵律与演化规律，如社交好友关系网络的更新动态、社交话题的构成动态、现实事件舆论在好友间的传播动态、不同地域的社交规律动态等。

（5）心理空间的时空动态。人群在心理空间的动态是指在心理空间上人群对所在环境的心理状态、反馈与演变等动态,涉及不同地域、民族、经济水平的人群心理暗示与变迁过程、环境影响作用动态、群体心理的传播动态与边界效应等。

(6)多空间交互与作用动态。多空间交互作用是人群动态的基本规律,因为人群活动在物理空间、网络空间、社交空间、心理空间等可能同时进行,并且自然环境、经济环境、社会环境、通信环境和人口布局等同时作用于人群活动,对应到不同群体就会存在某些影响作用的强弱差异、时空分异等情形,因此多空间交互与作用动态是最为复杂的,需要科学的人地交互分析机理与解释机制。

总之,人群动态是经典的地理学基础研究,也是本书所聚焦的建模、分析、理解和应用的核心。在大数据时代,人群动态的研究,已经焕发出强大的科学魅力与广阔的应用需求,需要地理信息科学等领域在人群动态的观测理论、分析方法与应用技术上有新的突破,从而支撑资源与环境、地理学、公共与应急管理、公共卫生等多学科的发展。

1.2 对人群动态的观测及需求

人群动态的观测是从基础研究和现实应用中所提炼出来的理论研究领域,与传统的观测有一定的关系,人群活动的自主性和动态性更强。这里首先界定清楚对人群动态的观测的内涵,然后结合多学科背景分析人群动态的观测需求。

1.2.1 对人群动态的观测定义、内涵与边界

"观测"指对天文、自然、人文等现象进行观察与测定/测度。传统观测任务主要是面向空、天、地、海等空间的对象,采取光学、电波、声学等物理特性,开展位置测定、现象测度的全球多尺度观测与太空观测,已经构建了空-天-地-海为主体的全球观测体系,以及太空-地面一体的太空观测体系,为人类发展提供全局性的地理空间信息及精细化的物质空间动态等关键支撑。但是,传统的观测体系架构中忽略了对人群动态的观测这一重要环节,不利于科学调控人群活动对地理环境的影响,甚至不利于有效引导和管理地理空间与社会系统良性可持续发展。比如城市是人群活动的主要聚集空间,城市人群活动与经济、社会、环境、交通、医疗、教育等密切相关,对城市的形成、发展、空间结构和分布规律等产生影响;同时,城市空间结构布局深刻影响人群活动的时空模式,迫切需要较为完善的对人群动态的观测理论、方法与技术支撑,为构建可持续、环境友好的智慧城市提供人群的活动规律与引导知识基础。

这里提出对人群动态观测的概念,即探测与度量地理环境中人群活动时空动态特征、模式、规律、影响作用等方面,其核心是进行人群动态的定类、定序、定距、定比等定量观测(图1.3),其科学问题是人群活动动态的观测可靠性与稳健性。对人群动态的观测理论是调控人群活动对地理环境影响这一地学研究科学难题的重要基础理论,是对地观测与对人观测理论研究的重要交叉,是构成"空-天-地-海-人"完整全球观测系统核心任务之一,已成为地理信息科学的前沿理论与研究热点。

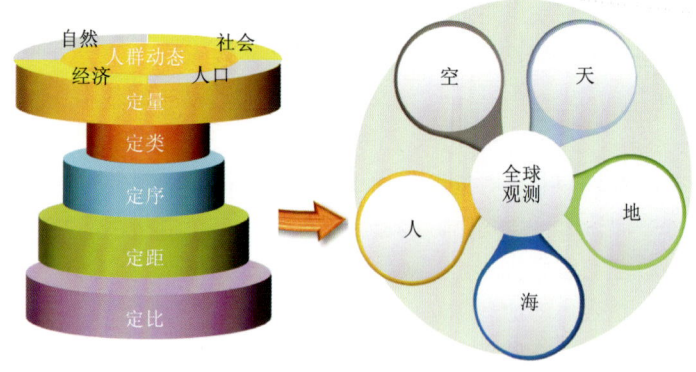

图 1.3　对人群动态的观测支撑"空-天-地-海-人"观测完整全球观测体系

图 1.4 给出了人群动态的观测内核与内外边界关系，其理论的内核是多类人群对象在多个空间和多个时空尺度等时空约束下混合交互的动态定量建模，是地理信息科学表达人、事、物、环境等的核心要素之一，是信息表达、理论建模、可视分析、规律揭示等方面的基础决策源，与城市地理学和城乡规划学、交通工程学、统计物理学、环境生态学、社会学、军事学、公共卫生科学、公共管理科学、安全科学与工程、人文地理学等学科有重要的交叉，并具有明显的外部边界。

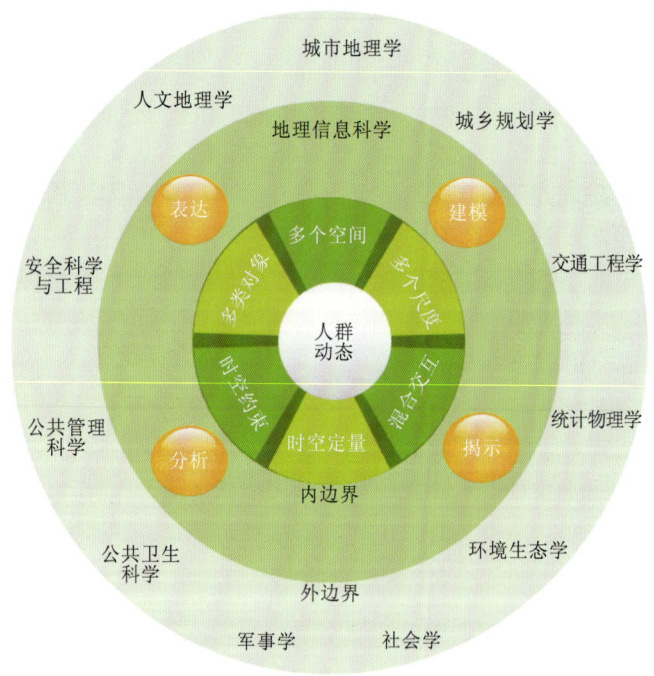

图 1.4　对人群动态的观测理论内核与内外边界

大数据时代的空间信息和通信技术的发展，为捕捉人群活动、观测人群活动特性等提供了新的技术手段，如用户量非常大的手机数据蕴含丰富的主动和被动定位信息，为人群活动观测提供了大样本、广覆盖的时空活动观测数据；公交与地铁智能卡刷卡数据和出租车位置数据，为分析、监控公共交通系统服务能力与质量、及时科学调度公共交通系统及感知城市交通问题等任务，提供了空间和时间都高度覆盖的个体观测数据；全球范围内飞机和船舶数据，为大范围人群移动和迁徙、国家经济关系与地缘政治、国际化发展战略等研究提供了准确的人群活动数据支撑；社交媒体和手机应用程序的位置数据与空间相关分布信息，为城市人群动态变化监测、灾害应急响应和针对人群的及时反馈与决策等，提供了实时性好、时间跨度较长的人群活动观测数据。总之，位置大数据为对人群动态的观测提供了坚实的数据保障，并已经具备良好的可行性。

人群动态的观测理论的提出，可用于理解和认识不同地理环境中人群活动时空机理，为弄清人群活动和承载环境的多类空间发展规律、掌握环境空间演进分异机制与空间发展路径等提供基础理论与方法。人群动态的观测理论是地理信息科学研究人、分析人、服务人的最为核心的问题之一，在地理信息科学学科中具有重要的基础理论地位，是地理信息科学学科与地学交叉研究与应用的前沿方向。

1.2.2 对人群动态的观测需求

对人群动态的观测是多个学科的基础研究需求，主要包括地理信息科学、城市地理学和城乡规划学、交通工程学、统计物理学、人文地理学、安全科学与工程、公共管理科学、公共卫生科学、军事学等领域，具体如下。

（1）在地理信息科学领域，学者们研究了城市人群活动信息的获取、存储、分析与应用等理论与方法（Yang et al.，2019；Fang et al.，2017；Kang et al.，2016；Zhao et al.，2016；徐金垒 等，2015；刘瑜 等，2014；Schneider et al.，2013；Shaw，2006），其建模与分析理论，尤其在新地理信息（李德仁 等，2009）和大数据时代（李清泉 等，2014），需要4个方面的人群动态观测做支撑。①人群数据的 GIS 组织方面，需要研究区域内的多类型人群活动观测数据（如轨迹、视频、社交媒体数据、问卷等），研究面向人与地理环境建模与分析应用的数据模型和高性能计算方法，特别是在大数据时代，该方面的需求显得尤为突出。②人群数据时空分析方面，需要针对海量人群活动数据，构建以人为本的时空 GIS 的分析理论与方法（萧世瑜 等，2018）；从空间数据挖掘角度，需要观测不同时空尺度下的人群活动轨迹，通过分类、模式等研究（李婷 等，2014），构建地理信息处理模型；从社会感知角度，刘瑜（2015）采用"社会感知（social sensing）"概念构建了空间大数据研究框架,借助于各类空间大数据研究人类时空间行为特征,来揭示社会经济现象的时空分布、联系及过程，强调群体行为模式及背后的地理空间规律的挖掘。③人群动态定量建模分析方面，方志祥等人（杨喜平 等，2018a，2018b；朱菁玮 等，2018；Fang et al.，2017；鲁仕维 等，2016；徐金垒 等，2015）开展了人群移动模式的相关群体时空特性的建模与分析。④人群数据预测方面，武汉大学方志祥课题组开展了一些研究，包括：网络空间活动时段预测（方志祥 等，2017a）、物理空间群体活动规模预测（方志祥 等，2017b）、个体出行位置和停留行为预测（方志祥 等，2020a，2020b）等。

（2）在城市地理学和城乡规划学领域，研究城市人群活动出行行为、空间结构与社会特性等之间的关系，以及城市空间发展与功能构成的深层机制（Schwanen，2017；王波 等，

2016；Liu et al.，2016；龙瀛 等，2015；Pei et al.，2014；柴彦威 等，2008），揭示城市现象的规律，预测城市发展的趋势，需要6个方面（许学强 等，2009）的人群动态观测做支撑。①在城市形成发展条件方面，需要城市地理环境中人口规模、人口结构、人口转移等信息，来构建城市产生与发展的自然与社会条件解析、空间-经济-职能的形成机理、信息技术革命对城市形成的影响等。②在区域和内部的城市空间组织方面，需要不同空间尺度下的人群流动及其强度、人群活动识别与空间反应的统计建模等，来研究城市的空间结构、等级结构、职能结构、功能组团、社会结构和增长极等发展趋势。③在城市可持续发展方面，需要感知人群活动行为及其在不同地理、社会、经济和技术条件下的影响机制，来辨析人群活动与地理空间、社会空间和感应空间等的相互驱动机理，进而设计适合特定阶段的城市管制、体制与政策，达到处理好人口、自然与环境的关系的目的。④针对新技术、新方法、新领域在城市的应用问题，亟须将人群数据的新兴采集技术与高性能实时处理技术作为支撑，应用于城市形态重塑、空间职能演化、结构布局优化和社会协调等领域的应用。⑤针对城市地理与城市经济学、城市社会学、城市规划学、城市生态学等学科交叉融合，需要以人为中心，以人的动态需求与发展为纽带，来构建人群与外界环境的层次观察与整体剖析的方法论，如描述性、解释性和评价性等。⑥针对城市环境、交通、住宅、社会、安全等城市问题的解决，需要测定人群与资源、经济、环境、社会之间的相互依存与相互影响关系，解析城市问题的特定影响人群及其发展态势，为精准化问题解决提供科学依据。在城乡规划领域，大数据已经带来了新的研究变革，包括空间尺度从小范围高精度、大范围低精度向大范围高精度的变革，时间尺度从静态截面到动态连续的变革，研究粒度从以地为本到以人为本的变革，研究方法从单一团队到开源众包的变革等，需要人群和环境的集成观测，开展城市开发、城市形态、城市功能、城市活力/品质/文化/风貌/特色5个维度的城市系统性监测、评价、情景分析与预测（龙瀛 等，2019）。

（3）在交通工程学领域，人、货和信息的移动是基本的考虑要素，有学者已经研究了大数据支持下面向人群活动的城市交通工程（交通调查-现状分析-需求预测-交通诱导-交通规划）（李炼恒 等，2016；Miller et al.，2015；Zhang et al.，2015；邵春福，2014；王伟 等，2007），为进一步提高运输的方便性和可运输性，需要5个方面的人群动态观测做坚定支撑。①在交通与土地利用的作用机理的研究上，需要观测生产、消费、居住和交通等方面的人群活动强度和密集程度，结合交通运输体系、交通空间结构相互作用、土地利用功能与模式等，来构建特定城市或者区域的交通与土地利用理论模型（Rodrigue et al.，2014）。②在交通布局优化上，需要以客流和货流为研究载体，建立交通断面流量；车站/场站上下客流、通过客流；枢纽换客流量等面向交通布局的交通流观测，并从人群活动的交通可达性和交通区位等角度，结合交通方式规模比例、路网密度、站点覆盖率、人均道路面积、路网可达性等评价指标（Rodrigue et al.，2014），构建城市综合交通网络布局理论与方法。③在交通需求预测上，需要常住人口、就业人口、工作人口、流动人口等精细区分与准确观测，构建大数据支持下的交通需求调查方法，建立面向交通分析小区的生成与吸引交通量预测、分布交通量预测、交通方式划分、交通流分配等模型与方法（Rodrigue et al.，2014），由于传统的四步法的局限性，需要进一步构建大数据支持下的弹性需求挖掘与模型、动态交通流实时观测与均衡性分配模型，实现动态用户最优和动态系统最优的高动态耦合。④在交通系统规划上，需要观测人群在不同交通系统上的使用与竞争性调整数据，为道路系统、公共交通系统、交通枢纽系统、慢行交通系统、对外交通系统等交通系统规划（Rodrigue et al.，2014）提供基础的需求预测依据。此外，⑤在交通、能源与环境的研究与优化应用方面（Rodrigue et al.，2014），需要长时序观测人群活动在不同交通模式、交通环境区域、交通能源消耗等的直接、间接与累计影响，以及对能源消耗速度、环境生态效应等方面的作用。

（4）从统计物理学角度，研究人类移动行为、移动性等统计规律及其产生机制与内在动力学模型（Zhao et al.，2015；周涛 等，2013；汪秉宏 等，2012；González et al.，2008；Brockmann，2006），需要三个方面的人群动态观测做支撑。①通过不同时空尺度上的人群观测，来解析人类移动性的时空效应。②通过微观人群之间活动、人群与环境的活动约束等角度的人群观测，来研究动力学过程时空规律。③在社会动力学层面，从宏观层面的综合人口统计建模，研究人类社会发展的动力、速度、方向和规律等。

（5）在人文地理学（人口地理、旅游地理、行为地理等）领域（陈慧琳，2013），聚焦人文现象的地理分布、扩散和变化，以及人类活动的地域结构的形成与发展规律，研究人口流动、人口迁移、职住通勤、旅游时空行为等人地关系及其时空分异特征和空间演化机理（保继刚 等，2017；Bassolas et al.，2016；柏中强 等，2015；Deville et al.，2014；葛美玲 等，2008；刘纪远 等，2003），需要4个方面的人群动态观测做支撑。①在经济地理方面，需要定量观测人类生产、生活、消费等人群活动的地域分布与空间组织，以及社会结构、政府决策和人的行为决策等对经济布局的影响（陈慧琳，2013）。②在政治地理与人口地理学、社会文化地理学等方面，需要国民与领土之间的定量关系，来分析政治现象的地域体系，以及分析不同人口、聚落、民族、宗教、语言行为和感应等（陈慧琳，2013）的区域分布与相互关系，剖析人口数量、分布和迁移等地理现象。③在城市地理学方面，关注城市的形成与成长过程、城市的功能与特征，城市空间结构、社会组织及其影响范围、城市人口构成、城市的类型和规划等（陈慧琳，2013），需要观测人群活动在城市物理空间、社会空间等的动态规律。④人文地理非常注重人地关系，地域分布特征及人文现象与地理环境的相互关系，需要对人观测与对地观测的有机结合，来剖析人地关系的综合性、地域性和动态性等特征（宋长青，2016）。

（6）在关系国家稳定、社会发展、人民安康幸福的安全科学与工程领域，需要三个方面的人群动态观测做支撑。①在揭示承灾体（人、物、系统等）免受外界和内在的危险有害因素伤害的客观规律方面（袁宏永 等，2012），需要观测大量的在不同灾害或者不安全场景中的人群活动及其应对反映数据，为演绎、归纳和建模提供数据基础。②在面向安全工程的预测、预防、预警与应急实践方面（袁宏永 等，2012），需要观测人群的基本特征、活动能力边界及多类型信息协同作用下的人群效应，评估安全工程的时效性与适用性。③针对公共安全应急，特别是公共安全监测监控、公共安全预测预警、应急决策指挥、应急救援等方面（袁宏永 等，2012），需要灾前、灾中、灾后的精准人群时空分布、受损状态及波及的影响群体等观测，为人为干预、弱化灾害要素及其可能带来的损害提供决策依据。

（7）在公共管理科学领域，通过社会公共组织和社会其他组织等，实现公共利益为目标的管理，需要人群动态的观测作为决策依据，具体包括三个方面（杨立华，2020）。①反映政府行政的人力资源、组织、管理、政策、规划、环境、产出与服务、效果与绩效的人群活动动态。②反映与政府相关的公共事务的管理中人群的动态，如公共财政、土地资源管理、生态环境管理、教育资源管理、医药卫生管理、社会保障管理、体育卫生管理、城市管理、应急管理等。③反映其他非政府类公共组织及其外的管理中人群的动态。

（8）在公共卫生科学领域，面向地缘性疾病和地域传染性疾病（李维民 等，2012），需要通过公共卫生学、临床医学、地理学、公共管理学等多学科交叉，深入探索科学化的疫情动态监测、精准防控、准确预测与有效应对等方面的理论与方法，而这些理论突破都离不开以地理信息为载体、以人群动态为核心的疫情动态时空建模与可视化决策分析等关键性的支撑技术。具体的需求包括大数据支持下的疫情与舆情动态监测、多源时空数据融合下的疫情精准防控、不完备数据下的疫情空间传播与预测模型、疫情地理信息平台与高效可视化分析、面向疫情应急指挥的地理决策模型与分析方法、多源大数据支持下的疫情风险评估及模拟等方面。总体上，需要结合人群分布的精确观测，揭示流行分布现象、找出流行的原因和影响因素、提供精准的策略和措施。另外，面向相关的医学地理学研究，还需要从医疗大数据中去挖掘直接影响人群动态的疾病、健康、营养、保健、疗养、药物（药源）、环境医学、灾害医学、区域医学等要素，环境致病因素、环境改良等动态，以及医学地理制图、信息与心理服务等（李维民 等，2012）。

（9）在军事学领域，特定性质人群动态及其影响因素，直接影响保障和战力，如传染病人员、特定武装人员、人质、军事双方人员、军事行动影响区域的平民等，需要自然地理环境、人文地理环境、医学环境三个方面（李维民 等，2012）的人群动态观测做支撑。①特定人群受自然地理环境的影响动态，如地貌、气候、土壤、地质、水文、植物和动物等人员生存和活动的基本地理条件（李维民 等，2012），以及不同人群结构的适应性。②特定人群受人文地理环境的影响动态，比如：行政政治、居民区、教育与宗教、工农商经济、交通设施与系统等条件下（李维民 等，2012）的活动动态规律。③特定人群受医学环境的影响，如卫生机构分布、医疗防疫力量、医疗供应与生产、地区常发性卫生事件、流行病情况、医学动物情况、人畜共患疾病等条件下（李维民 等，2012）的活动，指导军事活动布局等和后勤对策。

1.3 人群动态典型应用

人群动态的观测理论与方法在地学等领域有非常广泛的应用前景，如资源环境领域、城市规划领域、公共安全领域、公共卫生领域、智慧城市管理与服务等领域。

1.3.1 资源环境领域

在资源环境领域，人群动态的观测理论与技术可用来感知与建模人群活动对不同地理资源环境的影响作用，服务调控人群活动对不同地理资源环境的影响等基础问题研究和应用，提供基础的科学决策理论与知识，具体包括人群活动对环境的影响、人群活动与环境的适应、环境中的人群活动管控、人群活动对资源的依赖等方面（图1.5）。

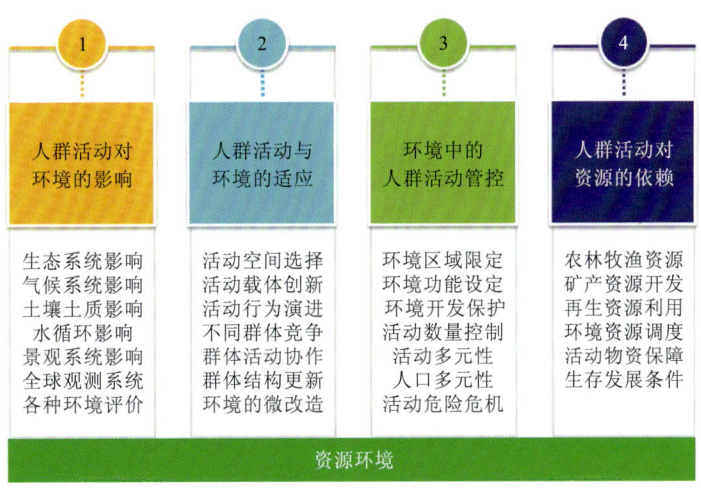

图 1.5 资源环境领域的应用

1.3.2 城市规划领域

在城市规划领域，人群动态的观测理论与技术用来了解与分析城市人群活动空间与动态交互特性，并进行具有前瞻性的人群活动空间布局优化与决策应用，具体包括人口、用地、区域和系统等方面（图 1.6）。

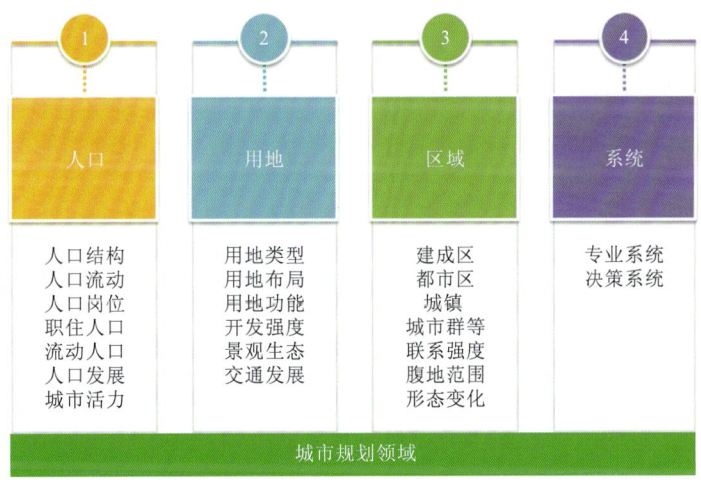

图 1.6 城市规划领域的应用

1.3.3 公共安全领域

在公共安全领域，人群动态的观测理论与技术用来了解与分析城市人群活动相关的安全监测、预测预警、应急指挥、应急救援等应用（图 1.7），尽量减少人民群众的生命和财产损失，保障正常的生产生活秩序。

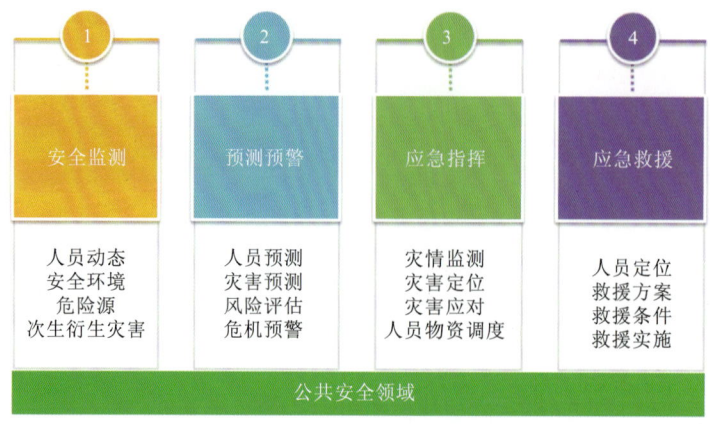

图 1.7　公共安全领域的应用

1.3.4　公共卫生领域

在公共卫生领域，人群动态的观测理论与技术用来挖掘人群活动时空过程及其演变规律、分析重大传染病的时空传播机理与过程动态、构建精确的公共安全防控措施，其对象包括居民、医院、政府、公益机构等（图 1.8），做到多类空间的精准识别、时空过程的科学组织、物资信息的按需配置等应用。

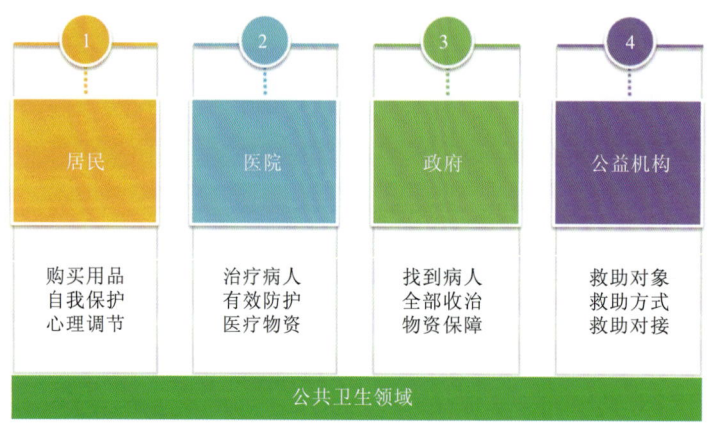

图 1.8　公共卫生领域的应用

1.3.5　智慧城市管理与服务领域

在智慧城市管理与服务领域，人群动态的观测理论与技术用来分析城市人流、物流、信息流的高动态规律，分析不同民族、收入水平、教育程度、经济领域等条件下城市居民与流动人口在空间聚集分异、混合与融合、文化发展、科技创新等方面的基本规律，面向个人、企业、政府等对象（图 1.9），实现以人为中心的智慧服务理论与技术创新，并建设智能基础设施，实现智慧城市的持续发展。

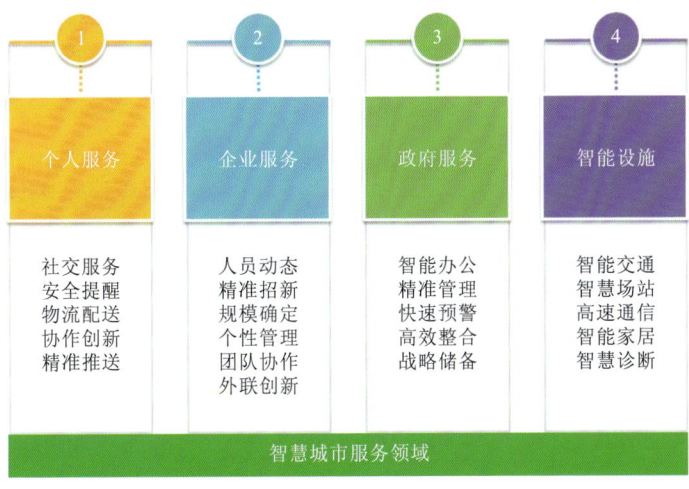

图1.9 智慧城市管理与服务领域的应用

参 考 文 献

柏中强, 王卷乐, 杨雅萍, 等, 2015. 基于乡镇尺度的中国 25 省区人口分布特征及影响因素. 地理学报, 70(8): 1229-1242.

保继刚, 张捷, 徐红罡, 等, 2017. 中国旅游地理研究: 在他乡与故乡之间. 地理研究, 36(5): 803-823.

柴彦威, 沈洁, 2008. 基于活动分析法的人类空间行为研究. 地理科学, 28(5): 594-600.

陈慧琳, 2013. 人文地理学. 北京: 科学出版社.

方志祥, 于冲, 张韬, 等, 2017a. 手机用户上网时段的混合 Markov 预测方法. 地球信息科学学报, 19(8): 1019-1025.

方志祥, 倪雅倩, 张韬, 等, 2017b. 利用终端位置时空转移概率预测通讯基站服务用户规模. 地球信息科学学报, 19(6): 772-781.

方志祥, 倪雅倩, 黄守倩, 2020a. 融合 Markov 与多类机器学习模型的个体出行位置预测模型. 武汉大学学报(信息科学版). https://doi.org/10.13203/j.whugis20190404.

方志祥, 倪雅倩, 黄守倩, 2020b. 顾及上网行为特征的手机用户停留行为预测方法. 地球信息科学学报, 22(1): 136-144.

樊超, 2013. 基于社交关系的人类动力学研究. 成都: 电子科技大学.

樊超, 郭进利, 韩筱璞, 等, 2011. 人类行为动力学研究综述. 复杂系统与复杂性科学, 8(2): 1-17.

葛美玲, 封志明, 2008. 基于GIS的中国2000年人口之分布格局研究:兼与胡焕庸1935年之研究对比. 人口研究, 32(1): 51-57.

韩筱璞, 汪秉宏, 周涛, 2010. 人类行为动力学研究. 复杂系统与复杂性科学, 7(2-3): 132-144.

李婷, 裴韬, 袁烨城, 等, 2014. 人类活动轨迹的分类、模式和应用研究综述. 地理科学进展, 33(7): 938-948.

李德仁, 邵振峰, 2009. 论新地理信息时代. 中国科学 F 辑(信息科学), 39(6): 579-587.

李炼恒, 曹光斌, 2016. 基于驾驶员意愿的交通诱导路径选择模型. 公路, 61(2): 137-141.

李清泉, 李德仁, 2014. 大数据 GIS. 武汉大学学报(信息科学版), 39(6): 641-644, 666.

李维民, 姜成华, 2012. 军事医学地理学. 北京: 科学出版社.

刘瑜, 2015. 基于空间大数据的社会感知. 中国计算机学会通讯, 11: 27-32.

刘瑜, 康朝贵, 王法辉, 2014. 大数据驱动的人类移动模式和模型研究. 武汉大学学报(信息科学版), 39(6): 660-666.

刘纪远, 岳天祥, 王英安, 等, 2003. 中国人口密度数字模拟. 地理学报, 58(1): 17-24.

龙瀛, 毛其智, 2019. 城市规划大数据理论与方法. 北京: 中国建筑工业出版社.

龙瀛, 孙立君, 陶遂, 2015. 基于公共交通智能卡数据的城市研究综述. 城市规划学刊, 3: 71-77.

鲁仕维, 方志祥, 萧世伦, 等, 2016. 城市群体移动模式研究中空间尺度影响的定量分析. 武汉大学学报(信息科学版), 41(9): 1199-1204.

彭聘龄, 2012. 普通心理学. 北京: 北京师范大学出版社.

邵春福, 2014. 城市交通规划. 北京: 北京交通大学出版社.

宋长青, 2016. 地理学研究范式的思考. 地理科学进展, 35(1): 1-3.

汪秉宏, 周涛, 周昌松, 2012. 人类行为、复杂网络及信息挖掘的统计物理研究. 上海理工大学学报, 34(2): 103-117.

王波, 甄峰, 张浩, 2016. 基于签到数据的城市活动时空间动态变化及区划研究. 地理科学, 35(2): 151-160.

王伟, 杨兆升, 李贻武, 等, 2007. 基于信息协同的子区交通状态加权计算与判别方法. 吉林大学学报(工学版), 37(3): 524-527.

王瑞鸿, 2002. 人类行为与社会环境. 上海: 华东理工大学出版社.

萧世瑜, 方志祥, 陈碧宇, 等, 2018. 城市人群活动时空 GIS 分析. 北京: 科学出版社.

徐金垒, 方志祥, 萧世伦, 等, 2015. 城市海量手机用户停留时空分异分析:以深圳市为例. 地球信息科学学报, 17(2): 197-205.

许学强, 周一性, 宁越敏, 2009. 城市地理学. 北京: 高等教育出版社.

杨立华, 2020. 公共管理学学科边界的层次、类型和一个新学科发展纲领. 中国行政管理, 418: 70-80.

杨喜平, 方志祥, 2018. 移动定位大数据视角下的人群移动模式及城市空间结构研究进展. 地理科学进展, 37(7): 880-889.

杨喜平, 方志祥, 尹凌, 2018. 城市空间结构要素与人群聚散稳定性的关联性探索. 地球信息科学学报, 20(6): 791-798.

袁宏永, 黄全义, 苏国锋, 2012. 应急平台体系关键技术研究的理论与实践. 北京: 清华大学出版社.

朱菁玮, 方志祥, 杨喜平, 等, 2018. 城市邻近基站间人群流动时空变化同步性分析. 地球信息科学学报, 20(6): 844-853.

周涛, 2008. 在线电影点播中的人类动力学模式. 复杂系统与复杂性科学, 5(1): 1-5.

周涛, 韩筱璞, 闫小勇, 等, 2013. 人类行为时空特性的统计力学. 电子科技大学学报, 42(4): 481-540.

BARABÁSI A, 2005. The origin of bursts and heavy tails in human dynamics. Nature, 435(7039): 207-211.

BASSOLAS A, LENORMAND M, TUGORES A, et al., 2016. Touristic site attractiveness seen through Twitter. EPJ Data Science, 5(1): 12.

BROCKMANN D, HUFNAGEL L, GEISEL T, 2006. The scaling laws of human travel. Nature, 439(7075): 462.

CHEN J, SHAW S L, YU H, et al., 2011. Exploratory data analysis of activity diary data: A space-time GIS approach. Journal of Transport Geography, 19(3): 394-404.

DEVILLE P, LINARD C, MARTIN S, et al., 2014. Dynamic population mapping using mobile phone data. Proceedings of the National Academy of Sciences, 111(45): 15888-15893.

ECKMANN J P, MOSES E, SERGI D, 2004. Entropy of dialogues creates coherent structures in email traffic. Proceedings of the National Academy of Sciences of the United States of America, 101(40): 14333-14337.

EDWARD T, 1966. The hidden dimension. New York: Doubleday.

FANG Z, SHAW S L, TU W, et al., 2012. Spatiotemporal analysis of critical transportation links based on time geographic concepts: A case study of critical bridges in Wuhan. Journal of Transport Geography, 23: 44-59.

FANG Z, TU W, LI Q, et al., 2011. A multi-objective approach to scheduling joint participation with variable space and time preferences and opportunities. Journal of Transport Geography, 19(4): 623-634.

FANG Z, YANG X, XU Y, et al., 2017. Spatiotemporal model for assessing the stability of urban human convergence and divergence pattern. International Journal of Geographical Information Science, 31(11): 2119-2141.

GOLLEDGE R G, STIMSON R J, 1997. Spatial behavior: A geographic perspective. New York: The Guilford Press.

GONZALEZ M, HIDALGO C, BARABASI A, 2008. Understanding individual human mobility patterns. Nature, 453(7196): 779-782.

JOHANSEN A, 2004. Probing human response times. Physica A, 338: 286-291.

KANG C, QIN K, 2016. Understanding operation behaviors of taxicabs in cities by matrix factorization. Computers, Environment and Urban Systems, 60: 79-88.

LIU X, LONG Y, 2016.Automated identification and characterization of parcels with OpenStreetMap and points of interest. Environment and Planning B: Planning and Design, 43(2): 341-360.

LIU Y, LIU X, Gao S, et al., 2015.Social sensing: A new approach to understanding our socioeconomic environments. Annals of the Association of American Geographers, 105: 512-530.

MILLER H, SHAW S L, 2015. Geographic information systems for transportation in the 21st century. Geography Compass, 9(4): 180-189.

MOORE N, 2010. Nonverbal communication: Studies and applications. New York: Oxford University Press.

OLIVEIRA J G, BARABDSI A L, 2005. Human dynamics: Darwin and Einstein correspondence patterns. Nature, 437: 1251-1253.

PEI T, SOBOLEVSKY S, RATTI C, et al., 2014. A new insight into land use classification based on aggregated mobile phone data. International Journal of Geographical Information Science, 28(9): 1988-2007.

RODRIGUE J P, COMTOIS C, SLACK B, 2014. Transportation geography//Wang J W, Fu X, eds. Beijing: China Communications Press.

SCHNEIDER C M, BELIK V, COURONNÉT, et al., 2013. Unravelling daily human mobility motifs. Journal of The Royal Society Interface, 10(84): 20130246.

SCHWANEN T, 2017. Information technology and mobility. Hoboken: JohnWiley & Sons.

SHAW S L, 2006. What about "time" in transportation geography? Journal of Transport Geography, 14(3): 237-240.

SHAW S L, SUI D, 2018. Human dynamics research in smart and connected communities. Cham, Switzerland: Springer International Publishing AG.

SHAW S L, TSOU M H, YE X, 2016. Editorial: Human dynamics in the mobile and big data era. International Journal of Geographical Information Science, 30(9-10): 1687-1693.

SONG C, QU Z, BLUMM N, et al., 2010. Limits of predictability in human mobility. Science, 327(5968): 1018-1021.

TU W, CAO J, YUE Y, et al., 2017. Coupling mobile phone and social media data: A new approach to understanding urban functions and diurnal patterns. International Journal of Geographical Information Science(4): 1-28.

VDZQUEZ A, OLIVEIRA J G, Dezsö, et al., 2006. Modeling burst and heavy tails in human dynamics. Physical Review E, 73(3): 036127.

YANG X, FANG Z, YIN L, et al., 2019. Revealing the relationship of human convergence-divergence dynamics and land use: A case study on Shenzhen City, China. Cities, 95: 102384.

YIN L, SHAW S L, 2015. Exploring space-time paths in physical and social closeness spaces: A space-time GIS approach. International Journal of Geographical Information Science, 29(5): 742-761.

ZHANG J, YANG H, 2015. Modeling route choice in ertiain network equilibrium with heterogeneous prevailing choice sets.Transportation Research Part C: Emerging Technologies, 57: 42-54.

ZHAO K, MUSOLESI M, HUI P, et al., 2015. Explaining the power-law distribution of human mobility through transportation modality decomposition. Scientific Reports, 5: 9136.

ZHAO Z L, SHAW S L, XU Y, et al., 2016. Understanding the bias of call detail records in human mobility research. International Journal of Geographical Information Science, 30(9): 1738-1762.

ZHAO Z L, SHAW S L, YIN L, et al., 2019. Impacts of temporal sampling intervals on human mobility indicators using mobile phone location data. International Journal of Geographical Information Science, 33(7): 1471-1495.

第 2 章 人群活动动态的数据过滤

近年来，信息技术快速发展使得对人的长时间时空活动观测成为可能，无论是主动方式还是被动方式，收集大规模人群时空感知数据变得容易，为研究城市人群动态提供丰富的多种类型数据源，包括手机数据、GPS 浮动车数据、公交刷卡数据和社交媒体数据等。由于不同的轨迹数据源是采用不同的感知设备或基于不同目的收集来的，数据在时空分辨率上存在较大差异。此外，感知器在采集过程中受到内部或外部环境的影响，会导致数据中存在误差或异常，如手机数据中常见的乒乓效应就是一种典型的异常情况，会对人群移动研究产生较大的影响（Zhao et al., 2019；林楠, 2018）。因此，在使用人群感知数据之前，需要对其存在的异常记录进行探测和过滤，使得研究结论更精确。此外，人群活动的异常行为近年来也受到越来越多学者的关注，基于时空轨迹大数据探测城市群体活动的异常行为，如在特殊突发事件（暴雨、地震和台风等）情况下，人群的活动行为出现较大反常，理解特殊事件情况下人群的行为特征对城市的应急、犯罪、灾害管理等具有重要意义。本章将结合现有的文献，主要介绍人群活动动态研究中三种典型的数据异常过滤和探测，包括乒乓效应过滤、时空异常点过滤、人群活动行为异常探测。

2.1 手机数据的乒乓效应过滤

乒乓效应是手机位置数据中一类常见的噪声数据，如图 2.1 所示，主要表现为手机位置短时间内在附近基站之间快速频繁切换（Iovan et al., 2013）。手机位置数据是指基于基站 ID 定位技术（Ludden et al., 2012）得到的数据，基站 ID 定位技术的基本原理是通信运营系统一般将一个手机所能接收到附近信号强度最好的基站来为其提供通信服务，由于基站覆盖范围有限，可以用基站所在位置来近似表示用户的位置信息。基于此种技术，当手机位于多个信号基站覆盖范围重叠区域时，局部环境（建筑物遮挡）及手机使用习惯（手机姿态变化带来的天线朝向变化）可能导致当前手机所接收到的附近信号基站的信号相对强度频繁发生变化，使得为当前手机提供服务的基站发生频繁切换，在数据上则表现为乒乓效应

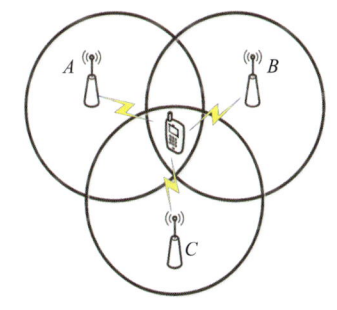

图 2.1 乒乓效应成因示意图

（Iovan et al., 2013）。如果手机用户没有移动行为，在数据上的乒乓效应仍会表现为移动特征，这样会导致研究结果可靠性降低。

乒乓效应主要是由手机所接收到的信号在邻近基站之间频繁切换引起的，因此具有一些典型的特征。而基于这些特征，学者发展了不同的方法来降低其影响。比如考虑乒乓效应主要是在邻近基站之间发生，Li 等（2014）在分析城市居民的住家位置及出行特征时，

将空间划分为较为粗略的 500 m×500 m 的格网为分析单元来降低乒乓效应对分析结果的影响。考虑乒乓效应造成的移动速度具有较快的特征，Iovan 等（2013）则基于速度阈值和转向角度两个参数来检测乒乓效应。此外，乒乓效应与信号处理中的白噪声存在类似特征，Horn 等（2014）基于 5 条轨迹比较了利用卡尔曼滤波的方式与基于速度指标的结果在探测手机位置数据中异常记录的效果，表明其在计算移动对象移动速度时具有较好的效果。而在恢复用户出行轨迹的研究中，Vajaka 等（2015）基于记录在基站之间往复的特征，结合路网与基站的邻近关系，考虑记录在基站之间转移的时间因素，提出基于过渡时间分位数的乒乓效应抑制方法（transition time quantile based ping-pong suppression，TTQ）来降低乒乓效应对路径恢复的影响。

这些方法虽然为学者处理乒乓效应提供了有用的参照，但仍存在一定的问题需要更为深入的分析。首先，采用空间聚合的方式来分析问题时，需要共同结合研究目的和乒乓效应的特征来选择空间尺度。然而，既有研究中对于乒乓效应的时空特征的分析仍然是缺少的。其次，有关乒乓效应检测方法的有效性会随手机位置数据的时间采样间隔的增加而降低。主要表现如下：

（1）对时间因素依赖的算法（如 TTQ）和指标（如速度）的有效性降低，造成很多乒乓效应的遗漏；

（2）现实世界的短距离移动行为对应的轨迹信息与乒乓效应的轨迹在稀疏时间采样间隔的情况下具有类似的特征，基于滤波方式的方法（例如卡尔曼滤波）会检测出谬误的乒乓效应，造成结果准确率下降。

为此，本节提出一种顾及跳转模式的手机数据乒乓效应检测方法，主要通过记录点的移动速度、重复跳转次数和方向等来判断记录是否出现乒乓效应。

乒乓效应的检测一般是通过检测数据中的异常移动进行的。根据异常移动来确定异常的记录（本章称为乒乓记录，即乒乓效应对应的记录），进而对相应的乒乓记录进行处理。在本书中，如果一条位置记录与前后邻接记录之间形成的分段均属于异常移动，则将该记录判定为乒乓记录，如图 2.2 所示，本节后续介绍的对于乒乓效应检测的方法均是基于检测数据中的异常移动分段。

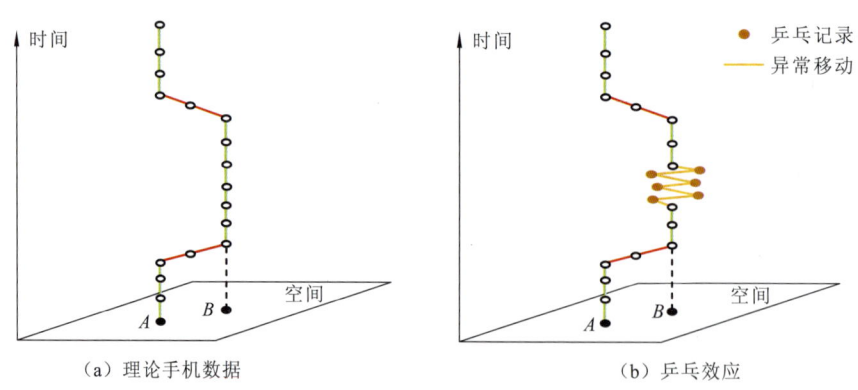

图 2.2 轨迹中乒乓记录示意图

2.1.1 手机数据乒乓效应检测方法

1. 基于移动速度的检测方法

移动速度异常是乒乓效应的典型特征之一。由于乒乓效应是信号基站切换引起的,在轨迹数据上表现为短时间内的瞬间移动。既有的乒乓效应检测方法常以此指标为参考,即当轨迹分段(m)的移动速度超过阈值时,如式(2.1)所示,则认为是乒乓跳转。

$$\{m \text{ 是异常移动分段} | v_m > v_0\} \tag{2.1}$$

其中:v_m 为移动速度;v_0 为速度阈值,该数值的设定可参考现实世界中城市道路限速。

2. 基于重复跳转的检测方法

在若干基站位置之间频繁跳转是乒乓效应的另一个典型特征。这一特征造成的结果是用户在特定的两个位置之间转移的频次异常。据此,如果在选定的时间窗口中,两个位置之间的转移频次超过阈值,如式(2.2)所示,那么将这些位置转移作为乒乓效应的结果。

$$\{m \in M^{TW} \text{ 是异常移动} | N_{ij}^{TW} > N_0\} \tag{2.2}$$

其中:M^{TW} 为 TW 时间内异常轨迹分段的集合;N_{ij}^{TW} 为在时间窗口 TW 中,位于位置 i 和 j 之间的移动频次。

3. 基于频繁转向的检测方法

从数据中观测到,乒乓效应不仅仅发生在特定的两个基站之间,在相互临近的基站之间均可能发生,这一现象在数据中表现为连续的突然转向。基于这一特征,如果在时间窗口 TW 内,突然转向频次超过阈值 N_v,如式(2.3)所示,那么相应转向对应的移动认为是异常移动。

$$\{m \in M^{TW} \text{ 是异常移动} | N_T^{TW} > N_v\} \tag{2.3}$$

其中:N_T^{TW} 为 TW 时间内转向频次;而 N_v 为阈值。其中对于转向的判定则是根据前后移动的转向角的大小,如果转向的角度超过阈值 A_0,如式(2.4)所示,则认为是突然转向。

$$\text{Ang}_t > A_0 \tag{2.4}$$

其中:Ang_t 为转向角,而 A_0 为转向角阈值。在计算转向角时计算连续的两个移动。如果移动后伴随着停留行为,则对停留邻接的前后移动之间计算转向角。本方法能够有效地补充在若干个位置之间发生的乒乓效应无法被基于重复跳转的规则有效检测的情况。

4. 多特征组合的检测方法

不难发现上述的三种方法分别从不同的角度对应了乒乓效应的跳转模式,它们各有自身的局限性,因此可以将上述三个方法所反映的乒乓效应特征进行组合,形成顾及跳转模式的多特征组合的检测方法来改善乒乓效应的检测效果。即如果轨迹数据的记录符合上述三个角度的任何一个都被认为是乒乓记录,因此,可以将组合方法检测方法表述为

$$\{m \text{ 是异常移动} | v_m > v_0 \text{ 或 } N_{ij}^{TW} > N_0 \text{ 或 } N_T^{TW} > N_v\} \tag{2.5}$$

2.1.2 实验分析

利用一套真实的手机位置数据来测试各个检测方法在选择不同参数时,所检测到的乒

兵效应的数量变化情况。

1. 手机位置数据集 A

手机位置数据集 A 是上海某移动运营商在 2012 年 9 月的一个工作日所收集的匿名手机位置数据，包括 126 万用户的约 8 000 万条位置记录。原始数据中共包括 8 种类型的记录信息，其中开机、关机、发起通信和收到通信这 4 种类型记录对应的通信行为是由用户触发，其中发起/接收通信事件对应的是既有研究中的呼叫详细记录（call detail record, CDR）数据，该数据集中约有 2 300 多万条记录，占所有记录的 34%，而拥有 CDR 类型记录的用户约为 108 万。除此之外，还包括周期性更新、握手切换、正常位置更新及内部信号标识共 4 种由通信运营商主动发起的感知事件所产生的记录，相应的组成参见表 2.1。该数据集的样例数据参见表 2.2。

表 2.1 手机位置数据集 A 中各类型记录的组成

编码	含义	记录个数/万条	百分比/%
000	正常位置更新	1 884	26.17
001	周期性更新	562	7.81
002	开机	76	1.05
041	发短信/打电话	531	7.38
051	关机	43	0.60
061	收短信/接电话	1 948	27.06
110	握手切换	1 209	16.80
999	内部信号标识	945	13.13

表 2.2 手机位置数据集 A 的样例数据

用户编码	时间	经度/(°)	纬度/(°)	类型
D97B1CXXFBBFB4	201209XXXX	121.XXX8	30.XXX6	001
C99AFFXXAA4CF0	201209XXXX	121.XXX9	31.XXX1	000
68A2B4XX019A96	201209XXXX	121.XXX8	31.XXX8	001
D99FE7XX5BA000	201209XXXX	121.XXX4	31.XXX9	110
DF81F7XX598D5A	201209XXXX	121.XXX0	30.XXX5	041
6B0067XX78173C	201209XXXX	121.XXX8	31.XXX9	041

在时间分布上，该数据集呈现出夜间相对较少、而白天呈现出双峰分布的特征，如图 2.3 所示。在空间分辨率上，本数据集包括超过 33 000 个基站位置信息，每个基站与最邻近 5 个基站的距离平均约为 382 m，相应空间分布如图 2.4 所示，其中中心城区中基站数量占比为 31.55%。

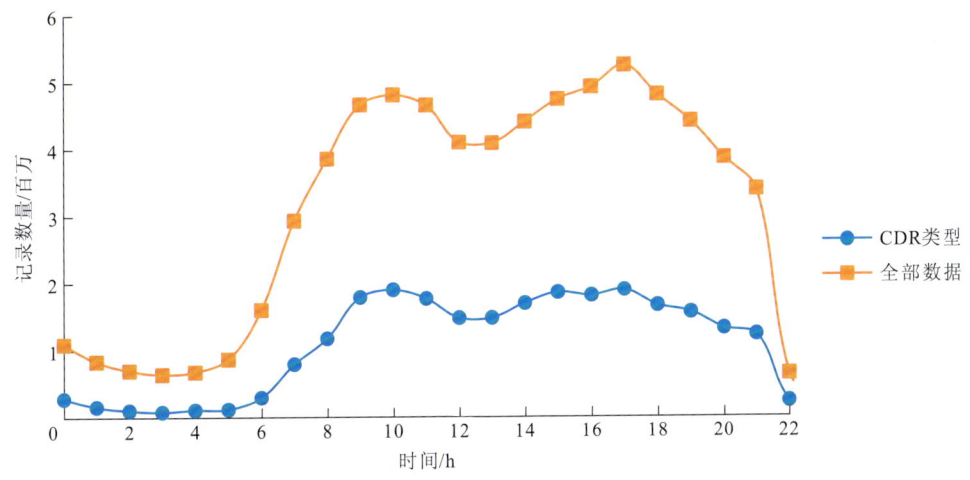

图 2.3　数据集 A 中 CDR 类型及全部数据在 24 h 的分布

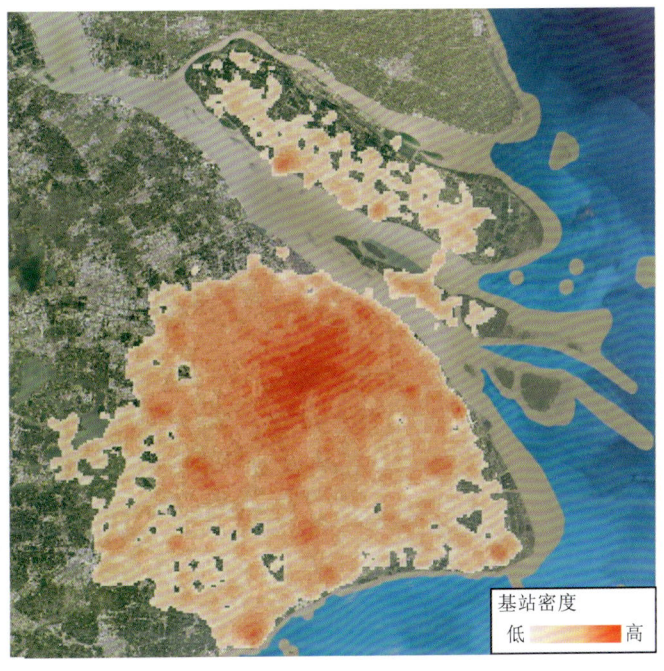

图 2.4　上海市手机基站分布热力图

2. 分析结果

从手机位置数据集 A 中随机选择出 1 000 个用户的位置记录作为测试数据集来分析不同的参数对乒乓效应检测的影响。该测试数据集共包括 57 134 条记录。

由于组合方法是基于初始三个角度的方法结合而来，敏感性分析只针对初始的三个方法进行分析。具体而言，通过调整三个方法所涉及的关键参数设定来比较不同参数设定下乒乓记录数量的变化特征，进而分析参数对乒乓检测结果的敏感性。

1）基于移动速度的检测方法

速度阈值（V_0）是本角度对应方法的关键参数，当 V_0 较小时，能够检测出更多乒乓记

· 21 ·

录,相应的,也会带来更多的谬误。以 10 km/h 为步长测试了 V_0 在 0~200 km/h 时对乒乓效应检测结果的影响,结果如图 2.5 所示。

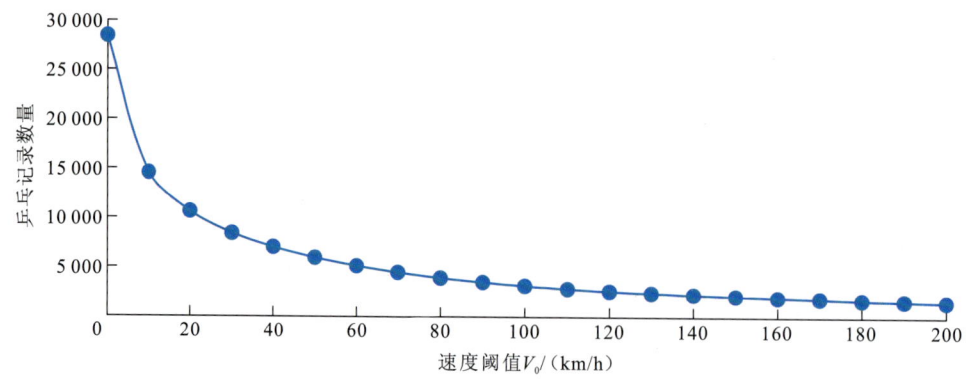

图 2.5 速度阈值对乒乓记录数量的影响

从图 2.5 中可以看出当 V_0 较小的时候,随着 V_0 的变化,检测出的乒乓记录数量快速下降。然而 V_0 较小(例如小于 40 km/h)的时候存在大量的谬误。当 V_0 大于 80 km/h 时,检测出的乒乓记录数量趋于稳定,这也说明,当速度阈值超过该数值时,基于移动速度的方法所检测的乒乓记录结果对于阈值参数的选择具有较高的鲁棒性。本小节参考我国道路交通法律对城市道路限速的相关规定(一般小于 80 km/h),推荐 120 km/h 作为基于移动速度方法检测的阈值。

2)基于重复跳转的检测方法

时间窗口大小及窗口内部重复频次阈值是本方法的关键参数。如前所述,本方法支持不同时间尺度下的规则设定。对此,本小节分别测试了时间窗口分别为 1 h、8 h 和 24 h 的情况下,重复跳转频次阈值的变化对乒乓记录检测结果的影响,结果如图 2.6 所示。

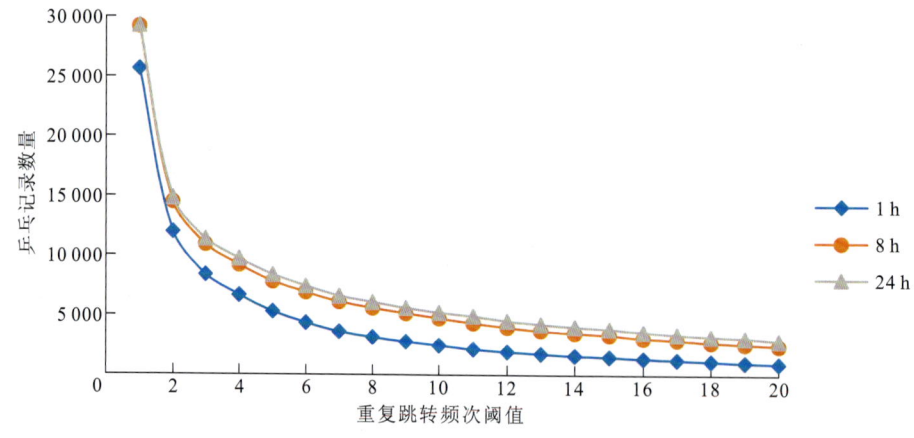

图 2.6 重复跳转次数阈值对乒乓效应检测结果的影响

图 2.6 的结果显示重复跳转频次与速度阈值有类似的特征,即当阈值较小(例如 2 次)时,对乒乓效应检测的影响较大,而且其中存在谬误的判定。在时间窗口上,8 h 时间窗口

与24h时间窗口对乒乓效应检测结果的影响相近，表示在重复跳转频次上，两个时间窗口的效应是近似的。考虑个体一天的出行频次一般少于6次（Zhao et al., 2018; Carrion et al., 2014），推荐1h时间窗口下，重复跳转频次设定为6次，而8h或更大时间窗口下，重复跳转频次阈值为12次。注意到，当重复跳转频次阈值大于6时，乒乓效应的检测结果也趋于稳定，表明该方法选择的参数具有较高的鲁棒性。

3）基于频繁转向的检测方法

与重复跳转类似，时间窗口大小与转向频次阈值是本方法的两个关键参数，而且此方法支持多时间尺度下的参数设定。对此，分别在1h、8h和24h的时间窗口下，分析不同的转向频次阈值对乒乓效应检测结果的影响。如图2.7所示，转向频次阈值的变化对乒乓效应检测结果有明显的影响；而且8h时间窗口下转向频次阈值对乒乓效应检测结果的影响程度与1h时间窗口明显不同，而与24h时间窗口下的影响更为近似。这表明该方法检测的乒乓效应对参数选择较为敏感。用户的突然转向主要是由日常出行行为造成的，例如早上从家中出发去单位，而晚上从单位出发回家。因此居民日常出行频次也可以作为基于频繁转向方法的参数选择参考。在没有更可靠依据的情况下，推荐1h时间窗口下，频繁转向阈值为6次，而8h或更大的时间窗口下，频繁转向阈值为12次。

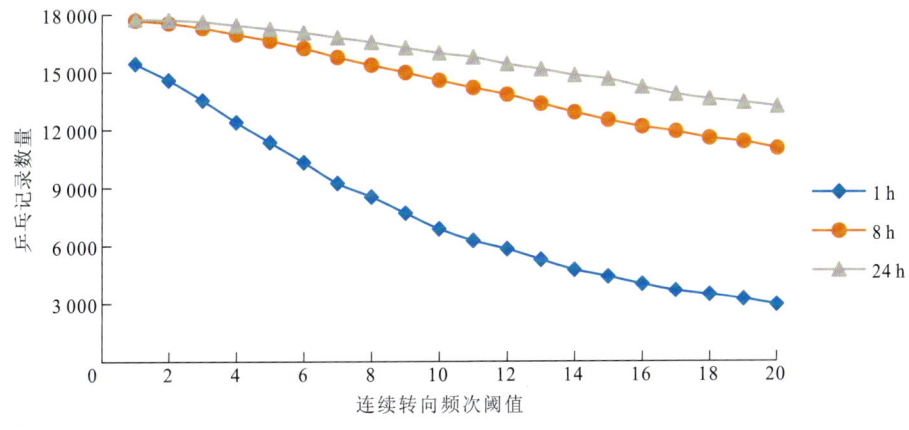

图2.7　连续转向频次阈值对乒乓效应检测结果的影响

2.2　轨迹数据的时空异常点过滤

在时空轨迹采集过程中，由于受到外界环境或仪器设备的影响，往往会出现异常的情况，从而导致一些数据记录跟其他大部分记录存在显著的差别。因此，在轨迹数据中存在一些明显偏离常规轨迹的时空异常点，探测和过滤轨迹数据中的异常点对提高人群动态分析精度至关重要。

目前，学者们对异常点并没有统一定义形式，一个异常是指一个数据对象与其他剩余的数据存在显著的差异或不一致（Meng et al., 2018; Liu et al., 2013; Han et al., 2011）。不同的数据集和不同研究问题情境下，人们对异常点认识不同，因此无法统一给出其数学形式。时空轨迹是描述某对象的空间位置随时间不断变化,形成一系列具有时间先后顺序的记录点,将这些记录点相连接即可生成对象的时空轨迹。轨迹中包含对象移动的一些属性,如位置、方向、速度等,这些属性信息是判断轨迹点异常的重要特征。Zhu 等(2017)给出轨迹异常定义:当一个轨迹在局部或全局与其他轨迹存在显著差异时,将该轨迹视为异常轨迹。本节主要关注轨迹数据中的时空异常点,这些异常点的探测和过滤是基于轨迹挖掘人群动态的前提。在此给出轨迹数据异常点的定义:基于某种特定的规则或约束,当某一个记录点与其他剩余大部分记录点存在明显的偏差时,则认为该记录点为轨迹异常点,需要对其进行过滤。从定义可以看出,异常点的探测主要取决于设定的约束条件或规则,而约束条件的设定往往跟研究问题或数据特征有关。近年来,学者们针对不同的轨迹数据集或不同的目的提出多种异常点探测方法(Meng et al., 2018),本节从城市人群时空动态研究方面,主要针对浮动车 GPS 数据、手机数据和社交媒体数据三大轨迹数据集对轨迹数据的异常点过滤进行分析,根据研究目的,将时空异常点过滤分为三类:基于目标对象匹配的异常点过滤、基于时空约束的异常点过滤和基于频繁活动区域的异常点过滤,下面将分别对其进行详细阐述。

2.2.1 基于目标对象匹配的异常点过滤

轨迹是对象在地理空间中移动生成的,有可能受到现实地理空间要素的限制,如浮动车轨迹数据受到城市道路网的约束。浮动车轨迹数据是由装在车辆上的 GPS 接收器每个固定的时间间隔记录车辆所在的位置和时间信息,从而可生成车辆出行的时空轨迹。由于车辆只能在道路上行驶,该轨迹数据受到城市道路网的约束。目前,浮动车轨迹数据已成为研究城市人群移动的重要数据源,该数据的特点是采样间隔较小(10~30 s),能完整记录车辆在城市的行驶路径信息和乘客的起点、终点位置,因此,可用来研究城市人群出行的时空动态和路径规划(Yuan et al., 2018;周洋,2016)。然而,车辆在城市中行驶,GPS 接收器会受到高楼、树木等遮蔽的干扰,导致轨迹数据中存在异常点,在使用轨迹数据挖掘人群出行特征时,首先需要对轨迹中的时空异常点进行探测和过滤。

由于受到道路两侧环境的影响,GPS 接收信号不稳定,轨迹点会出现偏离道路的异常情况。因此,首先需要对原始采集的轨迹数据进行地图匹配,得到与城市道路网相匹配的轨迹数据(谢金运 等,2017;Chen et al., 2014;李清泉 等,2013)。在地图匹配过程中,城市道路网是目标对象,基于该目标对象,对轨迹中与道路偏离程度较大的异常点进行识别与过滤。在这种情形下,异常点的探测和过滤首先存在一个目标对象,如城市道路网,通过将采集的轨迹点与目标对象进行匹配,从而识别偏离目标对象的异常轨迹点,因此,将其称为基于目标对象匹配的异常点过滤。轨迹点地图匹配是一种点到道路线段的匹配,是通过轨迹点到道路的有效投影距离及轨迹点的运行方向和道路方向的一致性来判断车辆在路段上运行的轨迹(李宇光 等,2014)。如图 2.8 所示,首先在轨迹的记录点的一定距离范围内路段上筛选候选点,当记录点到最近路段的距离大于预设阈值时,将其作为异常点过滤,如图中 P 点;然后基于记录点到候选点的距离 d 和记录点的移动方向与道路的夹角 θ 来构建匹配函数,如式(2.6)所示,根据匹配函数选取匹配度最高的点作为记录点在道路上的匹配点,最后生成轨迹在道路上的匹配路段。

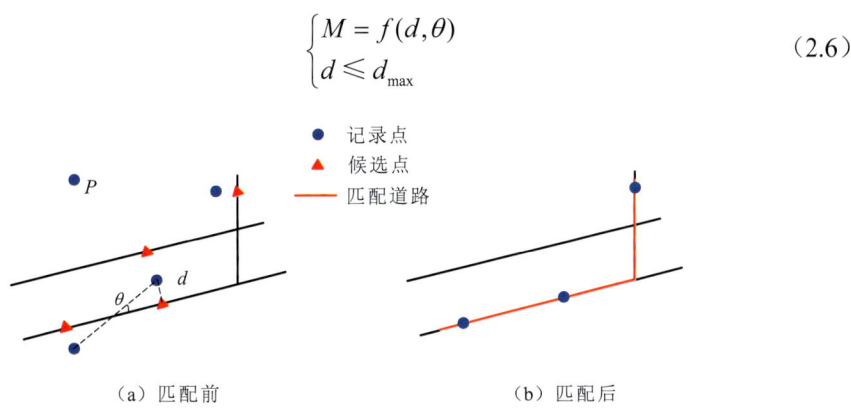

$$\begin{cases} M = f(d,\theta) \\ d \leqslant d_{\max} \end{cases} \quad (2.6)$$

（a）匹配前　　　　　　（b）匹配后

图 2.8　道路匹配示意图

2.2.2　基于时空约束的异常点过滤

人在城市中移动受到城市环境的时空约束，轨迹数据在采集过程中会出现一些离奇的异常点，这些记录点并不符合人在城市中移动的时空约束条件。比如速度大于某一设定的最高速度，这种记录点即为异常噪声点，这种异常点在计算人群移动距离和活动空间时，会对结果产生很大的影响。因此，需要通过时空约束条件对轨迹点进行异常探测和过滤，将其称为基于时空约束的异常点过滤。

手机数据是通过信号塔来进行定位，生成的时空轨迹是基于信号塔连接的，但由于信号的不稳定性，会出现瞬时的漂移记录点。漂移点数据噪声指的是移动台信号在短时间内跳转到距离明显不可达的基站，并在一段时间后跳转回原来的（或者邻近的）基站的现象。这种情况产生的主要因素是信号传输过程中的多径效应，天气情况（雨雾天气）、密闭城市建筑（高楼或者地下空间）、个体在城市内高速移动等因素均会导致漂移点数据噪声产生。目前漂移点数据噪声在基站工作过程中依旧无法避免，通过抗多径天线、抗多径信号处理与自适应抵消技术等手段能够在一定程度上减缓这种现象产生。

漂移点数据并不能反映个体的真实位置，其数据特征显著违反了个体日常生活的活动能力和城市道路环境的限制。图 2.9 描述个体出行的时空轨迹，假设个体在处于基站 B 覆盖区域内时，因为信号漂移，定位信息记录其在 Δt 时间内移动至相距 dis（B, C）的 C 基站区域内（记录点 P），根据移动的距离和时间信息计算出来的速度大于城市内公路（高速）限速，所以，记录点 P 被认为是轨迹漂移点。在这种情况下，漂移的轨迹点首先不符合个体在城市空间中的移动能力（受城市交通速度限制），其次不符合活动转移的成本（个体不可能为了一

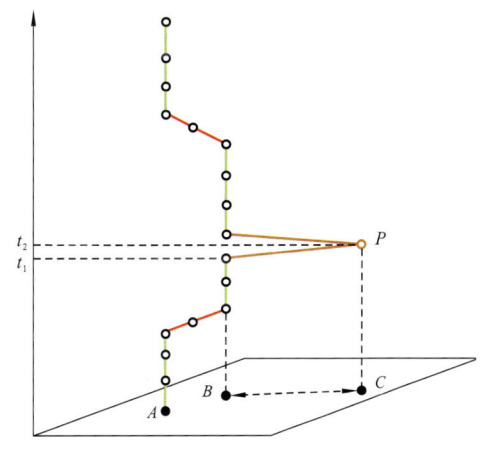

图 2.9　轨迹漂移点示意图

项短时间的活动而移动过远的距离)。因此,基于记录点间的移动速度可判断某一记录点是否为异常漂移点,具体公式如下:

$$\begin{cases} \Delta t = t_2 - t_1 \\ d = \sqrt{(x_B - x_C)^2 + (y_B - y_C)^2} \\ V = \dfrac{d}{\Delta t} \end{cases} \quad (2.7)$$

其中:$V \geqslant V_0$ 为异常漂移点;$V < V_0$ 为正常记录点。

2.2.3 基于频繁活动区域的异常点过滤

由于人生活具有习惯性,并且受到住家和工作位置的限制,人在城市中移动出行具有很强的规律性。利用手机数据分析城市大规模人群出行的预测性,发现人在出行过程中更倾向于返回到之前频繁访问的位置参加活动,这表明人群移动具有很强的预测性(Song et al., 2010; González et al., 2008)。事实上,从长期对人的出行活动观测来看,人群会在自己熟悉的区域频繁参与各项活动(如吃饭、购物和娱乐等),故根据个体频繁活动的区域,可以识别出个体出行的一些异常点或异常位置,将其称为基于频繁活动区域的异常点过滤。

在人群时空轨迹数据中,社交媒体数据不仅可以获取人群在城市中的时空位置信息,还可以通过用户所发表的签到或文字理解用户的活动语义信息,因此,社交媒体数据已经被广泛地用来理解城市人群时空动态(García-Palomares et al., 2018; 谢永俊 等, 2017; 王波 等, 2015; Li et al., 2015)。然而,社交媒体数据的时空分辨率较低,通常只有在用户使用社交 APP 发布签到信息时,才会记录用户所在的位置,导致无法连续跟踪用户的时空位置信息。如果拥有个体长时间的社交媒体数据,即可从数据中挖掘用户的频繁活动区域(如工作位置、住家位置等),因为个体倾向于在自己熟悉的区域活动。在社交媒体数据研究中,学者们经常会基于个体长时间的社交媒体位置数据,挖掘个体频繁活动区域,将个体偶尔活动位置作为异常点过滤,通常采用的方法是基于轨迹点密度聚类的方法,如基于密度的聚类算法(density-based spatial clustering of applications with noise, DBSCAN),该方法能通过定义半径来搜索范围内的记录点密度,通过密度可达进行聚类,如图 2.10 所示,将不符合设定密度的孤立记录点作为异常点过滤,识别出用户频繁活动区域(Khan et al., 2014; Birant et al., 2007)。

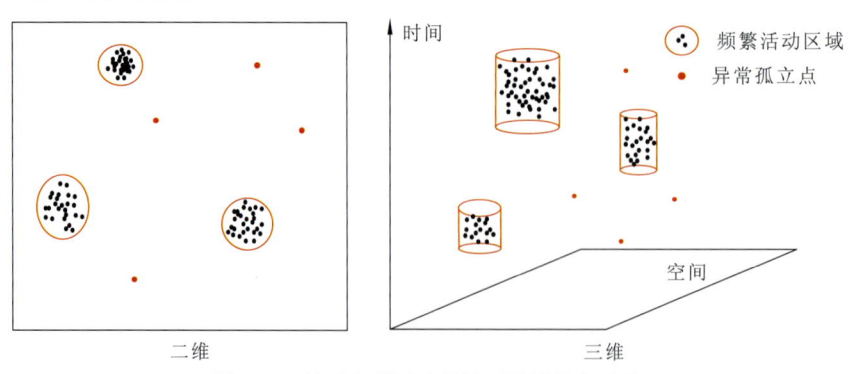

图 2.10 基于人群活动频繁区域异常点过滤

2.3　人群活动行为的异常探测

人群活动异常行为是指与个体过往的活动行为或与群体的活动行为出现较大差异的行为。在时空轨迹数据分析中，大多数研究主要关注人群活动的规律和模式，忽略了人群活动异常行为。然而，异常行为通常是一种警惕行为，更加需要深入关注，对城市的应急、犯罪、灾害管理等具有重要意义。比如通过分析罪犯的活动轨迹，探测异常特征理解罪犯的活动行为，帮助提前制定预防措施。人群活动异常行为探测需要根据特定的应用情景来设定何种行为是异常行为，如犯罪情景和暴雨情景下对人的异常行为定义会存在明显差异，只有设定了具体的应用情景后，才可判断哪些行为是正常或异常，对该情景下人群活动异常行为进行定义，即可设定具体的方法或规则，对异常行为进行探测。

目前，人群活动异常行为研究主要采用两种数据源，包括视频数据和时空轨迹数据。视频数据主要针对某空间内人的异常行为进行检测，将其与 GIS 结合，可实现地理环境下群体运动行为异常探测（宋宏权 等，2015）。本章主要关注基于时空轨迹数据的人群活动异常行为探测，尤其是近几年轨迹大数据如手机数据、社交媒体数据和 GPS 车辆轨迹数据，这些数据反映了一段时间内人在城市中位置随时间的变化，通过分析人的日常活动轨迹，探测其与活动规律差异较大的行为，即为异常行为（陈占浩，2019；毛嘉莉 等，2017；仇功达 等，2017；Lee et al.，2012）。在基于时空轨迹的异常行为分析中，大多数研究是基于轨迹相似性的异常行为探测，通过提取轨迹特征，定义衡量不同个体出行时空轨迹的相似性指标，识别出与数据集中大多数轨迹的特征不一致的轨迹。此外，由于一些特殊事件的影响，城市中人群的活动时空行为与正常情况下在全局或局部出现较大的差异，本章将该情境下的异常行为探测称为基于事件的时空异性行为探测。

2.3.1　基于时空轨迹相似性的异常行为探测

基于时空轨迹相似性的异常行为探测主要包括异常行为的定义、轨迹特征的提取、轨迹相似性衡量和聚类 4 个步骤（图 2.11）。异常行为取决于具体的应用场景，如犯罪、自然灾害等，因此，需基于具体的应用场景定义异常行为。在异常行为定义的基础上，构建个体出行时空轨迹，从轨迹中提取描述异常行为的特征，如停留驻点、时间、方向、速度等特征。基于异常行为的特征，构建轨迹间相似性的度量指标，如欧氏距离、编辑距离、动态时间归整等（Meng et al.，2018；Lv et al.，2017；Yuan et al.，2012）。基于轨迹相似性对其进行聚类，识别出与大部分轨迹具有显著差异的出行轨迹，即为异常行为。根据研究目的的不同，将人群活动异常行为探测分为基于历史轨迹的异常行为探测和基于群体一致性的异常行为探测。

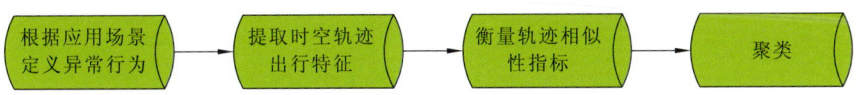

图 2.11　时空轨迹相似性异常行为探测流程

由于居民在城市中生活受到住家和工作位置的约束及自身的生活习惯影响，居民在城市空间活动行为具有很强的规律性。就个体而言，长期的出行行为具有明显的时空模式，基于个体历史时空轨迹的行为模式，可探测个体出行的异常行为。如图 2.12 所示，假设以天为时间单元，个体历史出行的时空轨迹具有明显的相似性和一致性，但 Day_i 天的轨迹与历史轨迹具有显著的差异，表示个体在 Day_i 行为异常。例如，历史轨迹呈现个体的工作日每天的出行行为，但由于生病，个体在 Day_i 去医院就诊，导致轨迹与之前轨迹出现较大的偏差。就群体而言，异常行为探测主要从大规模群体出行的轨迹中识别差异较大的异常轨迹，如图 2.13 所示，红色轨迹与其他轨迹具有明显偏差，即可被认为是异常行为。如前所述，通过计算轨迹间的相似性 $S_{i,j}$=Sim<Tr_i, Tr_j>，识别与其他大部分轨迹偏差较大的异常轨迹，其中轨迹 Tr_i=[$(x_1, y_1, t_1), (x_2, y_2, t_2), …, (x_n, y_n, t_n)$]，Sim< >为相似性度量准则。

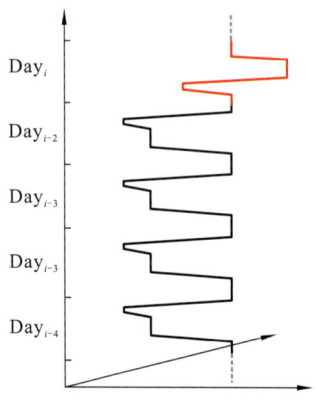

图 2.12 历史轨迹的异常行为　　图 2.13 基于群体一致性的异常行为

轨迹相似性准则是识别异常行为最重要的步骤，学者们已提出多种多样的轨迹相似性度量方法，从整体、局部分段、空间和时间等角度衡量轨迹间的相似性。为了满足自身的生活需求，居民在城市中参与不同的活动，表现在居民出行轨迹中的停留部分，轨迹中停留部分反映了个体在城市中的时空活动信息，因此，基于轨迹的时空停留可度量两个个体之间时空活动的相似性。本节提出顾及停留特征（停留开始时间、结束时间）的轨迹相似性度量方法。假设两个轨迹的停留位置序列分别为 $L_A = \{l_1^A \to l_2^A \to \cdots \to l_m^A\}$ 和 $L_B = \{l_1^B \to l_2^B \to \cdots \to l_m^B\}$，且停留位置个数相同，在每个对应停留位置 l_i，根据停留开始时间和结束时间，两个轨迹在停留位置 l_i 的相似性计算如下：

$$\text{sim\_time}_i^{AB} = \sum_{j=1}^{M}\sum_{k=1}^{N} \frac{\min(\text{et}_{i,j}^A, \text{et}_{i,k}^B) - \max(\text{st}_{i,j}^A, \text{st}_{i,k}^B)}{\max(\text{et}_{i,j}^A, \text{et}_{i,k}^B) - \min(\text{st}_{i,j}^A, \text{st}_{i,k}^B)} \quad (2.8)$$

其中：st 和 et 分别为停留的开始时间和结束时间；M 和 N 为在停留位置 l_i^A 和 l_i^B 处个体发生停留的个数，整个停留序列的相似性如下：

$$\text{sim\_time}^{AB} = \sum_{i=1}^{m} \text{sim\_time}_i^{AB} \quad (2.9)$$

由于个体可能在同一停留位置停留多次，即使两个轨迹的停留位置个数相同，但可能

停留个数存在差异,这表明两个个体时空行为存在差异,两个轨迹的停留个数相似性计算如下:

$$\text{sim\_NS}^{AB} = \frac{\min(|L_A|,|L_B|)}{\max(|L_A|,|L_B|)} \quad (2.10)$$

其中:$|L_A|$和$|L_B|$分别为轨迹A和B的停留总个数。这样,综合停留个数与停留时间的相似性,得到两个轨迹的总的相似性为

$$\begin{aligned} \text{sim}^{AB} &= \text{sim\_NS}^{AB} \times \text{sim\_time}^{AB} \\ &= \frac{\min(|L_A|,|L_B|)}{\max(|L_A|,|L_B|)} \times \sum_{i=1}^{m}\sum_{j=1}^{M}\sum_{k=1}^{N}\frac{\min(\text{et}_{i,j}^{A},\text{et}_{i,k}^{B}) - \max(\text{st}_{i,j}^{A},\text{st}_{i,k}^{A})}{\max(\text{et}_{i,j}^{A},\text{et}_{i,k}^{B}) - \min(\text{st}_{i,j}^{A},\text{st}_{i,k}^{A})} \end{aligned} \quad (2.11)$$

基于上述公式,可计算两个轨迹之间的相似性,sim^{AB}的取值范围为[0, 1],越接近1,表示两个轨迹停留特征越相似。图2.14模拟了4个轨迹,分别为轨迹A、B、C、D,不同颜色线表示不同的停留位置,从纵轴可以看出每个停留的开始时间和结束时间,轨迹A和B之间具有相似的停留模式,轨迹C和D具有相似的停留特征,但轨迹D在第一停留位置处发生了两次停留,基于提出的轨迹停留相似性,计算4个轨迹间的相似性,如表2.3所示,轨迹A和B的相似性最高为0.81,轨迹C和D的相似性为0.75,但A、B和C、D的相似性较低。从计算结果可以看出,本节提出的轨迹相似性准则可以定量居民出行停留特征的相似性。基于轨迹间的相似性,采用合理的聚类方法,即可对居民出行行为进行分类,识别与大部分居民出行行为偏差较大的异常行为。

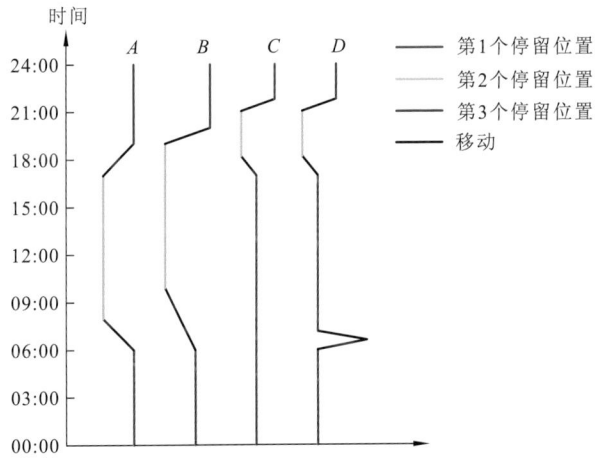

图2.14 4个轨迹示例

表2.3 轨迹相似性值

sim^{AB}	A	B	C	D
A	1.00	0.81	0.25	0.19
B	0.81	1.00	0.31	0.23
C	0.25	0.31	1.00	0.75
D	0.19	0.23	0.75	1.00

2.3.2 基于分类的异常行为探测

分类是一种监督学习方法,基于机器学习和深度学习中的分类方法,可以有效地将时空轨迹中的正常和异常行为进行划分,从而对异常行为进行探测。因此,基于分类方法的异常行为探测主要分为两个阶段,在训练阶段使用具有标签的训练数据集学习构建分类器,在测试阶段,根据分类器对测试数据集进行分类,将其划分为正常和异常两个类别。

图 2.15 给出了基于分类的异常行为探测的主要流程,主要分为以下 4 个步骤。

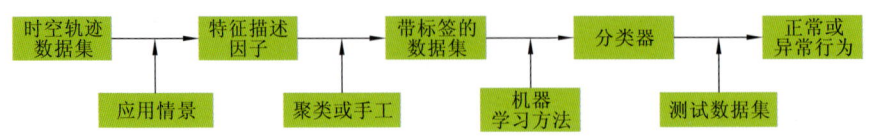

图 2.15 基于分类的异常行为探测流程

(1)根据异常的应用情景(如暴雨或交通事故等),从时空轨迹中提取可以描述具体应用的特征因子,因子的多少根据具体情况而定,选择能直接衡量异常情况下人群行为的特征向量。

(2)利用非监督学习方法(如聚类分析)或人工标注等方式,对训练数据集添加标签,得到带标签的数据集。

(3)基于带标签的训练数据集,选择适当的机器学习方法(如支持向量机、随机森林等)对数据集进行训练,通过精度评定等确定合适的分类器模型。

(4)基于生成的分类器模型,将测试数据集放入模型中进行分类,最后对其进行正常和异常行为划分。

基于分类的异常行为探测主要用于对异常行为的特征已知的情况,使用训练数据集构建分类器,进而使用分类器实现正常与异常行为的分类。由于不同的情景下对异常行为的描述存在差异,具体的应用场景下需要训练相应的模型分类器。

2.3.3 基于密度和方向的异常行为探测

个人时空轨迹具有方向性,通过方向可以判断轨迹是否存在异常。异常行为是指与其他大部分轨迹存在较大偏差的轨迹,通过轨迹的密度可以判断个体出行轨迹是否与大部分轨迹的路径存在差异,因此,Ge 等(2010)提出了一种 TOP-EYE 的异常轨迹方法,该方法通过考虑轨迹出行的方向和密度来判断其异常特性,已被广泛地应用到异常行为探测。

为了节省计算机存储空间和提高计算效率,将研究区域划分成规则的格网,将每个格网内的方向划分为 8 个维度,根据轨迹的出行方向,计算每个网格中轨迹在 8 个方向维度上的移动概率,具体的定义如下。

方向概率向量:将整个研究区域划分为规则大小的格网 $G=\{g_1,g_2,\cdots,g_n\}$,针对每个网格 g_i,将其方向分为 8 个维度,每两个相邻方向的夹角为 $\pi/4$,针对路过该网格的所有轨迹,统计其在 8 个方向维度上的概率(图 2.16),这样可以生成一个方向概率向量,将

其记为 $g_i = <p_1, p_2, p_3, p_4, p_5, p_6, p_7, p_8>$，$d_j(1 \leq j \leq 8)$ 表示网格中轨迹在 j 方向上的概率。

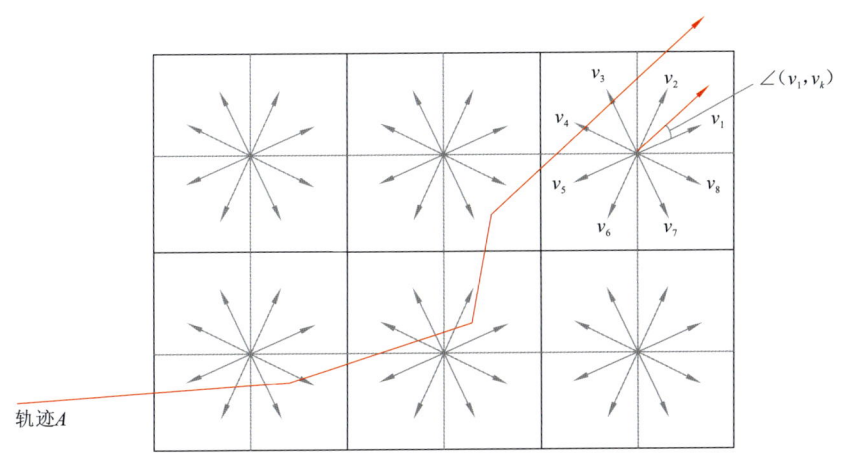

图 2.16　方向测量示意图

基于该方向概率向量，可以衡量轨迹在方向上的异常情况。当格网中一个轨迹与其他大部分轨迹在方向上出现偏离时，该轨迹出现方向异常。假设一条轨迹 Tr_i 经过一系列网格，在这些网格中，如果轨迹 Tr_i 在方向上偏离大部分轨迹的方向，那么该轨迹方向异常，其异常指数计算公式如下：

$$\text{OScoreDir} = 1 - \sum_{k=1}^{K} q_k \sum_{i=1}^{8} p_i \cdot \cos\angle(v_k, v_i) \quad (2.12)$$

其中：$\cos\angle(v_k, v_i)$ 为方向向量 v_k 和 v_i 的夹角。如图 2.16 所示，K 为轨迹 Tr_i 在该网格中有 K 个方向，其向量为 $<q_1, q_2, \cdots, q_K>$，$q_k = \dfrac{1}{k}$。

除了考虑轨迹的移动方向，还需考虑网格中轨迹的密度是否异常。若轨迹 Tr_i 经过网格，该网格中的轨迹数量小于设定的阈值，则认为该轨迹为密度异常，其密度异常指数计算公式如下：

$$\text{OScoreDen} = \begin{cases} s, & \text{密度} < \tau \\ 0, & \text{其他} \end{cases} \quad (2.13)$$

通过考虑轨迹在网格中移动的方向和密度，计算轨迹在城市中通过格网的密度和方向异常值，识别轨迹中的异常行为。

参 考 文 献

陈占浩, 2019. 基于手机位置信息的人物轨迹分析技术研究. 北京: 中国人民公安大学.
仇功达, 何明, 杨杰, 等, 2017. 异常轨迹数据预警与预测关键技术综述. 系统仿真学报, 29(11): 2608-2617.

李清泉, 胡波, 乐阳, 2013. 一种基于约束的最短路径低频浮动车数据地图匹配算法. 武汉大学学报(信息科学版), 38(7): 805.

李宇光, 李清泉, 2014. 利用地图栅格化的海量浮动车数据道路匹配快速算法. 武汉大学学报(信息科学版), 39(6): 724-728,733.

梁春阳, 林广发, 张明锋, 等, 2018. 社交媒体数据对反映台风灾害时空分布的有效性研究. 地球信息科学学报, 20(6): 807-816.

林楠, 2018. 基于大规模手机定位数据的居民活动链挖掘方法.北京: 中国科学院大学.

毛嘉莉, 金澈清, 章志刚, 等, 2017. 轨迹大数据异常检测: 研究进展及系统框架. 软件学报, 28(1): 17-34.

宋宏权, 王丰, 刘学军, 等, 2015. 地理环境下的群体运动分析与异常行为检测. 地理与地理信息科学, 31(4): 1-5.

王波, 甄峰, 张浩, 2015. 基于签到数据的城市活动时空间动态变化及区划研究. 地理科学(2): 151-160.

王艳东, 李昊, 王腾, 等, 2016. 基于社交媒体的突发事件应急信息挖掘与分析. 武汉大学学报(信息科学版), 41(3): 290-297.

邬群勇, 裘钰娇, 2019. 微博数据位置信息反映台风灾情的有效性分析. 测绘科学技术学报, 36(4): 406-411.

谢金运, 涂伟, 李清泉, 等, 2017. 大规模浮动车流数据并行地图匹配方法. 武汉大学学报(信息科学版), 42(5): 697-703.

谢永俊, 彭霞, 黄舟, 等, 2017. 基于微博数据的北京市热点区域意象感知. 地理科学进展, 36(9): 1099-1110.

周洋, 2016. 基于出租车数据的城市居民活动空间与网络时空特性研究. 武汉: 武汉大学.

AHN J, HAN R, 2013. Personalized behavior pattern recognition and unusual event detection for mobile users. Mobile Information Systems, 9(2): 99-122.

BIRANT D, KUT A, 2007. ST-DBSCAN: An algorithm for clustering spatial-temporal data. Data & Knowledge Engineering, 60(1): 208-221.

CARRION C, PEREIRA F, BALL R, et al., 2014. Evaluating FMS: A preliminary comparison with a traditional travel survaey. Transportation Research Board 93rd Annual Meeting, Washington, DC USA, No-14-5541.

CHAE J, THOM D, JANG Y, et al., 2014. Public behavior response analysis in disaster events utilizing visual analytics of microblog data. Computers & Graphics, 38: 51-60.

CHEN Z, GONG Z, YANG S, et al., 2020. Impact of extreme weather events on urban human flow: A perspective from location-based service data. Computers, Environment and Urban Systems, 83: 101520.

CHEN B Y, YUAN H, LI Q, et al., 2014. Map-matching algorithm for large-scale low-frequency floating car data. International Journal of Geographical Information Science, 28(1): 22-38.

DOBRA A, WILLIAMS N E, EAGLE N, 2015. Spatiotemporal detection of unusual human population behavior using mobile phone data. Plos One, 10(3): e0120449.

DONG Y, PINELLI F, GKOUFAS Y, et al., 2015. Inferring unusual crowd events from mobile phone call detail records. Joint European Conference on Machine Learning and Knowledge Discovery in Databases. Springer, Cham, 2015: 474-492.

GARCÍA-PALOMARES J C, SALAS-OLMEDO M H, MOYA-GÓMEZ B, et al., 2018. City dynamics through Twitter: Relationships between land use and spatiotemporal demographics. Cities, 72: 310-319.

GE Y, XIONG H, ZHOU Z, et al., 2010. Top-eye: Top-k evolving trajectory outlier detection// Proceedings of the 19th ACM International Conference on Information and Knowledge Management, 2010: 1733-1736.

GONZÁLEZ M C, HIDALGO C A, BARABÁSI A L, 2008. Understanding individual human mobility patterns. Nature, 453(7196): 779-782.

HAN J, PEI J, KAMBER M, 2013. Data mining: Concepts and techniques. New York: Elsevier.

HORN C, KLAMPFL S, CIK M et al., 2014. Detecting outliers in cell phone data: Correcting trajectories to improve traffic modeling. Transportation Research Record: Journal of the Transportation Research Board, 2405: 49-56.

IOVAN C, OLTEANU-RAIMOND A M, COURONNÉ T, et al., 2013. Moving and calling: Mobile phone data quality measurements and spatiotemporal uncertainty in human mobility studies. Geographic Information Science at the Heart of Europe. Springer International Publishing: 219-222.

KHAN K, REHMAN S U, AZIZ K, et al., 2014. DBSCAN: Past, present and future// The Fifth International Conference on the Applications of Digital Information and Web Technologies (ICADIWT 2014). IEEE, 2014: 232-238.

LEE J J, KIM G J, KIM M H, 2012. Trajectory extraction for abnormal behavior detection in public area// 2012 9th International Conference & Expo on Emerging Technologies for a Smarter World (CEWIT). IEEE: 1-5.

LI L, YANG L, ZHU H, et al., 2015. Explorative analysis of Wuhan intra-urban human mobility using social media check-in data. Plos One, 10(8): e0135286.

LI W, CHENG X, DUAN Z et al., 2014. A framework for spatial interaction analysis based on large-scale mobile phone data. Computational Intelligence and Neuroscience: 21.

LIU Z, PI D, JIANG J, 2013. Density-based trajectory outlier detection algorithm. Journal of Systems Engineering and Electronics, 24(2): 335-340.

LUDDEN B, PICKFORD A, MEDLAND J, et al., 2012. Report on implementation issues related toaccess to location information by emergencyservices (E112) in the European Union. Final report, EU: Coordination Group on Access to Location Information for Emergency Services: 1-100.

LV Z, XU J, ZHAO P, et al., 2017. Outlier trajectory detection: A trajectory analytics based approach//International Conference on Database Systems for Advanced Applications. Springer, Cham: 231-246.

MENG F, YUAN G, LV S, et al., 2018. An overview on trajectory outlier detection. Artificial Intelligence Review, 52(4): 2437-2456.

PASTOR-ESCUREDO D, MORALES-GUZMÁN A, TORRES-FERNÁNDEZ Y, et al., 2014. Flooding through the lens of mobile phone activity// IEEE Global Humanitarian Technology Conference (GHTC 2014). IEEE: 279-286.

SONG C, QU Z, BLUMM N et al., 2010. Limits of predictability in human mobility. Science, 327(5968): 1018-1021.

VAJAKAS T, VAJAKAS J, LILLEMETS R, 2015. Trajectory reconstruction from mobile positioning data using cell-to-cell travel time information. International Journal of Geographical Information Science, 29(11): 1941-1954.

YUAN H, CHEN B Y, LI Q, et al., 2018. Toward space-time buffering for spatiotemporal proximity analysis of movement data. International Journal of Geographical Information Science, 32(6): 1211-1246.

YUAN Y, RAUBAL M, 2012. Extracting dynamic urban mobility patterns from mobile phone data// International Conference on Geographic Information Science. Berlin: Springer: 354-367.

ZHAO Z, SHAW S L, YIN L, et al., 2019. The effect of temporal sampling intervals on typical human mobility indicators obtained from mobile phone location data. International Journal of Geographical Information Science, 33(7): 1471-1495.

ZHU J, JIANG W, LIU A, et al., 2017. Effective and efficient trajectory outlier detection based on time-dependent popular route. World Wide Web, 20(1): 111-134.

第 3 章 人群动态数据的时空尺度效应

在人群动态分析中，由于不同的数据源采用的传感器不同，且采集的目的存在差异，数据的时空采样会出现较大差异。比如在空间方面，手机数据是以信号塔来定位，因此数据的空间分辨率随着基站的分布密度产生变化，而社交媒体数据、出租车轨迹数据的定位精度明显高于手机数据；在时间方面，手机数据通常只有当用户发生通话、上网等活动时才能获取用户的位置信息，而出租车数据是在一定的时间间隔（10~60 s）进行有规律的采样。因此，在进行人群活动动态研究时一定要考虑数据的时空尺度问题。

在地理学中，由于缺乏天然的空间分析单元，而研究结果依赖于空间单元的形状和尺寸，从而产生了可塑空间单元问题（modifiable areal unit problem，MAUP）（刘瑜，2016）。目前，在利用大数据进行人群移动研究中，学者们采用多种不同的空间单元（如格网、交通小区、街道等），在采用同一种空间单元（如格网），尺寸的大小对研究结果也会产生影响，因此，需要定量分析人群动态研究中的空间尺度效应。

人群时空轨迹数据是记录个体在城市中的空间位置随着时间的变化，在记录中一个重要的信息就是时间属性，轨迹数据时间采样的稀疏对人群移动研究产生影响。参考空间尺度中的 MAUP 问题，学者们针对数据中的时间特征及采样时间对研究结果的影响，总结出了可塑时间单元问题（modifiable temporal unit problem，MTUP），旨在帮助分析数据中时间不确定性对研究结果产生的影响（Cheng et al.，2014）。

可见，在利用时空轨迹数据进行人群动态分析时，既面临可塑空间单元问题，又面临可塑时间单元问题，因此，需要对轨迹数据的时空尺度效应进行分析，研究空间尺度和时间尺度对人群移动研究产生的影响。本章将分别从空间和时间方面定量分析不同尺度下人群移动研究中的尺度效应。在空间尺度方面，基于哈夫空间交互模型，分析不同空间尺度下模型拟合参数的演变，揭露空间尺度对空间交互模型建模的影响；在时间尺度方面，通过对原始数据进行时间重采样，分析不同时间分辨率数据对度量人群移动性的影响。

3.1 人群动态数据空间尺度效应

3.1.1 人群动态数据的可塑空间单元问题

在地理学中，地理要素空间分布的时空格局及演变均对时空分析单元的尺度具有依赖性。不同领域会根据不同的现实问题和研究视角，加强对尺度概念的理解；而由不同的空间尺度所带来的效应和影响是地理学中一个经典问题——可塑空间单元问题，在地理学及相关的其他领域中长期备受关注。MAUP 的基本概念是空间分析的结果随空间分析单元定义及选取尺度不同而导致分析结果产生变化的问题；而地理空间固有的异质特性是导致

MAUP 效应的重要原因之一（Cross et al.，2013；Openshaw et al.，1979）。不仅如此，时空大数据中的 MAUP 效应还应包括数据获取过程中的异质性，如手机位置数据中的基站空间分布的不均匀特性；社交媒体签到数据中具有较高比率的位置记录发生在城市中心或其他人群活动比较密集的繁华地带等。一般而言，MAUP 的影响可分为两个重要组成部分，即尺度效应和区划效应（Viegas et al.，2009）。

1. 尺度效应

尺度效应是指当同一实验区域内的空间数据经聚合而改变空间分析单元的大小、形状、方向等时，所引起的分析结果也随之变化的现象，如图 3.1（A）～（E）所示。尺度效应具有一定的临界特性，即在某些特定的空间尺度上才会显现出来。

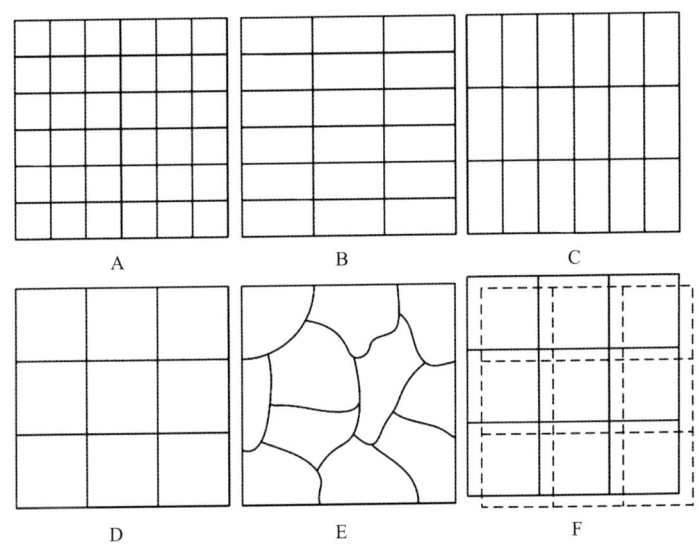

图 3.1　可塑空间单元问题的常见类型

2. 区划效应

区划效应是指当选取同一大小或尺度的空间分析单元时，由于不同的聚合方式（如划分起点的不同）而引起的分析结果的变化，如图 3.1 中（F）所示。与空间尺度效应有所不同，区划效应在许多空间尺度上均可显现出来。

可塑空间单元问题普遍存在于地理实体空间的分析中，它影响着空间变量之间相关关系的邻接性、强度及方向，正视该问题有助于更好地理解和研究空间关系（Winkler，2016）。关于尺度效应的研究比较多，而尺度、时间、空间及属性被认为是时空数据的最重要的四大要素。时空大数据中的个体轨迹多是由一系列时空点组成的；社会经济数据的采集多是基于普查单元的。由精细粒度的点观测向相对粗糙的面观测转换时，地理实体的属性（如土地利用类型、人口数等）或者过程（如热点的聚散、实体生命周期的不同阶段等）可能会发生改变，甚至也可能是显著的变化。

近年来诸多学者研究了如何减少 MAUP 效应对空间分析的影响。邬建国等（1995）、Jelinski 等（1996）从方法论的角度深入探讨了降低 MAUP 影响的 5 种方法和途径，分别是基本实体的方法、最优划区方法、敏感性分析的途径、掘旧创新途径及强调研究变量变化过程的方法。Swift（2008）等提出常用的 9 种可塑空间单元进行空间分区，研究 MAUP 效应对实验结果的影响，从中选择合适的单元。Butkiewicz 等（2008）在模拟城市增长的研究中，通过采用半自动方式来修正面积单元的边界，以达到减少 MAUP 效应的影响。陈江平等（2011）模拟计算了 6 种不同的空间单元划分下的空间自相关分析结果，最后提出一种基于地统计内插的方法以降低 MAUP 效应的影响。孟志新等（2016）指出通过特定的聚类算法，可以起到缓解空间热点分析中所面临的可塑空间单元问题，比如基于动态约束聚类和划分的空间分区法则。

可塑空间单元问题广泛存在于人、地空间关系的定性分析和定量描述之中，不仅如此，朱会义等（2004）也指出与地理空间相关的定量模型研究中也要注意尺度效应带来的影响。空间交互模型是定量化评估不同子空间互相之间的交互作用强度，而手机基站的本质是一个个空间相邻的泰森多边形组成的无缝服务区域，该区域并不一定具有明确的地理空间现实意义；将基站为单元的空间交互"流"转换为其他尺度的空间单元时，其分析存在可塑空间单元问题。由此，本章以哈夫空间交互模型为基础，采用手机数据分析该空间交互模型进行空间尺度上的敏感性分析，深入地了解 MAUP 的尺度效应的同时也有助于更好地进行人类移动与空间交互分析。

3.1.2 空间交互建模中的尺度效应

在地理学中，空间交互是一个被长期关注的焦点问题，它描述空间中两个不同位置发生人群、物资、信息等交换。空间交互每时每刻都在城市中发生，因此地理学者们已提出多种空间交互模型来对城市中的空间交互进行建模，如重力模型、哈夫空间交互模型等。其中哈夫空间交互模型是对城市中商圈的购物活动的空间交互进行建模，通过建模分析商圈的吸引范围和顾客的空间分布等。本小节在空间上进行多尺度单元划分，从手机数据中提取不同空间尺度下商圈的交互轨迹，利用全局最小二乘法和地理加权回归分别对哈夫空间交互模型的吸引力和距离衰减参数进行拟合校验，分析不同空间尺度下模型参数的演变特征，解释地理学中空间交互建模中的尺度效应。

1. 空间多尺度单元划分

1）研究区域与数据集

在空间交互模型中，哈夫空间交互模型主要针对城市中商圈购物活动的空间交互进行建模。作为城市内特定的商业功能区的重要组成部分之一，城市空间中的商圈在城市发展中发挥着举足轻重的作用。本节以深圳市为研究区域，挑选深圳市内的 5 座最具代表性的大型商圈为人、地空间交互的研究对象，包括东门商圈（Dongmen commercial pedestrian street，简称 D）、人民南商圈（Renmin.nan commercial area，简称 R）、华强北商圈（Huaqiang.bei commercial area，简称 H）、华侨城商圈（Overseas Chinese town，简称 O）和南山商圈（Nanshan commercial area，简称 N），图 3.2 所示为该 5 大商圈的空间分布情况，表 3.1 为各商圈的面积。

图 3.2　5 大商圈的空间分布示意图

表 3.1　所选取各大商圈的面积

商圈名称	东门	人民南	华强北	南山	华侨城
面积/×10³ m²	279.10	729.20	1567.79	1155.95	1569.92

本节采用的人群动态数据是深圳市 2012 年 3 月某工作日的手机位置数据,约 1 600 万用户,该数据是通信公司为了检测故障或其他目的在一定的时间间隔内主动记录的一次用户所在的位置,即无论用户是否进行通信活动都会被记录,该数据的时间采样间隔约为 1 h。每条记录包括用户的 ID、基站的经纬度及记录时间,其中为了保护用户隐私,运营商已经对用户的 ID 进行了加密处理,表 3.2 给出了个体的手机数据样例。手机数据是通过基站进行定位的,并不是用户在城市中的精确位置,因此定位精度与基站在城市中的分布有关,在市中心人口密集区域定位精度一般为 200～500 m,而在郊区可能达到几千米。

表 3.2　手机位置数据样例

用户 ID	记录时间	时间窗	经度/(°)	纬度/(°)
bfa8m7******	00:25:36	00:00.01:00	113.***	22.***
bfa8m7******	01:26:40	01:00.02:00	113.***	22.***
bfa8m7******	02:20:53	02:00.03:00	113.***	22.***
bfa8m7******	…	…	…	…
bfa8m7******	23:33:50	23:00.24:00	113.***	22.***

备注：为保护手机用户隐私,经纬度和日期等字段用*号进行隐藏

2) 交互轨迹提取

手机用户轨迹中停留的定义是指对于给定的一个地理区域（比如商圈功能区的地理空间范围）,用户在此区域内的连续时长需大于等于一个预定的时间阈值 $T_{\text{threshold}}$。在此定义中停留是一个区域范围,而非独立的单个空间位置点。由此,到达商圈的轨迹要素由进入商圈范围内的时间 t_A、进入商圈范围内的前一位置（即是这点轨迹的起始点）、离开商圈范围的时间 t_L 及商圈中心位置构成。经过实证调研发现,这些商圈空间范围内的大部分公司、

商店及专柜等的营业时间是从 9:00 至 23:00，所以，提取用户到达商圈轨迹的时空间约束规则如下（图 3.3）。

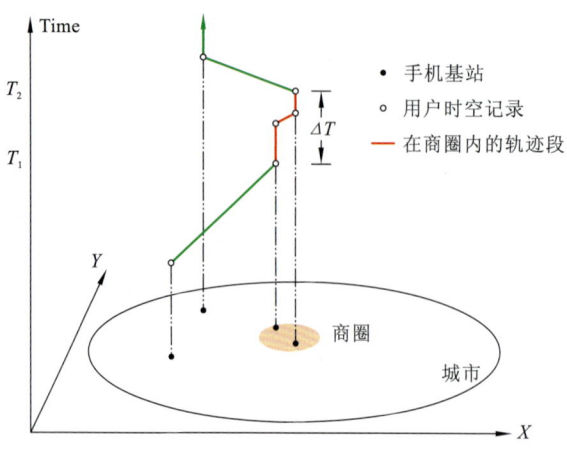

图 3.3　个体移动的时空轨迹

（1）手机用户足迹中至少有段轨迹或是记录点位于商圈功能区的地理空间范围之内。

（2）在商圈中的停留时间阈值为 1 h，这是根据用到的手机位置数据的时间采样频率大约在 1 h 而设定的，即

$$\Delta T = t_\mathrm{L} - t_\mathrm{A} \geqslant T_\mathrm{threshold} \tag{3.1}$$

（3）用户进入商圈范围内的时间应在 9:00 之后，而离开商圈范围的时间应在 23:00 之前。

依据上述时空约束规则，提取出到达商圈的轨迹信息，包含出发点（即手机基站）的位置、到达商圈的编号及它们之间的二维欧氏距离。

$$d = \sqrt{(x_\mathrm{cpt} - x_\mathrm{ta})^2 + (y_\mathrm{cpt} - y_\mathrm{ta})^2} \tag{3.2}$$

其中：$(x_\mathrm{cpt}, y_\mathrm{cpt})$ 为基站坐标；$(x_\mathrm{ta}, y_\mathrm{ta})$ 为商圈中心坐标。

这里需要指出的是，由于手机位置数据只涵盖了用户时空上的稀疏足迹，没有提供用户的任何社会属性信息及活动语义信息，所以存在以下两方面不确定性。

（1）是否为商圈交互仍然存在不确定性。由于手机位置数据中缺乏用户活动的语义信息，用户即便在商圈空间范围内有驻留，也有少数轨迹可能不是与商圈的交互行为，但对最终的居民、商圈的交互特征分析影响较小。

（2）是否为商圈交互轨迹的起点存在不确定性。因为手机数据中用户的时空位置记录较为稀疏，空间交互"流"的终点是商圈范围中包含多个手机基站，可以覆盖用户的多个连续时空记录。然后该交互"流"的起点则是独立的基站，个体位置稀疏采样的手机位置数据在独立基站上的停留较难捕捉，导致了商圈交互轨迹起点的提取上存在不确定性。

3）多尺度单元划分

为探索空间尺度效应对居民、商圈空间交互行为及建模的影响，对研究区域进行等间距规则格网划分，将整个深圳城市空间依次划分为 20 个等级的规则格网，其中空间划分的

起始点相同,这些规则格网的宽度分别是 100 m、200 m、…、2000 m;其中不包含基站的格网表明没有用户活动记录,在后续的研究中将不作考虑。图 3.4 左部分所示为不同格网的空间划分示意图。

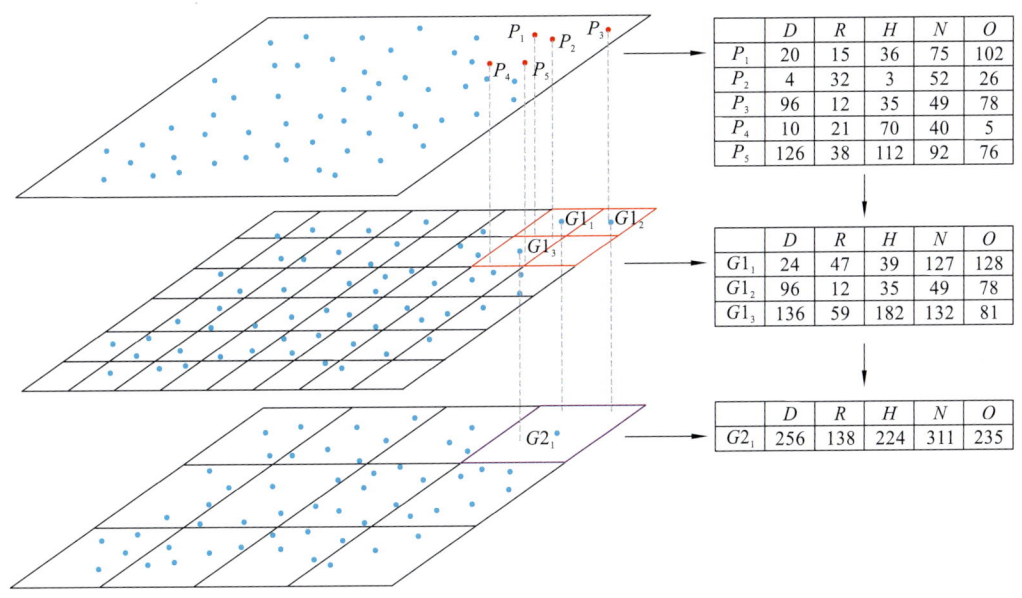

图 3.4 空间划分与轨迹综合示意图

通过空间聚合,各级空间尺度下的含有商圈交互行为的格网数量发生了显著的改变,如图 3.5 所示。随着格网尺寸的不断增加,含有居民-商圈交互轨迹的格网(以下简称有效格网)数目逐步减少,但该变化规律并不是简单地线性递减。譬如,当格网大小为 100 m×100 m 时,有效格网数约为 3 600 个;当格网大小为 1 000 m×1 000 m 时,有效格网数不到 1 000 个;有效格网数在 1 000 m 以下减少的幅度最快。

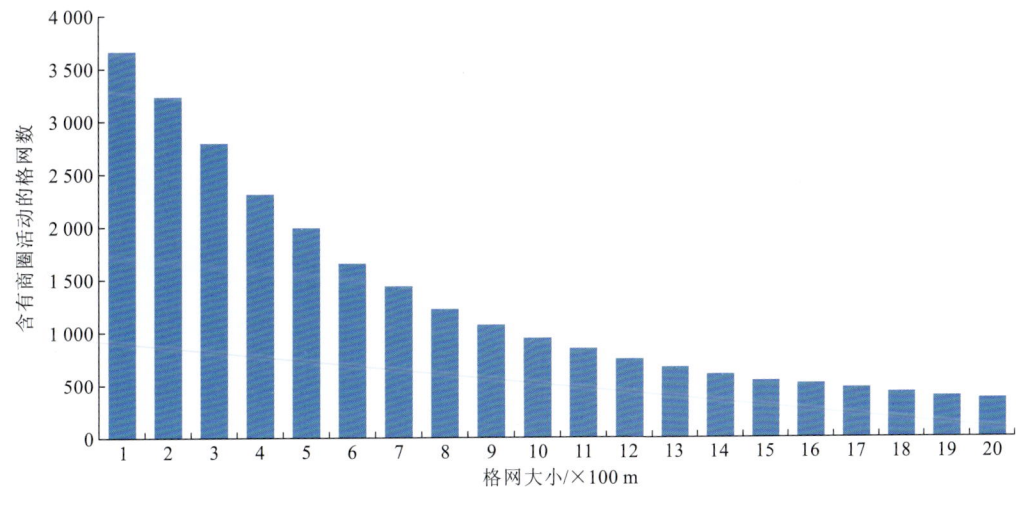

图 3.5 不同尺度的空间采样单元含有商圈交互轨迹的格网数目

这里需要指出的是,空间格网越大,会导致人群移动起始/终止点的轨迹定位精度降低,因为现有的处理方法中基本是将格网中心视为轨迹的起始/终止点;不仅如此,不同尺度对空间交互特征的细致程度的保留有所不同,大尺度格网下空间交互特征的细节损失较为严重,比如交互的强度及方向性等。

4)轨迹多尺度综合

对研究区域进行等距离格网的划分后,需对每一格网范围内的所有基站出发的空间交互轨迹进行综合处理。

$$F_{g_i} = \sum F_{p_j}, \qquad p_j \in g_i \tag{3.3}$$

式中:g_i 为编号为 i 的网格;p_j 为处于 g_i 中的基站点;F_{p_j} 为 p_j 基站点的流量。

针对轨迹的起点和终点,通常所采用的处理方式为从该格网出发的轨迹将被视为拥有同一虚拟的起点,即是该格网的中心;并且这些轨迹到达目的地也被视为拥有同一虚拟的终点,即是商圈的中心,轨迹综合的示意图如图 3.4 所示。不同尺度划分下的格网轨迹数量的最大值、最小值、均值及标准差的统计情况如表 3.3 所示。另外,对个体活动数据的调查问卷而言,此时格网的含义即是调查所用到的空间采样单元。

表 3.3 不同空间采样单元的商圈活动轨迹统计值

格网大小	最小值	平均值	最大值	标准差
CPT-Based	1	164	16 077	678.93
100 m	1	178	16 126	732.04
200 m	1	202	17 179	822.33
300 m	1	233	16 126	956.96
400 m	1	282	18 342	1 177.51
500 m	1	328	23 129	1 353.81
600 m	1	391	26 595	1 747.97
700 m	1	456	27 796	1 939.03
800 m	1	536	34 680	2 496.08
900 m	1	609	39 497	2 652.77
1 000 m	1	692	46 472	3 291.35
1 100 m	1	777	46 791	3 598.55
1 200 m	1	874	54 415	4 023.64
1 300 m	1	974	49 448	4 380.18
1 400 m	1	1 089	64 800	5 115.73
1 500 m	1	1 193	89 232	5 724.04
1 600 m	1	1 279	74 034	6 054.09
1 700 m	1	1 397	75 320	6 376.94
1 800 m	1	1 535	109 579	7 795.68
1 900 m	1	1 647	121 369	8 459.88
2 000 m	1	1 754	105 472	8 656.98

注:CPT-Based 指的是以基站为基础的统计情况

从表 3.3 中可以清晰地看出随着空间采样单元尺度的增大，各格网单元到达商圈流量值的平均值、最大值及标准差值均呈现出明显的变大趋势；最小值没有发生变化，下文的分析中将不作说明。其中，以基站为基础单元的各项指标分别为 164、16 077 及 678.93，与 100 m 格网的几乎保持一致；然而空间单元为 1 000 m 的标准格网时，各项指标依次变为 692、46 472 及 3291.35；更突出地，当空间单元为 2 000 m 的标准格网时，各项指标依次变为 1 754、105 472 及 8 656.98。通过进一步的研究发现，该变化规律并不是简单地线性递增。大尺度格网下空间交互特征的细节损失较为严重，这一点从标准差的不断变大中可以看出：标准差越大，说明各单元的交互强度的差异性越明显。

不仅如此，不同尺度下空间单元与商圈之间的交互强度在空间分布上也存在分异性，如图 3.6 所示。鉴于各图图例保持一致，空间单元越大，试验区域南部颜色越深，而且范围逐渐扩大，表明交互强度越强。然而，不同尺度的空间单元下也有一些共性特征，与所期望的结果大致一样，在该试验区域内具有较大轨迹流量值的有效格网分布在南部的关内区域（主要分布在福田、罗湖和南山三区），尤其是罗湖区，关内集聚高科技产业和商业贸易，其繁华程度、消费水平、收入水平、房地产价格等都比较高，而且人口密度也在全国处于领先地位。

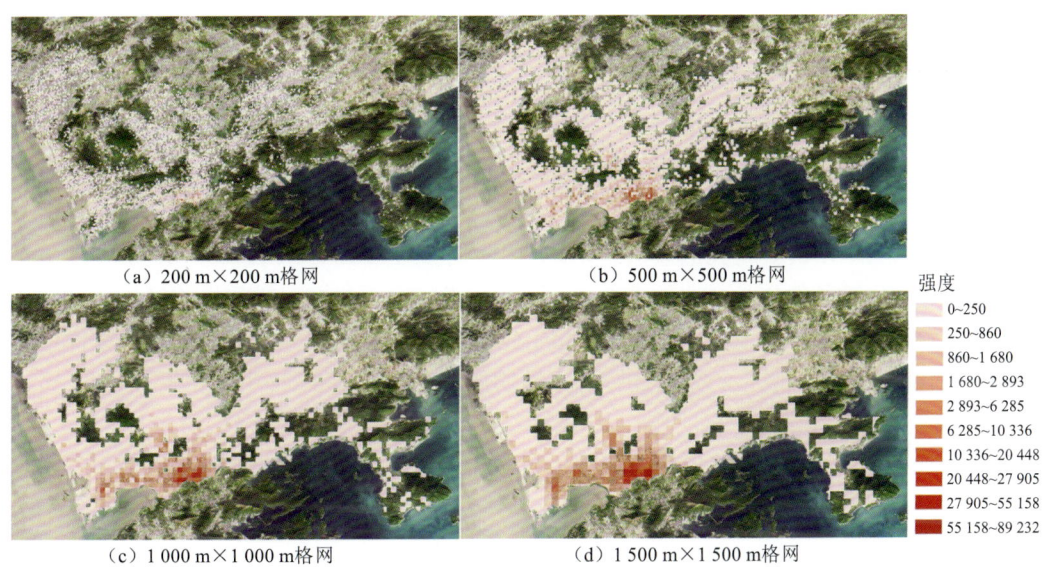

图 3.6　几种不同尺度空间采样单元下空间交互起点的强度分布

2. 哈夫空间交互模型

哈夫空间交互模型由美国著名经济学者 Huff（1963）提出该模型是探索人-地关系中的顾客-商圈空间交互分析中常用的概率度量模型，用来定量刻画其效应函数的数学表示如下：

$$U_{ij} = s_j^a d_{ij}^{-b} \tag{3.4}$$

由此，Huff 模型可以表示为

$$T_{ij} = \frac{s_j^a d_{ij}^{-b}}{\sum_{k=1}^{J} s_k^a d_{ik}^{-b}} \tag{3.5}$$

其中：J 为商圈的个数；待求解的 a 为商圈吸引力对消费者选择影响的参变量；b 为需要到达商圈的时间或距离对消费者选择影响的参变量。默认情况下这两个参变量的取值分别为 $a=1$ 和 $b=2$，但研究表明，该默认参数在较多情况下并不能较好地刻画各位置"流"量情况；实际情况是根据不同城市特点、人群消费习惯及道路的可达性等诸多因素来进行检校的。此外，d_{ij} 为 i 位置到 j 商圈的时间或距离；s_j 为第 j 个商圈的吸引力，$k\in j$；s_k 为 j 中第 k 个商圈的吸引力。影响商圈吸引力评价有诸多因素，比如商圈的面积大小、类型、商店的个数、声誉等。通常情况下，由于测定商圈吸引力的很多指标都较难获取，而在已有的众多研究中常用研究对象（比如商圈或零售商、绿地设施、公园、医院等）的面积 s 来表示其吸引力（Suárezvega et al.，2015；鄢进军 等，2012；Yue et al.，2012），并取得了比较可观的实验结果。由此，本节中也将使用所挑选商圈的面积来表示商圈的吸引力。

在不同的空间尺度下，利用手机轨迹数据对哈夫空间交互模型中的吸引力参数 a 和距离的衰减参数 b 进行拟合。本节选择全局的最小二乘回归（ordinary least square，OLS）和顾及空间非平稳特征的地理加权回归模型（geographically weighted regression，GWR）来对哈夫空间交互模型中的两个参数进行校验，分析随着空间尺度的变化，模型的拟合参数的变化特征，进一步揭露空间交互建模中的尺度效应。

3. 空间多尺度下模型参数演变分析

不同尺度下基于空间交互非平稳性特征下的距离系数和吸引力系数的最小值、平均值、最大值及标准差值展示在表 3.4 中。只有以基站为空间采样单元进行检校才会出现极少数（大约 0.42%）的空间采样位置的吸引力系数为负值的情况，其他 20 种空间单元下的吸引力系数最小值均为正值，表明商圈面积大小对吸引顾客起着正面的作用。不仅如此，通过地理加权回归方法所计算得到的吸引力系数和距离系数的平均值水平都随着空间采样单元的变大而呈现出增长的趋势。比如当以基站为基本的空间采样单元进行检校时，非平稳性吸引力系数和距离系数均值分别为 0.637 和 1.506；当以 500 m 格网为基本的空间采样单元进行检校时，非平稳性吸引力系数和距离系数均值分别增加至 0.716 和 1.624；然而，当空间采样单元为 2 000 m 时，平稳性吸引力系数和距离系数均值达到最大分别为 0.862 和 2.024。该现象表明空间采样单元越大，所反映出的城市居民越来越在意商圈的吸引力和在空间距离上的消耗。

表 3.4 关于 GWR 方法参数检校结果统计情况

格网大小	Min a_i	Mean a_i	Max a_i	Var a_i	Min b_i	Mean b_i	Max b_i	Var b_i
CPT	−0.013	0.637	1.405	0.266	−1.927	1.506	5.145	1.383
100 m	0.044	0.645	1.396	0.261	−1.93	1.531	5.229	1.412
200 m	0.044	0.660	1.408	0.260	−2.014	1.567	5.595	1.499
300 m	0.042	0.687	1.403	0.266	−2.293	1.603	5.137	1.586
400 m	0.117	0.704	1.396	0.272	−2.257	1.605	5.719	1.694
500 m	0.047	0.716	1.448	0.275	−2.515	1.624	6.273	1.794
600 m	0.095	0.740	1.438	0.293	−2.306	1.642	6.486	1.877
700 m	0.049	0.743	1.452	0.292	−2.791	1.645	6.281	1.938

续表

格网大小	Min a_i	Mean a_i	Max a_i	Var a_i	Min b_i	Mean b_i	Max b_i	Var b_i
800 m	0.123	0.762	1.564	0.304	−2.833	1.665	6.405	2.055
900 m	0.075	0.774	1.461	0.299	−2.939	1.679	6.405	2.066
1 000 m	0.221	0.779	1.503	0.289	−2.631	1.692	6.307	2.095
1 100 m	0.107	0.789	1.503	0.306	−3.065	1.739	6.373	2.160
1 200 m	0.223	0.793	1.472	0.289	−2.724	1.762	5.916	2.166
1 300 m	0.062	0.796	1.571	0.301	−3.471	1.821	6.564	2.247
1 400 m	0.061	0.822	1.520	0.295	−3.211	1.840	6.327	2.357
1 500 m	0.019	0.818	1.486	0.299	−3.478	1.807	6.117	2.384
1 600 m	0.234	0.828	1.577	0.300	−3.679	1.807	5.464	2.367
1 700 m	0.287	0.820	1.488	0.290	−3.571	1.802	5.508	2.421
1 800 m	0.315	0.834	1.447	0.275	−2.65	1.933	5.203	2.394
1 900 m	0.204	0.838	1.539	0.292	−3.207	2.014	5.295	2.317
2 000 m	0.156	0.862	1.484	0.264	−2.764	2.024	5.106	2.320

注：CPT 表示以基站所代表的范围为空间单元基础

不同尺度下非平稳性参数的数值分布和演变特征可以直观地从图 3.7 和图 3.8 中看出。明显地，地理加权回归方法所计算得到的吸引力系数和距离系数的平均值水平（圆圈）都随着空间采样单元的变大而呈现出缓慢增长的趋势，平均水平的总体变化幅度不大。但就其波动范围，尤其是针对距离系数的 25%~75%区间而言，变化比较明显。

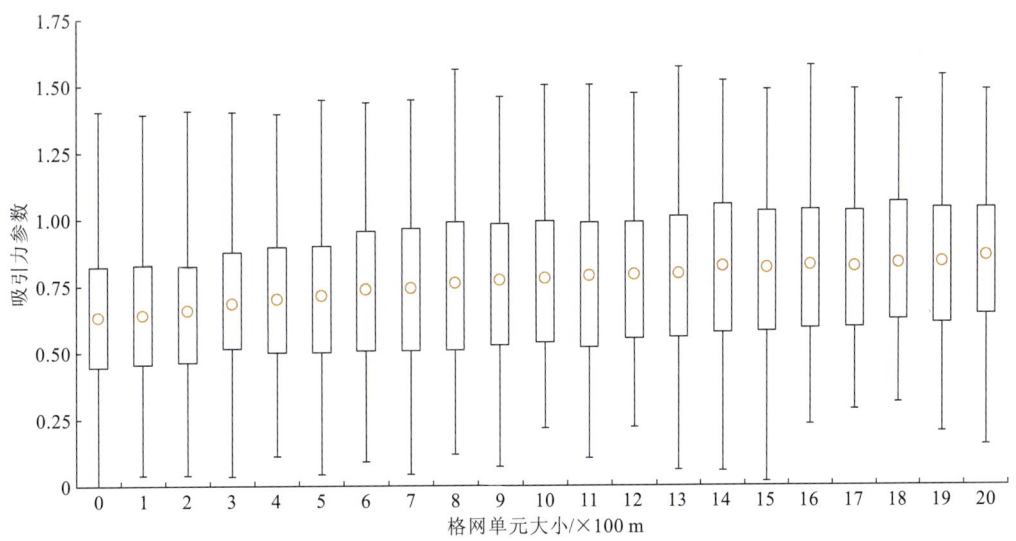

图 3.7 多尺度下非平稳性吸引力参数的四分位图

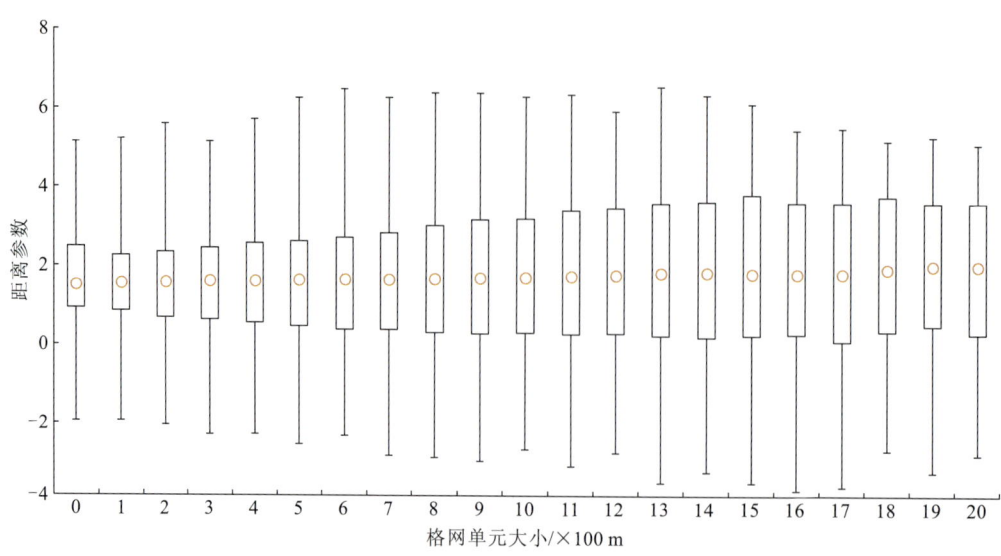

图 3.8 多尺度下非平稳性距离参数的四分位图

此外，GWR 方法得到的距离系数的标准差随空间采样单元的变大也有增加的趋势，当以基站为采样单元时的距离系数的标准差为 1.384，而当采样单元为 2 000 m 时，距离系数的标准差增加至 2.320，该现象表明随着空间采样单元的变大，距离系数在空间的非均衡性与差异性越来越大，造成这一现象的原因可能是轨迹综合后的统计特征发生改变及位置的精度降低，或是最优搜索带宽发生改变所引起的检校结果变化。

为更细致地展现不同空间尺度下研究区域内部非平稳性参数的变化特征，对不同尺度下的非平稳性参数的空间分布进行可视化，分别以 200 m、500 m 及 1 000 m 大小的格网为例，如图 3.9 所示。不同尺度下非平稳性参数的分布有所差异的同时，有些共同特征也共

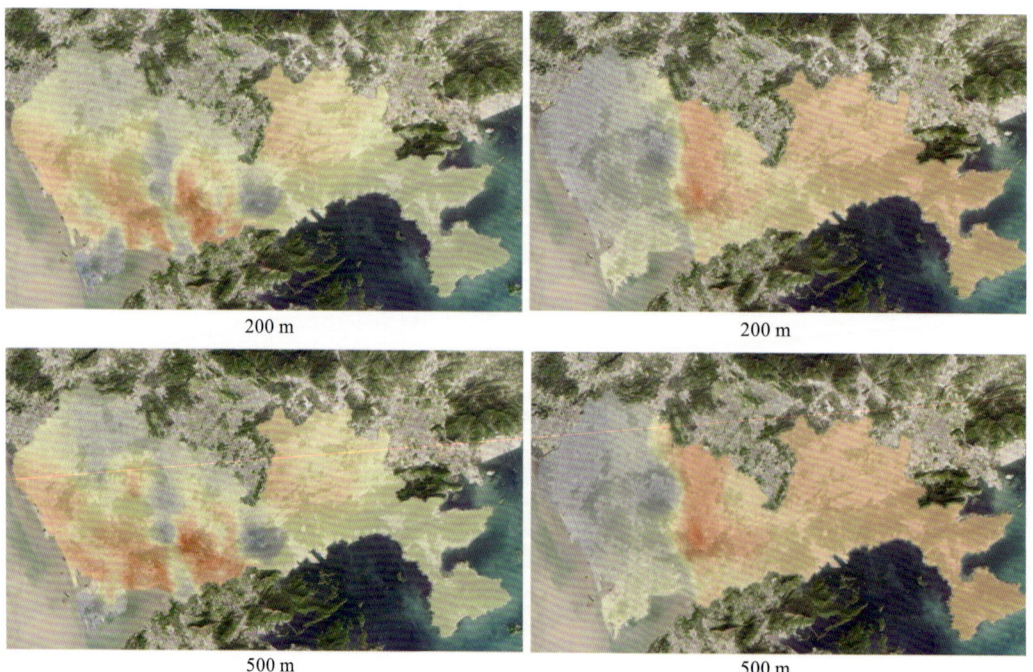

1 000 m　　　　　　　　　　　　　　1 000 m
（a）吸引力参数　　　　　　　　　（b）距离系数

图 3.9　不同尺度下的非平稳性参数的空间分布

同显现出来，如距离参数呈现出的空间"分带"效应。这里需要指出的是，由于在模型的定义中，距离衰减系数前面加了负号，此时检校出来的距离系数就应该是以正值为主，表明空间距离起到衰减作用，但也有极少位置出现负值情况，揭示了异质空间内交互作用的非平稳性特征。

另外，对比分析全局平稳性参数和局部非平稳性参数的均值随空间尺度演变的趋势，如图 3.10 所示。从图中可以看出，对吸引力参数而言，不同尺度下的全局平稳性参数都比非平稳性参数要低。对距离参数而言，当格网大小小于 200 m 时，非平稳性距离参数均值比平稳性参数要高，然而当格网大小超过 200 m 后，全局平稳性距离参数比非平稳性参数均值要高，直到格网达到 1 800 m 后，两者几乎持平。

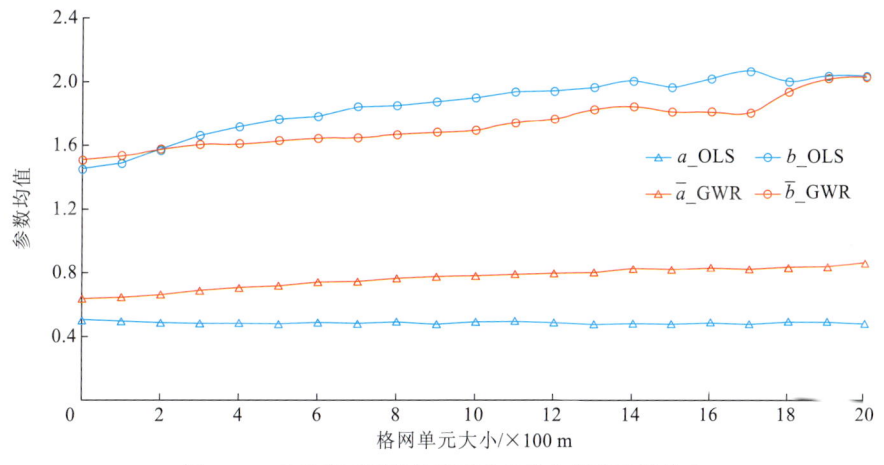

图 3.10　多尺度下平稳性吸引力参数和距离参数分布

此外，鉴于不同模型下的吸引力参数变化幅度较小，且均在 1 以下（默认值为 1），而且空间距离系数都在 2 以下（默认值为 2），表明城市居民对于商圈规模和空间出行距离耗费的关注程度都有所降低，其背后的原因可能是随着当今城市的基础设施建设不断提升及交通的便利程度不断改善，居民出行意愿程度比过去有明显的增强。并且，当用线性模型对距离衰减系数进行回归分析时，尤其是在 [200 m，1 500 m] 这个范围内的空间尺度下，可以得到

$$b=0.029G+1.59, \quad R^2=0.93 \quad (3.6)$$

$$\bar{b}=0.015G+1.54, \quad R^2=0.97 \tag{3.7}$$

其中：b 为 OLS 方法下的距离衰减系数；$\bar{b}$ 为 GWR 方法下的距离衰减系数；G 为格网宽度（/100 m）。这个线性关系可以清晰地表示不同尺度下距离系数的总体变化趋势，可以用于指导该研究区域内多尺度下空间交互分析中的参数选取。

3.2 人群动态数据时间尺度效应

3.2.1 人群动态数据可塑时间单元问题

近代地理学的发展历程中，德国哲学家康德关于地理学的空间性的论断为地理学的发展带来深远的影响。然而空间与时间是运动着的物质存在的基本形式，对于其中单个维度的一味侧重难以反映研究事物的全貌（蔡运龙 等，2011）。Sauer（1974）提出，将时间看作地理学的第四维度，认为时间维度是地理学认识的一部分，地理学的内容要像涉及地点一样涉及时间，偏离这一实质方向就会导致无效的结果。其后，随着 GIS 的发展，人们处理空间问题能力的提高，也促使学者的关注点从静态的空间分布到动态的时空过程，而当下时空数据的分析成为地理学研究的基本范式。纵然如此，时间维度更多是作为一个独立的维度来辅助分析研究对象的空间特征，地理学者在时间维度上的研究远不如空间维度的研究那么丰富。可塑时间单元问题（MTUP）便是一个典型的示例。

关于分析单元对研究分析结果的影响，对时间维度问题的标准化提出比空间维度晚了 30 年。在空间维度，地理学者发现分析的空间单元会对分析结果产生直接的影响，尤其是在空间统计分析领域。Openshaw 等（1979）在经过长期的研究后，系统地论述了可塑性面积单元问题（MAUP）。他用尺度效应和划分效应来总结面积单元对空间对象之间的关联程度和影响。而在时间维度上，同样存在类似的效应，当研究问题的时间分析单元不同时，相应的研究结论也有所不同。在 2014 年，Cheng 等在 Plos One 上发表了时空聚类分析中的可塑时间单元问题，参照 MAUP 的讨论方式，总结了时间维度的聚合效应、分割效应和边界效应对时空聚类的影响。MTUP 的发展与 MAUP 的发展历程相似，初始时，学者发现，一些现象需要在特定的时间尺度下才会显现（Harrower et al., 2000）。而后，学者注意到了这一点与空间的尺度效应类似，慢慢形成了 MTUP 的问题框架（de-Jong et al., 2012；Cöltekin et al., 2011）。Cheng 等（2014）对此进行了规范地定义和系统地讨论，形成了更为完整的 MTUP 问题的框架。而在 2017 年，Liu 等（2017）则进一步拓展了 MTUP 的效应，定义了 4 个方面的效应，分别是分析时间单位的尺寸、开始位置、重叠程度及时间序列范围，相比于之前的定义，增加了一个分析时间单位的重叠度。

在轨迹数据中时间维度的采样会直接影响轨迹数据的不确定性。轨迹数据本身是由离散的采样点连接而成（Zheng, 2015），时间采样间隔将直接影响采样点对移动对象位置追踪的详细程度，而采样方案决定了具体的采样规格。在轨迹数据的相关研究中，稀疏采样的轨迹为路径预测和路径恢复等带来了额外的挑战（贾振美，2014）。针对稀疏采样的 GPS 数据在地图匹配中的问题，Chen 等（2014）利用多口径动态匹配算法取得了较好的效果，而 Zeng 等（2016）则利用曲率特征的限制类克服了这一问题。针对低频 GPS 轨迹在道路交叉口识别的问题，实际上，并不是采样间隔越密集越好，只有适合研究目标的采样间隔才是最好的，对此，Ranacher等（2016）评价了浮动车的GPS采样率对提取道路通行特征结果的影响，并对采样率的选择给出建议。时间维度采样的不确定也存在于其他时空分析的示例中，例如Huang等（2015）讨论了不同的采样间隔下，利用社交媒体的签到数据来评估个体规律性移动的可信度变化情况。

面对时间不确定性问题，学者并不是单纯地降低不确定性，更为合理的是直面不确定性的存在，在了解不确定性水平的基础之上，将其对结论和决策的影响控制在可接受范围之内（Córdova，2016），同时也可以借助不确定问题来确定哪些问题反映的是目前不可知方面的知识（Couclelis，2003）。

3.2.2 人群移动性度量的尺度效应

当手机位置数据采样的时间尺度发生变化时，所刻画的个体行为的详细程度也有所不同。既有研究中的手机位置数据中，个体连续的两个位置记录之间的时间间隔各异。个体的日常活动具有层次性特征，持续时间长短不一，如图3.11中轨迹（I）。当时间采样间隔较为粗略时，日常活动中持续时间较短的活动则无法被捕捉到（例如图3.11的活动C在3τ时间采样间隔下被忽略），而基于该数据得到的移动特性也会发生变化，如活动的位置数量、分布及出行的频次等（图3.11）。时间采样间隔是个体位置追踪数据的一个基本特征，该特征的变化可以对人类移动性相关结果产生直接的影响。

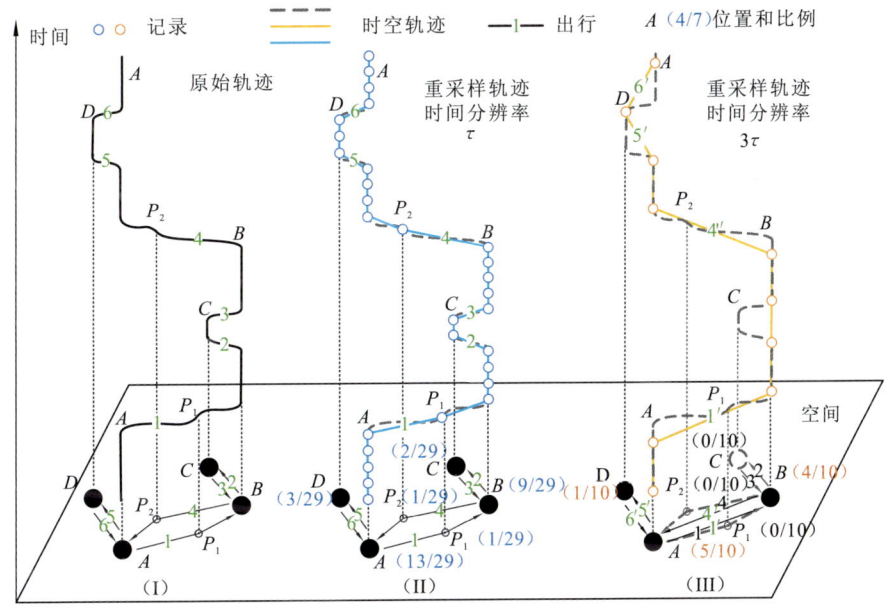

图3.11 时间分辨率变化对移动特征的影响

此外，人类移动性研究吸引了多个学科的学者，他们提出的多种指标丰富了人类移动性量测维度，然而相关指标背后的理论假设中要素的特征与个体的位置追踪数据的记录可能存在一定的差异。比如回转半径是来自物理学中的概念，在轨迹数据中能够反映个体的活动范围的大小，在计算轨迹数据的回转半径时，将每个记录点假设为物理学中相互独立的质点（González et al., 2008）。这实际上就忽略了位置记录点之间的时间序列特征。因此，准确解读移动指标的数值需要理解数据处理过程中的信息损失；而且个体位置追踪数据在收集阶段的不确定性对各个指标数值产生的影响，将直接影响基于该数据所得到的人类移动研究结论的解读。

  本节聚焦于人群动态数据的时间尺度效应，主要关注两个研究问题。①不同的时间采样尺度下，人类移动性指标数值会发生怎样的变化？各个指标的变化特征是怎样的？②移动指标的变化规律在不同的时间采样尺度上存在怎样的差异？回答这些问题可以为恰当地评估轨迹数据中时间采样间隔对人类移动性研究的影响提供指导建议，有助于降低相关数据中时间尺度差异带来的谬误，从而提高结论的可信度。

  在评价数据采集方式带来的采样率差异的影响方面，Zhao 等（2016）利用一套同时包含 CDR 记录和信令记录的手机位置数据，分析了 CDR 数据在人类移动性研究中的影响。他首先将 CDR 数据从完整数据中筛选出来，并比较 CDR 数据与完整数据在评价三个个体移动性指标（回转半径、日出行距离和位置熵）时的差异。类似的，Ranjan（2012）则是对比了 CDR 数据与包含了用户连接互联网记录的数据在评价职住位置、香农熵和回转半径时的影响。而在另一个研究中，Hoteit（2016）则是利用手机位置数据与对应的 GPS 轨迹数据进行了比较，分析了两种数据在识别住家位置时的偏差。

  不难发现，既有的研究中主要侧重于对 CDR 数据的分析，而在分析的过程中，需要具有更高频采样的轨迹数据作为比对的基准。为了系统地比较手机位置数据的时间采样尺度对人类移动性量测的影响，需要对同一组用户，比较不同的采样间隔下，移动性量测数值的变化情况。为此，可以选用具有高频次采样的用户轨迹数据，按照不同的时间采样间隔，对其进行向下重采样的方式来实现这一目标。而对于移动性量测，选用 4 个从不同角度来反映人们移动性特征的常见指标为例进行说明。针对每一个时间采样间隔下的重采样数据集，通过计算所选择的 4 个移动性指标数值，进而比较不同的采样间隔下，指标数值的变化情况。实验方案流程如图 3.12 所示。

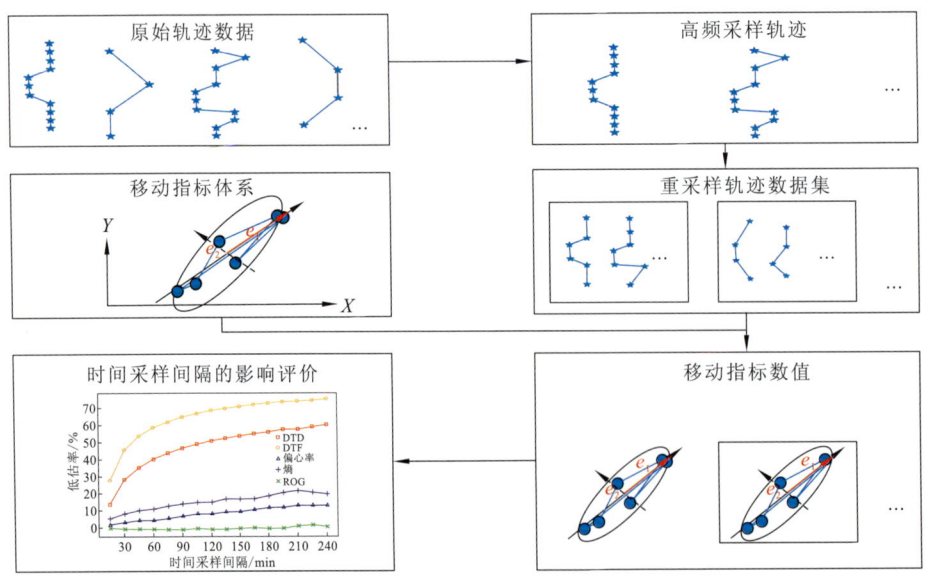

图 3.12 时间采样间隔对移动性指标影响分析框架

1. 时间多尺度数据重采样

本节用到的数据来自于深圳的某通信运营商。时间是2013年10月某个工作日，原数据包含约140万个匿名用户的位置记录，该数据包含用户收发短信、接打电话，或者连接移动互联网时，手机所连接的基站位置信息和时间信息，样例数据如表3.5所示。从该数据集中，共得到约3 400个基站位置信息，这些基站到最邻近的5个基站平均距离约为550 m，相应的覆盖范围如图3.13所示。值得注意的是，本节的手机位置数据包含了用户连接互联网时的位置记录。深圳是中国最为发达的城市之一，移动互联网已经深度普及到城市居民的生活中，因此，数据集中包含高频次采样的轨迹数据，这为本节的实验开展奠定了基础。

表3.5 手机位置数据集的样例

用户编号	时间	经度/(°)	纬度/(°)
460XXXXXX9251	2013.10.XXTXX：XX：XX.000Z	114.XXXX	22.XXXX
460XXXXXX2565	2013.10.XXT XX：XX：XX.000Z	114.XXXX	22.XXXX
460XXXXXX1646	2013.10.XXT XX：XX：XX.000Z	114.XXXX	22.XXXX
460XXXXXX3757	2013.10.XXT XX：XX：XX.000Z	114.XXXX	22.XXXX

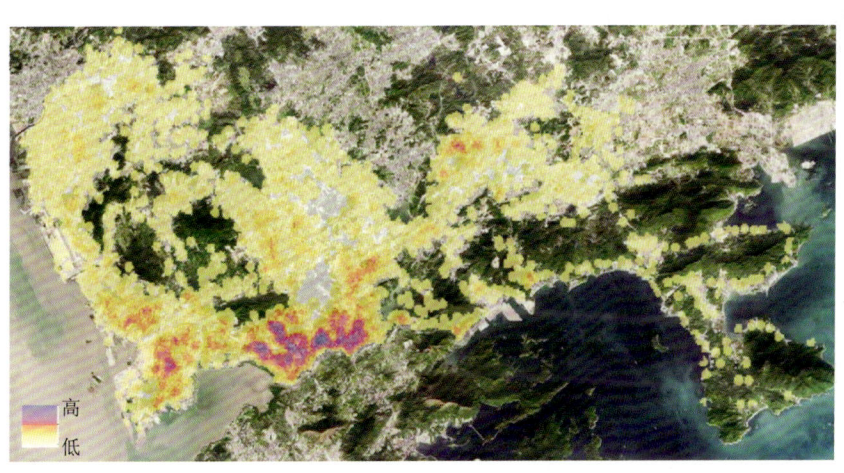

图3.13 手机位置数据集B的信号基站密度分布

结合实验设计，需要对原始数据进行预处理。首先，为了得到高频次采样的轨迹数据，本节确定了三条规则对原始数据进行过滤：①一天的记录数量大于288条，以保证平均的时间采样间隔小于 5 min；②开始与结束时间的跨度大于 16 h，以保证较为完整地覆盖一天的活动；③两个连续记录之间的最大时间间隔小于 1 h，以保证相应的记录在时间维度上的分布是相对均匀的。根据这三个条件，从原始的数据集中过滤得到了 19 370 个用户的轨迹数据，此处，本章用 D_0 来称谓这一数据集。D_0 的用户中，分别计算每个用户连续两个记录之间的时间采样间隔平均值及相应的方差，结果如图3.14所示，不难看出，在平均时间采样间隔上，绝大部分用户的平均时间采样间隔小于 200 s（约 3 min），而且在时间上的分布相对比较均匀，标准差小于 400 s（约 7 min）。

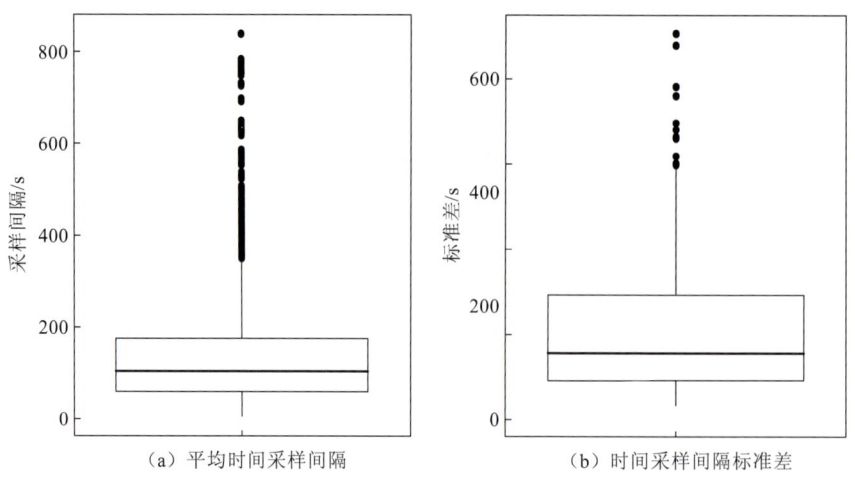

图 3.14 高频采样轨迹数据的时间采样间隔统计

初始的高频采样轨迹数据分布在局部时间范围内存在不均匀的问题，考虑筛选条件的平均时间采样间隔为 5 min，本节对原始高频采样的轨迹数据按照 5 min 的时间采样间隔进行重采样。具体方法是以原始记录的第一个记录为起始时间，按照给定的时间采样间隔将一天的时间切分为等间隔的时间窗口，对于有记录的时间窗口，选择最靠近时间窗口中间位置的记录形成重采样轨迹数据。如果窗口中没有原始轨迹的记录，则相应的重采样点为空（图 3.15）。

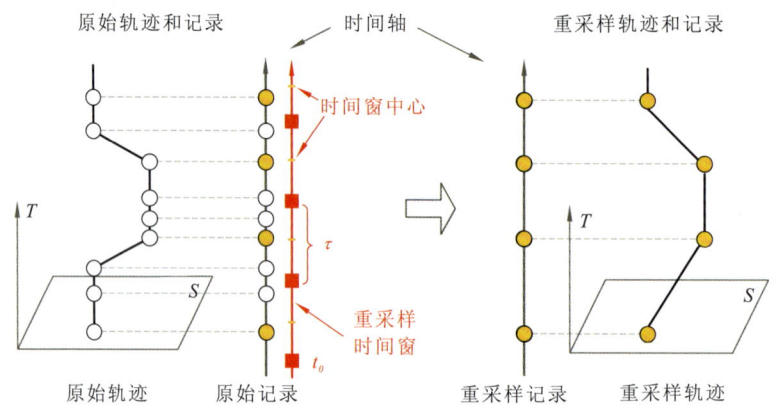

图 3.15 轨迹数据的重采样

系统地评价时间采样间隔的影响，需要一个序列来覆盖不同大小的时间采样间隔。在当前研究中的大规模手机位置数据中，平均时间采样间隔最小的约为 30 min，以此为参照，本节以 15 min，最小平均采样间隔的一半作为序列的起始，并以 15 min 为步长增长。考虑本节数据只有一天，当时间采样间隔过大时，用户的位置记录数量太少而无法反映个体的活动特性，因此，本节的时间采样间隔序列最大为 4 h。因此可以得到一个从 15 min 到 4 h，每 15 min 一个，共 16 个时间采样间隔的序列。对每一个重采样的数据集，用 D_i 表示，其中 D_i 与时间采样间隔 TSI_{D_i} 对应方式为

$$\text{TSI}_{D_i} = 15 \times i(\text{minute}), \quad i=1, 2, \cdots, 16 \tag{3.8}$$

针对每一个时间采样间隔，用固定间隔的方式对用户的轨迹进行重采样。这样做的原因主要是参考了既有的关于时间间隔的相关研究（Cheng et al.，2014），相应的优点在于能够保证每个重采样的轨迹中的时间采样间隔能够与设定的保持一致。此外，为了消除重采样起始位置带来的偶然性因素，针对每一个重采样间隔，随机选择 50 个起始位置，对每一个用户轨迹得到的各重采样轨迹计算移动指标数值，并用平均值表示这一采样间隔下该用户的移动指标水平。

2. 人群移动性度量指标

本节选择 4 个常用的移动性指标：移动熵、回转半径、偏心率和日出行频次，分别从不同的角度描述个体的出行特征。具体原理如下。

1）移动熵

移动熵反映的是用户活动的随机程度，相应的计算方式如下：

$$H = -\sum_{n=1}^{N} p_n \times \log_2 p_n \quad (3.9)$$

其中：p_n 为位于位置 n 的记录的比例；N 为个体活动位置的数量。

该公式呈现了一个通用的计算方式，学者可以根据自己的实际需要来将活动的信息与其中的变量进行对应（Song et al.，2010）。比如一个上班族一天中在家中和工作地方活动频次分别是 6 次和 4 次，那么该用户的移动熵为：$H = -(0.6 \times \log_2 0.6 + 0.4 \times \log_2 0.4) = 0.97$。

2）回转半径

用户活动的回转半径反映了个体活动范围的大小，在利用轨迹数据计算用户活动范围时，将每一个采样点作为质点，利用各个采样点在空间上的分布来计算质心的位置，进而评估所有的采样点围绕质心的加权半径（Kang et al.，2012），具体公式为

$$R_g = \sqrt{1/M \times \sum_{m=1}^{M} \text{DIS}(\text{Pt}_m, \text{Pt}_{\text{mean}})^2} \quad (3.10)$$

其中：Pt_m 为第 m 个记录所在的位置；M 为个体轨迹记录的总数；Pt_{mean} 为所有点信息的重心位置，DIS 为欧氏距离函数。

3）偏心率

偏心率在数学中反映椭圆与圆的接近程度（Simmons，1996）。当椭圆越接近圆形，偏心率越小；反之，偏心率越大。如果将轨迹数据中在空间平面上每一个位置点看作一个质心，那么，个体的轨迹可以用一个椭圆来拟合，而椭圆的扁率反映了个体活动位置的分布形态。扁率的计算方式为

$$\varepsilon = \sqrt{1 - \left(\frac{e_2}{e_1}\right)^2} \quad (3.11)$$

其中：ε 为偏心率；e_1 和 e_2 分别为两个转动张量的长度（Yuan et al.，2012）。

4）日出行频次

日出行频次反映了个体日常出行的需求量，是城市交通需求分析和规划的信息基础。给定一个用户的轨迹数据，需要根据其时空特征识别出相应的停留和移动部分（Zhao et al.，

2019）。为了保持与既有研究有关停留结果的一致性，采用 SMoT 的方式来识别停留，然后将连接停留之间的轨迹分段作为移动[式（3.12）]。而移动部分对应的是出行，通过计数即可得到日出行频次[式（3.13）]。

$$\text{Trajectory} \xrightarrow{\text{transfer}} [\cdots, \text{stay}_i, \text{move}_j, \text{stay}_{i+1}, \cdots] \quad (3.12)$$

$$\text{tFreq} = \text{COUNT}(\text{move}_j) \quad (3.13)$$

其中：stay_i 和 move_j 分别为从轨迹数据中识别出来的第 i 个停留和第 j 个移动；tFreq 为日活动频次。

在识别停留时，需要个体在设定的空间范围内停留的时间超过一定的时间阈值。空间阈值的选择，既有研究主要考虑手机位置数据的基站空间分辨率和出行的定义，这里结合实际数据集的规则，选定空间阈值为 500 m。在时间阈值的选择上，考虑长的持续时间阈值，捕捉不到人们日常生活的短时持续时间活动，结合数据集 D_0 的平均时间采样间隔小于 5 min，选定 10 min 作为时间阈值，尽可能全面地捕捉人们的日常活动。

3. 时间尺度对人群移动度量的影响

1）移动熵

对本节中的 D_0 和各重采样数据集 D_i 的用户计算移动熵的数值。为了比较不同采样间隔之间用户移动熵的变化情况，针对 $D_0 \sim D_i$ 及 $D_{i-1} \sim D_i$ 分别选择了 8 组典型时间采样间隔的关系，相应的散点图如图 3.16 所示。图中，横轴和纵轴分别是坐标轴标记的数据集中同一用户在两种不同采样间隔下的移动熵的数值，r 数值表示两个数据集中用户移动熵的 spearman 相关系数，而 maxV 表示纵轴数据集中的最大移动熵数值。

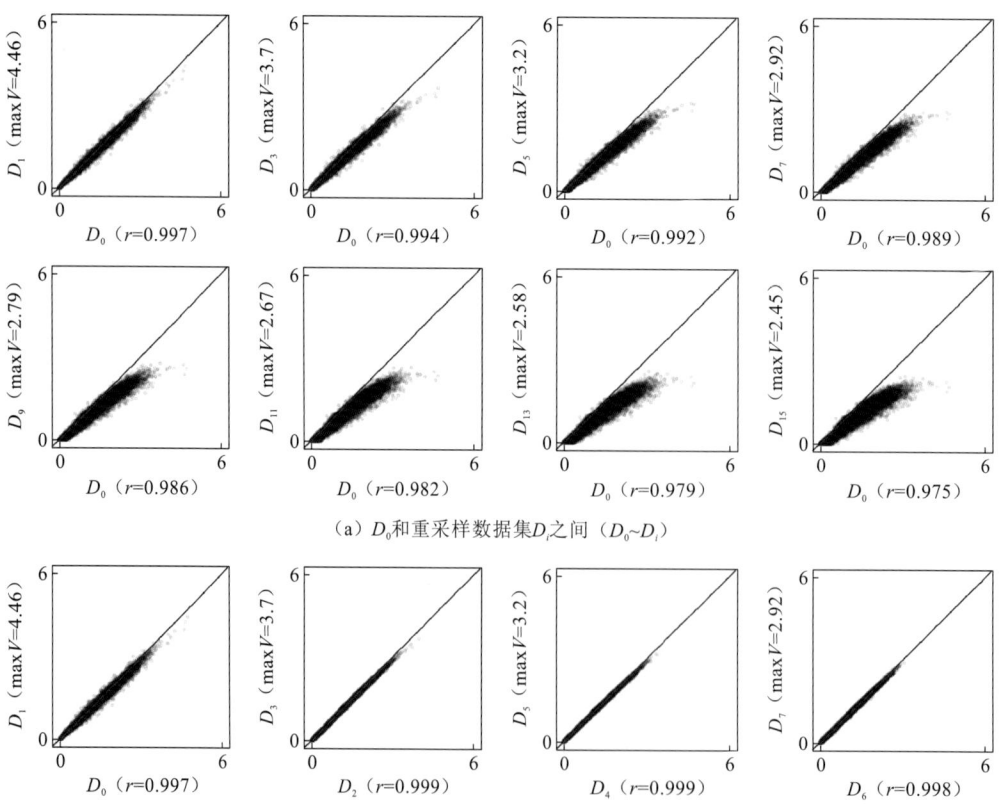

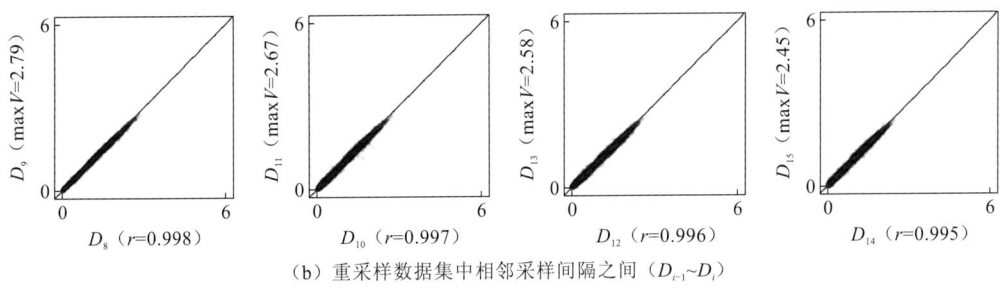

（b）重采样数据集中相邻采样间隔之间（D_{i-1}~D_i）

图 3.16　不同时间采样间隔的移动熵比较

从图 3.16 中可以发现：首先，不同的时间采样间隔下，不同用户的移动熵的变化表现出很强的一致性特征，数据集之间的秩相关系数均大于 0.97，尤其是相邻时间采样间隔之间（15 min 的差异），秩相关系数大于 0.99；其次，当数据集的采样间隔之间的差异增大时，用户移动熵变化的一致性略有降低，但秩相关系数依然维持在较高的水平（大于 0.97），表明用户的移动熵随着时间采样间隔变化且具有很强的一致性。此外，相对于高频采样的数据集 D_0，随着时间采样间隔的增加，用户的移动熵的散点逐渐向下偏移对角线[图 3.16（a）]；同时，重采样数据集的用户位置熵最大值从 D_1 的 4.46 降低到 D_{15} 的 2.45。这些现象表明用户的移动熵数值对时间采样间隔具有一定程度的依赖关系。相邻的采样间隔的重采样数据集之间具有高度的正秩相关特性，而且集聚在对角线周围[图 3.16（b）]，表明随着时间采样间隔的增加，用户的移动熵数值不存在显著的突变现象。

移动熵的稳定性源自其计算方式和个体活动持续时间的特点。从指标计算方式出发，当时间采样间隔增加时，各活动对应采样点位置的比例会发生变化，然而位置熵计算的每一个单元项，p_n 和 $\log_2 p_n$ 具有相反的变化趋势，当 p_n 增加时，$\log_2 p_n$ 是降低的；反之亦然。两者的乘积会将 p_n 的变化程度中和。而从指标所反映的内涵上出发，移动熵反映的是个体活动的随机性程度，个体日常活动的随机性由主要的活动诸如住家和工作等进行了限定，而这些活动位置的采样点比例相对比较稳定，因此用户的移动熵变化程度较小。综合以上两点，时间采样间隔对移动熵的数值影响较小，用户的移动熵数值在不同时间采样间隔下的变化具有较高的一致性。

2）回转半径

计算 D_0 和重采样数据集 D_i 中各个用户的回转半径数值，与移动熵相同，针对 D_0~D_i 和 D_{i-1}~D_i 分别选择了 8 组结果来比较用户在不同时间采样间隔的回转半径值的关系，如图 3.17 所示。

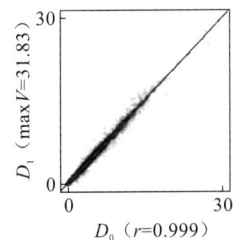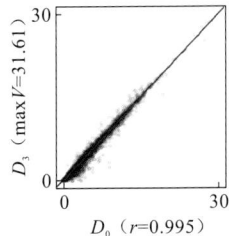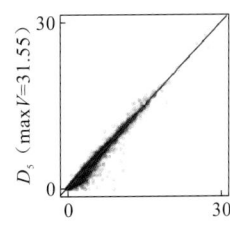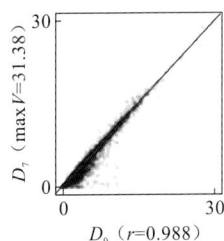

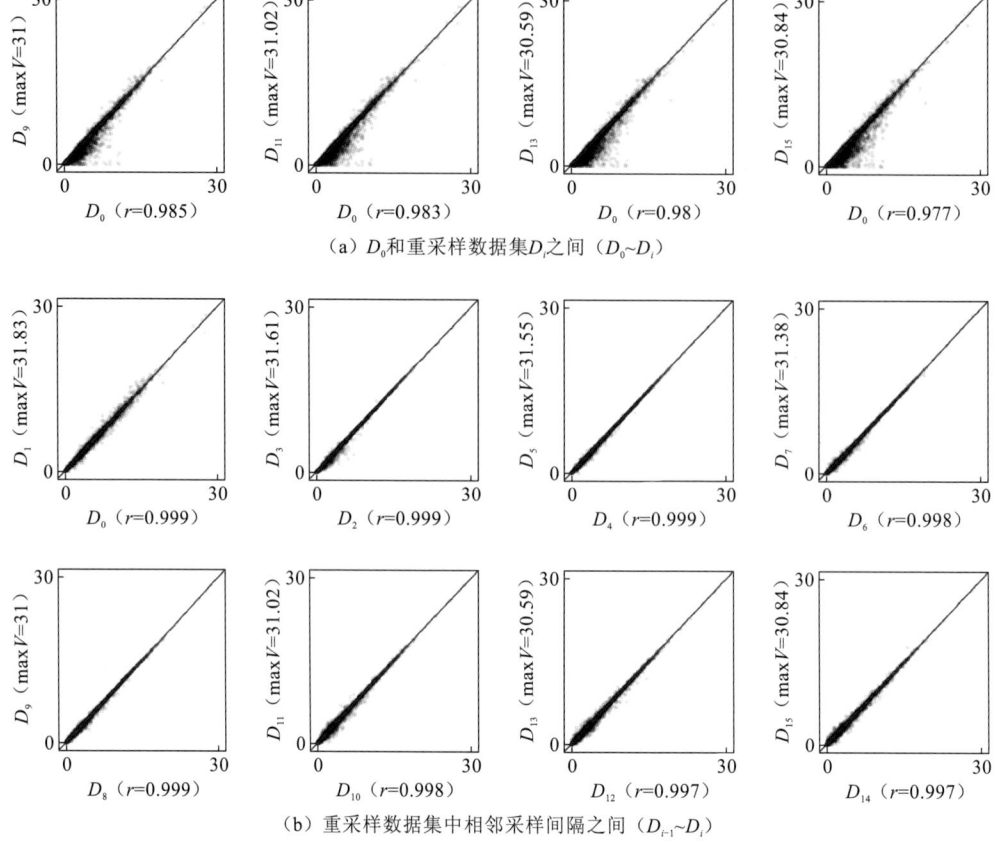

图 3.17 不同时间采样间隔的回转半径的比较（单位：km）

与移动熵类似，从图 3.17 中可以发现：不同的时间采样间隔数据集之间，用户的回转半径数值变化呈现出高度一致性，秩相关系数均大于 0.97；当数据集的时间采样间隔差异增加时，秩相关系数会略有下降。与移动熵不同的是，随着时间采样的增加，不同采样间隔数据集中用户回转半径数值的散点并未显著偏离对角线。而且，重采样数据集的最大数值也未显著下降，表明了回转半径数值随着时间采样间隔的变化有较强的稳定性。

从回转半径的计算方式中可以看出，与移动熵类似，个体日常活动中的主要活动之间的距离决定了活动半径的主要部分。主要活动对应的采样点权重在时间采样间隔变化中表现的稳定性使得个体的回转半径数值不会发生突然的变化。此外，回转半径的变化和受影响的采样点的相对位置有关。当时间采样间隔增加时，部分活动对应的采样点会被忽略，当该采样点位置位于远离个体活动重心的位置时，个体的轨迹采样点表现出的范围更为紧凑，回转半径将会变小；反之，当被忽略的点靠近个体活动的重心位置，回转半径的数值会增加。在这种情况下，不同活动位置的采样点造成的增加和减小效果会相互中和，使得回转半径的数值更为稳定。

此外，不论是 $D_0 \sim D_i$ 还是 $D_{i-1} \sim D_i$ 的比较中，靠近原点位置的散点相对更为离散，而当数值较大时，散点呈现出更好的集聚性，表明当回转半径的数值较小时，不同采样间隔之间的变化程度更大。当用户的活动半径较小时，个体的活动所面临的空间距离限制相对较小，在时间上具有更充分的灵活性，也因此有更多短持续时间的活动；相反，当个体的活动范围较大，空间距离的限制成为约束个体活动安排的重要因素，个体花费了较长时间来克服空间距离约束，会倾向于停留更久的时间来处理特定的事情，短持续时间的活动相对较少。而当时间采样间隔增加时，持续时间较短的活动对应的采样点更容易被忽略，相应的，回转半径的变化相对也较为显著。这提醒学者注意，虽然用户的回转半径在不同的时间采样间隔之间能够在整体上变化较为稳定，但是对于活动频次多、范围小的用户，时间采样间隔的差异可能会带来较为显著的影响。

3）偏心率

不同于前两个指标，图 3.18 中，（a）与（b）中所呈现出各个用户的偏心率在不同时间采样间隔的一致性有很大的差异。在 15 min 差异的情况下[图 3.18（b）]，偏心率依然表现出强的线性正相关性；而当时间采样间隔之间的差异增大时[图 3.18（a）]，用户的偏心率之间的秩相关系数显著下降。图 3.18（a）的散点图呈现出用户的偏心率时间采样间隔差异较大的情况下，不具有显著的线性相关性，然而 Spearman 相关系数依然很高（大于0.7）。这一现象的主要原因在于本节中用户的偏心率分布的有偏性，即有大量用户的偏心率为 0 或者接近 1。

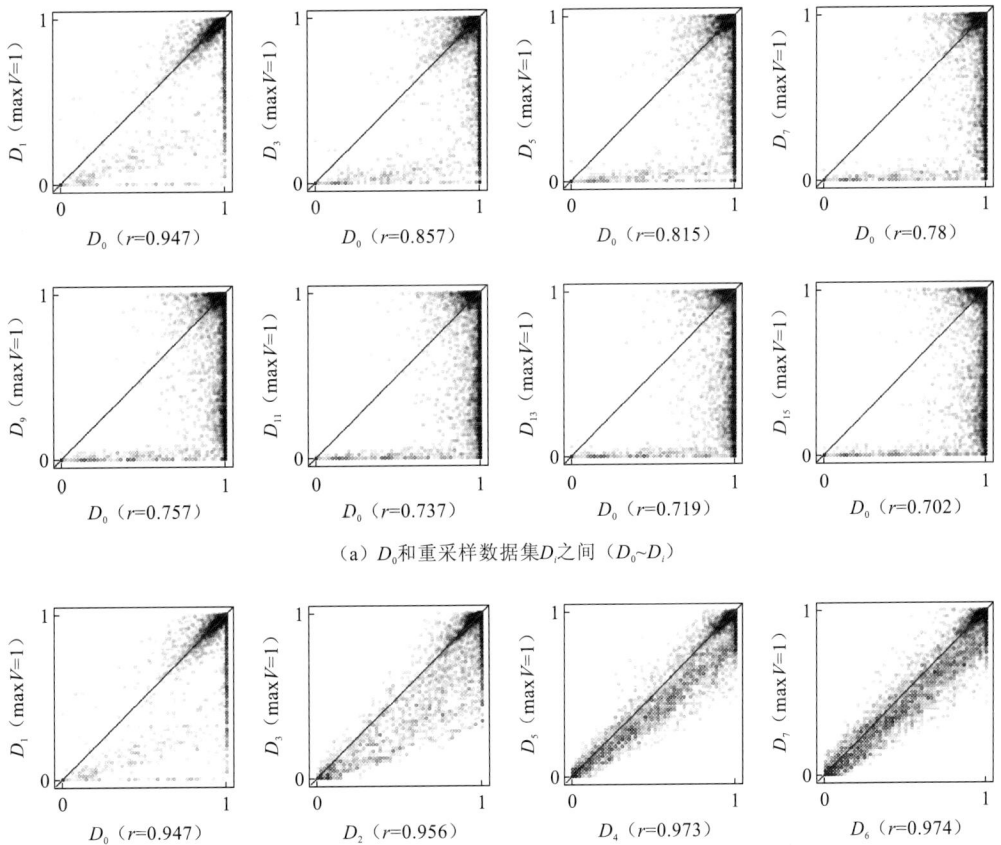

（a）D_0和重采样数据集D_i之间（$D_0 \sim D_i$）

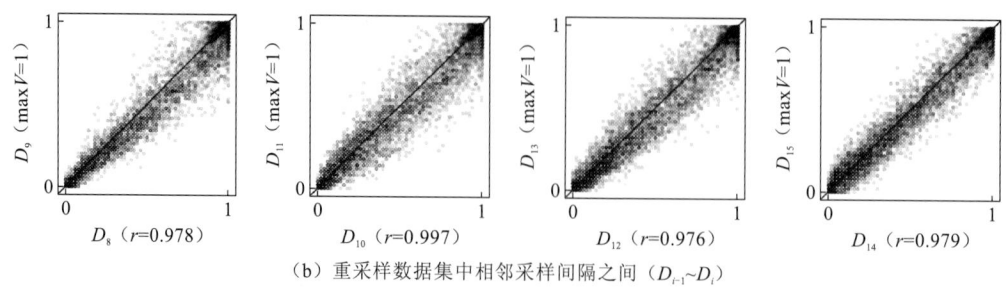

(b) 重采样数据集中相邻采样间隔之间（$D_{i-1} \sim D_i$）

图 3.18　不同时间采样间隔的偏心率的比较

即使是时间采样间隔差异较小的情况下（$D_{i-1} \sim D_i$），用户的偏心率呈现出显著的离散分布、在不同时间采样间隔之间相对较弱的秩相关关系[图 3.18（b）]。这主要源于其计算方式和用户的活动模式。当用户具有三个或者三个以上不共线的位置点时，相应偏心率是位于（0，1）值域范围内的数值；随着采样间隔的增加，当只有两个位置点被保留时，用户的位置点分布呈现为一个线段，相应的偏心率为 1；而当只有一个位置点被保留时，偏心率的数值则变为 0。因此，随着时间采样间隔的增加，个体的偏心率会发生跳跃性变化，数值变化的一致性随之降低。当数据集的时间采样间隔之间的差异比较大时，显得更为明显[图 3.18（a）]。

本节中人群的偏心率分布情况与 Yuan 等（2012）的结果有所不同。Yuan 等（2012）的结果中，偏心率的值域在 0.80~0.95，其中的原因有两个。首先，研究数据的时间跨度不同，本节用到的数据集的时间跨度只有一天，考虑深圳市有大量外来务工人员，他们工作和休息均在工厂范围内。表现在手机轨迹数据集中，一天只有一个位置点，相应的偏心率数值为 0，因此存在大量偏心率为 0 的用户。而 Yuan 等（2012）的数据跨越 9 天，且包含周末和工作日，个体的位置信息更丰富，少有偏心率为 0 的用户。其次，本节用到的是在时间维度等间隔采样的数据集，更能体现用户完整的日常活动轨迹，考虑住家位置和工作位置是多数用户的两个主要的活动，在空间上，个体的活动位置的形态表现出此两个位置构成的线段，相应的偏心率的数值则接近于 1，因此，存在大量偏心率为 1 的用户。而 Yuan 等（2012）用到的是 CDR 数据，采样点对用户的通话习惯有较强的依赖性，考虑个体在夜晚休息时间通信行为较少，可以推测，CDR 数据中与住家位置有关的采样点的比例显著被低估，个体的活动位置则是白天活动位置的零散分布，并不显著地表现出住家位置和工作位置构成的线段，因此也少有偏心率为 1 的用户。学者在使用该指标时，需要洞察数据特征对指标数值的影响。

4）日出行频次

不同时间采样间隔数据集中用户的日出行频次的关联关系如图 3.19 所示。图 3.19 中日出行频次不是整数，这是对每个用户在每个时间采样间隔下对应的 50 个重采样轨迹计算日出行频次求平均值的结果。

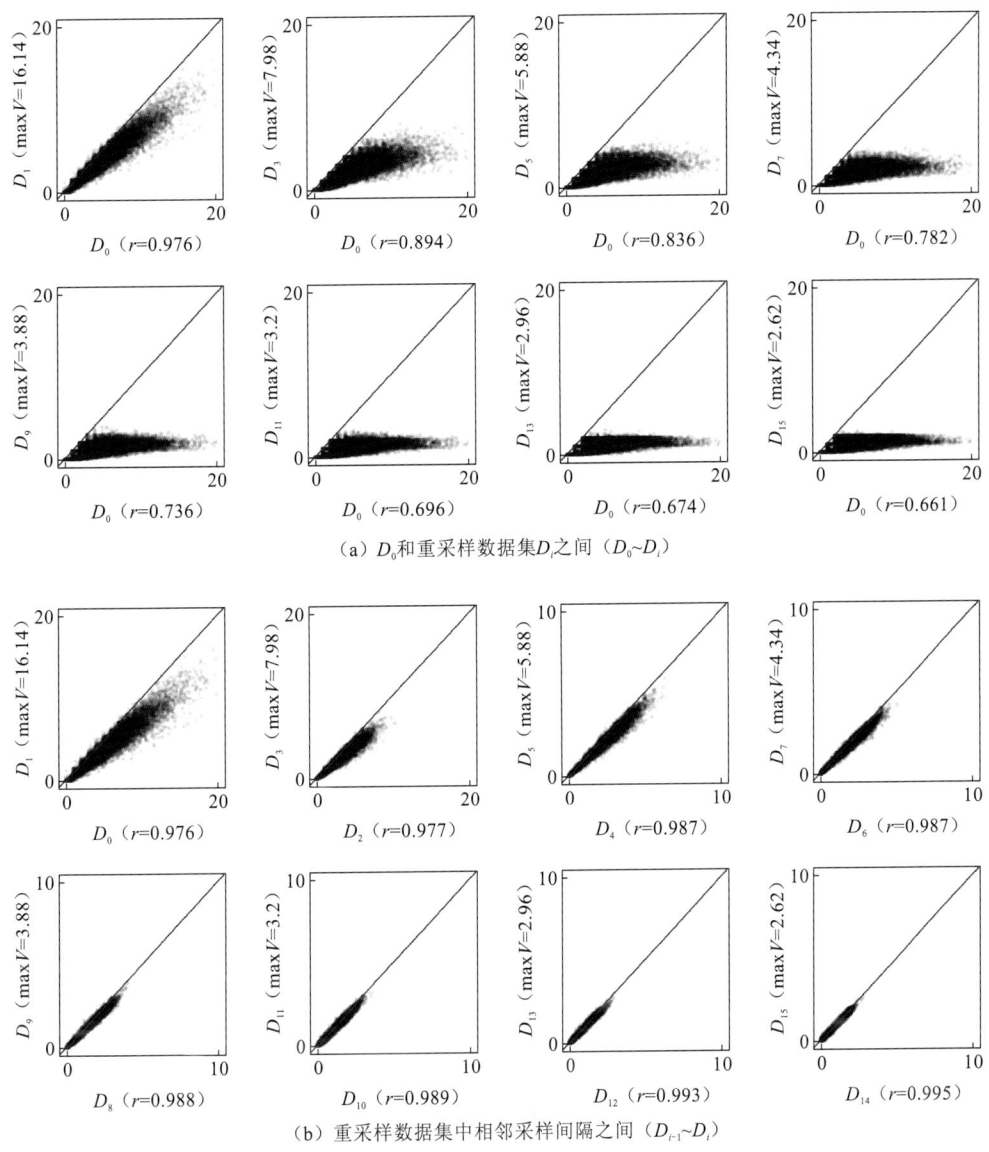

图 3.19 不同时间采样间隔的日出行频次的比较

从图 3.19 中可以发现：首先，当数据集的时间采样间隔之间的差异为 15 min 时，用户的日活动频次变化的一致性较强，对应的秩相关系数均大于 0.97；而随着时间采样间隔差异的增大，用户的日活动频次之间的秩相关系数显著下降，表明用户的日出行频次的变化一致性降低。其次，相同的时间采样间隔的差异（15 min），当数据集的时间采样间隔较为精细时（小于 1 h），用户的日出行频次变化的一致性较弱，而且散点明显偏离对角线；而当数据集的时间采样间隔粗略时（大于 2 h），用户日出行频次变化的一致性更强，而且散点分布更靠近对角线[图 3.19（b）]。这表明，时间采样间隔对用户的日活动频次的影响主要是在时间采样间隔相对较小的区间中。最后，用户在 D_0 与重采样数据集 D_i 中的日活动频次的散点随着时间采样间隔的增加，逐渐偏离对角线，而且日出行频次越大的点偏离越严重，而重采样数据集中最大日出行频次的数值也随之显著降低[图 3.19（a）]。用户的日活动频次与时间采样间隔有关联关系，而且日出行频次越大，受到的影响越剧烈。

时间采样间隔对用户的日活动频次的影响与个体的活动模式直接相关。当时间采样间隔增加时，短的持续时间的活动对应的采样点容易被忽略，使得相应活动关联的出行也随之被忽略。考虑个体的日常活动有层次性特征，持续时间上表现为长短不一。娱乐购物等属于相对次要等级的活动，持续时间短，因此容易受到时间采样间隔变化的影响。而此类活动类型丰富，频次较多，相关活动的忽略对日活动频次的影响较大。而住家休息和工作等属于重要等级高的活动，持续时间长，不易受到时间采样间隔变化的影响。因此，当时间采样间隔较大时（例如大于 2 h 而小于本节讨论的上限 4 h 时），短持续时间的活动已经被忽略，随着时间采样间隔的进一步变化，余下的长持续时间的活动受到的影响较小，因此用户的日活动频次更为稳定。考虑工作和住家休息是多数人在工作日最为主要的活动，因此，当时间采样间隔逐渐增加时，用户的日出行频次逐渐收敛到早晚两次通勤对应的出行频次（图 3.19）。

参 考 文 献

蔡运龙, 叶超, 陈彦光, 等, 2011. 地理学方法论. 北京: 科学出版社.

陈江平, 张瑶, 余远剑, 2011. 空间自相关的可塑性面积单元问题效应. 地理学报, 66(12): 1597-1606.

贾振美, 2014. 面向稀疏轨迹数据的位置预测方法研究. 沈阳: 东北大学.

刘瑜, 2016. 社会感知视角下的若干人文地理学基本问题再思考. 地理学报, 71(4): 564-575.

孟志新, 金瑞, 邵权斌, 2016. 基于空间聚类的可塑性面积单元问题研究. 科技创新与生产力, 7: 115-117.

邬建国, JELINSKI D E, 1995. 生态学中的格局与尺度: 可塑性面积单元问题 // 李博. 现代生态学讲座. 北京: 科学出版社.

鄢进军, 秦华, 鄢毅, 2012. 基于 Huff 模型的忠县城市公园绿地可达性分析. 西南师范大学学报(自然科学版), 37(6): 130-135.

朱会义, 刘述林, 贾绍凤, 2004. 自然地理要素空间插值的几个问题. 地理研究, 4: 425-432.

BUTKIEWICZ T, MEENTEMEYER R K, SHOEMAKER D A, et al., 2010. Alleviating the modifiable areal unit problem within probe-based geospatial analyses. Computer Graphics Forum, 29(3): 923-932.

CHEN B Y, YUAN H, LI Q, et al., 2014. Map-matching algorithm for large-scale low-frequency floating car data. International Journal of Geographical Information Science, 28(1): 22-38.

CHENG T, ADEPEJU M, 2014. Modifiable temporal unit problem (MTUP) and its effect on space-time cluster detection. Plos One, 9(6): e100465.

CÖLTEKIN A, DE SABBATA S, WILLI C, et al., 2011. Modifiable temporal unit problem. Zurich Open Repository and Archive. Paris: University of Zurich.

CÓRDOVA F A, 2016. Embrace uncertainty. Science, 351(6276): 994.

COUCLELIS H, 2003. The certainty of uncertainty: GIS and the limits of geographic knowledge. Transactions in GIS, 7(2): 165-175.

CROSS P C, CAILLAUD D, HEISEY D M, 2013. Underestimating the effects of spatial heterogeneity due to individual movement and spatial scale: Infectious disease as an example. Landscape Ecology, 28(2): 247-257.

DE JONG R, DE BRUIN S, 2012. Linear trends in seasonal vegetation time series and the modifiable temporal unit problem. Biogeosciences, 9(1): 71-77.

GONZÁLEZ M C, HIDALGO C A, BARABÁSI A L, 2008. Understanding individual human mobility patterns. Nature, 453(7196): 779-782.

HARROWER M, MACEACHREN A, GRIFFIN A L, 2000. Developing a geographic visualization tool to support earth science learning. Cartography and Geographic Information Science, 27(4): 279-293.

HOTEIT S, CHEN G, VIANA A et al., 2016. Filling the gaps on the completion of sparse call detail records for mobility analysis. Proceedings of the 18 ACM Workshop on Challenged Networks: 45-50.

HUANG Q, WONG D W S, 2015. Modeling and visualizing regular human mobility patterns with uncertainty: An example using Twitter data. Annals of the Association of American Geographers, 105(6): 1179-1197.

HUFF D L, 1963. A probabilistic analysis of shopping center trade areas. Land Economics, 39: 81-90.

JELINSKI D E, WU J, 1996. The modifiable areal unit problem and implications for landscape ecology. Landscape Ecology, 11(3): 129-140.

KANG C, MA X, TONG D, et al., 2012. Intra-urban human mobility patterns: An urban morphology perspective. Physica A: Statistical Mechanics and its Applications, 391(4): 1702-1717.

LIU X, HUANG Q, LI Z, et al., 2017. The impact of MTUP to explore online trajectories for human mobility studies. Proceedings of the 1st ACM SIGSPATIAL Workshop on Prediction of Human Mobility: 1-9.

OPENSHAW S, TAYLOR P J, 1979. A million or so correlation coefficients: Three experiments on the modifiable areal unit problem. Statistical Applications in the Spatial Sciences, 21: 127-144.

RANACHER P, BRUNAUER R, VAN DER SPEK S, et al., 2016. What is an appropriate temporal sampling rate to record floating car data with a GPS? ISPRS International Journal of Geo-Information, 5(1): 1-17.

RANJAN G, ZANG H, ZHANG Z L, et al., 2012. Are call detail records biased for sampling human mobility? ACM SIGMOBILE Mobile Computing and Communications Review, 6(3): 33-44.

SAUER C O, 1974. The fourth dimension of geography. Annals of the Association of American Geographers, 64(2): 189-192.

SIMMONS G, 1996. Calculus with analytic geometr. 2nd edition. New York: McGraw-Hill Education.

SONG C, QU Z, BLUMM N, et al., 2010. Limits of predictability in human mobility. Science, 327(5968): 1018-1021.

SUÁREZVEGA R, GUTIÉRREZACUÑA J L, RODRÍGUEZDÍAZ M, 2015. Locating a supermarket using a locally calibrated Huff model. International Journal of Geographical Information Science, 29(2): 217-233.

SWIFT A, LIU L, UBER J, 2008. Reducing MAUP bias of correlation statistics between water quality and GI illness. Computers, Environment and Urban Systems, 32(2): 134-148.

VIEGAS J M, MARTÍNEZ L M, SILVA E A, 2009. Effects of the modifiable areal unit problem on the delineation of traffic analysis zones. Environment and Planning B: Planning and Design, 36(4): 625-643.

WINKLER J A, 2016. Embracing complexity and uncertainty. Annals of American Association of Geographers, 106(6): 1418-1433.

YUAN Y, RAUBAL M, LIU Y, 2012. Correlating mobile phone usage and travel behavior: A case study of Harbin, China. Computers, Environment and Urban Systems, 36(2): 118-130.

YUE Y, WANG H D, HU B, et al., 2012. Exploratory calibration of a spatial interaction model using taxi GPS trajectories. Computers, Environment and Urban Systems, 36(2): 140-153.

ZENG Z, ZHANG T, LI Q, et al., 2016. Curvedness feature constrained map matching for low-frequency probe vehicle data. International Journal of Geographical Information Science, 30(4): 660-690.

ZHAO Z, SHAW S L, XU Y, et al., 2016. Understanding the bias of call detail records in human mobility research. International Journal of Geographical Information Science, 30(9): 1738-1762.

ZHAO Z, SHAW S L, YIN L, et al., 2019. The effect of temporal sampling intervals on typical human mobility indicators obtained from mobile phone location data. International Journal of Geographical Information Science, 33(7): 1471-1495.

ZHENG Y, 2015. Trajectory data mining: An overview. ACM Transactions on Intelligent Systems and Technology, 6(3): 29:1-29: 41.

第4章 人群动态的观测基础理论

人群动态的观测是大数据时代发展起来的新型测量任务，其主体是面向不同地理环境中人类群体所形成的群体时空分异性特性，如叠加、吸引与聚集效应，以及相互作用等方面的信息与规律，为以人为本的社会、交通、经济、规划、军事、安全等精准化管理、控制与服务（"管控服"）提供科学的决策信息与规律依据。本章将主要从观测对象、人群动态特征定量、人群动态的观测方法和观测的准确性等角度开展论述。

4.1 人群动态的观测对象

人群动态的观测对象主要聚焦于群体性特性，如所从事的人群活动、人群的群体性行为及人群活动所产生的群体性效应等方面。

4.1.1 人群活动

人群活动是不同的地理环境中多人所形成的群体性活动，与个人和整个社会系统存在某些特定的相互关系，存在有主动意识或无意识被动的聚集等特性，如就业、娱乐、居住、交通、购物、社交聚会及组织的各种规模的集体活动等。

人群活动动态表现为在不同空间（单元）区域内活动功能与强度时空过程变化，以及环境要素（如交通、商业、教育等）对人群活动的吸引或驱动关系的动态。比如在不同的地铁站人群数量及其活动强度，有规律的时段性、季节性变化；在同一个地方分别举办体育比赛、音乐会、读书会等活动，其参加的人员数量、来源区域、交通模式、最高峰的持续时间等都存在较大的原生差异；人群结构组成差异与需求变化等所引起的随机性活动。因此对人群活动进行观测，需要从如下几个方面进行观测。

（1）活动对象：包括参与活动的人群对象集合、成员结构、活动需求分布等，有利于明确活动正常进行所需要的物资、文化等方面的针对性需求。

（2）来源区域：包括参与活动的人群所在的长期性活动区域（如住宅区、工作区、活动区域），参与活动的临时性起始区域等，有助于有针对性扩大或控制活动的影响。

（3）交通模式：参与活动的人群所采用的交通方式，包括公交、地铁、自驾、的士、共享单车、电动车、步行等，有助于精确化地构建活动的交通支撑方案。

（4）活动时空域：活动区域的实际使用情形，包括使用区域大小、效率、时段分布、对周边的影响区域等，有利于调控人群活动对所在环境的影响。

（5）时空规律：包括以上4个方面的时空变化过程、活动功能及其规律等，比如，潮汐韵律、汇集程度、功能异同、时空分异等方面的规律。

4.1.2 人群行为

人群行为是人群活动过程中所呈现的具有选择性特征的行为，包括目标明确的群体性行为和目标分散的群体性行为。其中目标明确的群体性行为是出于对公共目标一致、达成愿望强烈条件下的群体多数成员的一致性行为，比如：科普学习中统一佩戴虚拟现实设备的行为、观看体育比赛的一致性喊"加油"和玩"人浪"行为、音乐会中跟随节奏挥手互动行为、观看灯光秀的一致性欣赏行为，可以分为规范性行为和自发性行为两类。另一种是，目标分散的群体性行为，虽然参与者都聚集在同一区域，但是各自所进行的具体行为有一定的差异，比如：沙滩区域的游憩行为，即使在同一个区域游玩，参与者可以进行沙滩排球、冲浪、堆沙堡、骑沙滩摩托、游泳、烧烤等多类行为，具有小规模组群特性。人群行为往往会相互影响、相互作用、相互依赖，对其需要从如下几个方面进行观测。

（1）行为类型：区分不同组群的行为，获取在活动区域所进行的行为类型集合与相应群组规模，对有效的突发状况应对有很大的帮助。

（2）时空特性：包括人群行为的时空点范围、频次、交互次数、交互群体大小、重返周期/距离等方面的特性，对精准理解行为和预测模型等有重要作用。

（3）约束影响：任何行为都存在其时空环境的约束，包括：地理建成环境、自然环境、社会环境、同伴条件等方面的影响，对规范行为、优化环境等有指导价值。

（4）行为切换：人群行为通常会出现自发性组群的行为状态，并且随着时间的推移，往往伴随着行为意图的变化，随之会出现行为的切换，精准捕捉行为之间的切换关系，对理解场景和行为预测都有很好的作用。

（5）相互作用：包括群体内不同组群间行为的相互作用、多维空间环境与群体行为间的相互作用（技术创新对群体行为的转变和驱动，群体活动对环境的破坏，以及环境污染/改善对群体行为的作用）等，有助于构建有序可持续的人文和物质环境。

4.1.3 人群效应

人群效应是指多人组成群体后所进行的活动及行为在多维空间上所产生的作用规律，包括：强度叠加、时空边界、群体间的相互影响等。

（1）叠加效应：指在不同群体不同类别的活动和行为，在多维空间叠加之后所产生的聚集、混合等现象，存在不同对象的叠加、不同场景的叠加、不同空间（如物理空间、网络空间、心理空间等）的叠加、不同约束条件的叠加等，共同作用于人群活动与行为所产生的时空动态规律。该方面的效应观测，对人群动态的精准化管理和控制起到关键的保障作用。

（2）边界效应：指不同群体不同类别的活动和行为，在不同地理建成环境、自然环境、社会环境、同伴条件等约束下，所呈现出来的活动与功能类别、行为类别与数量、所属时空疆域、影响群体等方面的边界效应。该方面的效应观测，对人群动态的精准化引导和服务起到重要的指导作用。

（3）从众效应：是指在群体中的个体受到群体约束效力的影响，往群体多数人行为靠近的行为效应,在心理学(Conn et al.,2013)领域有很深入的研究。这里则主要刻画遵守"从众效应"的群体结构、从众规模、时空分布等特性。

(4)"欲速则不达"(the faster, the slower)效应(Helbing et al., 2000):是指群体活动和行为,在约束条件限制、资源短缺等情况下,所采取的个体自认为"最优",但整体系统上不是最优的群体现象,如在应急疏散中的拥挤行为会导致疏散效率的降低,而且容易出现群体踩踏等次生、衍生灾害。这里主要刻画群体行为中的个体"最优"时空过程,并从系统最优角度发现群体活动的空间秩序性、行为规则性等方面的特性。为达到群体效益的最优提供科学的决策依据。

(5)群体演化效应:主要反映群体活动及其行为,随着群体内部各成员之间的相互作用和影响,在"同伴依慕(peer attachments)、权威关系(authority relation)、利群行为(prosocial behavior)、合作(cooperation)、竞争(competition)、共生(symbiosis)"(罗子明,2002)等作用下,所产生的群体结构、规模、相互作用关系(如凝聚、驱动与耗散等)强度等方面的动态演化特征。

4.2 人群动态的时空特征定量

人群动态特征主要包括人群组成特征、活动空间动态、活动影响动态等方面,概括起来可以包括混合性时空、时空拥挤度、时空利用效率、时空稳定性、时空波动性、时空扩散性、时空分异性等方面的时空特性。

4.2.1 混合性时空特性

人群动态混合性时空特征指不同群体对象在多维空间活动的分散同步进行程度,包括对象混合度、空间活动混合度、时空过程混合度等时空特性,具体定义如下。

对象混合度指不同类型人群对象所占比重的均衡性,根据熵指数方法(Cervero et al.,1997)可被定义为

$$H_o^t = -\sum_{i=0}^{n_o} p_i^t \ln(p_i^t) / n_o \tag{4.1}$$

其中:H_o^t 为第 t 时刻的人群对象的混合度;p_i^t 为第 t 时刻第 i 类对象所占的规模比例;n_o 为所有对象类型的数量。当各类对象比例相同时,H_o 为1,表示混合度最高。

空间活动混合度指一定空间范围内多类人群活动各自所占用空间的混合程度,可以定义为

$$H_s^t = -\sum_{j=0}^{n_s} p_j^t A_j^t \ln(p_j^t A_j^t) / (n_s \sum_{j=0}^{n_s} p_j^t A_j^t \ln p_j^t \ln p_j^t A_j^t) \tag{4.2}$$

其中:H_s^t 为第 t 时刻的人群活动空间的混合度;p_j^t 为第 j 类空间活动所占的规模比例;A_j^t 为该类空间活动所占用空间面积或者不同维度空间的活动时长;n_s 为所有活动类型的数量。

时空过程混合度是指人群活动所呈现出来的时空过程类别及其规模的混合程度,可以

被定义为

$$H_\mathrm{p} = \sum_{t=0}^{T} p_l \ln(p_l) \Delta t / (n_\mathrm{p} T) \tag{4.3}$$

其中：H_p 为群体活动时空过程的混合度；p_l 为第 l 类活动时空过程所占的规模比例；n_p 为所有时空过程类型的数量；T 为整个时空过程的时长。

4.2.2 时空拥挤度特征

人群活动在特定通行通道 i（如道路、航道、走廊等）中的拥挤度（李清泉 等，2011）指在相对于该通道通行能力下的人群拥挤程度，定义为

$$\mathrm{Cong}_i = \begin{cases} \mathrm{e}^{0.5(v_i/c_i)-1}, & v_i/c_i \geqslant 0.5 \\ 0, & v_i/c_i < 0.5 \end{cases} \tag{4.4}$$

其中：v_i 为瞬时人群和其他移动对象（如车、船等）数量；c_i 为通道 i 的通行能力；v_i/c_i 为该通道的瞬时饱和度。当饱和度小于 0.5 时，对象间的干扰较少，基本处于通畅状态，平均速度随饱和度增大呈指数下降。

4.2.3 时空利用效率特征

通行路段是最常见的时空利用效率分析单元，通过轨迹来计算，有两种情况：

（1）单一类型运动对象单向一致性运动的时空利用率。任一路段 r 上在起止时间段 $[t_\mathrm{s}, t_\mathrm{e}]$ 内，根据该时间段内所经过的轨迹依据时间排列，计算该路段的时空利用率 $I_\mathrm{UE}(\mathrm{Rds}(r), t_{[\mathrm{s,e}]})$（Fang et al.，2011）为

$$I_\mathrm{UE}(\mathrm{Rds}(r), t_{[\mathrm{s,e}]}) = \frac{\sum_{i,i+1\in K} s_\mathrm{m}(\mathrm{traj}(t_i), \mathrm{traj}(t_{i+1}))}{\sum_{i,i+1\in K} s_\mathrm{m}(\mathrm{traj}(t_i), \mathrm{traj}(t_{i+1})) + s_\mathrm{um}(\mathrm{traj}(t_i), \mathrm{traj}(t_{i+1}))}, \quad t_\mathrm{s} \leqslant t_i \leqslant t_{i+1} \leqslant t_\mathrm{e} \tag{4.5}$$

其中：s_m 和 s_um 分别为能够和不能合并（时空距离阈值 Δd）的相邻两条轨迹 $\mathrm{traj}(t_i)$ 和 $\mathrm{traj}(t_{i+1})$ 所包围的区域面积。若时空轨迹分布均衡，而且小于特定间隔 Δd，那么 $I_\mathrm{UE}(\mathrm{Rds}(r), t_{[\mathrm{s,e}]})$ 会趋近于 1；反之，轨迹分布越不均匀或者轨迹之间时空间隔很大，那么 $I_\mathrm{UE}(\mathrm{Rds}(r), t_{[\mathrm{s,e}]})$ 的值就比较小。

（2）多类对象混合运动情况下的时空利用率。任一路段 r 上在起止时间段 $[t, t+\Delta t]$ 内的多类对象混合下的时空利用率（Fang et al.，2013）为

$$I_\mathrm{UE}(\mathrm{Rds}(a), t_{[t, t+\Delta t]}) = \left(\sum_{p_{r_i} \in \overline{P_r}} \frac{l_{P_{r_i}}^0}{V_\mathrm{max}} \right) \Bigg/ \sum_{p_{r_i} \in Pr} \left(\frac{l_{P_{r_i}}^t}{v_r^t} \right) \tag{4.6}$$

其中：P_{r_i} 为路段 r 的时空路径；$\overline{P_r}$ 为 $[t, t+\Delta t]$ 内在路径 r 上的时空路径集合；V_max 为人或者车等运动对象在该路段上的最大运动速度；$l_{P_{r_i}}^0$ 为 V_max 下的最大运动距离；v_r^t 为该时间段内行人或者车辆的平均运动速度；$l_{P_{r_i}}^t$ 为移动对象该时间段内的实际运动距离。

4.2.4 时空稳定性特征

人群活动的时空稳定性是人群活动聚集消散时空过程的稳定性，可以从聚集和消散时空过程的持续时间、净流量变化值和波动振幅等角度统一进行描述，具体定义（Fang et al.，2017）为

$$S = f \cdot g = \mathrm{e}^{-k|v|} \cdot \mathrm{e}^{-\frac{\sigma_{\Delta N}}{\Delta T}} \tag{4.7}$$

其中：v 为净流量趋势线的斜率；k 为尺度控制参数；f 为指数函数，用来对斜率进行标准化，使得 S 的值落在 0 到 1 之间；ΔT 为人群聚集过程的持续时段数；$\sigma_{\Delta N}$ 为实际净流量与趋势线之间波动幅度的均方差。需要说明的是，这里采用趋势线的斜率来定量净流量累计值变化的稳定性，用波动幅度的标准差来衡量整个聚集过程波动的稳定性，最后将两者进行综合得到衡量整个聚集过程稳定性的计算模型。时空稳定性可用于刻画人群动态在不同空间结构（如公交地铁路线、交通网络、城市空间、城市间网络流等）下的聚散过程特性，支撑这些结构的合理布局与科学运营。

4.2.5 时空波动性特征

波动性（volatility）研究在经济学、交通科学等领域有一些研究，比如：最早使用的广义条件异方差模型（generalized autoregressive conditional heteroskedast，GARCH）（Duan，1995）刻画金融市场发展的波动性，刻画车流流量、密度和速度之间关系的车流波动理论（王殿海，2000）。人群活动的时空波动性定量，有别于这些理论，不能只考虑数量的变化，还需要综合考虑活动对象结构、时空范围和活动强度等因素。首先，单一因素的波动性计算如下：

$$O_{t_i} = \frac{1}{n_v} \sum_{j=1}^{N} o_j^i \tag{4.8}$$

$$\mathrm{OV}_{(t_i, t_{i+1})} = \frac{\log(o_{t_{i+1}})}{\log(o_{t_i})} \tag{4.9}$$

$$\mathrm{OV}'(t_i, t_{i+1}) = \frac{\mathrm{OV}_{(t_i, t_{i+1})} - \min(\mathrm{OV}_{(t_i, t_{i+1})})}{\max(\mathrm{OV}_{(t_i, t_{i+1})}) - \min(\mathrm{OV}_{(t_i, t_{i+1})})} \tag{4.10}$$

其中：o_j^i 为因素 O 在 t_i 时间段内的第 j 时段的值；N 为该 t_i 时间段所切分的再分段数；O_{t_i} 为因素 O 在 t_i 时间段内的平均值；$\mathrm{OV}_{(t_i, t_{i+1})}$ 表示因素 O 从 t_i 时间段到 t_{i+1} 时间段的波动；$\min(\mathrm{OV}_{(t_i, t_{i+1})})$ 和 $\max(\mathrm{OV}_{(t_i, t_{i+1})})$ 分别为所有时段间的最小和最大值；$\mathrm{OV}'_{(t_i, t_{i+1})}$ 为归一化之后的波动值。

针对人群动态的多因素（$\mathrm{var}_1, \mathrm{var}_2, \cdots, \mathrm{var}_k$）度量特点，采用向量自回归模型（vector auto regressive，VAR）和向量误差修正模型（vector error correction model，VECM）（Ji et al.，2014；Cologni et al.，2008）构建这些因素间的时空波动关系（Yu et al.，2019）：

$$\begin{bmatrix} f(\text{var}_1,(t_i,t_{i+1})) \\ f(\text{var}_2,(t_i,t_{i+1})) \\ \vdots \\ f(\text{var}_k,(t_i,t_{i+1})) \end{bmatrix} = C + \sum_{k=1}^{p} \phi_k \begin{bmatrix} f(\text{var}_1,(t_i,t_{i+1}))-k \\ f(\text{var}_2,(t_i,t_{i+1}))-k \\ \vdots \\ f(\text{var}_k,(t_i,t_{i+1}))-k \end{bmatrix} + \varepsilon_{(T_i,T_{i+1})} \quad (4.11)$$

其中：$f(\text{var}_1,(t_i,t_{i+1}))$ 为因素 var_1 根据式（4.7）计算的波动性 $\text{OV}'_{(t_i,t_{i+1})}$；$C$ 为常数向量；ϕ_k 为系数矩阵；p 为计算相互之间波动关系的时间周期；$\varepsilon_{(T_i,T_{i+1})}$ 为用于表示白噪声的矩阵；var_1，var_2，$\cdots$，var_k 分别对应活动对象结构、时空范围和活动强度等定量指标变量。

$$\begin{bmatrix} \Delta f(\text{var}_1,(t_i,t_{i+1})) \\ \Delta f(\text{var}_2,(t_i,t_{i+1})) \\ \vdots \\ \Delta f(\text{var}_k,(t_i,t_{i+1})) \end{bmatrix} = C + \sum_{k=1}^{p} \phi_k \begin{bmatrix} \Delta f(\text{var}_1,(t_i,t_{i+1}))-k \\ \Delta f(\text{var}_2,(t_i,t_{i+1}))-k \\ \vdots \\ \Delta f(\text{var}_k,(t_i,t_{i+1}))-k \end{bmatrix} + \begin{bmatrix} \sigma_1 \\ \sigma_2 \\ \vdots \\ \sigma_k \end{bmatrix} \text{EC}_{(T_i,T_{i+1})} + \varepsilon_{(T_i,T_{i+1})} \quad (4.12)$$

其中：$\Delta f(\text{var}_1,(t_i,t_{i+1}))$ 为因素 var_1 波动性的一阶差分；EC 代表误差修正项，也可称为协整回归的残差估计项。

4.2.6 时空扩散性特征

人群活动时空扩散具有各向异性、多源和动态空间扩散等特性（单卫东 等，1996），是人口迁移、疾病传播、城市空间扩展等关键方向的研究问题。一般来说，针对人群活动需要考虑的扩散特性包括扩散空间大小、扩散强度与速率、扩散的非匀质性、扩散的可预测性等。

一般来说，数学建模与动态模拟是描述该方面特征的关键手段。在数学建模方面，包括基于蒙特卡罗的随机扩散模型、空间动态面板模型、差分自回归移动平均模型（autoregressive integrated moving average，ARIMA）、马尔可夫链模型、反向传播（back propagation，BP）神经网络模型、基于遗传算法改进的反向传播（genetic algorithms-back propagation，GA-BP 神经网络、支持向量机（support vector machine，SVM）模型等方法用来建模。比如从空间统计学角度构建空间动态面板模型，通常分为固定效应和随机效应两类模型[如固定效应动态空间自回归模型（spatial autoregressive model，SAR）（Silva et al.，2017；Yesilyurt and Elhorst，2017）等]，来解释和拟合现实时空扩散过程，其一般表达式为

$$Y_t = \mu + \tau Y_{t-1} + \delta WY_t + \eta WY_{t-1} + X_t \beta + \xi_t + \varepsilon_t \quad (4.13)$$

其中：Y_t 为因变量；Y_{t-1} 为因变量滞后项；W 为空间之间的空间权重关系矩阵（$N \times N$）；WY_t 为被解释变量之间的内生交互效应；τ、δ、η 为因变量系数；β 为待估参数向量；ξ_t 为时间确定的影响因素；$\varepsilon_t = (\varepsilon_{1t}, \varepsilon_{1t}, \cdots, \varepsilon_{Nt})^T$ 是独立分布的随机扰动向量。如果 μ 不随时间变化，并且 μ 和变量矩阵 X 相关，那么就是空间固定效应型；如果 ξ_t 在时间维度维持一致，同时满足 ξ_t 和变量矩阵 X 相关，那么就是时间固定效应型；如果两者都满足，那就是时空固定效应型（胡文玉 等，2020）。在动态模拟方面包括元胞自动机、多智能体模型等方法。

4.2.7 时空分异性特征

时空分异是地理学的基本规律,也是人群活动的基本定律。针对时空分异性定量,主要从两个角度来进行定量分析,包括:时空自相关、时空异质性定量。在时空自相关(Cressie et al.,1997)方面,通过 Moran's I、Geary's C、Getis's G 和标准误差椭圆、半变异函数等计算指数,构建简单时空自相关指数(Cliff et al.,1981)、经典时空自相关模型(Martin et al.,1975)、单变量时空自相关模型(López et al.,2007)、通用自相关模型(Kamarianakis et al.,2005)及地理时间加权回归模型(geographically and temporally weighted regression,GTWR)(Huang et al.,2010)等;在时空异质性定量方面,包括区域 Getis 系数(Gi)、空间联系的局部指标(local indicators of spatial association,LISA)、地理探测器 q 统计方法(geodetector q-statistics)等。

近年来,时空立方体也是一种非常热门的用于时空分析的方法,通过聚合时空分布的点数据,生成时空立方体,通过结合局部莫兰指数(local Moran index,LMI)和时间序列分析方法,可以得出每个时空元素的变化类型,类型包含新增的、连续的、加强的、持续增加的、逐渐减少的、分散的、振荡的及历史的热点和冷点。

为了研究存在空间相关性的两个或多个变量之间的关系,很多学者提出了很多模型,包括地理加权回归模型(geographically weighted regression,GWR)、地理时间加权回归模型(GTWR)(Huang et al.,2010)、广义线性回归模型(generalized linear regression,GLR)、空间滞后回归模型(spatial lag model,SLM)和空间误差回归模型(spatial error model,SEM),以及最近比较热的空间随机森林模型和地理探测器(geo-dector)。

4.3 人群动态观测的理论体系

人群动态的观测理论是新兴发展起来的测绘理论,不同传统对地观测(宁津生,2004)依赖专业型测量仪器设备,如遥感与定位卫星、航测飞机、全站仪、摄影测量相机、激光仪器等,对人群动态的观测则广泛依赖于现有泛在传感网观测的大数据,包括卫星定位、手机互联、船舶 AIS 轨迹、雷达探测轨迹、网络签到、视频监控等,通过数据采样、信息的提取、挖掘、增强等手段(李德仁 等,2013),进行人群动态时空特性的观测与刻画。从数据源形式的角度,可以分为绝对空间定位下的时空离散点集、相对空间中的深度/距离数据点集,以及视频流中的点集等时空轨迹流的人群动态观测。从观测形式上来分析,可以划分为定类、定序、定距、定比等观测任务(图 4.1)。当然,还需要分析定量观测的准确性与可靠性等。

图 4.1 给出人群动态的观测基础理论构架,其中流场理论负责时空轨迹流的表达与计算;时空 GIS 理论负责人群活动的时空交互定量、极限约束条件下的时空能力计算,以及复杂情景建模工作;时空综合建模理论负责群体活动、行为与效应的定类、定序、定距和定比观测;时空优化理论负责时空过程为基础的人群动态与资源契合的配置,来支撑智慧城市(包括交通、物流、规划)、应急响应、防灾救灾、公共安全、位置服务、空间管控、设施选址、环境保护等领域与行业应用。

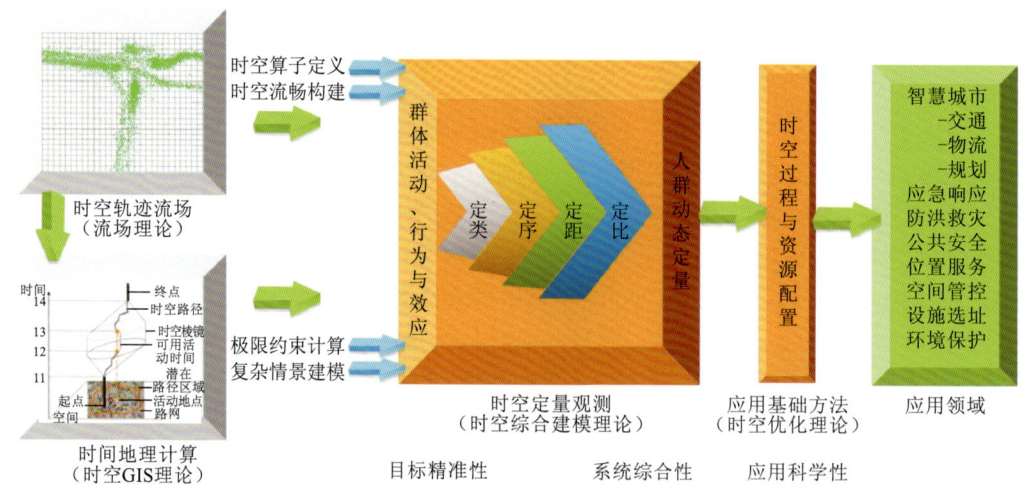

图 4.1 人群动态的观测基础理论架构

4.3.1 时空轨迹

1. 时空轨迹的定义

个人、汽车、飞机、船舶等移动对象，在固定或者不固定的时空间隔位置跟踪采样下，其时空轨迹表现为一系列的时空线段集合（萧世瑜 等，2018）（图4.2），其中时空线段的端点就是采样的时空点（p，t），因此可以被统一表达为

$$\text{STP}_i = \{(p_1^i, t_1^i),(p_2^i, t_2^i),\cdots,(p_n^i, t_n^i)\} \tag{4.14}$$

其中：STP_i 为对象 i 在 t_1 到 t_n 时刻的时空路径；(p_1^i, t_1^i) 为对象 i 在 $t=1$ 时刻处于位置 p_1^i。需要说明的是 p 可能不仅仅是空间上的一个点（x，y），还可能表达为一个区域，这取决于具体应用和对应的数据，如 GPS 所采集的车辆轨迹点（x，y）可以表达为点（point）的经纬度，流行病调查所得到的轨迹点可能只能具体到某个社区（polygon）。因此，时空轨迹具有多空间粒度的表达特性。从人群活动的角度，可以把时空路径分类三类，包括活动路径、拓扑路径、道路路径。活动路径表达人群从事活动的时序和位置次序关系，拓扑路径表达有活动位置之间的时空拓扑关系，道路路径表达依附于不同类型道路网络上的时空路径。

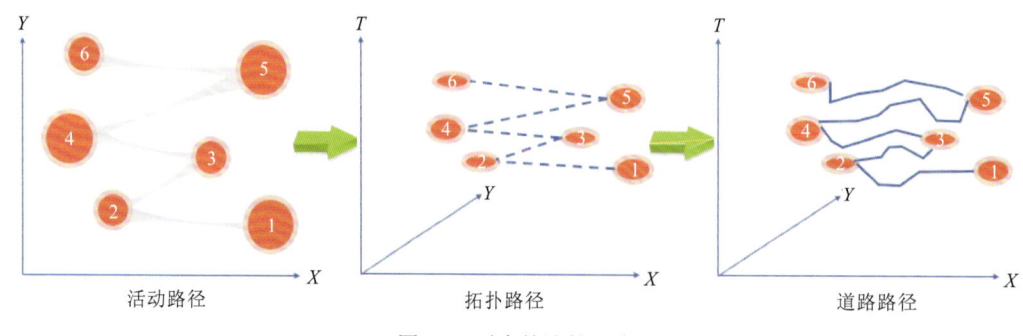

图 4.2 时空轨迹的形式

2. 时空轨迹的时空单元重构

人群动态关注的重点是很多个体活动在时空叠加之后所呈现的时空动态。通过个体时空轨迹所描述的时空区域覆盖现象,确定不同层次的人群间时空邻域拓扑关系与距离,有助于定量表达人群动态。为此,对时空轨迹进行时空单元重构是基础,通常有如下几种重构形式。

1)等时重构路径

时空轨迹依据相等时间间隔(Δt)进行重构所形成的时空路径,称为等时重构路径(图4.3),可以被定义为

$$\text{STP}_i = \left\{ \left(p_j^i, t_j^i\right) \middle| j = \Delta t \times m, m = \{1, 2, \cdots, n\} \right\} \tag{4.15}$$

其中:p_j^i 为第 j 个等时间隔下的空间坐标;t_j^i 为第 j 个等时间隔对应的时刻;m 为等时间间隔 Δt 的倍数。等时重构路径时,可能不一定恰好有 j 时刻的原始轨迹点,这时需要对原始轨迹进行某种方式的插值,如线性插值、样条插值、多项式插值、高斯函数插值、均速插值、匀加速插值等,依据问题描述的需求而定。

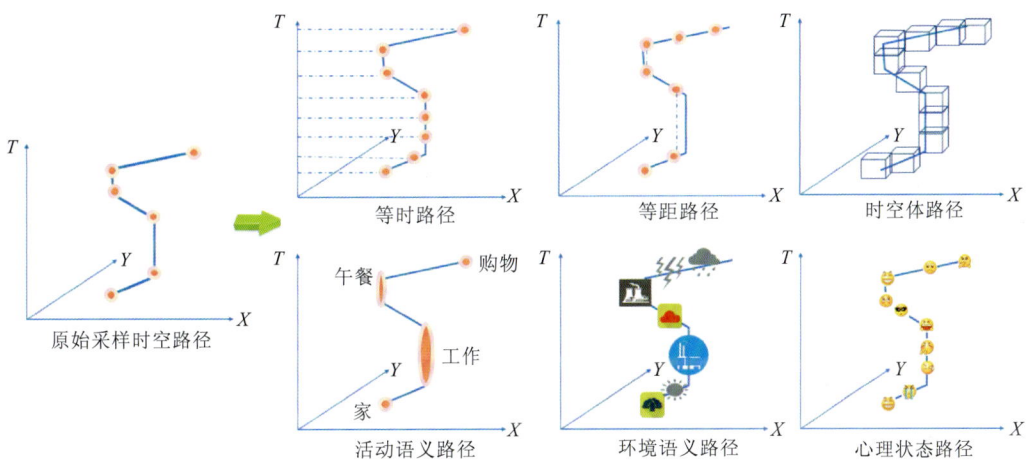

图 4.3 时空轨迹的重构

2)等距重构路径

时空轨迹依据相等空间距离(Δd)进行重构所形成的时空路径,称为等距重构路径(图4.3),可以被定义为

$$\text{STP}_i = \left\{ \left(p_j^i, t_j^i\right) \middle| \sqrt{\left(p_j^i \cdot x - p_{j-1}^i \cdot x\right)^2 + \left(p_j^i \cdot y - p_{j-1}^i \cdot y\right)^2} = \Delta d, j = \{1, 2, \cdots, n\} \right\} \tag{4.16}$$

同样,等距重构路径时,可能不一定恰好有离上一时刻位置 Δd_j 距离的原始轨迹点,这时需要对原始轨迹进行某种方式的插值,如自由空间线性插值、路网空间的等距插值等。

3)时空体重构路径

把空间单元 Δd 和时间单元 Δt 组合起来,就形成了时空体单元。把时空域按照时空体单元进行规则划分,时空轨迹所在的时空体单元被挑选出来,按照轨迹顺序进行组织就形成了时空体路径(图4.3),可以被定义为

$$\text{STP}_i = \left\{ \text{STCube}\left(n_x, n_y, t^i_{(t_0+k\Delta t, t_0+(k+1)\Delta t)}\right) \middle| n_{x_0} \leqslant n_x \leqslant n_{x_{\max}}, n_{y_0} \leqslant n_y \leqslant n_{y_{\max}} \right\} \quad (4.17)$$

这里的 $\text{STCube}\left(n_x, n_y, t^i_{(t_0+k\Delta t, t_0+(k+1)\Delta t)}\right)$ 表示空间单元序号为（n_x，n_y），时间处于（$t_0+k\Delta t, t_0+(k+1)\Delta t$）的时空体单元。当时空路径穿过该时空体单元时，$f\left(\text{STCube}\left(n_x, n_y, t^i_{(t_0+k\Delta t, t_0+(k+1)\Delta t)}\right)\right)=1$，表示该时空体是重构路径上的时空体，否则，$f\left(\text{STCube}\left(n_x, n_y, t^i_{(t_0+k\Delta t, t_0+(k+1)\Delta t)}\right)\right)=0$，就被排除在时空体重构路径外。在这里需要说明的是，这个时候的时空体是一个连续的概念，不能估计时空线段的端点位置，沿线上所穿过的时空体也是时空路径的重要部分。

4）语义重构路径

语义重构是人群动态观测的重要方面，其语义通常可以分为活动语义、行为语义、环境语义、心理状态语义等方面，主要反映群体在物理空间、网络空间、心理空间等的状态变化。语义重构路径表达的是人群在这些空间内的状态时空过程序列（图 4.3），可以被定义为

$$\text{STP}_i = \left\{ S\left(p^i_j, [t^i_j, t^i_j+\Delta t]\right) \middle| j=\{1,2,\cdots,n\} \right\} \quad (4.18)$$

这里的 $S\left(p^i_j, [t^i_j, t^i_j+\Delta t]\right)$ 表示在位置 p^i_j 和时间区间 $[t^i_j, t^i_j+\Delta t]$ 轨迹对象所处的活动语义、行为语义、环境语义、心理状态语义，如图 4.3 所示：家、工作、午餐、购物等活动语义；住宅小区、晴天、地铁、办公楼、工厂、打雷、下雨等活动所处的环境语义；开心、悲伤、抓狂、窃喜等心理状态语义。语义路径的重构把时空轨迹序列转换为语义元子序列，需要有状态与环境感知数据的辅助才能完成,对人群动态的正确了解与把握有重要的帮助。

4.3.2 人群样本规模与轨迹时空采样

人群观测样本的规模，直接影响观测结论的失真情形。在传统的调查中，样本量越大，需要的人力物力成本就越高、调查时间就越长；反之，样本量越小，成本比较低，但是抽样误差比较大，观测结果失真也比较严重（余才 等，2020）。在尽可能保持人群动态观测需求的情况下，人群观测样本规模的确定是一个重要问题。在人群观测样本确定的过程中，需要明确几个基本原则。①人群对象的代表性，包括群体属性的代表性、时空活动的代表性、群体动态的代表性，特别是人群大数据的使用上需要考虑这个原则。②观测人群及其活动的无偏性，特别是在人群大数据的使用上，有些数据采样时具有严重的有偏性，不能用其去度量能力之外的时空特性，如不能使用公交刷卡数据去反映整个城市所有人群的时空移动性。③观测动态特性定量的一致性，包括观测手段、观测准确性和可靠性。

影响人群观测样本规模的大小的因素包括 4 点。①研究对象的变异性，也就是人群对象在时空特性定量期间的变化程度，可以定义恰当的变异系数函数等进行度量；②对研究对象的观测精度，人群动态时空特性的观测精度越高，那么需要的样本比例相对就越大；③观测手段的抽样误差和置信区间：观测样本的抽样误差（标准误差、误差界限、变异系

数等）影响观测样本量，置信度越高，需要的抽样比例就越高；④研究对象规模：针对不同大小的群体总体规模，不能简单按照同等比例进行随机抽样、分层抽样、整体抽样等，总体上把握的原则是抽样太多就浪费资源、抽样太少就无法做到准确推断；在处理人群大数据时，虽然人群规模远大于人工采样规模，但还需要考虑观测对象规模对观测结论的影响，为验证需要，仍然可以辅以小样本。

时空轨迹的采样（萧世瑜 等，2018）也是一个重要的问题，不同的人群动态定量特性对时空轨迹的采样要求也有差异、对计算处理性能也有区别，如确定地铁空间中的人群拥挤程度与城市空间人群聚散稳定性，两者比较，前者需要的时空采样频率和精度要比后者高。在确定时空轨迹采样的过程中需要把握几个原则。①语义相关原则：轨迹所反映的语义（鲁强 等，2019）与要观测的人群动态特征密切相关；②精度匹配原则，轨迹获取的精度与要观测的人群动态特征定量指标相一致；③协同过滤原则：有些人群动态属性需要时空轨迹与同其他类型数据来协同过滤；④冗余去除原则：去除一些对观测任务不紧密而且重复观测多的采样轨迹，否则会浪费大量存储空间。

4.3.3 时空轨迹流场

人群时空轨迹在特定空间中，会形成时空轨迹流场。时空轨迹流场可以划分为轨迹流数量场和轨迹流向量场等，图 4.4 给出了时空轨迹流数量场、单向流向量场、双向流向量场、混合流向量场及随机流向量场。其中，时空轨迹流数量场主要刻画轨迹及其衍生特性的时空分布特征，而时空轨迹流向量场则刻画人群动态过程的群体性运动与交互规律。人、人群、活动、行为、环境等都是时空轨迹流场的基本要素。轨迹流要素主要呈现：流动性、方向性、叠加性、吸附性、聚集性、扩散性等特性（王成金，2005；Poter，1998；Thomas et al.，1996；Piore et al.，1984；Marshall，1961；）。在道路网、航空网、航道网等约束

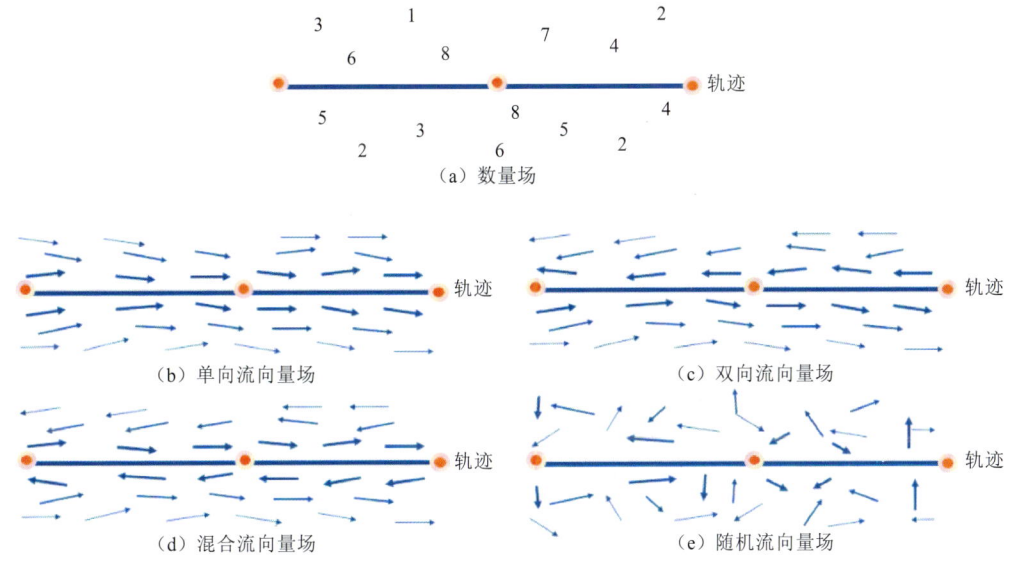

图 4.4 时空轨迹流场

下，轨迹流的流动性主要表现为轨迹集合在时空上的转移特性；方向性是指轨迹流的主体方向呈现从微观到宏观的综合性，表达了大多数轨迹运动的方位特征；叠加性是指人群中个体运动在所处环境、交互行为等影响下的叠加特性；吸附性是指大多数的群体轨迹在网络约束的作用下，都吸附于时空轨迹的局部范围附近，并以时空轨迹为代表性轨迹；轨迹流的聚集性一般呈现带状的时空分布特性；轨迹流的扩散性主要表现为时空约束中的端到端全局扩散和轨迹周边的局部扩散特征。

1. 时空轨迹流数量场

在时空轨迹流数量场中，每一个时空点位置对应一个数值，若 f 为数量场函数，就可表达为

$$f = f(p_j^i, t_j^i), \qquad p_j^i = (p_j^i \cdot x, p_j^i \cdot y, p_j^i \cdot z, t_j^i) \quad 或 \quad p_j^i = (p_j^i \cdot b, p_j^i \cdot l, p_j^i \cdot h, t_j^i) \quad (4.19)$$

在直角坐标系下 $p_j^i = \{p_j^i \cdot x, p_j^i \cdot y, p_j^i \cdot z\}$，在 WGS84 坐标下可以表示为：$p_j^i = (p_j^i \cdot b, p_j^i \cdot l, p_j^i \cdot h)$，其中：$b$、$l$、$h$ 分别为 WGS 84 坐标系下坐标的纬度、经度及大地高。

在时空轨迹流数量场中，时空点与轨迹之间的流量特性可能存在一定的数学模型关系：

$$F = F\left(\text{Dis}\left((p_j^i, t_j^i), \text{STP}_i \right) \right) \quad (4.20)$$

这里的 Dis 是距离函数，可以用欧氏距离、曼哈顿距离、切比雪夫距离、余弦距离等进行度量；F 是数量特性函数，如个数、密度、强度等方面的数量特性。这些特性 f 函数在任何一个时空点 p 上，若存在一个时空矢量方向 G，使得 f 在 p 点上沿着 G 的变化率最大，那么在 p 点上的最大时空变化率称为时空梯度：

$$G = \text{grad}(f(p,t)) = \frac{\partial f(p,t)}{\partial G} \quad (4.21)$$

时空梯度是描述人群时空轨迹数量特性的定量特征，对理解群体时空轨迹在特定时空域内（如高峰期的城内环线高速道路或者道路交叉口）的活动规律有直接作用。

2. 时空轨迹流向量场

向量场是用时空点的函数来表示的向量特征，定义为

$$F = F(p_j^i, t_j^i) \quad (4.22)$$

一般来说，向量场可以用场力线和等势线（面）来表达，等势线（面）是由具有相同属性特性的时空点连接在一起所形成的曲线或曲面（图 4.5）。

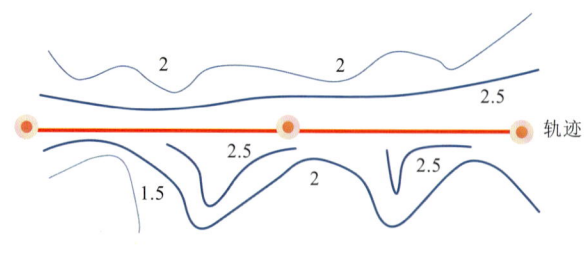

图 4.5　时空轨迹流场等势线

对任意一条时空轨迹 STP_i 来说，其每一个轨迹段 $\{(p_j^i, t_j^i), (p_{j+1}^i, t_{j+1}^i)\}$ 的归一化后向量为

$$F = \frac{(p_{j+1}^i, t_{j+1}^i) - (p_j^i, t_j^i)}{\left\|(p_{j+1}^i, t_{j+1}^i) - (p_j^i, t_j^i)\right\|} \tag{4.23}$$

对轨迹流向量场的时空变化描述，有如下几个指标。

1）时空轨迹集中度

时空轨迹集中度表示为在一定时空范围内，时空轨迹分布的主要几个通道/区域的轨迹数量（n）占所有轨迹数量（N）的比值。n 值一般根据实际的需要进行取值，如人群行走道路数、港区内的船舶航行航道数量、飞机场内的跑道数量或者空域的航线数量等。集中度被定义为

$$\mathrm{CR} = \frac{\sum_{i=1}^{n} \mathrm{num}\,(\mathrm{STP}_i)}{\sum_{i=1}^{N} \mathrm{num}\,(\mathrm{STP}_i)} \tag{4.24}$$

2）时空轨迹散度

时空轨迹散度是指在时空轨迹流场中任一点 p 点处，在 p 周边封闭的时空体区域 σ 内所有的轨迹的散度为

$$D = \oiint_{\sigma} \boldsymbol{F} \cdot \mathrm{d}\sigma = \sum_{\sigma} \boldsymbol{F} \cdot \mathrm{d}\sigma \tag{4.25}$$

当 $D>0$ 时，表示所有轨迹向量内积之和为净流出；当 $D>0$ 时，表示所有轨迹向量内积之和为净流入。

3）时空轨迹强度

轨迹流场中 p 点的时空强度是指轨迹流量场中该点在流场中的影响力，表示为 E，可被定义为

$$E = \alpha E_{\mathrm{in}}(p) + \beta E_{\mathrm{out}}(p) \tag{4.26}$$

其中：$E_{\mathrm{in}}(p)$ 和 $E_{\mathrm{out}}(p)$ 分别为 p 点处流入和流出的轨迹量；α 和 β 分别为 $E_{\mathrm{in}}(p)$ 和 $E_{\mathrm{out}}(p)$ 的控制参数。

4）时空轨迹流场节点间作用力

依据勒温的场动力理论：人群的活动或者行为，与个人和活动空间环境有关系。这里时空轨迹流场节点 p 和 q 间作用力 $\boldsymbol{G}$ 用于表示轨迹流的吸引能力，具体可以被定义为

$$\boldsymbol{G}_{pq} = \frac{k f(E_p) f\left(\sum_{i \subset \Gamma} \mathrm{num}(\mathrm{STP}_i)\right)}{\mathrm{Dis}(p,q)^2} \tag{4.27}$$

其中：E_p 为 p 位置的时空轨迹强度；$\sum_{i \subset \Gamma} \mathrm{num}(\mathrm{STP}_{qi})$ 为所有与节点 q 有连接关系的轨迹数量，表示的就是节点 q 处的轨迹环境；$\mathrm{Dis}(p,q)$ 为 p 和 q 间的距离；k 为系数。该作用力的定义有助于轨迹流场的建模与预测。

4.3.4 时空轨迹流场中的人群动态观测

时空轨迹流场中的人群动态观测任务，一般需要在特定的时空域范围进行，如图4.6所示，首先需要对时空轨迹流进行时空截断，然后根据该时空域内的轨迹流进行向量计算，从而得到人群动态的不同方面的观测结果。

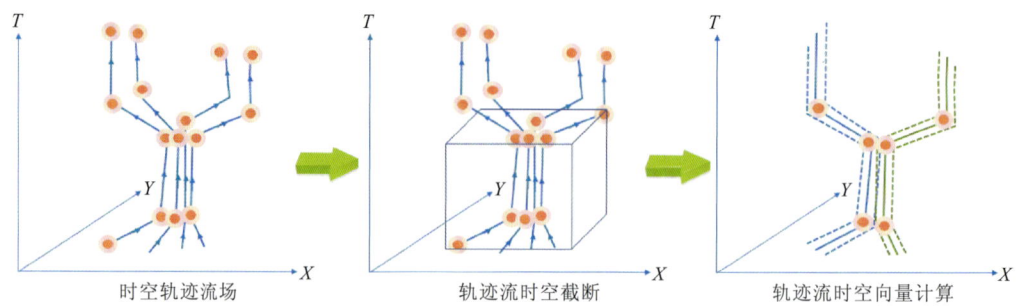

图4.6 时空轨迹流场中的人群动态观测

1. 时空轨迹流的时空截断

根据人群动态的不同观测任务，可以把其参与计算的时空域分为：球形时空域、扇形时空域、带状时空域、网络时空域、面体时空域、孔洞时空域等形式（图4.7），其他形式与此类似处理。下面分别介绍其截断的判断。

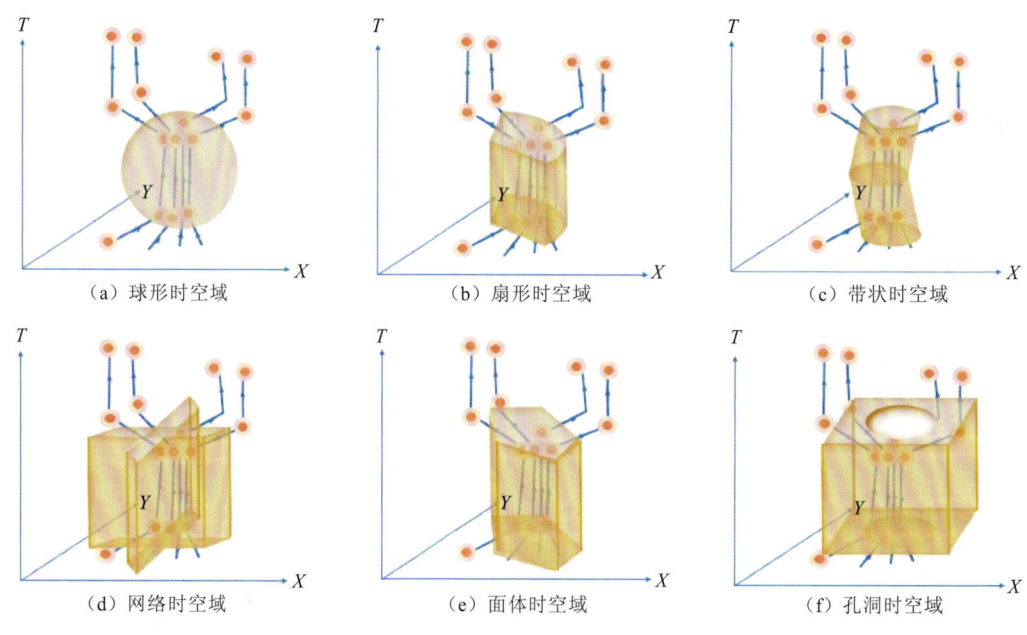

图4.7 时空轨迹流的时空截断

1）球形时空域

球形时空域[图4.7（a）]用于与点状要素的时空邻域确定，比如搜索出与某一个时空点 p_0 可能有交集的时空邻域内的时空轨迹，其时空领域搜索可以被定义为

$$\text{STA} = \left\{ (p.x, p.y, p.t) \middle| (p.x - p_0.x)^2 + (p.y - p_0.y)^2 + (p.t - p_0.t)^2 \leqslant r^2, p \in \text{STP}_i, i \in N \right\}$$
(4.28)

其中：r 为时空领域的搜索半径；STP_i 为整个搜索区域内的第 i 条时空路径；N 为时空路径集合的轨迹数量。

2）扇形时空域

扇形时空域[图 4.7（b）]用于与某一个方向视场内轨迹的时空邻域确定，如搜索出与某一个视频监控时空点 p_0 的 $[\theta_1, \theta_2]$ 范围可能有交集的时空邻域内的时空轨迹，其时空领域搜索可以被定义为

$$\text{STA} = \{ (p.x, p.y, p.t) | (p_0.x - r \times \cos\alpha) \leqslant p.x \leqslant (p_0.x + r \times \cos\alpha),$$
$$(p_0.y - r \times \sin\alpha) \leqslant p.y \leqslant (p_0.y + r \times \sin\alpha),$$
$$\theta_1 \leqslant \alpha \leqslant \theta_2, t_s \leqslant p.t \leqslant t_e, p \in \text{STP}_i, i \in N \}$$
(4.29)

其中：$[t_s, t_e]$ 为时空领域搜索时间窗口。

3）带状时空域

带状时空域[图 4.7（c）]用于搜索与某一条时空轨迹 STP_0 的时空邻域范围内的时空轨迹，通常可用于搜索在 $[t_s, t_e]$ 搜索时间窗口内、与某一个运动中对象可能有交互的时空轨迹，其时空领域搜索可以被定义为

$$\text{STA} = \{ (p.x, p.y, p.t) | \text{STP}_0.x - r \times \cos\alpha \leqslant p.x \leqslant (\text{STP}_0.x + r \times \cos\alpha),$$
$$\text{STP}_0.y - r \times \sin\alpha \leqslant p.y \leqslant (\text{STP}_0.y + r \times \sin\alpha)$$
$$t_s \leqslant p.t \leqslant t_e, p \in \text{STP}_i, i \in N \}$$
(4.30)

4）网络时空域

网络时空域[图 4.7（d）]用于搜索与人群运动所在网络（如车辆与行人道路网络、飞机航空网络、船舶航道网络等）、一定时空邻域范围内的时空轨迹，其时空领域搜索可以被定义为

$$\text{STA} = \{ (p.x, p.y, p.t) | (p.x, p.y) \in \text{STA}_{\text{net}} \quad t_s \leqslant p.t \leqslant t_e, \ p \in \text{STP}_i, i \in N \} \quad (4.31)$$

其中：STA_{net} 为特定的网络时空范围。

5）面体时空域

面体时空域[图 4.7（e）]用于搜索与某一任意形状面状区域（如广场区域、风景区等区域）内、一定时空邻域范围内的时空轨迹，其时空领域搜索可以被定义为

$$\text{STA} = \{ (p.x, p.y, p.t) | (p.x, p.y) \in \text{STA}_{\text{entity}} \quad t_s \leqslant p.t \leqslant t_e, \ p \in \text{STP}_i, i \in N \} \quad (4.32)$$

其中：$\text{STA}_{\text{entity}}$ 为特定的面体对象的时空范围。

6）孔洞时空域

带状时空域[图 4.7（f）]用于搜索与某一任意形状面状区域内、并且排除某一定区域的时空邻域范围内的时空轨迹，其时空领域搜索可以被定义为

$$\text{STA} = \{ (p.x, p.y, p.t) | (p.x, p.y) \in \text{STA}_{\text{outEntity}} \ \& \ (p.x, p.y) \notin \text{STA}_{\text{hole}}$$

$$t_s \leqslant p.t \leqslant t_e, \quad p \in \text{STP}_i, i \in N\} \tag{4.33}$$

其中：$\text{STA}_{\text{outEntity}}$ 为外围特定对象的时空范围；STA_{hole} 为内部孔洞的时空范围。

2. 面向人群动态的时空轨迹流向量计算算子

面向人群动态的不同计算需求，总结一些基本的时空轨迹流向量计算算子，如下所示。

1）群体运动主轨迹方向的向量计算（α）

群体运动一定时空邻域范围内的轨迹，在综合处理时，可能会用主轨迹方向来进行代替，该主轨迹方向的计算方法可为向量的求和，轨迹的重心位置可为代表性轨迹点位置，如图4.8（a）所示，其计算为

$$\alpha = \overline{P_1P_2} + \overline{P_3P_4} + \overline{P_5P_6} \tag{4.34}$$

$$p.x = \frac{1}{n}\sum_{j=1}^{n=6} p_j.x, \quad p.y = \frac{1}{n}\sum_{j=1}^{n=6} p_j.y, \quad p.t = \frac{1}{n}\sum_{j=1}^{n=6} p_j.t \tag{4.35}$$

其中：$\overline{P_1P_2}$，$\overline{P_3P_4}$，$\overline{P_5P_6}$ 分别为从起点到终点的向量；p 为代表这些轨迹的时空位置点。

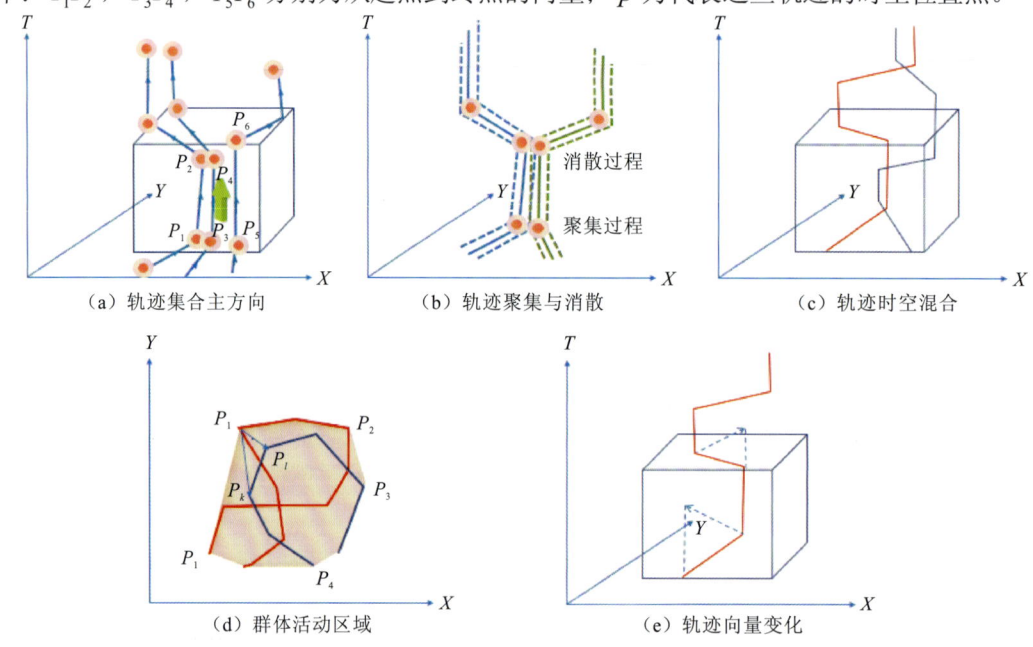

图4.8 时空轨迹流向量计算的基本算子

2）群体轨迹聚集和消散或者时空扩散的向量计算（D）

通过群体轨迹进行聚集和消散模式的判断，可以在时空轨迹流的时空截断后，分成不同的时空计算区域，针对单独的时空计算区域，采用时空轨迹散度的计算方法，$D>0$，表示为消散模式；$D>0$ 表示为轨迹运动聚集模式，可以称为 **D** 算子，如图4.8（b）所示。

3）群体轨迹混合特性计算的向量计算（M）

不同群体的轨迹在同一个时空域内才产生混合效应，同一类的群体轨迹表现为对同一时空邻域的使用特征，其累加效应可以用向量的乘积来进行表达，如图4.8（c）所示。

$$M = \sum_{j=1}^{m} \sum_{k=1}^{n-2} \left| \overline{p_k^j p_{k+1}^j} \times \overline{p_{k+1}^j p_{k+2}^j} \right| \tag{4.36}$$

其中：m 为轨迹数量；n 为第 j 条轨迹点数。在通过 M 计算某一类的向量乘积累加之后，再参照式（4.1）～（4.3）综合不同类别的值来分析其混合特性。

4）群体活动区域的向量计算（A）

群体活动区域的计算在人群动态分析中相当普遍，根据时空轨迹上的每一个时空位置点，可以得到不同维度上的极大和极小点位，如图 4.8（d）中得到了极值点位，p_1、p_2、p_3、p_4 等。然后对于任一点 p_j，通过式（4.37）计算向量之间的点积，来表征向量之间的夹角：

$$\overline{p_J p_k} \cdot \overline{p_J p_l} = \left| \overline{p_J p_k} \right| \left| \overline{p_J p_l} \right| \cos\theta \tag{4.37}$$

进而利用以上的计算结果，来判断所有轨迹点与 p_1、p_2、p_3、p_4 等的外包围关系，最终确定最外包围边界，从而得到群体活动区域。

5）活动序列时空稳定性的向量计算（S）

群体活动时空稳定性计算需要两个方面的向量计算，包括单一轨迹的向量变化和群体轨迹的向量变化[图 4.8（e）]，都需要通过式（4.38）计算其变化的累加值：

$$S = \sum_{j=1}^{m} \sum_{k=1}^{n-2} \left| \overline{p_k^j p_{k+1}^j} - \overline{p_{k+1}^j p_{k+2}^j} \right| \tag{4.38}$$

进而形成时空过程中的累加值变化，再参照式（4.7）来进行计算。

在对人群动态进行观测的过程中，可以根据研究和计算任务的需要来组合以上算子。

4.3.5　不同类型数据源的时空轨迹流场建模思路

时空轨迹的获取数据源大致可以分三类：绝对空间定位下的时空离散点集、相对空间中的深度/距离数据点集及视频流中的点集。

1. 绝对空间中的时空离散点集

以全球定位系统（北斗、GPS 等）、移动通信网络为代表的移动对象定位系统，提供了全球化的绝对空间定位服务，并在服务过程中生成时序的时空离散定位点数据集。一般来说，这些离散定位点包含了瞬时的空间位置、运动方向和速度，以及其他与运动对象有关的信息，如记录服务、通信、交互等状态的信息，将其按时间排序便构成了描述移动对象的轨迹流。这一类数据在人群动态观测的过程中使用较为普遍，如城市内私家车、公交车、出租车、物流车、警车、垃圾车等 GPS 定位轨迹数据、城市人群的手机数据、全球范围内的飞机定位数据和船舶定位数据等。这类数据一般是业务的衍生产品，不是为纯粹定位而建设的，因此相对来说数据成本比较低，但是往往受限于行业壁垒。

绝对空间中的时空离散点集进行时空轨迹流场建模，大多依附于不同类型的交通网络，包括道路网络、航空网络、航运网络等。因此，这些时空轨迹流场建模一般都是把轨迹首先匹配到交通网络上，然后依据交通网络的形态来对轨迹流进行时空表达、建模与分析。

如图 4.9（a）和（b）所示，点 P_1 和 P_2 都匹配到道路上之后，与定位在道路上的点 P_3 和 P_4 生成单个对象的时空轨迹，所有人群的轨迹根据该方法批量生成。

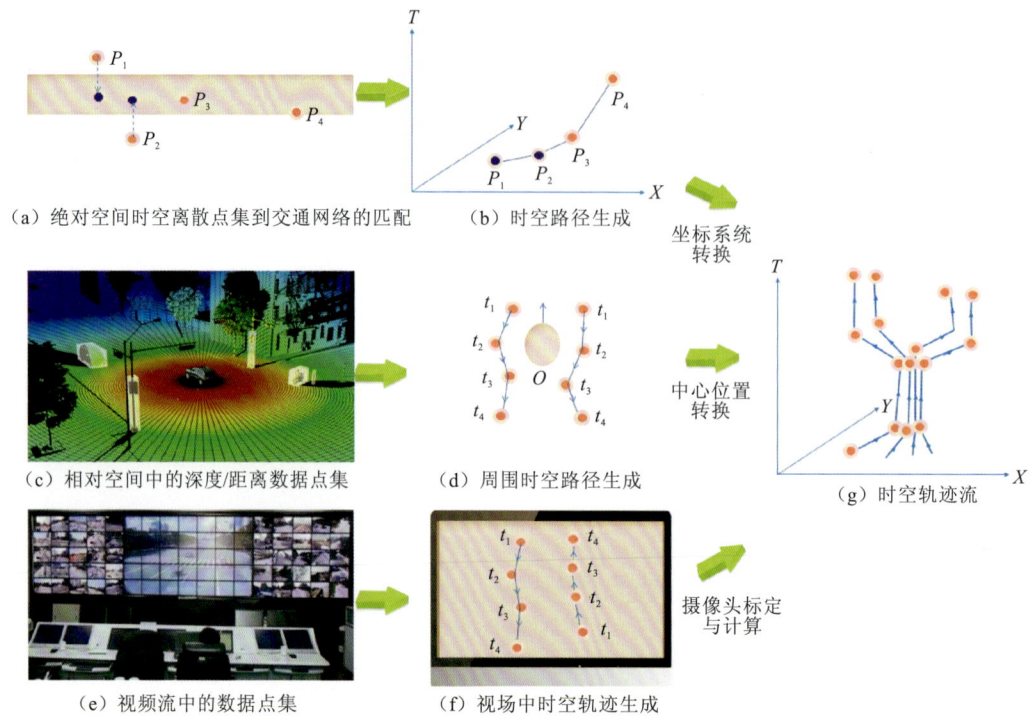

图 4.9　不同类型数据源的时空轨迹流场建模

2. 相对空间中的深度/距离数据点集

以声、光、电、场等传感手段为代表的室内定位系统，以及以激光扫描、图像深度解析为代表的信息感知系统，提供了相对空间下以观测者为中心的周围运动对象深度信息、距离信息和角度信息，如人的视觉处理机制、机器人对环境的扫描、无人车对周边环境的感知等。这类数据一般产生于局部区域，难以做到全球尺度下的推广应用，数据生产成本非常高。

相对空间中的深度/距离数据点集一般包含相对于中心位置的距离和角度，通过极坐标的求解方式很容易求解得到该点相对于中心位置的空间坐标差值。相对空间与绝对空间的转换，还需要借助于观测中心位置的时序轨迹做支撑，进行坐标推算。如图 4.9（c）和（d）所示，通过相对空间运动变化模式，探测周边的移动对象，并跟踪记录得到移动对象的相对轨迹流。根据特定的分析任务需要，最终通过中心位置的坐标转换，实现相对空间到绝对空间的时空轨迹流生成。

3. 视频流中的点集

视频流是进行时空轨迹提取的重要方式，特别是对识别局部区域（如交叉路口、地铁站）的人群活动非常有帮助。图像识别是视频流中运动对象识别的基本方法，通过图像分割得到运动对象，按照时序关系，可以捕获到图像中运动对象的时空轨迹流，如图 4.9（e）

和（f）所示，要形成正常坐标系下的时空轨迹流，还需要通过摄像机的标定和转换计算，最终形成图4.9（g）中的时空轨迹流。

通过以上三种方式，可以获取到不同尺度场景中的人群活动轨迹流，对轨迹流进行建模和分析，大多都转换到时空域（space and time）[图4.9（g）]进行。以上思路中具体的处理方法和算法，在很多文献有介绍，这里不做赘述。

4.3.6 人群动态定量观测类别

人群动态的定量观测，根据观测或者测量任务的差别，大致可以划分为定类、定序、定距、定比四大类（levels of measurement）（Stevens，1946），其观测或测量内涵具体如下。

1. 定类（nominal）

定类观测是指对个体或者群体属性上的属性、特征在类别上的变量观测，标以不同的名称或符号，确定其分类，其本质是一种分类方法体系，不具备数学特征。比如基于社交媒体数据的城市人群分类（周艳 等，2017），基于手机大数据的游客区分（杨东 等，2019）和城市功能区识别（肖迪 等，2019；Pei et al.，2014），人群出行目的识别（罗孝羚 等，2018；宗芳 等，2018），基于传感大数据的人体活动识别（徐越，2020）等。定类观测具有对称性和传递性，如人群 A 和 B 属于同一类，那么 B 和 A 也属于同一类；A 和 B 是同一类，B 和 C 是同一类，那么 A 和 C 也是同一类。

2. 定序（ordinal）

定序观测也称为等级测量或者顺序测量，是指对人群属性或者特征的次序的鉴别，只能区分次序关系，无法区分距离关系。定序测量必须包含人群动态的所有可能性，而且各变量之间相互排斥，可以用">"或者"<"等表示。通常定序观测把特征或者次序按照高低、强弱、大小、多少的程度进行排序。比如群体规模（大、中、小），群体活动强度（强、中、弱），群体活动风险（大、中、小、无），群体活动所造成的交通拥堵等级（严重拥堵、中度拥堵、轻度拥堵、基本畅通、畅通等），人群活动所在的道路等级（高速公路、省级道路，城市的快速路、主干路、次干路、支路等；或者一级公路、二级公路、三级公路、四级公路等），飞机和船舶航行所在的主干网络、支线网络等，以及不同规模轨迹所覆盖的城市轨迹功能网络（Zhou et al.，2015）。

3. 定距（interval）

定距观测，也称定距测量或区间测量，它是对测量对象之间的数量差别或间隔距离的测量，该测量不仅能够将社会现象或事物区分为不同的类别、不同的等级，而且可以确定它们相互之间的间隔距离和数量差别。定距测量的结果为具有相同单位的数值，因此不仅能反映对象的类别和次序，同时可以通过加减运算计算出精确的数值差异。定序转向定量的过程中，需要通过人群动态时空特性的定距模型计算指标的具体数值。等距测量中的零不是绝对的无，是以某种人为设定的标志值，一般确认测量尺度取值的划分是基本等距时才能使用。比如 A 地的人群聚集风险比 B 地高10、人群活动的满意度（5"非常满意"、4"比较满意"、3"中立"、2"不太满意"和1"很不满意"）等。

4. 定比（ratio）

定比观测也称为等比测量或者比例测量，主要用于测量对象间的比例、倍数关系等，定比观测需要有一个绝对的、固定的而非随意规定的零点，这也是与定距观测的核心区别所在。比如参与活动的人群数量（单位：个）及所占总人群的百分比（如：10%），人群活动密度，人群活动的距离（单位：米、千米等），人群活动的花费（单位：元），人群活动污染排放量（单位：吨、万吨等）。

总结来说，高层次测量水平或者尺度具有低层次水平的一切特征和所有功能。图4.10给出了一个例子来进行说明，比如针对人群聚集，通过定类观测确定是否有聚集现象，通过定序观测确定聚集程度数据高、中或低，通过定距观测确定聚集强度100、80、70，通过定比观测确定单位面积的聚集人数30 000、1 000、100等。

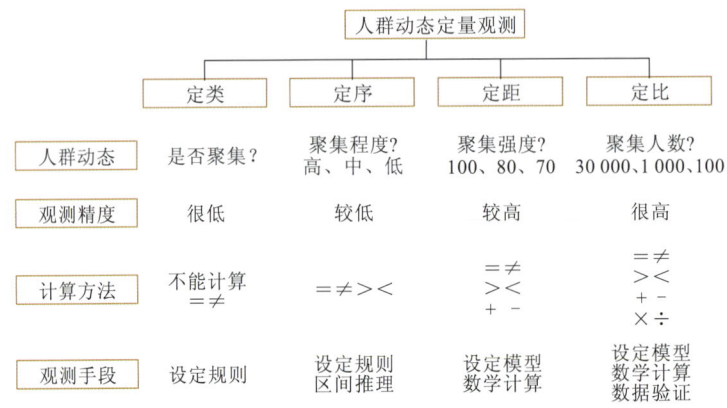

图4.10 人群动态定量观测类别

4.3.7 人群动态的观测总体路线及其计算逻辑

图4.11给出了人群动态观测研究的总体路线，其中时空GIS是支撑人群动态的观测基

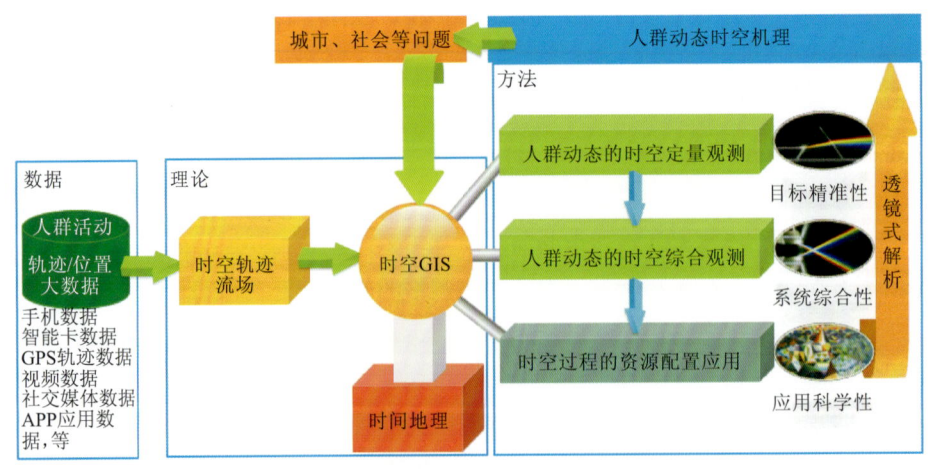

图4.11 人群动态观测研究的总体路线

础方法体系与技术系统，集成时空流场理论与时间地理理论的基础计算方法，并且直接访问与处理人群活动大数据；人群动态的时空定量（如定类、定序等）等方法研究，解决人群动态的目标精准性问题，人群动态的时空综合（如定距、定比等），有助于解决人群动态的系统综合性问题；时空过程的资源配置，有助于提高人群动态应用的科学性问题。总体上形成透镜式解析方法论，帮助有效探究人群活动的时空机理，去应对和处理现实中的城市与社会等问题。

图4.12给出了轨迹解译驱动的人群动态时空定量观测的计算逻辑与方法，包括人群动态时空过程量化、建模与预测等核心部分。其中群体轨迹和时空约束为轨迹驱动的人群动态时空定量数据基础与约束，所产生的时空信息为活动建模、需求建模和趋势建模提供信息基础，所构建的时空模型为群体活动预测和时空过程预测提供模型支撑，所构建的时空预测方法为人群动态的观测应用提供指导和参考依据。后续将逐章具体介绍这些时空定量的理论与方法。

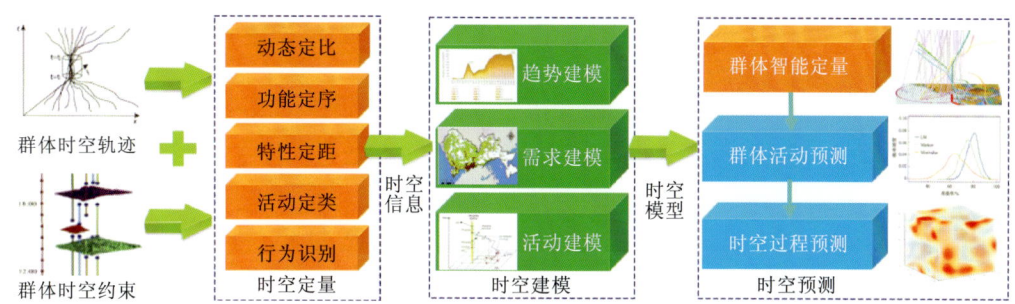

图4.12　人群动态时空定量观测的计算逻辑与方法

4.3.8　人群动态观测的准确性与可靠性

人群观测大数据相对于传统的人口普查、人工问卷调查、小样本分析等观测手段来说，成本低、数量大、覆盖广、处理难度大；同时，与传统的对地观测与空间观测一样，人群动态观测也存在观测的准确性与可靠性问题，人群动态定量观测依赖于数据源的质量与代表性，下面分别就观测的准确性和可靠性进行描述。

1. 观测的准确性

人群动态的观测也可以区分为直接观测与间接观测等方式，直接观测包括：通过视频或者多种定位手段，对研究区域内所有的人群进行定位与分析，或者通过某种采样方式进行局部观测，得到综合之后的人群动态；间接观测，通过对其他人群特征的观测，进行对比、关联建模等手段进行人群动态观测。通常测绘学（李德仁 等，2013；宁津生，2004）中的观测值函数可以被定义为

$$y = f(x) + \varepsilon \quad (4.39)$$
$$\varepsilon = \varepsilon_g + \varepsilon_s + \varepsilon_n \quad (4.40)$$

其中：y为真值；$f(x)$为观测值；ε为总误差项；ε_g为粗差项；ε_s为系统误差项；ε_n为偶然误差项。

人群动态的观测相应地也需要处理和应对这些误差项。在人群观测大数据的预处理阶段，由于存在一些数据记录错误（如超出值域范围）、数据缺失（如漏掉观测点数据或者部分字段数据）、数据跳动（如手机数据在相邻基站间不停跳动）等现象，需要对数据的粗差项 ε_g 进行评估和建模处理；在数据建模阶段，由于数据采样的有偏性和代表性（如手机数据覆盖老年人和小孩比较少；问卷调查只访问特定小范围区域中活动的人群）、数学建模中的模型选择差异和时空关联规则差异等，形成了观测的系统误差项 ε_s，在观测过程中需要特别审慎评估；当然，人群动态观测的过程中，也会必然存在偶然误差项 ε_n，偶然误差源于观测区域、观测对象、观测手段等方面的随机性。因此，为了提高人群动态观测的准确性，需要构建人群活动时空轨迹流的粗差探测方法，时空轨迹流到人群动态的建模与逼近方法，以及对随机误差的控制方法。比如在粗差探测中，通过高时空分辨率的轨迹数据（Zhao et al., 2019, 2018）等手段，来评估不同时空采样及"乒乓"效应下的粗差；在模型构建中，通过精细化时空特征定义下的时空回归模型与时空关联模型等，在进行敏感性分析和建立系统误差模型的基础上与高时空采样观测进行校验，进行系统误差的建模和估计；在随机项控制方法中，通过构建一致性的数据采样、差异化的建模方法选择及多条件下的随机误差估计等手段，进行随机误差改正。

人群动态的观测准确度，通常也称为测量值与真实值接近的程度，可以被定义为

$$\Delta = f(x) - y \tag{4.41}$$

其中：Δ 为 ε 项的改正值。Δ 越小，准确度越高；反之，Δ 越大，准确度越低。

人群动态的观测精确度，一般被定义为不同独立观测或者不同观测手段的反映重复观测的一致性程度，也就是针对同样观测区域和对象群体的不同 $f(x)$ 值间接近程度。比如在人群动态观测中，用手机数据重复观测聚集特性的一致性，或者用手机数据和视频数据观测同一区域人群聚集特征的一致性。因此，在人群动态观测中，需要特别注意大数据所带来的准确度和精确度问题。

2. 观测的可靠度

人群大数据观测中需要特别注意两个问题，一个是观测的覆盖率，另外一个是观测可靠度。观测覆盖率直接影响观测结论的可靠度，观测手段或方式则影响观测的可靠度。

观测覆盖率可被定义为若对同一个区域和群体的观测对象 O，有 n 种观测手段（集合为 N），每个观测手段所观测的人群对象数为 $C(R_i)$，$C(O)$ 表示所有对该区域的所有人群对象数，那么观测覆盖率 C 表达为

$$C = \frac{C(R_1) \cup \cdots \cup C(R_n)}{C(O)} \tag{4.42}$$

观测手段 i 的观测可靠度可以被定义为其正常发挥应有的观测准确性、精确性和覆盖率等能力指标的概率，若 $D_i(j)$ 是观测对象 j 被观测手段 i 观测的可靠度，那么，多种观测手段（N）在一起对全体待观测人群对象的观测可靠度 G_c 则被定义为

$$G_c = \sum_{i \in N} \sum_{j \in C(O)} P(R_i) D_i(j) \tag{4.43}$$

其中：i 为观测手段；j 为观测对象个体；$P(R_i)$ 为观测对象 j 被观测手段 i 观测到的概率。

参 考 文 献

丹尼斯. 库恩, 约翰•米特雷尔 J D, 2007. 心理学导论：思想与行为的认识之路// 郑刚, 译. 北京: 中国轻工业出版社.
胡文玉, 王文举, 李欣先, 2020. 信息通信技术(ICT)创新扩散及影响因素空间计量分析. 技术经济, 39(3): 1-9.
李德仁, 王树良, 李德毅, 2013. 空间数据挖掘理论与应用. 北京: 科学出版社.
李清泉, 李秋萍, 方志祥, 2011. 一种基于时空拥挤度的应急疏散路径优化方法. 测绘学报, 40(4): 517-523.
鲁强, 刘歆琦, 2019. 基于RNN集成学习的个人轨迹恢复方法. 计算机工程, 45(3): 188-196, 201.
罗孝羚, 蒋阳升, 2018. 基于出租车运营数据和POI数据的出行目的识别. 交通运输系统工程与信息, 18(5): 60-66
罗子明, 2002. 消费者心理学. 2版. 北京: 清华大学出版社.
宁津生, 2004. 测绘学概论. 武汉: 武汉大学出版社.
单卫东, 包浩生, 1996. 地理系统非均质空间扩散定量研究. 地理学报, 51(4): 289-295.
孙茜, 许东, 2014. 新的像机观测可靠度模型. 北京航空航天大学学报, 40(3): 365-369.
王成金, 2005. 试论我国物流经济的空间组织模式. 经济地理, 5: 366-368.
王殿海, 2000. 交通流理论. 北京:人民交通出版社.
王金岭, 陈永奇, 1994. 论观测值的可靠性度量. 测绘学报, 23(4): 252-2584.
肖迪, 张小咏, 胡杨, 2019. 基于手机大数据的城市功能区识别方法. 系统仿真学报, 31(11): 2281-2288.
萧世瑜, 方志祥, 陈碧宇, 等, 2018. 城市人群活动时空GIS分析. 北京: 科学出版社.
徐越, 2020. 人体活动识别研究现状综述. 电脑知识与技术, 16(14): 221-222.
杨东, 韩继国, 武平, 等, 2019. 基于手机信令数据的游客识别与出行轨迹匹配方法. 交通运输研究, 5(6): 20-27.
余才, 朱顺应, 王红, 2020. 异规模出租车企业服务质量考评样本量确定方法. 武汉理工大学学报(交通科学与工程版), 44(2): 378-382.
张正禄, 2005. 工程测量学. 武汉: 武汉大学出版社.
周艳, 李妍羲, 黄悦莹, 等, 2017. 基于社交媒体数据的城市人群分类与活动特征分析. 地球信息科学学报, 19(9): 1238-1244.
宗芳, 齐厚成, 唐明, 等, 2018. 基于GPS数据的日出行模式-出行目的识别. 吉林大学学报(工学版), 48(5): 1374-1379.
CERVERO R, KOCKELMAN K, 1997. Travel demand and the 3Ds: Density, diversity, and design. Transportation Research Part D: Transport & Environment, 2(3):199-219.
CLIFF A D, ORD J K, 1981. Spatial processes：Models and applications. London: Pion Ltd.
COLOGNI A, MANERA M, 2008. Oil prices, inflation and interest rates in a structural cointegrated VAR model for the G-7 countries. Energy Economics, 30(3):856-888.
CRESSIE N, MAJURE J J,1997. Spatio-temporal statistical modeling of livestock wastes in streams. Journal of Agricultural. Biological and Environmental Statistics(1): 24-47.
DUAN J C, 1995. The GARCH option pricing model. Mathematical Finance, 5(1): 13-32.
FANG Z, LI Q, Li Q, et al., 2011. A proposed pedestrian waiting-time model for improving space-time use

efficiency in stadium evacuation scenarios. Building and Environment, 46(9): 1774-1784.

FANG Z, LI Q, LI Q, et al., 2013. A space-time efficiency model for optimizing intra-intersection vehicle-pedestrian evacuation movements. Transportation Research Part C: Emerging Technologies, 31: 112-130.

FANG Z, YANG X, XU Y, et al., 2017. Spatiotemporal model for assessing the stability of urban human convergence and divergence pattern. International Journal of Geographical Information Science, 31(11): 2119-2141.

HELBING D, FARKAS I, VICSEK T, 2000. Simulating dynamical features of escape panic. Nature, 407: 487-490.

HUANG B, WU B, BARRY M, 2010. Geographically and temporally weighted regression for modeling spatio-temporal variation in house prices. Interantional Journal of Geographical Information Science, 24(3): 383-401.

JI Q, GENG J B, FAN Y, 2014. Separated influence of crude oil prices on regional natural gas import prices. Energy Policy, 70: 96-105.

LÓPEZ F, CHASCO C, 2007. Time-trend in spatial dependence: specification strategy in the first-order spatial autoregressive model. Estudios De Economla Aplicada, 25(2): 631-650.

KAMARIANAKIS Y, PRASTACOS P, 2005. Space-time modeling of tragic flow. Computers & Geoseiences, 31(2): 119-133.

MARSHALL A, 1961. Principle of economics. London: Macmillan.

MARTIN R L, OEPPEN J E, 1975. The identification of regional forecasting models using space: Time correlation functions. Transactions of the Institute of British Geographers, 66(66): 95-118.

PEI T, SOBOLEVSKY S, RATTI C, et al., 2014. A new insight into land use classification based on aggregated mobile phone data. International Journal of Geographical Information Science, 28(9): 1988-2007.

PIORE J, MISLABEL C E, 1984. The industrial divide. Roma: Basic Books Inc.

POTER E M, 1998. Clusters and the new economics of competition. Boston: The President and Fellows of Harvard College.

SILVA D, ELHORST J P, NETO S, 2017. Urban and rural population growth in a spatial panel of municipalities. Regional Studies, 51(6): 894-908.

STEVENS S S, 1946. On the theory of scales of measurement. Science, 103(2684): 677-680.

THOMAS D, GRIFFIN P, 1996. Coordinated supply chain management. European Journal of Operation Research, 94(1): 1-15

YESILYURT M E, ELHORST J P, 2017. Impacts of neighboring countries on military expenditures: A dynamic spatial panel approach. Journal of Peace Research, 54(6): 777-790.

YU H, FANG Z, LU F, et al., 2019. Impact of oil price fluctuations on tanker maritime network structure and traffic flow changes. Applied Energy, 237: 390-403.

ZHAO Z, YIN L, SHAW S L, et al., 2018. Identifying stops from mobile phone location data by introducing uncertain segments. Transactions in GIS, 22(4): 958-974

ZHAO Z, SHAW S L, YIN L, et al., 2019. Impacts of temporal sampling intervals on human mobility indicators using mobile phone location data. International Journal of Geographical Information Science, 33(7): 1471-1495.

ZHOU Y, FANG Z, THILL J C, et al., 2015. Functionally critical locations in an urban transportation network: Identification and space-time analysis using taxi trajectories. Computers, Environment and Urban Systems, 52: 34-47.

第 5 章 人群活动的定类观测与建模

第 1 章提到人群动态的相关概念，其中很重要的一个概念便是人群活动。人群活动是在不同地理环境中多人所形成的群体性活动，具有多空间的特性。关注人群本身及其活动、行为，对人群活动进行定类观测与建模，以区分人群活动的类别，便于更好地理解人群活动及其特性，进一步研究分析人群活动与空间、环境之间交互的关系。本章将首先基于人群活动的多空间特性，从多空间角度对人群活动进行分类；接着介绍如何基于海量的多源数据判别人群活动的类别，实现对人群活动的观测与建模；最后介绍人群类别和活动识别的实例，整体上表现为群体语义时空关联的人群动态定类观测方法（图 5.1）。

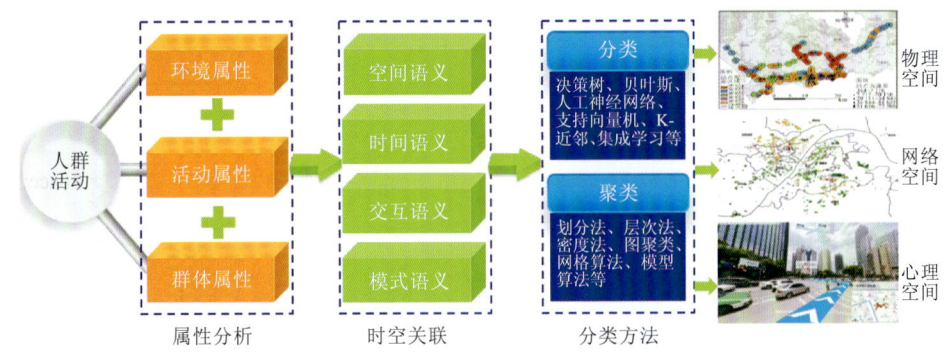

图 5.1 群体语义时空关联的人群动态定类观测方法

5.1 人群活动的类别与特点

在介绍人群活动的观测理论、建模方法，以及人群类别和活动识别的实例之前，先从多空间的角度对人群活动进行类别划分。

5.1.1 活动类别

人群活动空间反映了个人与地理环境的直接接触关系，并且这种关系对于人们形成和划定自身行为空间范围起到了非常重要的作用。狭义的人群活动仅仅指人群在现实物质空间的活动，但随着信息技术和网络技术的发展和普及，众多社交媒体和手机应用程序的出现，网络空间的人群活动也引起了国内外研究者和产业界的关注。除此以外，在心理空间中，人群也会因网络舆情、社交空间等问题改变自身的心理状态。因此，目前人群活动指的是广义上的人群活动，包括在现实物质空间、虚拟网络空间（包括社交空间）及心理空间的活动，如表 5.1 所示。

表 5.1　不同活动空间及其活动内容

活动空间	活动内容
物理空间	通勤、学习、购物、休闲娱乐及其他派生出的相关活动
网络空间	网络通信、网络购物、远程工作、在线休闲娱乐、在线自主学习等
心理空间	在共同活动中产生群体特有的心理现象,并产生某些群体行为特征

1. 物理空间的活动

物理空间的活动主要包括通勤、学习、购物、休闲娱乐及其他派生出的相关活动。通常活动属性会包括活动的起止时间、活动地址、活动类型和参与人员等,交通出行活动则包括出行时间、出行起始地、出行方式、出行地址等。除此以外,人群在物理空间中的社交活动也是很重要的一部分,这指的是时空共存的群体互动,如在同一时段同一地点的群体活动(如朋友聚会、客户会面等),是人类生活不可或缺的一部分。立足于城市人群活动的主观选择和客观制约双重的研究立场,人群活动需求的增长、活动选择的多样化、时空压缩下的活动聚集与消散等地理规律,均与休闲娱乐、交通出行等多元化的城市经济相辅相成,在新型城市化进程中发挥着重要作用。

而人群在城市内和城市间进行活动,根据出发点和目的地的分布,活动时间及是否存在周期性等,可将人群活动划分为以下六类,如表 5.2 所示。

表 5.2　现实空间人群行为分类

行为类别	活动范围	活动规律	举例
随机移动行为	一定范围的移动区域	无	农业从事者在进行农业劳作时,在田地里进行移动
点到点移动行为	某个区域到某个区域	单路径、频率低	居住地迁徙、移民等因工作、生活或其他时间发生了某次较远距离的移动
来回移动行为	$A \rightarrow B$(停留)$\rightarrow A$	一天内存在周期性	上班族工作、学生去学校学习等,在居住地和目的地间进行来回移动
重复移动行为(周期性)	$A \rightarrow B$(停留)$\rightarrow C$(停留)……$\rightarrow A$	一定时间范围内重复	贸易行为等
重复移动行为(非周期性)	$A \rightarrow B$(停留)$\rightarrow C$(停留)……$\rightarrow D$	无固定出发、目的地	军队行为、游牧民族的移动行为等
聚集消散行为	城市内某个区域	人群数量某个时段内增加,后又减少	人群在公共场所的外出游玩、办事等

2. 网络空间的活动

网络空间活动类型多元化,包括网络通信、网络购物、远程工作、在线休闲娱乐、在线自主学习等。一方面,人的兴趣导向可以引导网络空间中的人群活动,比如人们可以在兴趣论坛发表见解进行相关主题讨论和信息共享;可以访问天地图、Google Earth 等在线/离线电子地图了解周边服务等。另一方面,网络通信改变了人们的生活,成为日常工作生活中不可或缺的一部分，也衍生出相关网络活动，如收发邮件、在线学习、视频会议等。同时网络空间的活动重点包含网络空间的社交活动，是广义的群体互动，包括时空共存、时间共存、空间共存及非时空共存四类。时空共存活动如面对面传输文件、蓝牙在线传输图片等；时间共存如微信视频、QQ 语音、线上会议等；空间共存如推特网、微博关于同一旅游景点不同时间在社交网站分享的文本图片；非时空共存如收发邮件、语音信箱等。

3. 心理空间的活动

在心理空间中的人群群体是人们彼此间有共同目的，以一定的方式结合在一起，彼此间存在相互作用，心理存在互相联系的两个以上的人构成的集合体。而在一个群体中，群体规范、群体压力、群体决策和群体内聚力都对人们的行为会产生较大的影响，这被称为群体心理效应（彭聃龄，2001）。群体的心理效应包含有群体归属感、群体认同感、群体压力和群体动力倾向。群体归属感是指个人体验到自己属于或应属于某一群体成员的意识，群体认同感是群体成员将群体的目标、规范、行为作为自己追求的目标和行为标准，这两者对构成群体凝聚力有重要作用。群体压力是群体对其成员形成的约束力与影响力，包括信息压力和规范压力两种，群体动力倾向是群体内共同活动行为的倾向。心理空间中人群活动往往在现实空间和网络空间中有所反映，而现实空间的聚集事件或网络空间舆论、热点问题的发生也会影响心理空间的人群活动。

城市人群活动在现实、网络及心理空间交错并且相互关联，研究混合空间的城市人群活动的时空关系、活动时间偏好、活动空间偏好等，长期以来一直受到人文地理学、交通学和地理信息科学等不同学科和领域的广泛关注。现有的时空大数据来源丰富、种类多样、数据规模大，基于时空大数据可对人群的出发点、停留点和目的地进行提取，分析人群的移动轨迹，提取人群行为的特征。通过对人群活动的特征进行观测和建模，从而判断不同人群的活动行为类别，实现对人群活动的定类观测与建模。

5.1.2 活动特点

人群活动空间广泛，而在不同空间下的人群活动结构、时空特征、频繁模式、活动导向等也存在明显差异，因此活动特点也大不相同。由于人群活动与城市区域功能结构、城市人口、经济等密切相关，对活动特点的分析有助于深层次地理解人群活动的节奏及其影响因素，为解决城市化问题提供新的思路和途径。

1. 物理空间的活动特点

物理空间活动主要包括生活、工作、交通、休闲等，受到时间和空间上的约束明显，呈现出较强的时空分异特征。

时间维度上，人群活动在 24 h 内相似性与差异性并存（Ahas et al.，2010），主要表现为工作日人群活动具有相似性与规律性，而周末与工作日则存在较大差异。如工作日人群出行呈现"双峰"特性，早晚高峰 07：00～09：00、16：00～18：00 明显（刘瑜 等，2011；宗芳，2005）。周末的活动强度与工作日存在明显区别，周六下午为休闲、购物等活动发生最频繁的时段，但工作日和周末在出行距离上却具有相似性。

空间维度上，城市人群活动虽然复杂且变化多样，但是也遵循可重复的模式，因此具有较强的规律性和可预测性（Song et al.，2010），如人群活动虽然表现出出行距离不均衡性，但符合具有尾部阶段的幂率分布（Gonzalez et al.，2008）。不少学者使用 Markov 模型、神经网络等方法预测人群移动和区域人数，区域人数预测准确率可达 90%（方志祥 等，2017；Liang et al.，2016）。此外，空间人群活动存在目的地选择偏好的情况，如绝大多数个体一天内的活动锚点个数不超过 4 个，日常出行次数 2~3 次，出行距离长度在 2~3 km，多为短中距离出行，而长距离出行较少（康朝贵 等，2017；徐金垒 等，2015）。借助回转半径、活动锚点个数、移动频率等指标对不同城市居民日常出行特征进行比较，可发现出行活动范围很大程度受到城市结构的影响，具有相同停留点数目的个体移动频率也存在差异。现实空间的社交活动与网络空间社交活动密不可分（Zhao et al.，2014），二者通过社交空间产生时空联动效应，表现出群体化、多源化、多层次等特征。

2. 网络空间的活动特点

网络空间活动突破距离的约束，较现实空间具有强的自由性、开放性和自主性，呈现活动形式多样化、活动空间虚拟化、活动人员身份虚拟化、活动人员集群化与分散化并存等特征（周涛 等，2013）。

（1）活动形式多样化：网络空间活动形式包括收发邮件、在线社交网站及视频、图片等分享，网页搜索与访问，论坛与博客发布交流等。

（2）活动空间虚拟化：网络空间模糊了现实空间工作、娱乐空间的功能边界，丰富了活动空间"家"和"工作地"的语义信息（翟青，2015），如居民在家即可生活娱乐，也可远程办公。

（3）活动人员集群化与分散化并存：在网络空间中，活动人员的分布呈现兴趣导向的集群现象，基于共同的兴趣可以形成论坛等各类社区，社区是网络空间中信息交流的平台，可供人们进行通信、讨论和社交，而在细分的主题下，各活动人群又因此呈现出分散化的特征（彭兰，2009）。网络空间活动深刻改变人类思维方式、行为倾向、社区形态及自我认同能力的同时，也引发了网络诈骗、隐私泄露等社会问题（Montjoye et al.，2013），目前越来越多地关注如何保护网络空间中的个人安全和隐私。

在网络社交空间中，由于微博、微信等社交平台为消息点对面辐射状的传播搭建了桥梁，相对现实社交空间中点对点的消息传播特点，则具有一定的选择导向。带有地理标签的社交媒体数据提供了显示社交空间与网络社交空间人类交互活动的信息源，线上和线下的传播机制加快了消息传播速度，也提升了传播深度和广度（朱恒民 等，2016）。

3. 心理空间的活动特点

心理空间的人群存在的特点：规模小、面对面互动频繁、互动重复、持续时间较长且稳定、目标一致性。而是否能形成心理群体，则会受到少数个体、个体时空距离、持续互动、稳定个体成员、持续时间和共同价值观与规范等因素的影响。

在形态上，具有三类特征。群体归属心理是个体自觉归属于所参与集体的情感，在此基础上，群体内成员会以该群体为准则来进行个体活动、认知，自觉维护该群体的利益，并与其他成员表现出相同情感、一致的行为。群体认同心理是群体成员在认知和评价上保持一致的情感，即使群体中不同成员的个性、兴趣和目的不同，但由于同属一个群体，在应对群体外部的某些重大事件，会保持一致的看法和情感，即使这种看法是错误的。群体促进心理使个人行为在群体中得到强化，在群体中得到了力量和支持，就会做出一时不敢做的事情，因为同伴在场或群体力量，其行为得到了强化。

5.2 人群活动定类观测

5.2.1 定类测量

定类测量又被称为类别测量或定名测量，是测量中最简单、最基本的测量类型，测量的水平和层次最低。它是用分类的方法，对测量对象的属性和特征的类别加以鉴定的一种尺度标准，在本质上是一种分类体系。定类测量中的类别必须兼具穷尽性和互斥性，即既要相互排斥，互不交义重叠，又要包括所有可能的情况。所测量的对象都会在分类体系中占据一个类别，并且只占据一个类别。

定类测量的特点是只能测度观察目标的各种类别之间的差别，不能比较其大小，也不能按顺序进行排列。该测量尺度的数学特征是"等于"或者"不等于"，给出的数字不具备任何数学特征，也不能说明其本质特征，仅仅代表被研究对象进行分类的标签或编码。定类测量具有对称性和传递性，对称性是如果甲与乙同类，则乙也与甲是同类；传递性则是如果甲与乙同类，乙与丙同类，则甲与丙也是同类。定序、定比和定距等几种层次的测量，也都是把分类作为最低限度的操作，包含该尺度的分类功能。

定类测量可分为标记和类别两种，标记可作为一个识别的记号，不表示数量多少，也不能做加减乘除运算。类别可作为对变量不同状态的度量，可以说明观测目标的某些本质特征，但仅用于区分，同样也不能用于运算。

5.2.2 人群活动的分类方法

分类的基本思想是：根据某些给定类别的样本，训练某种学习机器（即得到某种目标函数），使它能够对未知类别的样本进行分类。因此通过对不同来源的人群活动数据作处理，提取出人群活动的特征参量，再利用分类方法对人群活动进行分类。接下来介绍常用的几类分类方法。

1. 分类算法

1）决策树算法

原理：从一组无次序、无规则的实例中推理出可用决策树形式来表示的分类规则，构造目的是用树的形式找到属性和类别间的关系，并基于该结构预测未知类别的要素类别。采用自顶向下的递归方式，在决策树内部节点之间逐个进行属性比较，再根据不同属性值来判断该节点向下的分支，最后用决策树的叶节点代表分类结论（杨学兵 等，2007）。

主要的算法有 ID3、C4.5（C5.0）、分类回归树算法、探索式监督学习算法和可扩展、可并行的归纳决策树算法等。在生成决策树的结构、剪枝的方法及时刻等多方面有所不同。

2）贝叶斯分类算法

原理：利用概率统计知识进行分类，主要利用贝叶斯定理来预测一个未知类别的样本分别属于每个类别的可能性，从而选择其中可能性最大的一个类别来作为该样本的最终类别。但由于贝叶斯定理成立的前提需要很强的条件独立性假设，在实际中可能不成立，会导致分类准确性下降（时雷 等，2008）。

主要的算法包括朴素贝叶斯算法、TAN 算法（tree augmented naive Bayesian，树增强型朴素贝叶斯算法）等。

3）人工神经网络

原理：构建类似大脑神经突触连接的结构进行数据处理，大量的节点之间相互连接构成网络，节点被称为神经元。神经网络需要进行训练，改变网络中各节点连接的权值使其具有分类的功能，训练后的神经网络可用于对象的识别。目前神经网络已有上百种不同的模型，常见的如 BP 网络、随机神经网络、竞争神经网络等（马锐，2010）。

4）支持向量机

原理：按监督学习方式对数据进行二元分类的广义线性分类器，通过求解能够正确划分训练数据集、几何间隔最大的分离超平面，来实现二元分类。包括线性支持向量机和非线性支持向量机等（陈冰梅 等，2010）。

5）K-近邻分类

原理：找到与未知样本距离最近的 k 个训练样本，通过判断 k 个样本中所占数目最多的类别，将未知样本归为该类。它是一种懒惰学习方法，存放样本直到需要分类时才进行分类，在样本集较为复杂时，计算开销可能很大，因此无法应用到实时性很强的场合（李晶，2013）。

6）集成学习分类

原理：由于实际应用的复杂性和数据多样性，使用单一的某种分类方法往往可能不够有效，可以通过集成学习，将多个分类方法进行融合，来提高学习系统的泛化能力，提高分类的准确率。组合多个基学习器主要采用投票法，常见的算法包括装袋（bagging）、推进（boosting）等。

单个的分类算法都不是完美的，具有各自的优缺点，在具体应用时可根据实际需求选择分类算法，前文中介绍的几类分类算法优缺点比较如表 5.3 所示。

表 5.3　各类分类算法的优缺点

分类算法	优点	缺点
决策树算法	①易于理解和解释； ②数据准备简单，可同时处理数据型和常规型属性； ③可对多属性数据集构造； ④可较好应用于大型数据库，大小独立于数据库	①处理缺失数据存在困难； ②过拟合问题； ③忽略数据集中属性间的相关性

续表

分类算法	优点	缺点
贝叶斯分类算法	①有坚实的数学基础和稳定的分类效率； ②对缺失数据不太敏感	①需要知道先验概率； ②分类决策存在错误率
人工神经网络	①准确率高； ②分布处理能力强； ③对噪声有较强鲁棒性和容错能力	①需要参数数目多； ②输出结果难以解释； ③学习时间过长，有时甚至达不到学习目的
支持向量机	①解决小样本情况下的学习； ②可解决高维、非线性问题； ③避免神经网络结构选择和局部极小点问题	①对缺失数据敏感； ②对非线性问题无通用解决方案，通过选择合适的核函数来解决
K-近邻分类	①简单、有效； ②适用于有较多类域交叉或重叠样本集； ③重新训练代价较低	①输出可解释性不强； ②类别评分非规格化； ③计算量较大
集成学习分类	融合多个分类器的结果，提高准确性	不同集成规则影响分类结果

2. 人群活动的聚类方法

在事先不知道正确结果（即无类标或预期输出值）的情况下，可通过聚类方法来发现数据本身所蕴含的结构信息。通过以聚类簇内样本相似性大于其他簇内样本相似性为目标，对观察对象进行类别划分，在此基础上再对类别加以区分和标记，可作为分类的前驱过程。

聚类算法主要包括两个部分：第一部分是如何定义聚类簇内和外部要素的相似性，可以是基于距离、密度或者连通性，不同的算法使用的度量方式不同；第二部分则是如何将目标要素划分成不同的簇，使得簇内样本相似性高而簇间样本相似性低。现有的聚类分析算法主要有以下几种。

1）划分法

原理：给定一个有 N 个分组或者记录的数据集，用分裂法构建 k 个分组，每一个分组就代表一个聚类，其中 $k<N$。同时分组需要满足：每一个分组至少包含 1 个数据记录；每一个数据记录属于且仅属于 1 个分组（在某些模糊聚类算法中可以放宽）（郑庆涛 等，2016）。对于给定的分组，该类算法会给出一个初始的分组方法，之后通过反复迭代来改变分组，使得迭代后簇内数据的相似性高，而簇间要素相似性低，每一次迭代都比前一次的划分结果更好。

大部分的划分法是基于距离来度量的，常用的距离度量方式包括欧几里得距离、曼哈顿距离和闵可夫斯基距离等，其中欧几里得距离是使用最多的距离度量方式。为了达到全局最优，采用划分法实现的聚类可能需要穷举所有可能的划分，在应用时会带来极大的计算量，而实际上，大多数应用都采用了流行的启发式方法，通过渐近地提高聚类质量，来逼近局部最优解。这类启发式的聚类方法很适合发现中小规模的数据库中的球状簇，但对于非球状簇的识别效果较差。

应用划分法基本思想的算法包括 K-MEANS 算法、K-MEDOIDS 算法、CLARANS 算法等，其中 K-MEANS 算法在人群活动定类观测中使用较多。

2）层次法

原理：对给定数据集按照"自底向上"或"自顶向下"两种方案进行层次性的分解，直到满足聚类结束的条件（周世杰，2018）。如在"自底向上"方案中，初始时每一个数据记录都是1个单独的组，在之后的迭代中，逐渐把相近的数据记录为1个组，直到所有的记录被组成单一的分组或者某个条件满足为止。

层次聚类方法可以是基于距离、密度或者连通性的，密度是聚类对象为中心、一定半径范围内的聚类对象数目。层次法中一旦某一步骤的组合并或分裂完成后，就不能被撤销，因此不能更正错误的步骤，但由于不用担心不同组合的数目，该类方法产生的计算开销较小。

典型的代表算法包括 BIRCH 算法、CURE 算法、CHAMELEON 算法等。

3）密度算法

原理：与其他算法最大的区别也是最根本的区别在于，基于密度的度量来判断要素间的相似性，因此可以克服基于距离的算法只能发现"类圆形"聚类簇的缺点。当某个区域中要素的密度超过给定阈值，就把该要素添加到最相近的聚类中（李伟雄，2010）。

典型的代表算法有 DBSCAN 算法、OPTICS 算法、DENCLUE 算法等。

4）图论聚类法

原理：构建与聚类对象相对应的图结构，其中图的节点对应于用于聚类的最小单元要素，而图的边（或弧）对应于要素间的相似性度量值。由于每个要素间都会有度量表达，以目标对象的局部连接特征作为聚类的主要输入，使得数据的局部特性易于处理（齐鑫山等，1992）。

基于图论的聚类方法主要应用形式包括基于超图的划分、基于光谱的图划分。

5）网格算法

原理：首先将要聚类的要素数据空间划分为有限个单元的网格结构，基于单个的单元来为对象进行处理（曹巧玲，2011）。由于进行了网格化划分，处理速度很快，并与要素个数无关，与划分的单元数有关。

基于网格的方法代表算法有 STING 算法、CLIQUE 算法、WAVE-CLUSTER 算法等。

6）模型算法

原理：为每一个聚类假定一个模型，再去寻找能较好满足这个模型的数据集。应用模型算法的前提是假定目标数据集满足一定的概率分布，比如聚类的模型可能是数据点在空间中的密度分布函数。

5.3 物理空间中人群活动的定类观测

5.3.1 物理空间中人群活动的影响因素

物理空间是人群活动的主要场所，人们绝大多数的功能活动在物理空间中进行，涉及通勤、旅行、社交、娱乐、教育等方面。人群活动的影响因素是多方面的，包括主观因素和客观因素。主观因素表现为具有某一特征（如性别）的人群具有某种行为偏好，客观因素则包含城市空间结构、建成环境等。

1. 人群特征

具有某种共同特征的人群在行为上往往表现出某种共性。有学者认为性别是影响居民出行行为的重要变量之一，它关系居民日常出行的时间、地点、目的及同行者的选择等（Schwanen et al., 2008）。中低收入人群的出行频次相对较少，由于居住区位边缘化，交通不便，此类人群在出行方式上多采用机动化方式（私家车、出租车、地铁、公交车），且其中公共交通方式的分担率比较高（黄娟 等，2014）。老年人群由于其身体状况、收入水平、工作情况及生活需求状况的特殊性，出行行为与工作人群的区别明显，老年人的出行多是自发的生活性的出行，相较于年轻人群，老年人无需以工作原因出行，空闲时间较多，反而表现出强烈的出行欲望，出行频次较高。老年人的出行目的多是购物、休闲健身、就医等；出行方式上，老年人多采用步行和公共交通的方式，由于身体原因的限制，老年人采用自助机动方式（驾车）的比例比较低（张政 等，2007）。特殊群体如视觉障碍人群，其出行的主要目的地是残疾人活动中心，这类场所为该人群提供了完备的基础设施、活动和服务，其次是公园和医院；出行方式主要是步行和家庭自驾，由于公共交通设施的不完善，此类人群选择公共交通出行的比例较低；由于出行能力的限制，视觉障碍者的活动范围多在 10 min 步行范围以内（张森，2017）。

2. 城市空间结构与建成环境

城市是人群活动与空间结构长期相互作用的结果，城市人群移动行为与空间结构特征密切相关。城市空间结构具体表现为基础设施、土地利用模式、路网可达性等，对人群活动的影响则体现在移动距离、活动空间、通勤模式等方面，研究发现，居民承受的职住分离程度显著增加，并且在一定程度上，人们也存在住房面积与通勤距离的替代关系，即以更远的通勤距离为代价换取更宽松的住房面积（柴彦威 等，2011）。近年来，轨迹大数据帮助学者从群体、动态、时空的角度理解城市人群移动行为和空间结构的关系，许多研究通过"数据-人群移动模式-城市空间结构"的研究思路，从轨迹大数据中挖掘人群移动模式进而识别城市空间结构如城市土地利用特征（Pei et al., 2014）、多中心性交互结构（Liu et al., 2015；钮心毅 等，2014）和职住空间分布等（Long et al., 2013）。

5.3.2 物理空间人群活动的定类方法

物理空间中的人群活动是具象的、可观测的。观测的手段非常多样,依据观测设备的移动性可将其划分为定点观测和追踪观测。定点观测指观测设备安置在固定地点,记录一定空间范围内的人群活动,如视频监控;追踪观测是指观测设备与人群一同移动,以一定的采样间隔记录人群移动的时空信息,如浮动车 GPS 轨迹数据、手机数据、社交媒体签到数据等。不同的观测手段得到的数据,在稀疏性、空间范围、属性字段等方面存在差异,因此在人群活动定类观测中适用于不同的应用场景。

物理空间内的人群活动是"情境化"的,即人群活动不仅与人相关,也与物、与地相关,这三者通过属性、空间和时间彼此关联,共同构成了人群活动的情境(陈洁 等,2016)。因此,物理空间中人群活动的定类观测关注时间、空间、时空关系三个方面的特征(萧世伦 等,2014)。

1. 人群活动空间特性定类方法

人群活动空间特性方面的研究比较关注人群活动的空间规律,反映了社会化因素对人类行为的空间特性的影响。人群活动的空间规律具体表现为空间距离及其分布、传播速度及其规律等,这方面积累了丰富的研究成果,包括偏好返回模型、层次性交通模型、周期与随机游走模型、种群模型、传播模型、空间位置预测模型等。

由于物理空间人群活动的"情境化"特征,对功能性用地类型进行识别,有助于人群活动的定类观测。比如识别地铁站周围的职住用地,通过人群活动的空间交互特征,能够实现对通勤通学行为的定类观测。利用地铁刷卡数据可进行职住用地的识别(曹瑞 等,2016),刷卡数据包含了乘客进出站点的时间和位置信息,首先统计地铁站点进出客流量,再选取能反映站点一天客流时变规律的归一化客流量作为聚类指标,通过层次聚类法对地铁站点进行聚类分析,即可得到典型类别。具体步骤如下。

(1)选取进、出站点人流量的时间序列 $V'_\text{in}, V'_\text{out}$ 作为聚类指标。如 i 站点的聚类指标向量可表示为 $\boldsymbol{x}_i = \{V'_\text{in}(i,k), V'_\text{out}(i,k) | k=1,2,\cdots,m\}$,其中 k 为时段序号,m 为时段个数。

(2)采用时变客流量的差异度量站点之间的相似性。两个站点越相似,它们之间的距离越小。站点 i 和 j 之间的距离计算公式如下:

$$d(i,j) = \left[\left(\boldsymbol{x}_i - \boldsymbol{x}_j\right)^\text{T} \left(\boldsymbol{x}_i - \boldsymbol{x}_j\right) \right]^{\frac{1}{2}} \tag{5.1}$$

可进一步改写为

$$d(i,j) = \left[\sum_{k=1}^{m} \left(|V'_\text{in}(i,k) - V'_\text{in}(j,k)|^{\frac{1}{2}} \right) + \sum_{k=1}^{m} \left(|V'_\text{out}(i,k) - V'_\text{out}(j,k)|^{1/2} \right) \right] \tag{5.2}$$

(3)构造 n 个类,每个类只包含一个站点。

(4)合并距离最近的两类为一个新类。类间距离采用离差平方和法进行计算,在进行类间合并时,先计算各类重心间的方差,然后优先合并类内离差平方和增加幅度最小的两类。类 G_p 和类 G_q 之间的距离计算公式为

$$D(G_p, G_q) = \left[\sum_{i \in G_p \cup G_q} (x_i - x)^{\mathrm{T}}(x_i - x) - \sum_{i \in G_p} (x_i - x)^{\mathrm{T}}(x_i - x)^{1/2} - \sum_{i \in G_q} (x_i - x)^{\mathrm{T}}(x_i - x) \right] \quad (5.3)$$

其中：$x = \dfrac{1}{2m} \sum_{i \in G} x_i$，为类 G 的重心。

（5）计算新类与当前各类的距离，重复步骤（4），直到将所有站点合并为同一个大的类型。

（6）根据聚类图和实际聚类效果，选择分类个数和类别。

采用上述方法对深圳市 118 个地铁站进行聚类分析，得到效果最佳的 5 个类别，其站点客流空间分布如表 5.4 所示。

表 5.4　各类站点数量及周边区域主要土地利用类型统计表

聚类簇编号	簇周边用地类型	站点数量
1	居住用地	27
2	居住用地	24
3	工作用地	16
4	工作用地	11
5	混合用地	40

在聚类分析的基础上，可通过建筑面积指数 AI 进一步定量验证站点周边职住用地的识别结果，通过计算各站点影响范围内不同功能属性建筑的面积指数，并以聚类类别为单元求取均值，可以比较各类别之间的差异，验证聚类分析识别结果的正确性。

AI 计算公式如下：

$$\mathrm{AI}_f(i) = \dfrac{A_f(i)}{\sum_{f \in F} A_f(i)}, \quad i = 1, 2, \cdots, n \quad (5.4)$$

其中：f 为建筑功能类型，可取工作、居住和其他三类；F 为所有三种类型的集合；$A_f(i)$ 代表站点 i 的影响范围内 f 类型建筑物的占地面积。

2. 人群活动的时间特性定类方法

从时间的角度看，城市居民的出行具有很强的节奏性和周期性。人群活动时间特性研究包括了时间间隔、周期性及验证人类行为的时间特性是否符合幂律分布、对数正态分布、双峰分布等。在理解一定规模人群活动的时间特性时，学界的研究思想经历了从泊松分布到幂律分布的转变，即人群活动的发生并非如起先预想的完全随机，事实上往往是服从幂律分布的，在人群活动的发生频次和间隔时长等时间规律上均有一定的体现，如约 20%日常活动的发生频次占到了总频次的 80%。

典型的人类行为时间特性定量化建模方法包括队列模型理论、记忆、兴趣、节律模型、社会交互影响模型等。这些模型比较关注人类行为时间方面的统计特征，如周期性、记忆与兴趣变化特征等，但是当数据规模较大时，相较于统计模型，数据可视化的方法更能够有效发现人群活动的趋势和规律，从而实现对人群活动的定类观测。时变数据最主要的可视化方法是静态展示，即采用多视角、多时间间隔的方式展示数据中的趋势（Aigner et al.，2007）。

线性时间可视化模型是较常用的，线性时间通常设有一个起点，起点与未来时间的距离是线性的。可视化时，将时间特征变量（时间、时间点、时间间隔）作为 x 轴，y 轴表示时域内的其他属性，y 轴常采用堆叠的语义流方法表达多个属性随时间的变化趋势，既能显示总量，又能显示多个属性的对比（Byron et al.，2008）。

3. 人群活动时空关系的定类方法

人群移动有很强的动态节奏性，称其为时空模式。人群移动的时空模式可通过构建描述人群动态变化指标的时间序列，然后运用不同的方法来识别和提取。手机数据能够记录不同出行方式下人群活动的时空变化，而不是局限于某一载体，适用于研究大规模的人群活动。聚散行为是人群活动的重要形式之一，基于手机数据提取人群聚散的典型时空模式进而实现定类观测（杨喜平 等，2016），有助于深入认知人群活动规律及空间结构对人群活动的影响。

1）构建人群动态变化指标的时间序列

由于手机基站分布不均匀，某些区域的定位精度较差，为了减弱精度对建模效果的影响，采取人群移动的时序矩阵来描述人群动态。首先需要将研究区格网化，并为每一个网格赋予唯一的 ID；其次统计每一网格上，指定时间间隔下流入流出的人流量，手机数据的原始形式为 $T=((x_1,y_1,t_1),(x_2,y_2,t_2),\cdots,(x_i,y_i,t_i))$，其中 x_i,y_i 记录坐标，t_i 记录时间，需要将空间坐标映射到某一网格内，并为其赋予该网格的编号，数据形式随机变为 $T=((\text{ID}_1,t_1),(\text{ID}_2,t_2),\cdots,(\text{ID}_i,t_i))$。对于相邻的两条记录 (ID_i,t_i) 和 $(\text{ID}_{i+1},t_{i+1})$，若 $\text{ID}_i \neq \text{ID}_{i+1}$，则可以判断发生了移动。由于手机定位数据的采用间隔约为 1 h，一天共有 24 个记录，每相邻 2 h 可以提取出移动的 OD（origin-destination）矩阵，将每相邻 2 h 看作一个时段，则一天共有 23 个时段。通过上述处理可以得到基于基站的人群移动矩阵，表示为以网格为单元的 OD 矩阵，记为（FromGrid，ToGrid，Gcount，T），其中 FromGrid 为起点网格编号，ToGrid 为终点网格编号，Gcount 为流动的人群总量。

2）提取人群移动时空模式

对网格一天中人群聚散时间变化进行聚类，找出那些具有相似人群聚散变化的区域。自组织映射算法（self-organizing maps，SOM）属于神经网络中的一种非监督分类方法，包括输入层（节点）和竞争层（神经元），所有输入层节点与竞争层神经元都有权值连接，通过自身神经元之间的竞争学习来调整权重，自动对输入的数据进行聚类。该方法不需先验知识，可将多维数据投影到一维或二维平面，可用来对多维数据进行聚类、降维、分类和数据挖掘等，因此，SOM 方法被广泛应用于地理知识发现、时空数据及地理数据的可视化分析等（伊璇 等，2014；Paper et al.，1990）。

为了采用 SOM 法聚类，如果网格在某个时段人群正在聚集则赋值 1，人群正在消散则赋值-1，如果网格人群 Netflow 不显著则赋值 0，如表 5.5 所示，这样就组成了一个时间序列矩阵。采用 SOM 法对该矩阵进行训练，使用 Davis-Bouldin 指数进行聚类数判断，找到令该指数最小的聚类数，并将其确定为最适合的聚类数。

表 5.5 时间序列矩阵

GridID	t_1	t_2	t_3	t_4	t_5	t_6	t_7	t_8	t_9	t_{10}	t_{11}	t_{12}	t_{13}	t_{14}	t_{15}	t_{16}	t_{17}	t_{18}	t_{19}
278	0	0	0	0	0	1	1	0	0	0	0	0	0	0	0	0	0	0	0
2 065	0	0	0	0	0	-1	-1	0	0	0	0	0	0	0	0	1	1	0	0
...						...													

以深圳市为例，通过上述方法得到深圳市人群聚散的典型模式 9 种，城市空间结构功能的分布导致人群在不同空间位置发生聚散，并且不同功能对人群聚散的发生时间、持续时间存在影响。针对上述 9 种人群聚散模式，结合土地利用数据，解释这 9 种人群聚散模式，同时，找出每种模式最可能出现的土地利用组合。每种聚散模式都包含多个网格，首先求出每个网格中这 7 类土地利用各自所占的比例，然后对所有的网格进行平均，得到该聚散模式中这 7 类土地利用在每个网格中的平均比例，如图 5.2 所示。

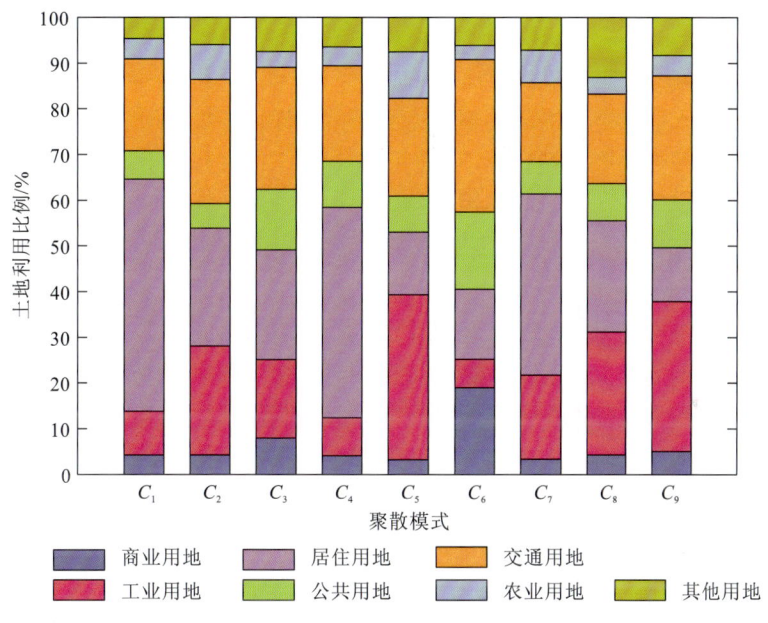

图 5.2 聚散模式的平均土地利用分布

从图 5.2 中可以看出，一个区域的人群的聚散模式与该区域土地利用组合存在一定的关系：①当区域土地利用以居住用地为主时，可能产生 C_1、C_4 和 C_7 这三种模式，如果该区域位于城市的郊区工业园，最可能产生模式 C_4，人群的聚散持续时间较短；②当区域土地利用以工业用地为主时，可能产生模式 C_5 和 C_9，如果该区域位于城市的工业园区，则最可能产生模式 C_5，如果是集中了城市中的高薪科技 IT 企业等，最可能产生模式 C_9；③在城市的市中心区即商业用地和公共用地集聚的地方产生模式 C_6。对于城市的一些交通枢纽区的地方产生模式 C_2 和 C_3；④如果一个区域工业用地、居住用地和交通用地的混合度较高，则人群的聚散发生时间会多样。

5.4　网络空间中人群活动的定类观测

5.4.1　网络空间人群活动的影响因素

不同于物理空间，网络空间中的人类行为极少受到时空成本的影响，如线上论坛、线上会议、网络游戏、在线课程等都对活动进行的时间和地点没有限制，只要有网络，就可以随时、随地开展活动。虽然客观成本降低了，但主观意识对人群活动的影响更加凸显，如购物网站通过分析用户的购物历史数据发现其购物偏好，为每位用户精准推送商品，通过"千人千面"的定制页面，可以提高购买转化率；再如人群在网络空间中也表现出高度社群化的特征，社群的形成并非由空间距离的远近决定，而是取决于人们在某些方面的共同兴趣爱好。可见网络空间中人群活动的主观意识有些是由自身需求所产生的，如购物、发邮件等，有些是受社群内其他成员或社群氛围的影响而产生的，如人们会关注热搜榜、关注好友的喜好等。下面详细阐述这两种因素对网络空间人群活动的影响。

1. 功能性需求对人群活动的影响

网络空间中，人们功能性需求的解决方案非常多样化。如前所述，在网络空间中，由于时空成本等客观条件的限制被压缩，人们的主观意识很大程度上决定了人们的行为，在激烈的互联网市场竞争中，为了吸引用户主观意识的关注，人们的各类功能性需求被深入挖掘，不断细分。可以看到，市场上具有同类功能的应用程序往往有多个，但却各有特色，从不同的角度为用户提供增值服务。

网络对人们功能性需求的满足是场景化的，即针对特定的需求，针对性地推出产品或应用。这是由于在网络空间中，群体行为或许不会在相同的时空下发生，但往往发生在相似的场景下，从场景入手能够促进行为的发生。因此，场景化本质上是利用人们的行为惯性引导行为的发生，从而减小了行为发生的不确定性。实现方法是将人们在现实生活中的消费场景抽象、设计和实现为某种增值服务，当人们处于特定的场景时，就会触发对程序的使用。比如美团点评将生活服务划分为到家、到店、旅行和出行四大场景，以期提高人们对应用程序的使用率。

2. 网络社群对人群活动的影响

网络社群是人们借助于电子媒介的相互沟通所形成的一种新兴社会现象，其不受地理位置、物理作用等的限制。随着网络的发展，网络社群的概念从技术角度越来越多地转向内容及网络社群中人的因素。

社群形成的原因是多种多样的，Armstrong 等（1998）按社群成员的需求将网络社群分为交易社群、兴趣社群、幻想社群和关系社群 4 种。交易社群以促进产品和服务的买卖为主，同时让参与者在社群中分享有关交易的信息。兴趣社群聚集兴趣相同的参与者就某些领域的专门主题进行交流，大家共享关于这些兴趣的信息。如网络读书社群，大家可以在一起分享读书的心得。幻想社群则是通过网络创造了一个充满幻想和娱乐的环境，使得参与者能够共同娱乐。现在流行的在线游戏中，成员可以自己设计自己的角色和特征，在虚拟世界中与其他社群成员互动，由此形成的社群就是幻想社群。关系社群是为人们提供一个平台，让人们可以分享个人的经验，结交朋友，拓展自己的生活圈，使参与者能够维持某种关系。比如现在的交友社群，大家可以通过网络认识新的朋友。

交易社群具有明确的功能属性，社群中的成员行为目的性更强，即以购买商品或推荐商品为目的。此类社群中，人群行为较为理性，价格是影响消费行为的主要因素，一般以限时低价或优惠券等方式促成交易。交易社群的形式已经非常多样化，包括微信/QQ群、微信公众号、直播间等。

兴趣社群是一种具有感性倾向的聚集，社群成员具有某些方面的精神交集，包括音乐、读书、电影、手工等。这类社群往往依托于高质量、高更新频率的内容得以存在和发展，社群中的成员可因此分为两种角色，一是内容的生产者，二是内容的消费者。内容生产者往往需要摸索自身的细分领域，并定期更新有关该领域的内容，以形成个人品牌从而吸引更多人群的关注，逐渐具备流量变现的能力。内容消费者会在消费内容的过程中，贡献有意识和无意识的行为价值，如观看视频的时长和完整度，从消费者的角度来看是无意识的，但可以帮助社群对视频内容的质量做出评价，从而将优质的内容优先推荐给社群成员；内容消费者也会产生一些有意识的行为，包括点赞、评论、转发和关注等，都有助于社群的建设和优化。

幻想社群是基于某种文化认同的聚集，这种文化认同可以是审美认同、价值观认同、信仰认同等。这类社群一般较为小众，对社群成员的要求相对较高，社群性质更加纯粹，人们在社群中的行为符合社群文化的期许，且往往具有自律性。

关系社群是满足人们社交需求的聚集。社交需求依据社交对象的熟悉程度可进一步细分为陌生人社交和熟人社交。从心理学角度而言，人们与陌生人和熟人社交时，情感诉求有很大的不同。与陌生人的社交更倾向于情感的倾诉和宣泄，这是由于陌生人不会对自己在现实生活中的社交环境造成影响，因此在社交时没有后顾之忧。与熟人的社交主要是维系沟通或解决现实生活中的问题，比如和同事社交是为了协同工作，与朋友和亲人沟通是为了分享生活、交流情感等。

5.4.2 网络空间人群活动的定类方法

1. 人群画像

针对功能性需求对人群活动的影响，常见的方法是采用人群画像对群体的功能需求进行建模。人群画像通过分析人口属性、社会交往、行为偏好等，抽象出多维度特征标签，来直观地描绘出用户的整体全貌（丁伟 等，2016），是一种据勾画目标群体、联系人群诉求与设计方向的有效工具。构建人群画像需要从三个方面分析人群特征：一是基础特征，包括性别、年龄、职业、收入、婚否等；二是行为习惯，即以面向过程的视角发现人群活动中的典型模式；三是分析人群的诉求与期待，这是一种依托于基础属性和行为习惯的合理预测，能够更加深刻地刻画人群特征。

1）人群基础属性分析

在网络世界中，人们往往需要注册一个身份，才能进行信息的交换和传输，既有利于维护网络世界的秩序，又便于服务人们的需求。一部分的基础属性信息是在身份注册时，通过表单获取的，在互联网早期阶段，人们对网络安全性的信任度不高，倾向于以虚假信息进行注册，但随着网络安全技术的成熟和网络环境管理的需要，我国开始推行互联网实名制后，人们在注册时必须提供真实的基础信息，因此注册表单已成为获取人们基础信息的重要渠道。除此之外，基于人们的行为历史数据，通过简单的推理和判断，也可以得到一些基础信息，如 Holbrook 等（1994）研究用户年龄和性别等因素对网络行为偏好的影响，发现娱乐新闻更吸引女性，而男性更喜欢浏览体育新闻。

2）人群行为习惯分析

相比于传统的桌面日志文件，移动互联网数据能够提供人群地理位置变化的时序信息，将这些信息按照时间排序，可以从中挖掘人群移动的频繁模式和周期性行为。

（1）序列数据预处理。获取到的原始定位数据一般由经纬度表示，空间粒度过细，不利于模式挖掘，常用的处理方法是将空间均匀离散化为若干小区，用小区 id 指代人群的位置。则一个空间移动序列可以表示为 $T=<(c_1, t_1), (c_2, t_2), \cdots, (c_i, t_i)>$，其中$(c_i, t_i)$表示在时间 t_i 到达 id 为 c_i 的小区。

（2）序列分割。移动序列 T 一般涵盖的时间跨度较长，可能是一天、一周、一月。而某种频发的行为模式往往持续时间较短，从几十分钟到几小时不等。因此需要将时间序列进行合理分割，确定分割点的依据一般是人群在某个位置 c_i 上的停留时长 t，若 t 大于设定的阈值 ε_t，则判定 c_i 是一个序列的结束点，得到 T 的子序列 $\{T_1, T_2, \cdots, T_n\}$。

（3）频繁模式发现。频繁模式发现即是计算某种序列 α 在子序列 $\{T_1, T_2, \cdots, T_n\}$ 中出现的次数，称其为序列 α 的支持度，记为 support（α）。给定支持度阈值 ξ，若 support（α）$\geq \xi$，则判定序列 α 为频繁序列。

除时序挖掘外，可以对人群移动数据做初步处理，提取出其中频繁的停留点、频繁出现的行动路径、有意义的地理位置、识别交通工具的类型，从而对人群特征进行更高层次的描述，刻画人群特征。

3）人群潜在诉求分析

上网历史数据不能反映人群的全部特性，可以通过预测模型，对人群潜在的特性进行挖掘，以构建更加完整的人群画像。贝叶斯网络可用于挖掘潜在诉求，它是基于概率推理的图形化概率网络，是不确定知识表达与推理领域最有效的理论模型之一。它将经典的概率论与图论结合起来，用于发现随机变量之间的潜在关系，适用于表述和分析不确定的事件，可以从分散的、粗糙的信息中作出推理（李俭川 等，2003）。将贝叶斯网络应用于人群潜在特征挖掘，可以利用实时上网数据动态更新贝叶斯网络中各种潜在兴趣的概率，结合兴趣阈值刻画用户画像。

（1）采用多元线性回归计算人群初始兴趣度。首先需要计算人群某种行为的初始兴趣度，这可能受多方因素影响，因此可以利用多元线性回归的方法对多个自变量与兴趣度之间的关系进行建模。假设因变量为 Y，自变量记为 $x_1, x_2, \cdots, x_n$，两者之间的线性关系如下式：

$$Y = \beta_0 + \beta_1 x_1 + \beta_2 x_2 + \cdots + \beta_n x_n + \varepsilon \qquad (5.5)$$

其中：$\beta_0, \beta_1, \cdots, \beta_n$ 为回归系数；ε 为与 $x_1, x_2, \cdots, x_n$ 无关的未知参数，取值范围为$(0, \sigma^2)$。计算得到的兴趣度 Y 可作为贝叶斯网络的初始兴趣度。

（2）构造人群画像的贝叶斯模型。假设对人群使用电子地图的行为进行建模，则贝叶斯网络中的结点表示人群高频使用的功能和服务。节点可进一步划分为业务层和功能层，业务层一般包括查看地图、路线导航、附近POI探索，相应的功能层一般包括移动定位服务、移动搜索服务、电子商务服务、路线规划服务等。节点之间的有向连接则表示存在因果关系，模型逻辑图如图5.3所示，图中的y_1，y_2，…，y_{14}，表示人群对某项服务或功能的兴趣度。

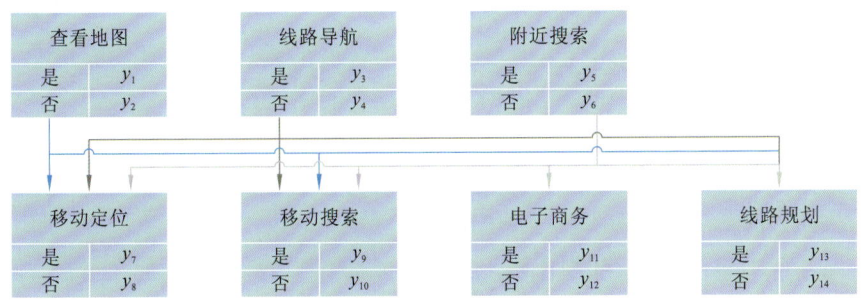

图5.3 人群使用电子地图行为的贝叶斯网络

（3）利用实时数据调整网络中的概率。获得人群电子地图的使用数据后，网络中的概率就会自动更新，并重新计算各项兴趣度的取值。如果拥有足够数量的用户行为数据，依据这些数据获得统计特征，网络就会推断出合理的潜在行为。

2. 社群发现

网络社群是指人们通过互联网互动而形成的、由一定的社会关系连结起来进行共同活动的集合体，社群成员具有共同的兴趣爱好、特质需求、相关属性等。由于网络社群往往具有行动空间的虚拟性，也称虚拟社群（张文宏，2011）。现阶段，网络社群蓬勃发展，国内存在如网易、猫扑、天涯等许多大型综合性虚拟社区，也存在阿里巴巴等电子商务社区，还有一些主题单一的虚拟社区如情感社区、体育社区、商品交易社区、学习社区，也有企业建立的目的在于知识共享的企业内社区等。网络社群中存在人们依据站规而进行的选举、弹劾与仲裁现象，也会有来自真实世界的约束，如政府对网络论坛规则的干涉等，还有一些不成文的但被人们在行动中广泛服从的规则（柴晋颖 等，2007）。

社群发现即是探索具有某种相似性的人群，网络社群的划分粒度逐渐趋向精细化，特别体现在综合性的社群中。比如微博用户体量庞大，用户涵盖了不同的年龄段、职业、教育程度等，为了让不同喜好的人群找到适合自己的圈子，进而提高对微博的使用黏性，可以利用人们感兴趣的站内内容和社会结构等特征计算人与人之间的相似性，并利用聚类算法识别微博群体。社群发现能够提高人群在网络空间中的行为体验，如通过精准推送可以让人们发现更多感兴趣的人和内容，扩大社交圈；还能够提高广告投放的转化率，如将广告投放在某种类型的内容界面上或与产品调性契合的社群中。关于社群发现的聚类方法，除传统的K-MEANS聚类方法外，学者们还进行了诸多探索，如基于正则化时间的多模型聚类算法、马尔可夫链与聚类算法相结合的方法等。其中，马尔可夫聚类法在虚拟社群发现中有广泛的应用。在社交媒体上，每位用户的人际关系通常可以用"我关注的人"和"关注我的人"来描述，这是以该用户为中心结点的两种有向连接，在有足够数据量的宏观层面上,这种连接会连结成网,网络中隐含着众多具有某种主题的社群,称为"隐性社群",有学者就基于美国社交网络推特的用户数据利用马尔可夫聚类的方式从泛关系网络中发现了高社交黏性的社群网络。

随着社交平台的发展,人们在网络世界中的行为更加丰富,而不同的行为反射出人们潜在意图和意愿的强烈程度,这里介绍如何从社交网络的不同类型的行为数据中发现具有共同内容喜好的兴趣社区。用户在社交平台内的常用操作有"点赞"、"转发"和"关注"。"点赞"行为表明用户对平台内容的认同感很高,此类内容往往输出了某种价值观、态度或情绪;"转发"行为表明用户不仅认同该内容,还充当了内容传播者的角色;"关注"行为表明用户对内容的认可度很高,希望关注内容的创作者并接收后续的内容。这三种行为表现出的偏好程度是不同的,在用于社群发现时应该赋予不同的权重。

兴趣社群发现需要解决的主要问题是如何围绕"点赞"、"转发"和"关注"三种行为构建描述人群特征的向量,然后基于向量进行聚类得到人群的典型类别,即不同的兴趣社群,这样得到的兴趣社群可以区别于传统的按照标签大类划分社群的方法,考虑了人们喜好的重叠性和复杂性。

首先,围绕"点赞"、"转发"和"关注"三种行为构建描述人群特征的向量。行为都是依附于内容而存在的,而内容本身可能包含多个标签,如"美食""日常""解压"等,而标签真实反映了用户的兴趣,因此需要以标签为基本单元进行行为数量的统计。

1)标签获取与融合

首先需要获得用户内容标签的集合$\{L_1, L_2, \cdots, L_i, \cdots, L_n\}$。由于内容的多样性,在创作者发布内容时,除了使用系统推荐的热门标签,还可以自定义标签,这种非标准化的操作,导致了许多同质标签的存在,因此需要对标签几何进行同质标签的合并。一般情况下,社交平台会将内容分为若干个大类,不同类型的平台可能存在差异,将这些类别作为根标签,通过文本相似度算法,将标签库中的标签映射到这些根标签上,建立起它们之间的对应关系,将这种关系保存下来,作为计算人群兴趣的依据。标签属于短文本,余弦相似度算法是一种适用于短文本相似度的判定算法,其原理是将标签文本编码向量化,再通过余弦定理计算向量之间夹角θ的余弦值来度量相似度$\text{sim}_{\cos}$(图5.4),该值在0到1之间,越靠近1表明标签越相似(王军,2018)。

2)确定标签权重

统计根标签L_i所包含的所有子标签的点赞、转发和关注的数量,将其归一化得到序列$\{N_{i1}, N_{i2}, N_{i3}\}$,为其分别赋予权重$\{\alpha_1, \alpha_2, \alpha_3\}$。权重是一套常量,但对于不同的平台,点赞、转发和关注的行为对社群发现的贡献度不同,如电商平台拼多多发迹于社群,主流业务是通过分享商品信息到社群进行拼单,所以该平台对转发操作的权重较高。权重的这种相对重要性可以借助层次分析法来进一步确定,层次分析法要求对要素间的相对重要性给出判断,并将判断结果以数值表达出来,写成矩阵形式(图5.5),矩阵中要素$\{l_{11}, \cdots, l_{33}\}$的取值为离散值$\{1, 3, 5, 7, 9\}$,各值的物理意义见表5.6,由于相对重要性比较主观,可能在整体上存在逻辑冲突,需要对重要性矩阵进行一致性判断,如果图5.5中的矩阵符合式(5.6),则认为矩阵具有完全一致性(魏邦龙,1994)。

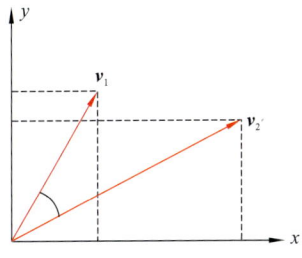

图 5.4 余弦相似度示意图　　　　图 5.5 要素相对重要性矩阵

表 5.6　层次分析法重要性取值及其含义

重要性取值	含义
1	l_i 与 l_j 的重要性相同
3	l_i 比 l_j 稍重要
5	l_i 比 l_j 明显重要
7	l_i 比 l_j 很重要
9	l_i 比 l_j 极端重要

$$l_{ij} = \frac{l_{ik}}{l_{jk}}, \quad i,j,k=1,2,3 \tag{5.6}$$

3）计算标签兴趣度，形成用户特征向量

用户对根标签 L_i 的兴趣度 S_i 值通过下式计算：

$$S_i = \alpha_1 N_{i1} + \alpha_2 N_{i2} + \alpha_3 N_{i3} \tag{5.7}$$

则该用户的特征向量可表示为 $V_{\text{interest}} = |S_1, S_2, \cdots, S_i, \cdots, S_N|$，其中 N 为该用户的兴趣标签总数。

4）聚类分析发现兴趣社群

聚类分析的关键在于结合聚类依据定义适当的形似度度量方法。由于个体间的差异，用户特征向量是不等长的序列，在聚类时，需要关注两方面的信息：一是数据标签的相似性；二是数据标签得分的相似性。这里采用标签累加相似度来度量 sim_L 不等长序列的相似度。不同标签的得分分布不同，要使标签的差异可以累加，需要对其进行归一化处理。由于标签得分的最值并不稳定，采用简单缩放的方法容易导致归一化结果的不稳定，这里采用标准差归一化方法，该方法在分类问题中应用广泛。对于 L_i 标签，其得分的均值和方差分别表示为 μ_i、σ_i，则得分 S_i 的转化函数如下：

$$\text{Normal}\_S_i = (S_i - \mu_i)/\sigma_i \tag{5.8}$$

用户 A 和 B 的标签累加相似度可以进一步表示为

$$\text{sim}_L = \sum_{i=1}^{n} |\text{Normal}_{S_i^A} - \text{Normal}_{S_i^B}| \tag{5.9}$$

其中：n 为用户 A、B 所共有的兴趣标签总数。

在此基础上采用 K-MEANS 聚类算法实现人群行为的分类，算法过程如下。

(1）确定特征空间。标签融合后，标签库中的标签数量即为特征空间的维度。网络平台的大类标签一般为几个到十几个不等，不会出现维数过高的情况。

(2）指定聚类类别数。根据经验户随机选取 K 个样本作为聚类中心。

(3）类别判定。计算各样本与各个聚类中心的标签累加相似度 sim_L，将各样本回归于与之距离最近的聚类中心。

(4）更新聚类中心求各个类的样本的均值，作为新的聚类中心。

(5）若类中心不再发生变动或者达到迭代次数，算法结束，否则回到（3）。

5.5 心理空间中人群活动的定类观测

5.5.1 心理空间人群活动的影响因素

心理是指人的内在状态，是对客观事物的主观体验。体验的一般路径是先通过感受器接收外部环境传递的信息，然后通过中枢决策器官对这些信息做出决策，再交由效应器执行决策结果。因此体验感一方面取决于客观环境，另一方面取决于个体的主观世界。

1. 客观环境对人群心理的影响

人们通过视觉、听觉、嗅觉、触觉等感觉器官来感知外部环境，其中视觉接收到的信息占到信息总量的80%（李本一，2016）。围绕视觉的心理学研究有诸多发现，眼睛能够感知光，光线的方向、明度等会造成不同的心理感知。比如一对偏振光矢量方向呈90°夹角，分别通过左右眼进入视网膜，人们就会感知到立体的像，这一原理被应用于3D电影的制作（章勤男，2011）；明度是由光的强弱引起的一种视觉经验，不同的明度刺激可以引起人类情绪反应的差异，理论和实践证明，在颜色的度量指标中，明度是影响人类情感的主要因素（蒋孝锋，2011）。除了光以外，眼睛还可以感知纹理、形状、大小等视觉特征，从纹理中，人们可以感知粗糙度和方向性，方向性属性主要与纹理基元的排列规律有关，且对人眼的视觉感知影响最大，粗糙度属性与纹理的空间频率和深度信息相关（刘海燕，2014）。在格式塔心理学中，形状指的是由知觉活动组成的经验中的整体（毛娜，2003），形状会与心理产生"自动趋同状态"，不同组织的格式塔会带来不同的感受，因此，格式塔心理学常被应用于空间设计（成志军 等，2003a）。尺度的大小也会给人们带来不一样的心理体验，研究发现在 100 m×100 m×100 m（长×宽×高）的空间里，场地显空旷，让人产生孤独感；在 100 m×100 m×3.5 m（长×宽×高）的空间中，人会觉得比较舒适（成志军 等，2003b）。

2. 主观世界对人群心理的影响

人们在感知外部世界的基础上，会进一步对他人的情绪、处境的安全性和适宜性等进行推测，并产生某种心理状态。有一个著名的心理学实验，两位受试者看到同样的半杯水，一个人会感觉到满足，而另一个人会感受到焦虑，反映出不同的人对相同的外部环境的感知和反应可能不同。这种影响心理感知的主观因素涉及人格、健康状况、价值观、社会角色等方面。

1）人格

人格对心理状态的影响是受到社会普遍认同的，如在求职行为方面，专家提倡求职者通过职业性格测试来认知自己的人格，以评估自己的心理状态对各类职业的适应程度，从而选择适合自己的职业，国际上公认的职业性格测试工具有 MBTI16 型性格分析工具（卓安妮，2009）。

2）健康状况

健康状况也会对心理产生显著的影响，这一点在学术和临床上均有证明，Strine 等（2007）研究发现，慢性颈、腰痛患者出现抑郁、焦虑、失眠等情况的概率高，其中慢性腰痛患者还易出现无助、伤心及严重的精神疾患。

3）价值观念

价值观念也影响人群的心理状态，人群的范围大到国家小到集体，都存在某种共同的价值认同，这往往形成了人群的凝聚力和向心力，使人们的行为具有相同的目标，如在大型企业中，企业文化也是一种价值认同，被管理者高度重视，优秀的企业文化是积极向上的，能够明确企业所倡导、所鼓励、所追求的根本目标，进而促进企业与员工在思想与行为上保持一致，对员工行为产生重要的约束作用和激励作用（汪慧蓉，2009）。

4）社会角色

社会角色会随着年龄段和社会地位等的变化而转换，相关研究表明社会地位的不同会影响个人对他人心理的推测，即使在正常的成人群体中，短暂的社会地位改变也会影响人们的心理推测结果，且失败者的心理推测能力明显好于胜利者（高雪梅 等，2005）。

5.5.2 心理空间人群活动的定类方法

如 5.5.1 小节中所述，人群在心理空间中的行为遵循感应→中枢决策→效应的路径，其中前两步是进行心理空间定类观测的主要依据，这里提出感应→中枢决策的两步分析法，并结合增强现实（augmented reality，AR）技术场景下行人使用导航软件的心理过程进行分析，实现对不同人群特征的区分。

1. 环境感应过程

步行者使用导航软件时，首先需要确定前进方向，然后在行走过程中需要不断确认自己的路线是否正确，在到达目的地附近后收到提示。在整个过程中，地标性建筑发挥着重要作用，人们感知环境的主要任务就是从视野范围内搜寻显著地标。显著地标是指视觉、认知和结构性地标，这些地标已经适当地包含了所有在地理空间内的现实差异性。

随着 AR 技术的兴起，可以将虚拟的显著地标叠加在现实场景中，提高人们对环境的感知能力。增强现实是一种实时地计算摄影机影像的位置及角度并加上相应图像的技术，这种技术的目的是在屏幕上把虚拟世界套在现实世界并进行互动。增强现实的价值在于能为人们提供现实中无法直接获取的信息，这些信息让每个人眼中的世界更加多样化，反过来又符合人们个性的需求（刘经南，2013）。

2. 中枢决策过程

不同的人群对不同类型的显著地标的感知能力是不同的,为了明确不同的显示增强处理对导航过程中行为决策的影响,采用眼动仪来追踪导航过程中人群注意力的动态变化,并对结果进行分析。

1)数据准备

这里选取了 15 个真实的街道场景,分别以 5 种增强方式对每个场景进行处理,以模拟 AR 导航时的自定位,如图 5.6 所示,(a)至(e)表示 5 种增强方式。图 5.6(a)是没有进行增强处理的街道场景,只利用电子地图的鸟瞰图来指示路线和确定位置;图 5.6(b)是在图 5.6(a)的基础上增加显著地标;图 5.6(c)是方向引导增强,即在图 5.6(a)的基础上增加方向引导;图 5.6(d)增加道路名称,即根据图 5.6(a)增加由道路名称所描述的道路名称及路线指示;图 5.6(e)为组合增强,将图 5.6(a)到图 5.6(d)的所有增强信息进行组合,图 5.6(f)为 AOIs(感兴趣区域),用于检测感兴趣区域的注视点,以便后续分析。

(a)无增强　　　　　　　(b)路标增强　　　　　　(c)方向指引增强

(d)路名增强　　　　　　(e)综合增强　　　　　　(f)AOIs

图 5.6　实验中使用的增强界面示例

2)设备与实验方案

受试者被要求根据屏幕上的信息定位自己的位置。这里使用 90 Hz 屏幕眼跟踪设备(Tobii 4c)来检测受试者的注视位置。被摄者的眼睛与屏幕的距离控制在 50~60 cm。根据 Hassan 等(2007),有效导航的临界点分别为 32.1°、18.4°和 10.9°。本实验在 22.1 英寸屏幕上显示,每个场景图像覆盖的观看角度为 33.8°×45°,保证了有效的导航。

参与者被要求完成圣巴巴拉方向感量表(Santa Barbara sense of direction scale,SBSODS),这是一种评估人们环境空间能力的自我评估报告(Hegarty et al.,2002)。然后,SBSOD 评分可用于确定受试者的空间能力(从差到好)。此外,还为眼睛跟踪系统校准了受试者的眼动特征。当校准达到实验要求时,开始准备实验,使被试者熟悉实验过程。在能够熟练操作实验系统后,中断准备实验,进行正式实验,步骤如下:

(1)单击场景开关按钮对应的序列号在屏幕的左上角开始实验;

（2）在全屏显示实验场景和场景的二维地图区域的右下角；
（3）主题定位自己和点击的位置二维地图；
（4）一个弹出对话框提示，这个任务完成时，附带一个问题：信息用于确定你的位置吗？
（5）主题回答上述两个问题；
（6）重复以上步骤。

实验过程中需要保持受试者对场景的陌生感，保证导航效果仅受受试者空间能力的影响。为了保证对15个场景进行5种增强方法的均匀测试，将受试者分为5组。各受试者的实验布置如图5.7所示。图中，每列代表一个场景，共15个。每行代表一个主题，共15种，每种主题中，不同增强处理的图片出现顺序不同。

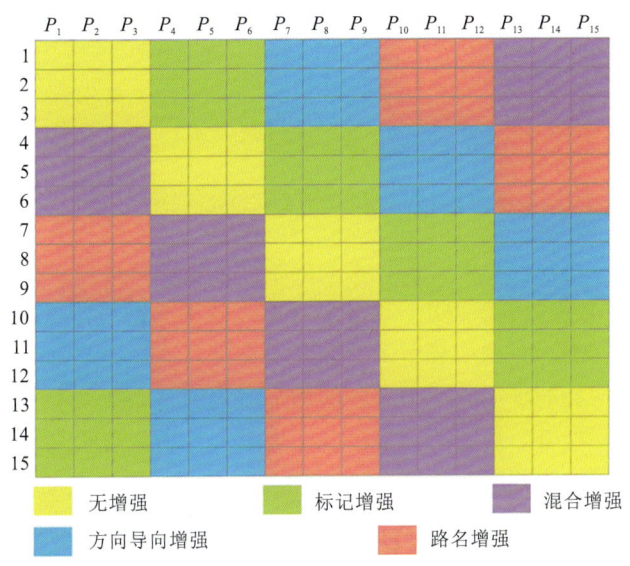

图 5.7　场景出现安排示意图

3）结果分析

记录实验过程中被试者的眼动数据，计算注视点分布，如图 5.8 所示。可以看出各类增强手段均吸引到受试者的注意，且虚拟地标在视野中的位置越靠近中央，注视点越密集。不同类型的增强方式对完成自定位的时间长短产生了影响，如图 5.9 所示。

图 5.8　凝视点分布

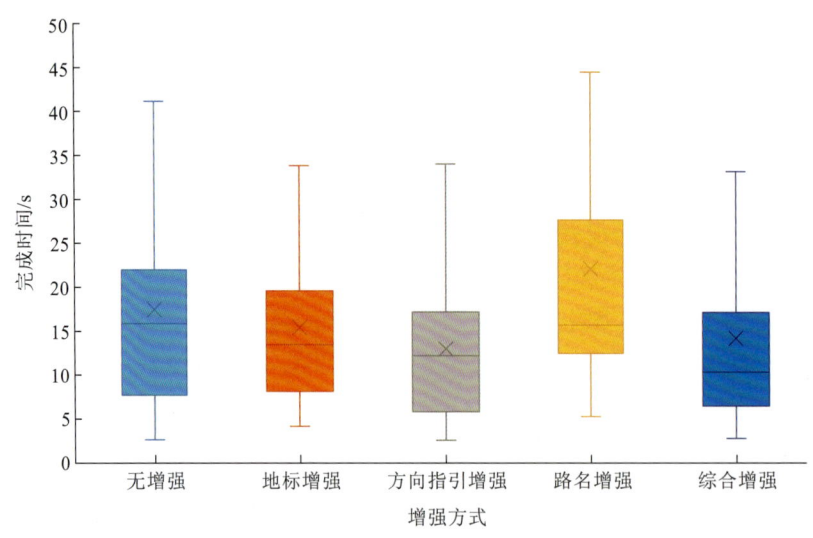

图 5.9　不同增强方式自定位完成时间的分布

通过对受试者主观反馈的分析，不同的增强方式在自定位过程中的使用率存在差异（表 5.7）。从表中数据可以得出：无论扩展表达式的类型是什么，地标的使用都是很好的自定位参考；在增加方向引导时，行人可以在没有地标作为参照的情况下快速定位自己，从而减少了地标的使用；道路名称的增加对自定位的帮助不大；道路形状可以很好地与道路决策点相结合。行人可以通过匹配地图上的道路形状来快速确定他们的区域，但是方向还需要进一步判断。

表 5.7　自定位过程中增强方式使用率主观反馈　　　　　（单位：%）

参数	无增强	地标增强	方向指引增强	路名增强	综合增强
地标	91.1	97.8	77.8	88.9	88.9
方向	0	0	57.8	0	46.7
路名	0	0	0	2.2	0
道路形状	17.8	20	4.4	8.9	8.9

参 考 文 献

曹巧玲, 2011. 基于网格的聚类融合算法的研究. 郑州: 郑州大学.
曹瑞, 涂伟, 巢佰崇, 等, 2016. 基于智能卡数据的地铁周边职住用地识别与分析. 测绘地理信息, 41(3): 74-78.
柴晋颖, 王飞绒, 2007. 虚拟社区研究现状及展望. 情报杂志, 26(5): 101-103.
柴彦威, 张艳, 刘志林, 2011. 职住分离的空间差异性及其影响因素研究. 地理学报, 66(2): 157-166.
陈洁, 萧世伦, 陆锋, 2016. 面向人类行为研究的时空 GIS. 地球信息科学学报, 18(12): 1583-1587.
陈冰梅, 樊晓平, 周志明, 等, 2010. 支持向量机原理及展望. 制造业自动化, 32(14): 136-138.
成志军, 林晓妍, 2003a. 格式塔理论在建筑美学中的应用. 土木建筑与环境工程, 25(5): 12-15.

成志军, 林晓妍, 2003b. 格式塔理论在建筑美学中的应用. 重庆建筑大学学报, 25(5): 12-15.

丁伟, 王题, 刘新海, 等, 2016. .基于大数据技术的手机用户画像与征信研究.邮电设计技术(3): 64-69.

方志祥, 于冲, 张韬, 等, 2017. 手机用户上网时段的混合 Markov 预测方法. 地球信息科学学报, 19(8): 1019-1025.

高雪梅, 陈利华, 李红, 2005. 社会角色对心理理论推理的影响. 第十届全国心理学学术大会摘要集: 62.

黄娟, 郜俊成, 2014. 城市边缘区中低收入群体出行特征实证研究. 城市交通发展模式转型与创新: 中国城市交通规划 2011 年年会论文集: 557-561.

蒋孝锋, 2011. 服装颜色明度对人情感的影响机制. 苏州: 苏州大学.

康朝贵, 刘瑜, 邬伦, 2017. 城市手机用户移动轨迹时空熵特征分析. 武汉大学学报(信息科学版), 42(1): 63-69.

李晶, 2013. 浅析 k-近邻分类技术. 哈尔滨师范大学自然科学学报, 29(4): 8-11.

李本一, 2016. 多媒体教学中视觉传达对提高课程教学效果的有效性分析. 鸭绿江月刊(8): 276.

李俭川, 胡莺庆, 秦国军, 等, 2003. 贝叶斯网络理论及其在设备故障诊断中的应用. 中国机械工程, 14(10): 896-900.

李伟雄, 2010. 基于密度的聚类算法研究. 长沙: 湖南大学.

刘瑜, 肖昱, 高松, 等, 2011. 基于位置感知设备的人类移动研究综述.地理与地理信息科学, 27(4): 8-13.

刘海燕, 2014. 基于纹理特性的物体外貌评价研究. 杭州: 浙江大学.

刘经南, 2013. 增强现实在导航和位置服务中的应用探讨. 地理信息世界(1): 16-18.

马锐, 2010. 人工神经网络原理. 北京: 机械工业出版社.

毛娜, 2003. 知觉心理在艺术形式变化中的作用. 郑州航空工业管理学院学报(管理科学版), 22(4): 120-121.

钮心毅, 丁亮, 宋小冬, 2014. 基于手机数据识别上海中心城的城市空间结构. 城市规划学刊(6): 71-77.

彭兰, 2009. 网络社区对网民的影响及其作用机制研究. 湘潭大学学报(哲学社会科学版), 33(4): 21-27.

彭聃龄, 2001. 普通心理学(修订版). 北京: 北京师范大学出版社.

齐鑫山, 段佐亮, 张永祥, 1992. 图论聚类法及其在区域土壤污染调查评价中的应用. 农业环境科学学报, 11(4): 39-42.

时雷, 虎晓红, 席磊, 2008. 朴素贝叶斯分类算法及基应用研究. 光盘技术, 11:54.

汪慧蓉, 2009. 浅谈企业文化的作用. 新西部月刊(11): 203-204.

王军, 2018. 基于词语相似度的未登录词元框架选择研究. 太原: 山西大学.

魏邦龙, 1994. 层次分析法(AHP)程序的设计. 计算机农业应用, 3: 18-21.

萧世伦, 方志祥, 2014. 从时空GIS视野来定量分析人类行为的思考. 武汉大学学报(信息科学版), 39(6): 667-670.

徐金垒, 方志祥, 萧世伦, 等, 2015.城市海量手机用户停留时空分异分析: 以深圳市为例. 地球信息科学学报, 17(2): 197-205.

杨喜平, 方志祥, 赵志远, 等, 2016. 城市人群聚集消散时空模式探索分析: 以深圳市为例. 地球信息科学学报, 18(4): 486-492.

杨学兵, 张俊, 2007. 决策树算法及其核心技术. 计算机技术与发展, 17(1): 43-45.

伊璇, 周丰, 王心宇, 等, 2014. 基于 SOM 的流域分类和无资料区径流模拟. 地理科学进展, 33(8): 1109-1116.

翟青, 2015. 基于居民活动的城市虚-实空间关联研究与评价. 南京: 南京大学.

张淼, 2017. 城市视觉障碍人群的行为特征与智慧安全出行策略研究. 天津: 天津大学.

张政, 毛保华, 刘明君, 等, 2007. 北京老年人出行行为特征分析. 交通运输系统工程与信息, 7(6): 15-24.

张文宏, 2011. 网络社群的组织特征及其社会影响. 江苏行政学院学报, 4: 68-73.

章勤男, 2011. 偏振光的原理和应用. 信息教研周刊, 14: 27.

郑庆涛, 赵亚敏, 2016. 经典划分聚类分析方法及算例. 地壳构造与地壳应力文集, 2: 157-165.

周涛, 韩筱璞, 闫小勇, 等, 2013. 人类行为时空特性的统计力学. 电子科技大学学报(4): 481-540.

周世杰, 2018. 层次聚类的算法研究. 课程教育研究, 40: 246-247.

朱恒民, 杨柳, 马静, 等, 2016. 基于耦合网络的线上线下互动舆情传播模型研究. 情报杂志, 35(2): 139-144.

卓安妮, 2009. MBTI 职业性格测试在职场上的应用. 知识经济(2): 5.

宗芳, 2005. 基于活动的出行时间与方式选择模型研究. 长春: 吉林大学.

AHAS R, AASA A, SILM S, et al., 2010. Daily rhythms of suburban commuters' movements in the Tallinn metropolitan area: Case study with mobile positioning data. Transportation Research Part C, 18(1):45-54.

AIGNER W, MIKSCH S, MÜLLER W, et al., 2007. Visual methods for analyzing time-oriented data. IEEE Transactions on Visualization & Computer Graphics, 14(1):47-60.

ARMSTRONG A, HAGEL J, 1998. The real value of on-line communities. Strategic Management of Intellectual Capita, 74(3): 63-71.

BYRON L, WATTENBERG M, 2008. Stacked graphs: Geometry & aesthetics. IEEE Transactions on Visualization & Computer Graphics, 14(6): 1245.

GONZALEZ M C, HIDALGO C A, BARABASI A L, 2008. Understanding individual human mobility patterns. Nature, 453(7196): 779-782.

HASSAN S E, HICKS J C, LEI H, et al., 2007. What is the minimum field of view required for efficient navigation? Vision Research, 47(16): 2115-2123.

HEGARTY M, RICHARDSON A E, MONTELLO D R, et al., 2002. Development of a self-report measure of environmental spatial ability. Intelligence Norwood Mutidisciplinary Journal, 30(5): 425-447.

HOLBROOK M B, SCHINDLER R M, 1994. Age, Sex and attitude toward the post as predictors of consumers' aesthetic tastes for cultural products. Journal of Marketing Research, 31(3): 412.

KWAN M P, 2015. Algorithmic geographies: Big data, algorithmic uncertainty, and the production of geographic knowledge. Annals of the American Association of Geographers, 106(2): 274-282.

LIANG V C, MA R T B, NG W S, et al, 2016. Mercury: Metro density prediction with recurrent neural network on streaming CDR data. 2016 IEEE 32nd International Conference on Data Engineering CICDE, 1: 1374-1377.

LIU X, GONG L, GONG Y X, et al., 2015. Revealing travel patterns and city structure with taxi trip data. Journal of Transport Geography(43): 78-90.

LONG Y, THILL J C, 2013. Combining smart card data and household travel survey to analyze jobs-housing relationships in Beijing. Computer, Environment and Urban System, 53: 19-35.

MONTJOYE Y A D, HIDALGO C A, VERLEYSEN M, et al., 2013. Unique in the Crowd: The privacy bounds of human mobility. Entific Reports, 3(3): 1376.

PAPER I, INTRODUCTION I, MODELS N, et al., 1990. The self-organizing map. Proceedings of the IEEE, 78(9): 1464-1480.

PEI T, SOBOLEVSKY S, RATTI C, et al., 2014. A new insight into land use classification based on aggregated mobile phone data. International Journal of Geographical Information Science, 28(9-10): 1988-2007.

SCHWANEN T, KWAN M P, REN F, 2008. How fixed is fixed? Gendered rigidity of space-time constraints and geographies of everyday activities. Geoforum, 39(6): 2109-2121.

SONG C, QU Z, BLUMM N, et al. 2010. Limits of predictability in human mobility Science, 327(5968): 1018-1021.

SORROWS M E, HIRDE S C, 1999. The nature of landmarks for real and electronic spaces. Spatial Information Theory. Cogmitive and Computational Foundations of Geographic Information Science: 7-50.

STRINE T W, HOOTMAN J M, 2007. US national prevalence and correlates of low back and neck pain among adults. Arthritis & Rheumatism, 57(4): 656-665.

ZHAO Z, HUANG Z, HUANG L, et al., 2014. Scaling and correlation of human movements in cyberspace and physical space. Physical Review E, 90(5): 050802-1-050802-5.

第6章 人群活动功能及网络的定序观测

群体性活动往往表现出某种功能特性,从宏观角度来看,具有相同功能的群体活动在空间内呈现点状分布且彼此之间存在或强或弱的联系从而形成网络,称为人群活动功能网络(下文简称"网络")。网络在时空维度内是动态变化的,这种变化既表现在网络结构上,也表现在网络反映出的人群活动的功能特性上。引起这种变化的原因是多方面的,既包括人群的生活习惯、选择偏好,也包含土地利用性质等社会经济因子。由于这种变化往往表现出"定序"特征,即具有可区分的高低、强弱、大小等次序,研究人群活动功能及其网络的定序模型,能够合理地描述人群活动的动态变化,也有助于进一步研究其背后的影响因子和作用机理。本章将首先介绍人群活动功能识别方法与结构特性,其次介绍人群活动功能网络的定序模型与构建方法,最后介绍网络所呈现出的人群功能活动的时空演化特性定序观测模型,总体上形成人群活动功能网络及其演化特性的定序观测方法(图6.1)。

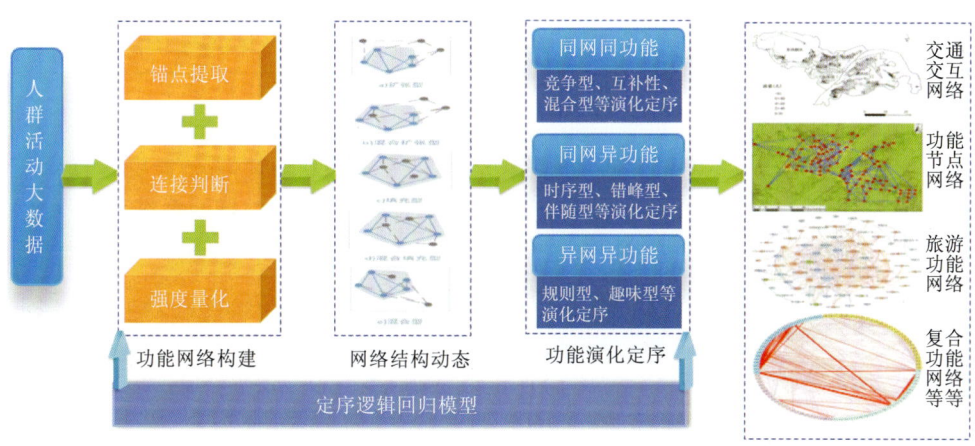

图6.1 人群活动功能网络及其演化特性的定序观测

6.1 人群活动功能识别及其网络特性

6.1.1 人群活动功能的识别方法

人群活动大都以某些特定的目的和需求作为出发点,具有明显的功能特性,如教育活动、金融服务、休闲游憩、集会就餐等。人群活动所呈现出来的功能特性因群体特征而异,如商业区的消费者和店主的活动表现出不同的功能(消费和经营);此外,活动功能与土地利用的性质联系也很紧密,比如教育、交通、工业、居住、旅游等类型的用地,其人群活动的特定功能在这些区域相对比较集中。结合人群特征和土地利用特性等因素有助于进行人群活动功能的识别。

大数据时代的空间信息和通信技术的发展，为捕捉人群活动、观测人群活动功能特性等提供了新的技术手段（表6.1）。比如智能手机的用户量非常庞大，手机数据中蕴含着丰富的主动和被动定位信息，为人群活动观测提供了大样本、广覆盖的时空活动观测数据；公交与地铁智能卡刷卡数据和出租车位置数据，为分析、监控公共交通系统服务能力与质量、及时科学调度公共交通系统，以及感知城市交通问题等任务，提供了空间和时间都高度覆盖的个体观测数据；全球范围内飞机和船舶数据，为大范围人群移动和迁徙、国家经济关系与地缘政治、国际化发展战略等研究提供了准确的人群活动数据支撑；社交媒体和手机应用程序的位置数据与空间相关发布信息，为城市人群动态变化监测、灾害应对与针对人群的及时反馈与决策等，提供了实时性好、时间跨度较长的人群活动观测数据。总之，位置大数据为对人群动态的观测提供了坚实的数据保障，并已经具备良好的可行性。

表 6.1 常用位置数据类型及其应用

数据类型	应用
手机定位数据	大样本、广覆盖地观测人群的时空活动
公交、地铁智能卡刷卡数据，出租车轨迹数据	公共交通系统的监控、分析、优化调度，以及城市感知等
全球范围内的飞机和船舶数据	人群移动和迁徙、国家经济关系与地缘政治、国际化发展战略
社交媒体和手机应用程序的位置数据	人群动态变化监测、灾害与应时针对人群的及时反馈与决策等

一般而言，由于环境因子的复杂性和人类活动的随机性，采集到的位置数据中往往存在噪声，需要对数据进行清洗，具体的清洗方式与数据类型、研究问题等相关，这里介绍的人群活动功能识别方法假设数据已完成清洗。该方法结合多源数据的采样间隔、数据结构等特征，对其进行了有机的集成，进而发挥多种数据源的潜力和优势，综合地探索人群活动功能的类型（见图6.2）。

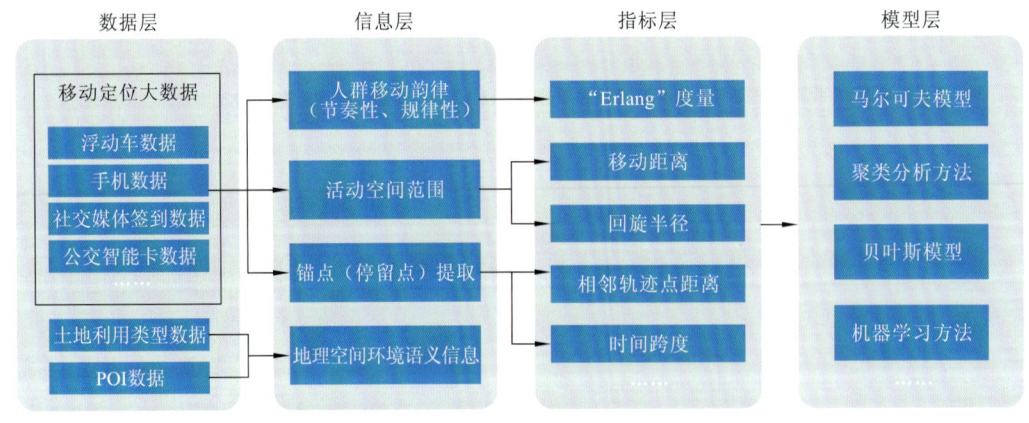

图 6.2 基于多源数据的人群移动功能识别方法框架

1）数据层

方法中涵盖的多源数据包括移动定位大数据（包括浮动车数据、手机数据、社交媒体签到数据、公交智能卡数据等），POI数据和土地利用类型数据等。

2）信息层

移动定位大数据蕴含着丰富的行为信息，从中识别出人的移动行为和停留行为，进而构建人群移动出行网络结构模型，可帮助深入理解人的出行结构特征（Gonzalez，2013），可挖掘的信息包括人群移动韵律（节奏性、规律性）、活动空间范围、锚点（停留点）提取等（杨喜平 等，2018）。POI 数据和土地利用类型数据则包含着地理空间环境语义信息，而活动功能的类型很大程度取决于空间，如在学校，人群多是进行教育活动；而在商业区，人群常常产生消费行为。因此，空间语义信息对识别人群活动功能起着重要的作用。

3）指标层

Erlang 是基于手机通信数据的指标，在相关研究中被用于探测人口的分布模式（Sevtsuk et al.，2010）。该指标的物理意义是给定时期内特定单元中的聚合调用量。比如若一个手机设备在某单元内使用 1 h，则视为 1 个 Erlang，若两个手机设备在某单元内各自使用了半小时，也被视为一个 Erlang。

移动距离是指在一定时间范围内观测对象移动的各段路程距离之和。这个指标代表了对象出行的强度和范围，可采用分段累加方法计算（式 6.1）（李泽捷，2019）。

$$D = \sum_{i=1}^{n} \sqrt{(r_i - r_{i-1})^2} \tag{6.1}$$

其中：D 为用户在一定时间范围内的移动距离；r_i 为用户在第 i 个驻留点的位置。

回旋半径定义为在一定时间内，用户活动地点偏离其轨迹重心的距离的标准差，反映了用户移动范围的大小。其计算公式为

$$r_g = \sqrt{\frac{1}{n} \sum_{i=1}^{n} \left[(r_i - r_{cm})^2\right]} \tag{6.2}$$

其中：$r_{cm} = \sum_{i=1}^{n} r_i$ 为用户移动轨迹的重心；n 为用户到访地点的数量。

锚点的判断依赖于时空约束条件 R [式（6.3）]，空间上，相邻轨迹点之间的距离 $d_{i,i+1}$ 应小于给定的阈值 d_{th}；时间上，满足距离约束的一组轨迹点的起点和终点的时间差 $t_{start,end}$ 应大于或等于最小停留时长 t_{th}（李毓瑞 等，2018）。

$$R = \begin{cases} d_{i,i+1} \leqslant d_{th} \\ t_{start,end} \geqslant t_{th} \end{cases} \tag{6.3}$$

4）模型层

人群活动功能的识别建立在对人群行为模式有深度认知的基础上，可以使用马尔可夫模型、聚类分析方法、贝叶斯模型等方法对行为模式进行建模。相比于其他方法，聚类分析最为直接，被广泛应用。这里介绍基于聚类分析的人群功能识别的技术流程（图 6.3）。

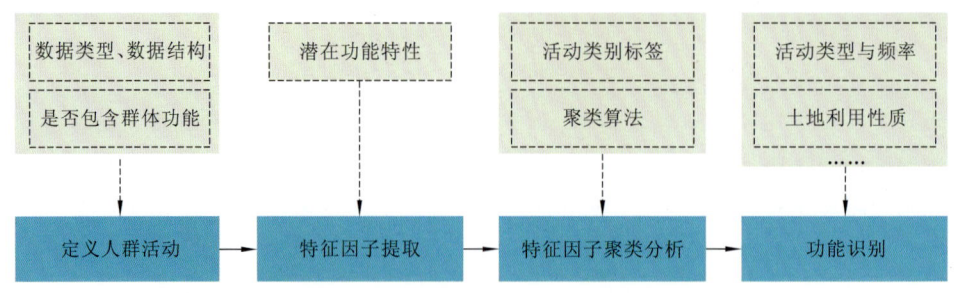

图 6.3 基于聚类分析的人群功能识别技术流程

1. 定义人群活动

人群活动存在主动有意识或被动无意识的聚集等特性。定义人群活动的目的就是借助这种聚集特性探索潜在的群体活动功能，具体方法是从位置数据中提取包含聚集特性的数据片段作为基本单元，如在购物活动中，人群的聚集特性常常表现为在购物场所的停留行为，这种情况下，人群活动的定义就转化为停留行为数据片段的提取问题。

2. 特征因子提取

通过定义人群活动，可以得到描述人群聚集特性的基本单元，其本质是一些包含数控属性信息的数据片段。在此基础上，可以依据潜在的群体功能特性，设计并提取相应的特征因子，将其作为群体活动功能探索的依据。

位置大数据记录了人群在现实空间的移动过程，参照对现实空间人群活动的分类体系，可以将人群活动划分为：随机移动行为、点到点移动行为、来回移动行为、周期性重复移动行为、聚集消散行为。各类活动的差异体现在活动时间、活动地点、活动空间范围、活动规律、持续时长、参与人员等，可以从这些方面入手设计特征因子。

1）随机移动行为

随机移动行为往往具有一定的活动范围，虽然并无明显的活动规律，但依然表现出一定的功能特性，如农业生产者在农田中随机移动进行农业劳作。可以采用人群活动轨迹点的外凸多边形（凸包）作为特征因子，描述活动范围的形状和大小。

对于一个空间点集 P，凸包 S 指包含所有点对象的最小凸集。S 的性质：P 内任意两点的连线均位于 S 内[图 6.4（a）]。

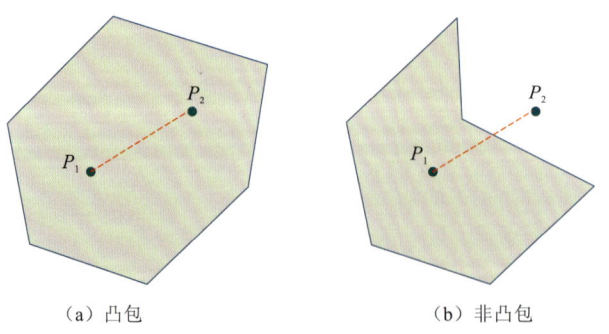

（a）凸包　　　　　　　　　（b）非凸包

图 6.4　凸包性质示意图

2）点到点移动行为

这类行为是指人群的活动范围从某个区域迁移到另一个区域，具有低频、单路径的特性，如居住地迁徙、移民等因工作、生活或其他时间发生了某次较远距离的移动。这类行为的发现往往需要较长时间的观测，可采取的特征因子有相邻观测周期内活动范围凸包中心点间的距离 dis_p。假设以天为观测周期，p_i 和 p_{i+1} 分别表示第 i 天和第 $i+1$ 天的人群活动范围凸包中心点的空间位置，dis_p 的计算方法为

$$dis_p = dis(p_i, p_{i+1}) \tag{6.4}$$

3）来回移动行为

这类行为通常指在较短的时间范围内，较频繁地往返于两地之间，如上班族工作、学生去学校学习等，在居住地和目的地间进行来回移动。这类行为往往要遵循一些特定的规则，具有较强的规律性和稳定性，如学生需要上午 8 点钟之前到校，下午 6 点钟左右离校，因此可以采用行为的起止时间 T_{start}、T_{end} 及相应的位置 L_{start}、L_{end} 作为特征因子，用向量 V_p 来描述行为过程如下：

$$V_p = (T_{start}, L_{start}, T_{end}, L_{end}) \tag{6.5}$$

4）周期性重复移动行为

这类行为没有固定的周期，且周期一般较长，路线相对固定。其行为模式为从 A 点出发，在若干中间点（B，C，D，…）停留，停留时长不定，最终回到 A 点，形成闭环，如贸易行为等。此类行为识别的关键在于发现重复出现的闭合点序列，序列中的点为停留点，这意味着需要对初始的位置点数据进行简化。由于路线相对固定，重复出现的点对之间的空间距离相近，可采用相邻位置点间的距离列序 S_p 来描述活动路线的空间特性，如式（6.6）所示，也可直接采用停留点的位置序列 L_p 作为特征因子，如式（6.7）所示。

$$S_p = (s_{0,1}, s_{1,2}, \cdots, s_{i,i+1}, \cdots, s_{n-1,n}) \tag{6.6}$$

$$L_p = (L_0, L_1, \cdots, L_i, \cdots, L_n) \tag{6.7}$$

其中：n 为闭合点序列中点的总数。

5）聚集消散行为

此类行为是指在城市的某一区域内，人群在短时间内迅速聚集，保持一定时长后，又迅速消散，具有较强的目的性，如演唱会、体育赛事等。这类行为的聚集场所一般较小，人群密度较高，因此特征因子可以选取人群位置点的凸包面积 A_p，以及凸包范围内位置点的密度 $Density_p$。A_p 可通过几何方法求解，$Density_p$ 的算法为

$$Density_p = \frac{N}{A_p} \tag{6.8}$$

其中：N 为凸包中的人数。计入 N 的人需满足一定的时空限制条件，如在凸包内的停留时长需大于设定的阈值、进出凸包的时刻需在特定的时段内，这样可以避免与活动不相关的人对特征因子计算结果的影响。

3. 特征因子聚类分析

对特征因子进行聚类分析，可以探索出特征较为鲜明的典型活动。上述特征因子依据数据结构可分为两类，一是数值型，二是序列型，相应地需要采取适宜的聚类方法。

1）基于密度的空间聚类算法

基于密度的空间聚类算法适用于数值型特征因子，算法思想是依据特征空间内点集的密度发现典型的活动类别。DBSCAN 算法是一种应用广泛的聚类方法，不需要预先定义聚类的数量，且对噪声有较强的鲁棒性（Ester et al.，1996）。该算法需要设置两个参数邻域半径 R 和最少点数目 $\min_p$，以此刻画特征点的密集程度——当邻域半径 R 内的点的个数大于最少点数目时，就是密集。

2）基于序列相似性的空间聚类方法

序列聚类的关键在于对序列相似度的定义，基于序列的聚类方法通常可以分为依时间相似度的聚类和依空间相似度的聚类。时间上的相似性可以用动态时间规整算法（dynamic time warping，DTW）计算，该算法主要针对长短不一的时间序列相似度量化问题提出，其基本思想是：假设有一个标准的参考模板 R，是一个 M 维的向量，即 $\boldsymbol{R} = \{R(1), R(2), \cdots, R(m), \cdots, R(M)\}$，每个分量可以是一个数或者是一个更小的向量。现有一个测试的模板 T，是一个 N 维向量，即 $\boldsymbol{T} = \{T(1), T(2), \cdots, T(n), \cdots, T(N)\}$。首先计算 $\boldsymbol{R}$ 和 $\boldsymbol{T}$ 中的每一个分量之间的距离，生成 $M \times N$ 的距离矩阵[图 6.5（a）]，然后找出其中距离最短的那条匹配路径[图 6.5（b）]。

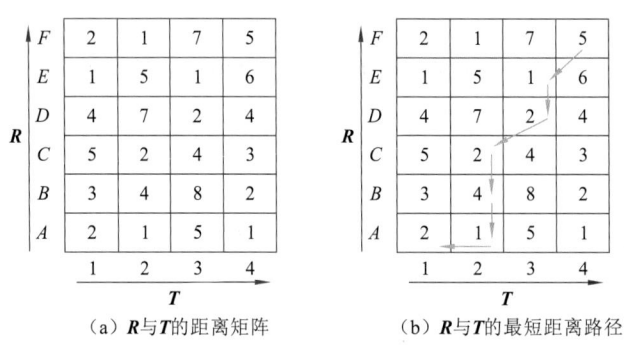

(a) $\boldsymbol{R}$ 与 $\boldsymbol{T}$ 的距离矩阵　　　　(b) $\boldsymbol{R}$ 与 $\boldsymbol{T}$ 的最短距离路径

图 6.5　DTW 算法流程示意图

空间上的相似度可以用最常见的欧氏距离，二维空间内两点 $a(x_i, y_i), b(x_j, y_j)$ 之间欧氏距离的计算方法为

$$d = \sqrt{(x_i - x_j)^2 + (y_i - y_j)^2} \tag{6.9}$$

4. 功能识别

通过聚类，可以得到若干典型的活动类型，表示为 $\{AC_1, AC_2, \cdots, AC_n\}$，这些活动不同种类、不同频率的组合，可能体现出不同的群体功能，可以依据不同类型活动的百分比 P_{AC_i} 来判断，计算方式为

$$P_{AC_i} = \frac{N(AC_i)}{\sum\limits_{i=1}^{n} N(AC_i)} \tag{6.10}$$

基于上述技术流程，可以对群体活动的功能进行推测，比如：采用地铁智能卡数据对

武汉市地铁站周边区域的社会功能进行了探索（Yang et al.，2017），该研究基于 P_{AC_i} 采用 K-MEANS 聚类方法得到 6 种人群行为模式（$F_1 \sim F_6$），如图 6.6 所示。

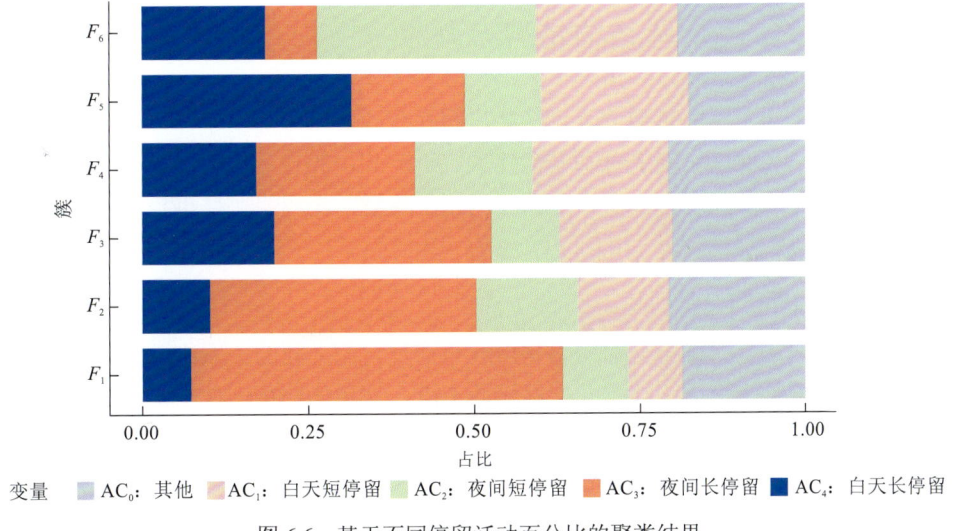

图 6.6 基于不同停留活动百分比的聚类结果

从图 6.6 可以看出，在所有集群中，F_1 和 F_2 集群中，过夜的长时间停留活动 AC_3 的比例最高，分别为 56.1% 和 40%，表明访问这些车站的人们大多是为了回家，这有力地证明了这两种类型的功能是典型的住宅。两者的区别是，F_2 在白天（AC_1）和晚上（AC_2）的停留时间都较短，说明 F_2 的商业活动比 F_1 多。为验证推测，对两个分别为 F_1 型和 F_2 型的地铁站 A（铁机路）和 B（后湖大道）周边的土地利用性质进行查看，如图 6.7 所示。A 站

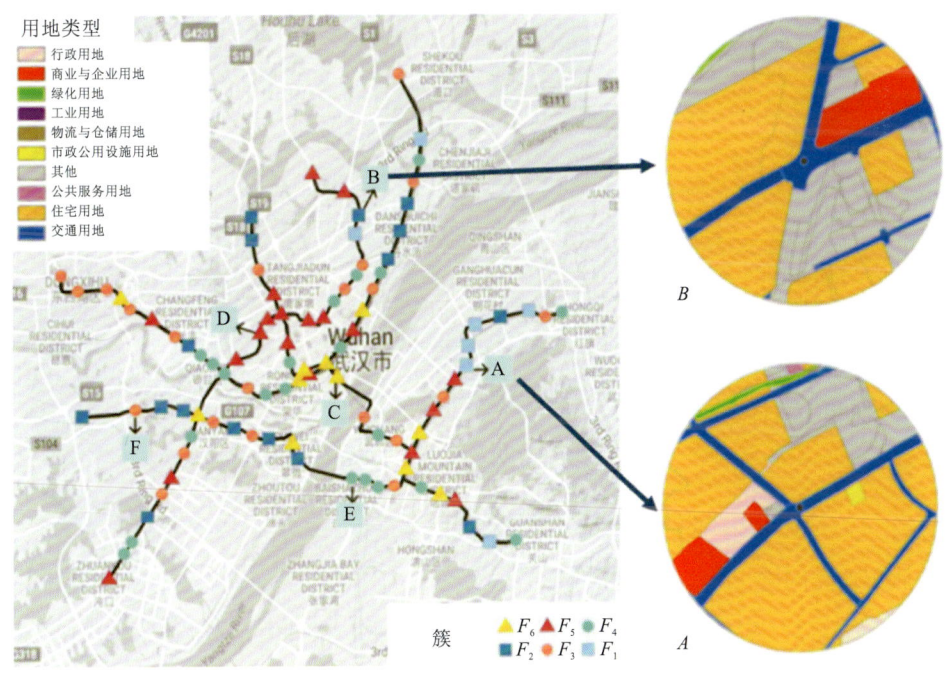

图 6.7 武汉市地铁站 A、B 周边区域土地利用性质分布图

和 B 站的周围基本上都是住宅用地；B 站有较大或更有吸引力的商业用地。虽然两者都可以标记为住宅功能，但 F_2 有更多的住宅与其他类型的开发，如商业建筑的混合。

6.1.2 人群活动功能网络的结构与特性

群体活动在空间范围内离散分布，彼此之间存在或强或弱的联系，形成了人群活动功能网络，并在时空尺度上不断进行动态演化（Liu et al., 2012）。网络的结构因人群活动的功能不同而存在差异，这里以城市交通流网络、旅游功能网络、城市绿地功能网络、海运交通流网络为例进行说明。

1. 城市交通流网络

从图论的角度来看，城市交通网络是由线与点及它们之间的关系组成的，线是指交通网络中的路段，点是指交通网络中连接路段的节点，这种拓扑特性在一定的时间尺度内是静态的。但同时交通网络又是一个受环境影响的开放系统，涉及人、车、路、环境四者之间的关系，又与政策、法规、管理和控制等密切相关，使得城市交通运行规律变得极其复杂（吴建军，2008），导致交通流在网络中不断演化，表现出动态特性。交通流网络常采用复杂网络模型进行抽象建模，它不仅能够描述交通网络的拓扑关系，还能够通过调整边的权重对交通流的动态变化进行建模，这类复杂网络也叫加权复杂网络，这里以武汉市中心城区内小区购药人流与药店之间的加权复杂网络为例对网络结构进行说明（图6.8），图中，购药人流量影响边权，呈现出深浅不一的灰色。对于交通流网络而言，活动人群之间的相互作用往往呈现出波及范围较小、呈片状分布的特点，如某个路口发生拥堵后，会沿着网络拓扑导致周边一定范围内的片状区域受到影响。

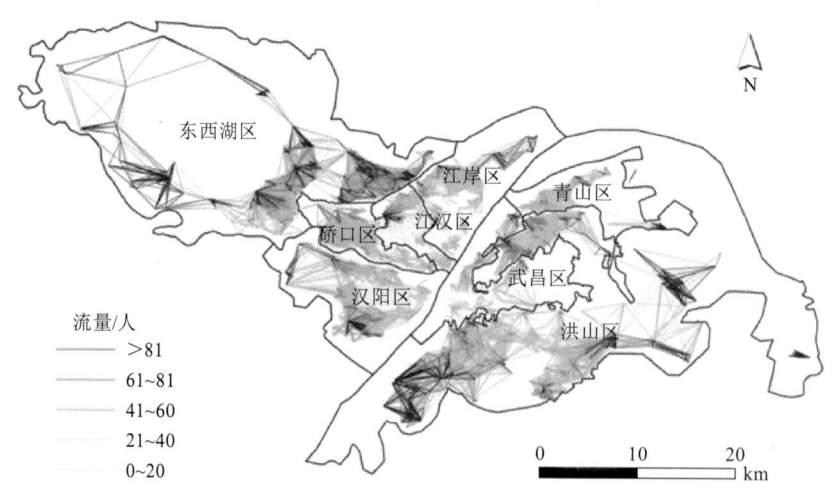

图6.8 加权复杂网络示意图

2. 旅游功能网络

旅游功能网络（图6.9）所覆盖的空间范围一般较广，可能跨越行政区。独立的景点能否有效地网络化首先依托于交通运输的可达性（空间可达性和时间可达性），而网络的效益则很大程度上取决于旅游景点的多样性和吸引力（自然、人文、饮食、体验等），合理地利用网络保障游客旅行体验则依靠相关政府部门、旅游企业的路线规划和协调（黄月玲等，2004）。因此，旅游网络的节点功能可以表现出单一性和混合性，混合性的景点往往表现出更强的吸引力，点与点之间的连接是无向的，旅游的次序取决于旅游公司的路线规划或旅行者的个人喜好。

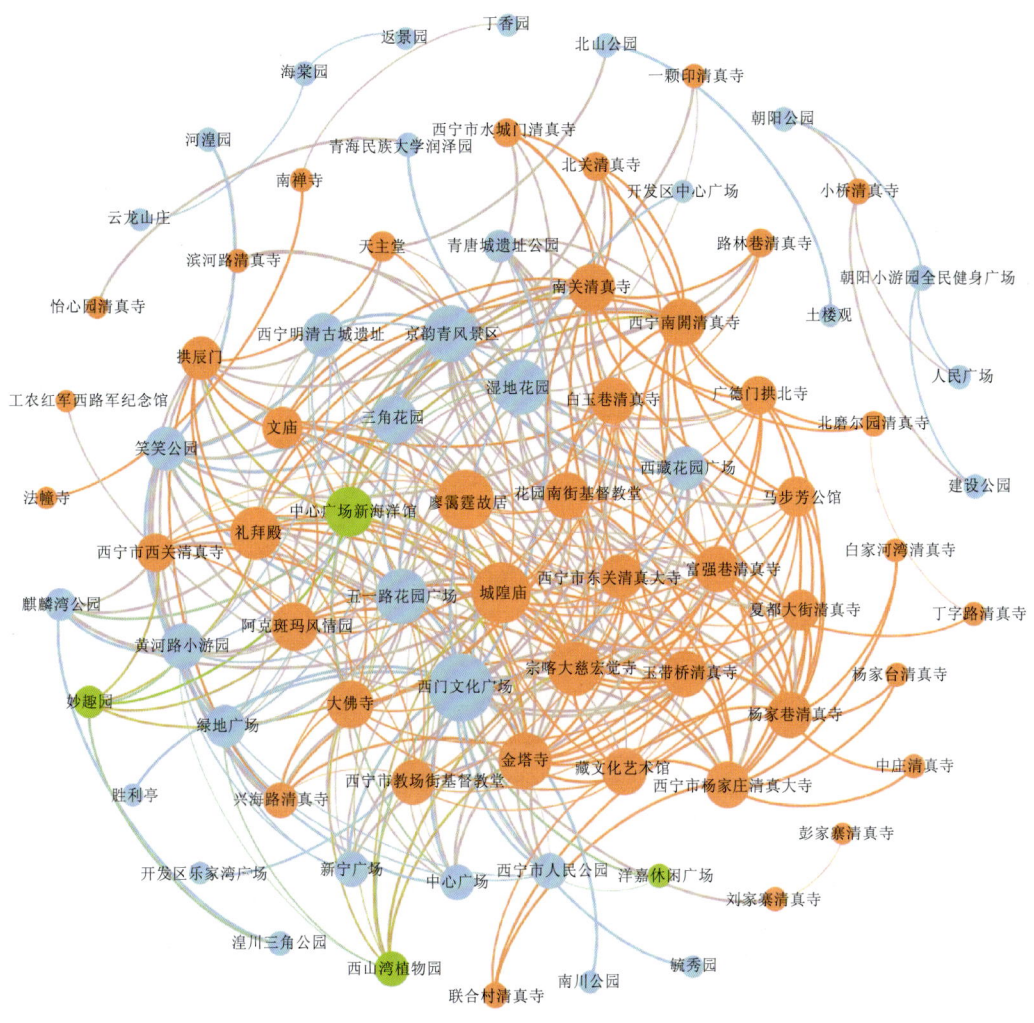

图6.9 西宁市景点旅游功能网络

3. 城市绿地功能网络

构建城市绿地功能网络具有重要的现实意义，因为相比较于单独隔离的公园，基于网络结构的公园绿地布局将产生更多的优势。比如把众多的单个公园连接起来，城市公园绿地的价值被大大提高，公园网络可在环境和娱乐两个方面得到更高价值（吴建军，2008）。比如昆明市的绿地网络系统，由于绿地的开发常常需要引入水源，绿地的空间分布依傍市区内的河流走向，宏观上形成带状特征。带状绿地和其他用地交错形成共享空间，如市中心大量的商业用地与绿地相遇形成城市软中心，不同用地类型与绿地交织形成了大量有活力的边界，提高了区域的可达性和人群活动的多样性。

功能网络的定序观测不仅要关注网络结构，还应关注网络所呈现出的人群活动时空演化规律。活动功能的演化往往受到三方面因素的影响：所处时刻、空间位置、人群主观因子（生活习惯和偏好等）。下面将分别介绍功能网络的构建方法和定序模型，以及人群活动时空演化规律的定序模型。

4. 海运交通流网络

海洋运输网络分析是一个非常活跃的研究领域，目前还存在许多挑战有待解决，包括方法定义和方法的有效性、实用性和适用性。特别是，由于缺乏区域层面关于港口间关系的详细资料，图论和复杂网络理论在海运网络分析方面存在一定的局限性。近年来，随着船舶自动化识别系统（automatic indentification system，AIS）的成功实施应用，AIS 数据已成为区域性海运网络分析更加精细的重要数据源。区域性海运网络动态能够揭示不同区域间的空间分异和业务差异化导向特征等。

海运网络是由节点（港口或国家）和连接（航路航线）组成，港口连接强度一定程度上代表其在海运网络中的地位，其值越大说明地位越高。如果高强度的港口节点中断或不能服务于海洋运输，那么将会使得更多其他港口受影响，从而影响整个网络的运输。这里运用定量和定性的方法来分析中国沿海港口的连接强度，从而分析其在中国海运网络中的重要性。海运网络港口间的连接强度共分为 8 个等级，分别为 1～50 航次、50～100 航次、100～150 航次、150～200 航次、200～300 航次、300～500 航次、500～1 000 航次和大于 1 000 航次。大部分港口的连接强度都在等级 1 和等级 2 之间，等级 1～8 的港口与其他港口或国家的连接强度分级信息如表 6.2 所示。海运网络的不同子网具有不同的连接分布特性，例如，在西南沿海仅有防城港与珠三角深圳港的连接强度在等级 6 以上；而长江三角洲内部洋山、宁波、舟山等港口间的相互连接强度、长江三角洲内部温州和嘉兴港、珠江三角洲的广州和珠海、渤海湾的天津和青岛、东南沿海的厦门和福州连接强度等级都大于 6。

表 6.2 中国沿海港口与其他地区（港口或国家）连接强度分级表

连接强度等级	港口间航次/次	港口数量占比/%
1	1～50	59.23
2	50～100	15.42
3	100～150	5.68
4	150～200	5.68
5	200～300	5.07
6	300～500	4.46
7	500～1 000	2.43
8	>1000	2.03

6.2 人群活动功能网络的定序与构建

人群活动往往存在某种交互，彼此影响形成网络，本节将首先明确人群活动网络构建方法；然后介绍量化网络结构变化的典型类别及时空特征变化的量化方法；最后提出网络结构变化的定序模型。

6.2.1 人群活动功能网络构建方法

从图论的角度来看，网络 $G=(V,E)$ 包含节点 V 和边 E 两种要素。网络中的节点往往具有位置属性，但在不同类型的空间中，位置的含义有所差异，如交通网络中，点的位置表示道路的连接处，具有明确的经纬度信息，可以在现实世界中找到与之对应的地点，而在互联网世界中，每一个工作站、服务器、终端设备、网络设备等拥有自己唯一网络地址的设备都是网络节点。边是节点之间的连接关系，其内涵非常丰富，可以是切实存在的地理实体（比如路网中的路段），也可以是节点间某些抽象概念的流动，如人流、物流、信息流等。

1. 人群活动功能网络构建时需要确定的几个基本问题

1）人群活动功能网络的边和节点的抽象问题

在构建人群活动功能网络时，需要结合具体问题，先明确节点和边的含义，然后构建节点之间的连接关系。连接关系的建立依赖于一些规则，这些规则往往源自对现实世界现象的抽象，能够决定连接关系的有无、强弱等特质。

2）连接关系的有无问题

连接关系的有无决定网络的形态。节点之间有无连接关系是一种硬性限制条件，通常是人为因素决定的，如发生传播性疾病后，为了控制传染风险，相关部门会施行一定的限制政策来限制人群活动空间（比如市民只能在其所属城区内购物，不得跨区购物），这将导致一些节点之间的连接缺失。在建立人为因素主导的功能网络时，要特别注意对相关的政策、规定进行调研，以明确节点间有无连接关系，至此，可以建立起功能网络的基本形态。

网络形态可以通过节点度（degree）进行描述，它表示与 V 相连接的点的数量（图 6.10）。在不同类型的网络中，节点的度的分布服从于不同的分布模式。比如微生物共发生网络的度一般符合幂律分布，即大部分物种具有少量的连接数，极个别的物种具有非常多的连接数。节点度的分布模式可以作为功能网络形态正确性的一项验证机制。

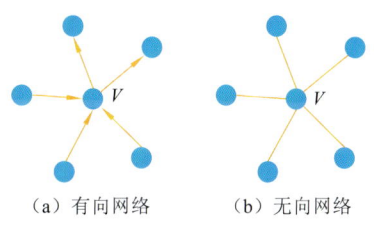

（a）有向网络　　（b）无向网络

图 6.10　节点度示意图

3）连接的强度问题

考虑连接强度的网络也称为"加权网络"，其中的每条边需要赋予相应的权重。连接强度的影响因素是多方面的，包括节点间的吸引力、空间距离等理性要素和人群行为习惯等非理性要素。

2. 不同数据源构建网络的方法

1）基于出租车轨迹数据构建城市关键交通节点网络的方法

轨迹数据是以一定的时间或空间间隔记录移动对象的位置序列，此外常常还记录了车辆的速度、方向等属性信息，具有很大的挖掘潜力。出租车轨迹数据很大程度上反映了城市的路网骨架，可用于探测城市路网的关键交通节点并构建网络（周洋，2016）。关键交通节点被定义为轨迹覆盖密度高的大型交叉路口，结合浮动车轨迹数据的特征，可引入节点通行频次 $\text{freq}(n_i)$、节点连通度 $\text{conn}(n_i)$、轨迹变异系数 $\text{CV}(n_i)$ 三个指标作为提取关键节点的依据，其中 n_i 表示节点 i。高通行频次的节点在交通中被频繁使用被认为具有较高的重要性；连通度高的节点对交通网络的影响一般较大；轨迹变异系数用于表述交叉点的轨迹覆盖模式（图 6.11），对于高等级路段和低等级路段形成的交叉口，通行模式较为单一，高等级路段的通行频次远高于低等级路段，两者分异较大，交叉点的变异系数取值较大，而对于多条高等级路段形成的交叉点，通行模式较为多样化，各方向上的轨迹密度相对均匀，交叉点的变异系数取值较小。关键节点的选择条件 R_{KeyNode} [式（6.11）] 是要选取轨迹密度较高、连通性较好、轨迹变异系数较小的节点。

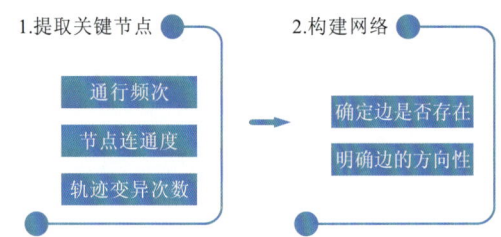

图 6.11 基于出租车轨迹大数据构建关键节点网络的过程

$$R_{\text{KeyNode}} = \begin{cases} \text{freq}(n_i) > a_1, & a_1 \geqslant 0, a_1 \in Z \\ \text{conn}(n_i) > a_2, & a_2 \geqslant 1, a_2 \in Z \\ \text{CV}(n_i) < a_3, & 0 \leqslant a_3 \leqslant 1, a_3 \in R \end{cases} \quad (6.11)$$

关键节点网络定义为 $\text{CLN}_i = \{F_i, L\}$，是由一定数目的关键节点组成的一般性网络。$F_i = \{f_1, f_2, \cdots, f_i\}$ 是网络中关键节点的集合，$L = \{\cdots, l_{km}, \cdots\}$ 是网络中所有边的集合，l_{km} 表示节点 k 到节点 m 的边，只要有轨迹从 f_k 经过到 f_m，则认为存在边，CLN_i 是一个有向网络，即 l_{km} 与 l_{mk} 不同，构建网络时需要结合轨迹加以区分。

以武汉市为例，依据某一时刻（t）通过节点的轨迹密度，提取出 100 个密度最高的关键节点，构网结果如图 6.12 所示。由于同一节点在不同时刻通过车辆的轨迹密度存在分异，提取出的关键节点是动态变化的，相应的网络结构也是动态的。

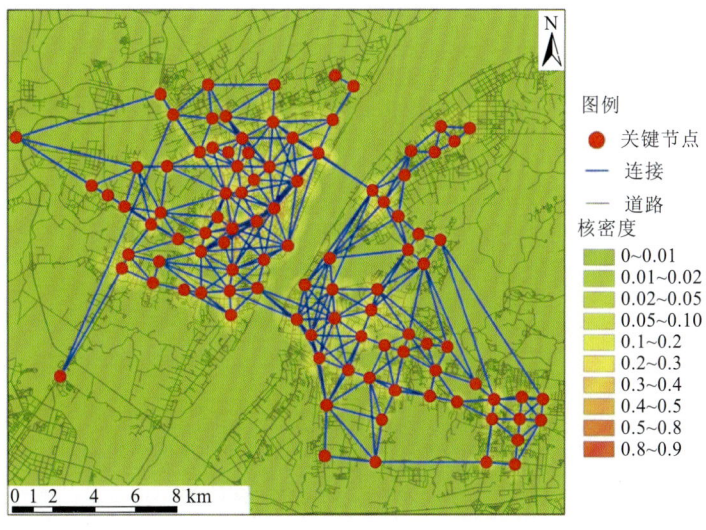

图 6.12 武汉市某时刻关键节点网络

2）基于刷卡数据的公交-地铁复合出行网络构建

不同于 GPS 轨迹数据，刷卡数据的位置信息用入站/出站点来表示，空间和时间上的采样间隔相对较大，时空分辨率较低，基于刷卡数据的相关研究通常先要从原始数据中提取 OD，再基于 OD 开展进一步的研究。

在很多城市，公交和地铁的乘用卡是通用的，这就为建立公交-地铁复合出行网络提供了数据支撑。网络构建的内容包括网络的拓扑联通关系和边的权重，乘客出行网络是无向加权复杂网络，网络的连接形态即为地铁本身的连通形态（可通过 Space L、Space P 等经典算法构建），需要进一步明确的是各边的权重。在提取 OD 的基础上，统计站点之间的人流量，形成流量矩阵 $\mathbf{OD}_{n \times n}$（n 是站点的个数），从而完成乘客地铁出行网络的构建（鲍登，2017）。基于这一思路，构建武汉市地铁出行网络（图 6.13）。

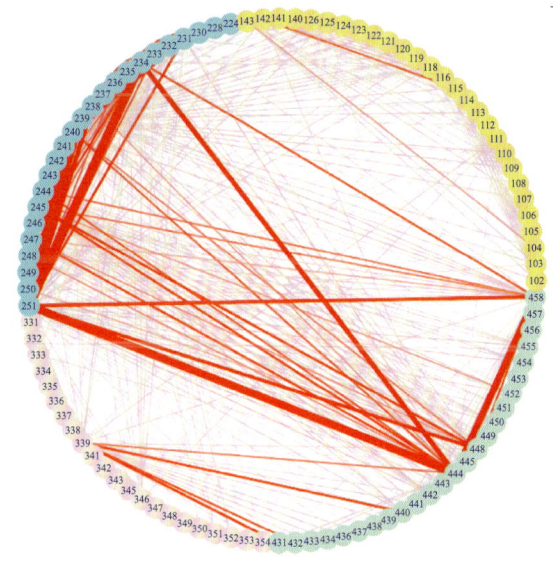

图 6.13 武汉市地铁乘客出行网络

相比于构建单一的公共交通出行网络，混合出行网络更能够体现不同公共交通方式之间的换乘、分流等合作模式。许多城市的公交、地铁乘用卡是通用的，这就为探索公交-地铁的合作换乘提供了数据支撑，构建公交-地铁复合网络的方法，可分为4个步骤。

（1）构建原始子网路。首先采用 Space L 方法分别构建公交网络 $N_B < N_B, E_B >$ 和地铁网络 $N_S < N_S, E_S >$。构网时将站点作为网络节点，若两个站地理位置相邻且在同一条线路上，那么这两个站之间存在一条网络边。如图6.14（a）所示，黑色圆形节点表示公交站点 $N_B = \{B_1, B_2, \cdots, B_5\}$，黑色实线表示公交线路，蓝色方形节点表示地铁节点 $N_S = \{S_1, S_2, S_3\}$，蓝色实线表示地铁线路，两种网络中的复合站点用红色空心点标记。

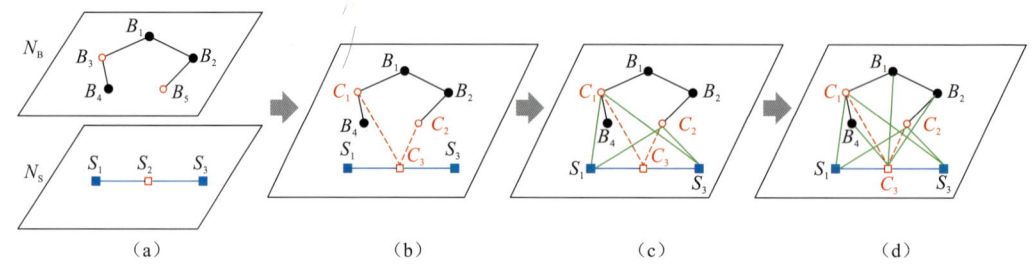

图6.14 地铁-公交复合出行网络构建流程示意图

（2）建立公交-地铁复合站点对应关系。在某一个地铁站点周围往往可能存在多个对应的公交换站点，将这类有对应关系的地铁站点和公交站点进行联系，建立相应的复合站点。如图6.14（b）所示，地铁站点 S_2 与公交站点 $\{B_3, B_5\}$ 构成复合站点，为了与普通站点有所区分将 $\{B_3, B_5, S_2\}$ 重新标记为 $\{C_1, C_2, C_3\}$。复合站点之间的联系用红色虚线表示，该虚线仅表示在三个复合站点在一定程度上（即计算邻居节点和与其他节点的距离）是等效的，可以视为一个站点，即 C_3 与 C_1, C_2 之间的距离视为 0。

（3）对公交复合站点建立复合边。对于公交网络的复合站点 $\{C_1, C_2\}$ 而言，它们与地铁网络中的 C_3 相邻，可步行换乘。故在建立公交网络与地铁网络联系时，$\{C_1, C_2\}$ 将继承 C_3 在地铁网络中邻居节点 $\{S_2, S_3\}$，并建立复合边的集合 E_{CB}，如图6.14（c）所示，添加了4条绿色复合边。

（4）对地铁复合站点建立复合边。同理，对地铁网络的复合站点 C_3 也将继承 $\{C_1, C_2\}$ 在公交网络中邻居节点 $\{B_1, B_2, B_4\}$，并建立复合边的集合 E_{CS}，如图6.14（d）所示，添加了3条绿色复合边，从而构成完整的复合网络。

3）基于 AIS 数据的全球海运网络构建

采用 AIS 数据构建不同层级的时变海运网络型包括如散货型、集装箱、油轮等，时间粒度包括月、季节、年度等。AIS 数据包括海量船舶移动信息，如船舶识别码（maritime mobile service identity，MMSI）、导航状态（停泊、引擎发动在航、漂航等）、转速、船舶速度、位置精度、经度和纬度、航向、真方位、时间戳、目的地和预计抵达时间等信息。AIS 数据还包含国际海事组织注册的船舶识别号（international maritime organization，IMO），无线电呼号，船舶定位系统类型、名称、尺寸、类型/装载货物、吃水线等。其中，AIS 数据中的经纬度定位了船舶位置，正如图6.15（a）中船舶1和2的轨迹点。通过与港口地理分布图匹配获得船舶在港口之间的时间序列。比如 1 号船的港口序列为 AB、BC、DC、DE 和 EA，2 号船的港口序列为 AC、CB、BE、BD、DE 和 AE。因此，不同时变海运网络，是通过不同时间单元（如日、月、季、年或多年等）的港口序列而创建的。网络中的连接包含航次和吨位等属性，其中航次表示两个港口之间的船舶航行总次数，如图 6.15（b）中的连接上的数字 1 或 2。同时，将各个国家的港口合并，能构建以国家为节点的海运网络，如 6.15（c）所示。采用 AIS 数据生成的全球性集装箱、散货和油轮海运网络，如图 6.16 所示，不同港口间的不同层级的海运贸易连接强度不同，空间分布特征也不同。

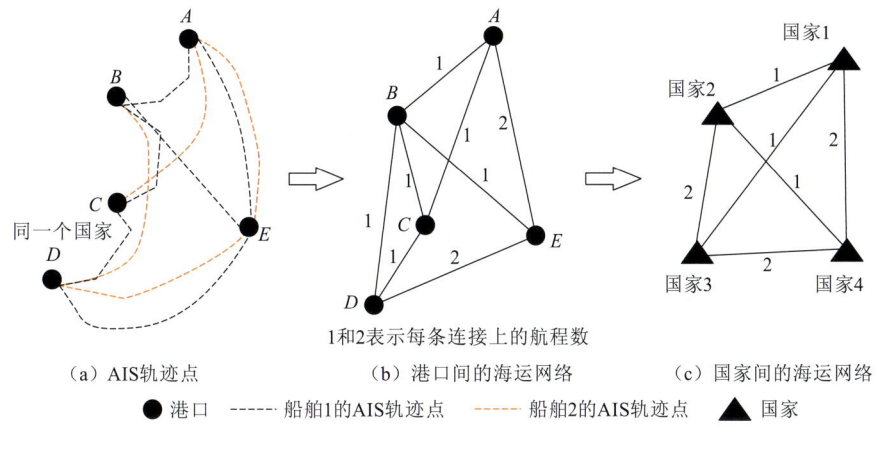

图 6.15 基于 AIS 数据的海运网络构建流程

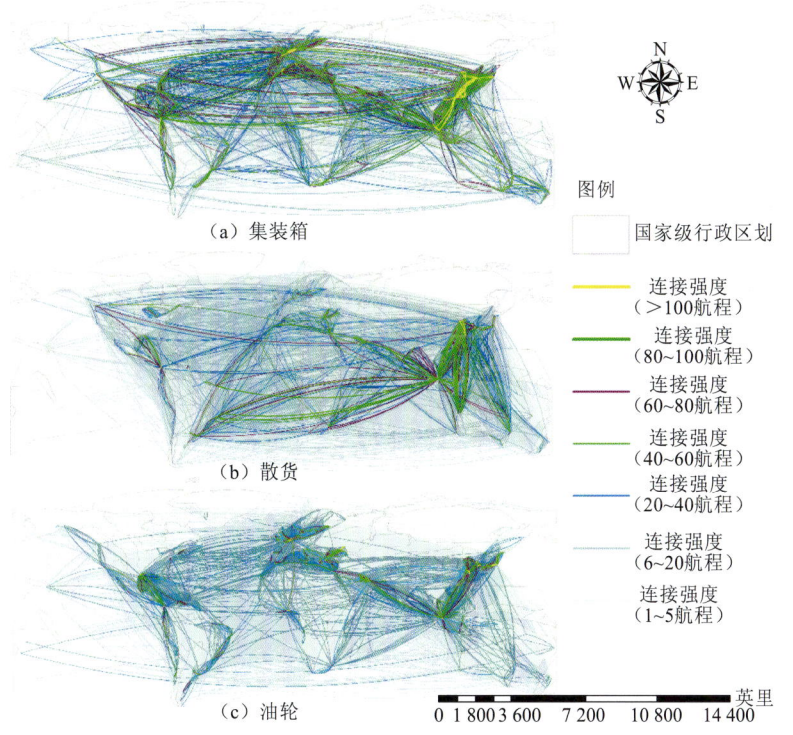

图 6.16 基于 AIS 数据的不同层级海运网络

1 英里=1 609.344 m

6.2.2 人群活动功能网络结构动态变化的度量方法

人群活动功能网络建立在识别群体活动的基础上,群体活动的时空变化直接导致了网络结构的变化。在现实生活中,活动群体的地理位置、数量、空间分布都可能随时间发生变化,这种时空变化特征所引发的网络结构变化可进一步划分为多种类型。对网络结构进行量化,可以监测其变化的过程,进而探索蕴藏在其中的人群活动规律。

1. 网络结构的变化类型

人群活动功能网络中的一个节点对应一个活动集群,在不同的时刻,集群的数目和空间位置可能存在差异,为便于介绍网络结构的变化类型,假设有两个时刻 i 和 j,它们对应的网络节点集合分别为 F_i、F_j,网络节点集的空间覆盖范围用凸包 CH_{F_i}、CH_{F_j} 描述。

随着节点的增加(假定增加的时序是由 i 时刻到 j 时刻),网络的覆盖范围和连接密度都会随之改变,依据这两方面的特征,可以将网络结构的变化类型划分为:扩张型、混合扩张型、填充型、混合填充型,以及混合型。

1)扩张型

如图 6.17(a)所示,加入 F_j 的关键节点都位于原节点组 F_i 的凸包多边形外面,使整个凸包的覆盖范围显著增大。

2)混合扩张型

如图 6.17(b)所示,从 F_i 变为 F_j 的过程中,新加入的节点落入 F_j 的凸包多边形外面的个数明显多于落入凸包里面的节点个数,另外 F_j 的凸包多边形显著增大。

3)填充型

如图 6.17(c)所示,加入 F_j 的关键节点都位于的原节点组 F_i 的凸包多边形里面。

4)混合填充型

如图 6.17(d)所示,从 F_i 变为 F_j 的过程中,新加入的节点落入 F_j 的凸包多边形里面的个数明显多于落入凸包里面的节点个数,但 F_j 的凸包多边形没有明显增大。

5)混合型

如图 6.17(e)所示,该模式是基于混合扩张型和混合填充型之间的增长模式。

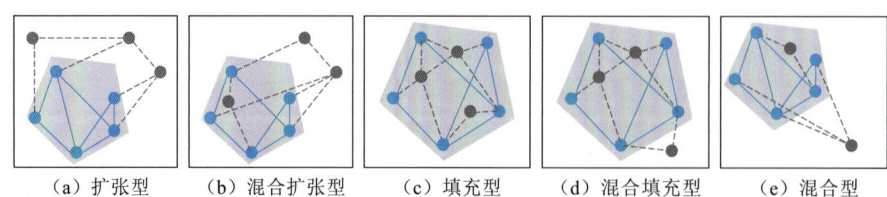

(a)扩张型　　(b)混合扩张型　　(c)填充型　　(d)混合填充型　　(e)混合型

图 6.17　网络类型示意图

2. 网络结构动态变化的度量方法

1）网络结构空间特征变化的度量方法

网络结构在空间上，可以从网络的节点数量、空间覆盖范围，以及节点密度切入分别设计三个指标 $R_{\text{fill}}(F_i \to F_j)$ [式（6.12）]、$R_{\Delta S}(F_i \to F_j)$ [式（6.13）]、$R_{\Delta \text{ND}}(F_i \to F_j)$ [式（6.14）~式（6.15）]。

$$R_{\text{fill}}(F_i \to F_j) = \frac{N(f_k | f_k \in F_j, f_k \notin F_i, f_k \text{InsideCH}(F_i))}{N(f_k | f_k \in F_j) - N(f_k | f_k \in F_i)} \quad (6.12)$$

其中：$N(f_k)$ 为节点组 f_k 的数目；$f_k\text{InsideCH}(F_i)$ 为 f_k 中位于 F_i 的凸包内部的节点。$R_{\text{fill}}(F_i \to F_j)$ 的取值越接近 1，表示增长模式越趋向于填充型，反之，则倾向于扩张型。

$$R_{\Delta S}(F_i \to F_j) = \frac{S(\text{CH}(F_j)) - S(\text{CH}(F_i))}{S(\text{CH}(F_i))} \quad (6.13)$$

其中：$S(\text{CH}(F_i))$ 和 $S(\text{CH}(F_j))$ 为节点增长前后凸多边形的面积。扩张型增长的 $R_{\Delta S}(F_i \to F_j)$ 会明显大于填充型增长。

$$R_{\Delta \text{ND}}(F_i \to F_j) = \text{ND}(F_j) - \text{ND}(F_i) \quad (6.14)$$

$$\text{ND}(F_i) = \frac{N(f_k | f_k \in F_i)}{S(\text{CH}(F_i))} \quad (6.15)$$

其中：$\text{ND}(F_i)$ 为节点集 F_i 在凸包内的节点密度；$R_{\Delta \text{ND}}(F_i \to F_j)$ 为节点增加前后，密度的变化量。

以武汉市为例，分别计算 $R_{\text{fill}}(F_i \to F_j)$、$R_{\Delta S}(F_i \to F_j)$、$R_{\Delta \text{ND}}(F_i \to F_j)$，通过阈值判断，得到武汉市关键节点网络扩张的几种典型类别（图 6.18）。

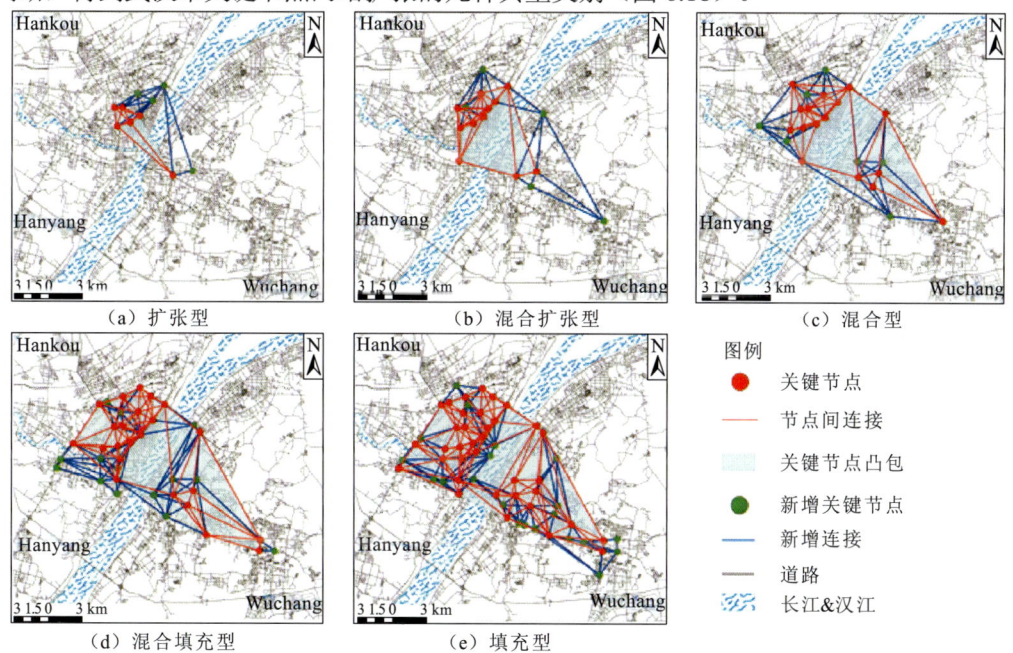

图 6.18 武汉市关键节点网络扩张典型类别
Hankou：汉口；Hanyang：汉阳；Wuchang：武昌

由图 6.18 可以看出，密度最高的关键节点都落在汉口区。汉口的人口密度是三镇中最高的，比汉阳和武昌的出行流动性更强，经济也相对更发达。汉阳的关键节点大多都落在汉江沿线，古琴台的大立交桥由于是从武昌到汉口的重要途经之处，也具有非常高的重要度。而武昌的关键节点分布较广，但也都落在其最重要的主干道上，如武珞路—珞喻路、徐东大街、雄楚大道等。出租车轨迹始终集中在城市的中心区域，主要是三环内，说明武汉市的出租车分布是非均匀分布的，可看成是整个城市社会经济发展情况的镜像反映。

2）网络结构时间特征变化的度量方法

网络结构的时变特征通过节点相似度、节点差异度、凸包面积相似度和凸包面积差异度 4 个指标来量化，算法如下：

$$\text{Node}_{simi}(i \to j) = \frac{N(f_k | f_k \in F_i \cap F_j)}{N(f_k | f_k \in F_i)} \times 100\% \quad (6.16)$$

$$\text{Node}_{diff}(i \to j) = 1 - \frac{2 \times N(f_k | f_k \in F_i \cap F_j)}{N(f_k | f_k \in F_i) + N(f_k | f_k \in F_j)} \times 100\% \quad (6.17)$$

$$\text{Area}_{simi}(i \to j) = \frac{S(\text{CH}(F_i) \cap \text{CH}(F_j))}{S(\text{CH}(F_i))} \times 100\% \quad (6.18)$$

$$\text{Area}_{diff}(i \to j) = 1 - \frac{2 \times S(\text{CH}(F_i) \cap \text{CH}(F_j))}{S(\text{CH}(F_i)) + S(\text{CH}(F_j))} \times 100\% \quad (6.19)$$

以 1 h 为时间间隔，计算武汉市关键节点网的时间特征值。为明确轨迹数据利用率（ServeRatio）对计算结果的影响，计算了三种 ServeRatio（40%，60%，80%）下的结果，如图 6.19 所示。

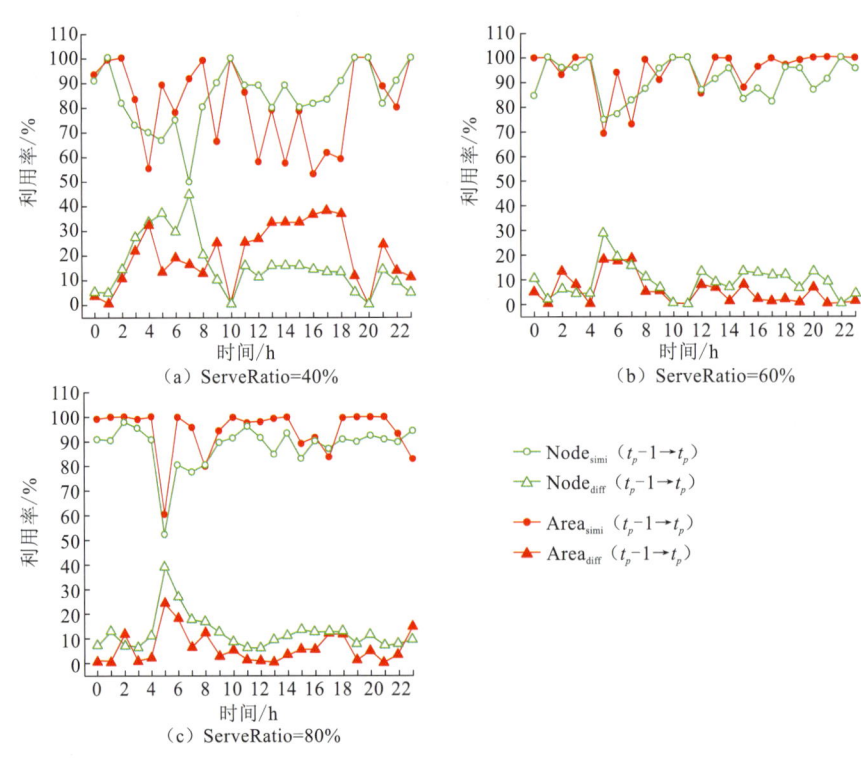

图 6.19 不同 ServeRation 下的时间特征指数分布

可以看出，随着 ServeRatio 的提高，各项指标波动减小，趋于稳定。进一步观察发现，在 t_5 时刻，$Node_{simi}$ 和 $Area_{simi}$ 都较高，而 $Node_{diff}$ 和 $Area_{diff}$ 都较低。这个现象说明在 t_5 时刻，全市的出租车出行模式与其他时刻相比都具有较大的差异。通过实地调查发现，产生 t_5 时刻异常的原因：①出租车司机停在特定的地方等待乘客；②5∶00 是出租车交班的时刻。

3）网络交通量稳定性的度量方法

采用 Fang 等（2017）提出的模型可以计算节点和连接的交通量稳定性。首先，根据月交通量趋势线的波峰波谷分布进行分段，确保每段趋势线单调递增、单调递减或趋势不变，如图 6.20 所示。红虚线代表交通量趋势线，黑线代表实际交通量变化，蓝虚线代表实际交通量与趋势预测交通量的差值。单个分段的稳定性计算考虑了该区间的起点到终点的趋势，以及沿着趋势线的波动幅度，如式（6.20）和式（6.21）所示。

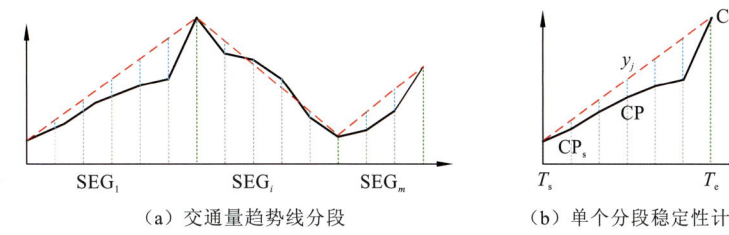

(a) 交通量趋势线分段　　　(b) 单个分段稳定性计算

图 6.20　节点或连接的交通量和稳定性

$$\Delta \bar{F} = \frac{\sum_{j=1}^{p}\Delta F_j}{p} = \frac{\sum_{j=1}^{p}(CP_j - y_j)}{p} = \frac{\sum_{j=1}^{p}\left\{CP_j - \left[\frac{CP_e - CP_s}{T_e - T_s}(T - T_s) + CP_s\right]\right\}}{p} \quad (6.20)$$

$$S_{(V_k \text{ or } L_k, SEG_i)} = f_{(V_k \text{ or } L_k, SEG_i)} \cdot g_{(V_k \text{ or } L_k, SEG_i)} = e^{-\left|\frac{CP_e - CP_s}{T_e - T_s}\right|} \cdot e^{-\frac{\sqrt{\frac{1}{p}\sum_{j=1}^{p}(\Delta F_j - \Delta \bar{F})^2}}{T_e - T_s}} \quad (6.21)$$

其中：CP_s 和 CP_e 分别为开始时间 T_s 和结束时间 T_e 的交通量；p 为该分段 SEC_i 内的采样点数；ΔF_j 为实际交通量 CP_j 与由趋势线计算所得交通量 y_j 之间的差值；$\Delta \bar{F}$ 为所有差值计算结果的平均值；$\Delta \bar{F}$ 可以通过式（6.20）计算。基于趋势变化和交通量估计值与实际值之差的稳定性计算，如式（6.21）所示。所有分段稳定性之和组成了整个连接的稳定性，如式（6.22）所示。

$$S_{(V_k \text{ or } L_k)} = \frac{\sum_{i=1}^{m} S_{(V_k \text{ or } L_k, SEG_i)}}{S_{(V_k \text{ or } L_k, SEG_1)} + \sum_{i=2}^{m}\left|S_{(V_k \text{ or } L_k, SEG_i)} - S_{(V_k \text{ or } L_k, SEG_{i-1})}\right| + S_{(V_k \text{ or } L_k, SEG_m)} + \sum_{i=1}^{m}\Delta T_{(V_k \text{ or } L_k, SEG_i)}} \quad (6.22)$$

其中：$S_{(V_k \text{ or } L_k)}$ 为节点 V_k 或连接 L_k 的交通量稳定性；m 为节点 V_k 或连接交通量趋势线的分段总数；$\Delta T_{(V_k \text{ or } L_k, SEG_i)}$ 为分段 SEG_i 的时段区间大小。

6.2.3 人群活动功能网络结构动态变化的定序模型

1. 网络结构动态变化的定序化描述

定序化的描述本质上是一个离散状态集 S，状态的划分是较为主观的，取决于研究者所关注的问题。比如 6.2.1 小节提到的关键节点网络，若研究者关注网络的空间覆盖范围，则相应的 S 可以是 $S=\{$全面覆盖，基本覆盖，大部覆盖，部分覆盖$\}$；若关注点为网络的通达程度，则相应的定序序列可以是 $S=\{$通达度高，通达度一般，通达度较弱$\}$；若关注的是关键节点的数量变化，则相应的序列可以是 $S=\{$较多，多，较少，少$\}$。

2. 明确解释变量与被解释变量

在定序模型中，被解释变量是需要被定序化描述的变量，如可以是第 1 步所提到的网络空间覆盖范围、通达程度等。为了构建模型需要将定序序列数值化。由于定序观测的定量化程度较低，只能表达变量的先后次序，而无法明确差异的大小和计量的起点，其数值化只需在正确描述先后次序的前提下自定义数值即可比如 $S=\{1, 2, 3, 4, \cdots\}$。

解释变量指与被解释变量相关程度较高，能够一定程度上导致其产生变化的变量，可以是 1 个或多个。在 6.2.2 小节中提出的网络结构变化的时空定量指标均可作为判断定序模型取值的解释变量，需要结合相关程度进行选择。解释变量的甄选可以通过相关分析、弹性网络（Hui et al., 2005）、最小绝对收缩和选择算法（Tibshirani, 1996）等方法实现。

3. 建立定序逻辑回归模型

1）比例差异比模型（proportional odds model，POM）（Agresti, 2002）

POM 是累积的逻辑回归模型。假设一个回归模型中第 i 个样本的自变量向量为 $\boldsymbol{X}_i$，因变量为定序变量 y_i，且 y_i 有 S 个反应类别，依序分别记为 $1, 2, \cdots, S$，则有累积概率

$$\pi_{i,s} = P_r(y_i \leqslant s | \boldsymbol{X}_i) = p_{i,1} + p_{i,2} + \cdots + p_{i,s}, \quad i=1,2,\cdots,n \tag{6.23}$$

其中：$p_{i,s}$（$s=1, 2, \cdots, S$）为在 $\boldsymbol{X}_i$ 条件下因变量 y_i 取值为 s 的概率。比例差模型如下：

$$\eta_{i,s} \equiv \alpha_s + \beta_1 x_{1,i} + \cdots + \beta_{p-1} x_{p-1,i} = g(\pi_{i,s}) = \ln\left(\frac{\pi_{i,s}}{1-\pi_{i,s}}\right), \quad i=1,2,\cdots,n, s=1,2,\cdots,S-1 \tag{6.24}$$

这里总共有 $n \times (S-1)$ 个累积的逻辑回归，而对每一个 $\pi_{i,s}$ 来说，这就是一个有二点分布的普通的逻辑回归模型。在这个模型中，第 1 类到第 s 类产生一个结果，第 $s+1$ 类到第 S 类产生第二个结果。

2）累积连系模型（cumulative link model，CLM）（Agresti, 2002）

POM 是用逻辑函数作为连系函数的逻辑回归模型。当然也可以使用其他的连系函数。设 $g=G^{-1}$ 是一个连系函数，它是某个连续的累积分布函数的反函数，则 CLM 的一般形式为

$$\eta_{i,s} \equiv \alpha_s + \beta_1 x_{1,i} + \cdots + \beta_{p-1} x_{p-1,i} = g(\pi_{i,s}), \quad i=1,2,\cdots,n, s=1,2,\cdots,S-1 \tag{6.25}$$

如果采用正态连系函数代替逻辑连系函数，即 $G=\Phi$，Φ 是标准正态分布的累积分布函数，CLM 可改写为下式：

$$\eta_{i,s} \equiv \alpha_s + \beta_1 x_{1,i} + \cdots + \beta_{p-1} x_{p-1,i} = \Phi^{-1}(\pi_{i,s}), \quad i=1,2,\cdots n, s=1,2,\cdots,S-1 \tag{6.26}$$

3）相邻类别逻辑回归模型（adjacent-categories logit model，ACLM）（Simonoff，2003）

定序变量的回归模型也可以不使用累积概率。ACL 假设预测变量和相邻类别概率的 logit 存在线性关系。ACLM 模型如下：

$$\ln\left(\frac{p_{i,s+1}(\boldsymbol{X}_i)}{p_{i,s}(\boldsymbol{X}_i)}\right) \equiv \alpha_s + \beta_1 x_{1,i} + \cdots + \beta_{p-1} x_{p-1,i} = g(\pi_{i,s}), \quad i=1,2,\cdots,n, s=1,2,\cdots,S-1 \quad (6.27)$$

相邻类别逻辑回归模型能确认 y_i 的顺序。如果一个解释变量对每一个 logit 有相似的效应，那么用一个参数描述那个效应，而不是 $S-1$ 个参数，就会使模型更加简单。在这个意义上，使用相邻类别逻辑回归模型（6.27）和使用累积逻辑回归模型（6.26）的作用是类似的。这两种类型模型的取舍主要不在于它们的拟合优度好坏，而在于侧重于自变量对个别反应类别的影响还是侧重于自变量对反应类别整体的影响。相邻类别逻辑回归模型倾向的是前者，而累积逻辑回归模型分析的是后者。累积逻辑回归模型的长处是它的结果很少受分类方式和分类数目的影响，而相邻类别逻辑回归模型却并非如此。

4）连续比率逻辑回归模型（contimuation-ratio model，CRM）（Simonoff，2003）

对定序数据模型回归的另一种方法是以连续比率基础的，设 $\omega_s(\boldsymbol{X}_i) = P_r(y_i = s | y_i \geq s)$，则有

$$w_s(\boldsymbol{X}_i) = \frac{p_{i,s}(\boldsymbol{X}_i)}{p_{i,1}(\boldsymbol{X}_i) + \cdots + p_{i,s}(\boldsymbol{X}_i)}, \quad i=1,2,\cdots,n, s=1,2,\cdots,S-1 \quad (6.28)$$

连续比率模型假定一个连续比率的函数和解释变量间存在线性关系：

$$G^{-1}\left[\omega_s(\boldsymbol{X}_i)\right] = \alpha_s + \beta_1 x_{1,i} + \cdots + \beta_{p-1} x_{p-1,i}, \quad i=1,2,\cdots,n, s=1,2,\cdots,S-1 \quad (6.29)$$

连续比率的逻辑回归模型为

$$\log\left[\frac{\omega_s(\boldsymbol{X}_i)}{1-\omega_s(\boldsymbol{X}_i)}\right] = \alpha_s + \beta_1 x_{1,i} + \cdots + \beta_{p-1} x_{p-1,i}, \quad i=1,2,\cdots,n, s=1,2,\cdots,S-1 \quad (6.30)$$

即是利用条件概率 ω_s 来做定序变量的逻辑回归。

6.3 人群活动功能时空演化特性的定序

本节在构建人群活动功能网络的基础上，探索人群活动在空间上的时变特征，并提出描述这种变化特征的定序模型。本节从三种不同视角切入提出定序模型，根据每种视角的关注点，进行相应的人群活动类型划分，再针对不同类型设置合理的定序依据（图6.21）。

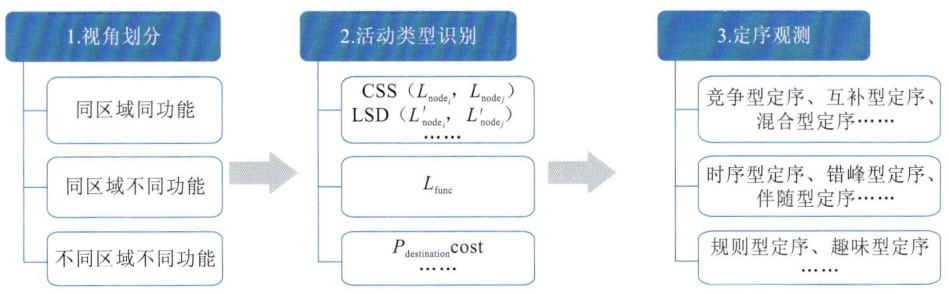

图 6.21 人群活动时空演化定序建模流程图

6.3.1 网络区域尺度的人群活动时空演化特性

人群活动时空演化是指活动的功能及空间位置随时间发生变化的现象。人群活动时空演化的原因是多样化的,主要可归结为 4 种:客观规则、土地利用性质、群体性习惯、文化风俗。①规律性较强的活动,如上班、上学等,一般会受到客观规则的制约,规则会对相应人群的活动起止时间和地点做出规定,进而导致了人群活动在时空上的变化;②功能性较强的群体活动往往依赖于土地利用性质,如采购生活物品的活动需要在超市、大卖场等地点进行,运动需要在体育场馆、公园、健身房等地方进行;③群体性习惯的养成往往需要共同的文化背景,表现出明显的地域性,如广州市民习惯于上午 7~9 点出现在早茶店;④文化风俗使人们在约定俗成的节日从事某些传统的活动,如春节是全国各大城市(特别是一线城市)的离城高峰,人群移动主要表现为从各大城市出发前往全国各地。

1. 网络区域的划分

人群活动功能网络蕴含了人群移动的时空特征,网络中的节点表征人群活动的地点,一般从位置大数据中通过某种约束条件提取而来,较为密集。由于许多空间邻近的节点都可看作同质的,如果基于节点探究人群活动,空间粒度偏细,需要对网络进行分区,在网络区域的空间尺度上开展研究。结合上面提到的人群活动时空变化的影响因素,可以通过多重专题矢量图(土地功能分布图、交通小区图、网络区域活动强度)叠置分析的方法,得到网络区域的基本单元(图 6.22)。

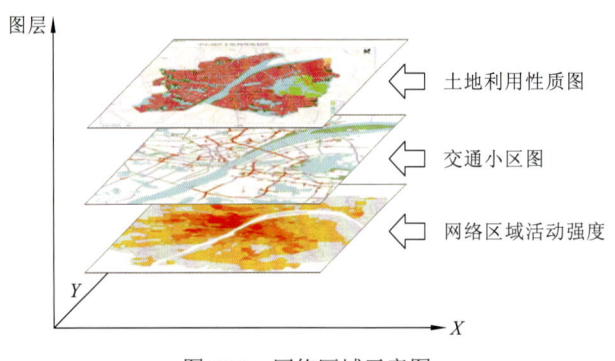

图 6.22 网络区域示意图

2. 基于网络区域的人群活动时空演化特性分析

基于网络区域尺度,从三个视角对人群活动时空演化特征进行分析:同一网络区域,相同功能节点的时空演变;同一网络区域,不同功能节点的时空演变;不同网络区域,不同功能节点的交互影响,下面阐述对几种视角的差异。

1)同一网络区域:相同功能节点的时空演变

同一网络区域中若存在多个同种功能的活动节点,由于空间邻近,节点之间的关系较为紧密,可能是几种类型:①竞争关系,如商圈内多个商场会竞争消费人群,人流量呈现出此消彼长的特征;②互补关系,如商场内不同类目的商家为消费者提供互补性的消费选项,人流表现为同步变化的特征;③混合型关系,实质上是一种差异化的竞争关系,比如餐厅和甜品店同为餐饮行业，但消费者可以同时在两种商铺里消费，人流量的增减没有明显的相关关系；④稳定关系，这类活动几乎只取决于客观需要，无需进行感性判断，如地铁站不同出入口的人流量取决于出行者的目标地点，在一定的时间尺度上，各出口人流的分布特征较为稳定。

2）同一网络区域：不同功能节点的时空演化

同一网络区域，存在不同的功能网络，导致同一节点常常兼具多重功能，不同功能间的时空演化模式有三种。①时序型演化，即人们在某一地点会依次开展多项活动，如商场中，消费者可能存在"逛街→吃饭→看电影"这样的典型活动序列。②错峰型演化，即某一人群会有意避开另一人群的活跃时间，如广场是市民活动的重要场地，功能非常丰富，可以用于日常娱乐、健身等。健身需要开阔的场地，此类人群一般在清晨活动，日常娱乐活跃时段一般在晚上6~10点，可见健身人群对时段的选择刻意回避了后者的活跃时段。③伴随型演化，即不同功能类型的人流量同步变化，如公园可作为游玩、商业等用途。从事商业活动的人群和游玩人群互相促进，同步变化，游玩人流的增加吸引了商业人群，商业活动的丰富则会吸引更多的游玩人流。

3）不同网络区域：不同功能节点的交互影响

不同网络区域间交互的主要特征是活动场所的变化，这往往意味着人群需要付出更多的时间和距离成本，场所变化的原因可能是某种外部规则的要求或人群的强烈意愿，因此区域间的交互可以相应划分为规则性交互和趣味性交互。①规则性交互的起止时间较为固定，换言之，人群活跃时刻差值的离散程度较低，且日际人流量差异较小，交互空间距离的分布主要取决于职住用地的空间分布特征。②趣味性交互表现为人群为了社交、旅游、娱乐等放松性质的活动前往某一地点的行为，交互是否产生主要取决于人群主观意愿的强烈程度、目的地可达性这两个因素。一般而言，工作日人群的可支配时间较短，娱乐活动主要考虑目的地的可达性，因此邻近网络区域的交互较多；节假日出行则主要取决于主观意愿的强烈度，热点区域往往具有很高的人流（杨静 等，2019）。

6.3.2 人群活动功能时空演化特性的定序模型

1. 同一网络区域：相同功能节点间人流迁移的定序模型

在该视角下，往往更关注人流在同一网络区域内不同节点间的迁移行为，为描述这种行为的时空特性，这里以某一网络区域内节点序号ID_{node}为X轴，时间$t(h)$为Y轴，人流净迁移量ΔN（人）为Z轴，构成三维特征空间，对人流的时空特性进行描述。ΔN的含义是这一时刻t与上一时刻$t-1$某节点的人流量的差值$\Delta N = N_t - N_{t-1}$。在特征空间中，垂直于XOZ的某一时刻切片，是该区域内所有节点的人流增减情况，垂直于YOZ的某一节点切片则能够观察到某一节点人流增减的时序规律。为量化人流在节点间的迁移特性，对单节点及节点之间ΔN的变化进行时域分析，分别定义了净迁移量差值序列的离差平方和、净迁移量序列的一阶方位差和净迁移量的离差平方和三个指标用于度量同一区域节点之间的竞争、互补和稳定关系。

定义1：净迁移量差值序列的离差平方和 $\mathrm{CSS}\left(L_{\mathrm{node}_i}, L_{\mathrm{node}_j}\right)$。假设网络区域内各节点人流量的总和一定，节点 i、j 之间 ΔN 之差的离差平方和可以描述两个节点迁移量此消彼长的竞争关系。$\mathrm{CSS}\left(L_{\mathrm{node}_i}, L_{\mathrm{node}_j}\right)$ 越小，表明两节点的人流总量越稳定，节点之间人流的增减的抵消性越强，两节点为竞争关系的概率越大，其计算定义为

$$\overline{N_{\mathrm{diff}}} = \frac{\sum_{k=1}^{n}\left(N_{i,k} - N_{j,k}\right)}{n} \tag{6.31}$$

其中：$\overline{N_{\mathrm{diff}}}$ 为两节点序列人流净迁移量差值的期望；n 为节点序列的长度；k 为节点序列上第 k 处的取值。

$$\mathrm{CSS}\left(L_{\mathrm{node}_i}, L_{\mathrm{node}_j}\right) = \sum_{k=1}^{n}\left(N_{i,k} - N_{j,k} - \overline{N_{\mathrm{diff}}}\right)^2 \tag{6.32}$$

定义2：净迁移量序列的一阶方位差 $\mathrm{LSD}\left(L'_{\mathrm{node}_i}, L'_{\mathrm{node}_j}\right)$ 描述两个节点 i 和 j 的净迁移量时间序列的一阶导数的相似性，进而判断各节点是否是同步变化关系。$\mathrm{LSD}\left(L'_{\mathrm{node}_i}, L'_{\mathrm{node}_j}\right)$ 越小，两节点为互补关系的概率越大，其计算定义为

$$\overline{N_{\mathrm{deriv}}} = \frac{\sum_{f=1}^{m}\left(N'_{i,j} - N'_{i,j}\right)}{m} \tag{6.33}$$

其中：$\overline{N_{\mathrm{deriv}}}$ 为两节点序列人流净迁移量一阶导数差值的期望；m 为一阶节点序列的长度；f 为序列上第 f 处的取值。

$$\mathrm{LSD}\left(L'_{\mathrm{node}_i}, L'_{\mathrm{node}_j}\right) = \frac{\sum_{f=1}^{m}\left(N'_{i,f} - N'_{j,f} - N_{\mathrm{deriv}}\right)^2}{m} \tag{6.34}$$

定义3：净迁移量的离差平方和 $\mathrm{CSS}_{\Delta N}$ 描述某节点人流变化的整体波动强度。算法为

$$\mathrm{CSS}_{\Delta N} = \sum_{k=1}^{n}\left(N_g - \overline{N}\right)^2 \tag{6.35}$$

其中：$\overline{N}$ 为某节点人流净迁移量的期望。

2. 同一网络区域：不同功能节点切换的定序模型

在该视角下，对人群活动的定序观测关注的是具有多重功能的网络节点在时间维度上的切换模式。当节点用作某种功能时，用人流峰值出现的时刻最能反映人群活动的时间特征，因此在构建特征空间时，以节点序号 $\mathrm{ID}_{\mathrm{node}}$ 为 X 轴，功能 func 为 Y 轴，人流量峰值出现的时刻 t_{peak}（h）为 Z 轴，其中 $\mathrm{func} \in Z$，func 不同的取值对应不同的功能，数值和功能之间的对应关系需要自定义。在特征空间中，垂直于 XOZ 的切片展示了具有相同功能多个节点的人流高峰时刻的分布，垂直于 YOZ 的切片可以观察到某一节点用作不同功能的人流高峰的时刻分布。

探索节点功能的切换模式基于垂直 YOZ 平面的切片进行，切片信息可以表达为 $L_{\mathrm{func}} = \left\{t_{\mathrm{peak}}^{\mathrm{func}_1}, t_{\mathrm{peak}}^{\mathrm{func}_2}, \cdots, t_{\mathrm{peak}}^{\mathrm{func}_n}\right\}$，$n$ 为功能类型总数，若以 1 h 作为时间分辨率，则 $t_{\mathrm{peak}}^{\mathrm{func}_n} \in [0,1,2,\cdots,23]$，

如 $L_{func} = \{2,1,7,7,15,23,8\}$，将 L_{func} 升序排列得到 $L_{func} = \{1,2,7,7,8,15,23\}$（排序的同时保留 t_{peak} 和 func 的对应关系），可以看到某些时刻不存在于序列中，表明这些时刻该节点上没有出现某种功能的人流峰值，有些时刻重复出现多次，表明该时刻节点的几种功能均达到了峰值，这是一种潜在的伴随型功能的体现，可见排序后的 L_{func} 蕴含着功能切换的典型模式。

一般地，节点功能切换模式划分为三种典型类型（时序型、错峰型和伴随型），要探索模式类型，需要结合 L_{func} 定义这几类模式的序列特征。①时序型表现为相邻位置的时间差不超过设定阈值 ε 的一组不等长序列，ε 的取值需要通过文献查阅或社会调查来合理地确定，如"逛街→吃饭→看电影"可以将 ε 设置为 2。②错峰型序列与时序型类似，也表现出时间差，但其独有的特征是，时间差的起止时刻在多个观察周期内是相对固定的并且序列是等长的，如晨起健身和傍晚娱乐的人流峰值每天都出现在特定的时刻。③伴随型序列往往表现出高度的一致性，将连续重复出现的片段识别为伴随序列是较为严格的筛选条件，因为伴随型活动常常存在滞后效应，可依据具体功能的类型设置时间差的容差 ε。

3. 不同网络区域：不同功能节点交互的时空次序的定序模型

不同网络区之间的交互的直观体现是活动场所的切换。在该视角下，主要依据场所的切换模式来建立定序模型。首先为研究区内的网络区域赋予唯一标识 ZoneID，交互类型（规则型和趣味型）的影响因素主要是区域间的可达性 cost、目标区域的吸引力 $P_{destination}$ 和交互的起止时间 T_{start}、T_{end}，所以每一次区域之间的迁移可以表达为向量：

$$V = \{ZoneID_{start}, ZoneID_{end}, T_{start}, T_{end}, cost, P_{destination}\} \tag{6.36}$$

规则性交互一般会在特定的时刻开始或结束，且活动开始和结束的地点一般是固定的，所以相应的 $ZoneID_{start}$、$ZoneID_{end}$ 及 cost 较为稳定，除 $P_{destination}$ 之外的分量可用于识别此类交互。在趣味型交互中，$P_{destination}$ 普遍较高，确定网络区域的吸引力时，可以基于 POI 数据，对该区域包含的景点、餐厅、游乐场、商场等娱乐性质场所的数量 n 和评分 q 进行综合评定[式（6.37）]，人群考虑目标地点时，cost 也是重要的影响因素，cost 越高，交互发生的概率越小，简而言之，$P_{destination}$ 正向作用于趣味型交互 $f_1(P_{destination})$，cost 则产生反向作用 $f_2(cost)$，这里采用引力模型建模此类交互发生的可能性[式（6.39）]。从现实情况看，当 cost 较小时，一定范围内，其对决策的影响力较小（设为常数 k）且无明显波动，当大于某一阈值 ε_{cost}，影响力呈现负指数衰减[式（6.38）]。

$$P_{destination} = eval(n, q) \tag{6.37}$$

$$P = \frac{f_1(P_{destination})}{f_2(cost)} \tag{6.38}$$

$$f_2(cost) = \begin{cases} k, & 0 < cost \leqslant \varepsilon_{cost} \\ \alpha e^{\beta cost}, & cost > \varepsilon_{cost} \end{cases} \tag{6.39}$$

识别出交互类型后，针对不同类型进行定序观测，规则型交互可依据交互频率、活动时长划分观测序列，趣味性交互可依据 cost 和 $P_{destination}$ 对 P 的相对影响的大小划分观测序列。

参 考 文 献

鲍登, 2017. 基于海量 IC 卡数据的乘客出行网络及动力学研究. 重庆: 西南大学.

冯明翔, 方志祥, 路雄博, 等, 2020. 交通分析区尺度上的新型冠状肺炎时空扩散推估方法: 以武汉市为例. 武汉大学学报(信息科学版), 45(5): 651-657.

黄月玲, 林刚, 伍进, 2004. 区域旅游网络化发展. 桂林理工大学学报, 24(4): 524-528.

李毓瑞, 陈红梅, 王丽珍, 等, 2018. 基于密度的停留点识别方法. 大数据, 4(5): 80-93.

李泽捷, 2019. 基于运营商大数据的用户移动性与行为分析应用. 北京: 北京邮电大学.

吴建军, 2008. 城市交通网络拓扑结构复杂性研究. 北京: 北京交通大学.

杨静, 王圣音, 高勇, 等, 2019. 场所视角下的城市空间交互态势特征分析: 以北京市六环为例. 地理与地理信息科学, 35(6): 73-80.

杨喜平, 方志祥, 2018. 移动定位大数据视角下的人群移动模式及城市空间结构研究进展. 地理科学进展, 37(7): 18-27.

周洋, 2016. 基于出租车数据的城市居民活动空间与网络时空特性研究. 武汉: 武汉大学.

AGRESTI A, 2002. Categorical data analysis. New York: Wiley-Interscience.

ESTER M, KRIEGEL H P, SANDER J, et al., 1996. A density-based algorithm for discovering clusters in large spatial databases with noise. Proceedings of 2nd International Conference on Knowledge Discovery and Data Mining KDD, 96: 226-231.

Fang Z X, Yang X P, Xu Y, et al., 2017. Spatiotemporal model for assessing the stability of urban human convergence and divergence patterns. International Journal of Geographical Information Science, 31(11): 2119-2141.

GONZALEZ M, 2013. Unraveling daily human mobility motifs// IEEE/ACM International Conference on Advances in Social Networks Analysis & Mining. IEEE.

HUI Z, HASTIE T, 2005. Regularization and variable selection via the elastic net. Journal of the Royal Statistical Society, 67(2): 301-320.

LIU Y, KANG C, GAO S, et al., 2012. Understanding intra-urban trip patterns from taxi trajectory data. Journal of Geographical Systems, 14(4): 463-483.

SEVTSUK A, RATTI C, 2010. Does urban mobility have a daily routine? Learning from the aggregate data of mobile networks. Journal of Urban Technology, 17(1): 41-60.

SIMONOFF J S, 2003. Analyzing categorical data. New York: Springer.

TIBSHIRANI R, 1996. Regression shrinkage and selection via the lasso. Journal of the Royal Statal Society: Series B (Methodological), 58(1): 267-288.

YANG Z, FANG Z, ZHAN Q, et al., 2017. Inferring social functions available in the metro station area from passengers' staying activities in smart card data. ISPRS International Journal of Geo-Information, 6(12): 394.

第 7 章　人群动态时空特性的定距观测

　　人群动态的定类与定序测量解决了从轨迹数据中提取群体活动类别与顺序的问题，但是定类与定序的测量结果无法满足度量人群动态精确数值差异的需要。人群动态时空特性的基本准则为群体的活动特性与空间位置会随着时间不断变化，鉴于观测是对群体瞬时状态的描述且观测采样必然存在时间间隔，因此群体活动动态的时空特性往往使用时间序列 T 表达。在时间序列 T 中，通过定距观测得到的定距变量相较于定类变量与定序变量可以有效度量 t_i 与 t_j 时刻的变量数值差异。如对群体活动区域时空变化的测算而言，定类测量的结果可为活动区域的用地类型，用地类型是典型的离散型变量，仅能体现相同或不同，无法比较大小；定序测量的结果可为活动区域的危险等级，可以体现顺序大小，但是无法比较准确数值；定距观测得到的定距变量，如活动区域的占地面积用连续的数值表示，且各观测时刻的面积均具有相同的单位可进行加减运算，因此可以准确地度量出 t_j 时刻的活动面积相较于 t_i 时刻增加了 $a\,\mathrm{m}^2$，$a>0$。

　　定距观测的结果相较于定类、定比变量具有可执行加减运算得到数值差异的优势，但同样并非所有的人群动态时空特性均可使用定距指标测量。人群动态即人群状态的变化，在空间内人群状态变化可划分为人群的空间位置变化与活动功能变化。一般情况下活动功能不属于连续型数值变量难以定距测量，因此人群时空特性定距测量着重于描述人群活动位置及衍生指标。典型的人群活动空间位置变化的定距测量指标包括：群体活动的空间范围、群体活动的移动性强度、群体活动产生的风险等。图 7.1 给出了本章的主要思路，在时空轨迹的基础上，通过空间距离、时空距离、语义距离等计算，形成时空定距量测模型，通过边界聚合、时序关联、集成动态等方式对活动区域进行定距观测，通过时空形态、行为模式和活动语义等形式对活动功能和风险进行定距观测。

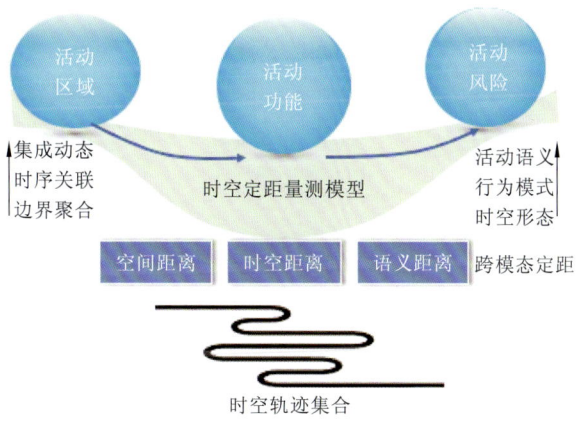

图 7.1　群体动态时空特性的定距观测

7.1 时空定距测量理论

定距测量将测量对象的属性量化为可用于计算差异性的指标，在宏观角度上对象间的差异即为对象间的距离，即距离是度量对象间差异性的定距变量。由于基础的定距变量种类繁多且计算方式多样，本节着重介绍距离的计算方法，用于测算地理空间中时空要素间的差异性。GIS 中时空地理要素由空间信息与语义信息两部分构成：空间信息即位置信息，使用地理坐标（经纬度）或直角坐标（X, Y）表示；语义信息为时空要素的属性，如要素的名称、面积等。空间信息的距离与语义信息的距离在细节上具有不同的计算方式，但是所有的复杂计算方式均是基本距离度量方式的衍生和拓展。

7.1.1 基础距离测量方法

任何复杂的时空要素差异性或相似性度量方式都无法离开基础的距离测量理论，本小节重点介绍 4 种基本的距离测量方法，这些方法是后续定距测量模型的基础。

1. 欧氏距离

欧氏距离（Danielsson，1980）全称为欧几里得度量，是通常情况下普遍采用的距离定义，指 n 维空间中两个点之间的真实距离，或者向量的自然长度，在 GIS 中最直观的理解为两地理要素间的直线距离为欧氏距离。式（7.1）展示了 n 维空间中两点间的欧氏距离计算公式。

$$d(x,y) = \sqrt{\sum_{i=1}^{n}(x_i - y_i)^2} \tag{7.1}$$

2. 曼哈顿距离

曼哈顿距离又称为"街区距离"，该距离来源于从曼哈顿街区的一个十字路口开车到另一个十字路口的情景。虽然两点间的欧氏距离最短，但是司机驾车时被限制在道路上行驶，无法穿越房屋等物理空间中的阻碍，因此实际驾驶距离即为曼哈顿距离。在 GIS 的交通分析中基于路网数据计算出的路径实际上是一种特殊的两点间曼哈顿距离。式（7.2）展示了通用的曼哈顿距离计算公式，在多维空间中可以理解为每个维度的距离之和。

$$d(x,y) = \sum_{i=1}^{n}|x_i - y_i| \tag{7.2}$$

3. 切比雪夫距离

切比雪夫距离来源于国际象棋，国王从一个格子走到另一个格子的最短距离即为切比雪夫距离（Cyrus，2000）。在数学中，切比雪夫距离是 $L\infty$ 度量，两点间的距离定义是其各坐标数值差绝对值的最大值。式（7.3）展示了切比雪夫距离的计算公式，在多维空间中可以理解为两点间距离最大维度的距离。

$$d(x,y) = \max_n(|x_i - y_i|) \tag{7.3}$$

4. 余弦距离

余弦距离通过余弦相似度度量，余弦相似度越高余弦距离越小，反之越大。余弦相似度是通过测量两个向量夹角的余弦值来度量两者间的相似性，当两个向量的夹角为 0 时余弦值为 1，具有最高的相似度；反之，若两向量方向相反，则余弦值为-1（Nguyen et al.，2010）。余弦相似度与向量的长度无关，仅仅与向量指向的方向相关，在 GIS 中，余弦距离可以用来度量折线要素的空间复杂度，式（7.4）展示了余弦相似度的计算公式，式（7.5）展示了余弦距离与余弦相似性的关系，余弦相似性的取值范围为[−1,1]，因此余弦距离的取值范围为[0,2]。

$$s(x,y) = \frac{\sum_{i=1}^{n} x_i \times y_i}{\sqrt{\sum_{i=1}^{n} x_i^2} \times \sqrt{\sum_{i=1}^{n} y_i^2}} \tag{7.4}$$

$$d(x,y) = 1 - s(x,y) \tag{7.5}$$

图 7.2 展示了二维空间中，点 $X(2,8)$ 和点 $Y(8,4)$ 之间的 4 种经典距离计算方法。图中黑色直线为两点间的欧氏距离，即为两点间的直线距离；两条黑色虚线均为两点间的曼哈顿距离，在曼哈顿距离相等的情况下，仍然有多条路径可以选择；切比雪夫距离为 X 轴与 Y 轴坐标间差异的最大值，本例中两坐标轴差值为 6 和 4，因此切比雪夫距离为 6；两条黑色点划线为 X、Y 两点与原点构成的两个向量，用于计算向量的余弦相似度，即 $\angle XOY$ 的余弦值，进而得出两点间的余弦距离为 0.35。

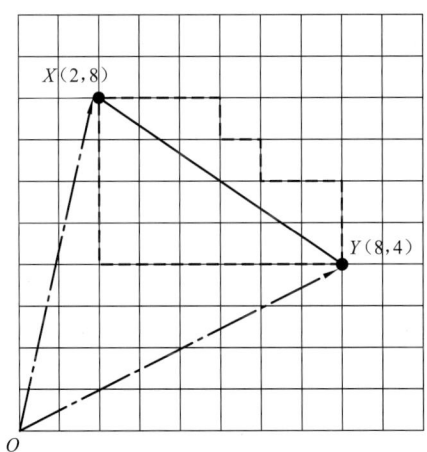

图 7.2 距离计算示例

7.1.2 时空要素间的距离

GIS 中时空地理对象可划分为点、线、面、体 4 种几何类型，不同几何类型要素间距离存在不同的度量方式。时空点 p 是所有几何类型的基本构成要素，p 的基础数据结构为 $p(x,y,[z],t,[s_1,s_2,\cdots,s_n])$，[ ]内为可选要素，$s$ 为附属于点的语义属性，因此空间点中至少包含空间坐标与时间三项基本要素。各几何类型的地理对象的语义距离测算方法具有相似性，因此在7.1.3小节中整体介绍。

1. 时空点间的距离

基于时空点的基础数据结构，坐标位置、时间与语义类属性的量纲各不相同，因此时空点间的距离需划分为三个维度分别测量。若时空中存在两相离时空点 $p(x_1,y_1,z_1,t_1)$、$p_2(x_2,y_2,z_2,t_2)$，首先测量的维度为时间维度，两时空点的时间距离 $d_t=|t_2-t_1|$；在 $d_t=0$ 的条件下可测算 p_1 与 p_2 间的空间距离，若空间内不存在道路约束，则选用欧氏距离即可：$d_s=\sqrt{(x_2-x_1)^2+(y_2-y_1)^2+(z_2-z_1)^2}$；若 $d_t\neq 0$ 则无法进行空间距离测算。

如图7.3（a）所示，时空直角坐标系内存在三个时空点 $p_1,p_2,p_3=\{x,y,t\}$，p_2,p_3 两点具有相同的时间，因此可测算在 $t=2$ 时刻两点间的空间距离 $d_s=5$。p_1,p_2 与 p_1,p_3 间存在时间距离 $d_t=5$，因此无法测算两点间的空间距离。

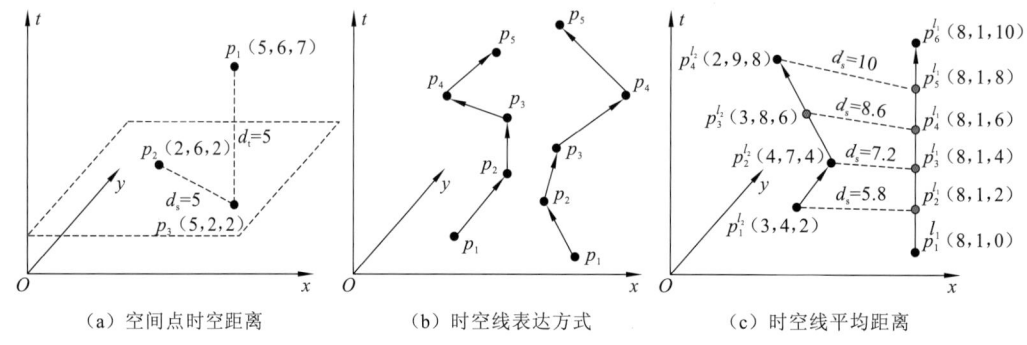

（a）空间点时空距离　　　　（b）时空线表达方式　　　　（c）时空线平均距离

图7.3　时空点与时空线的距离

2. 时空线间的距离

时空线 l 是由时空点构成的携带有时间属性的折线要素，其基本构成为 $l=\{p_1,p_2\cdots,p_n\}$，且 p_1 至 p_n 中的时间要素 t 遵循 $t_1<t_2<\cdots<t_n$ 的规律。鉴于时间只会向前不断流逝，因此时空线是一种特殊的有向空间折线，其空间直角坐标系中表现为：沿时间轴 t 方向延伸且不会逆向的折线。时空线的数据结构非常契合个体或群体轨迹数据的时序表达，因此在轨迹数据分析中具有重要意义。

每一条时空线均具备时间区间 $[t_1,t_n]$，两条时空线间的时间距离表现为时间区间的差异性。两条时空线的时间区间分别为 $l_1\in[\alpha_1,\beta_1]$，$l_2\in[\alpha_2,\beta_2]$，首先需测算两区间是否存在重叠部分。若存在重叠部分，时间距离 d_t 表示为两区间不重合部分占总时间的比例，如式（7.6）所示。

$$d_t=1-\frac{|[\alpha_1,\beta_1]\cap[\alpha_2,\beta_2]|}{|[\alpha_1,\beta_1]\cup[\alpha_2,\beta_2]|} \tag{7.6}$$

若不存在重合部分，时间距离为两区间顶端的最大差值，如式（7.7）所示。

$$d_t=\max(|\alpha_1-\beta_2|,|\alpha_2-\beta_1|) \tag{7.7}$$

与时空点间的空间距离类似，时空线间若不存在时间区间的重叠则无法进行空间距离的测算。在存在时间区间重叠的前提下，可测算重叠区间内的折线平均空间距离。假设 l_1,l_2

的重叠时间区间为 $[a_2, \beta_1]$，在该区间内均匀采样 k 次可得到时间间隔为 Δt 的重采样结果，空间线间的平均距离 d_s 由式（7.8）进行计算。

$$d_s = \frac{\sum_{i=1}^{k} D\left(p_{a_2+\Delta t \times i}^{l_1}, p_{a_2+\Delta t \times i}^{l_2}\right)}{k} \quad (7.8)$$

其中：D 为两时空点间的空间距离；$p_{a_2+\Delta t \times i}^{l_1}$ 为 l_1 折线在 $a_2 + \Delta t \times i$ 时刻的采样点。使用该方法时，采样时间间隔越小，测算出的时空平均距离越准确。

如图 7.3（c）所示，时空线 l_1 与 l_2 的时间区间重叠为 $[2,8]$，在该区间内每间隔 2 s 进行一次采样，得到 4 对采样时刻相同的时空点对。依次计算各时空点对应的空间距离后，使用取平均的方法可得到时空平均距离为 7.9。若将采样时间间隔趋近于 0，则结果为两条时空线时间重叠部分构成的曲面面积除以总时长。

3. 时空面间的距离

在对地理要素的抽象过程中，空间尺度是决定地理要素几何类型结果的决定性因素，正如在 1∶10 000 小比例尺地图中普通建筑物通常以点状要素表示，而在 1∶500 的大比例尺地图中则以面状要素表示。时空面可理解为时空点的拓展表达，是详细化表述大面积区域内部某指标数值分布特性的有效几何类型。类比于时空点，时空面可表达在 t 时刻的一个曲面函数 $f(x,y)$，整体结构为：$g = \{f(x,y), t, [s_1, s_2 \cdots, s_n]\}$，如图 7.4（a）所示，DEM 数据是一种典型的时空曲面，其余与 DEM 类似的时空曲面如可达性曲面、影响力曲面等同样可用时空面表达。

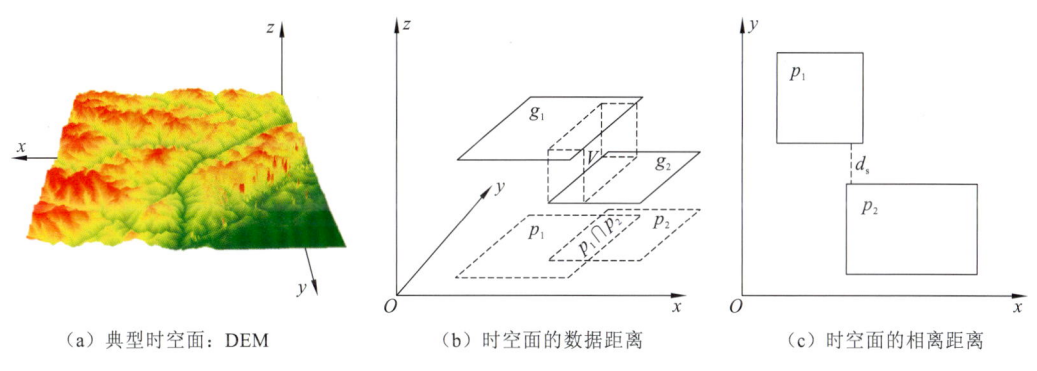

（a）典型时空面：DEM　　　（b）时空面的数据距离　　　（c）时空面的相离距离

图 7.4　时空面与时空面的距离计算

时空面间时间距离 d_t 的计算方式与时空点相同，即为时间差的绝对值。空间平均距离的测算仍需满足 $d_t = 0$ 的基础条件。基于时空面 $f(x,y)$ 的基本形式，两有效时空面 g_1, g_2 在 xOy 平面上一定存在面状投影 p_1, p_2，若 $|p_1 \cap p_2| \neq 0$，则存在相交部分则两时空面存在平均数值距离，否则两时空面间存在相离距离。

1）数值距离

数值距离即两时空面在相交区域中函数值的平均差异，如图 7.4（b）所示，两连续光滑有界曲面间的平均距离 d_v 可使用式（7.9）计算。

$$d_v = \frac{V}{|p_1 \cap p_2|} \quad (7.9)$$

其中：V 为以两曲面为顶面与底面构成的空间体的体积，$|p_1 \cap p_2|$ 为投影相交区域的面积。

为分析时的运算成本及便于可视化操作，GIS 中时空面一般基于栅格形式表达，因此时空面由函数形式转为矩阵形式存储，数值分布由连续转为离散。在矩阵状态下，两时空面间的数值距离可用式（7.10）计算。

$$d_v = \frac{\sum_{(x,y) \in p_1 \cap p_2} |M_1^{xy} - M_2^{xy}|}{n} \tag{7.10}$$

其中：n 为重叠部分栅格的数量；M_1^{xy} 为 g_1 对应相交栅格中的 x 行 y 列，M_2^{xy} 同理。

2）相离距离

$|p_1 \cap p_2| = 0$ 时表明 g_1, g_2 在空间范围内不存在交集，因此两时空面间的相离距离转化为计算多边形 p_1, p_2 在 xOy 平面上的最短空间距离。如图 7.4（c）所示，有界多边形的边界为闭合折线，相离距离为折线与折线间的最短距离。

4. 时空体间的距离

时空体是以时空面为基础，在时间维度上连续变化构成的三维时空要素，如图 7.5（a）所示，其最重要的应用为表达个体或群体出行的时空棱柱（Harvey，1991）。与时空线类似，时间 t 轴是时空体的纵向范围限制，每一个时空体 V 均对应一个时间范围 $[t_1, t_2]$。在 $[t_1, t_2]$ 范围内的每个时刻 t_i，使用与 xOy 平行的平面对 V 切割的结果为一个标准时空面 g_i。

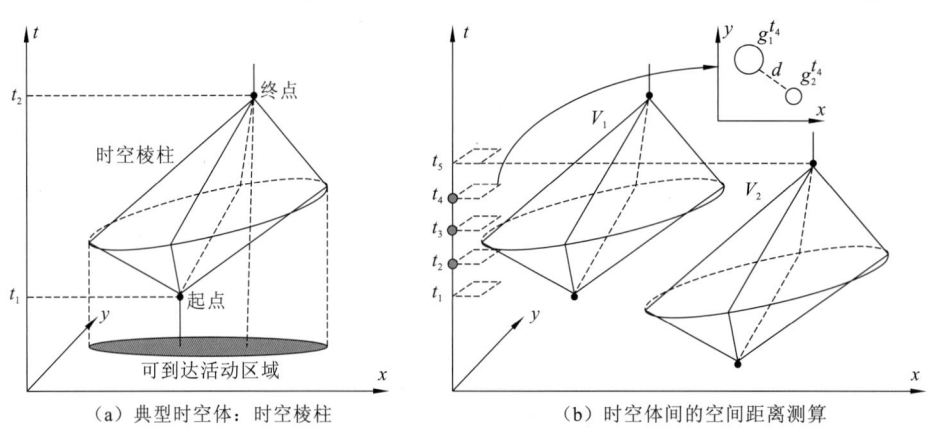

（a）典型时空体：时空棱柱　　（b）时空体间的空间距离测算

图 7.5　时空体与时空体的距离计算

时空体间的时间距离 d_t 与时空线间的测算方式相同，均为对两时间区间的距离计算。两时空体 V_1、V_2 在相离且存在时间区间重叠的前提下可计算空间距离 d_s，计算流程同样类似于时空线的计算方式。如图 7.5 所示，首先对重叠时间段进行采样，而后计算每一个采样点 t_i 时刻的截面 $g_1^{t_i}$、$g_2^{t_i}$ 间的空间最短距离，计算方法等同于时空面的相离距离。

7.1.3　语义距离测量

时空地理要素的语义属性是用于表述其非空间信息的重要载体，语义属性中定距指标间的差异性同样可以使用距离衡量，但是各指标间的量纲不同会导致计算出的距离中，各分量对最终结果的影响不稳定。因此时空要素间语义距离测量的关键在于确定各个分量对整体距离的影响程度，最终的距离指标具有更高的可解释性。

如式（7.11）所示，对于一维单一变量间的距离即为两定距变量相减的绝对值，相同单位的变量相减得到的距离具有可解释性。

$$s = |x_1 - y_1| \tag{7.11}$$

在二维及以上的多变量间的距离测算中，由于各个维度对应的指标之间量纲可能存在差异，需要使用参数校正或归一化等方式保证各分量对距离的影响是合理的。一般情况下，使用多维欧几里得距离进行语义属性间距离的测算。虽然式（7.11）类似曼哈顿距离公式，但是同样可以为欧氏距离在一维空间中的距离度量公式。时空要素的语义属性可以使用向量进行表达，两时空要素的语义属性可表示为 $v_1 = (x_1, x_2, \cdots, x_n)$、$v_2 = (y_1, y_2, \cdots, y_n)$。

1. 使用参数校正

使用参数向量 $v_3 = (a_1, a_2, \cdots, a_n)$ 对各分量进行统一是较为简单的一种方法，欧氏距离公式转化为式（7.12），参数向量用于平衡各分量对结果的影响。该方式的缺点为若变量间关系较为复杂则难以确定参数向量 v_3，尤其是各分量具有明显不同的单位，如面积与距离、年龄与身高等。

$$d(x, y) = \sqrt{\sum_{i=1}^{n} a_i (x_i - y_i)^2} \tag{7.12}$$

2. 变量归一化

另一种较为实用的方式是将语义属性向量中的所有变量各自进行归一化处理，即将使用不同单位表述的量纲不一致的绝对定距数值，通过归一化方法统一至[0, 1]的区间内的相对数值（McFeeters，1996）。具体来说，归一化后的数值可理解为定比变量，但定比变量为定距变量的上级替代，具有定距变量的所有特性。

3. 数据降维

鉴于使用多个定距变量计算距离本质上是在超空间中计算点与点间的直线距离，为避免不同维度对距离的影响，可以使用数据降维方法将多个语义属性通过数学运算构造成更具有代表性的特征，从源头将多变量距离问题转化为单变量距离问题，进而避免了不同量纲变量间参数的设定。数据降维在 GIS 领域中的一项典型应用是遥感影像的卡洛南-洛伊变换，其使用主成分分析方法选取具有高特征值的特征向量，进而计算特征波段以突出影像中地物的差异性，但是数据降维方法构造出的特征中各分量的物理意义相对难以解释（Level et al.，2017）。在原始语义属性无法明显区分时空要素时，可以考虑该方法构造更具代表性的时空要素语义特征协助差异性度量。

7.2 群体活动区域的时空特征定距观测

群体活动区域为群体时空活动发生时所处的空间区域，是群体时空活动的空间载体。定距测量群体活动区域的时空特征即通过对人群连续轨迹数据的分析，得到在

$T=\{t_0,t_1,t_2,\cdots,t_n\}$ 连续时间序列中的活动空间区域集合 $G=\{g_{t_0},g_{t_1},g_{t_2},\cdots,g_{t_n}\}$，进而计算空间区域的定距指标，如周长、面积、紧致度等。时间序列中的每一时刻 t 均可以得到对应的活动区域定距指标 I_t，I_t 的定距数值随时间变化不断变化的过程，即群体活动区域的时空变化特性。因此，如何计算人群轨迹数据集 P 在 t 时刻的活动区域 g_t 是模型中的核心问题，本节中以面积 S 的计算为例代表各类区域定距指标。

7.2.1 群体活动时空区域的构建方法

GIS 对地理对象的抽象过程中，群体活动区域可以使用点、线、面等各个级别的要素对其进行定距测量。不同的要素类型对应的定距测量单位不同，如点的热度、线的长度、面的面积和体的体积。群体活动的空间区域可以理解特定 t_i 时刻为空间内承载群体活动的最大范围，时空区域则在空间区域的基础上添加了时间维度，旨在一体化表达群体活动的空间范围随时间变化的趋势。群体活动的空间区域以时空面为基础数据结构进行表达，若假设活动空间内个体均匀分布，则可表示为 $g=\{f(x,y)=1,t\}$，在必要情况下 $f(x,y)$ 可设定为群体内个体的分布密度。最大外接矩形（maximum boundary rectangle，MBR）和 Delaunay 三角网方法可以将离散个体轨迹数据转为时空面表达的群体空间活动区域 g，使用上述方法计算 t_i 时刻的群体活动空间区域。

1. MBR 最大外接矩形

假设群体的移动轨迹数据集 $P=\{p_0,p_1,p_2,\cdots,p_m\}$，$p_i=\{r_0,r_1,r_2,\cdots,r_n\}$，$r_j=\{x,y,t,\cdots\}$，其中 p_i 是 P 中低 i 独立个体的完整轨迹，r_j 是 p_i 中的第 j 条位置记录，r_j 中至少包含横坐标/经度 x，纵坐标/纬度 y，以及该采样点的时间 t（Im et al.，2014）。在 t_0 时刻的群体活动最大空间范围 MBR_{t_0} 的定义为

$$\begin{cases} \mathrm{MBR}_{t_0}=\{x_{\min},x_{\max},y_{\min},y_{\max}\} \\ x_{\min}=\min\left(R_{t_0}^x\right) \\ x_{\max}=\max\left(R_{t_0}^x\right) \\ y_{\min}=\min\left(R_{t_0}^y\right) \\ y_{\max}=\max\left(R_{t_0}^y\right) \end{cases} \quad (7.13)$$

其中：R_{t_0} 为在 t_0 时刻 P 集合中 m 个独立个体的瞬时空间位置点集，若个体轨迹记录 p 中不存在 t_0 时刻的位置记录，则使用相邻两时刻的位置进行空间位置插值，得到当前时刻的位置信息。计算得到 a_{t_0} 后，群体空间活动区域在 t_0 时刻的面积 $s_{t_0}=(x_{\max}-x_{\min})\times(y_{\max}-y_{\min})$，此处假设 $\{x_{\min},x_{\max},y_{\min},y_{\max}\}$ 均处在投影坐标系中，地理坐标系下的经纬度需要进行转换。MBR 模型计算速度快，其结果是一个具有较大范围的规则的矩形，若群体轨迹在空间范围内分布不均匀，则通过该方法拟合出的空间范围会明显偏大，导致最终的定距测量结果产生较大的偏差。

2. Delaunay 三角网

相较于 MBR，使用 Delaunay 三角网对区域进行提取可以更准确地拟合出群体的活动区域，但是运算复杂度相较于 MBR 更高。Delaunay 三角网可以使用 Bowyer-Watson 或 Lawson

算法构建，其可以根据一个有限点集将一个二维平面划分为三角面的集合，且各个三角面间不存在重叠部分（Chew，1989）。在 t_0 时刻的 R_{t_0} 经 Delaunay 三角网化后可以得到三角面的集合 D_{t_0}，D_{t_0} 中所有三角形集合即为 g_{t_0}，三角形面积之和即为群体活动区域的面积度量。

$$s_{t_0} = \sum_{i=0}^{m} \text{Area}\left(D_{t_0}^i\right) \tag{7.14}$$

其中：m 为三角形的数量，Area 为计算三角形面积的函数，$D_{t_0}^i$ 为 D_{t_0} 中的第 i 个三角形。

群体活动的时空区域理论上以时空体的形式表达，即在二维时空面的基础上增加了连续变化的时间序列构成三维时空体。但是在实际测算中由于个体轨迹点的采样时间频率限制，理论上无法得到每一时刻群体活动的准确区域。因此等距/不等距采样作为一种损失精度的替代方法，对 $T = \{t_0, t_1, t_2, \cdots, t_n\}$ 时间序列中的各个时刻计算群体活动空间区域后，可得到空间区域时空变化序列 $G = \{g_{t_0}, g_{t_1}, g_{t_2}, \cdots, g_{t_n}\}$，序列中每个时刻的活动区域均为有界时空面。假设各时刻间群体活动区域均匀变化，则群体活动时空区域如图 7.6（d）所示。

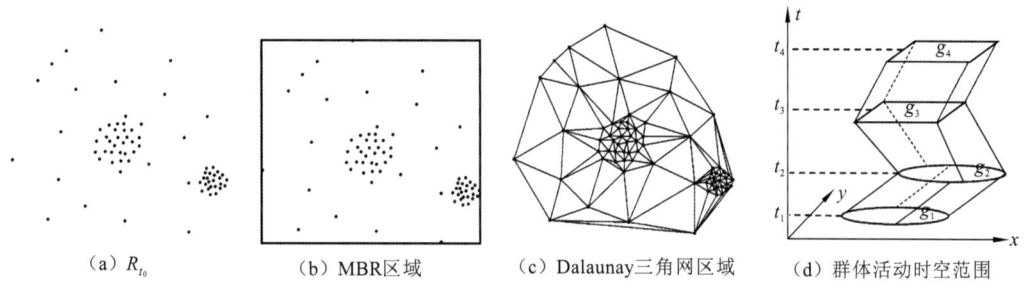

(a) R_{t_0}　　　　(b) MBR区域　　　　(c) Dalaunay三角网区域　　　　(d) 群体活动时空范围

图 7.6　群体活动空间区域

7.2.2　群体热点活动区域提取

上述过程描述了最大群体活动区域时空层面面状要素面积的两种测量方式，但显而易见的是最大空间区域内部的人群时空动态分布在各个时刻是非均质的，因此需要找到最大范围内人群聚集的主要区域作为分析重点。高密度人群聚集区域的定距观测在 GIS 基础数据结构上可以划分为基于栅格/立方体模型与基于矢量模型的两种方式。

1. 栅格/立方体层面

首先从较为简单的栅格模型入手，其特性是将问题转化至图像层面，使用图像处理算法完成空间区域测量。在计算得到 t_0 时刻的群体最大活动区域时空面 g_{t_0} 后，以 g_{t_0} 为最大边界、空间分辨率为 ρ 将内部区域均匀划分，即可得到 m 行 n 列的格网 G。计算 R_{t_0} 中各个点的行列号并在 G 中对应的网格位置计数 +1，遍历完成后即得到了最大活动区域内 t_0 时刻的各位置个体密度栅格。基于个体密度栅格中提供的密度信息，可按指定阈值序列 $\beta = \{\beta_0, \beta_1, \beta_2, \cdots, \beta_n\}$ 进行图像分割操作，即可得到各个密度级别的群体活动区域。针对选中的高密度层级区域，再使用目标识别方法标识为各个独立的区域，最终构成热点区域集

合 h_{t_0}。h_{t_0} 表明在 t_0 时刻存在一个或多个热点活动区域，每一个热点活动区域的面积 $S_{h_{t_0}i}$ 通过统计该区域内的像素数量 C 进行度量，使之成为一个定距变量。

$$S_{h_{t_0}i} = C \times \rho^2 \tag{7.15}$$

时空体内的热点区域提取方法拓展于基于栅格的提取方法，其将群体活动时空体的最大范围设定为时空立方体，并在各个时空维度以等距的方式切割立方体得到基础时空单元 cell。如图 7.7（c）所示，每个 cell 内个体轨迹点的数量即为该时空单元的热度，保留阈值大于 β 的 cell 即可得到群体活动的时空热点区域。

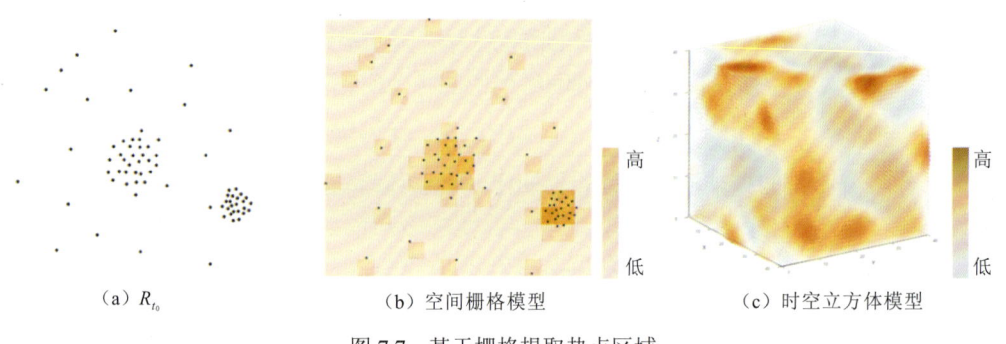

（a）R_{t_0}　　　　（b）空间栅格模型　　　　（c）时空立方体模型

图 7.7　基于栅格提取热点区域

基于栅格/立方体计算模型的优势：①时间复杂度低，处理海量空间数据时具有显著的时间优势；②制图方便，可视化效果好；③空间连续性强，区域间的空间关联直观；④便于进行后续的叠置分析。同样，该模型的不足之处：①将高精度 x、y 坐标转至栅格中必然会带来一定的精度损失；②高空间分辨率下的分析会占用较多计算资源。

2. 矢量层面

矢量层面的处理即将 R_{t_0} 中的各个体定位点视为空间中独立的点进行处理，此处可使用空间聚类方法对最大范围内的轨迹点基于相互间的空间位置关系执行聚类，聚类完成后的簇集 C 中包含了空间范围内的 n 个簇 C_i，通过 C_i 中包含的个体位置可以对热点区域的属性信息进行度量。K-MEANS、DBSCAN 是较为经典的聚类算法，以 DBSCAN 为代表的密度聚类算法在寻找时空范围内的高密度点簇具有较好的应用效果，其将簇定义为密度相连的点的最大集合，能够将足够高密度的区域划分为簇，并且可以在存在一定噪声的空间数据集合中发现任意形状的聚类（Erich et al.，2017）。轨迹位置记录中的 x 与 y 计算出的空间距离 $D_{spatial}$ 与 DBSCAN 中的距离 D 定义具有很强的适配性，与此同时也可以添加语义距离 $D_{semanic}$ 作为额外的距离判断条件。DBSCAN 算法中仍需定义扫描半径中最小的点数 minPts，该参数可以用于控制提取出簇内部轨迹点密度的大小。minPts 越大，聚类得到的点簇密度就大，反之则小。

$$D = \alpha \times D_{spatial} + \beta \times D_{semanic} \tag{7.16}$$

如图 7.8（b）所示，R_{t_0} 经密度聚类得到点簇 C 后筛选出内部点数大于点数阈值 γ 的点簇集 C'，C' 中的每个点簇基于 MBR 或 Delaunay 三角网方法可构成热点区域时空面集合 $h_{t_0} = \{g_1, g_2\}$。如图 7.8（c）所示，将时间维度作为特征添加至聚类输入变量中，依据特定的密度聚类方法得到的时空簇即为群体活动的时空热点区域。除传统 DBSCAN 密度聚类方法外，峰值密度聚类（clustering by fast search and find of density peaks，DPC）等新的密度聚类算法、谱聚类算法、不平衡聚类算法等同样已成功应用于热点区域提取与识别。

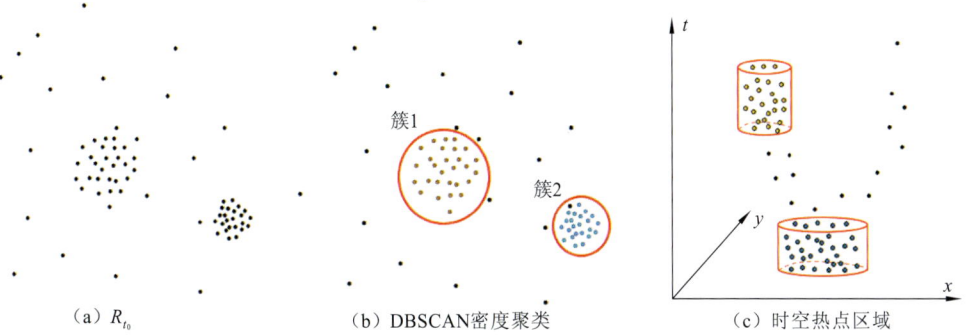

(a) R_{t_0}　　　　(b) DBSCAN密度聚类　　　　(c) 时空热点区域

图 7.8　基于聚类方法提取热点区域

基于矢量模型计算的优势：①计算结果具有更高的精度；②聚类结果中直接包含个体与热点区域的关联关系。但是，百万、千万及以上级别的时空数据记录使用聚类算法消耗大量的时间，极端情况下时间消耗会超过可承受范围。

一般情况下群体的活动区域具有特定的限制范围，如司机开车时上传的轨迹点位于道路附近，参加大型活动的人群轨迹会在固定的场馆范围内移动等。这些情况都可以借助现有的已知时空要素计算出更为精确的人群活动范围。在存在额外时空要素 $E=\{e_0,e_1,e_2,\cdots,e_n\}$ 约束的情况下，群体活动时空区域的提取则转变为借助时空轨迹数据，寻找 E 中的活跃要素 e_{active}。如图 7.9 所示，对 R_t 中的所有位置记录而言，均可以在 E 中找到与其距离最短且在一定缓冲范围 r 内的可匹配时空要素 e_{match}，对应 e_{match} 的计数 +1。当所有位置记录均完成匹配后，e_{active} 即为 E 中被成功匹配的要素，这些要素构成在 t_0 时刻的活动区域 a_{t_0}。不同于无时空要素约束下的直接提取出面状区域，E 限制下的提取结果即为 E 图层中活跃要素的抽象表达，可以为点、线、面等形态。在定距测量过程中采用的指标具有更广泛的适应性，点状要素集合可以直接统计数量，也可以转为面状要素后计算面积等属性；线状要素可以统计其长度，如可以准确感知城市道路的服务长度。

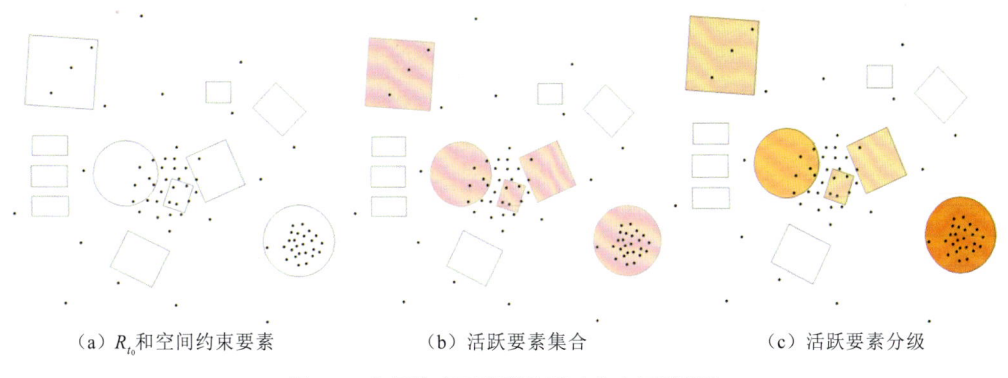

(a) R_{t_0} 和空间约束要素　　　　(b) 活跃要素集合　　　　(c) 活跃要素分级

图 7.9　空间约束下的群体活动热点区域提取

上述方法的目的是得到在时间序列 $T=\{t_0,t_1,t_2,\cdots,t_n\}$ 下的人群活动范围 $A=\{g_{t_0},g_{t_1},g_{t_2},\cdots,g_{t_n}\}$，并使用特定方法计算定距指标 $I=\{i_{t_0},i_{t_1},i_{t_2},\cdots,i_{t_n}\}$。

7.2.3 群体活动区域计算示例

在得到基于时间序列 T 的指标序列 I 后，即可在时间尺度上对群体活动范围的空间特性进一步分析，得到群体活动区域的时空特性。以群体活动区域的面积序列 $S=\{s_{t_0},s_{t_1},s_{t_2},\cdots;s_{t_n}\}$ 为例，将时间 t 设为 x 轴，面积值 S_t 为 y 轴，即可得到群体活动区域的时空面积变化折线，依据这一折线可以计算出更多时空层面的定距指标，如面积变化的周期、周期内面积的均值、方差、最大值、最小值等。

此处使用浮动车数据举例，分析深圳市出租车在 2013 年 9 月 25 日的主要活动范围，数据集中包含约 19 00 辆出租车的共计 600 万条轨迹记录。图 7.10 展示了出租车分别在 6:00；12:00；18:00 时的热点区域分布，每一个像素中存储了当前时刻位于该像素位置中的出租车数量。从图中可以明显看出，6:00 时出租车位置体现出了很强的聚集性，在城市内部准备随时接单开始工作；到了 12:00 左右出租车的分布趋于分散，主城区内的出租车数量呈现下降趋势；最后到了 18:00 左右，城市中的出租车出现了减少的状态，很有可能是下班高峰期的拥堵使得部分出租车司机选择暂停运营。

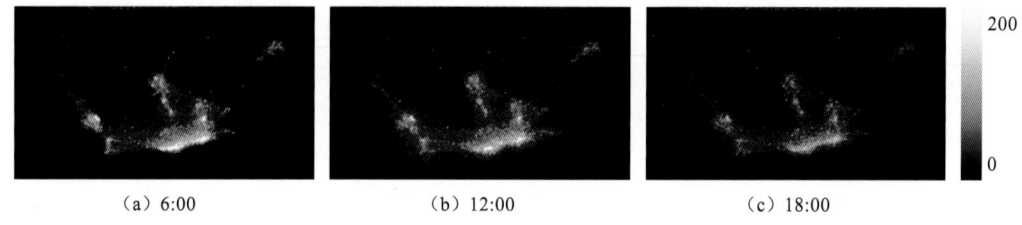

(a) 6:00　　　　　　　(b) 12:00　　　　　　　(c) 18:00

图 7.10　2013 年 9 月 25 日深圳出租车热点区域

将时间尺度进一步扩大，以日为单位计算深圳市出租车 2013 年 9 月 16 日至 23 日台风期间出租车群体的主要活动范围变化。从图 7.11 中可以看出 9 月 19 号的出租车的服务面积由于台风的出现明显地下降，通过面积这一定距变量测量出该台风的出现对深圳出租车服务范围的影响约为 34.511 km^2（Wu et al.，2020）。

图 7.11　台风期间深圳出租车服务范围变化

7.3 群体活动功能特征的时空定距观测

群体活动一般具有明确的行为目的和需求，绝大多数的群体聚集性活动均可以呈现出群体活动的功能特性。群体活动的功能特性按大类可区分为学习、工作、休闲娱乐等，所有群体活动的功能特性与其空间载体密不可分，并且群体活动的功能特性与群体活动区域的特性存在强相关性（曹劲舟 等，2017）。需要从群体活动轨迹中推算群体活动的功能特性，则重点是从轨迹中挖掘群体的时空行为模式，而后进一步分析行为模式中的群体活动热点区域，最后基于热点区域的用地类型、地理要素分布等特性综合推算出群体活动的功能特征。

7.3.1 群体行为模式的表达方式

行为模式是人们有动机、有目标、有特点的日常活动结构、内容及有规律的行为序列。它是行为内容、方式的定型化，表现了人们的行动特点和行为逻辑。从时间的角度上看，行为模式是人类活动时间分配的程序结构；从空间角度观察，是活动地点、范围的分布；综合至时空层面可以理解为随着时间的变化，个体的活动地点和范围也随之不断改变（何盛明，1990）。宏观上可以将随着时间变化的个体移动位置序列称为个体的行为模式，一般情况下个体的行为模式具有规律性。将个体行为模式扩展至群体层面，即大量个体具有的相似行为模式（在相同时间段中近似的时间对应近似的地点）构成群体行为模式。群体活动的功能特性即从群体的行为模式出发，结合活动区域的语义特性综合得出结果。

群体的行为模式分析可以划分为微观与宏观两个角度。微观角度的研究着重于固定的小场景内的人群行为模式识别，较有代表性的是通过摄像头动态捕捉场景内的个体，对个体的肢体动作与移动路径进行分析，进而得到群体的行为模式（Ibrahim et al.，2016）。宏观的角度则以人群在区域与区域间的移动为基础，构造群体在大环境中的移动规律或活动特性（杨杰，2015）。本书中讨论的人群动态主要侧重于宏观的群体行为模式，因此本节仅讨论从群体活动轨迹出发的宏观行为模式观测。

一般情况下，个体行为模式使用活动链（activity chain）进行表达[图 7.12（a）]，活动链的具体定义可参阅 9.3.2 小节。但是在使用轨迹数据提取行为模式的过程中，区域的语义属性缺失，无法获取完整的"对象-地点-时间-活动"的表达。在活动属性缺失的情况下，停留转移链（stay-move chain）是表述个体行为模式的替代方法，并在停留区域链的基础上结合额外的语义信息，可将停留区域链转化为活动链。

停留区域链将行为模式可表达为"停留 Stay"和"转移 Move"两个基本要素的组合，且个体的转移与停留状态相互交替。在轨迹点采样间隔均匀的前提下，停留为个体在空间中一定时间段内移动量较低的区域，包含"区域、时间"两个属性；转移是在两个停留间个体的移动，包含"路径、时间"两个属性，因此 $Stay=\{a,t\}$，$Move=\{r,t\}$，区域与路径额外具备自身的几何属性。任意个体的轨迹均可以从停留或转移开始，因此停留区域链的表达为 $Chain=\{s_1,m_1,s_2,m_2,\cdots\}$ 或 $Chain=\{m_1,s_1,m_2,s_2,\cdots\}$。图 7.12（b）为代替活动链的停留区域链,显而易见的是两者间的主要差异在于停留区域链中的"停留"缺少了语义属性,仅表达出个体"什么时刻在哪里活动",但无法分析个体具体的活动功能。需要强调的是,"停留区域链"是从轨迹数据中构建"活动链"的必要中间条件,被赋予语义信息的"停留区域链"即转化为"活动链"。

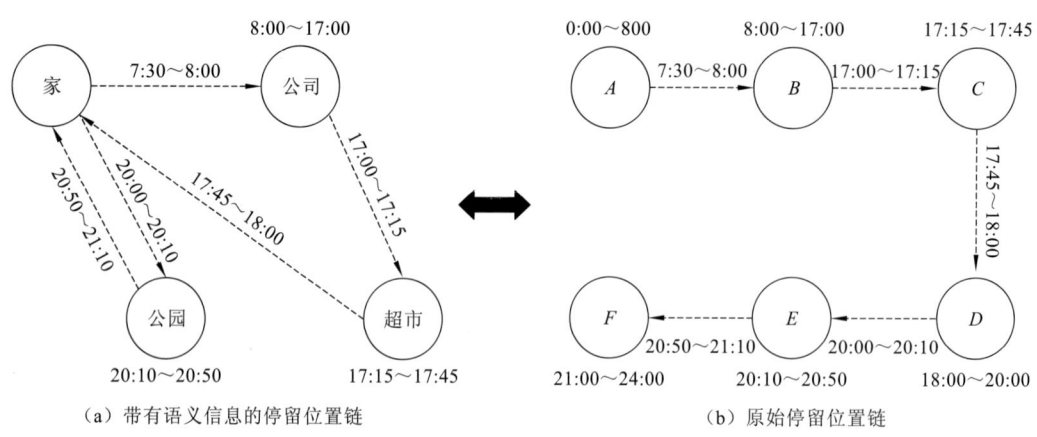

图 7.12 个体行为模式的描述方式

在将个体概念转移到群体概念前,需要明确"群体"这一研究对象所指代的具体内容。显而易见的是"群体"这一概念指代对象十分宽泛且具备显著的多尺度特性,不同尺度下群体的行为模式具有不同的特征。行为模式聚类方法可从大尺度群体中提取出具有相似行为模式的小尺度群体。在聚类簇的行为模式中包含连续的活动热点区域序列,依据活动区域的语义特性变化,可以分析出该群体的活动功能特征。图 7.13 给出了由轨迹至个体行为模式,再至群体行为模式,最后得到群体活动功能特征的简要流程。

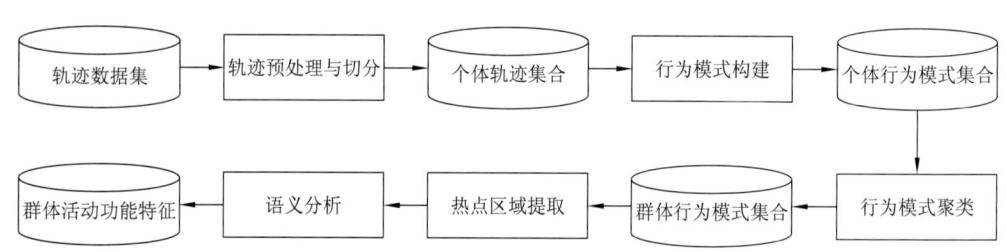

图 7.13 基于轨迹数据分析群体活动功能特征简要流程

7.3.2 构建个体行为模式

7.2 节详细介绍了群体活动区域的定距测量过程中涉及的基于栅格与基于矢量(聚类)的群体活动热点区域提取方法,但是这些方法计算的是群体瞬时的活动范围,没有涉及时间变化,因此需要在上述方法的基础上改进。在个体轨迹集合 P 中,个体轨迹 $p_i = \{r_0, r_1, r_2, \cdots, r_n\}$ 由按时间顺序采样的轨迹点构造而成,直接进行密度聚类或栅格热点提取虽可以找到个体长时间停留的区域，但是丢失了个体到达区域的先后顺序，无法构建成为完整的个体行为模式。同时若个体在多个时间段均到达了同一区域，使用上述方法仅能将该区域提取出一次，但实际上该区域应当在行为模式序列中出现多次。

1. 后处理方法

虽然使用 7.2 节中的方法提取出的热点区域缺少轨迹的先后顺序，但是提取出的区域范围是准确的，因此可以在提取出活动范围集合 A 的基础上执行额外的后处理方法创建先后顺序。为保证轨迹点间时间间隔的一致性，在计算 A 前对 p_i 进行轨迹补充，防止采样点缺失的不良影响。后处理的具体方法如下。

（1）构建一个空集合 A' 用于存储停留区域，设定点与点间的最大时间间隔 t_{max}，为防止存在轨迹点缺失的情况，t_{max} 一般设定为多倍的采样时间间隔。

（2）从 A 中选取一个未处理过的区域 a_i，从 p_i 中找到位于 a_i 中的记录集合 R'。

（3）将 R' 中的记录按时间升序排序，按时间由早至晚的顺序计算相邻两点时间间隔 t_d，若 $t_d > t_{max}$，则在该位置将轨迹截断，前半部分为完整的停留区域 a'，停留时间 t 为起始轨迹点的时间至末尾轨迹点的时间，将 a' 加入 A'。

（4）若所有区域均处理完毕，结束分离流程进入步骤（5），否则回到步骤（2）。

（5）将 A' 中的停留区域按时间排序，剔除持续时间小于 t_{min} 的停留区域，依照顺序依次使用"转移"连接停留，即构建完成停留区域链。

图 7.14 展示了该方法的具体处理示例，从图 7.14（a）中可以发现个体存在"宿舍-活动中心-食堂-宿舍"的行为模式，但是由于个体两次出现在宿舍区域，通过 DBSCAN 聚类方法仅得到三个热点区域。此时对热点区域 A 内部的轨迹点按时间排序，可以识别热点区域的时间段，发现热点区域 A 在开始和结束均可表示为一次"停留"。经后处理后得到 4 个停留区域及 3 次转移，完成个体的行为模式的停留区域链表述。

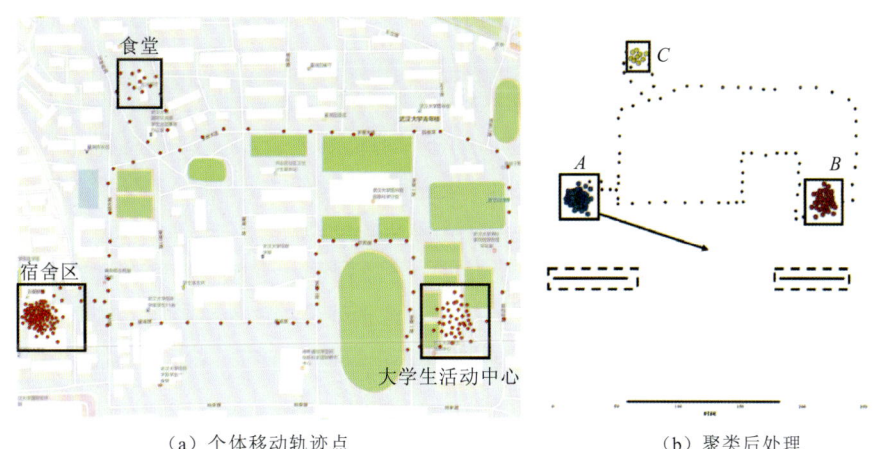

（a）个体移动轨迹点　　　　　　　　　（b）聚类后处理

图 7.14　使用热点区域提取与后处理方法构建个体行为模式

2. 结合时序的聚类方法

个体行为模式的描述需要热点区域出现的先后顺序，结合个体轨迹数据具有的顺序采样特性，因此在聚类时即可以结合时序进行密度聚类。在进行密度聚类前，需要定义与密度聚类相同的两个参数：搜索半径 ρ 及最小点数 minpts，具体的聚类步骤如下（图7.15）。

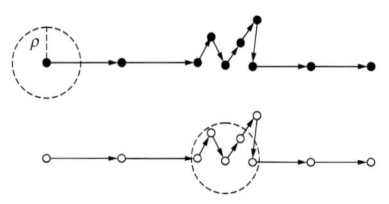

图 7.15 结合轨迹时序的热点区域聚类方法

（1）构建一个空集合 R' 用于存储被遍历过的轨迹点，构建一个空集合 A' 用于存储停留区域。

（2）取出 p_i 中下一个的轨迹点 r_j。

（3）统计 R' 中位于以 r_j 为圆心 ρ 为半径的圆形范围中的轨迹点数 n，若 $n >$ minpts，构建一个新的停留区域对象 a，并将 r_j 加入 a 和 R'，否则回步骤（2）。

（4）按顺序依次取出 p_i 中下一个的轨迹点 r_k，计算流程同步骤（3），直至 $n <$ minpts，则一个停留区域提取结束，将 a 加入 A'。若所有轨迹点均完成处理转至步骤（5），否则回到步骤（2）。

（5）将 A' 中的停留区域按时间排序，剔除持续时间小于 t_{min} 的停留区域，依照顺序依次使用"转移"连接停留区域，即构建完成停留区域链。

一般情况下，结合时序的聚类方法相较于后处理方法具有更高的处理效率，即按顺序遍历一次个体轨迹即完成了停留区域的识别，同时各停留区域的停留时间也可在遍历过程中生成。停留区域链中的每一个停留区域均会影响个体在某一连续时间段内进行了什么样的活动，这对后续群体活动功能特性的识别至关重要。

7.3.3 行为模式聚合下的群体活动功能探测

群体是具有共性的个体的集合，提取群体活动的功能特征需要先在复杂的轨迹数据中找到具有相似行为模式的群体，并在行为模式的基础上结合额外的辅助信息综合推算。7.3.2 小节中介绍了如何基于轨迹提取个体的停留区域，构建由"停留"和"转移"构成的个体停留区域链，然而个体停留区域链中的停留区域仍缺少语义特征，无法推算出个体的具体活动功能特性。停留区域的语义特征需借助额外的辅助数据，城市功能规划分区数据与 POI 数据作为提供地区语义信息的重要载体，可以借助停留区域与辅助数据间的空间关系为停留区域赋予对应的语义特征。

（1）城市功能规划分区。城市功能规划分区数据揭示了城市内部各功能活动的分布空间及相应产生的小区差异。根据自然资源部国土空间规划分区和用途分类指南，城市功能规划分区表现为 9 类：居住生活区、商业服务区、综合服务区、工业物流区、绿地休闲区、交通枢纽区、公用设施集中区、战略预留区及特色功能区。

如图 7.16 左图所示，通过 GIS 叠置分析，停留区域的语义特征由停留区域所在位置的城市功能规划分区类型决定，在停留区域内占比最高的分区类型决定了停留区域的语义特征。若停留区域内包含多种功能区类型，则选择面积最大的功能区类型作为语义特征。

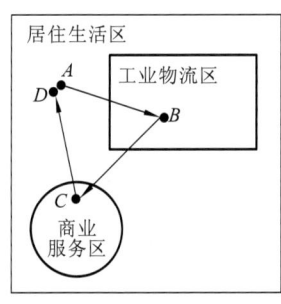 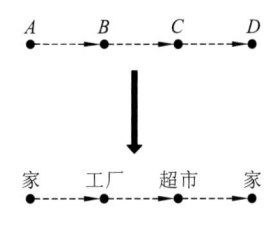 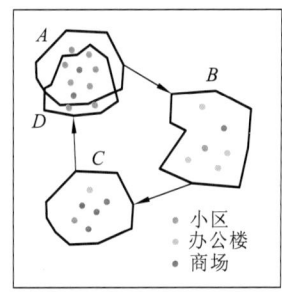

图 7.16　停留区域的语义赋值方法

城市功能规划分区以城市为尺度，每一个功能区的斑块面积相对较大，只能支持较大尺度的停留区域语义分析，如从较远的居住生活区开车到商业服务区进行购物活动再返回。若个体的轨迹完全处在一个功能区斑块中，则所有停留区域均具有相同的语义特征，导致个体活动功能特性不准确。比如个体从家到社区超市产生购物活动，但是家与社区超市均处在居住生活区内，个体的停留区域语义均为居住生活，活动功能的分析失效。

（2）POI 数据。POI 全称为信息点，GIS 领域 POI 可以是具有坐标信息的各类地理实体，如一栋居民楼、一个车站、一家餐厅等。一个 POI 至少包含名称、坐标、分类三个基本属性，并可携带描述、热度等额外定义的属性协助显示与归类。停留区域的语义特征可通过区域内 POI 的类别与数量得出，主要可遵循 4 个原则。①面积最大：设定为区域内累计占地面积最大的 POI 类别，如区域内存在多个小餐馆，但有一个大型购物中心。②数量最多：设定为区域内数量最多的 POI 类别，如商业区内存在数量很多的商铺 POI，少部分居民楼 POI。③重要程度：设定为区域内最重要或具有代表性的 POI 类别，如区域内存在重要旅游景点、重要代表性建筑等。④个人偏好：结合个体出行历史数据，分析个体趋向于选择的 POI 类别，如个体的上一停留位置是旅馆，当前停留位置中若同时存在工厂和旅游景点，则偏向于选择旅游景点而非工厂。

如图 7.16 右图所示，POI 数据的优势在于可以更加细致地刻画区域内的语义特性，但是相较于城市功能规划分区数据具有更高的复杂性，在确定语义特性时更多的选择会导致可解释性的不稳定。若停留区域内不存在 POI，则需要向停留区域一定范围内的缓冲区寻找最近的 POI 作为替代，否则仍需要依赖于额外的辅助数据进行判别。

赋予停留区域语义特征后，即可通过停留区域间的空间位置关系与语义相关性，计算个体间停留区域链的相似性实现群体识别。一般来说具有时空位置关系相似的个体是严格的群体，即多个个体在相同的时间、相同的地点进行相同的活动。但在一般情况下，即使群体在进行相同的活动，具有相同的活动功能，其空间位置与时间不尽相同。正如在相同工厂打工的工人，一个人上白班、一个人上夜班，两者的活动功能是相同的，可以归并为一个群体，但是其停留区域链中各停留区域时空层面不存在重合。

1. 基于区域位置的时空相似性

当不同个体长时间内的停留时间与空间位置均具有相似性时，可以说明两者间在时空中存在一定的伴随关系，对应的行为模式具有相似性，因此基于空间位置特性的行为模式相似性可用个体停留位置间的时空距离测算。

式（7.17）展示了如何计算两个停留位置 $s_i=\{a_i,t_i\}$,$s_j=\{a_j,t_j\}$ 间的时空距离。

$$d(s_i,s_j)=\frac{a_i\cap a_j}{a_i\cup a_j}\times\frac{t_i\cap t_j}{t_i\cup t_j} \quad (7.17)$$

其中：$a_i\cap a_j$ 为两停留位置间的重叠面积；$a_i\cup a_j$ 为两停留位置区域并集的面积；$t_i\cap t_j$ 为两停留位置间的时间交集长度；$t_i\cup t_j$ 为两停留位置间的时间并集长度。$d(s_i,s_j)$ 的取值范围为 [0,1]，其值越大表明两停留位置间具有更高相似度，反之更低。

基于停留位置间的时空距离定义可以进一步测算个体行为模式折线间的距离，由于折线间的停留位置并不一定存在相互对应关系，在依次计算时空距离时需要设定以下规则依序计算两条折线中停留区域间的时空距离。

（1）若两区域间时间存在重合部分，即 $t_i\cap t_j\neq 0$，两条折线均向下移动一个节点。
（2）若两区域间时间完全不重合，即 $t\cap t_j=0$，时间较早的折线向下移动一个节点。
（3）行为模式折线间的相似度为区域与区域间时空距离的均值。

式（7.18）展示了如何计算两条行为模式折线 pl_1 与 pl_2 间的相似性。图 7.17 展示了停留区域链相似性的计算示例。

$$\text{sim}(pl_1,pl_2)=\frac{\sum d(s_i,s_j)\times(t_i\cap t_j)}{T} \quad (7.18)$$

其中：T 为总时间长度；s_i 为 pl_1 中的停留区域；s_j 为 pl_2 中的停留区域。

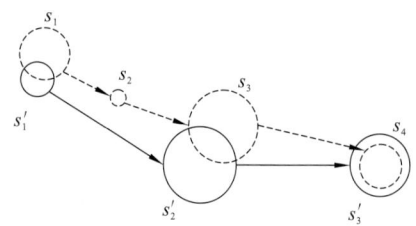

编号	面积	时间	编号	面积	时间
s_1	10	0~10	s_1'	5	0~7
s_2	2	15~17	s_2'	14	23~35
s_3	12	25~40	s_3'	9	50~60
s_4	7	40~60			

$d(s_1,s_1')=\left(\frac{3}{12}\right)\times\left(\frac{7}{10}\right)=\frac{21}{120}\cdots$

（a）行为模式折线　　　　　　　　　　（b）属性表与时空距离计算

图 7.17　停留位置的时空相似性

2. 基于区域语义属性的相似性

虽然时空移动规律的相似性揭示了存在伴随移动关系的个体间可能具有相同的活动功能特性，但在一般情况下，即使两个体间的停留位置间不存在严格的时空重叠，其仍然可能具有相同的活动功能特征。试想一下，在同一个工厂上班的工人可能居住在城市的不同方位，但其活动的功能特征均为工作；若两个工人居住在相同宿舍，但一个上白班，一个上夜班，那么基于区域位置的时空相似性同样无法将其归为一类，尽管两者具有相同的功能特征。因此通过停留区域的时空位置相似性度量在特定情况下限制过于严格，而在绝大多数情况下，个体活动区域的语义特征相同即可判定两者间具有行为模式的相似性。

对每个停留区域赋予语义信息后，$s=\{a,t,p\}$。但显而易见的是停留区域的语义信息一般为定类变量，因此两个行为模式折线的语义相似性通过两者间语义相同的区域数量度量，取值范围仍为[0,1]。式（7.19）中 P_1 为 pl_1 的停留区域语义集合，P_2 为 pl_2 的停留区域语义集合，图 7.18 给出了计算实例。

$$\text{sim}(\text{pl}_1,\text{pl}_2) = \frac{p_1 \bigcap p_2}{p_1 \bigcup P_2} \qquad (7.19)$$

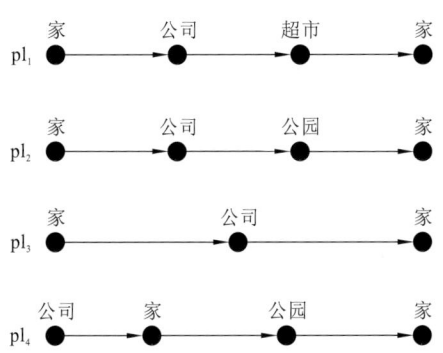

个体1	个体2	语义相似度
pl_1	pl_2	0.60
pl_1	pl_3	0.75
pl_1	pl_4	0.60
pl_2	pl_3	0.75
pl_2	pl_4	1.00
pl_3	pl_4	0.75

图 7.18　行为模式折线语义相似度计算

3. 功能特性判别

结合行为模式相似性识别出群体后，由群体的主要停留区域的语义特征判断群体活动的功能特性依赖于分析者的主观判断或系统的先验知识。比如出现"家-商场-餐厅-家"的语义序列，在主观上可认为该群体活动的主要功能特性是购物，或使用大量样本数据关联停留区域语义与功能间的潜在关系。比如商场与购物、工作均有关联（消费者、导购），学校与学习、工作有关联（学生、教师）等，按照停留区域语义序列可以与先验样本中对应的功能特性相匹配。上述过程是典型的多分类问题，分类的输入为群体停留区域的语义特性序列，输出为群体活动的功能特征。

多分类问题可通过将分类过程分解为多个二分类问题进行解答，从而应用 logistic、SVM、KNN（k-nearest neighbors，最近邻）、决策树等较为经典的分类算法。假设目标群体活动功能仅存在三种可能：学习功能、工作功能、休闲功能，则分类存在 4 种结果：学习、工作、休闲和其他。应用二分类解决多分类问题的流程（图 7.19）可以为先判断是否是学习功能，若是则结束判断，否则进一步判断是否是工作功能，以此类推完成分类，整体流程类似于连续的条件判断。二分类方法的问题在于对每一次二分类均要建立判断模型，当分类结果种类相对较多时，整体模型的构建会非常复杂。

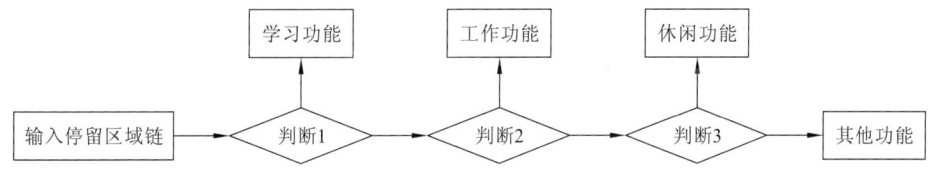

图 7.19　由二分类方法判断群体活动功能

目前已有大量模型可直接适用于多分类问题，如经典的贝叶斯分类器、神经网络方面的卷积神经网络（recurrent neural network，RNN）和长短期记忆（long short term memory，LSTM）网络等方法均适合于求解基于时序的分类问题。RNN 和 LSTM 在求解过程中的计算不仅取决于当前输入的数据，同样会受到先前时刻输入数据的影响，且每次分类所需的停留区域可以是变长的，因此对群体活动功能的识别具有很强的适配性。使用神经网络方法推算群活动功能的大体流程（图 7.20）：①确定对停留区域语义类型与活动功能类型并进行编码；②构造用于神经网络训练的训练集、验证集与测试集；③构建神经网络模型进行训练并验证训练精度；④使用训练完成的网络对目标数据分类。当构建出的神经网络模型中时间跨度较长时，更推荐使用 LSTM 来克服 RNN 容易遗忘较早输入的变量的特性。

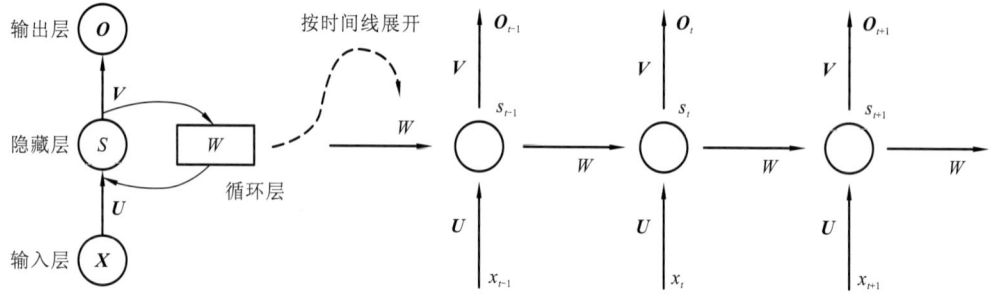

图 7.20　卷积神经网络（RNN）基本工作原理

X 为输入向量；U 为输入层至隐藏层的权重矩阵；V 为隐藏层至输出层的权重矩阵；W 为隐藏层上一次的值作为当前输入的权重；O 为输出的向量

7.4　群体移动性的时空定距观测

　　移动性建模，是指能够表征用户移动规律的物理量的观察和分析，得到用户个人或群体的移动行为规律，再使用某些数学工具将此规律进行刻画，并能够将该规律应用于群体移动行为预测。时空尺度是度量群体移动性前需要考虑的首要问题，大尺度群体移动性的建模通常探讨的是区域与区域间的交互强度，从而推导出各区域内的人口变化，群体的移动体现在区域与区域之间（孙静博，2011）。而小尺度群体移动性的建模着重于探究区域内部群体移动性的变化特性，通过计算区域内个体的出行轨迹，得到该区域的群体移动强度、结构等群体移动指标。

7.4.1　群体移动性的表达方式

　　大尺度下的群体移动性通常表征为区域与区域间的人群流动数量。如图 7.21 所示，将空间 S 均匀划分为 4×4 的格网，每个方格表示一个空间区域，注意在现实中的空间区域可以为任意形态，可以空间离散。一个群体移动性时空变化度量的例子即为从 t_i 时刻到 t_{i+1}

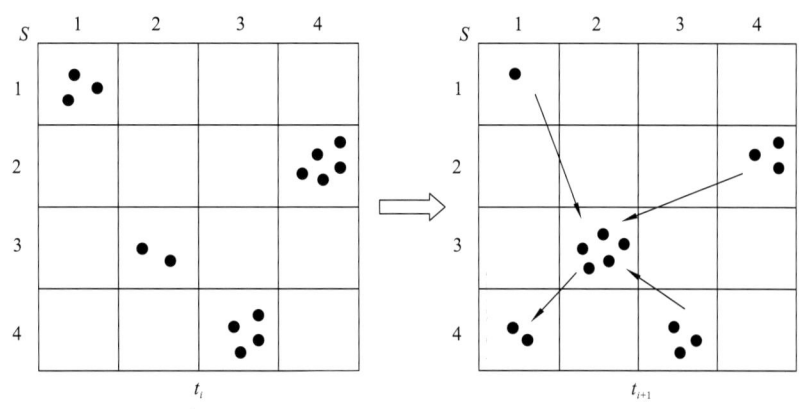

图 7.21 群体移动性的表征

时刻,有 2 人从 S_{11} 移动到 S_{32},2 人从 S_{24} 移动到 S_{32},1 人从 S_{43} 移动到 S_{32},2 人从 S_{32} 移动到 S_{41}。所有的区域至区域的移动可以表示为一个大小为 $n \times n$ 的空间移动矩阵 M,n 为 S 中区域的数量。若 S 中的流动量相对较少,则可以使用稀疏矩阵的表达方式进一步节省计算资源。

空间移动矩阵 M 在细节层面表达了群体在一段特定时间 $t_i \sim t_{i+1}$ 内在各个活动区域间的移动情况,区域与区域间的流量是一种定距表达方法,可以反映群体移动的特性,但是经过统计分析后的定距指标会具有更高的可对比性与可解释性。常用的人类移动性度量指标大致可以分为 4 类。①度量空间属性的指标,包括移动步长、回转半径等。②度量时间属性的指标:包括移动时间间隔、停留时间、访问频率、返回时间等。③度量社会属性的指标,主要考虑个体与其他个体的联系时间间隔、联系时常等。④基于信息熵的指标,用于衡量移动行为的可预测性,包括真实熵、随机熵、时间无关熵。通过对群体中个体的指标进行统计分析,可以定距度量群体的移动性。

群体的出行位移距离是群体移动性强度的有效度量指标,其根据群体中各个体出行位移距离的统计得出,是当前研究群体移动性的主要关注指标。个体出行在 t_i 至 t_{i+1} 时刻间的位移距离 $D(r_{t_i}, r_{t_{i+1}})$ 在无时空要素约束下可直接以两点间的欧氏距离进行测度,若存在例如车辆被道路约束的存在时空要素约束情况,则需要采用地图匹配等方法执行个体轨迹恢复,得到准确的个体出行轨迹,进而测算出位移距离精确值。基于个体出行位移距离可以构建群体出行位移距离分布,通过分布可以进一步测算出群体移动性的定距指标。城市内人群出行位移距离分布通常服从幂律分布,但是这一分布规律并不是固定的,有部分研究者使用的群体出行数据集会表现出指数衰减分布、对数正态分布和麦克斯韦-玻尔兹曼分布等形式。图 7.22 展示了深圳市每辆出租车在 2013 年 9 月 22 日(暴雨)~2013 年 9 月 25 日(晴天)的行驶距离分布,从分布图中可以明显地看出基本符合正态分布。通过行驶距离分布计算出雨天出租车的平均行驶距离为 160 km,相较于晴天的 179 km 存在 19 km 的下降。通过平均行驶距离精确度量了暴雨对出租车群体移动性的影响,并对数值实现了定量化,并非仅简单地说明存在下降的趋势。进一步将时间跨度拉长,观察 9 月 16~25 日的平均行驶距离变化曲线,可以发现将车辆的平均行驶距离构成时间序列后,可以更加明显地观察到群体移动性强度在暴雨期间存在瞬间下降然后缓慢抬生的趋势。使用其余指标度量群体移动性的步骤与位移距离类似，通过数值统计与数值分布可以得到较为直观的分析结果。

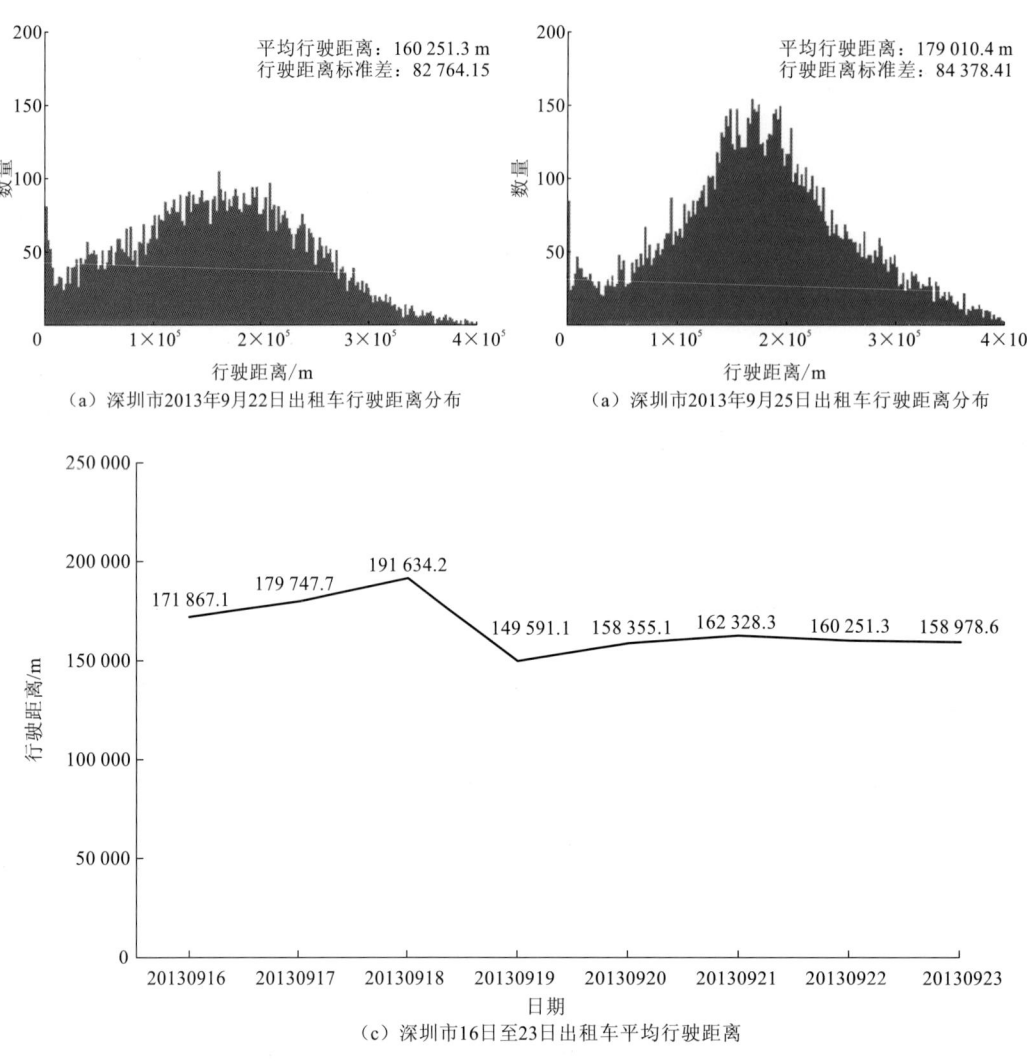

图 7.22 使用群体移动距离度量群体移动性

7.4.2 大尺度群体移动性预测模型

群体移动性的预测模型旨在通过区域与区域间的既定关系计算出空间移动矩阵 M，进而支持后续的建模与分析，群体移动性预测模型的计算结果多为两区域间发生移动的概率或两者间的耦合度而非准确数值。虽然概率、耦合度不具有实际的物理意义，但是其和流量相同均为定距指标，可以反映数值间的差异性。按照人类对地理距离的依赖关系，群体移动性的建模分为两种观点。第一种观点认为移动性由物理距离带来的时间、能量花费直接决定。这种观点的典型模型为引力模型（George，1946）。经典的引力模型与万有引力定律的形式类似，它假设两个空间位置间的移动量与人口数呈正比，并随着地理距离的增加而衰减，距离衰减一般呈现出幂函数或指数函数的形式：

$$T_{ij} = \frac{m_i^{\alpha} \times m_j^{\beta}}{f(r_{ij})} \quad (7.20)$$

其中：$f(r_{ij})$ 为距离衰减函数；α,β 为可调参数；T_{ij} 为个体从区域 i 移动至区域 j 的概率或解释为区域 i 与区域 j 间的耦合度；m_i 为区域 i 的人口数；m_j 为区域 j 的人口数。

第二种观点认为移动性和物理距离不是直接相关的，距离只是介入机会效应的一种体现。个体选择出行目的地时，倾向于选择于能够满足其需求的位置，而物理距离则不是他直接考虑的因素，他更关心的是符合其需求的那些位置的物理距离排序（Smith，1980）。若一个圆形区域的半径为 s，x 为区域内的全部干预机会，使用 Δs 构成最小半径为 $s-1/2\Delta s$，最大半径为 $s+1/2\Delta s$ 的环形区域，则 Δx 为环内的所有干预机会，Δy 为从中心区域移动到该环的人数，a 为可调参数[式（7.21）]。在该假设下，令 $x=f(s)$ 即机会是一个与距离有关的函数，且函数变量由离散转为连续构建积分形式，则式（7.21）可以简化为式（7.22）。

$$\frac{\Delta y}{\Delta s} = \frac{a}{x}\frac{\Delta x}{\Delta s} \quad (7.21)$$

$$y = a \times \log(f(s)) + c \quad (7.22)$$

其中：y 为 s 范围内全部的移动个体数量；$f(s)$ 为 s 范围内全部的干预机会；c 为可调参数，该式说明了出行人数与机会数量的对数存在正相关关系。

引力模型与介入机会模型中均含有待定参数，在应用时需要根据原始数据进行参数估计，保证模型计算的精确性。Simini 等在 2012 年提出了一种用于计算群体移动性的辐射模型，该模型仅需要人口分布数据作为输入，即可通过捕获局部移动决策的随机过程计算出交通流量 T_{ij}。该模型认为个体移动概率取决于区域 i 的人口 m_i、区域 j 的人口 n_j 及以 i 为圆心 d_{ij} 为半径圆形区域内部的人口 s_{ij}[式（7.23）]。相较于引力模型和介入机会模型，辐射模型中没有任何参数，可以用于计算流量数据缺失的区域，并且显著提高了大部分被移动和交通过程影响的情况的预测精度。

$$T_{ij} = \frac{m_i \times n_j}{(m_i + s_{ij}) \times (m_i + n_j + s_{ij})} \quad (7.23)$$

另一个具有代表性的无参模型是距离排序模型，距离排序模型认为两区域间的流量关系并非完全依赖于空间距离，而是取决于区域在整体处理空间中的等级（Liang et al., 2012）。研究证明绝大多数情况下两连通区域的等级越高，人群在两区域间的流动性反而越低，这一特性和社交中强者和强者之间通常难以存在友谊存在异曲同工之妙，且两者间的空间距离起到了次要的限制作用。如式（7.25）所示，区域 i 与区域 j 间的等级 $\text{rank}_i(j)^a$ 为满足 $d(i,k)<d(i,j)$ 的区域 k 的数量，其中 $d(i,k)$ 为区域 i 与区域 k 间的距离，$d(i,j)$ 为区域 i 与区域 j 间的距离，而从区域 i 转移至区域 j 的流量与城市间的等级呈反比例关系[式（7.24）]。一般情况下采用式（7.26）计算出准确的转移概率 T_{ij}，该公式保证由区域 i 向其余所有区域流动的转移概率之和不超过 1。

$$T_{ij} \propto \frac{1}{\text{rank}_i(j)^a} \quad (7.24)$$

$$\text{rank}_i(j)^a = |\{k : d(i,k) < d(i,j)\}| \quad (7.25)$$

$$T_{ij} = \frac{\text{rank}_i(j)^a}{\sum_{c \in C} \text{rank}_c(j)^a} \tag{7.26}$$

需要再次强调的是，上述经典模型计算得到的 T_{ij} 均不是具体的流量数值，而是个体从区域 i 转移至区域 j 的概率。因此将概率转为流量需要乘上区域 i 的活跃人口数 P_i，从而得到真正的流量数值 F_{ij}［式（7.27）］。

$$F_{ij} = P_i \times T_{ij} \tag{7.27}$$

部分研究者在上述经典群体移动性预测模型的基础上进行改进，构建出相对复杂但是预测能力更强的群体移动性模型，如在介入机会效应模型上改进的基于位置流行度的模型（陆峰 等，2014）。该模型认为个体在选择目的地时会权衡城市中每个区域的机会带来的效用，而不是简单地选择距离最近的高效用区域，在选择过程中个体综合考虑了城市内所有区域的效用，具有更高的预测精度。

7.4.3 小尺度下的群体移动性表述与观测

大尺度的群体移动性模型偏重于区域与区域间交互强度的度量，区域是群体移动的基本单元，只能在宏观的尺度上了解每个区域间人群的流动情况与各个区域内的人口数量。但在实际应用中，人们更偏向于小尺度的人群移动性观测，即在单一区域内部的群体移动性具有什么样的特性。比如机场、火车站等独立的空间范围较大的场所，其在大尺度群体移动性度量中可视为一个单独的区域与其余区域构建流动关系，但是并不能找到场所内部的群体移动特性。另一种方式是将区域进一步划分为更小的区域，但是细粒度的切分需要更加细粒度的数据作为支持，实际情况下难以应用，因此对场所内部的个体移动轨迹进行统计分析是度量小尺度区域级别群体移动性的有效方法。依据区域内部可度量变量的可用性，可以将小尺度区域群体移动性划分为三类度量方式：运动强度度量、繁忙周期度量、通道结构度量。

1. 群体移动强度建模

小尺度区域内群体移动的强度特性与大尺度类似，即通过区域内部个体的数量、运动位移的大小进行度量。以区域内部的个体数量随时间变化为例，图 7.23（a）展示了北京首都国际机场一天内起降频次随时间的变化，此处将飞机视为个体建模。可以发现机场内部飞机这一群体在一天内的移动性强度具有明显的差异性，从 2:00 至 6:00，航班的起降次数显著降低，这很有可能是因为夜间飞机起降视野相对较差且机场工作人员相对较少导致的；其余时间起降次数维持在高位且具有一定的波动，但是起伏不明显。起飞架次与降落架次呈现出显著的互补关系，考虑到机场同时起降存在最大承载能力，这一规律符合常理。接下来查看洛杉矶国际机场内飞机群体的移动性强度规律，由于北京与洛杉矶间存在 15 h 的时差，洛杉矶国际机场的群体活跃强度的谷值同样出现在夜间 3:00 至 6:00，随后抬升至高位且同样存在一定的波动。上述过程通过区域内群体活动频次的时空变化，实现了以定距指标频次构建的群体移动强度模型，反映了机场区域中飞机群体移动性强度的时空变化特征，即在夜间存在一次活动强度的显著下降维持约 4 h，后续逐渐恢复为正常值。

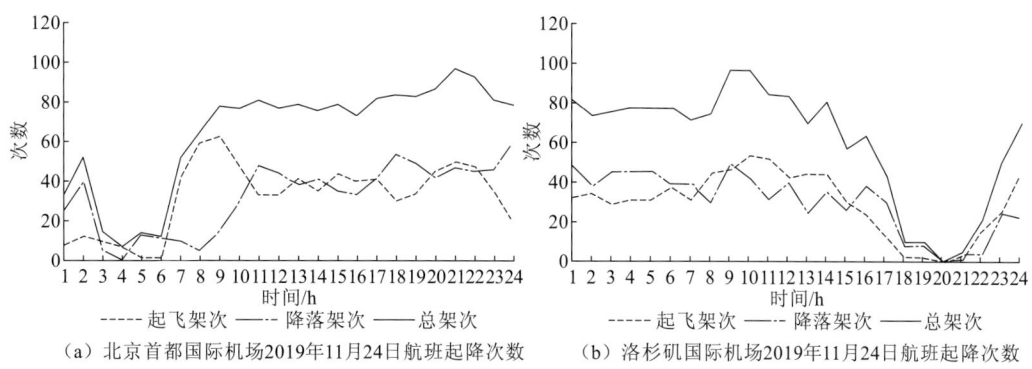

（a）北京首都国际机场2019年11月24日航班起降次数　　（b）洛杉矶国际机场2019年11月24日航班起降次数

图 7.23　机场飞机起降次数时空变化曲线

2. 群体移动周期性建模

区域内群体的移动性同样可能存在一定的周期性，时间可以作为定距指标对群体移动性的周期进行度量。如图 7.24 所示，将时间尺度拓展至 4 天，可以观察到群体长时间段内的出行强度规律。这里可以发现，虽然北京首都国际机场每天的起降次数略有波动，但是整体上仍然呈现出夜间出现起降次数低谷，白天维持在高位的状态。在没有突发事件的情况下，北京首都国际机场的飞机的群体移动性呈现出了很明显的以一个自然日 24 h 为周期的规律。得到区域内群体的周期性变化特征后，可以更有效地结合区域内部的部分群体移动性干扰因素，如：天气、大型活动等，获得更加准确的预测结果。

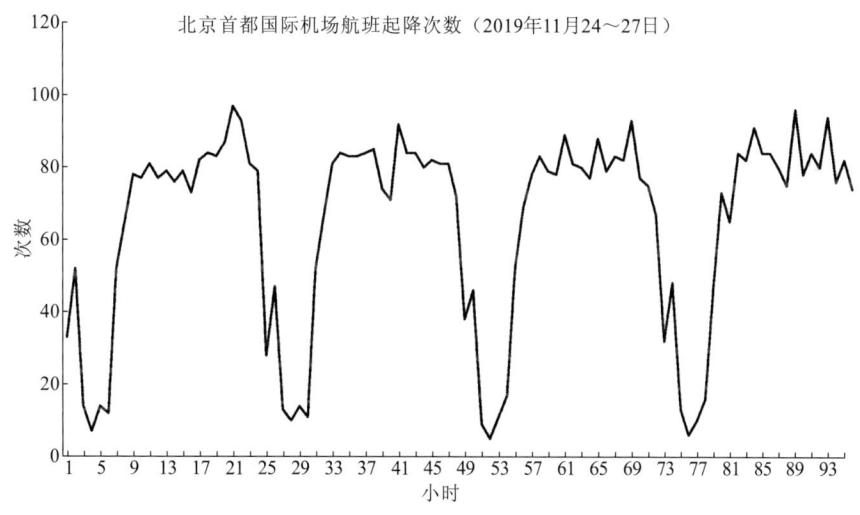

图 7.24　北京首都国际机场起降次数日周期性

3. 群体移动结构性建模

由于区域内部结构在一般情况下属于未知状态，相较于具有明确最优路径的区域间群体移动，区域内部的群体移动通常难以依赖于现有的区域内部结构。即便在已知区域内部结构的情况下，区域内部结构的复杂性导致并非群体会完全覆盖区域的所有可活动范围，使用区域内的物理结构通道表达内部群体的移动结构特性是不准确的。为获取群体在区域内移动的结构特性，需要基于区域内大样本个体的移动轨迹进行建模，找到大量的且空间位置变化与轨迹形态相似的个体轨迹集合，集合中的轨迹构建成为广义上的一条区域内部的"通道"。此处的"通道"并非物理意义上的通道，其通过轨迹聚合而成因此理论上可以在区域内部以任意形态存在，任意位置开始或结束。虽然它不代表物理实体，但是由于区域内的个体会被真实存在的物理通道或人为划定的虚拟通道限制出行自由度，其形态必然会受到真实存在的物理通道的影响。

"通道"自身具有的定距属性主要包括通道的繁忙度与通道的空间复杂度。通道的繁忙度 B 定义为从 t_i 到 t_{i+1} 的时间段内，该"通道"中经过的个体数量；通道的空间复杂度 C 定义为从 t_i 到 t_{i+1} 的时间段内平均个体轨迹的线复杂度[式（7.28）]，线复杂度的计算方式 LC 如式（7.29）所示。

$$\begin{cases} f = \dfrac{\sum_{j=0}^{n} \mathrm{dis}\left(p_j, p_{j+1}\right)}{\mathrm{dis}\left(p_0, p_n\right)} \\ \\ g = \dfrac{\sum_{j=0}^{n-2} \mathrm{ang}\left(s_j, s_{j+1}\right)}{2\pi} \\ \\ \mathrm{LC}\left(l_p\right) = \log_2(f+2) \times g \end{cases} \tag{7.28}$$

$$C = \sum_{p=0}^{m} \mathrm{LC}\left(l_p\right) \tag{7.29}$$

其中：f 为长度复杂性；$\mathrm{dis}\left(p_j, p_{j+1}\right)$ 为轨迹中第 j 个点至第 $j+1$ 个点间的欧氏距离；g 为角度复杂性；$\mathrm{ang}(s_j, s_{j+1})$ 为轨迹中第 j 条线段与第 $j+1$ 条线段的方向角差异值，单位为弧度。

1）区域内无限制下的"通道"

此处将无任何物理通道与人为限制的通道存在的区域称为自由区域，典型的自由区域包括无设施的空地、天空等，现实生活中的自由区域数量极少。无组织的群体在自由区域内部的移动是相对随机的，但不能排除存在有组织的群体活动产生大量形态相似轨迹的可能性。无限制区域内的"通道"的出现预示着具有相同行为的个体构成了群体，这一群体是区域内群体的一个子集。假若把操场看作一个自由区域且操场内的个体相互独立，一般情况下操场内的独立个体自由活动时是无规律的。若在 t_i 时刻出现一个小偷，操场内大部分人开始追击小偷，追击到 t_{i+1} 时刻后小偷被捕然后群体就地解散，那么在 t_i 至 t_{i+1} 期间自由区域内出现了大量的形态相似轨迹，此时构成了自由区域内的"通道"。然而，在 t_{i+1} 时刻后由于事件解决，"通道"也就此消失，可以说自由区域内的"通道"是随机且不稳定的，"通道"的繁忙度、复杂度均会随时间发生变化。

2）区域内有限制下的"通道"

生活中的绝大部分区域中均存在物理通道或人为限制下的通道，物理限制下的通道如建筑内的墙壁、楼梯、电梯等都限制了个体在区域内的移动自由度，因此个体无法穿过物理障碍的限制在非自由空间中随意移动。人为限制下的通道相对更为宽松，如为保证航行时船舶的安全设定的航道，虽然没有物理上的障碍实现对船只的绝对阻隔，但是一般情况下船舶会在无障碍空间中沿人为规定的航道航行以保证安全。在区域内存在限制的情况下群体移动的结构特性相对较为固定，群体大概率会沿限制下形成的通道移动，因此群体移动结构"通道"的复杂度变化相对较小，但是繁忙度仍然会随时间变化。

无论是无限制区域内的"通道"还是有限制区域内的"通道"，其区域内"通道"的计算遵循从长至短依次归并的原则，使用轨迹聚类的方法进行探测。构建区域内"通道"的主要流程如下。

（1）将区域内 t_i 至 t_{i+1} 时段中所有个体的轨迹集合 P 按轨迹长度降序排序。

（2）选取未被归类的最长轨迹 p_{tmax}，构建一个新的通道对象 c，将 p_{tmax} 设为通道 c 的核心轨迹。

（3）按顺序遍历 P，依次计算未被归类的剩余轨迹 p_{other} 与 p_{tmax} 的匹配比例 γ。以矢量层面计算为例，设定缓冲范围 r，匹配比例阈值 α，按式（7.30）计算 γ。

$$\gamma = \frac{\text{count}_{match}}{\text{count}_{all}} \times 100\% \tag{7.30}$$

其中：count_{match} 为 p_{other} 在 p_{tmax} 以 r 为半径的缓冲区中轨迹点的数量；count_{all} 为 t_{other} 中全部轨迹点的数量。若 $\gamma > \alpha$ 则将 t_{other} 加入 c 并标记为已归类，否则跳过。完成所有轨迹遍历后跳出循环。

（4）判断 c 中轨迹数量 n，若 $n > \min$，将 c 加入"通道"集合 C，否则舍弃。此时若集合中存在未被归类的轨迹则转步骤（2），否则结束处理。

图 7.25 展示了进入北京首都国际机场 300 km 范围内，进入与离开机场的飞机群体在存在一定人为约束的范围内的移动性结构。显而易见的是，2019 年 11 月 24 日北京首都国际机场上空出现了大量相似的轨迹，进入机场的飞机可划分为 7 条"通道"，离开机场的飞机划分为 6 条"通道"，各通道间存在显著的空间位置与属性差异。从通道复杂度上看，机场空域内部进入机场相较于离开机场的飞机群体通道复杂性显著上升，这可能是由于飞机在降落时需要接受航站楼的统一调配，降落前在空中存在显著的盘旋导致通道复杂度上升。而离开机场的飞机群体仅需要起飞后按规定航线向目标机场飞行即可，通道复杂度相对较低。"通道"的数量和繁忙度标准差也是区域内部群体移动分异性的体现，"通道"数量越多、繁忙度标准差越大说明区域内部群体移动性的分异性强，反之说明区域内群体的移动具有更高的一致性。

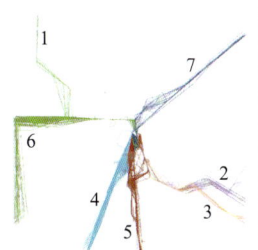

通道编号	繁忙度	复杂度
1	16	3.214
2	20	2.948
3	15	3.055
4	253	2.215
5	168	2.236
6	129	2.880
7	25	2.575

（a）机场入场通道（降落）

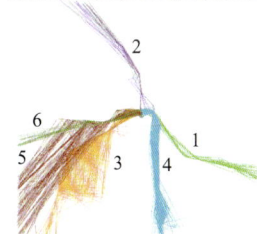

通道编号	繁忙度	复杂度
1	45	1.664
2	29	1.372
3	195	2.047
4	166	1.814
5	121	1.689
6	17	1.446

（b）机场出场通道（起飞）

图 7.25 北京首都国际机场 2019 年 11 月 24 日飞机群体起降结构特性

通过区域内部群体移动强度、周期、结构的度量，可以准确地了解小尺度下区域内部的群体移动情况，对区域内群体移动性进行更加精确的定距描述。

7.5 群体活动风险的时空定距模型

群体活动风险群体在活动过程中遭遇突发事件或公共安全问题所受影响的定量化描述，在群体活动定距模型中可以使用风险值定量化遭遇的风险程度。群体中包含大量独立个体的特性导致群体在遭遇突发事件或公共安全问题时可能会产生严重的混乱，在混乱中群体所受风险会进一步增加，因此保证群体活动的安全性至关重要（王起全 等，2007）。群体活动风险的时空定距模型可以计算出群体在活动中所受风险的定量描述，若群体活动风险过高则可以通过一定的干预方法降低群体活动风险。其意义在于挖掘群体活动中的潜在风险，并提出干预措施以保证群体活动的安全性。

从宏观角度出发，群体活动的风险既可以指群体在活动中由于外界因素造成的人身风险，也可以指阻碍群体活动正常开展的各项指标。一般情况下对群体活动风险的评估主要可以分为以下 4 个方面。

（1）天气风险（weather risks）。天气风险即恶劣天气情况对群体活动造成的风险，如暴雨、降雪天气可能会导致人员滑倒摔伤；高温天气可能导致人员在活动中出现中暑问题；强风天气下人员可能会被吹倒等。一般情况下，城市内部的天气状态在短时间内是一致的，因此天气风险在区域风险计算中属于全局风险。

（2）医疗风险（medical risks）。医疗风险是群体中个体在活动中受到身体损伤的风险，如活动中被野生动物袭击或有毒蚊虫蛰咬，在湿滑的地面上摔倒，被机动车或非机动车撞击等。此类风险与群体活动区域的特性存在强相关性，若活动路径与停留区域中存在较多交通路口，则出现交通事故的风险可能会显著增加。

（3）安全风险（security risks）。安全风险是指活动中人为造成的群体风险，但不一定对人体造成物理损伤，如活动中人群的拥挤产生踩踏事件，群体内人与人之间产生语言或肢体冲突，其他群体在活动过程中对本群体的寻衅滋事等。由群体内部产生的风险在无外部因素干预的情况下一般保持不变，如人与人间的冲突一般仅和群体内个体的数量呈现正相关关系。

（4）其他风险（miscellaneous risks）。其他风险即除上述风险之外的其余风险类型，较为典型即为不可抗力导致的或完全不可预知的风险，如在活动过程中意外起火，活动中的进餐行为导致食物中毒等。这些风险在活动过程中有极低的概率发生，具有很强的随机性，同时难以通过空间内的现有空间要素进行风险评估。

结合人群动态的群体活动风险评估主要以评估医疗风险与安全风险为主，即结合群体在活动中的具体轨迹及群体内部情况，定量化评估群体在活动过程中可能受到的整体风险。完整的空间区域中各个位置的由于外部因素对群体产生的风险可通过栅格表示，则在群体活动转移过程中产生的风险可以通过成本距离进行度量。

7.5.1 群体活动风险静态计算模型

由 7.4 节中群体移动性定距模型中可知，群体在 t_i 至 t_{i+1} 时刻存在空间转移矩阵 M 用于度量空间 S 内区域间的群体流动。群体活动风险的静态计算模型基于两项假设：一是 t_i 至 t_{i+1} 时间段内区域 S 内的危险事件是固定的；二是群体活动中的转移路径是固定的。在上述条件下若已知群体活动的主要区域与群体在活动区域间的移动路径，即可计算出固定的群体活动风险。

1. 全局群体活动风险

既定空间中 t_i 至 t_{i+1} 的群体活动的瞬时风险 $R_{t_i t_{i+1}}$ 由空间内的危险事件数量 N、各事件危险程度 D、各事件覆盖范围 A 相关，且呈现正比例关系。若假设群体活动时个体在空间内均匀分布且随机产生移动行为，则群体在 S 内遭遇危险事件的概率是均匀的，那么空间内群体的瞬时风险使用式（7.31）计算。

$$R_{t_i t_{i+1}} = \alpha \times F \times \sum_{p=0}^{N} D_p \times \frac{A_p}{S} \tag{7.31}$$

其中：α 为可调参数；F 为群体中的人数；D_p 为 S 中第 p 个事件的危险程度；A_p / S 为 S 中第 p 个事件的覆盖面积与空间总面积之比。该指标在全局层面度量了 S 内群体活动的宏观风险，即理论情况下的平均风险，该风险值为定距的相对数值，可以比较不同区域内部群体活动的风险大小。对于使用线要素进行表达的危险事件，可使用线的长度 l_p 代替 A_p / S；使用点要素表达的事件可移除 A_p / S 项，直接使用事件的危险程度计算。

图 7.26 展示了空间内群体活动冲突风险的计算示例，该示例的实际场景设定为待测群体 G_1 在 S 内自由活动，S 包含另外两个群体 G_2、G_3 的空间活动范围。G_1 群体与 G_2、G_3 群体在活动空间使用上存在冲突风险。计算时设定 $\alpha = 1.0$，D 表示群体产生冲突对应的危险程度。左图与右图分别测算了 G_2、G_3 不同活动范围与冲突危险程度下群体 G_1 的全局活动风险，从计算结果中可以看出，在宏观大尺度且不考虑群体精确移动轨迹的基础上，群体在左侧空间内的活动风险小于在右侧空间内的活动风险，t_i 至 t_{i+1} 时间段内群体活动风险被量化为具体数值，可实现横向的数值大小对比。

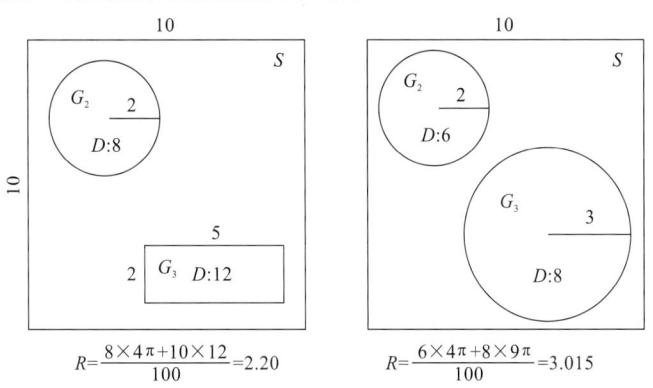

图 7.26 全局尺度的群体活动风险

基于时间序列 $T=\{t_0,t_1,t_2,\cdots,t_n\}$，群体在完整的从 t_0 至 t_n 时间段内的总风险值 R_{total} 使用式（7.32）进行计算。

$$R_{\text{total}} = \sum_{i=0}^{n-1}\left[R_{t_it_{i+1}} \times (t_{i+1} - t_i)\right] \tag{7.32}$$

其中：$n-1$ 为 n 个时刻构成的 $n-1$ 个时间段；$R_{t_it_{i+1}}$ 为一个时间段区域内群体受到的瞬时风险值，结果即为各个时间段风险值的累计和。

全局群体活动风险适用于评估群体在大范围内未知具体行动轨迹的风险评估，是一种在整体层面上的评估，该方法同时可应用于停留位置链中各停留位置的风险计算。

2. 转移过程中的群体活动风险

若群体活动中的转移具有固定的路径，那么群体何时进入、何时离开一个危险事件的覆盖范围是明确的，因此仅需要计算群体在转移过程中经过的风险即可。若群体的空间转移矩阵 M 存在，则基于 M 可以实现群体活动风险的细粒度度量。由于群体在区域 S 内的每一次转移均可以表示为从区域 a 向区域 b 的流量 F_{ab}，群体活动风险度量的关键即为找到人口从区域 a 向区域 b 流动经过的区域中包含的危险事件，而后结合事件的危险程度 D 量化群体活动风险。在综合测算区域 S 内群体活动风险 $R_{t_it_{i+1}}$ 前需要依次计算每一组区域间的流量 F_{ab} 构成的风险 r_{ab}。r_{ab} 使用式（7.33）计算。

$$r_{ab} = \alpha \times F_{ab} \times \sum_{p=0}^{N}\frac{l_p}{v} \times D_p \tag{7.33}$$

其中：α 为可调参数；N 为从区域 a 至区域 b 的路径中遭遇的危险事件数量；D_p 为事件的危险程度；l_p 为路径在事件覆盖范围内的长度；v 为群体行进的速度。对于使用线要素、点要素进行表达的危险事件，l_p 直接设定为固定值。

如图 7.27 所示，空间 S 中存在从区域 1 至区域 3 的流量 $F_{13}=20$，区域 2 至区域 4 的流量 $F_{24}=15$，空间中存在两个危险事件，范围均为矩形，危险程度为 10 与 15，群体的移动速度 $v=1$。首先计算 F_{13} 对应的活动风险 r_{13}，群体移动过程中经过两个危险事件范围，且被覆盖的路径长度均为 $3\sqrt{2}$；接着计算 F_{24} 对应的活动风险 r_{24}，路径中仅经过一个危险事件区域，被覆盖路径长度为 $2\sqrt{2}$；最后计算出空间内群体移动的总风险值 $R=4.242$。

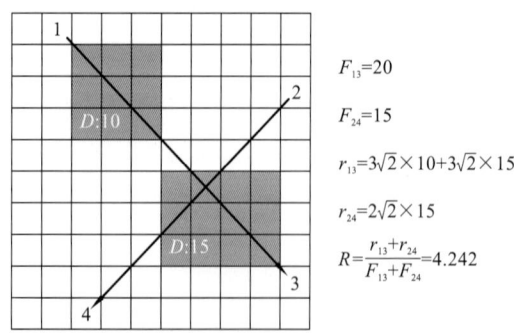

图 7.27 结合空间转移矩阵的群体活动风险

上述示例描述了结合空间转移矩阵的群体活动转移过程中的风险计算方式，区域与区域间的距离直接选择了两点间的欧氏距离进行测算。实际情况下，群体在区域与区域间的转移会依赖于各类交通工具，绝大多数情况下结合空间内的路网数据进行测算会得到更准确的风险测算结果。

基于时间序列 $T=\{t_0,t_1,t_2,...,t_n\}$，每两个相邻时刻间均存在一个群体空间转移矩阵，群体在完整的从 t_0 至 t_n 时间段内的总风险值 R_{total} 使用式（7.34）计算，即为所有分段风险值之和。结合空间转移矩阵的活动风险测算适用于群体活动停留区域链中转移的风险测算。群体活动的静态总风险即依次计算相互交替的停留区域风险和转移过程风险，最终将所有分段风险值相加得到最终结果。

$$R_{\text{total}} = \sum_{i=0}^{n-1} R_{t_i t_{i+1}} \tag{7.34}$$

转移过程中的活动风险测算可应用于任何需要计算群体移动成本距离的应用中，在新型冠状病毒肺炎（corona virus disease，COVID-19）流行期间该方法应用于武汉市内各个小区居民群体出行的感染风险测算。按时按规定开放部分超市是保障城市居民的基本生存需求必要之举，但是如何分配各超市与各小区居民间的对应关系，有效降低居民出行过程中与在超市停留过程中产生的感染风险，是一个有价值的动态规划问题。在该动态规划问题中，居民出行的风险即经过风险区域的风险累积和，空间内各个区域的风险值可由各小区的感染率推算；居民在超市中停留的风险即小尺度空间内的全局风险，可用超市内的人员密度、停留时间、当前小区感染率等指标综合测算。

7.5.2 群体活动风险时空动态模型

群体活动风险静态模型的计算基于既定的群体流动结果，但是在实际情况下，群体活动过程中会基于未来可能遭遇的风险动态改变活动路径，以降低整体群体活动风险，因此群体活动风险存在显著的时空动态特性。群体活动风险的时空动态特性是群体在移动过程中发生选择行为的必然结果，是群体在活动效率和活动风险中衡量相对最优方案的体现。因此，群体活动风险定距模型中的时空动态特性体现在以下两个方面。

一是空间中各个事件对群体造成的风险是不确定的，事件自身在不断演化的过程中风险系数也随之改变。以天气因素导致的高温风险为例，早晚的气温较为适宜群体活动不易产生中暑风险，而中午气温趋于最高时，群体活动中暑的风险会显著提升。

二是群体活动的转移过程中，群体会有意识地选择规避风险较高的区域，进而降低群体在活动中可能遭遇的风险。同样以高温风险举例，在高温环境下，当一个群体从一个停留区域转移到另一个停留区域时可能更倾向于选择有树荫遮挡的道路，而并非无树荫遮挡的距离最短的近路。

与此同时，事件危险程度的改变不仅服从于自身的客观变化规律，同时也会受到群体活动的影响，在固定区域内的群体、危险事件相互作用、相互影响进而构成一个复杂系统。与静态风险测算相同，结合时空动态求解群体活动风险的过程同样可以分为两个部分：一部分为较为简单的群体停留风险测算；另一部分为群体转移过程中的风险测算。停留位置的动态风险测算仅需要考虑危险事件风险值的动态变化，而群体转移过程中的动态风险测算则需要额外引入选择的过程。假设群体活动的停留区域链 Chain=$\{s_1, m_1, s_2, m_2, \cdots, m_{n-1},$

$s_n\}$，空间内存在 m 个危险事件 $E=\{e_1, e_2, \cdots, e_m\}$，则依次计算停留区域与转移过程中的群体风险并将所有结果累加。

1. 停留位置内的动态风险测算

将事件的危险程度视为时空动态变化量，则每一个危险事件的危险程度均可以表示为一个随时间变化的函数 $e(t)+\varepsilon$，其中 $e_i(t)$ 为事件自身危险程度随时间的变化，服从于危险事件自身的客观变化规律；ε 为在 t 时刻外界因素对事件危险程度造成的干扰，如在一条道路一天内的拥堵程度随时间的变化规律变化，但额外的群体活动导致该道路中出现了大量车辆，从而使堵车的风险显著上升。

如式（7.35）所示，群体活动的每一个停留区域 s_i 的总风险可表示为对风险函数的积分。

$$R(s_i) = \sum_{p=0}^{m} \left(\frac{A_p}{a} \times \int_{t_s}^{t_e} \left(e_p(t) + \varepsilon_p \right) dt \right) \tag{7.35}$$

其中：a 为停留区域的面积；A_p 为第 p 个危险事件与 a 重叠的面积；t_s 与 t_e 分别为群体活动在该停留位置的开始时间和结束时间。

2. 转移过程内的动态风险测算

在起始位置与终止位置明确的情况下，群体活动中的一趟转移风险计算的核心问题在于找到群体从 s_i 转移至 s_{i+1} 最有可能选择的路径 r_{best}，并使用该路径的风险 R 作为结果。在路网 G 中由 s_i 至 s_{i+1} 存在多条可选路径，每条路径的效益 U 由时间消耗 T 和风险程度 R 决定，时间消耗与风险程度均与效益呈负相关关系，即时间消耗越短、风险程度越小，群体更倾向于选择该路径实现转移过程，在宏观意义上时间消耗同样可以定义为一种风险，影响到活动是否可以按时进行。此处将时间消耗与风险程度分离是因为时间消耗是转移过程中必然产生的风险，而其余风险则是可选项。

$$U(r) = \frac{1}{T_r^\alpha \times R_r^\beta} \tag{7.36}$$

其中：T_r 为路径的时间消耗；R_r 为路径上的总风险。

与停留位置内的动态风险测算相同，危险事件的危险程度表示为 $e(t)+\varepsilon$，因此群体经过风险区域的累计风险同样采用积分形式计算。如式（7.37）所示，t_{ps} 与 t_{pe} 分别为路径进入危险事件区域的开始时间和结束时间。

$$R_r = \sum_{p=0}^{m} \int_{t_{ps}}^{t_{pe}} \left(e_p(t) + \varepsilon_p \right) dt \tag{7.37}$$

当路网中节点过多，不可能计算所有将 s_i 与 s_{i+1} 相连的路径时，可以采用贪心算法的思想，仅在 K 条时间最短的路径中选取效益最高路径。或是在构建路径的过程中，每次拓展仅保留 K 条当前效益最高的路径，最终在 K 条路径中选择效益最高的路径。

如图 7.28 所示，某一群体需驾车由图中 A 点转移至 B 点，转移过程中需在 m_1 与 m_2 两个路口选择合适的前进路径。群体在进行选择时仅可以依据历史及当前道路的积水状态信息且更倾向于选择积水程度较低的路段以降低车辆意外抛锚的风险，若此时设定 $K=1$，则在 t_{m_1} 时刻群体对路线的规划为 $R=\{A, c_1, c_3, B\}$。但在强降水天气条件下，城市内道路的积水会伴随时间不断变化，由 m_1 转移至 m_2 的过程中由积水程度函数与长度的积分求解总风险，且在 t_{m_2} 时刻可依据有效的积水程度信息对路径进行修改 $R=\{A, c_1, c_4, B\}$，实现群体转移过程中风险值的动态测定。

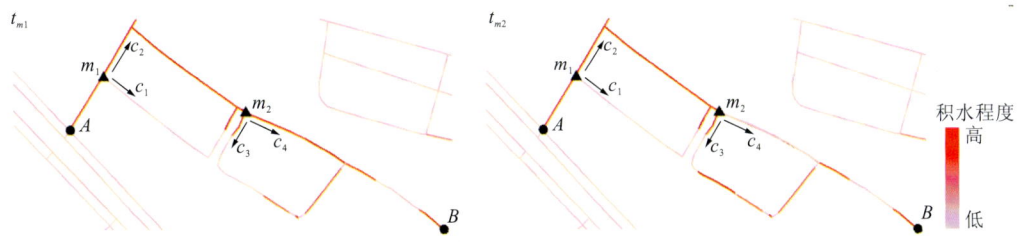

图 7.28　群体移动活动风险的动态测算示例

7.5.3　港内船舶活动时空风险例子

港内海运网络的交通动态包括会遇船舶的速度方向变化模式和时空交通特性统计。其中会遇船舶的速度方向变化模式，可以为时空风险的层级特性分析和风险分布图的输出提供支撑；交通时空特性统计能够支撑充分考虑港口通航特性和风险动态的无人船路径优化。

1. 会遇船舶航速航向调整模式

船舶航速航向变化分布函数能够探测船舶异常行为，支撑港口安全管理。首先，对研究区内的每对会遇船舶识别最近会遇点（closet point of approach，CPA），根据 t 时刻船舶速度 v 和方位 h、与会遇点 t_0 时刻船舶速度 v_0 和方位 h_0 的变化值，计算其百分比如下式所示：

$$\forall \left(y|\ \Delta v_{(1,t)}=k\right) \in f\left(\Delta v_{(1,t)}\right) = \frac{n\left(\Delta v_{(1,t)}=k\right)}{\sum\limits_{k \in \Delta v_{(1,t)}} n\left(\Delta v_{(1,t)}=k\right)} \quad (7.38)$$

$$\forall \left(y|\ \Delta h_{(1,\ t)}=m\right) \in f\left(\Lambda h_{(1,-t)}\right) = \frac{n\left(\Delta h_{(1,-t)}=m\right)}{\sum\limits_{m \in \Delta h_{(1,-t)}} n\left(\Delta h_{(1,-t)}=m\right)} \quad (7.39)$$

其中：$f\left(\Delta v_{(1,t)}\right)$ 为所有会遇船舶对中船 1 在 CPA 之后 t min 的速度变化百分比函数；k 为任意速度变化值；$y|\ \Delta v_{(1,t)}=k$ 为速度变化 k 所占的百分比，主要通过速度变化值为 k 的个数与船舶 1 在 CPA 之后 t min 的总速度变化值的个数的比值进行计算；$f\left(\Delta h_{(1,-t)}\right)$ 为所有会遇船舶对中船 1 在 CPA 之前 t min 的方向变化百分比函数；m 为任意的方向变化值；$y|\ \Delta h_{(1,-t)}=m$ 为方向变化值 m 所占的百分比，主要通过方向变化值为 m 的个数与船舶 1 在 CPA 之前 t min 的总方向变化值的个数的比值进行计算。图 7.29（a）、（c）分别表示上述公式定义的百分比。

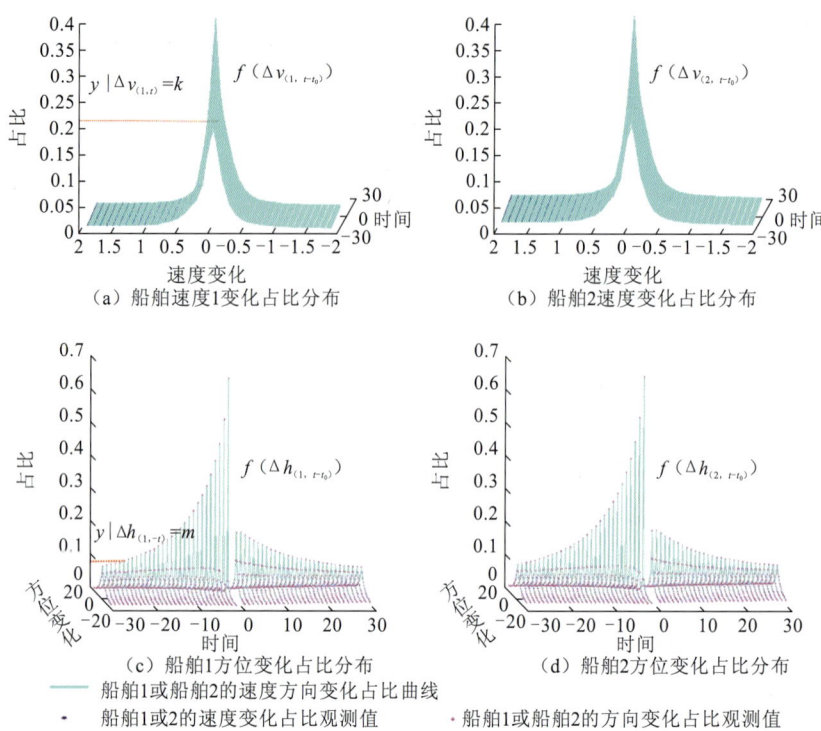

图 7.29 船舶 1 和船舶 2 速度变化占比分布及船舶 1 和船舶 2 方向变化占比分布

图 7.29（a）、（b）分别表示最近会遇点前后 30 min 时间跨度内每分钟速度变化占比分布 $f(\Delta v_{(1,t)})$。例如 $f(\Delta v_{(1,16)})$ 速度变化在–0.25 m/s 到 0.25 m/s，–1 m/s 到 1 m/s，–1.5 m/s 到 1.5 m/s 的占比分别为 63%、92%、95%。所有船舶在 CPA 前后 30 min 内速度变化主要在–1 m/s 到 1 m/s 之间，说明大部分船在会遇过程中航行较为平稳，没有出现急剧加速或减速的情况。图 7.29（c）和（d）分别表示最近会遇点前后 30 min 时间跨度内每分钟方向变化占比分布 $f(\Delta h_{(1,t)})$。例如 $f(\Delta h_{(1,-25)})$ 方向变化在-10°到10°、-15°到15°、-20°到20°的占比分别为 75%、86%、91%。所有船舶在 CPA 前后 30 min 内方向变化主要在–20°到 20°之间。最近会遇点 CPA 前 8 min 内方向变化在-10°到10°之间的百分占比从 88%上升到 97%，并在 CPA 后 1 min 内下降到 88%，说明大部分船舶在会遇前后进行了一定的方向调整。

本节采用 Jarque-Bera 测试（Jarque et al., 1980）分析船舶会遇过程中的航速航向变化是否符合正态分布。测试表明，不同时刻的速度变化值占比统计结果与典型高斯分布相符。但是，方向变化在-2°和 2°处存在两个急剧转点，而且-2°到 2°间分布与 20°到 2°及 2°到 20°都明显不同。因此，分别使用 Jarque-Bera 测试检验其分布，结果表明遵循混合高斯函数。因此，分别采用典型高斯分布和混合高斯分布（Weisstein, 2017）开展拟合分析，方程如下所示：

$$f\left(\Delta v_{(i,t-t_0)}\right) = N\left(\Delta v_{(i,t-t_0)}, a_{(i,v_t)}, b_{(i,v_t)}, c_{(i,v_t)}\right) = a_{(i,v_t)} \exp\left\{-\left[\left(\Delta v_{(i,t-t_0)} - b_{(i,v_t)}\right) / c_{(i,v_t)}\right]^2\right\} \quad (7.40)$$

$$f\left(\Delta h_{(i,t-t_0)}\right) = a_{(1,h_1)_1} \exp\left\{-\left[\left(\Delta h_{(i,t-t_0)} - b_{(i,h_1)_1}\right)\bigg/c_{(i,h_1)_1}\right]^2\right\} + a_{(i,h_1)_2} \exp\left\{-\left[\left(\Delta h_{(i,t-t_0)} - b_{(i,h_1)_2}\right)\bigg/c_{(i,h_1)_2}\right]^2\right\}$$
（7.41）

其中：$\Delta v_{(i,t-t_0)}$ 为船舶 $i(i=1$ 或 $2)$ 的速度变化；$f\left(\Delta v_{(i,t-t_0)}\right)$ 为船舶 i 的速度变化占比分布；$N\left(\Delta v_{(i,t-t_0)}, a_{(i,v_t)}, b_{(i,v_t)}, c_{(i,v_t)}\right)$ 为速度变化占比分布的高斯拟合函数；$\Delta h_{(i,t-t_0)}$ 为船舶 i 的方向变化；$f\left(\Delta h_{(i,t-t_0)}\right)$ 为船舶 i 的方向变化占比分布；$a_{(i,h_1)_1}$，$b_{(i,h_1)_1}$，$c_{(i,h_1)_1}$，$a_{(i,h_1)_2}$，$b_{(i,h_1)_2}$ 和 $c_{(i,h_1)_2}$ 为拟合参数。

图 7.30（a）为船舶 2 在 CPA 前 11 min 的速度变化值及其相应的占比分布，其高斯拟合参数如下：

$$f\left(\Delta v_{(2,-11)}\right) = 0.2983 \times \exp\left(-\left(\left(\Delta v_{(2,-11)} + 0.002691\right)/0.145\right)^2\right) \quad (7.42)$$

其中：$\Delta v_{(2,-11)}$ 为船舶 2 在 CPA 前 11 min 的速度变化；$f\left(\Delta v_{(2,-11)}\right)$ 为速度变化占比的高斯拟合函数。

图 7.30（b）为船舶 2 在 CPA 前 11 min 的方向变化值及其相应的占比分布，$-2°$ 和 $2°$ 的分布明显不同于 $-20°$ 到 $-2°$ 和 $2°$ 到 $20°$ 之间的。其混合高斯拟合函数为

$$\begin{aligned}f\left(\Delta h_{(2,-11)}\right) = &\ 0.0098 \times \exp\left(-\left(\left(\Delta h_{(2,-11)} + 0.0033\right)/1.251\right)^2\right) \\ &+ 0.0055 \times \exp\left(-\left(\left(\Delta h_{(2,-11)} - 0.066\right)/6.825\right)^2\right)\end{aligned}$$
（7.43）

其中：$\Delta h_{(2,-11)}$ 为船舶 2 在 CPA 前 11 min 的方向变化；$f\left(\Delta h_{(2,-11)}\right)$ 是其方向变化占比分布的高斯拟合函数。

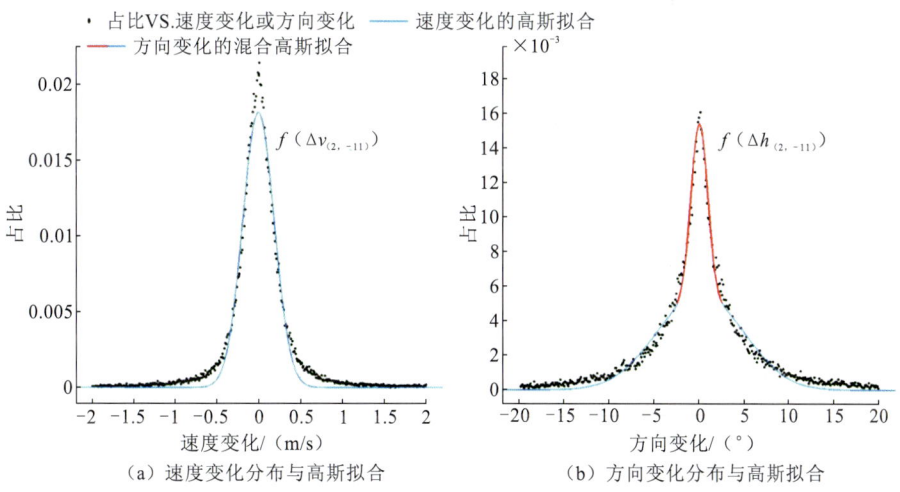

（a）速度变化分布与高斯拟合　　（b）方向变化分布与高斯拟合

图 7.30　船舶 2 CPA 前 11 min 航速和航向占比分布的拟合结果示例

分别采用高斯模型和混合高斯模型对船舶 1 和船舶 2 在会遇过程中每分钟的速度和方向变化进行拟合。图 7.31（a）表示采用 Kolmogorov-Smirnov（Massey，1951）测试获得的 P 值，其中 $P_{(1,v)}$、$P_{(2,v)}$、$P_{(1,h)}$ 和 $P_{(2,h)}$ 分别表示船舶 1 和船舶 2 的速度和航向变化的拟合效果。图 7.30（b）表示每分钟的拟合 R 方（Draper and Smith，1998），其中 $R^2_{(1,v)}$、$R^2_{(2,v)}$、$R^2_{(1,h)}$ 和 $R^2_{(2,h)}$ 分别为船舶 1 和船舶 2 速度和方向变化的拟合 R 方。所有 P 值 $P_{(1,v)}$、$P_{(2,v)}$、$P_{(1,h)}$ 和 $P_{(2,h)}$ 都大于 0.05，所有的 R 方 $R^2_{(1,v)}$、$R^2_{(2,v)}$、$R^2_{(1,h)}$ 和 $R^2_{(2,h)}$ 都大于 0.95，从而表明速度变化的高斯分布和航向变化的混合高斯分布具有良好的拟合效果。总而言之，船舶在厦门港会遇过程的速度变化主要在 -1～1 m/s，方向变化主要在 -20°～20°。说明为了避免碰撞，船舶的速度变化相对较小，进行了一定幅度的航向调整。

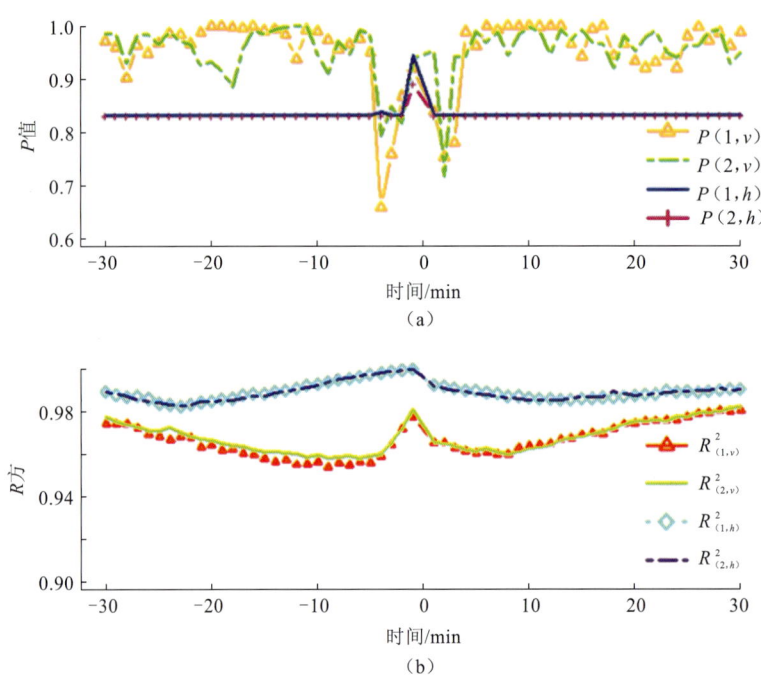

图 7.31 速度和方向变化的拟合优度

2. 港内危险驶过风险分布图

基于前述船舶危险驶过风险评估模型和多船避碰时空风险的评估模型，分析厦门港船舶碰撞风险的地理分布。本节采用单线程笔记本电脑（Intel（R）Xeon（R）CPU E5-2640 v3 2.60 HZ，64 GB 内存）对单个碰撞情景的风险评估小于 0.2 S。因此，使用多线程和并行计算分析多个场景以满足港口每 3 min（船舶停泊时）AIS 定位报告或更高频的 B 类设备播报是可能的。

图 7.32（a）、（b）分别为根据累积 VCRO 和 VCRO 与速度方向变化相结合的累积值得到的碰撞风险空间分布，其中风险高的区域用青绿边界表示。图 7.32（a）中大部分空间单元的碰撞风险值差异不明显，然而结合船舶的速度和方向变化模式[图 7.32（b）]能够识

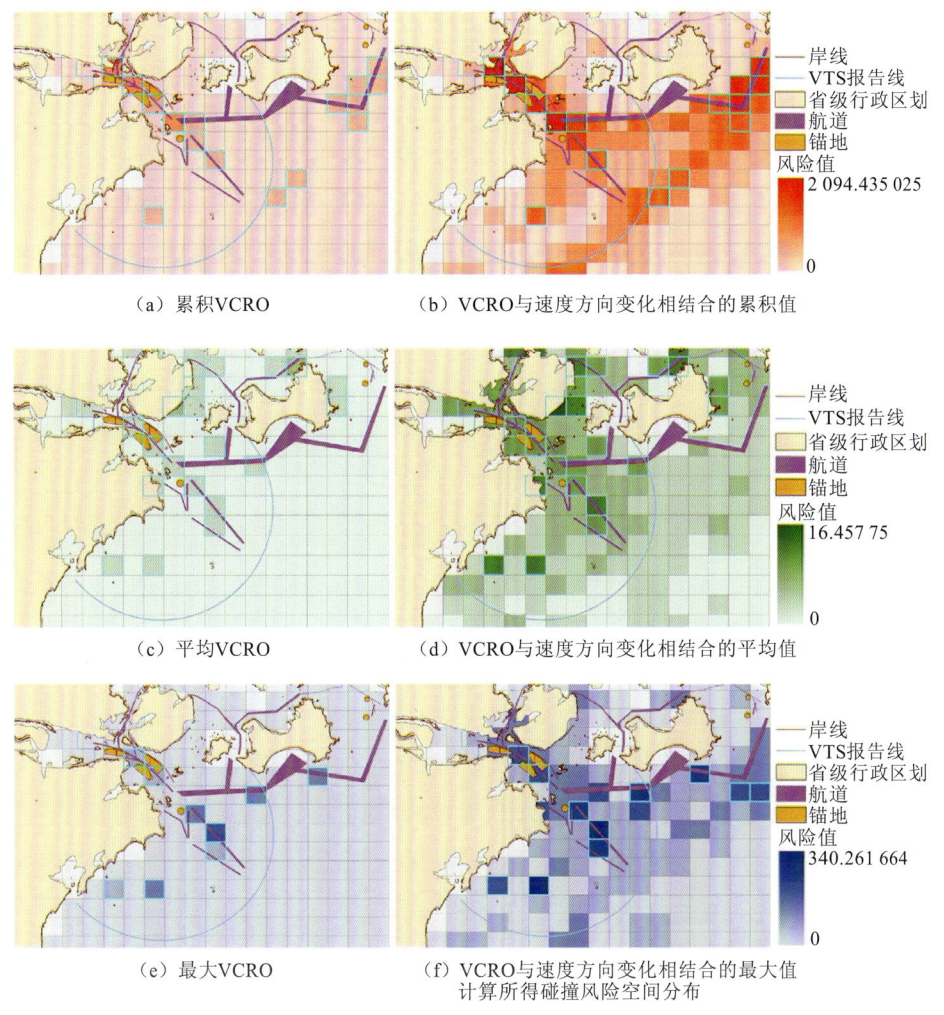

(a) 累积VCRO　　(b) VCRO与速度方向变化相结合的累积值

(c) 平均VCRO　　(d) VCRO与速度方向变化相结合的平均值

(e) 最大VCRO　　(f) VCRO与速度方向变化相结合的最大值计算所得碰撞风险空间分布

图 7.32　不同计算模式下的时空风险

别不同等级的碰撞风险。例如，高风险区域主要分布在厦门港航道附近及靠近厦门港的水域，可能这些区域的交通密度高，船舶会遇类型多样，航向调整明显。与累积 VCRO 相比，VCRO 与速度方向变化相结合的累积值风险评估效果更佳，能够识别研究区域不同等级的潜在风险。

图 7.32（c）、（d）分别表示平均 VCRO 和 VCRO 与速度方向变化相结合的平均值计算的碰撞风险水平的空间分布。其中高危险区域空间分布与图 7.32（a）、（b）相类似，如厦门港航道附近的网格单元也呈现出高风险。然而，二者在某些区域也存在差异：如研究区域北部和南部的一些网格单元具有较高的平均风险，但总风险值相对适中。这可能是因为这些区域会遇船对数较少，但会遇船对风险值都比较高。港口管理部门应重点关注高风险区域，单采用累积风险值来刻画风险等级容易遗漏部分区域，如平均风险值较高，但总风险值较小的区域。

图 7.32（e）、（f）为根据最大 VCRO、VCRO 与速度方向变化相结合的最大值计算所得碰撞风险值的空间分布，与图 7.32（c）、（d）的分布明显不同。例如，图 7.32（c）研究区域北部呈现高风险值的一些格网单元，在 7.32（e）并没有呈现较高的最大风险值；从而表明这些区域的平均风险相对较高，但最大风险并不明显高于其他区域，如港内航道。图 7.32（f）中最大风险值空间分布与图 7.32（d）也存在一定差异，如研究区域东部部分区域在图 7.32（f）呈现高风险值，但在图 7.32（d）中呈现的平均风险值并不高，可见高风险值会遇是偶尔在这些区域发生。

因此，结合速度和方向变化模式及 VCRO 计算值的船舶危险驶过风险评估有助于识别不同等级碰撞风险的空间分布。该方法从不同的角度识别出高风险区域，并可以将不同方法的识别结果进行比较，融合不同评估方法的优势从总和、平均值、最大值等多角度对不同区域不同船舶会遇情景下的碰撞风险等级进行定量刻画。

3. 多船舶时空避让风险评估模型

这里提出了基于方向限制时空棱镜的多船舶会遇时空风险的评估模型，扩展了传统时间地理理论与方法。传统时空棱镜（conventional space-time prism，CSTP）[图 7.33（a）]的构建框架常基于体素这一概念，主要由多个时间步长的时空圆盘构成。单个时空圆盘是特定时间步长的所有体素的集合。体素常用三维 GIS 网格表示，可用于揭示移动对象在特定时间步长到达特定空间位置的可能性。构建 CSTP 的两个基本条件：一是从前个锚点到每个可访问体素中心的距离，需小于根据移动对象确定的最大速度和经过的时间计算出的最大可能的移动距离；另外，每个可达体素的中心到下个锚点的距离，需小于根据最大速度和剩余的时间步长所计算的最大可能移动距离。二者缺一不可，其中任一距离超出了最大限制范围，则该体素分布在 CSTP 的外部，称为不可能访问区域（Downs et al.，2014）。

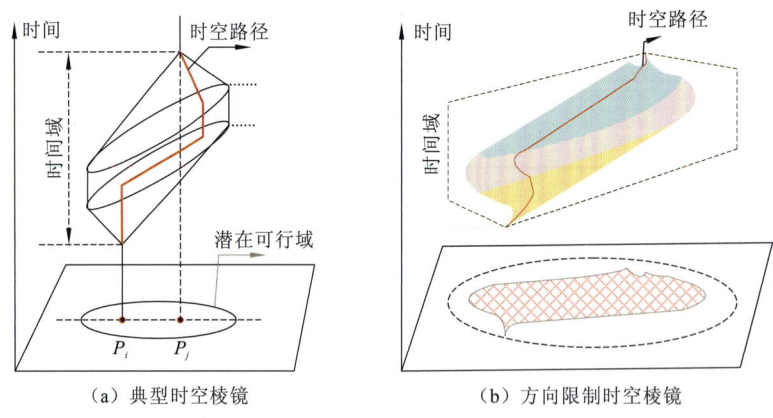

(a) 典型时空棱镜　　(b) 方向限制时空棱镜

图 7.33　时空棱镜理论扩展

CSTP 假设移动对象运动过程中能够任意改变方位，方向限制很少引起关注，但是船舶航行的潜在时空路径无疑会受到航向约束，因此提出方向限制时空棱柱（direction confined space-time prism，DC-STP）评估多船可能碰撞风险。

采用 $p=\{p_1(x_1,y_1,v_1,c_1)_i,\cdots,p_i(x_i,y_i,v_i,c_j)_j,p_j(x_j,y_j,v_j,c_j)_j\cdots\}$ 代表船舶航行路径中的 n 个跟踪点。$P_i=(x_i,y_i,v_i,c_i)$ 代表 t_i 时刻的船舶路径跟踪点 i，该时刻船舶位置、速度、方位分别用 (x_i,y_i)、v_i、c_i 表示；其邻接 t_j 时刻的船舶路径跟踪点用 $P_j=(x_j,y_j,v_j,c_j)$ 表示，该时刻船舶位置、速度、方位分别为 (x_j,y_j)、v_j、c_j。

图 7.33（b）表示已知锚点速度和方向的 DC-STP，$P_i=(x_i,y_i,v_i,c_i)$ 和 $P_j=(x_j,y_j,v_j,c_j)$ 表示船舶在位置 i 和 j 方向分别为 c_i 和 c_j，速度分别为 v_i 和 v_j。这两个位置间船舶最大速度限制为 $v_{\max}$，时间跨度为 $[t_i,t_j]$，最大加速度限制为 $a_{\max}$，最大转向率为 $rt_{\max}$。对于锚点 i 和 j 之间的方向限制时空棱柱 DC-STP 可以表达为 DC-STP$_{ij}$，如下式所示。c 表示 DC-STP$_{ij}$ 中任一点 (x,y) 的方位。

$$\text{DC-STP}_{ij}=\{(x,y,c,t)\,|\,t\in[t_i,t_j],(x,y,c)\in Z_{ij}(t)\} \quad (7.44)$$

其中：
$$Z_{ij}(t)=f_i(t)\cap g_j(t)\cap \neg p_i(t)\cap \neg p_j(t),\ rt_{\max}\leqslant 0.917(°/s) \quad (7.45)$$

$$t_{\text{art}}=\frac{|c-c_i|}{rt_{\max}},\ t_{\text{acc}}=\frac{(v_{\max}-v_i)}{a_{\max}},\ t_{\text{drt}}=\frac{|c_j-c|}{rt_{\max}},\ t_{\text{dcc}}=\frac{(v_{\max}-v_j)}{a_{\max}} \quad (7.46)$$

$$\text{当}(v_i>v_j),t_{\text{acij}}=(v_i-v_j)/a_{\max},\quad \text{当}(v_j>v_i),t_{\text{acij}}=(v_j-v_i)/a_{\max} \quad (7.47)$$

$$f_i(t)=\begin{cases}(x,y)\,|\,\|(x,y)-(x_i,y_i)\|\leqslant(t-t_{\text{acc}}-t_{\text{art}}-t_i)v_{\max}+v_it_{\text{acc}}\\ \qquad\qquad +\frac{1}{2}a_{\max}t_{\text{acc}}^2+v_it_{\text{art}},\\ (t_i\leqslant t\leqslant t_j)\text{和}(t_j-t_i)>(t_{\text{art}}+t_{\text{acc}}+t_{\text{drt}}+t_{\text{dcc}})\\ (x,y)\,|\,\|(x,y)-(x_i,y_i)\|\leqslant v_i(t-t_{\text{art}}-t_i)+\frac{1}{2}a_{\max}(t-t_{\text{art}}-t_i)^2+v_it_{\text{art}},\\ t_i\leqslant t\leqslant t_j\text{和}(t_j-t_i)>(t_{\text{art}}+t_{\text{drt}}+t_{\text{acij}})\\ \text{和}(t_j-t_i)\leqslant(t_{\text{art}}+t_{\text{acc}}+t_{\text{drt}}+t_{\text{dcc}})\\ \text{当}((t_j-t_i)<(t_{\text{art}}+t_{\text{drt}}+t_{\text{acij}})),(x,y)\text{不可达}\end{cases} \quad (7.48)$$

其中：t_{art}，t_{acc} t_{drt}，t_{dcc} 和 t_{acij} 分别为船舶方位从 c_i 调整到 c，速度从 v_i 加速到 $v_{\max}$，方位从 c 调整到 c_j，速度从 v_j 加速到 $v_{\max}$，以及速度从 v_i 到 v_j 所需的时间。

$$g_j(t)=\begin{cases}(x,y)\,|\,\|(x_j,y_j)-(x,y)\|\leqslant(t_j-t_{\text{drt}}-t_{\text{dec}}-t)v_{\max}+v_{\max}t_{\text{dec}}\\ \qquad\qquad -\frac{1}{2}a_{\max}t_{\text{dec}}^2+v_jt_{\text{drt}},\\ (t_i\leqslant t\leqslant t_j)\text{和}(t_j-t_i)>(t_{\text{art}}+t_{\text{acc}}+t_{\text{drt}}+t_{\text{dcc}})\\ (x,y)\,|\,\|(x_j,y_j)-(x,y)\|\leqslant(v_j+a_{\max}((t_j-t_{\text{art}}-t_{\text{drt}}-t_{\text{acij}}-t_i)/2)\\ \qquad\qquad (t_j-t_{\text{drt}}-t)-\frac{1}{2}a_{\max}(t_j-t_{\text{drt}}-t)^2+v_jt_{\text{drt}}),\\ (t_i\leqslant t\leqslant t_j)\text{和}(t_j-t_i)>(t_{\text{art}}+t_{\text{drt}}+t_{\text{acij}})\\ \text{和}(t_j-t_i)<(t_{\text{art}}+t_{\text{acc}}+t_{\text{drt}}+t_{\text{dcc}}))\\ \text{当}((t_j-t_i)<(t_{\text{art}}+t_{\text{drt}}+t_{\text{acij}})),(x,y)\text{不可达}\end{cases} \quad (7.49)$$

$$p_i(t) = \begin{cases} (x,y) \mid \|(x_i, y_i) - (x,y)\| < v_i t_{\text{art}} + v_i(t - t_{\text{art}}) - \frac{1}{2} a_{\max}(t - t_{\text{art}})^2, \\ \text{当}(t_i \leq t \leq t_j) \text{和} (t_j - t_i) > (t_{\text{art}} + t_{\text{drt}} + t_{\text{acij}}) \\ \text{和} (t_j - t_i) < (t_{\text{art}} + t_{\text{drt}} + v_i/a_{\max} + v_j/a_{\max}) \\ (x,y) \mid \|(x_i, y_i) - (x,y)\| < v_i t_{\text{art}} + v_i^2/2a_{\max}, \\ \text{当}(t_i \leq t \leq t_j) \text{和} (t_j - t_i) > (t_{\text{art}} + t_{\text{drt}} + (v_j + v_i)/a_{\max})) \end{cases} \quad (7.50)$$

$$p_j(t) = \begin{cases} (x,y) \mid \|(x_j, y_j) - (x,y)\| < (v_j - a_{\max}(t_j - t_i - t_{\text{art}} - t_{\text{drt}})/2) \\ \qquad + \frac{1}{2} a_{\max}(t_j - t_{\text{drt}} - t)^2 + v_j t_{\text{drt}}, \\ \text{当}(t_i \leq t \leq t_j) \text{和} (t_j - t_i) > (t_{\text{art}} + t_{\text{drt}} + t_{\text{acij}}) \\ \text{和} (t_j - t_i) < (t_{\text{art}} + t_{\text{drt}} + v_i/a_{\max} + v_j/a_{\max}) \\ (x,y) \mid \|(x_j, y_j) - (x,y)\| < v_j^2/2a_{\max} + v_j t_{\text{drt}}, \\ \text{当}(t_i \leq t \leq t_j) \text{和} (t_j - t_i) > (t_{\text{art}} + t_{\text{drt}} + v_i/a_{\max} + v_j/a_{\max}) \end{cases} \quad (7.51)$$

其中：$f_i(t)$ 为从锚点 i 初始速度为 v_i、初始方位为 c_i，在时间跨度 $t-t_i$ 内所有可达点；$g_j(t)$ 为在 t_j-t 时间跨度内能返回到 j 的所有点，并且 j 处的速度和方位分别为 v_j 和 c_j；$\neg p_i(t)$ 为从锚点 i 初始速度为 v_i、初始方位为 c_i 在最大速度和最大转向率限制下的不可达点；$\neg p_j(t)$ 为在最大速度和最大转向率限制下并满足 j 处的速度和方向分别为 v_j 和 c_j 的不可能达点；$v_{\max}$、$a_{\max}$ 和 $rt_{\max}$ 分别为最大航速、最大加速度和最大转向率，可以设置为 30 节、0.05 m/s^2 和 0.917(°/s)（Wołejsza，2012）。这里假定船舶在转向时没有速度损失，并且未考虑船舶惯性，可以进一步研究改进。

根据 DC-STP 确定船舶的可达区域，通过反距离加权公式获得可能概率，计算公式如下：

$$P(\text{DC-SPP}_{l_{tk}}) = \frac{\dfrac{1}{\|(x_i, y_i) - (x_k, y_k)\|}}{\sum_{l_{tk} \in L_t} \dfrac{1}{\|(x_i, y_i) - (x_k, y_k)\|}} \quad (7.52)$$

其中：$\|(x_i, y_i) - (x_k, y_k)\|$ 为时间 t 的方向限制时空棱柱中位置 (x_i, y_i) 和 (x_k, y_k) 的空间距离，概率值为这两点的空间距离与同一时空圆盘上所有体素的空间距离总和的比值，所以同一时空圆盘上各个位置的概率总和为 1。

时空棱镜已经被广泛用于研究移动对象间的相互作用，如人、动物、车辆、船舶等。如果多个移动对象的时空棱镜相交，如可达区域重叠或在同一时刻达到的位置满足一定的距离阈值，则这些移动对象间存在一定的实体关系。因此，时空棱镜交叉常用于刻画移动对象的交互。量化相互作用可能性的一种基本方法是基于时空棱镜交叉在预先确定的时空阈值基础上计算多元概率。移动对象的交互用可能交互体素（potential interaction voxels，PIVs）表达，由不同移动对象的 DC-STP 衍生出的非空交集构成，如对象 d 和 o 的 PIVs 计算表达式如下：

$$\text{PIVs}_{do}(TK) = \int_0^T \int_0^K \text{PIA}_{do}(tk)d_t d_k = \int_0^T \int_0^K \left[\text{DC-STP}_d(tk) \cap \text{DC-STP}_o(tk)\right] d_t d_k \quad (7.53)$$

值得注意的是，必须满足以下要求才能确保不同移动对象的交互。

$$\forall (x_p, y_p, t_p) \in \text{PIVs}_{do}(TK):(x_p, y_p, t_p) \cap \text{DC-STPs}_d(TK) \neg \varnothing \\ \wedge (x_p, y_p, t_p) \cap \text{DC-STPs}_o(TK) \neg \varnothing \quad (7.54)$$

其中：(x_p, y_p, t_p) 为在不同移动对象的三维可能交互体素中的任一点；$\text{PIVs}_{do}(TK)$ 为对象 d 和 o 的二维交叉区域或三维交叉体，通过对象 d 和 o 在时间 T 和区域 K 内的 DC-STP 交叉部分 $\text{DC-STPs}_o(TK)$ 进行计算，如图 7.34（a）所示。图中 $\text{DC-STPs}_o(TK)$ 和 $\text{DC-STPs}_d(TK)$ 分别用不同的混合颜色显示，三维交叉体积 $\text{DC-STP}_d(TK) \cap \text{DC-STP}_o(TK)$ 用灰色显示，二维交叉面积用玫瑰红网格填充图案表示。根据多元概率理论，移动对象 o 和 d 出现在交叉体素中的联合概率可以计算为

$$P(o \cap d)(TK) \\ = \int_0^T \int_0^K P(\text{DC-STP}_o(tk) \in \text{PIVs}_{do}(TK), \text{DC-STP}_d(tk) \in \text{PIVs}_{do}(TK)) d_t d_k \\ = \int_0^T \int_0^K P(\text{DC-STP}_o(tk) \in \text{PIVs}_{do}(TK)) \times P(\text{DC-STP}_d(tk) \in \text{PIVs}_{do}(TK) | \text{DC-STP}_o(tk) \in \text{PIVs}_{do}(TK)) d_t d_k \quad (7.55)$$

其中：$P(\text{DC-STP}_o(tk) \in \text{PIVs}_{do}(TK), \text{DC-STP}_d(tk) \in \text{PIVs}_{do}(TK))$ 为对象 d 在体素集合下 $\text{PIVs}_{do}(TK)$ 某一体素 TK 与对象 o 距离小于安全距离的联合概率。式（7.56）代表在时间跨度 T 和空间范围 K 内移动对象 o 和 d 在任意时空位置的交互概率总和。另外，如果多个对象（三个及以上）如 $a, b, \cdots, z$，它们在空间范围 K 和时间跨度 T 内的交互的多元概率可用下式计算。

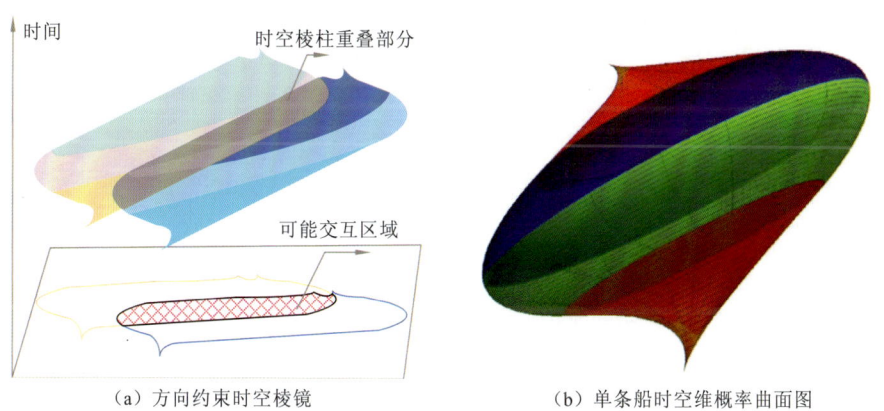

(a) 方向约束时空棱镜　　(b) 单条船时空维概率曲面图

图 7.34　方向约束时空棱镜的计算

$$P(a \cap b \cap \cdots \cap z)(\mathrm{TK})$$
$$= \int_0^T \int_0^K P(\mathrm{DC\text{-}STP}_a(tk) \in \mathrm{PIVs}_{ab\cdots z}(\mathrm{TK}), \cdots, \mathrm{DC\text{-}STP}_z(tk) \in \mathrm{PIVs}_{ab\cdots z}(\mathrm{TK})) d_t d_k \quad (7.56)$$
$$= \int_0^T \int_0^K P(\mathrm{DC\text{-}STP}_a(tk) \in \mathrm{PIVs}_{ab\cdots z}(\mathrm{TK})) \times \cdots \times$$
$$(P(\mathrm{DC\text{-}STP}_z(tk) \in \mathrm{PIVs}_{ab\cdots z}(\mathrm{TK}) | P(\mathrm{DC\text{-}STP}_a(tk) \in \mathrm{PIVs}_{ab\cdots z}(\mathrm{TK})) \cdots) d_t d_k$$

参 考 文 献

曹劲舟, 涂伟, 李清泉, 2017. 基于大规模手机定位数据的群体活动时空特征分析. 地球信息科学学报, 19(4): 457-474.

何盛明, 1990. 财经大辞典. 北京: 中国财政经济出版社.

陆锋, 刘康, 陈洁, 2014. 大数据时代的人类移动性研究. 地球信息科学学报, 16(5): 665-672.

孙静博, 2011. 群体移动性建模及其在移动通信网络中的应用. 北京: 清华大学: 56-70.

王起全, 金龙哲, 向衍荪, 2007. 大型公共活动风险控制研究与分析. 中国安全科学学报, 1: 141-147, 179.

杨杰, 2015. 基于时空轨迹大数据的群体行为模式挖掘分析关键技术. 南京: 东南大学: 78-99.

CHEW L P, 1989. Constrained delaunay triangulations. Algorithmica, 4: 97-108.

CYRUS D C, 2000. Modern mathematical methods for physicists and engineers. Cambridge: Cambridge University Press.

DANIELSSON P E, 1980. Euclidean distance mapping. Computer Graphics and Image Process, 14: 227-248.

DOWNS J A, HORNER M W, HYZER G, et al., 2014. Voxel-based probabilistic space-time prisms for analysing animal movements and habitat use. International Journal of Geographical Information Science, 28(5): 875-890.

DRAPER N R, SMITH H, 1998. Bias in regression estimates, and expected values of mean squares and sums of squares. Applied Regression Analysis: 235-242.

ERICH S, JORG S, MARTIN E, et al., 2017. DBSCAN revisited: Why and how you should (still) use DBSCAN. ACM Transactions on Database Systems, 42(3): 1-21.

GEORGE K Z, 1946. The P1 P2/D hypothesis: On the intercity movement of persons. American Sociological Review, 11(6): 677-686.

HARVEY J M, 1991. Modelling accessibility using space-time prism concepts within geographical information systems. International Journal of Geographical Information Systems, 5(3): 287-301.

IBRAHIM M S, MURALIDHARAN S, DENG Z W, et al., 2016. A hierarchical deep temporal model for group activity recognition. Proceedings of the IEEE Conference on Computer Vision and Pattern Recognition (CVPR): 1971-1980.

IM S, CHOI J T, 2014. A distributed air index based on maximum boundary rectangle over grid-cells for wireless non-flat spatial data broadcast. Sensors, 14(6): 10619-10643.

JARQUE C M, BERA A K, 1980. Efficient tests for normality, homoscedasticity and serial independence of regression residuals. Economics Letters, 6(3): 255-259.

LEVER J, KRZYWINSKI M, ALTMAN N, 2017. Points of significance: Principal component analysis. Nature Methods, 14(7): 641-642.

LIANG X, ZHENG X, LV W, et al., 2012. The scaling of human mobility by taxis is exponential. Physica A: Statistical Mechanics and its Applications, 391(5): 2135-2144.

MASSEY JR F J, 1951. The Kolmogorov-Smirnov test for goodness of fit. Journal of the American statistical Association, 46(253): 68-78.

MCFEETERS S K, 1996. The use of the normalized difference water index (NDWI) in the delineation of open water features. International Journal of Remote Sensing, 17(7): 1425-1432.

NGUYEN H V, BAI L, 2010. Cosine similarity metric learning for face verification. Computer Vision-ACCV 2010: 709-720.

SIMINI F, GONZÁLEZ M, MARITAN A, et al., 2012. A universal model for mobility and migration patterns. Nature, 484: 96-100.

SHE S Y, ZHONG H Y, FANG Z X, et al., 2019. Extracting flooded road by fusing of GPS trajectories and road network. ISPRS International Journal of Geographic Information, 8(9): 407.

SMITH S L J, 1980. Intervening opportunities and travel to urban recreation centers. Journal of Leisure Research, 12(4): 296-308.

WEISSTEIN E W, 2017. Gaussian function, from mathworld: A wolfram web resource. Accessed: Feb. 20, 2017. [Online]. Available: http://mathworld.wolfram.com/GaussianFunction.html.

WOŁEJSZA P, 2012. Statistical analysis of real radar target course and speed changes for the needs of multiple model tracking filter. Zeszyty Naukowe/Akademia Morska w Szczecinie: 166-169.

第 8 章　大规模人群动态度量的定比观测

前 3 章依次介绍了测量等级由低至高的三种测量方法：定类测量、定序测量与定距测量，高等级的测量方法包含了低等级测量方法的各项基本性质。定比测量是等级高于定距测量的测量方式，因此定比测量除包含了上述三种测量方法的全部基本性质外，通过定比测量得到的定比变量一定具有一个绝对的 0 点。由于该 0 点的存在，定比变量间除了可以进行简单的加减法测量绝对数值距离，还可以通过除法的方式计算变量间的差异比率。百分比数值是定比变量直接有效的表达形式，绝对 0 点为 0%，如某社区人口年龄结构百分比的定比测量结果：0~20 岁：30%；21~50 岁：50%；51~100 岁：20%；大于 100 岁：0%。显然，分类观测是一种有效得到定比观测结果的方式，分类在 GIS 时空范围内可划分为以下几个维度。

（1）划分时间段：观测不同时间段内群体活动、行为发生的数量与比例，常用于对比如：热点时段与非热点时段；政策实施前与政策实施后等单群体指标的纵向对比。

（2）划分空间区域：观测不同空间区域内群体活动、行为发生的数量与比例，常用于如不同行政区划、不同自然地理条件区域等多群体指标的横向对比。时间段与空间区域的划分可同时存在，构成可横纵向对比的时空立方体。

（3）划分语义属性类别：通常是在时间段与空间区域划分完成的基础上，明确每个时空立方体中的观测内容，如观测哪些活动或行为的数量。对类别等离散型变量而言通常直接以类别直接计数；对年龄等连续型变量而言，通常按特定间距划分数值区间后计算落入区间内的数量。

大规模人群动态的定比度量是对空间内多个可观测群体的定比观测，从群体活动动态、群体行为动态两个角度出发，分别对应于空间内多群体基本活动状态的定比观测、外界条件作用下群体行为状态变化的定比观测。

8.1　群体活动动态的定比观测

人群动态的定比观测将观测尺度停留在大尺度层面，以保证定比测量的结果是在空间内进行充足采样而得到的。显然，使用定比观测通常用于解决大空间范围内的多群体活动状态观测，观测结果具备一定的统计特性。本节旨在通过基本的定比观测方法，在大尺度空间中观测多群体的活动动态变化。

8.1.1　群体活动对象的定比观测

群体活动对象的定比观测是在空间内群体活动功能特性的基础上认知群体"是什么"，进而测算空间内各类型群体的数量与占比的方法。群体中个体出行方式的多样化导致城市内的所有群体无法仅使用单源轨迹数据挖掘,城市浮动车数据、公交/地铁刷卡数据、手机隶属基站数据等多源地理时空数据的出现为完整观测区域内群体提供了条件。

但无论使用何种轨迹数据源或使用多源轨迹数据观测群体活动对象,群体活动对象的性质仍需要基于其活动地点、活动性质、活动时长等高级别特征得到反馈,因此由轨迹数据生成群体停留与转移链或是更高级别的活动链是不可避免的。在此基础上,群体概念的模糊性使得群体可以表示各种空间尺度和行为相似性尺度的个体集合,因此确定群体的类型的具体方法由被观测群体类型的特性决定,但观测流程可划分为以下5个步骤。

1. 确定群体对象的类型与经验性特征

由群体轨迹数据判断群体类型本质上是基于经验的分类过程,因此群体活动对象定比观测的第一步即明确要观测哪些类型的对象,并通过经验获取各群体类型的基本活动特征,分类的类别集合 $T = \{t_1, t_2, \cdots, t_n\}$。比如观测大学校园内的大学生群体、教师群体和游客群体 $T = \{student, teacher, tourist\}$,依据各群体类型的普遍活动模式可获得经验性特征:大学生群体白天在校园内各设施内活动,晚上回到校内宿舍;教师群体白天在校园内各设施活动,下午或晚上下班后回家离开校园;游客群体白天短时间在校园内活动,而后迅速离开校园。

2. 转化经验性特征为可计算的活动链特征

将上一步骤中抽象得到的群体一般性特征转化为群体活动链中的特性,从而实现群体活动链与群体类别的匹配。图 8.1(a)展示了大学生群体、教师群体与游客群体的经验性样本活动链,在活动链的基础上可进一步获取群体在各个时段的空间位置作为分类依据。此时,各个时段群体所处的位置特征仅由校内、校外、校内宿舍三种情况构成[图 8.1(b)],因此可对停留位置特性进行编码,宿舍为 0,校内为 1,校外为 2,图 8.1(c)展示了群体活动链的时空位置编码。

时间	大学生群体	教师群体	游客群体
0:00	休息	休息	休息
1:00			
2:00			
3:00			
4:00			
5:00			
6:00			
7:00			
8:00		通勤	
9:00	学习活动	教学活动	游览活动
10:00			
11:00			
12:00			
13:00			
14:00			
15:00			其余游览活动
16:00			
17:00		通勤	
18:00	娱乐活动	家庭活动	
19:00			
20:00			
21:00			
22:00	休息	休息	休息
23:00			

(a)群体对象典型活动链

时间	大学生群体	教师群体	游客群体
0:00	校内宿舍	校外	校外
1:00			
2:00			
3:00			
4:00			
5:00			
6:00			
7:00			
8:00			
9:00	校内	校内	校内
10:00			
11:00			
12:00			
13:00			
14:00			
15:00			
16:00			校外
17:00			
18:00		校外	
19:00			
20:00			
21:00			
22:00	校内宿舍		
23:00			

(b)群体对象位置参考

时间	大学生群体	教师群体	游客群体
0:00	0	2	2
1:00	0	2	2
2:00	0	2	2
3:00	0	2	2
4:00	0	2	2
5:00	0	2	2
6:00	0	2	2
7:00	0	2	2
8:00	0	2	2
9:00	1	1	1
10:00	1	1	1
11:00	1	1	1
12:00	1	1	2
13:00	1	1	2
14:00	1	1	1
15:00	1	1	1
16:00	1	1	1
17:00	1	1	2
18:00	1	2	2
19:00	1	2	2
20:00	1	2	2
21:00	1	2	2
22:00	0	2	2
23:00	0	2	2

(c)编码结果示例

图 8.1 群体活动链与典型时空位置

3. 构建分类训练样本并训练模型

任何分类模型的构建无法离开样本数据作为模型的先验知识,因此构建分类模型需要将类型已知的群体轨迹数据转化为位置特征编码,得到"特征-类型"的对应关系集合。

而后可根据不同的样本数据特性选用合适的分类方法,本节以朴素贝叶斯分类器作为分类示例。

朴素贝叶斯分类器的训练较为简单,但样本数据采样的均匀与否影响到该分类器的分类精度,因此选用该分类器时需尽可能保证样本数据拥有足够的数量。假设 n 个样本中存在 i 个学生,j 个教师与 $n-i-j$ 个游客,则模型的先验概率如下:

$$p(\text{student}) = \frac{i}{n}, \quad p(\text{teacher}) = \frac{j}{n}, \quad p(\text{tourist}) = \frac{n-i-j}{n} \quad (8.1)$$

群体的时空位置编码中共存在 24 个位置特征并构成 24 维特征向量,每个特征维度中的数值均与分类结果有条件概率 $p(x_i | c)$。若 9:00 时刻分别存在 p、q、r 个大学生,教师与游客在校内,则对应的条件概率如下:

$$p_9(1|\text{student}) = \frac{p}{i}, \quad p_9(1|\text{teacher}) = \frac{q}{j}, \quad p_9(1|\text{tourist}) = \frac{r}{n-i-j} \quad (8.2)$$

4. 基于预测模型识别群体类别

使用 7.3 节中提供的群体识别方法可将轨迹数据集合划分为各自独立的群体集合,群体集合中的每个群体 G_x 均具备活动链 C。依据 C 中各项活动的时空范围可知晓 G_x 在一天 24 h 内各个时间段的空间位置,计算各空间位置与学校范围的空间拓扑关系得到群体的时空特征编码 $c_x = \{l_1, l_2, \cdots, l_{24}\}$。在该示例中,以 C_x 作为特征向量输入朴素贝叶斯分类模型,可依据式(8.3)计算得到群体 G_x 属于 T 中每个类别的概率

$$p(G_x = T_i) = p(T_i) \prod_{j=1}^{24} p(l_j | T_i) \quad (8.3)$$

若分类结果中不存在未分类,则目标群体 G_x 的分类结果为贝叶斯概率最大的类别,以此方法依次计算空间内各个群体的类别即完成了群体类别的识别。

5. 统计空间中各群体类别的数量与占比

最后一步为各类别群体的数量统计,即统计分类结果中隶属于各个类别的群体数量并测算其占全部群体数量的比例。如得到大学校园中共存在 25 个学生群体,10 个教师群体及 15 个游客群体,则各群体的占比为 50%、20% 与 30%。基于该定比观测结果可以发现:该大学除了作为一般的教学与科研场所,还承担了作为旅游景点与周边社区居民日常休憩的场所,这一现象在国内较为知名的高校中较为常见。

群体活动对象的定比观测基于上述基本流程,可设定任意具备特征差异性的群体类型集合和与其适配的分类方法,如使用 SVM、RNN 等相对复杂但准确度更高的分类方法,完成目标定比观测任务。

8.1.2 群体活动源域与活动时空域的定比观测

为有效理解群体活动源域与时空域问题产生的基本需求,此处不妨将自己想象成某个名胜古迹的管理者。由于每天有全球的各个地区的数百个旅游团来到景点参观,语言不通

成为外国旅游团顺利游览该景点的首要问题。为解决这一问题,如何雇佣一定数量的翻译人员作为导游是一种解决方法,但是如何配比各种语言翻译的数量成为了新的问题。群体活动源域与活动时空域的定比观测是基于群体活动移动轨迹数据,测算既定活动空间 S 内群体集合 $\text{GSet}=\{G_1,G_2,\cdots,G_m\}$ 来源地数量与占比的测算方法,可有效解决"多少群体从何而来的问题"。如图 8.2(a)所示,群体活动源域是二维空间中的群体来源位置,在 t_i 时刻位于区域 N 中的 5 个群体分别来源于空间 S 中的 S_1、S_2、S_3 三个子区域。如图 8.2(b)中的黑色折线所示,群体活动时空域在活动源域的基础上增加了时间维度,旨在探求多群体由 t_0 时刻从源域位置向当前区域移动过程中经过的时空区域的分布。除上述示例外,群体活动源域定比观测还可被广泛应用于区域传染病风险探测;辅助分析活动热点区域人员构成等领域。

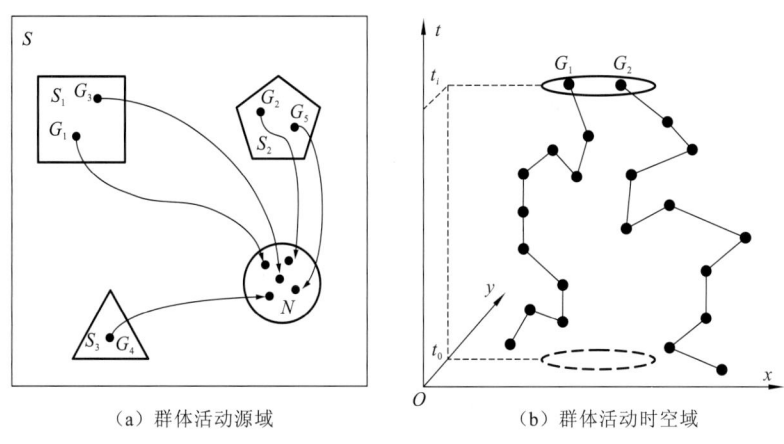

(a)群体活动源域　　　　　　　　(b)群体活动时空域

图 8.2　群体活动源域与时空域

从轨迹数据中提取的群体一般具备高度相似或相同的时空轨迹,因此空间 S 内的每一个群体均具备其特殊的活动链,活动链 $C=\{a_1,a_2,\cdots,a_n\}$ 中存储了该群体在 t_0 至 t_i 时间段内的主要活动记录。

1. 群体活动源域的定比观测方法

群体活动源域的定比观测是对研究区域 N 中群体集合在空间 S 中位置来源的空间分布执行统计分析的观测方法,其主要发生在二维 (X,Y) 或三维 (X,Y,Z) 空间直角坐标系中。对群体集合中的每一个群体 G_x 而言,其活动链 C_x 中必定包含在 t_i 时刻位于研究区域 N 内的群体活动 a_k,位于 a_k 前的历史活动子序列 $\text{CS}_x=\{a_1,a_2,\cdots,a_{k-1}\}$,$k>1$ 包含了 G_x 在进入 N 前的所有活动内容,一项已知群体活动 a_j 中至少包含活动的时间区间 $[t_s,t_e]$ 与空间位置信息。

根据群体活动 a_j 中包含的活动空间位置数据类型(中心点或时空面)与辅助测算数据(有无 POI)的情况,群体活动源域的定比观测可通过以下两种方式进行。

1)中心点坐标且存在 POI

在已知空间 S 内 POI 数据且群体活动仅记录了中心点的情况下,群体活动源域的定比观测结果以 POI 作为最小数值存储单元,POI 的匹配过程即找到效应 u 最优对象的过程。

如式（8.4）所示，对 CS_x 中的每一个活动 a_j 测算其一定范围 R 内特定兴趣点 p_y 的距离 $d(a_j, p_y)$ 与适配程度 $f(a_j, p_y)$，$f(a_j, p_y)$ 来源于先验知识带来的经验。适配程度与距离的比值即为理论效应值，选择 u 值最大的 POI 作为群体活动 a_j 的源域。

$$u(a_j, p_y) = \frac{f(a_j, p_y)}{d(a_j, p_y)} \tag{8.4}$$

基于上述基本匹配过程，首先将区域内所有 POI 的访问次数 p_y^{count} 初始化为 0，然后不断循环匹配 GSet 中每个群体 G_x 的历史子序列 CS_x 中的活动位置 POI，对匹配成功的 POI 对应的 p_y^{count} 增加一次计数。处理完毕所有群体的历史活动事件后，每个 POI 均会得到一个最终计数，该计数即为到达 N 的群体中先前到达过 p_y 活动的次数。最终按式（8.5）将所有的访问次数除以所有历史群体活动的总数，即可得到每个 POI 先前被访问频次的比例。

$$p_y^{percent} = \frac{p_y^{count}}{\sum_{p_x \in POI} p_x^{count}} \tag{8.5}$$

如图 8.2（a）中展示的群体移动情况，显然 G_1、G_3 历史到达过 S_1；G_2、G_5 历史到达过 S_2；G_4 历史到达过 S_3。因此对目标区域 N 中群体活动的源域定比观测结果为：$S_1=0.4$，$S_2=0.4$，$S_3=0.2$。

2）其他情况

其余三种排列组合得到的数据状态情况均可通过构造空间栅格的方式处理以得到更准确的提取效果。在已知时空面的情况下群体活动范围已明确，因此无需借助 POI 提供额外的中心坐标与区域范围；而在活动位置为中心点表示且无 POI 参照的情况下已无法获取活动范围，仅使用中心点位置所在空间单元格位置执行计数即可满足提取条件。

首先将空间 S 按固定空间分辨率 ρ 划分为等间距格网 M，格网内的每个单元格 M_{pq} 均初始化计数为 0；然后依次计算 G_x 的历史子序列 CS_x 中各个活动 a_j 活动范围所占的单元格集合 O，M 中所有包含于 O 的单元格计数增加 μ [式（8.6）]，s' 是活动区域在该单元格中的面积。计算完成所有群体的历史活动后，M 内各个单元格中存储的计数即为该单元格区域作为源域的频次。由于单个时空面 g 在转换过程中一般会对应多个空间单元格，所有单元格的计数之和并不等于活动总数，但直接除以活动总数的结果同样反映了该单元格作为群体活动源域的有效概率。

$$\mu = \frac{s'}{\rho \times \rho} \tag{8.6}$$

如图 8.3（a）所示，空间 S 被均匀划分为 10×10 的格网 M，图中红色圆形区域为目标区域 N，空间内在 N 中活动的 4 个群体在到达 N 前共产生了 6 次历史活动，对应活动范围表示方法为空间面 g。M 中每个单元格对应的空间区域作为 N 中群体源域的概率，数值越大的单元格代表的空间区域越有可能是目标区域 N 中群体的来源。

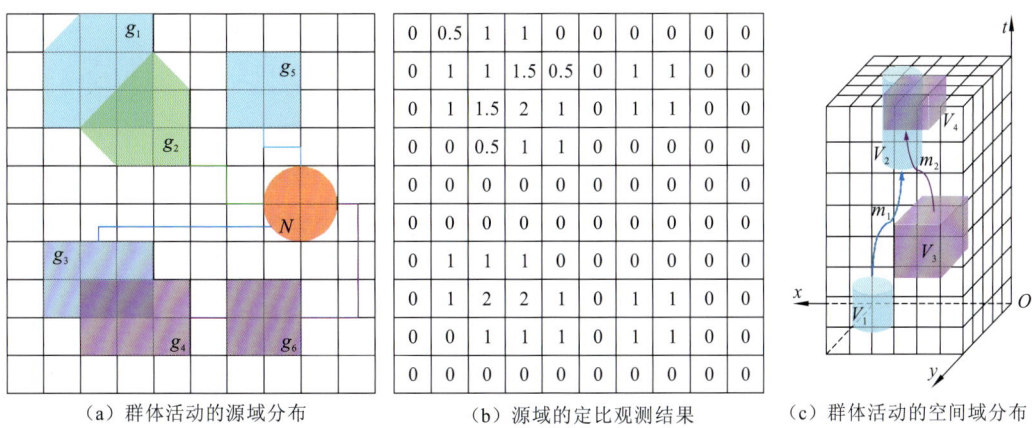

(a)群体活动的源域分布　　　　(b)源域的定比观测结果　　　　(c)群体活动的空间域分布

图 8.3　群体活动源域与时空域的栅格/立方体观测方法

改变POI或单元格的计数方式可让群体活动源域的定比观测产生实际的物理意义，进而为解决实际问题提供参考。若将一般计数转为人数计数，则定比观测结果为 S 内从各子区域到 N 的人数分布，体现群体具有不同人数性质的影响；另一种逆向思维则是通过计算出的群体活动源域，结合计算出的源域内的状态，推算目标区域 N 可能的状态，通常可用于计算传染病对目标区域的风险。

2. 群体活动时空域的定比观测方法

群体活动时空域的定比观测在源域的基础上添加了时间维度，一般在时空直角坐标系 (x,y,t) 中进行测算。相较于源域测算，时空域增加的时间维度极大地增加了信息容量，可以更细致地描绘出目标区域 N 内群体来源的比例分布信息。时空域观测与源域观测的基本流程相同，但其将观测空间设置为空间 S 在时间区间 $[t_0,t_i]$ 内形成最大时空立方体 V。首先将时空立方体 V 的 xOy 平面按固定空间分辨率 ρ 划分为均匀格网，进而将时间轴 t 按固定时间间隔 σ 等距切割，两者结合即将时空立方体 V 均匀划分为空间立方体阵，立方体阵中的每个立方体 V_{pqr} 为基本计数单元。

由于时间维度的出现，群体活动过程中的停留过程与转移过程均可在时空域中有效表达，群体活动链可分解为群体停留与转移链 $C=\{s_1,m_1,s_2,m_2,\cdots,m_{n-1},s_n\}$（一次宏观意义上的活动可对应多次停留与转移）。对 t_i 时刻位于 N 中的群体集合中的每个群体 G_x 需计算交替链中的每个元素在 V 中对应的时空立方体单元集合。对每一个停留区域 S_j 而言，使用 S_j 包含的时空面 $g(t)$ 与时间区间 $[t_s,t_e]$ 生成该活动在 V 中的时空体 v_{s_j}，V 中与该 v_{a_j} 相交的时空立方体单元计数加一；对每一次群体转移 m_j 而言，时空路径 r_{m_j} 经过的时空立方体单元计数加一。处理完毕所有群体集合内的移动与转移后，V 中各个立方体单元的计数即为群体活动时空域的定比观测结果。

如图 8.3（c）所示，两群体的历史活动共生成 4 个时空体，同一群体活动与活动间的空间位置变化生成时空转移路径，时空体与时空转移路径与 V 中的重叠立方体单元的计数是大规模群体活动时空域的定比观测结果。

3. 武汉市浮动车 O-D 源域定比观测示例

如图 8.4（a）所示，武汉三镇武昌、汉阳与汉口被长江与汉江分割，城市居民在镇与镇间的通勤需要依赖连接长江两岸的多座长江大桥（#1,#2,#3），但同时大量的通行需求也给长江大桥带来了巨大的负担。为解决居民选择出行路线时的盲目性与从众心理导致各座大桥的交通流量分布不均衡这一问题，计算途径大桥车辆群体的源域并解析各个源域中车辆的数量与比例分布是首要步骤（Fang et al.，2012）。通过源域观测结果可进一步分析大桥服务的区域与车辆数目的合理性，并为选择不合理的群体设计替代路径作为缓解交通压力的解决方案。在本例中车辆通过长江必须经过任意一座跨江大桥，因此三座长江大桥为所有 O-D 路径中的关键链接部分。图 8.4（b）展示了如何在时空棱柱内构建可替代路径，基于当前车辆时空路径的时空棱柱范围内若存在其余可用关键链接，则以关键链接为核心节点构建可替代时空路径。图中 #2 为关键链接的时空路径对应的时空棱柱中包含了 #1、#3 两个额外关键链接，因此可计算由起点至 #1 的最短路径 $r_{s\#1}$ 与 #1 至终点的最短路径 $r_{\#1e}$、$r_{s\#1}$、$r_{\#1e}$、#1 三部分结合构成一条完成的可替代路径。

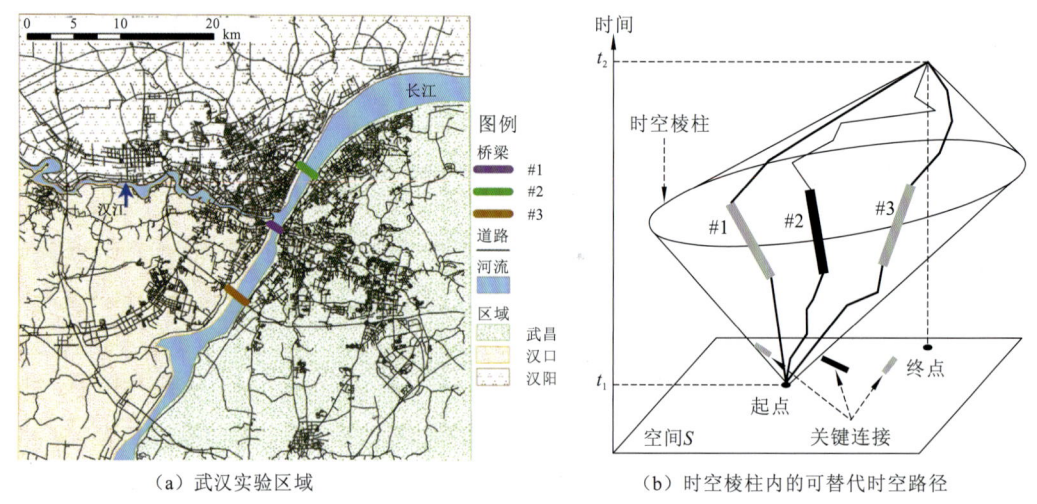

（a）武汉实验区域　　　　　　（b）时空棱柱内的可替代时空路径

图 8.4　实验区域与可替代时空路径

本示例测算的群体为由武昌的三个子区域 a、b、c 经过武汉长江大桥（Bridge#1）到达汉阳（d 区域）与汉口（e 区域）的浮动车群体 G_{car}。G_{car} 中的每一辆浮动车 C_i 包含由轨迹数据提取的 O-D 点对且存在可供替代的备选路径，$C_i=\{\text{origin}=(x_1, y_1, t_1), \text{destination}=(x_2, y_2, t_2)\}$，绿色点（Origin）为"来源"全部分布在 a、b、c 区域内，而橙色点（Destination）为"目标"全部位于 d、e 区域内。为充分观测全天各个核心通勤时间段内不同行驶时间车辆群体的源域分布，此处按每 2 h 为一个基本时间区间将全天从 6:00 至 24:00 划分为 9 个时间段、车辆 O-D 的消耗时间每 20 min 为一个基本时间区间将车辆 O-D 的消耗时间 t 划分为三个级别：$L_1: t<20$、$L_2: 20\leq t<40$、$L_3: t\geq 40$。依据 C_i 中包含的 O-D 位置分别计算起始点、终止点和 $a\sim e$ 区域的空间拓扑关系，将所有浮动车对象全部匹配至源域与目标域中，依据空间位置与车辆行驶时间的各时间窗口内 O-D 点分布如图 8.5 所示。

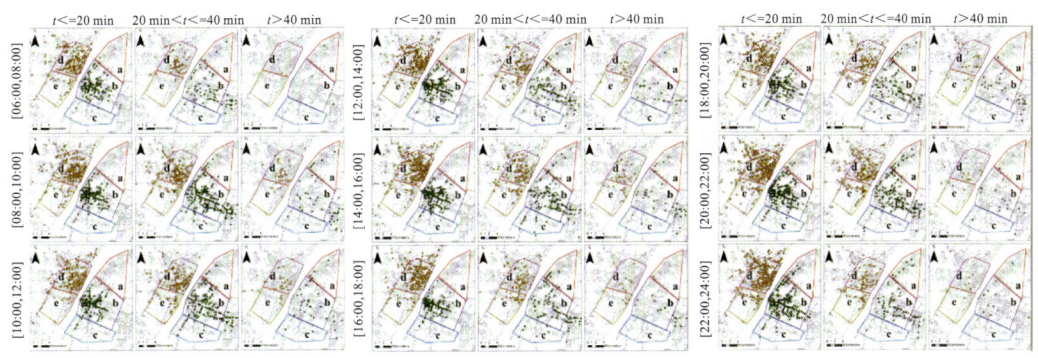

图 8.5 出租车群体源域分布（比例尺单位：km）

由图 8.6 提供的 O-D 位置信息进行统计分析，可得到每个时间段内处在 a、b、c 源域与 d、e 目标域中不同行驶时间的车辆比例，观测结果如表 8.1 所示，表中单元格中如"0.25/1.23/0.25"表示在 6:00 至 8:00 时间段内区域 a 中驾驶时间为 L_1、L_2、L_3 且存在可替代时空路径的轨迹占全部轨迹比例。由分析结果中可以看出，全天范围内子区域 b 中约 50% 驾驶时间在 0~20 min 经过武汉长江大桥#1 的车辆轨迹均存在可替代的出行路径，可考虑选用其余两座大桥满足过江需求。当武汉长江大桥产生严重拥堵或由道路维修产生限行时，这一部分出租车群体可推荐选用其余大桥作为临时替代，以降低武汉长江大桥交通压力。此外，图 8.7 给出了出租车群体 3 个桥梁间的可替代时空路径比例关系。因此，出租车群体的源域定比观测结果可为车辆智能导航、城市路网规划等应用场景提供有效的辅助数据支撑。

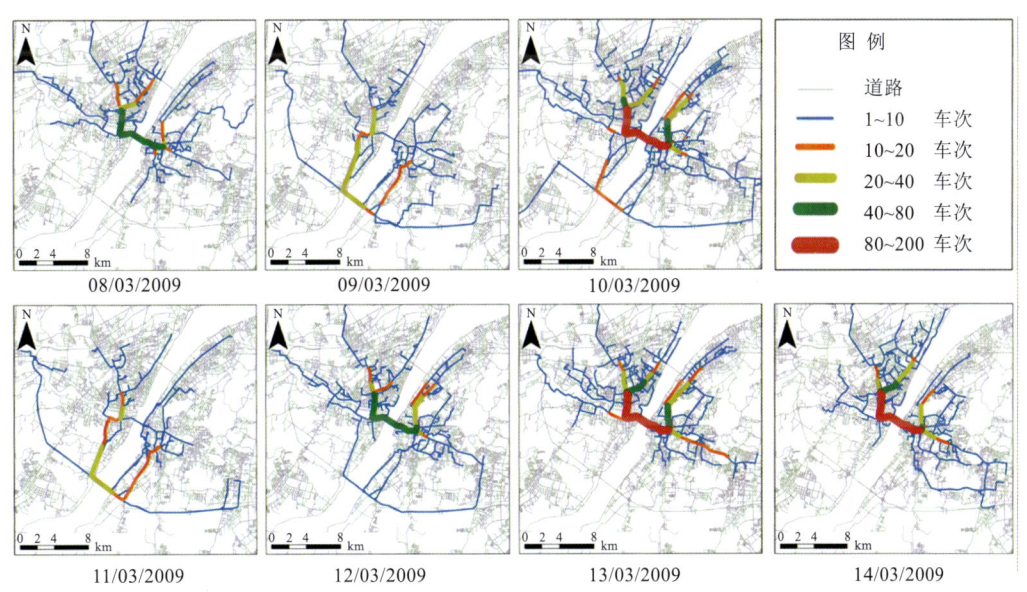

图 8.6 出租车群体在桥梁关键节点上的可替代时空路径源域分布

表 8.1 存在可替代路径的出租车源域定比观测结果（#1）

桥梁	时间区间	区域 a（源）	区域 b（源）	区域 c（源）
#1	[6:00，8:00]	0.25/1.23/0.25	59.75/14.32/0.25	0/0.74/0
	[8:00，10:00]	0/1.19/0.48	43.72/27.96/0.02	0.35/0.96/0.12
	[10:00，12:00]	0/0.68/0.51	40.64/28.06/0.04	0.68/1.53/0.17
	[12:00，14:00]	0.17/1.22/0.17	54.53/16.55/0.02	0.35/0.70/0
	[14:00，16:00]	0/1.06/0.40	52.32/16.33/0.02	0.66/1.46/0.26
	[16:00，18:00]	0/2.03/0.20	53.75/12.98/0.01	0.40/1.01/0
	[18:00，20:00]	0/2.33/0.21	45.03/16.49/0.02	0.21/0.63/0
	[20:00，22:00]	0.46/1.64/0.12	51.05/18.19/0.01	0.58/0.23/0
	[22:00，24:00]	2.00/1.70/0.15	57.19/9.58/0.01	0.93/0.15/0

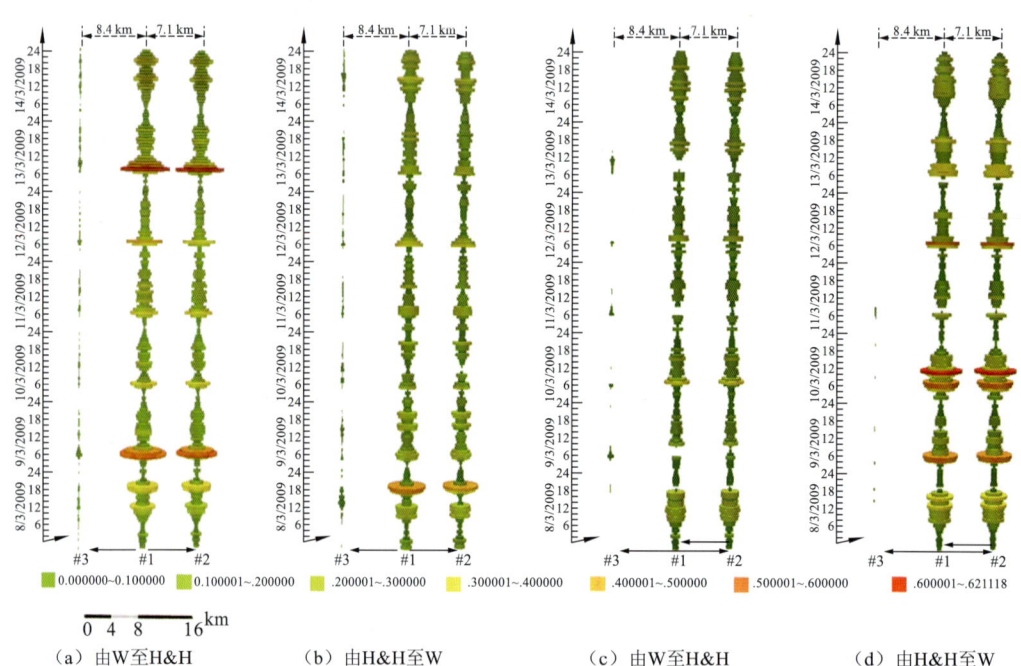

图 8.7 出租车群体 3 个桥梁间的可替代时空路径比例关系

W:武昌区　　H&H:汉口区与汉阳区

8.1.3 群体活动模式与交通模式的定比观测

群体活动模式与群体交通模式均是群体在长时间尺度中进行多项群体活动产生的基本特性。群体的活动模式是该群体经历的各个活动的时间序列组合，因此各群体均可具备其特有的低级别群体活动模式。对多个群体活动序列的共性进行抽象可形成群体的高级别活动模式。具备高级别活动模式基本抽象属性的群体，可划分为相同活动模式的群体集合，因此群体活动模式具有显著的多尺度特性。对群体活动模式进行定比观测，可以有效了解空间内各主要群体的数量分布，如居住在城市边缘区域但在城区工作的居民比例等。

群体交通模式是群体在活动和活动转移过程中选择的交通出行方式的时序组合。由于城市内可供选择的交通出行方式并不复杂，群体交通模式定比观测的难点并不在于如何抽象模式，而是依据群体活动轨迹与群体的基本语义性质准确判断交通出行方式。在分析群体的交通出行方式序列后，可以依据交通方式序列生成交通模式，并以此计算空间 S 内各交通模式的群体数量占比。

1. 群体活动模式的定比观测方法

群体活动模式是一种普遍性的可用于概括群体活动行为的方法，而绝大多数的群体活动模式均可使用群体活动与转移交替链进行概括。群体活动模式的定比观测是在群体活动与转移交替链的基础上进行分类或聚类，测算各个活动模式中空间 S 内各群体所占比重的观测方法。依据轨迹测算个体停留区域链的方式已在 7.3 节中具体讲解，由个体停留区域链聚类而成的群体 G_x 具备群体停留与转移交替链 $C=\{a_1,m_1,a_2,m_2,\cdots,m_{n-1},a_n\}$。

1）设定固定的活动模式

固定活动模式的定比观测是先对群体活动与转移链的集合进行抽象的结果，是先抽象再分类的过程。分析者已明确需要得到的具体活动模式类别，从而在抽象过程中最大化各个类别在 C 中的差异性，以得到更加准确的分类结果。

比如研究城市内部通勤者群体的活动模式时，通勤者群体一天的活动与转移链表达为 $C=\{a_1,m_1,a_2,m_2,a_3\}$，$a_1,a_3$ 为居住地活动，a_2 为工作地活动，m_1,m_2 分别为转移时空路径。依据研究目的，首先确定需要划分的活动模式类别为"长距离通勤"模式与"短距离通勤"模式；然后基于模式特性抽象群体活动转移与交替链的数值特征为：m_1 与 m_2 的长度；最后设定阈值 β 对长度执行划分即得到隶属于"长距离通勤"与"短距离通勤"的群体集合。此处可适用于各类更高级的分类方法，如贝叶斯分类、决策树分类、SVM 分类器等。

2）由聚类结果产生模式

在分析者不明确群体集合的活动功能模式的情况下，可以基于由 C 中构造出的特征使用聚类方法将群体划分为 k 个簇，而后基于每个簇中群体的共性抽象出群体活动模式。仍以通勤者群体举例，若将每个群体的通勤移动距离构建为特征向量 $v=(m_1,m_2)$ 作为聚类的条件，选用较为普遍的 K-MEANS 聚类方法且设定目标簇的数量为 3，则在聚类完成后会得到 3 个群体集合，每个集合中的群体具有一定的共性。依据每个簇中的特征向量距离数值分布状态进行抽象，此处可选用平均距离作为指标，可以得出"长距离通勤"、"中距离通勤"与"短距离通勤"三种群体通勤活动模式，各个活动模式中隶属的群体数量与总群体数量的比值即为群体活动模式定比观测的结果。

2. 群体交通模式的定比观测方法

群体交通模式的观测同样依托于群体停留与转移链 C，其着重于挖掘群体转移过程中的特性。由群体活动轨迹判定群体交通模式取决于群体轨迹的移动速度 V 与轨迹处在的路

段类型 P。表 8.2 展示了城市内主要交通工具的平均行驶速度与路网依赖情况，是居民出行方式判定的基准条件。基于表 8.2，路段类型主要包括一般道路、地铁线、公交线。

表 8.2　城市居民出行的主要交通方式

交通方式	平均时速/(km/h)	路网依赖
步行（$M1$）	5	无
非机动车（$M2$）	15	依赖于城市路网
公共交通（$M3$）	30	依赖于公共交通网络
驾车（$M4$）	40	依赖于城市路网

每一次群体转移过程 m_i 中均包含了群体移动的空间轨迹记录集合 $m_i=\{p_1,p_2,\cdots p_n\}$，每一条记录中至少包含空间坐标与采样时间 $p_j=\{x,y,t\}$。在生成群体停留与转移链前，所有轨迹数据已经过预处理，因此当前状态下的空间位置时序记录可直接进行计算。由于在一次转移过程中群体可能涉及多种交通方式，如先乘坐公共交通再步行至目的地，计算过程中应当全部保留为群体交通模式的组成部分。鉴于轨迹点是群体移动轨迹的离散采样，因此由轨迹数据判断出行方式的首要任务是使用地图匹配方法恢复轨迹的初始形态，将轨迹匹配至道路获取道路基本属性的同时，进一步保证了速度 V 计算的准确性。

如图 8.8（a）所示，适用于轨迹形态恢复的地图匹配方法当前已较为成熟，从简单的仅基于有向点匹配至线的匹配方法到相对复杂的改进隐马尔可夫链的匹配方法，均可有效解决轨迹恢复问题，因此本节中不做过多介绍，读者可自行查阅相关文献（Chen et al., 2014）。但需要注意的是，由于当前的地图匹配的研究对象为浮动车轨迹，而步行产生的轨迹很可能在缓冲区内无有效路段与其匹配。因此当计算过程中出现了速度较慢且无可匹配路段的轨迹时，应当判定为步行产生的轨迹并将该轨迹视为虚拟"路段"进行记录[图 8.8（b）]。

m_i 在完成轨迹形态恢复后包含的内容转变为路段序列 $\{r_1,r_2,\cdots,r_k\}$，$k\geq n$，每个路段 r_j 中均包含群体经过该路段时的平均速度 V 及该路段的类型 P。在序列的速度突变处执行分割，可将转移路段序列划分为仅包含单一出行方式的子序列集合。基于子序列集合的平均速度、最大速度、加速度、路段类型占比等特征，可使用决策树、KNN、贝叶斯网络等分类方法识别子序列对应的出行方式。识别完成全部子序列后，m_i 的出行模式即为出行模式的组合，如 $m_i=\{M1,M3,M1\}$。图 8.8（c）对应图 8.8（b）中的轨迹，转移过程 m_i 由 6

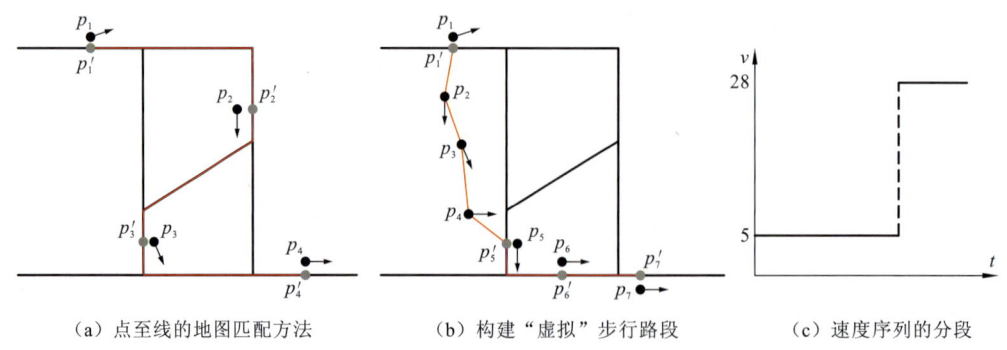

(a) 点至线的地图匹配方法　　(b) 构建"虚拟"步行路段　　(c) 速度序列的分段

图 8.8　群体出行方式的识别与提取

个路段构成，其中前 4 个路段平均速度为 5 km/h 且无路网与之匹配，后 2 个路段的速度在 28 km/h 上下浮动且匹配至城市公交线路路网。由此可以判定转移过程 m_1 经历了由步行至乘坐公共交通的出行方式变化。若具备城市公交的站点位置数据，公共交通出行与驾车出行的另一区分方式为：判断子序列的起始位置附近是否存在公交站点。

在计算完毕群体停留与转移链中的每个转移部分的出行方式后，群体的出行模式描述可表达为选择各类出行方式的占比，如 $G_x = \{m1:20\%; m2:30\%; m3:50\%; m4:0\%\}$ 表明群体 G_x 在一次出行活动中选择各出行方式的基本概率。若需进行更加细致的出行模式划分，可使用基本出行方式的顺序组合构建交通模式对象，如"先乘坐地铁后步行"与"先步行后乘坐地铁"间的交通模式差异。在使用合适的方式表示群体的交通模式后，群体交通模式的定比观测与活动模式的定比观测过程相同，可使用分类或聚类的方法计算各主要交通模式中群体的数量或占比。

8.2 群体行为动态的定比观测

行为是指人的举止与行动，人类行为是个体为满足自身需要对环境所做出的生理、心理、社会的各种反应，将行为的概念个体衍生至群体，群体行为即群体为满足群体需求所产生的基本行动（Zhao et al., 2009）。群体行为动态是群体活动行为的变化，从字面意义上看群体活动与群体行为表达的语义近乎相同。但是，从群体活动轨迹的角度出发，群体行为是对群体活动从特殊角度观测的结果，一场完整的群体活动可派生出多种群体行为，如两个足球队的一场比赛为一次完整活动，在比赛过程中足球队群体存在进攻行为、防守行为、休息行为的连续变化。理论上群体行为的时序线性组合可侧面反映群体活动状态，但从某些观测角度出发，群体行为不一定呈现连续变化，而在时空上存在间断，如观测车辆的违章行为。

在另一层面上，群体行为是在某一时刻从特定角度观测群体活动得到的抽象结果，从不同角度观测群体活动可得到不同类型的群体行为集合，这与观测者的主观意志具有强相关关系。如图 8.9 所示，在对出租车司机驾驶活动的观测中，从速度变化角度观测司机群体可划分为加速行为、减速行为、停车行为、匀速行驶行为等；而从相对位置关系的角度则划分为正常驾驶行为、超车行为、跟车行为、伴行行为等；在更细节的层次进行观测可以有变道行为、违章行为等。在同一时刻从不同角度观测群体活动得到的群体行为可同时存在，共同细致化描述群体活动在瞬时时刻的行为特性。

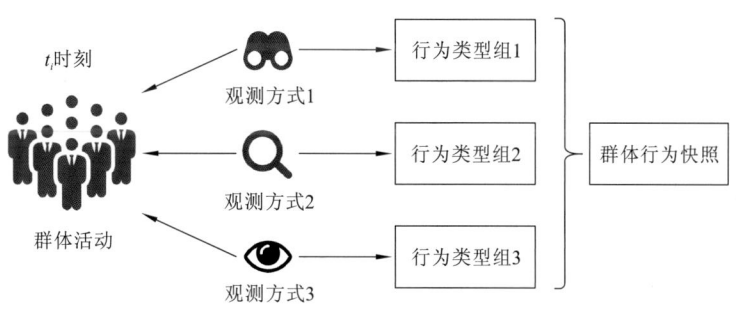

图 8.9 基于群体活动的群体行为观测

8.2.1 群体间与群体内行为的定比观测

从空间 S 内的轨迹数据集中提取得到的群体集合 G，G 中每个群体 G_x 均具备群体活动链 C，C 中的每个活动 a_j 均包含活动的时空范围。依据群体活动与群体行为在本书中的定义，在 t_i 时刻（$t_i \in [t_s, t_e]$）的群体行为是活动 a_j 在 t_i 时刻的快照，在一张快照中群体可以具备多种行为，但一般情况下的群体行为识别会选择唯一的观测角度。依据群体的不同性质，群体行为类型的识别可划分为集体与非集体两种识别方式。

1. 集体——多群体的行为的比例

集体是为了相同的目标与信念执行相同行为的个体集合，集体中的个体具备强时空关联关系，是严格意义上的时空伴随型群体。在集体中，个体的行为与空间位置在活动的每个时刻均具有强一致性，因此仅需在大尺度对集体行为进行观测即可得到集体的行为特性。典型的集体有学校中的班集体、军队中的班级建制等，集体中存在的部分异常个体对观测结果影响很低，因此可忽略不计。

群体行为类型的识别同样采用经验与待分类数据相结合的方法执行，但相对于群体活动的识别会具备更小的尺度，通常与该群体对象的类型、空间位置和内部活动状态存在关联关系，因此可通过上述内容构造对应的分类特征。以典型的学校班集体为例，该群体的主要行为包括上课行为、进食行为、娱乐行为、操练行为等，这些行为按时间的排列组合构成了班集体的学习活动。如表 8.3 所示，此处使用群体所在空间位置与群体在当前时刻的速度矢量场作为特征，对学生集体的各类行为进行分类。

表 8.3 用于学生行为分类的特征示例

类别	空间位置特征	速度特征
上课行为（$B1$）	教学楼范围内	平均瞬时速度接近于 0
进食行为（$B2$）	食堂范围内	平均瞬时速度接近于 0
娱乐行为（$B3$）	任意区域	存在平均瞬时速度，群体速度矢量场杂乱
操练行为（$B4$）	操场范围内	存在平均瞬时速度，群体速度矢量场一致

上述过程是典型的使用群体静态特征识别群体行为，单个群体活动 a_j 的时间区间 $[t_s, t_e]$ 中的每个时刻 t_i 均具备群体行为 B_{t_i}。由此计算多个同类型群体在 t_i 时刻的群体行为，按群体行为类型进行数量统计即可得到各群体行为的占比，如某高中的学生群体在 12:00 进行各项行为的比例为 $P_{12} = \{B1:5\%; B2:50\%; B3:45\%; B4:0\%\}$。如图 8.10 所示，进一步计算各个关键时段的学生群体行为占比，按时间排序即可得到各群体行为占比的时序变化曲线，进而可以分析学校对学生管理的有效性。

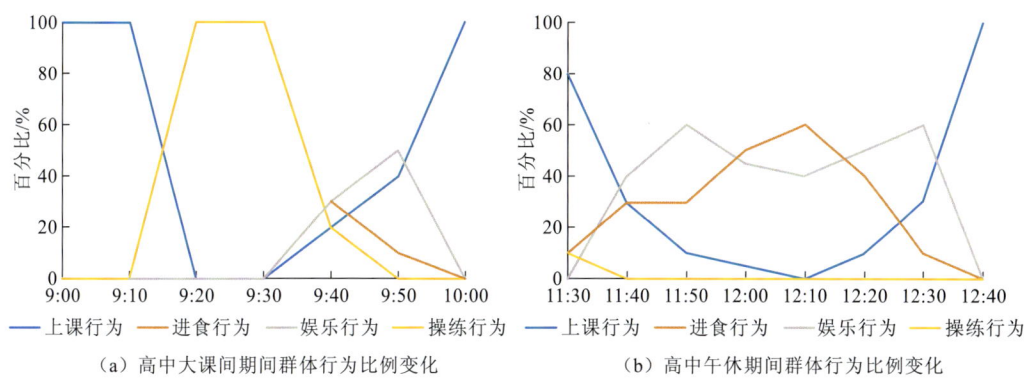

图 8.10 群体行为占比时序变化曲线

2. 非集体——群体内行为的比例

此处的群体是更为广泛的群体概念,是具有相同性质的个体构成的个体集合且不要求群体内部的个体成员具有严格的空间伴随关系,群体间的个体具有更高的自由度。比如城市内的出租车司机群体工作性质相同,但司机间很少会产生长时间时空伴随型轨迹。非集体群体内部个体行为的强差异性使得测算群体的活动行为需要从个体行为出发,以一定时间范围内群体中各种个体行为类型的数量与占比描述。假设群体 G_x 包含 k 种行为特性 $\{B_1, B_2, \cdots, B_k\}$,则最终的观测结果为该群体内各行为的数量与占比。横向比对相同类型的广义群体需要各个群体间具备相同的行为特征,而后根据多群体各项行为数量之和得到每个群体对应行为的占比。

在集体层级的群体行为识别中使用了静态的群体行为识别方法作为示例,即每次仅通过特定时刻群体的瞬时状态判断群体行为。但很多情况下,部分个体行为反映在快速连续的空间位置变化和与一定范围内其他个体的交互状态。比如车辆的速度变化行为可通过瞬时加速度 a 与瞬时速度 v 综合判断,但车辆的跟车行为等需要依据相对位置关系进行观测。此处以研究出租车群体与网约车群体的交通违章行为占比为例,仅使用轨迹数据可获取的违章行为主要包括:违停行为 B_1、超速行为 B_2、逆行行为 B_3。

出租车群体 G_x 与网约车群体 G_y 均是典型的弱空间关联群体,群体中的各个车辆间在工作过程中不会出现显著的时空伴随关系。G_x 与 G_y 中每辆车 c_i 的基本轨迹 $T = \{p_1, p_2, \ldots, p_n\}$ 经初步处理(7.3 节)后可得到对应的停留与转移链 $C = \{s_1, m_1, \ldots, m_{n-1}, s_n\}$,针对 c_i 的违章识别即从 C 出发设定一定的识别方法。

1)违停行为识别

违停行为是典型的从车辆的停留区域中获取的违章信息,出租车和网约车均可能为接送乘客方便而在禁停区域停车,导致发生交通事故的风险上升。对 C 中包含的每个停留 s_j 计算其停留区域的几何中心 $g_c(x, y, t)$,结合地图辅助数据中的非法停车区域集合,依次计算 g_c 是否位于违停区域 A 内。如图 8.11(a)所示,构成车辆的停留区域 s_1 的全部轨迹点均处在十字路口的禁停区域内,显然车辆出现一次违章,即若 $g_c \in A$,则该群体的违停行为 B_1 计数加一。

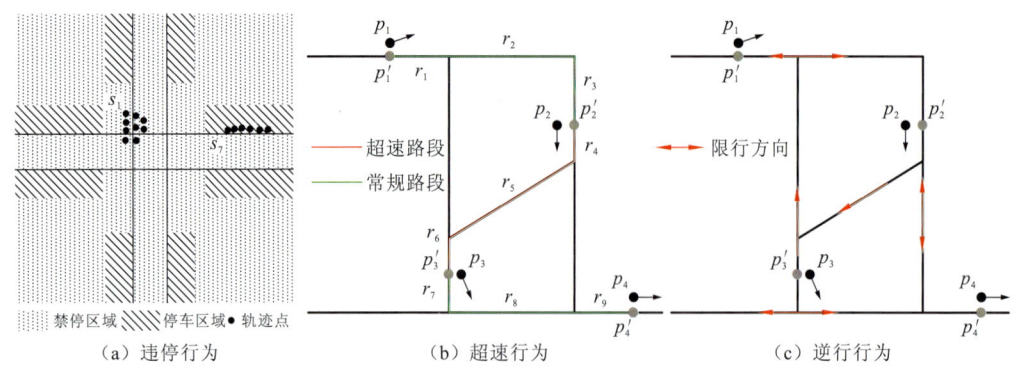

图 8.11 车辆违章行为识别示例

2）超速行为识别

超速行为反馈在车辆运营活动的转移过程中，行驶速度超过道路规定的最高限速的情况，在夜间道路车辆较少时，部分司机会超速行驶以获取更高的收入，但同时带来更多的安全隐患。对 C 中的每一个转移 $m_j = \{p_1, p_2, \ldots, p_n\}$ 使用地图匹配方法结合现有路网数据还原车辆行驶的真实轨迹，使转移过程由轨迹点集合匹配至路段集合 $m_j = \{r_1, r_2, \cdots, r_n\}$。若满足式（8.7）则可判定车辆存在一次超速行为，式中 $D(p_i, p_{i+1})$ 为两点间的曼哈顿距离，是两点间路段长度之和，$V(r_j)$ 是曼哈顿距离中某一路段的限速。如图 8.11（b）所示，若在连续的多个路段均检测到超速行为，则将其归并为一次超速行为，该群体的超速行为 B_2 计数加一。若原始轨迹数据中携带了车辆的瞬时行驶速度信息，可直接使用该数据进行判断，但是车辆的瞬时速度仅反映了当前时刻的车辆行驶状态，对超速行为识别的稳定性略低于轨迹恢复后计算平均速度，可能造成一定程度的误判和漏判。

$$\frac{D(p_i p_{i+1})}{t_{i+1} - t_i} > V(r_j) \tag{8.7}$$

3）逆行行为识别

逆行行为反馈在车辆运营活动的转移过程中，车辆的行驶方向与道路限定的行驶方向不一致，包括违规掉头、逆行单行道等危险驾驶动作。逆行行为与超速行为的识别相似，均是对车辆连续运动状态的判断，但与超速行为判定不同的是，逆行行为的判断无需进行轨迹还原，因为在轨迹还原的过程中车辆路径的计算均遵循合理的交通规则，不会产生逆向行驶的轨迹。GPS 轨迹数据中除基本的空间坐标与采样时间外，通常还会携带车辆的瞬时行驶方向角信息 dir，基于车辆行驶的瞬时方向与道路允许行驶方向夹角的大小，可以初步判定车辆是否存在直接的逆行行为。如图 8.11（c）所示，车辆在 p_3 轨迹点处驶入了单行线，此时轨迹点记录中车辆的瞬时方向与道路的限行方向呈现出大于 135°的夹角。与此同时，若相邻两轨迹点存在于同一条道路且瞬时方向角相反，则说明车辆在该道路上出现了掉头行为，进而综合该道路是否允许掉头的基本属性，可以判定车辆是否存在逆行行为。每次对个体识别到逆行行为，个体对应群体的逆行行为 B_3 计数加一。

在分别对 G_x 与 G_y 中的每辆出租车个体识别完毕违章行为后，即得到了 G_x 与 G_y 中各类违章行为的数量，如 $G_x = \{B_1:47, B_2:43, B_3:10\}$，$G_y = \{B_1:80, B_2:10, B_3:10\}$（该数据仅作为示例，并不代表真实违章情况）。基于上述观测结果又可按照多种划分方法测算比例，如 G_x 与 G_y 群体全部违章行为的数量占比为 1：1；G_y 群体相较 G_x 群体的违停数量低 33% 等。观测结果可以表明出租车群体与网约车群体的违章总数近乎相同，但是各类违章的占比存在差异，出租车群体的违停占比明显低于网约车群体，而超速行为占比则高于网约车群体，可能是由网约车司机对禁停区域不熟悉且相对驾驶状态稳定导致的。

8.2.2 约束/扰动下群体行为动态的定比观测

上节中具体介绍了如何观测群体行为与部分通过群体间各项行为的占比进行的横向定比观测。一般情况下，群体在较为稳定的活动过程中产生活动行为的数量与占比也是稳定的，如在城市内交通规则不发生改变的前提下，城市内各类驾车群体产生的违章数量与比例在长时间段内不会发生显著变化。但是，当群体活动中受到突发事件或政策与措施改变影响时，对应群体行为的数量与占比也会随之发生变化。约束/扰动下群体行为活跃动态的定比观测将观测角度从对群体各类行为数量与比例的绝对数值观测，转移至观测由突发事件或政策措施改变造成的约束/扰动下群体各类行为数量变化的差值与比例。如图 8.12 所示，从基础理论出发，这种观测明确划定了群体活动的观测时间段分别为约束/扰动发生前与发生后，重点在观测单个或多个群体各自内部群体行为的变化情况。

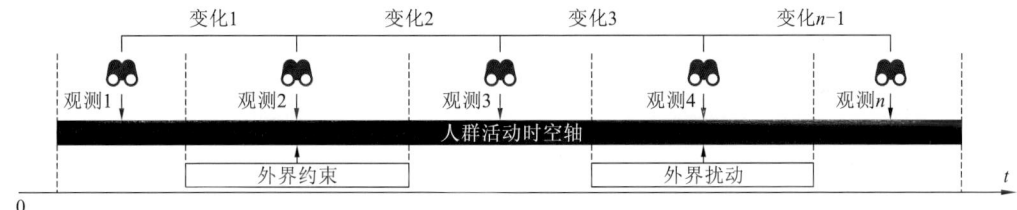

图 8.12 约束/扰动的定比观测

约束/扰动下群体行为的动态变化可通过直接观测与间接观测获取：直接观测即为直接计算在扰动发生前与发生后的群体各项行为类型的数量与占比，进而直接比较前后的数值变化；间接观测则以群体行为依赖的时空要素作为观测对象，通过时空要素属性的数值变化，侧面反映群体行为动态的变化特征。本小节以观测自然环境因素的约束和突发事件的扰动为例，具体讲解如何测算约束与扰动对群体行为动态的影响。

1. 突发事件因素的约束

突发事件因素的约束通常体现在异常天气环境的变化与无法预测的意外对群体行为的影响，影响力反馈在群体行为类型、数量与时空分布的变化。比如连续的暴雨导致城市驾车出行群体行为的变化、城市部分区域停电造成的居民群体行为的变化等，这些突发事件往往是不可预测的且会对群体活动产生一定程度的约束作用。定比观测的目的是探寻突发事件对群体行为产生影响的基本原因与作用机理，并体现在群体行为随时间的数值与空间分布变化。

深圳市位于中国南部沿海，复杂的气候环境使得深圳市易受到来自太平洋风暴潮的直接影响，探究城市出租车群体在风暴潮来袭下群体行为的动态变化对城市结构优化、灾害防治与紧急救援具有显著的指导作用（Fang et al.，2020）。基于约束下群体活动定比观测的基本流程，对群体行为变化的观测时间段需包含风暴潮来临前、风暴潮持续状态中与风暴潮结束后三个阶段。结合深圳市出租车轨迹数据的基本特性，此处选用 2013~2014 年间对深圳影响较大的 6 个台风，从以下几个角度分别观测出租车群体行为的变化。

1）基础数值

出租车群体中每辆出租车的日均接客单数、每单的平均行驶距离、每天的行程总距离、每天的服务范围是对出租车行为活跃指数的综合描述指标。通过计算群体中每个个体的上述指标并取平均值测算群体的平均指标在风暴潮来临前、过程中、离开后的变化，可以感知风暴潮对出租车群体整体行为活跃度的影响程度。在测算出租车的平均行驶距离与行程总距离前需要使用地图匹配方法还原出租车的真实活动轨迹，保证距离计算的准确性。图 8.13 展示了 6 个台风由开始接近深圳区域至完全离开深圳区域的时间段内，出租车群体每天各项平均指标的数值变化。从图中可以看出，各个台风的接近没有对深圳市出租车群体行为产生统一的影响机理。大多数情况下，子图 a、b、d、f 对应的台风约束下出租车群体行为活跃度均呈现先下降后上升的趋势，但是 HAGBIS 台风的出现却促进了乘坐出租车出行的需求。

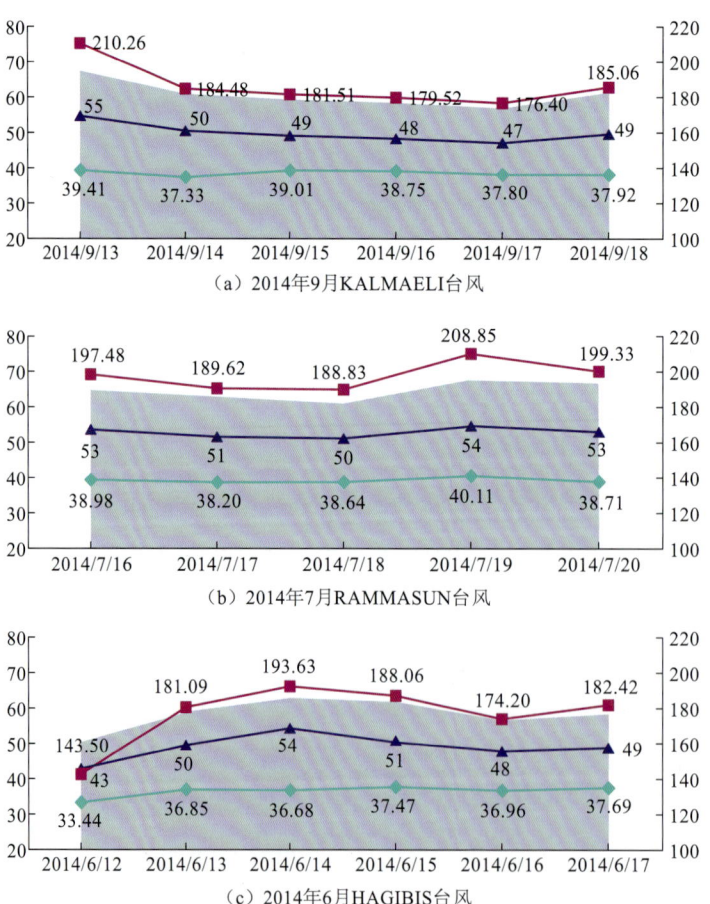

（a）2014年9月KALMAELI台风

（b）2014年7月RAMMASUN台风

（c）2014年6月HAGIBIS台风

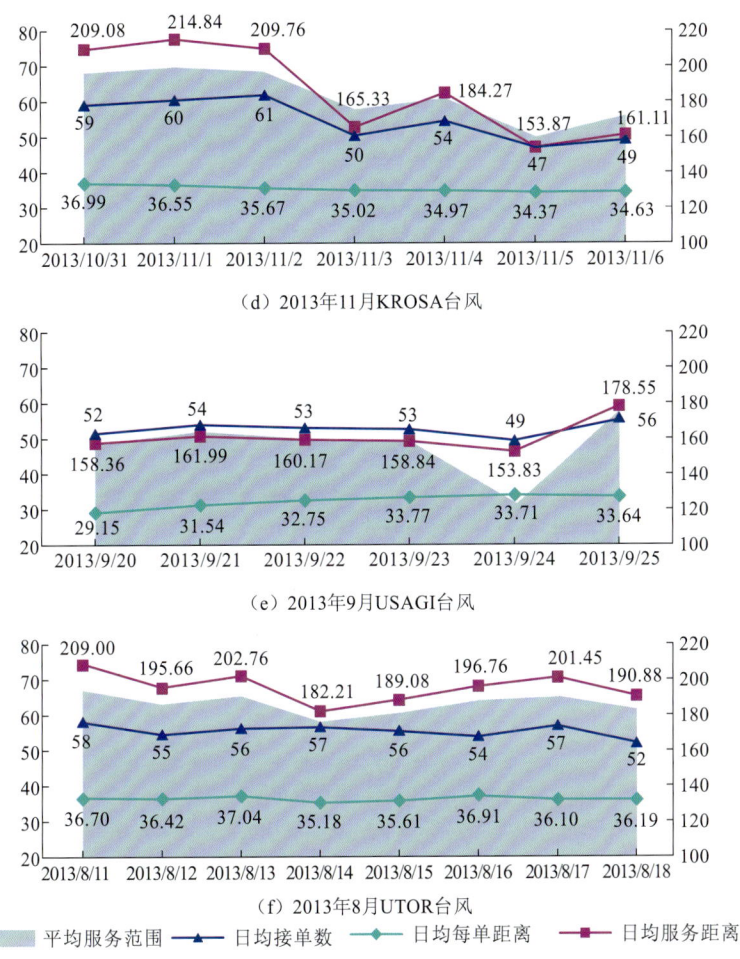

图 8.13 风暴潮下出租车群体行为基本指标变化曲线

2）空间分布

出租车司机驾驶行为的空间分布体现在车辆的有效空间服务范围分布及订单 O-D 点的空间位置分布。车辆的空间服务范围由车辆的行驶轨迹决定，经由轨迹恢复后的车辆行驶路段集合生成的半径为 r 的线缓冲区相互叠加，可得到每辆出租车的有效服务范围；O-D 点分布来源于从车辆轨迹数据中分离出的订单对象，订单的起始空间位置为 O 点，结束位置为 D 点。将深圳市研究区域划分为 1 000 m×1 000 m 的等距格网，在各个台风约束时间内，每天分别对每个基本空间单元格网中分别计数出租车服务范围覆盖数量与 O-D 点数量，得到车辆服务范围与 O-D 点的热力分布图。依据相邻两天热力分布图中各时空单元的数值差异，测算出租车服务范围与 O-D 点热度的变化情况，进而从侧面反馈群体行为在自然环境条件约束下的动态变化情况。图 8.14 展示了深圳市出租车 O-D 点时空分布热度随的台风到来产生的变化量，可以发现几乎所有台风的出现均会导致深圳市市中心的每日 O-D 点数量产生急剧变化，而较为偏远的区域受到的影响相对较小。

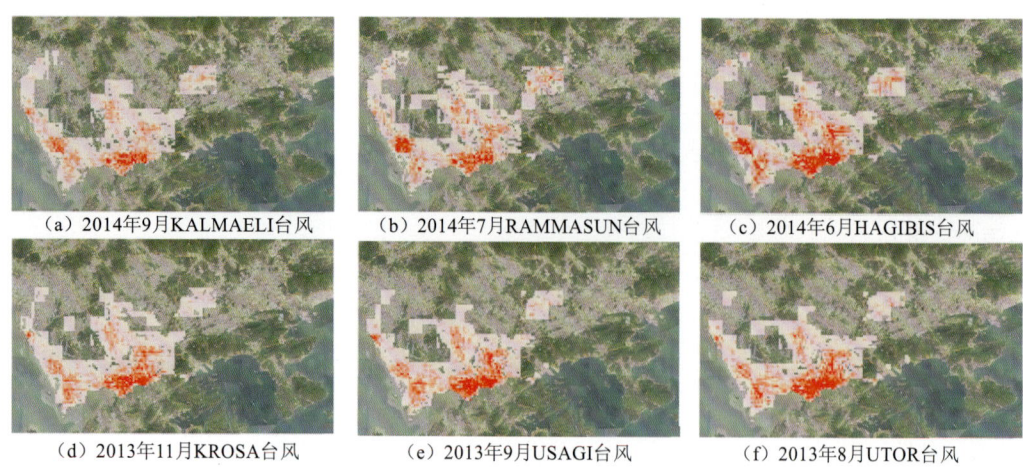

图 8.14 风暴潮下出租车 O-D 点空间分布变化比例

2. 政策与措施的扰动

政策与措施对群体活动的扰动通常具有一定的主观性，扰动的持续时间与强度受到决策者意志的影响。需要注意的是，人为突发事件的扰动对群体行为的影响通常比自然环境因素的约束具备更高的目的性，因此对群体行为的影响往往符合人类的思维习惯。

2014 年滴滴出行与快滴为提高史称占有率发起了一场激烈的补贴大战，如表 8.4 所示，依据补贴的对象与金额的变化，整场补贴大战按时间段被划分为 6 个主要阶段，第 1 阶段政策扰动未开始，两家公司均未发放补贴；第 2~3 阶段扰动开始增强至巅峰，两家公司开始发放补贴并逐渐达到最高值；第 4~6 阶段扰动逐步减小至零，对应两家公司提供补贴逐步降低并最终不再提供补贴。补贴大战是典型的由于政策条件的变化对出租车群体行为产生的扰动，通过出租车群体在补贴大战期间的接送客人行为的动态变化，可以得到由补贴产生的扰动对出租车群体运营与城市居民出行产生的影响（Su et al.，2018）。

表 8.4 补贴大战不同阶段的补贴政策　　　　（单位：元）

阶段	时间跨度	滴滴		快滴	
		出租车司机	乘客	出租车司机	乘客
#1	2014.1.9 以前	0	0	0	0
#2	2014.1.10~2014.2.16	10	10	10	10
#3	2014.2.17~2014.3.4	10（新用户 50）	10~20	5~11	10~13
#4	2014.3.22~2014.5.16	10	3~5	5~11	3~5
#5	2014.5.17~2014.7.8	10	0	5~11	0
#6	2014.8.10 以后	0	0	0	0

为测算补贴大战期间城市出租车群体受扰动产生的行为变化，此处使用深圳市出租车在补贴大战期间的运营轨迹作为基础实验数据，轨迹点记录中包含经纬度与上传时间戳等基本属性信息，实验区域与子区域划分如图8.15（a）所示，且将实验区域划分为500 m×500 m大小的格网作为空间分析单元。补贴对出租车群体行为的直接扰动是出租车群体在各个子区域内的上客人数与下客人数的改变，而上客人数与下客人数来源于轨迹数据中出租车群体已完成的订单O-D点在格网内的空间位置分布。图8.15（b）与图8.15（c）展示了补贴大战第一阶段（#1）的各基本空间单元内的日均上下客订单分布情况，可以发现上下客的热点区域具有一致性且主要集中在深圳特区范围内。

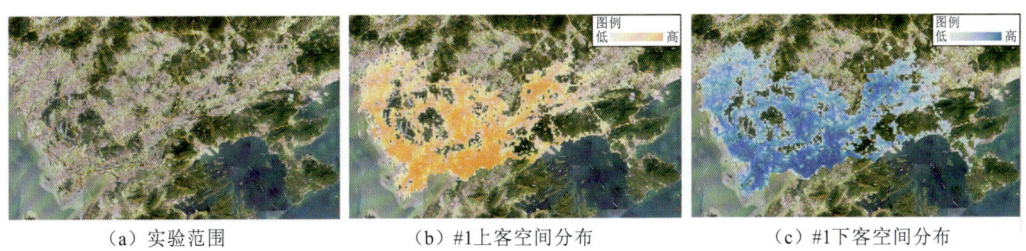

(a) 实验范围　　　　　　　(b) #1上客空间分布　　　　　　(c) #1下客空间分布

图8.15　补贴大战期间出租车日均上下客数量空间分布

依据基本的日均上下客数量和占比测算方法，可进一步得到#2至#6阶段的各最小空间单元内的上下客数量。将任意#i与#$i+1$相邻两阶段的空间格网相减即可得到空间单元内的上下客次数的数量变化，图8.16展示了各个相邻阶段间各空间单元内下客次数的变化分布，途中以红色表示增加，绿色表示减少，颜色的深浅对应增加与减少的强度。

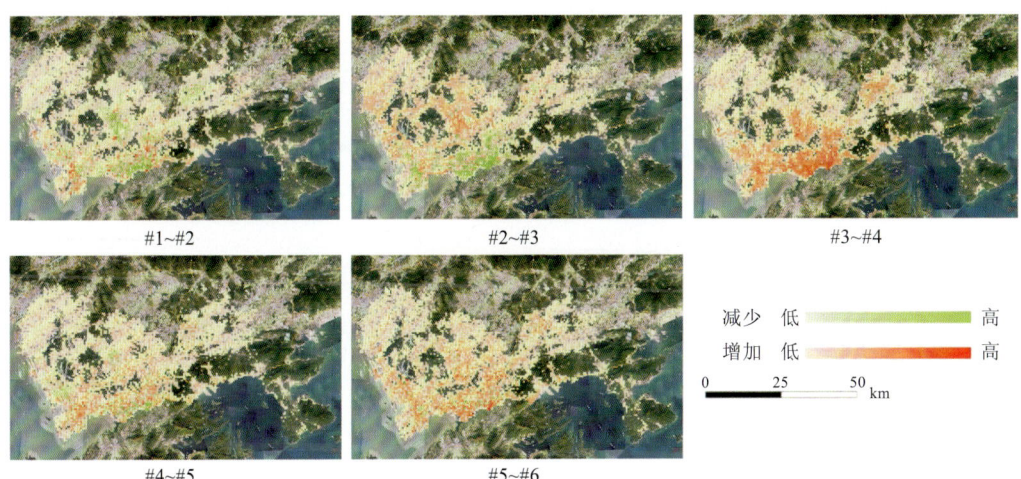

#1~#2　　　　　　　　　　#2~#3　　　　　　　　　　#3~#4

#4~#5　　　　　　　　　　#5~#6

图8.16　相邻阶段出租车日均车均下客次数变化量的空间分布

统计图8.16中每个子图中上下客增加与减少基本空间单元的数量与比例，即完成了政策条件改变（补贴强度的改变）对出租车载客行为在政策实施前、实施中与实施后的差异性定比观测。观测结果如表8.5所示，从表中数值变化可以看出：随着企业对司机与乘客补贴的逐步增加，上客与下客呈现出减少的最小空间单元数量明显低于增加的数量约 5%

左右，说明第三阶段的高额补贴行为增加了人们选择出租车作为出行方式的需求。而在第四阶段略微降低补贴数值后，虽然增长数值与#2~#3阶段保持一致，但是增长区域明显趋近于深圳市中心，说明市中心吸引了更多的出租车出行。进而伴随着补贴数量逐渐降低，#4~#5阶段增长数量开始小于降低数量，这一需求量降低的现象很大程度是由补贴失效后市民的心理落差导致的。最后在补贴活动完全结束后，出租车出行需求出现了一波反弹，表明市民逐渐接受打车的正常价格且逐步养成了使用打车软件的习惯。

表8.5 相邻阶段日均车均上下客次数表现为增加或减少的的网格数量及其占比

上客/下客	增加/减少	相邻阶段				
		#1~#2	#2~#3	#3~#4	#4~#5	#5~#6
上客	增加	2171（26.37%）	2535（30.79%）	2574（31.27%）	2263（27.49%）	2689（32.67%）
	减少	2552（31.00%）	2201（26.74%）	2146（26.07%）	2451（29.77%）	2063（25.06%）
下客	增加	1885（22.90%）	2914（35.40%）	2898（35.20%）	2332（28.33%）	2964（36.01%）
	减少	3294（40.01%）	2245（27.27%）	2295（27.88%）	2858（34.72%）	2247（27.30%）

此外，在补贴大战背景下出租车在城市阶段和空间的服务率，也是一个重要的观测维度。首先提出了服务率的指标来衡量出租车服务的数量。出租车服务可以分为两个部分：一是到达服务，二是出发服务。一个交通小区内的到达服务量和出发服务量可以用小区内的累计到达和出发次数来表达，但是考虑不同交通小区的面积大小，以及补贴大战不同阶段的采样天数和出租车总数的差异，这里对累计到达和出发次数做归一化处理。这里用服务率来命名归一化后的累计到达和出发次数，同样的，服务率也可以分为出发服务率（departure service rate，DSR）和到达服务率（arrival service rate，ASR），归一化的公式如下：

$$\mathrm{ASR}_i^p = \frac{\sum_{k=1}^n o_k d_i}{N^p A_i T^p}, \quad \mathrm{DSR}_i^p = \frac{\sum_{k=1}^n o_i d_k}{N^p A_i T^p} \tag{8.8}$$

其中：ASR_i^p 和 DSR_i^p 为在阶段 p 时交通小区 i 的到达服务率和出发服务率，通过构建OD矩阵，可以计算各个交通小区的到达次数和出发次数，即出租车上下客次数；$O_k d_i$ 为从小区 k 出发到达小区 i 的次数；$\sum_{k=1}^n O_k d_i$ 为到达小区 i 的总次数；相似的，$O_i d_k$ 为从小区 i 出发到达小区 k 的次数，$\sum_{k=1}^n O_i d_k$ 为从小区 i 出发的总次数；n 为交通小区的总个数，深圳市的交通小区有1 067个，故 n 的值为1 067；N^p 为在阶段 p 的出租车总数；A_i 为小区 i 的面积；T^p 为阶段 p 的采样天数，在本例中为12天的工作日和4天周末。

图 8.17 展示了补贴大战第一阶段 TAZ（traffic analysis zone，交通分析区）级别下出租车 ASR（达到服务率）与 DSR（出发服务率）的空间分布，从图中可以看出原特区内比原特区外的服务率更高一些。

（a）ASR（到达服务率）空间分布

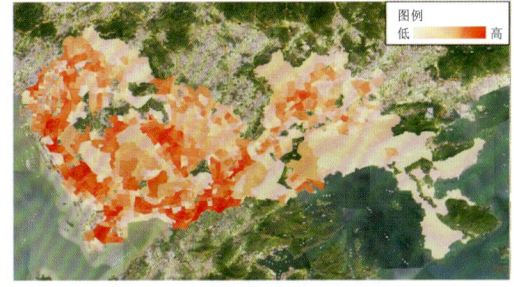
（b）DSR（到达服务率）空间分布

图 8.17 补贴大战第一阶段 TAZ 级别下出租车 ASR（达到服务率）与 DSR（出发服务率）的空间分布

表 8.6 展示了深圳市工作日的 ASR/DSR 的总平均值、原特区内平均值、原特区外平均值阶段，从表中可以得出以下结论。

表 8.6 工作日的 ASR/DSR 的总平均值、原特区内平均值、原特区外平均值阶段

阶段	ASR			DSR		
	总平均值	原特区内平均值	原特区外平均值	总平均值	原特区内平均值	原特区外平均值
1	0.0466	0.1422（70.04%）	0.0181（29.96%）	0.0479	0.148（70.90%）	0.0181（29.10%）
2	0.0452	0.1396（70.87%）	0.0171（29.13%）	0.0465	0.1458（72.01%）	0.0169（27.99%）
3	0.0457	0.1354（68.03%）	0.019（31.97%）	0.0469	0.1402（68.61%）	0.0191（31.39%）
4	0.0454	0.139（70.34%）	0.0175（29.66%）	0.0465	0.1445（71.31%）	0.0173（28.69%）
5	0.0451	0.14（71.21%）	0.0169（28.79%）	0.0463	0.1452（72.02%）	0.0168（27.98%）
6	0.0461	0.1417（70.64%）	0.0176（29.36%）	0.0473	0.1468（71.30%）	0.0176（28.70%）

（1）补贴大战期间原特区内 ASR 和 DSR 均值变化趋势相同，原特区外的 ASR 和 DSR 均值变化趋势也相同。但是，它们与总平均值的变化趋势不同。原特区内平均值在第二阶段减小，在第三阶段再次减小。这表明对乘客和出租车司机发放的大额补贴降低了原特区内的服务率。相比之下，在补贴大战白热时期，即第三阶段，原特区外的服务率显著增加。这意味着当乘客与司机获得高额补贴时，一些出租车司机转移到原特区外接送乘客。当第四阶段对乘客的补贴减少时，原特区内的服务率均值上升，而原特区外的均值减小。当取消对乘客的补贴后，市中心的服务率均值再次上升，原特区外则再次下降。最后，当乘客和司机不再获得补贴时，原特区内和原特区外的服务率均值都增加。

（2）从原特区内和原特区外服务费率占总服务率的比例变化可以看出，第三阶段时，原特区内 ASR 占比下降至 68.03%，DSR 下降至 68.61%。而原特区外的 ASR 占比上升至 31.97%，DSR 上升至 31.39%。这表明当一些出租车司机获得高额补贴时，尽管原特区外的人口比较少且出租车出行需求较原特区内而言低很多，他们仍然会转移到原特区外运营。

表 8.7 展示了周末的服务率的总平均值、原特区内平均值、原特区外平均值。周末的变化趋势与工作日的平均服务率相比有明显的差异。比如原特区内的 ASR 和 DSR 均值的变化趋势均为"增加-减少-减少-增加-减少"，原特区外的 ASR 和 DSR 平均值的变化趋势都是"减少-增加-减少-增加-减少"。当补贴战刚刚开始，即第二阶段时，原特区内占服务率占比急剧增加，而原特区外的占比下降，这表明补贴大战促使出租车司机周末在原特区内接送更多乘客。此外，在补贴大战白热化阶段，即第三阶段时，原特区内占总服务率的比例几乎下降到与第一阶段相同的水平，这意味着发放大量补贴时，相当一部分出租车司机在周末会转移到原特区外运营。

表 8.7 周末的 ASR/DSR 的总平均值、原特区内平均值、原特区外平均值阶段

阶段	ASR			DSR		
	总平均值	原特区内平均值	原特区外平均值	总平均值	原特区内平均值	原特区外平均值
1	0.043 9	0.128 1 (66.97%)	0.018 8 (33.03%)	0.045 3	0.134 2 (68.03%)	0.018 8 (31.97%)
2	0.046 5	0.141 5 (69.89%)	0.018 2 (30.11%)	0.048 0	0.148 7 (72.12%)	0.018 (28.88%)
3	0.048 1	0.140 4 (67.07%)	0.020 5 (32.93%)	0.049 5	0.146 6 (68.01%)	0.020 5 (31.99%)
4	0.046 3	0.137 4 (68.09%)	0.019 2 (31.91%)	0.047 6	0.143 4 (69.11%)	0.019 1 (30.89%)
5	0.050 2	0.150 2 (68.71%)	0.020 4 (31.29%)	0.051 6	0.156 8 (69.72%)	0.020 3 (30.28%)
6	0.046 7	0.139 6 (68.65%)	0.019 (31.35%)	0.048 1	0.145 9 (69.72%)	0.018 9 (30.28%)

8.2.3 群体行为情感动态的时空定比观测

个体行为通常是带有行为主体意愿实现某种活动目的的举动，因此每一项个体行为都会伴随着行为主体的实际情感。正如人在激动时会出现跳跃行为，愤怒时可能会出现踩脚行为等。对群体行为的情感分析可以有效感知群体内部的各类情绪的时空分布状态，进而辅助决策者进一步了解群体结构、引导群体舆论、维持群体稳定。群体行为情感动态的时空定比观测当前主要以时空舆情大数据作为基本数据源，舆情大数据中的每一条数据记录 r 包含了奠定数据情感基调的短文本信息 m、发布数据时信息发布者所在的坐标信息 x、y 与发布时间 t 等基本属性，记为 $r=\{x,y,t,m\}$（刘楠，2013）。

群体行为情感动态的时空定比观测结合舆情大数据的基本性质可以划分为以下几个主要步骤。

（1）将研究区域按固定空间分辨率 s 划分为等距空间格网 M，依据时间 t 将原始数据划分至连续的时间段内构成多个观测对象，从而体现群体行为情绪倾向的时空变化。

（2）从 r_i 的短文本信息 m 中获取当前记录的情绪状态 e，情绪状态的预测是整个定比观测流程中的核心步骤，预测的准确与否直接影响最终的定比观测结果。

（3）使用数据记录 r_i 中携带的空间坐标信息，将记录定位至空间格网 M 中的基本空间单元 M_{pq}，依据 r_i 对应的 e 对 M_{pq} 内的情绪类别进行计数。

（4）依次计算各个时间段内的群体情绪时空分布，并计算相邻或特定两时间段间的群体情绪时空分布差异。

典型且易获取的时空舆情大数据为微博数据，微博作为近几年兴起的网络社交媒体，其结合手机等移动终端可以快速反馈用户的个人想法，经数据分析后可较为准确地反映互联网中各群体对特定事件的看法与情绪状态。微博数据的基本构成形式满足 $r = \{x, y, t, m\}$ 的基本要求，短文本一般长度在 140 字左右且包含用户讨论的目标话题与对应的情绪内容。

从短文本中分析用户发布微博时情感倾向的首要目标是获取短文本中的特征词集合，基于情感词典与语义关系词典中特征词对应的情感方向可构成初步的短文本情感倾向，情感倾向一般结合实际的应用需求进行设置（Sailunaz et al., 2018）。从短文本中提取特征词方法与基于特征词的情感判断方法属于自然语言处理（nature language process, NLP）研究方向的核心内容，目前基于机器学习的识别方法是主流研究方向，但本节中不进行具体介绍，有需要的读者可自行查阅相关文献（Christopher et al., 1999）。若需要执行短文本的情感分析操作，可自行下载 GitHub 中发布的识别模型或使用腾讯云、阿里云等云服务平台提供的文本情感分析 API 接口。

在 COVID-19 大流行期间，探测城市内各主要区域内居民发布微博行为的情感偏向是群体行为情感动态的时空定比观测的有效应用。在武汉市对外封闭且内部限制居民出行的情况下，长期处在封闭环境中的城市居民可能会产生一定的心理健康问题（Julio et al., 2020）。行为情感动态的时空定比观测可有效感知封闭期间城市居民整体的心理健康状态，辅助准确派遣心理卫生健康服务小组至严重区域进行相关的心理辅导。

以居民小区集合 C 为基本分析单元将空间划分为多个独立的空间区域，并使用网络爬虫在新浪微博的开放 API 接口中请求携带空间坐标的城市内居民发表的微博数据记录，得到微博数据集合 W。如图 8.18 所示，对 W 中包含的每条数据记录 r_i 首先依据其携带的空间坐标 x、y 计算与 C 中各个小区 c_j 的空间拓扑关系，存在 $r_i \in c_j$ 则表明 r_i 隶属于小区 c_j，若与所有小区均不存在包含关系，则直接移除该记录。

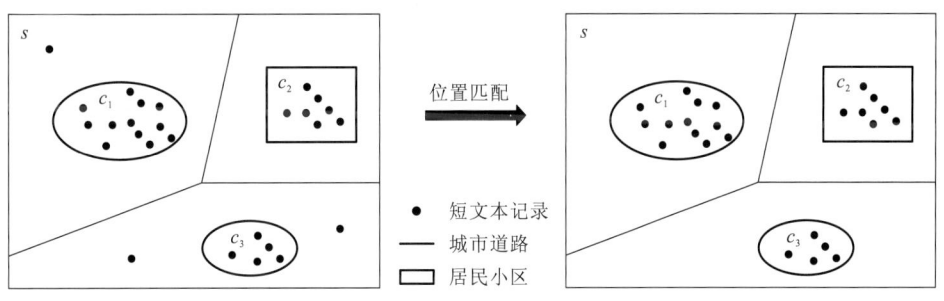

图 8.18 空间位置匹配与初步数据筛选

然后依次计算匹配至各小区内的数据记录子集的总体情感倾向，此处选用阿里云提供的 NLP1.0 基础服务中的情感分析功能。如图 8.19（a）所示，将记录中的文本作为请求参数发送至阿里云服务器，在响应中即可得到对应的情感分析结果，结果中的"text_polarity"字段表示文本的情感极性，其中 1 为正面、0 为中性、–1 为负面。依据返回的情感分析结果，结合小区内的短文本记录数量，可得出小区内各类型短文本的比例：$p(1)=\alpha, p(0)=\beta, p(-1)=\gamma$，进而可用式（8.9）计算小区的整体情感倾向 $s\in[-1,1]$，若 $s>0$ 表明小区内倾向于正面情绪，$s<0$ 说明小区内倾向于负面情绪，$|s|$ 越大说明正负面倾向越显著，此处的 s 值是定比变量，0 点为无任何情感偏向。

$$s = 1\times\alpha + 0\times\beta + (-1)\times\gamma \tag{8.9}$$

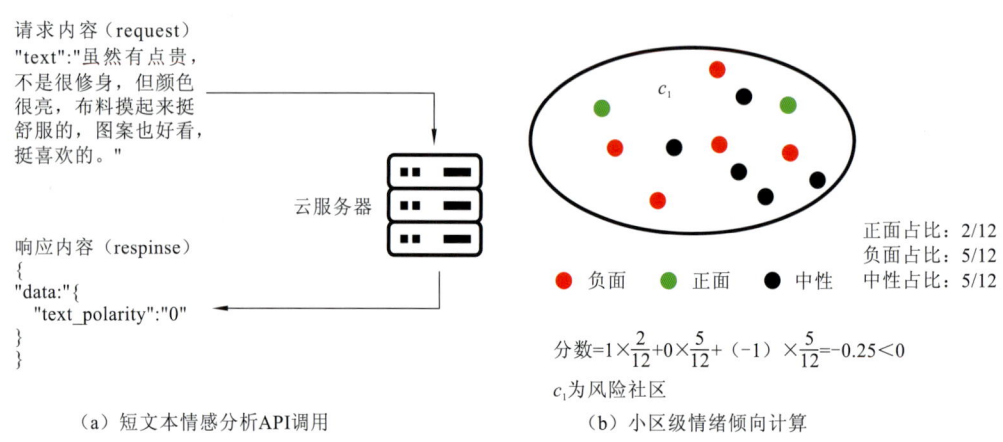

（a）短文本情感分析API调用　　　（b）小区级情绪倾向计算

图 8.19　个体情感倾向与小区整体情感倾向计算

如图 8.19（b）所示，统计小区 c_1 微博记录子集中各情感极性所占的比例后，发现该小区中的正极性短文本数量比例 $\alpha=\dfrac{2}{12}$，负极性短文本数量比例 $\gamma=\dfrac{5}{12}$，由此得出小区情感性幻想得分为 $-0.25<0$，即可判断当前小区内的情感偏向于负面，小区内居民存在一定的心理疏导需求。

计算完成 C 中所有居民小区的情感极性偏向后，基于小区所在的空间位置即可构建城市居民疫情期间情感倾向的空间分布图。通过观测图中各个小区情感的正负极性与空间位置分布，可进一步使用空间相关性分析方法探究造成居民群体产生正面/负面情感倾向的深层次原因。因此群体行为情感动态的时空定比观测的结果可作为数据来源有效支撑城市内部的正负面情感生成机理研究。

比如通过问卷调查的形式了解居民在新冠肺炎事件中的预防行动、身体情况及主观情绪等多方面状态，为新冠疫情的防控提供参考依据及建议。以居民为研究对象，将问卷的问题进行了分类整理，围绕居民的属性与行为，可以将问卷的主要内容分成 5 个大类：个人属性、身份属性、身体情况、行动措施与主观感受。图 8.20 中展示了各个类别中具体包含的内容及对应的题号。

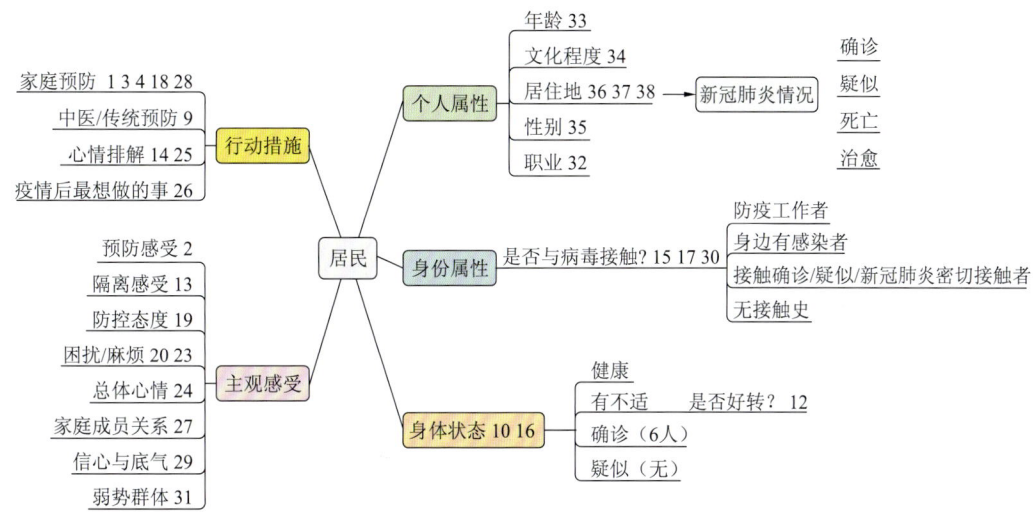

图 8.20 问卷调查信息

据问卷计算疫情期间居民的三项指标：情感指标、措施完成度指标及身体指标，指标计算方式：预防措施完成度=某居民实施的预防措施数/预防措施总数量；身体不适度=出现症状的数量/总数量，数值越高则说明该位置居民的身体状况越差；情感倾向值=$\sum_{1}^{n}$（居民选择标记×情感程度×情感正负性），n=选项数。基于三项指标从不同区域、居民个人属性、疫情不同阶段三个维度探究指标比例分布差异性。

表 8.8 给出了 COVID-19 期间不同区域的指标差异，总的来说，武汉地区居民的情感及身体状态不佳，预防措施的完成度较高；湖北非武汉地区居民情感及身体状态较不佳，预防措施的完成度较低；非湖北居民的心态、措施完成度及身体状态相对来说都较好。

表 8.8 不同区域的指标差异

指标	情感倾向	正向	中立	负向	
情感指标	全部比例	67.38%	1.73%	30.89%	
	武汉地区	44.29%	1.43%	54.28%	
	湖北非武汉	57.14%	0	42.86%	
	非湖北	70.36%	1.83%	27.81%	
措施完成度指标	完成度	0~0.25	0.25~0.50	0.50~0.75	
	全部比例	4.5%	16.1%	30.12%	
	武汉地区	6.43%	7.86%	27.86%	
	湖北非武汉	8.16%	30.61%	36.73%	
	非湖北	4.14%	16.41%	30.12%	
身体指标	身体状况	0	0.1~0.2	0.3~0.4	0.50~1
	全部比例	82.83%	15.17%	1.73%	0.27%
	武汉地区	72.86%	23.57%	2.86%	0.71%
	湖北非武汉	73.47%	24.49%	2.04%	0
	非湖北	84.30%	13.86%	1.59%	0.24%

参 考 文 献

方志祥, 黄守倩, 苏荣祥, 等, 2020. 高速公路多源数据融合下的层次拥堵区间探测方法. 武汉大学学报(信息科学版), 45(5): 682-690.

刘楠, 2013. 面向微博短文本的情感分析研究. 武汉: 武汉大学.

王进忠, 2019. 基于轨迹数据的城市居民出行模式分析与挖掘. 大连: 大连理工大学.

杨喜平, 方志祥, 赵志远, 等, 2017. 顾及手机基站分布的和密度估计城市人群时空停留分布. 武汉大学学报(信息科学版), 42(1): 49-55.

周亚娟, 赵志远, 吴升, 等, 2020. 基于大规模手机位置数据的城市潜在自行车出行需求评估: 以上海市为例. 地球信息科学学报, 22(6): 1-12.

ADAM L, VINCENT J, STEPHEN A, 1996. A maximum entropy approach to natural language processing. Computational Linguistics, 22(1): 39-72.

CHEN B Y, YUAN H, LI Q Q, et al., 2014. Map-matching algorithm for large-scale low-frequency floating car data. International Journal of Geographical Information Science, 28(1): 22-38.

CHRISTOPHER M, HINRICH S, 1999. Foundations of statistical natural language processing. Massachusetts: The MIT Press.

FANG Z X, SHAW S L, TU W, et al., 2012. Spatiotemporal analysis of critical transportation links based on time geographic concepts: A case study of critical bridges in Wuhan, China. Journal of Transport Geography, 23: 44-59.

FANG Z X, WU Y C, ZHONG H Y, et al., 2020. Revealing the impact of storm surge on taxis' activity space: Evidence from taxi and typhoon trajectory data. Environment and Planning B: Urban Analytics and City Science: H5.

KWAN M, 2000. Analysis of human spatial behavior in a GIS environment: Recent developments and future prospects. Journal of Geographical Systems, 2(1): 85-90.

JUILO T, MARCELO, JOAO M C, 2020. The outbreak of COVID-19 coronavirus and its impact on global mental health. International Journal of Social Psychiatry, 66(4): 317-320.

LU S W, SHAW S L, FANG Z X, et al., 2017. Exploring the effects of sampling locations for calibrating the Huff model using mobile phone location data. Sustainability, 9(1): 159.

SAILUNAZ K, DHALIWAL M, ROKNE J, et al., 2018. Emotion detection from text and speech: A survey. Social Network Analysis and Mining, 8(1): 1-26.

SOUMAYA C, DIANA I, 2011. Using a heterogeneous dataset for emotion analysis in text. Canadian Conference on Artificial Intelligence: 62-67.

SU R X, FANG Z X, XU H, et al., 2018. Uncovering spatial inequality in taxi services in the context of a subsidy war among E-Hailing Apps. ISPRS International Journal of Geo-Information, 7(6): 230.

TURNER J C, 2010. Social categorization and the self-concept: A social cognitive theory of group behavior. London: Psychology Press.

TU W, LI Q Q, FANG Z X, et al., 2016. Optimizing the locations of electric taxi charging stations: A spatial-temporal demand coverage approach. Transportation Research Part C, 65: 172-189.

XU Y, SHAW S L, ZHAO Z L, et al., 2015. Understanding aggregate human mobility patterns using passive mobile phone location data: A home-based approach. Transportation, 42: 625-646.

ZHAO Y, CHAI Y W, CHEN J, et al., 2009. GIS-based analyzing method for spatial-temporal behavior data. Geography and Geo-Information Science, 25(5): 1-5.

ZHU J W, XU Y, FANG Z X, et al., 2018. Geographic prevalence and mix of regional cuisines in Chinese cities. ISPRS International Journal of Geo-Information, 7(5): 183.

第9章　群体智能时空定量模型

群体智能（swarm intelligence）是指在集体层面表现的分散的、去中心化的自组织行为。所谓智能，主要指单一个体所做出的决策往往会比群体决策更具不精准性，而集结群体的意见进行决策，可以产生更优的行为结果。在自然界，蚁群、蜂群构成的复杂类社会系统，以及鸟群、鱼群为觅食、生存而构成的群体迁移、群体交互等活动所表现出来的集体智能就可以被称为群体智能。在人类世界中，群体行为是指很多人进行一样的思考、行动和决策，形成一种群体性的一致性的趋同行为。这种群体性的趋同行为的形成，主要是个体在群体中受到其他个体的影响而不断调整个人行为，从而导致某一行为/活动模式得到人群的普遍接受，或者实现群体的最优决策。因此，以人为研究群体，这里把人群在一系列行为、活动中产生的判断、决策及效应称为人群智能（crowd intelligence）。本章将分为4个部分介绍群体智能的量化，包括群体的选择行为、群体的活动模式、群体的避险效应及群体的决策智能。

9.1　群体智能的建模框架

9.1.1　群体智能与人群智能的概述

自然界中，生物的群体智能无处不在，如蚁群、蜂群等在寻找搬运食物时，整个集体总是能够找到最好的食物和最短的路线。那么它们是如何形成这种智能的呢？蚂蚁在觅食过程中，找寻到食物的蚂蚁就会在更高质量的路线上留下更强的生物信息素；而对于整个蚂蚁群体而言，它们总是倾向于选择信息素更强的路线，并在不断的往返过程中与其他蚂蚁进行反馈，从而让更短的路线被不断增强。

尽管人并不像动物一样具有用于建立实时反馈循环的敏锐连接（如蚂蚁的触角、生物信息素），但随着通信技术、计算机网络技术的快速发展，人们可以通过移动终端上网搜索实时信息，或者通过社交软件传播信息，以此完成个体与群体之间的信息传播和交互。人群智能的形成与群体智能有相似性。比如通勤高峰期，司机通过实时路网信息和社交网络（微信、微博等）了解到路网拥堵情况，然后会对各个可行路径进行时间成本估算，避免选择拥堵道路而选择其他可替代路线驾驶以降低时间成本，以此使整个路网的负载量达到一个较平衡的状态，也使所有司机的驾驶时间成本实现整体最优。

由此可见，生物的群体智能的形成和人群智能的形成都有几个相似的要素，即行为、交互、反馈（表 9.1）。行为是指群体行为或活动总是遵循着"趋利避害"的规则，使得行为或活动的结果达到利益最大化。交互是群体中的个体进行交流后将信息进行传播，因而影响整个群体对问题的判断或决策。反馈是指当群体的其他个体接收到信息后，对自身行为按照什么规则进行改变。这种反馈又会进一步影响其他个体的行为活动，最终形成整个群体的改变。

表 9.1 群体智能和人群智能形成过程的相似要素

参数	生物的群体智能（如：蚁群）	人群智能（如：司机）
行为	选择最好的食物和最短的路线	选择时间成本最低的路线
交互	在更高质量的路线上留下信息素	网络、社交媒体
反馈	群体选择信息素更强的路线	群体重新计算时间成本，选择更低时间成本的路径驾驶

9.1.2 人群智能的建模框架

生物的群体智能形成比人群智能更加容易建模，因为它们个体之间并没有较大的差异性，所有个体按照相同的规则进行协作，就可以产生更优的行为模式。然而，人群是十分复杂的，个体之间差异性较大，同时又会受到社会环境等多方面影响，所以人群的行为活动是难以量化和预测的。因此，除了与生物群体智能所共有的行为-交互-反馈过程外，人群的行为活动需要先进行差异性和相似性识别。因此，人群智能的建模可以分为4个步骤（图 9.1）：群体分类、行为/活动建模、群体交互、行为/活动反馈。

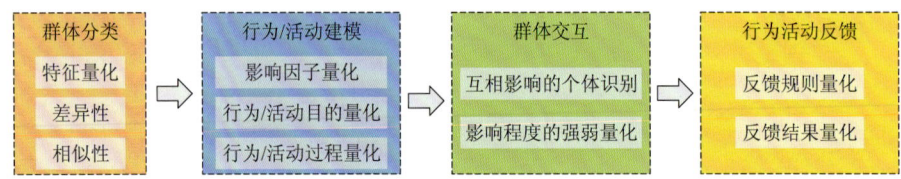

图 9.1 人群智能的建模框架

1. 群体分类

群体分类是对群体智能建模的第一步，主要通过构建个体属性的特征，从而找到个体之间的差异性和相似性，并将特征相似的群体归为一类。群体中的个体特征是衡量群体中个体差异性与相似性的基础，用于群体分类的特征主要包括自然属性、社会属性、潜在属性等（表 9.2）。

表 9.2 个体特征量化方法

特征	含义	量化方法	示例
自然属性	人本身具备的自然特性	直接获取，表达为数值型（连续型）或类别型（离散型）数据	年龄属性按照范围分为少年（6~14岁）、青年（14~18岁）、成年（18~40岁）、中年（40~65岁）、老年（大于65岁）五类，使用数字0，1，2，3，4进行表示
社会经济属性	群体在社会环境中产生的特性	直接获取，表达为数值型或类别型数据	学历水平可以分为专科、本科、硕士、博士，使用数字0，1，2，3表示
潜在属性	基于自然属性和社会经济属性，通过一些问卷、数据挖掘、数据分析等算法所识别得到的更深层次的属性特征	数据挖掘、分析方法获取，构建特征函数，将结果表达为数值型或类别型数据	评估司机的潜在风险属性 R，可以利用司机的违章频率 X_1 及被投诉频率 X_2 的线性组合函数计算，$R=aX_1+bX_2$。根据计算得到的数值，可以用数值型或类别型进行表示

1) 自然属性

自然属性包括群体的性别、年龄、身高、体重等特征。这类特征在进行定量识别时，可以分为两种形式，即数值型和类别型。例如群体的平均身高、体重、年龄可以用其本身具体的数值表示；而性别可以分为男、女两类，用离散的整数代表类别。

2) 社会经济属性

社会经济属性是指群体在社会环境中产生的特性，如群体的收入水平、学历水平、职业等。这类属性与自然属性一样，可以直接获取，分为数值型和类别型。

3) 潜在属性

在社会属性、自然属性、个人经历等多重复杂环境因素作用下，潜在属性并不像自然、社会属性，能够较为直接地获取，而是基于自然属性和社会属性，通过一些问卷、数据挖掘、数据分析等算法进行识别得到的更深层次的属性特征。因此，这类潜在属性具有在已有数据基础上进行计算的衍生特征，常见的潜在属性包括风险属性、偏好属性等。

群体分类是行为/活动建模、群体交互及行为/活动反馈的基础，主要体现在同属于一类的群体在行为/活动模式上普遍具有更高的相似性，他们之间的交互影响程度普遍更大。

2. 行为/活动建模

人群的不同行为/活动所涉及的影响因素，以及这些因素的作用有所不同。对人群的行为/活动建模需要先量化影响因子，然后对行为/活动的目的和过程进行量化。行为目的可能是影响因子所组合的一个函数的最大值或最小值，也可以是多个函数目标的最优解。行为/活动过程则是通过人群的移动轨迹等数据，进行时空过程的定量化建模。

3. 群体交互

人群的交互可以分为线上交互、线下交互，线上交互主要指的基于互联网和社交媒体的信息传播，线下交互主要是指人与人在相同的时间、出现在同一活动范围时进行的交互。因为线上交互是很难量化的，本节所介绍的群体交互度量是基于时空范围的线下交互。交互作用的度量需要识别被影响的个体，以及量化这种影响程度的强弱。

4. 行为/活动反馈

群体中的个体行为受到群体交互作用的影响，对环境及自身行为/活动产生了改变。因此行为/活动的反馈有两个对象，一个是反馈个体自身的行为/活动规则的改变，另一个是反馈个体对环境造成的影响结果。

9.2　群体选择行为的时空定量建模

选择行为是人类生活中最常见的行为，人们日常生活的衣、食、住、行都不可避免地面临着选择。人的选择行为具有高度的复杂性，选择过程不仅受到个体属性的主观影响，还会受到选择机会、环境、时空约束等客观条件的影响。此外，个体的选择结果及产生的影响也会反作用于客观条件，改变其他个体选择的客观因素，从而实现一个动态的群体选择行为过程。

9.2.1 选择行为建模

1. 选择影响因素

影响选择行为的因素有主观因素和客观因素。表 9.3 所介绍的个体特征主要是主观因素，而客观因素是指群体选择受到问题选择项、环境、时空约束等方面影响产生的因素。如表 9.3 所示，客观因素包括阻力因素、引力因素。阻力因素可以进一步分解为成本阻力和约束阻力。非时空影响因素需要结合选择问题的实际进行量化，这里重点介绍时空方面的建模方法。

表 9.3 影响选择的客观因素

客观因素	类别	二级类别	含义
阻力	成本	非时空成本	经济成本、风险成本…
		时空成本	时间、空间成本
	约束	非时空约束	经济约束、社会约束…
		时空约束	时间、空间约束
引力	引力	非时空引力	需求引力、偏好引力…
		时空引力	时间、空间引力

1）时空成本

最常见的空间成本有行程距离、行程平均速度及行程畅通程度等。行程距离需要同实际交通方式结合，电动车、公交车、私家车按照城市道路行驶；地铁按照地铁路线行驶；步行通常可以将室内和室外路径结合。

$$D_k = \sum_{i=1}^{N_{seq}} l_i^k \tag{9.1}$$

$$V_k = \frac{D_k}{\tau_k} \tag{9.2}$$

其中：D_k 为行驶距离；N_{seg} 为路径上的路端个数；l_i^k 为第 i 个路段的长度。行驶平均速度由行驶距离 D_k 和行驶时间 T_k 确定。

道路交通通畅程度定义为在道路中畅通行驶的车辆数目在车辆总数目中的占比。在城市道路中，车辆通畅行驶的速度为 40 km/h。

$$\text{TCI}_k = \frac{N_t(s_r \geq s_a p_k)}{N_t(0 : s_{\max}, p_k)} \tag{9.3}$$

其中：$N_t(s_r \geq s_a, p_k)$ 为研究时段 t 内在路径 p_k 上畅通行驶的车辆数目；$N_t(0 : s_{\max}, p_k)$ 为研究时段 t 内在路径 p_k 上畅通行驶的车辆总数目；S_a 和 $S_{\max}$ 分别为 40 km/h 和 120 km/h。

最常见的时间成本有等待时间、行程时间。等待时间成本一般用时间差表示，乘客等待不同交通工具有不同的等待时间；而行程时间 T_k 是指人在出行过程中所花费的时间。

$$T_k = \sum_{i=1}^{N_{\text{seg}}} \frac{l_i^k}{\left(\dfrac{\sum_{j=1}^{N_i} v_{ij}}{N_i}\right)} + \sum_{n=1}^{N_{\text{stop}}} r \times t_n, r \sim B(1, \mu) \tag{9.4}$$

其中：v_{ij} 为路段 i 上第 j 个移动对象的瞬时速度；N_{seg} 为整个路径上的路端个数；N_i 为第 i 个路段上经过的移动对象数目；N_{stop} 为路径上红灯个数；t_n 为红灯的时长；r 是以概率 μ 取值为 1，以概率（$1-\mu$）取值为 0。

2）时空约束

对于空间限制，最简单的量化方式就是采取缓冲区方式构建群体的可达范围。但是，在城市中，人群采取不同的交通方式得到的可达范围是不同的。从同一地点出发，分别采取步行、驾车、公交车、电动车、地铁方式产生的可达区域不同，因为车行通常要考虑实际的交通路线（公路、地铁线等）。在此基础上，也可以将时间限制转换为空间限制，如从同地点出发，不同时长的交通可达范围也是不同的，如图 9.2 所示，电动车从某一十字路口出发，以城市路网为基础，其 5~15 min 的可达范围是不同的。通常这种可达范围还会受到实时路况的影响。

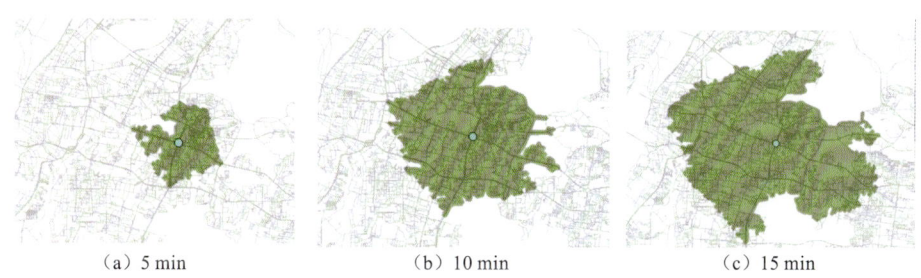

(a) 5 min　　　　　　　(b) 10 min　　　　　　　(c) 15 min

图 9.2　不同时长的交通可达性

当现实中时间和空间限制同时作用时，就需要将两者结合起来，如采用活动范围的计算方法（图 9.3）（Kim et al.，2003）。假设出行者在活动地点 A 和 B 之间进行往返，根据活动计算，A 与 B 之间的行程可利用的时间，即时间预算，用 Total_T 表示；而 A 到 B 的最短路径所消耗时间用 Shrt_T 表示。则出行者的活动范围被限制在由两个交点及两个切点所确定的椭圆内，如图中虚线范围所示。此外，时空棱镜（Hagerstrand，1970）和时空路径可以表示时间和空间上约束的结果。

3）时空引力

选择行为的时空引力因素主要是环境的

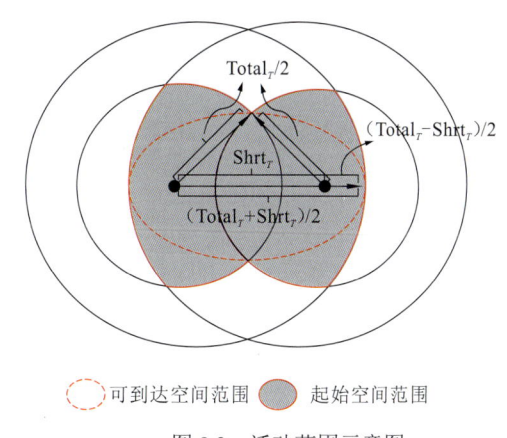

图 9.3　活动范围示意图

吸引力。比如商业选址时，候选地点的交通便捷程度、土地规划类型、客流量大小及同类型店铺的密度等都是环境的引力因素。表 9.4 给出了在选择行为中应用较为普遍的几个环境引力特征。

表 9.4 常见的环境引力要素及其计算方法

时空引力要素	场景示例	计算方法	变量解释
流量	某区域的车流量	$Q_k = \sum_{i=1}^{N_{seg}} \frac{N_i}{t'}$	N_{seg}：区域的路段个数 N_i：路段 i 上通过的车辆个数 t'：单位时间
密度	某区域的人口密度	$P_k = \frac{N_p}{S_k}$	N_p：该区域的总人数 S_k：该区域的总面积
区域面积比	某区域内各功能区占比	$R_k = \frac{S_{k,i}}{S_k}$	$i=0$：住宅区 $i=1$：商业区 $i=2$：工业区 …

2. 各个选择项的量化

基于阻力和引力因素的量化，可以通过构建选择项的效用函数表达式实现对选择项对不同群体的效用量化，常见的函数可以表示为多要素、多参数的线性组合。

$$U_i(k) = G_i(k) - R_i(k) \tag{9.5}$$

其中：$U_i(k)$ 为选择项 i 对群体 k 的总效用；$G_i(k)$ 为引力因素；$R_i(k)$ 为阻力因素。

$$G_i(k) = \alpha_{1i} g_{1i} + \alpha_{2i} g_{2i} + \cdots \alpha_{ri} g_{ri} + B, \quad r = 1, 2, \cdots, n \tag{9.6}$$

其中：$G_i(k)$ 为选择枝 i 对群体 k 的引力；α_{ri} 为每个引力因子的参数；g_{ri} 为引力因子；n 为引力要素的个数；B 为常数项。式中的参数可以在经过选项和群体分组后，利用调查数据运用统计学的最小二乘法求得。

然而，多数情况下，现实中的事物并非能用简单的线性关系进行表达。可以采用指数、对数、幂函数等多种非线性表达式进行要素和引力函数之间的表达。比如对于群体的购物场所选择而言，人们总是倾向于去较近的场所购物，较远的购物场所的吸引力会大大下降。但是这种下降并不是线性关系，当距离增大，吸引力就将区域平衡。因此，在这种情况下，可以采取指数函数对其进行表达。

$$Q_i(k) = \alpha_{1i}(-1) \times \exp(g_{1i}) + \alpha_{2i} g_{2i} + \cdots \alpha_{ri} g_{ri} + B, \quad r = 1, 2, \cdots, n \tag{9.7}$$

其中：g_{1i} 为距离因素，其他引力因素可以是购物场所的规模、种类等。$R_i(k)$ 的表达方式与 $G_i(k)$ 相似。

9.2.2 选择行为交互与反馈

1. 选择行为的交互

由于群体的线上行为交互是较难度量的，这里暂时主要考虑基于时空范围的线下交互作用。选择行为的交互强度由三个因素决定：①群体相似程度；②时间范围的重叠度；③空间范围的重叠度。一般地，属于同一类的群体之间的选择行为影响强度更大，因此这类相似度实际上是语义属性的相似程度。因此综合影响程度为类别影响程度 I_C、时间影响程度 I_T，以及空间影响程度 I_D 的线性组合。

1）时间范围影响度

时间上的重叠度用时间段的重叠度表示，A、B、C 分别同一群体中三个不同的对象，他们按照时间顺序先后进行了选择行为。需要注意的是，进行选择的对象只会受到在其之前进行选择的对象的影响。

在图 9.4 中，从时间角度定义选择行为的交互影响程度如式（9.8）和式（9.9）所示。A 对 C 的影响量化为其选择行为时间重叠部分占 C 总行为时间的比例。

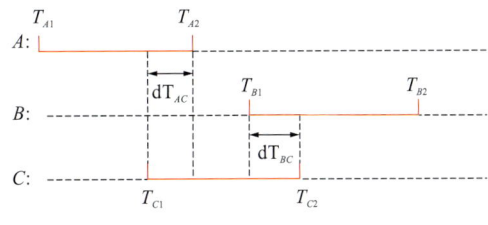

图 9.4 时间重合度

$$I_T(A \rightarrow C) = \frac{\mathrm{d}T_{AC}}{T_{C2} - T_{C1}} \tag{9.8}$$

$$I_T(C \rightarrow B) = \frac{\mathrm{d}T_{BC}}{T_{B2} - T_{B1}} \tag{9.9}$$

2）空间范围影响度

距离是衡量空间范围影响程度最基本的变量，距离越远，影响越小；距离越近，影响越大。当距离超出一定范围时，群体间不存在交互作用。D_{AB} 为对象 A、B 在空间上的距离，D_I 为空间影响范围阈值。

$$I_D(A \rightarrow B) = \max\left[e^{-\lambda\left(\frac{1}{D_{AB} - D_I}\right)}, 0\right] \tag{9.10}$$

2. 选择行为的反馈

产生群体交互的个体会受到先进行选择的个体的影响从而改变选择结果。群体中部分个体先执行了选择行为，同时，他们会对客观环境因素产生影响，改变引力 $G_i(k)$ 和阻力 $R_i(k)$ 的值，综合影响度不为 0 的个体在接收到群体的信息后，会重新根据当前的客观因素计算选择项的总效用 $F_i(k)$，从而改变最初的选择。反馈机制示意图见图 9.5。

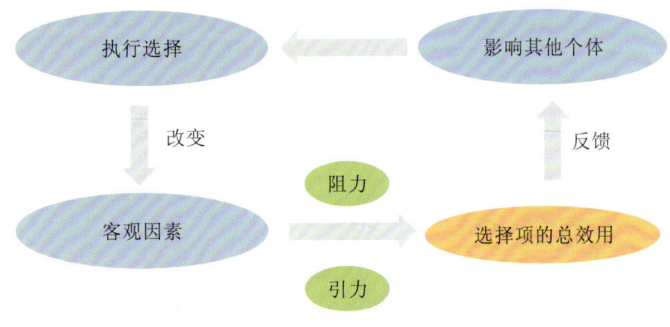

图 9.5 反馈机制示意图

9.3 群体活动模式的时空定量识别

群体的活动包含4个要素,即对象、活动、时间、空间。由于群体活动的动态连续性,因此会形成在时空维度上连续变化的活动链。基于活动维度特征和活动链,群体活动模式就可以被识别。这里主要介绍活动四要素的量化、活动链的建模、活动模式的挖掘。

9.3.1 活动四要素

活动特征的定量表达是构建活动链和进行活动模式识别的基础。首先,根据研究对象及其发生活动划分不同类型的属性,然后再基于不同类型的属性,提出并计算相应的特征指标。人们通常采用"什么人在什么时候、什么地点做了什么事情"去描述一个完整的活动过程,故而活动属性主要包括四类:对象本身的属性、活动的内容属性、活动的时间属性、活动的空间属性(图9.6)。这里重点介绍时间、空间属性的量化方式,具体如下。

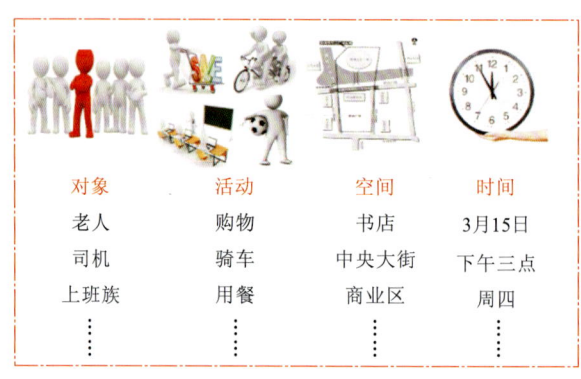

图 9.6 活动的四要素

1. 活动的时间属性

分(minute)、小时(hour)、年(year)、月(month)、日(day)、星期几都是常见的时间度量单位,此外,还可以用工作日、休息日、节假日、上午、下午等更加概括性的词语去描述活动的时间特征。通常,时间点主要刻画活动发生的起始时间节点特征,时间段则突出活动持续的时长。对于具有周期性的活动,可以采用频率和周期属性描述其时间特征。群体进行某一活动的频率主要是指单位时间内重复活动的次数,而周期是指两次相同活动之间的时间间隔(表9.5)。

表 9.5 活动的时间属性

活动时间属性	表达方式	解释
活动时间长度	$T_k = T_{k2} - T_{k1}$	T_k 为活动 k 的持续时间,用其活动的起始时间之差表示
活动频率	$F(K) = \dfrac{E_k}{t'}$	E_k 表示活动 k 发生的次数,t' 表示单位时间
活动周期	$\mathrm{TP}_k = T'_{k1} - T_{k1}$	T'_{k1} 第二次出现同样活动的起点时间,T_{k1} 是第一次活动的起点时间

2. 活动的空间属性

现实世界的绝大部分群体活动都与地理空间有关。活动的空间属性划分为基于活动本身的空间属性和基于活动环境的空间属性。

1) 基于活动的空间属性

群体活动过程中其空间位置会发生变化,其表达方式可以分为点、线、面及格网类型。最常见的空间位置度量方式就是经纬度数据(lon, lat)或投影坐标系下的坐标点(X, Y),在大数据时代,这类点状空间信息可以来自志愿者定位数据、装载了卫星导航定位设备的浮动车行驶轨迹、手机终端定位与通信记录、社交网络签到数据、公交 IC 卡刷卡数据等。有些空间点状信息还需要先将语义信息与空间信息进行匹配后才能进行量化。一些空间点除了坐标信息,还可以从传感器数据中获取瞬时方向、瞬时速度等特征属性。此外,还可以根据点的分布(比如随机分布、聚集分布)来描述轨迹点的特性(表 9.6)。

表 9.6 空间属性的常见特征指标

特征指标	尺度	表达式	含义
瞬时方向	点	θ_i	轨迹点的瞬时速度
瞬时速度	点	V_i	轨迹点的瞬时速度
距离	线段	$D_{j,j+1} = \sqrt{(x_{j+1} - x_j)^2 + (y_{j+1} - y_j)^2}$	两个轨迹点之间的欧氏距离
平均方向	线段	$\overline{\theta_{j,j+1}} = \arctan((y_{j+1} - y_j)/(x_{j+1} - x_j))$	两个轨迹点间的平均速度
平均速度	线段	$\overline{V_{j,j+1}} = D_{j,j+1} / T_{j,j+1}$	两个轨迹点间的平均速度
长度	线	$L = \sum_{j=1}^{N-1} D_{j,j+1}$	轨迹线上所有轨迹点间距离之和
平均速度	线	$\overline{V} = \dfrac{\sum_{j=1}^{N-1} \overline{V_{j,j+1}}}{N-1}$	轨迹线的平均速度
平均方向	线	$\overline{\theta} = \dfrac{\sum_{j=1}^{N-1} \overline{\theta_{j,j+1}}}{N-1}$	轨迹线的平均方向
复杂度	线	$f = \sum_{j=0}^{N-1} D_{j,j+1} / D_{0n}$ $g = \sum_{j=1}^{N-1} (\theta_{j,j+1} - \theta_{j,j-1})/2\pi$ $\mathrm{LC} = \log_2(f+2) \times g$	f 是折线的线段复杂度,g 是折线的角度复杂度,而 LC 是折线的综合复杂度
面积	面	$S = (x_{\max} - x_{\min}) \times (y_{\max} - y_{\min})$	活动轨迹点的最小外接矩形 MBR 的面积
密度	面	$E = S / N$	活动密度等于活动范围面积 S 除以活动点的数量 N

点状的空间属性通常是记录群体活动的空间节点,多个空间节点可以构成空间的线状和面状属性特征。多个活动的轨迹点序列可以形成一条活动的轨迹线,这些轨迹线的长度、平均方向、平均速度、复杂度等特性都可以得到量化。

面状的空间属性主要是用来描述活动的范围。比如通过确定活动中轨迹点的最小外接矩形来确定其活动的范围和边界。除此之外,空间格网也是一种群体活动的空间描述方法。

具体而言，将群体活动的移动轨迹对应到格网的行列号上，然后将点的属性赋值到对应的格网单元。采用格网序列替代节点序列，以此描述空间活动的过程。

2）基于环境的空间属性

客观环境的空间属性偏向于描述活动所处的空间布局，这种布局往往会影响群体活动的过程，这种客观环境可以是设施、土地利用类型、路网等。郭仁忠（2001）的《空间分析》一书中，依据空间分布对象和空间分布区域的不同组合及分布对象在区域内分布方式不同，将空间分布的类型分为离散和连续两种形态，概括如表 9.7 所示。

表 9.7 常见的空间分布类型（郭仁忠，2001）

类型	点		线		面	
	离散	连续	离散	连续	离散	连续
线	沿着路网分布的公交站	街道旁的行道树	城市街道的林荫道	—	—	—
面	商场在城市的分布	人流量	交通网在城市的分布	—	湖泊的分布	土地利用类型的分布

对于不同的空间分布类型，其特征的量化指标也有所差异。对于点状的设施环境要素，通常采用密度和形状指标去衡量其均匀性、疏密性方面的分布特征。对于线状的路网环境要素而言，考虑路网环境的畅通性时，采用路网的车流量指标衡量其环境特征；而考虑路网便捷性时，以交通枢纽的密度等指标对环境分布进行衡量。对于面状的区域规划环境要素，可以采用多样性、利用率等指标量化其环境特征。

9.3.2 活动链

活动链（activity chain）是指一个完整活动过程的量化方法。当前，活动链的构建更多的是应用在出行活动分析中，这里将其应用到广泛的群体活动中。首先，活动链的每一个活动节点都包含"对象-地点-时间-活动"4 个属性，$\phi_i = (Object_i, Site_i, Time_i, Event_i)$，这些活动节点按照时间顺序进行连接就构成了一个完整过程的活动链 $C = \{\phi_1, \phi_2, \cdots, \phi_M\}$。

活动链的量化方式可以分为一维、二维和三维三种。一维活动链主要突出时间变化特征，常见的方式如时间轴[图 9.7（a）]；二维的活动链主要突出空间变化特征，可以以地点或事件为中心[图 9.7（b）]；三维活动链可以同时表现出活动过程在时空维度的变化特征[图 9.7（c）]。此外，活动链还包含两个基本属性，即活动强度和活动总量（表 9.8）。

	7:00~8:00	8:00~9:00	9:00~10:00	10:00~12:00	12:00~13:00	13:00~14:00	14:00~17:00	17:00~18:00
A	家	公司			商场	公司		
B	家	农贸市场		家		公园	家	

(a) 一维活动链

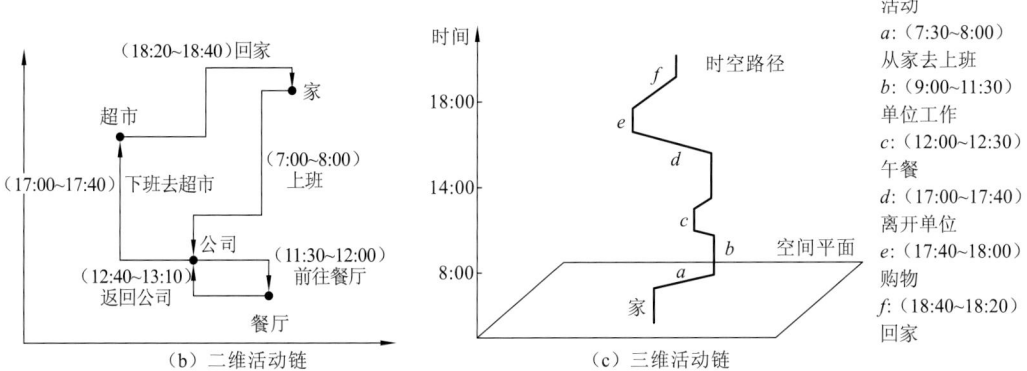

图 9.7 活动链的表达方式

表 9.8 活动链的基础属性

活动链属性	表达式	含义
活动强度	$E_c = \dfrac{N(\phi)}{t'}$	E_c 是指在单位时间内，活动链中所包含的活动个数；$N(\phi)$ 是单位时间内，活动链 C 所包含的活动节点个数；t' 表示单位时间
活动总量	$L_c = \sum_{i=1}^{n-1} D(\phi_i, \phi_{i+1})$	总的活动轨迹长度
	N_c	总的活动个数

9.3.3 活动多类模式的区分与挖掘方法

基于上述的活动链结构，可以对活动链中存在的活动模式进行提取。

1. 活动链自身的活动模式

1）时间分布模式

如图 9.7（c）中所示意的活动链，可以发现其出行活动主要集中在早（7:30~8:00）、中（11:30~13:00）、晚（17:00~18:20）三个时间段，其余时段并没有发生位置改变。因为这些时间段都是集中通勤高峰时间段，由此可以推测活动链所描述的可能是一位上班族一天的活动轨迹。如表 9.9 所示，一天中不同时间段对应了不同的活动类型。

表 9.9 一天中不同时间段对应的活动类型

时间段	时间窗	主要活动类型	时间段	时间窗	主要活动类型
T1	6:00~9:00	早间通勤出行	T4	15:00~18:00	生活、娱乐、晚间通勤出行
T2	9:00~12:00	生活、娱乐出行	T5	18:00~21:00	晚间通勤、娱乐出行
T3	12:00~15:00	生活、娱乐、午间通勤出行	T6	21:00~24:00	娱乐出行

2）空间分布模式

活动链中的活动可能集中在某一较小的空间范围，也可能分布在一个较大的空间区域。因此，对活动链中的节点空间分布可以采用空间聚集性进行描述。图 9.8 描述了活动链中各个活动点在空间上从均匀到集中的模式。如果点的空间分布是规则的或者是聚集的，那么说明这些活动点之间可能存在某种联系。

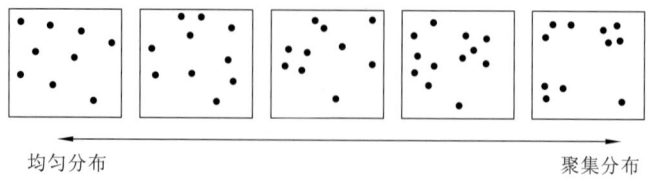

图9.8 活动点的空间分布特征

为了量化这种空间分布模式，在式（9.12）和式（9.13）中，定义两个指标："空间离散度"和"空间均匀性"。活动链 C 的空间离散度 $S_a(C)$ 定义为活动链中所有活动的位置与其他活动点间距离均值的均值，M 是活动链中活动节点的个数，$D(\phi_i,\phi_{i+1})$ 是两个活动节点间的距离。活动链 C 的空间均匀性定义为活动链中所有活动的位置与其他活动点位置距离方差的均值。

$$\overline{D_{i,i+1}} = \frac{\sum_{j\neq i}^{M} D(\phi_i,\phi_{i+1})}{M-1} \tag{9.11}$$

$$S_a(C) = \frac{\sum_i^M \overline{D_{i,i+1}}}{M} \tag{9.12}$$

$$S_b(C) = \frac{\sum_i^M \sum_{j\neq i}^M \left(D(\phi_i,\phi_{i+1}) - \overline{D_{i,i+1}}\right)^2}{M} \tag{9.13}$$

3）活动功能模式

城市功能区主要划分为9类：居民生活区、商业服务区、综合服务区、工业物流区、绿地休闲区、交通枢纽区、公共设施集中区、战略预留区及特色功能区。根据活动链中活动节点所属的功能区，可以对活动链的活动功能区进行统计。此外，也可以根据建筑物类型或土地利用对功能区再进行细分。

2. 其他活动模式

除了基于活动链本身的特征进行活动模式的挖掘，还可以结合活动链中活动节点所包含的语义属性进行活动模式的挖掘，此处不再一一列举。表9.10中列举了一些用于挖掘活动模式的方法。

表9.10 常见的活动模式挖掘方法

方法	主要用途
聚类分析	对于活动的四要素，即对象、活动、时间、地点的特征，采用聚类方法可以将个体的活动特征分为多个类别，以此形成一个特征集合，该集合就被称为一种模式

续表

方法	主要用途
主成分分析	在活动识别中，主成分分析法通常与聚类分析的方法相结合。对于较为复杂的活动链而言，其包含的语义属性、空间属性及时间属性的特征太多，数据量较大，主成分分析可以从特征集中提取出更具代表性的特征变量，并在此基础之上，采用聚类方法进行分类
概率分析	聚类分析和主成分分析都旨在通过将活动特征的分类来构建不同的活动模式，而概率模型更强调一个活动模式中，前后两个活动节点之间的转换概率。这种转换概率在利用朴素贝叶斯进行活动模式预测时，可以提供先验知识

9.4 群体避险效应的时空定量模型

在突发危机事件下，群体会本能地逃避危险寻求安全。在这一过程中，在群体所处的时空环境、心理活动、群体交互作用的影响下，后继产生的一系列自组织行为活动统称为群体避险效应。本节将主要介绍避险情境下的群体分类、避险环境的时空特征量化、避险行为的建模及避险情境下的群体交互建模等方面内容。

9.4.1 避险情境下的群体分类

1. 影响避险的个体特征

面对突发事件，影响群体避险的个体要素主要包括年龄层次、健康状况、性别及环境熟悉度等，表9.11 绍了这几类要素的具体影响方面。此外，受教育程度、职业、性格等要素也会影响群体的避险行为。

表 9.11 影响避险的个体特征要素

要素	影响的方面	具体影响
年龄层次	影响应对事故的反应灵敏程度和行动速度	青年>壮年>老年≥儿童
健康状况	影响对事故反映的行动速度	身体健康>身体残疾
性别	影响对事故的第一反应	—
环境熟悉度	影响反应灵敏度	熟悉环境>不熟悉环境

2. 避险情境下的群体类型

根据紧急情况下人群的个体特点，将避险群体划分为三类：协调型人群、逆反型人群及跟随型人群（表9.12）（郭峰，2016）。

表 9.12 避险效应下的人群划分

人群划分	属性	移动能力	交互
协调型人群	对环境较为熟悉，有一定的逃生技巧	最快	主动组织他人疏散
逆反型人群	对环境不熟悉，但有独立思考能力	较快	根据自我认知能力，选择人少撤离
跟随型人群	对环境不熟悉，但盲目从众	最慢	跟随大部队，向人多地方撤离

1）协调型人群或紧急避险型人群

协调型人群或紧急避险型人群对避险环境较为熟悉或者是具备一定危险状况逃生的人群。这类人群在紧急情况下不仅能够实现自我的安全避险，还会指挥或协调现场的其他避险人员，帮助其他两个种类的人群进行安全撤离。

2）逆反型人群

逆反型人群通常在紧急避险中选择人员较少的地点作为避险方向进行疏散。

3）跟随型人群

跟随型人群与第二类人群恰好相反，他们通常不会自主思考，直接跟随人员较多的大部队进行撤离。

9.4.2 避险环境的时空特征量化

1. 避险环境的空间布局

避险环境的空间布局按照有无障碍物，可以分为障碍物空间和可移动空间。障碍物空间是指由于建筑物等设施存在，人群无法通过的区域；可移动空间是指人群在避险过程中可以直接通过的空间区域。避险环境按照是否封闭又可以分为封闭式空间、非封闭式空间及半封闭式空间。封闭式空间一般是指室内无法直接与室外环境相通的空间，比如建筑物高层的内部空间通常就是封闭式空间；非封闭式空间是指室外空间；半封闭式空间是指室内可以直接与室外环境相通的空间。避险环境可以用障碍区域面积 S_o、可移动区域面积 S_m、避险路径长度，以及有效避险宽度等指标衡量环境特征。如图9.9所示，人群只能在可移动空间进行移动，W_1、W_2、W_3 是避险路径途中的三个不同的有效避险宽度（左图）；L_1、L_2、L_3、L_4 表示不同可选择的避险路径长度（右图）。

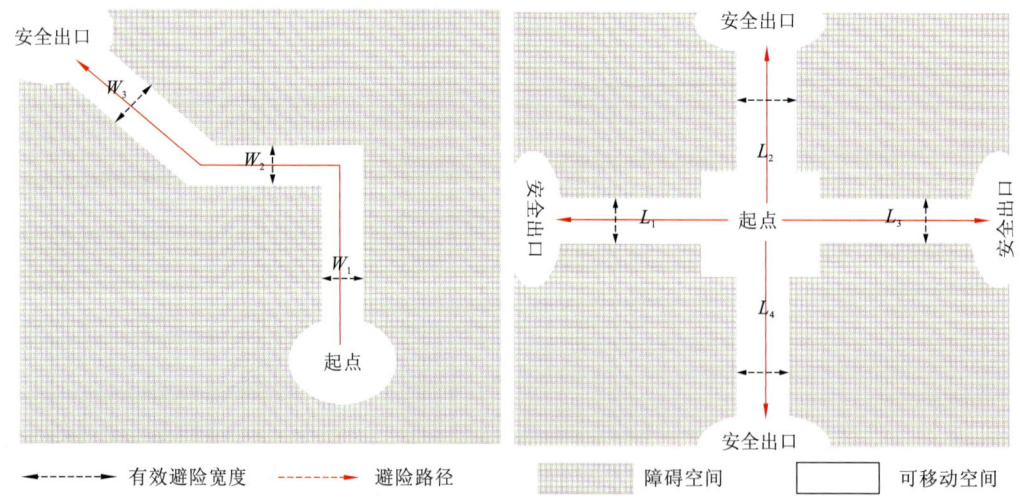

图 9.9 避险环境示意图

2. 人群的时空特征

避险情境下，人群疏散或撤离都会产生时空变化。从宏观上看，人群的空间变化特征具有一致性、整体性，包括人群的移动速度、移动方向、人群的密度、流量及整个运动空间变化。表 9.13 列出了人群在避险过程的时空特征及其定量方式。

表 9.13 人群的时空特征

特征	类别	含义	定量表达	变量含义
速度	空间平均速度	人群在固定路程长度的平均速度	$V_s = \dfrac{L}{\sum\limits_{i=1}^{N} \dfrac{t_i}{N}}$	L：行走的距离 t_i：花费时间 N：人数
	时间平均速度	人群在通过观察线的瞬时速度的均值	$V_t = \dfrac{\sum\limits_{i=1}^{N} v_i(t)}{N}$	$v_i(t)$：第 i 个人经过观察线的瞬时速度
流量	平均流量	单位时间内通过某横截面的人数	$Q_a = \dfrac{N_a}{t'}$	N_a：通过横截面的人数 t'：单位时间 Q_a：单位是人/min
	平均流率	单位时间内通过有效宽度的人数	$Q_b = \dfrac{N_b}{L_b t'}$	N_b：通过有效宽度的人数 L_b：有效宽度 t'：单位时间 Q_b：单位是人/（s·m）
密度	平均密度	人群移动区域内单位面积的平均通过量	$D = \dfrac{N_{area}}{S_{area}}$	N_{area}：区域人数 S_{area}：区域面积 D 单位是人/m²
方向	人群方向	人群移动过程中的方向	/	单向人流 双向人流 多向人流
空间	人际空间（静态）	人移动过程中希望拥有的安全空间范围	最低要求 0.22～0.26 m²，随心理状态改变	舒适空间：0.93 m² 接触空间：0.28 m² 不接触空间：0.66 m² 可移动空间：1.21 m²
	身体空间（静态）	人身体空间投影的面积大小	0.16～0.22 m²	亚洲人小于欧美人 女性小于男性
	边界空间（动态）	人行走时与周围障碍物保持的安全空间距离	大约 0.5 m	与障碍物类型有关
	人际空间（动态）	人正常行走时需要的安全空间距离	大约在 1 m 内	由可视区、预知区、行走区组成

动态的人际空间（图 9.10）由可视区域、预知区域及行走区域三部分（何栋梁，2017）组成。可视区是指能使人视觉舒服且不会影响行走的距离，一般这个距离约为 2.1 m；预知区域是为了保障人在行走过程中拥有充足的反应时间而在前方预留的区域，一般维持在 0.48～0.60 m；行走区域则是人在行走过程中所占的距离，受到步幅

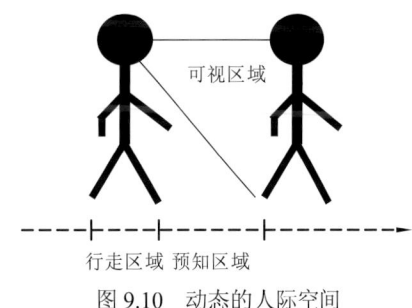

图 9.10 动态的人际空间

的影响。

3. 疏散过程中的时空特性

1）避险速度

在疏散过程中,被疏散个体会在不同的时刻经过不同疏散通道并最终到达出口离开危险区域。如图9.9右图所示,4条不同路径对应了4个不同的避险通道。在疏散通道i上以Δt的时间间隔对时空轨迹进行切片,统计在Δt内分配给该通道的人数N_i,以小时h为单位,计算得到该通道的避险速度V_i。

$$V_i = \frac{N_i}{\Delta t} \tag{9.14}$$

在避险的拥挤程度基础上,严重的拥挤会降低避险效率,因此可以用避险速度来衡量疏散效率。在式(9.15)中,采用指数函数描述速度与拥挤程度的关系。

$$v = \begin{cases} V_{\max} \times e^{-0.5 \times V_i/C_i}, & V_i/C_i > 0.5 \\ V_{\max}, & 其他 \end{cases} \tag{9.15}$$

其中:$V_{\max}$为人群在避险通道自由跑动时能达到的最大速度(自由交通流的速度);C_i为疏散通道i的通行能力;而V_i/C_i表示疏散通道i在Δt内的饱和度。当$V_i/C_i \leq 0.5$时,通道内部畅通;而当$V_i/C_i > 0.5$时,速度会随着拥挤度的上升而下降(Ding, 2007)。

2）避险过程的时间拥挤度

用f来表示疏散通道在Δt内的拥挤程度。当饱和度大于0.5时,疏散通道内的行人或者车辆开始出现相互拥挤,将这种拥挤定义为时空拥挤度[式(9.16)]。时空拥挤度越大表示疏散通道的拥堵越严重(李清泉 等,2011)。

$$f = \begin{cases} 0, & V_i/C_i > 0.5 \\ e^{-0.5 \times V_i/C_i} - 1, & 其他 \end{cases} \tag{9.16}$$

3）疏散时间

著名的Togawa疏散时间被应用计算在人员密集的场所,其中包括两个时间要素,即人流时间和穿行时间(Togawa, 1955)。

$$t_{\text{move}} = \frac{N_a}{W_{\text{eff}} C} + \frac{L_{\min}}{V} \tag{9.17}$$

其中:C为每单位宽度的流量,即安全出口有效流出系数;N_a为疏散总人数;W_{eff}为疏散出口的总有效宽度;V为人群步行速度;$L_{\min}$为安全疏散出口距离疏散队伍之首的距离。

4）疏散路段的时空利用率

疏散过程中不同路段上交通流的密度及速度不同,因此不同路段上呈现出的个体时空轨迹的形态与分布也不一致。其主要思想是分析三维时空坐标系路段上相邻时空轨迹间的分布,轨迹分布越均匀则说明道路上交通流运行流畅,对该路段的时空资源的利用率越大;反之则是路段的时空资源利用率较低,路段上的拥挤程度越大(Fang et al., 2011)。

图9.11中的线段1、2、3分别为经过同一路段的三段时空轨迹。其中1、2之间的距离为STDist(1,2),2、3之间的距离为STDist(2,3),当距离大于设定的阈值Δd时,则认

为这两条轨迹不能合并,如果小于阈值 Δd,则可以合并两条轨迹。若两条轨迹不能合并,则计算两条相邻轨迹所包含的区域面积,记为 $S_{um}(1,2)$;若可以合并,则将两条轨迹所包含的区域面积记为 $S_m(1,2)$。那么任意一个路段 a 在起止时间段 $[t_s,t_e]$ 内,根据 $[t_s,t_e]$ 内所经过的轨迹按照时间排列,计算该路段的时空利用率。在式(9.18)中,K 是该时段内所有的轨迹集合,如果时空轨迹分布均匀,则时空利用率趋近于 1;反之,轨迹分布越不均匀,其时空利用率越小。

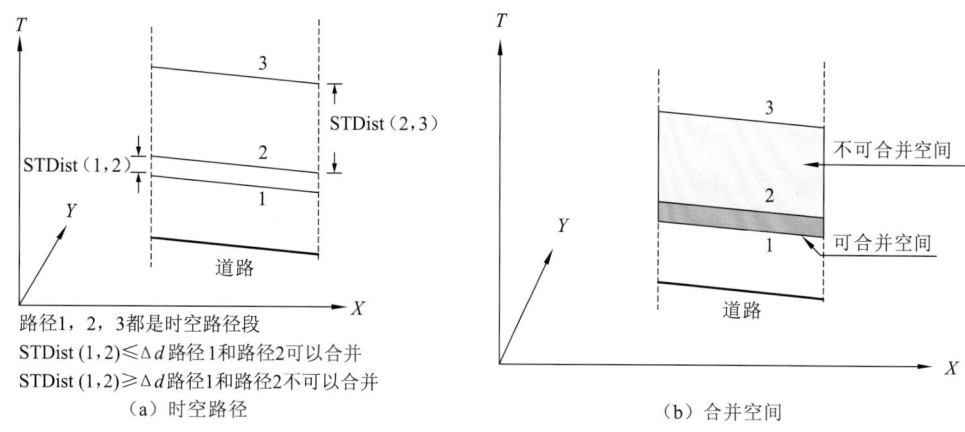

图 9.11 基于时空路径的时空利用率计算分析

$$I_{UE}\left(Rds(a),t_{[s,e]}\right)=\frac{\sum_{i,i+1\in K}S_m\left(traj(t_i),traj(t_{i+1})\right)}{\sum_{i,i+1\in K}S_m\left(traj(t_i),traj(t_{i+1})\right)+S_{um}\left(traj(t_i),traj(t_{i+1})\right)},t_s\leqslant t_i\leqslant t_{i+1}\leqslant t_e \quad (9.18)$$

在此基础上,对于一条包含多个相连路段的疏散路径 $Rd(m)$,其在起止时间段 $[t_s,t_e]$ 内的时空利用效率 $I_{UE}\left(Rds(m),t_{[s,e]}\right)$ 综合考虑了疏散网络中每条路段的时空利用率及其路段长度。$traj(t_i)$ 为 t_i 时段的时空路径;$traj(t_{i+1})$ 为 t_{i+1} 时段的时空路径在式(9.19)中,M 为疏散路径 $Rds(m)$ 中路段的集合;Length$(Rds(i))$ 表示路段 i 的长度。

$$I_{UE}\left(Rds(m),t_{[s,e]}\right)=\frac{\sum_{i\in M}I_{UE}\left(Rds(i),t_{[s,e]}\right)Length(Rds(i))}{\sum_{i\in M}Length(Rds(i))} \quad (9.19)$$

一个完整的疏散方案包含了路网中所有被利用的时空路径,整个疏散方案的时空利用效率 $I_{UE}(P)$。

$$I_{UE}(P)=\frac{\sum_{m\in E}\int_0^{t_{max}}I_{UE}\left(Rds(m),t_{[t,t+\Delta t]}\right)d_t\times Length\left(Rd(m)\right)}{\sum_{m\in E}Length\left(Rd(m)\right)} \quad (9.20)$$

其中:E 为所有疏散网络的集合;t_{max} 为 P 最大的空隙时间;$Rd(m)$ 为道路 m 的长度。

9.4.3 避险过程的社会力模型

Helbing 等（1995）的社会力模型（social force model，SFM）将人群看作满足力学运动规律的例子，然后分析个体所受的来自各方的作用力，最后基于一系列的动力学微分方程将个体所受的各种力结合，个体在整个避险过程受到社会心理作用力和物理环境作用力两类作用力。

$$m_i \frac{\mathrm{d}v_i(t)}{\mathrm{d}t} = f' + \sum_{(j \neq i)} f_{ij} + \sum_w f_{iw} \tag{9.21}$$

式（9.21）表示了社会力模型典型的运动学公式。m_i 为行人 i 的质量；$v_i(t)$ 为行人 i 当前的速度；f'，f_{ij} 和 f_{iw} 分别为行人 i 的自驱动力、行人 i 和 j 的相互作用力、障碍物对行人 i 的作用力。如图 9.12 所示，对于群体中的个体 A 来说，社会心理作用力 f' 是指个体对避险目标的期望所产生的自我驱动力。A 的社会心理作用力在图中表现为 f'_A，即出口对 A 的吸引力。在式（9.22）中。$v'_i(t)$ 为个体 i 所期望的速率；$e'_i(t)$ 为其期望运动的方向；$v_i(t)$ 为个体实际运动的速度，往往小于他所期望的速率 $v'_i(t)$；τ_i 为行人速度改变所需的响应时间。

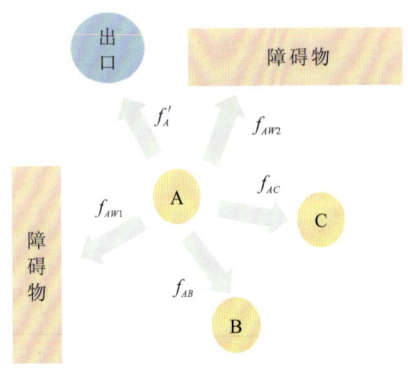

图 9.12　群体避险的社会力模型

$$f'_i(t) = m_i \frac{v'_i(t)e'_i(t) - v_i(t)}{\tau_i} \tag{9.22}$$

物理环境作用力包含个体与个体间作用力，以及个体与障碍物之间的作用力。在图 9.12 中，f_{AB} 和 f_{AC} 分别是个体 A 与个体 B 和个体 C 之间产生的作用力。由于人与人之间总是倾向于保持安全距离，个体 i 与个体 j 之间的作用力通常表现为排斥力 f_{ij}。

$$f_{ij} = \left[\alpha \exp\left(\frac{r_{ij} - d_{ij}}{\beta} \right) + kg\left(r_{ij} - d_{ij}\right) \right] \boldsymbol{n}_{ij} + \kappa g\left(r_{ij} - d_{ij}\right) \Delta v_{ij}(t) \boldsymbol{t}_{ij} \tag{9.23}$$

其中：α 和 β 都是常数，表示力的作用强度和作用范围；k 和 κ 为常量系数；r_{ij} 为个体 i 与个体 j 的半径之和；d_{ij} 为个体 i 与个体 j 质心之间的距离；$\boldsymbol{n}_{ij}$ 为个体 j 指向个体 i 的方向单位矢量；$\boldsymbol{t}_{ij}$ 为与 $\boldsymbol{n}_{ij}$ 正交的单位矢量。$g(x)$ 与 $\Delta v_{ij}(t)$ 的定义如式（9.24）和式（9.25）所示。

$$g(x) = \begin{cases} 0, & x < 0 \\ x, & x \geq 0 \end{cases} \tag{9.24}$$

$$\Delta v_{ij}(t) = \left[v_j(t) - v_i(t) \right] \boldsymbol{t}_{ij}^{\mathrm{T}} \tag{9.25}$$

在图 9.12 中，f_{AW1} 和 f_{AW2} 是个体 A 所受到的障碍物的作用力，属于阻力。障碍物对个体 i 的排斥力 f_{iw} 可以表示为式（9.26）。

$$f_{iw} = \left[\alpha \exp\left(\frac{r_i - d_{iw}}{\beta} \right) + kg\left(r_i - d_{iw}\right) \right] \boldsymbol{n}_{iw} + \kappa g\left(r_i - d_{iw}\right) \left[v_i(t) \cdot \boldsymbol{t}_{iw}^{\mathrm{T}} \right] \boldsymbol{t}_{iw} \tag{9.26}$$

其中：r_i 为个体 i 的半径；d_{iw} 为个体 i 与障碍物 w 的距离；$\boldsymbol{n}_{iw}$ 为障碍物指向个体 i 的方向单位矢量；$\boldsymbol{t}_{iw}$ 为与 $\boldsymbol{n}_{iw}$ 正交的单位矢量。

9.4.4 避险中群体行为的建模

1. 个体本身的行为

1）主动避险行为

在紧急情况下，当人对危险的感知程度达到一定程度时，就会采取主动避险；主动避险行为取决于群体自身的特征及与危险中心的距离，距离越近，感知程度 ρ 越高。R_v 为人的最佳视距，D 为人距离危险中心的距离，ω 和 μ 是可调参数。人群除了通过视野感知危险程度，还可以通过听警报等其他方式感知危险，通过改变可调参数控制危险感知度。

$$\rho = \mu e^{-\omega D}, \qquad D \leqslant R_v \tag{9.27}$$

2）目标行为

人群避险的最终目标是到达一个安全地方，在人的体力和心理满足条件及人对环境熟悉的情况下，人会选择目标方向前进，这种行动速度可以定义为

$$v_i(t) = (1+\delta_i) e^{-\varepsilon \times \frac{\rho}{\lambda}} \cdot v_{\max}, \qquad \lambda \in [0,1] \tag{9.28}$$

其中：ρ 为感知程度；λ 是体力值，成年人体力值最大为 1，老年人为 0.8，小孩为 0.5（刘全平 等，2014）；ε 为测定系数；δ_i 为个体的恐慌度，个体越恐慌，避险速度越快。

3）排队或重新选择行为

通常，人群在避险过程中会遇到多条疏散路径。当出口处出行拥挤状态，群体移动速度减慢时，有些人会选择降低速度以排队通过，而有些人会选择另寻其他出口。因此该行为的选择主要和群体特征有关。

2. 个体间的交互行为

1）从众行为

在群体的影响和压力下，个体会由于对环境缺乏认识而选择跟随其他人的行动的现象称为从众行为。有些学者将行人在避险过程中产生的自组织的从众行为分为了三类（屈云超 等，2014）。如图 9.13 所示，从左至右分别是小团体效应、无信息交流下的从众效应及信息交流下的从众效应。表 9.14 中介绍了不同从众行为的量化方式。

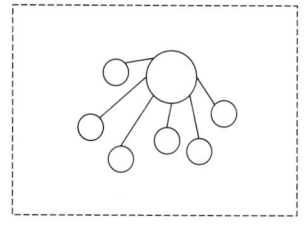 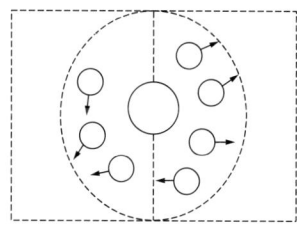 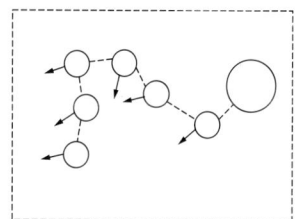

（a）小团体效应　　　　（b）无信息交流下的从众效应　　　　（c）信息交流下的从众效应

图 9.13　自组织下的三种从众行为

表 9.14 三种从众行为的量化

模式	含义	表达式	变量解释
小团体效应	常出现在有组织的人群或关系较为亲密的人群，小团体中有固定带头人，其他人都跟随带头人的方向	$e_p(t) = \alpha \dfrac{l_{p^*(t)} - l_{p(t)}}{\left\| l_{p^*(t)} - l_{p(t)} \right\|} + (1-\alpha) e_{p^*(t)}$	$l_{p^*(t)}$ 表示带头人 $p*$ 当前的位置，$l_{p(t)}$ 为行人 p 当前的位置，$e_{p^*(t)}$ 是带头人的期望速度方向
无信息交流下的从众效应	人群之间没有信息交流，人们将根据周围人群的选择结果或状态进行评估，有一定的规则跟随周围人的行为	$e_p(t) = \beta \dfrac{\langle v_k(t) \rangle}{\left\| \langle v_k(t) \rangle \right\|} + (1-\beta) \dfrac{\langle l_k(t) \rangle}{\left\| \langle l_k(t) \rangle \right\|}$	行人根据其周围人群的平均速度方向选择和位置选择的加权均值作为最终选择方向
信息交流下的从众效应	人群间可以进行信息交换，因此信息集合会不停更新，人们将根据最新的信息集合进行选择	$e_p(t) = \langle e_k(t) r_k \rangle$ 视野内有人 $e_p(t) = 1 - e^{-\sigma t}$ 视野内没人	当个体视野内有人，r_k 是信息可信度，信息集合越完备，r_k 越大。个体的选择概率为各个区域人群选择概率的加权均值；当个体视野内没人，信息会随着时间衰减降低其可信度，σ 是衰减系数

2）帮助行为

群体在避险过程中，其中体力较好且恐慌度较低的个体在感知范围内若遇到求助者，则会选择帮助。帮助行为将改变施助者和求助者的速度和方向。对于施助者，其方向将改变为求助者所在位置的方向，在式（9.29）中，$l_{p'(t)}$ 是求助者位置；$l_{p''(t)}$ 是施助者位置。该过程中，施助者速度与原来一样；而施助者与求助者汇合后，求助者将跟随施助者原来计划的方向行动，由于施助者需要照顾到求助者体力，施助者速度 $v_p(t)$ 与求助者 $v_{p'}(t)$ 的速度相同。

$$e_{p''}(t) = \frac{l_{p'(t)} - l_{p''(t)}}{\left\| l_{p'(t)} - l_{p''(t)} \right\|} \tag{9.29}$$

$$v_{p'}(t) = v_{p''}(t) \tag{9.30}$$

9.5　群体决策智能的时空定量建模

群体决策是个体之间冲突与妥协的过程。个体之间互相作用，通过寻找一种对群体公平的规则对个体决策者的偏好进行集结，最后实现群体决策。在面对复杂决策问题时，单个决策者的知识和经验有限，难以做出令人满意的决策，因而需要集中群体决策者的集体智慧解决问题，这就是所谓的群体决策智能。此处需要区分此处的群体决策智能与 9.2 节中所描述的群体选择行为所产生的群体智能，群体决策的智能在于集中群体的信息与知识做出决策，而群体选择行为的智能在于群体中个体的选择不断影响和反馈，从而影响这个群体的选择结果。群体决策需要考虑决策群体成员的决策能力、决策群体规则、决策过程中群体的交互、决策群体的结构何权重及决策规则等因素。

9.5.1 群体特征

1. 群体成员的决策能力

群体成员的决策能力是指决策者做出正确判断的能力,常用能力指标(职业背景、知识结构、风险偏好等)对决策能力进行量化。在群体决策中,并非所有的群体成员都拥有着相同权重的决策权,通常,具有更多知识储备和经验的群体成员拥有更高权重的决策能力。因此,需要先对群体做一个分类,并针对不同类别的群体定义其决策能力的大小关系。表 9.15 中列出了一些具有代表性的特征指标。

表 9.15 决策能力的影响指标

特征指标	例子	决策能力
专业领域	建筑学、经济学、工程学等	取决于决策问题与专业领域的匹配程度,匹配度越高,决策能力越高
学历	中学、本科、硕士、博士	中学＜本科＜硕士＜博士
工作经验	1年经验、2年经验…	工作经验时间越长,决策能力越高
职业级别	初级、中级、高级 助理、经理、总监 …	初级＜中级＜高级 助理＜经理＜总监
年龄	20、30、40…	年龄越大,决策能力越高
…	…	…

对于 s 个决策成员组成的决策群体,将影响决策能力的 o 个指标进行量化后,采取线性函数的组合方式得到群体中每个决策者的决策能力 P_i。

$$P_i = \sum_{j=1}^{o} \alpha_j p_j, \quad i=1,2,\cdots,s \tag{9.31}$$

其中:α_j 为每项指标的权重,权重之和为 1;每项指标所对应的决策能力 p_j 的数值位于区间 0 到 1 之间。

2. 群体成员的决策偏好

在群体决策过程中,群体成员对同一个决策方案会存在不同的偏好倾向,如聚餐的选址决策问题,有的成员会倾向于离家近的餐厅,有的成员会倾向于成本较低的餐厅,有的成员会倾向评价较好的餐厅。由于群体成员的决策偏好不同,他们在对于同一个决策方案就会产生不同的评价效用。因此,需要将群体成员的决策偏好特性进行挖掘,以作为群体决策方案选择的基础。

如图 9.14 所示,从群体成员的自然、社会经济及时空轨迹属性中挖掘出他们的决策偏好类型,从而确定群体成员在这些决策属性中的偏好权重。常见的决策偏好类型有质量优先、便捷度优先、成本优先、收益优先、风险优先等。表 9.16 罗列了常见的用于度量群体成员决策偏好属性的时空因素和非时空因素。

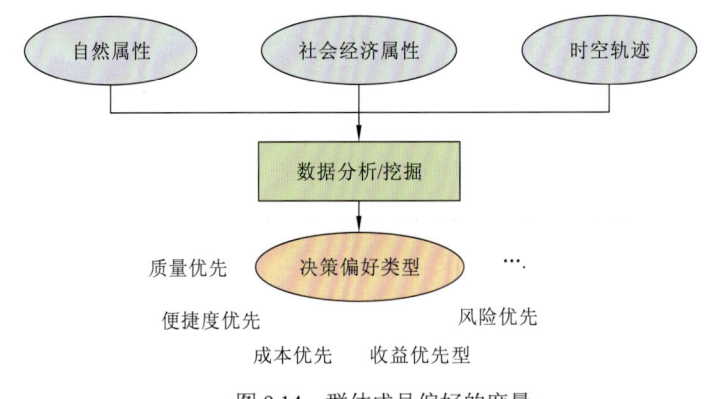

图 9.14　群体成员偏好的度量

表 9.16　决策能力的影响指标

决策偏好属性	非时空度量因素	时空度量因素
质量	年龄、职业、购物习惯等	轨迹所达的消费场所类型 轨迹所达的消费场所的质量评分 …
便捷度	职业、年龄等	居住地和活动地的交通便捷性 平均出行时间 轨迹起始点间中转的锚点数 …
成本	职业、经济收入、月消费水平等	轨迹所达的消费场所的消费水平 交通出行选择的交通消费水平 …
收益	职业、年龄、经济收入、投资习惯等	轨迹所达的消费场所的消费水平 与个体收入水平的差值
风险	职业、年龄、投资习惯、购物退货率等	轨迹平均速度 交通违章次数 活动场所的风险性 …
…	…	…

9.5.2　群体网络

群体决策是通过群体成员间不断交互影响而形成统一方案的过程。因此需要确定哪些成员之间交互较为密切，群体的交互网络就是用来量化群体间两两的交互度和差异性的网络结构。如图 9.15 所示，它是一个由 7 个决策成员组成的双向交互网络。其中每个网络节点代表一个决策个体，决策成员间如果存在交互，则节点间具有连线，连线的箭头方向代表可交互方向，连线长度则与成员的差异度呈正比，差异度越低的成员间距离更近，差异度越高的成员间距离越远。

1. 群体交互

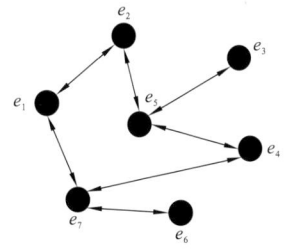

图9.15 群体的交互网络

在前面几节中已经提到，群体的交互分为非空间交互和空间交互。空间交互通常是通过活动空间的距离判断群体轨迹间是否存在交互。根据美国人类学家爱德华·霍尔的个人空间理论，个人空间可以分为4种距离，0.45 m以内是亲密距离，0.45~1.22 m属于个人距离，1.22~3.70 m属于社交距离，而大于3.70 m的属于公众距离。

$$C_{ij} = \begin{cases} 1, & D_{ij} \leqslant D_I \\ 0, & D_{ij} > D_I \end{cases} \quad (9.32)$$

其中：C_{ij}表示成员e_i和e_j之间是否存在交互关系，D_{ij}表示成员e_i和e_j在空间上的距离，D_I为空间交互的距离阈值。

大多数情况下，群体决策并非完全依靠空间关系进行信息的交互，而是通过社会关系，这就是所谓的非空间交互。群体成员间的社会关系被分为三类：层次型、团体型和平等型（图9.16）。层次型是指群体成员间存在明显上下级关系，群体决策的影响通常是从上至下的，下级成员一般要听从上级决策；团体型是指群体成员以小团体方式进行信息交流，通常由团体中的代表与其他团体代表先进行团体间的信息交流，再进行团体内部的信息交流，从而影响团体成员决策；平等型是指群体成员间没有明显的等级和团体关系，成员与成员之间都是可以互相进行信息交流，彼此影响决策的。

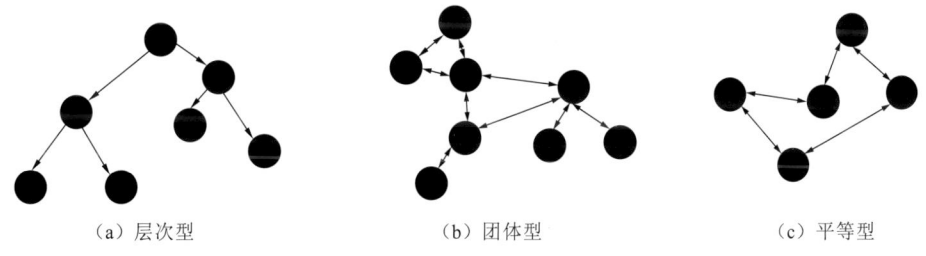

(a) 层次型　　　　　　(b) 团体型　　　　　　(c) 平等型

图9.16 社会关系类型

2. 群体差异

确定群体成员间是否存在交互关系后，需要衡量成员之间偏好的差异度。在群体决策过程中，差异度大的成员之间更加互补，更容易实现群体决策的智能。

表9.16中列出了影响群体成员决策偏好的非时空因素和时空因素，这些因素的量化方式主要包含三种数据类型，即实数型、区间型、语义型。假设一个决策群体是由s个决策成员组成集合$E = \{e_1, e_2, \cdots, e_m\}$（$m \geqslant 2$）；用一个有限的属性集合描述每个决策成员的偏好属性的特征，该集合表示为$B = \{b_1, b_2, \cdots, b_p\}$（$p \geqslant 2$）。那么决策成员的偏好属性矩阵就可

以表示为 $\boldsymbol{V} = (v_{ij}^t)_{m \times p}$，$v_{ij}$ 表示 t 时刻，决策成员 e_i 在偏好属性 b_j 上的描述。对于这三种不同的数据类型，可以采取不同的度量方法计算成员间的差异度（表 9.17）。

表 9.17 不同数据类型的差异度计算方法

数据类型	数据的量化方式	差异度计算方法
实数	—	$d(v_{ij}^t, v_{ij}^t) = \|v_{ij}^t - v_{kj}^t\|, \quad i,k=1,2,\cdots,m$
区间数	$v_{ij}^t = [v_{ij}^{t-}, v_{ij}^{t+}]$	$d(v_{ij}^t, v_{kj}^t) = \max(\|v_{ij}^{t-} - v_{kj}^{t-}\|, \|v_{ij}^{t+} - v_{kj}^{t+}\|), \quad i=1,2,\cdots,m$
语义型	S 为语义集集合 $I: S \to N$， I 将语义转换为数值 $I(s_i) = r \ s_i \in S$	$d(v_{ij}^t, v_{kj}^t) = \|I(v_{ij}^t) - I(v_{kj}^t)\|, \quad i=1,2,\cdots,m$

在此基础上，对于 t 时刻，任意两个决策成员间的差异度就可以被定义为

$$d(e_i, e_k)^t = \sum_{j=1}^{p} u_j d(v_{ij}^t, v_{kj}^t) \tag{9.33}$$

其中：u_j 为特征 j 的权重；p 为总的偏好属性的个数。

3. 群体多样性

Karotkin 等（1997）研究表明决策群体之间过强的正相关会削弱集体决策的效果，决策成员的互补性是构成群体决策智能的一个重要因素。群体成员拥有着不同的知识背景将会使得群体决策时考虑的问题更加全面，使得群体决策产生的结果比个体决策更加可靠。评价群体多样性最常用的一种方法就是对群体中个体成员的特征进行聚类，将具有相似特征的个体划分为子群体，子群体个数越多就意味着群体的多样性越高。用于评价群体多样性的特征指标主要包括群体成员的自然属性、社会经济属性、知识能力背景及时空特性。

对于某一个特征指标，可以将群体分为 H 类别，N_i 表示每一类别的个体数，m 表示群体的总个体数，则可以得到该特征指标的多样性 DV_j。在此基础上，可以计算 S 个特征指标的总多样性 DV。

$$DV_j = \sum_{i=1}^{H} \left(\frac{N_i}{m}\right)^2, \quad i=1,2,\cdots,H \tag{9.34}$$

$$DV = \sum_{j=1}^{S} DV_j / S, \quad j=1,2,\cdots,S \tag{9.35}$$

9.5.3 群体决策智能的更新与变化

假设一个决策群体是由 m 个决策成员组成的集合 $E = \{e_1, e_2, \cdots, e_m\} (m \geq 2)$；决策的备选方案集合 $X = \{x_1, x_2, \cdots, x_n\} (n \geq 2)$；而对于每一个决策方案，在不同时间节点上都用一个效用评价矩阵 $\{A_t\} (t=1,2,\cdots,T)$ 去描述。矩阵 $A_t = \{a_{ij}^t\}_{m \times n}$，其中 a_{ij}^t 表示为决策个体 e_i 对

方案 x_j 的效用评价。常见的效用评价有两种类型，即基数型效用评价和序数型效用评价。前者是用具体的实数评价各个方案的优先级；而后者是指对备选方案进行排序，直接序号表示偏好程度。此处均考虑基数型的效用（序数型效用可以转换为基数型）

1. 效用评价的计算

对于决策效用矩阵 A_t 的获取有两种形式：第一种是直接根据群体决策成员的评价结果，即所有的决策成员在每一轮决策中不断更新他们对决策备选方案的效用评价，决策效用矩阵是由决策成员提供的，常见的方法有专家打分法、投票法等等；另一种方法则是无法直接获取决策成员对决策方案的评价效用，需要通过群体成员的属性特征或者时空轨迹挖掘决策成员对决策方案的偏好。

在获得了决策群体成员的决策偏好度以后，可以构建群体成员的效用评价函数，对于决策成员 e_i 而言，在 t 时刻他的决策偏好属性集为 $V_i^t = \{v_{i1}^t, v_{i2}^t, \cdots, v_{ip}^t\}$。那么 t 时刻，该决策成员对于每个决策方案的效用评价 a_{ij}^t 定义为

$$a_{ij}^t = f\left(V_i^t, \mathrm{SA}_{ij}^t, T_{ij}^t\right) \tag{9.36}$$

其中：SA_{ij}^t 和 T_{ij}^t 分别为决策成员 e_i 在 t 时刻进行决策时候所考虑的空间随机因素和时间随机因素，而函数 $f\left(V_i^t, \mathrm{SA}_{ij}^t, T_{ij}^t\right)$ 则是基于偏好属性和随机因素对方案 x_j 的效用函数。

2. 决策集结规则

决策集结是指将多个决策成员的决策结果集合成一个决策结果。对于初始状态 t_0 时刻的群体决策而言，效用评价矩阵 A_t 的每一个列向量代表所有决策成员对该备选方案的效应评价，将列向量中的数值按照一定的权重组合，就可以得到该决策方案的综合的效用评价。

$$g_j^t = \sum_{i=1}^m w_i a_{ij}^t \tag{9.37}$$

其中：g_j^t 为在 t 时刻，群体 E 对方案 x_j 的总效用评价，它是所有决策个体的效用集结的结果；w_i^t 为 t 时刻决策个体的权重，该权重由群体成员的决策能力决定，即具有更高决策能力的个体将会拥有更高的权重。在式（9.31）的基础上，决策个体的权重 $w_i^{t_0}$ 为决策个体的决策能力值的归一化数值。

$$w_i^{t_0} = \frac{P_i - P_{\min}}{P_{\max} - P_{\min}} \tag{9.38}$$

3. 群体决策的更新

在决策过程中，群体成员会根据其他人的决策结果对自己的决策结果进行改变。为了实现群体决策向更高质量的方向变化，群体决策的交互变化需要满足两个条件：第一，决策偏好差异度越大的成员往往更加互补，因此交互作用主要发生在具有交互关系，且决策偏好差异度较大的成员之间；第二，决策能力高的个体往往具备更强的知识储备，所以在交互过程中决策能力高的个体，将对决策能力低的个体产生更强的影响。

在式（9.39）和式（9.40）中，μ_i^t 表示决策者 e_i 保持自己原来决策评价的权重因子，而 β_{ik}^t 则表示决策者 e_i 和 e_k 间通过交互作用对决策者 e_i 的决策产生改变的权重因子。其中 I

表示 t 时刻，与决策者 e_i 产生交互作用且差异度大于 d' 的决策者个数。由于与决策者产生交互作用的群体成员会不断改变，因此 μ_i^t 和 β_{ik}^t 也会随着时间变化。

$$\beta_{ik}^t = \frac{P_k}{P_i + \sum_{k=1}^{l} P_k}, \quad d(e_i, e_k) > d' \tag{9.39}$$

$$\mu_i^t = \frac{P_i}{P_i + \sum_{k=1}^{l} P_k}, \quad d(e_i, e_k) > d' \tag{9.40}$$

在决策过程中，群体成员间不断交互，使得决策备选方案的效用评价矩阵 A_t 不断改变，从而改变群体决策智能。其更新公式为

$$a_{ij}^{t_1} = \mu_i^{t_0} a_{ij}^{t_0} + \sum_{k=1}^{l} \beta_{ik}^{t_0} a_{ik}^{t_0} \tag{9.41}$$

4. 群体决策智能的时空变化

群体决策在群体不断交互的作用下，向着更高质量的发展，这种群体决策智能也会在时空维度上发生改变。群体决策智能的时空变化，主要从个体成员效用矩阵间的差异性和相似性进行度量。

1）群体决策智能的区域差异密度

在式（9.42）中，群体决策智能的区域差异密度定义为 $\mathrm{DF}(R_k^t)$，区域 R_k 内所有决策成员在 t 时刻对每个决策方案的效用评价方差的均值与区域面积的比值。

$$\mathrm{DF}(R_k^t) = \frac{1}{n} \sum_{j=1}^{n} \frac{\sum_{i=1}^{m}(a_{ij}^t - \bar{a}_j^t)}{m} \bigg/ S_{R_k} \tag{9.42}$$

其中：a_{ij}^t 为个体 i 在 t 时刻对方案 j 的评价效用；$\bar{a}_j^t$ 为群体在 t 时刻对方案 j 的平均评价效用；S_{R_k} 为区域 R_k 的面积。

如图 9.17 所示，点状符号表示决策成员的空间位置，点状符号的颜色申请代表其对决策方案的效用评价值。分别计算区域 R_1 和区域 R_2 内的决策智能差异性，区域 R_2 内成员的评价效用相近，而区域 R_3 内成员的评价效用差异较大，计算结果表示后者的决策智能差异密度值较大。

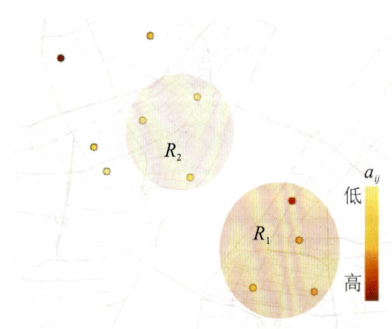

图9.17　决策成员智能的区域差异密度

2）决策智能的空间趋势

决策成员通过群体交互后会改变自身的评价效用[式（9.41）]，这种变化也会呈现在空间维度。决策智能的空间可以分为同向趋势和反向趋势两类，同向趋势是指空间相邻的群体成员对决策方案的评价向相同的方向发展，而反向趋势是指空间相邻的群体成员对决策方案的评价向相反方向发展。如图 9.18 所示：左图为上一次决策时候，决策成员 A、B、C 的评价效用；而中间图表示在下一次决策时，决策成员 A、B、C 的评价

效用都增大了（即颜色加深），属于同向趋势；右图则表示下一次决策时候，决策成员 A、B 之间向着相反方向变化效用，即一个减小一个增大，属于反向趋势，而成员 B、C 都是增大了效用，属于同向趋势。

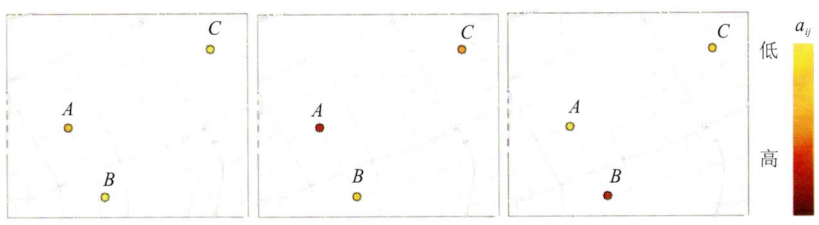

图 9.18 决策智能的空间趋势

3）决策智能的时间变化速率（增快、减缓、不变）

群体的决策智能除了在空间维度上会发生变化，还会随着时间发生改变。对于整个决策群体而言，其评价效用的方差越大就代表群体成员间的差异越大。随着时间发展，群体成员不断交互，群体间的差异就会逐渐缩小，最终达成一致。这种随着群体交互而使得群体差异变化的速率被称为决策智能的时间变化速率。在式（9.43）和式（9.44）中，决策智能的时间变化速率定义为 t_1 和 t_2 时刻的效用矩阵之差 ΔA（绝对值）的元素之和与其时间变化量 Δt 的比值。

$$\Delta A = \mathrm{Abs}\left(A_{t_1} - A_{t_2}\right) \tag{9.43}$$

$$V_{t_{12}} = \sum_{i}^{m}\sum_{j}^{n} \Delta A_{ij} / \Delta t \tag{9.44}$$

参 考 文 献

郭峰, 2016. 基于多 Agent 的公共场所人群疏散模型研究. 长沙: 湖南大学.

郭仁忠, 2001. 空间分析. 2 版. 北京: 高等教育出版社.

何栋梁, 2017. 步行设施内存在障碍物的空间布局特征与行人疏散仿真. 北京: 北京交通大学.

李清泉, 李秋萍, 方志祥, 2011. 一种基于时空拥挤度的应急疏散路径优化方法. 测绘学报, 40(4): 517-523.

刘全平, 梁加红, 李猛, 等, 2014. 基于多智能体和元胞自动机人群疏散行为研究. 计算机仿真(1): 335-339.

屈云超, 高自友, 李新刚, 2014. 考虑从众效应和信息传递的行人疏散建模. 交通运输系统工程与信息, 14(5): 188-193.

燕蜻, 梁吉业, 2011. 混合多属性群决策中的群体一致性分析方法. 中国管理科学, 19(6): 133-140.

DING Q F, 2007. Research on congestion pricing of Chongqing central district. Proceeding of the 3rd China Annual Conference on Intelligent Transport Systems, Nanjing: Southeast University Press: 481-485

FANG Z, LI Q, LI Q, et al., 2011. A proposed pedestrian waiting-time model for improving space-time use efficiency in stadium evacuation scenarios. Building & Environment, 46(9): 1774-1784.

HÄGERSTRAND T, 1970.What about people in Regional Science? Papers of the Regional Science Association, 24: 6-21.

HELBING D, MOLNAR P, 1995. Social force model for pedestrian dynamics. Physical Review E, 51(5): 4282-4286.

KAROTKIN D, NITZAN S, 1997. On two properties of the marginal contribution of individual decisional skills. Mathematical Social Sciences, 34(1): 29-36.

KIM H M, KWAN M P, 2003. Space-time accessibility measures: A geocomputational algorithm with a focus on the feasible opportunity set and possible activity duration. Journal of Geographical Systems, 5(1): 71-91.

TOGAWA K, 1955. Study of fire escapes basing on the observation of multitude currents. Report No.14, Building Research Institute, Ministry of Construction, Tokyo, Japan.

第10章　群体活动动态的时空预测

群体活动不是一成不变的，群体活动的性质与空间位置随时间产生的变化可定义为群体活动的时空动态。因此群体活动动态伴随着群体活动的存在而存在，对群体活动动态的测算与预测是分析群体未来行为的关键。空间内群体活动的变化主要体现为以下6种动态。

（1）空间位置动态：群体在活动过程中活动位置与范围随时间发生的变化，如群体活动地点从餐馆转移到了电影院。

（2）活动语义动态：群体在活动过程中活动功能随时间的变化。活动语义动态与空间位置动态具有一定的协同性，如当群体活动的空间位置由公园转移到电影院后，群体活动的语义特性也由聚餐转变为看电影。

（3）群体交互动态：群体与其余群体间交互状态的变化，群体间的交互动态由群体活动的空间位置与活动性质决定，且伴随着群体的语义与空间位置的改变而改变。比如两个运动员群体上午在同一体育馆训练，场地的共用引发群体交互，但其中某群体下午离开体育馆，导致群体交互结束。

（4）群体互补/互斥动态：群体与其余群体产生相互协助或冲突的概率变化，这一概率取决于群体间的空间位置与活动语义。群体交互是群体互补/互斥存在的必要条件，同时互补/互斥可理解为群体交互的一种基本语义属性。

（5）网络动态：将空间中的群体视为节点，交互关系视为边，以此构成的群体活动网络的变化，群体活动网络是在宏观层面对各群体活动状态与交互状态的整体性展示。网络中的变化包含节点状态的变化，即群体活动状态的变化；边的变化，即群体间交互的变化。

（6）影响动态：此处的影响特指群体活动对群体以外的自然环境、社会环境因素的正负面影响。影响大小的变化取决于空间内群体活动的状态与交互关系变化，通过群体活动网络可以全面地度量空间内各群体产生的影响动态。

图 10.1 展示了上述各动态间的依存关系，群体的空间位置动态及语义动态是其余各动态的基础，这两种动态体现出某群体在历史活动经验与临时事件影响综合作用下的群体活动状态变化。在各群体的空间位置与活动语义变化的基础上，群体间的交互状态与互补/互斥状态随之发生变化。群体的空间位置与语义决定了网络中节点的位置与属性；群体间的交互关系与互补/互斥性质决定了网络中边的生成与属性，两者结合产生群体网络的动态变化。群体活动的影响力变化直接取决于群体活动的语义属性变化，群体所在的空间位置决定了群体产生影响的空间位置与影响范围。

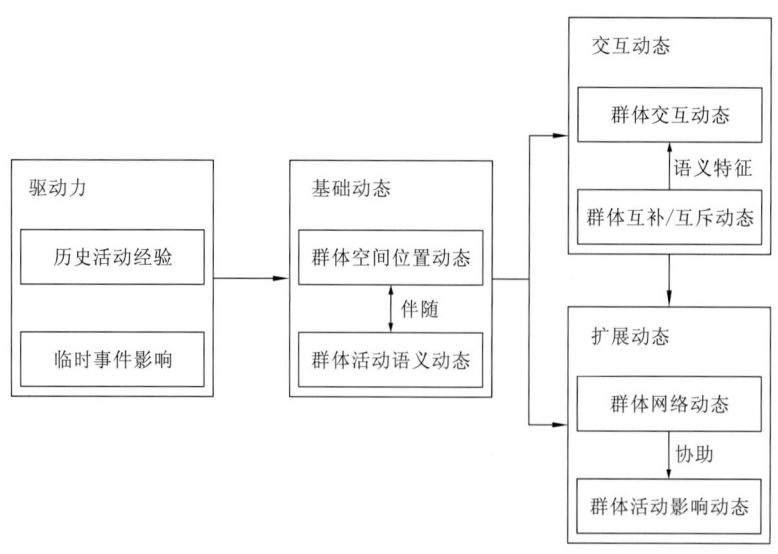

图 10.1 群体活动动态关系

群体活动动态的预测是探究群体未来活动状态、交互关系及影响能力的有效手段，可以构建未来时刻的群体活动网络以实现对群体活动交互全局层面的认知，进而有助于管理者协调与安排城市管理、应急响应、大型活动中的各群体活动。

群体活动当前时刻的空间位置与语义属性是预测群体活动动态的关键信息，第 9 章已详细阐述了群体选择行为的时空预测方法及群体行为链的时空预测方法，通过上述方法已可以基于某群体的前 n 个活动状态预测群体的第 $n+1$ 个活动的活动区域及活动内容。本章将在群体活动预测的基础上，侧重介绍如何预测群体活动间的交互动态，进一步结合复杂网络中的部分预测方法，实现在网络层面对群体活动交互的整体性预测，最终预测群体活动的影响动态。

10.1 群体活动交互动态的时空预测

交互即交流互动，依据交互的定义，群体交互至少由两个群体和对应的交互方式构成，交互方式可具备语义与数值属性。群体间存在交互即群体中的个体会对另一个群体中的个体产生行为、心理等方面的影响。在 GIS 领域依据群体间的空间位置关系，可以将群体活动交互划分为行为交互（直接交互）与信息交互（间接交互），行为交互与信息交互可以同时存在于两群体之间。

群体间的行为交互是群体间通过直接的面对面活动行为产生的交流互动，那么多个群体对应的时空棱柱必定存在交集，否则群体间无法产生直接的行为接触。群体活动行为交互群体活动交互可从以下三个方面进行定量度量（方志祥 等，2017）。

（1）交互行为持续时间 T：两群体具有更加相似的活动时间，则产生交互的机会就越多，若两群体的活动在时间上不存在重叠，则不会存在任何交互行为。

（2）交互行为重叠范围 A：两群体的活动范围具有更高的重叠程度，则产生交互的机会就越多，若两群体活动在空间上不存在重叠，则不会存在交互行为。

（3）交互行为反应速度 S：群体性质的关联程度决定了群体间的交互行为反映速度，交互行为反映速度可表述为在单位时间、单位面积内群体间产生交互行为的概率。若一个群体中的个体对另一个群体中的个体完全不感兴趣，则两群体间即使存在活动时间与空间的重叠，也不会产生群体活动的交互。

群体行为交互强度 I_B 与上述三个分量呈现正相关关系[式（10.1）]，因此对群体活动行为交互的预测即计算群体活动交互的时间、范围、速度三分量，并以此为基础实现定量表述。

$$I_B \propto TAS \tag{10.1}$$

本书第9章中具体介绍了群体活动活动链的三种表示方式，为更准确地量化群体活动间的行为交互，本节使用时空棱柱的形式表示群体活动链。如图10.2所示，在时空棱柱中群体与群体间的交互可直观地表述为多个时空棱柱的交集，群体 A 与群体 B 在同一空间内按时间由早至晚进行了三次活动，其中用于描述第二次活动的时空棱柱 A-2 与 B-2 出现了交集，证明两群体间存在行为交互动态。行为交互持续时间 T 为群体活动交互棱柱的高度；行为交互重叠范围 A 为棱柱在 t 时刻与 xOy 平面交面的面积；行为交互反应速度 S 取决于群体间的语义关系。若 $S=1$，则群体 A 与群体 B 的交互强度为群体活动交互棱柱的体积 V。

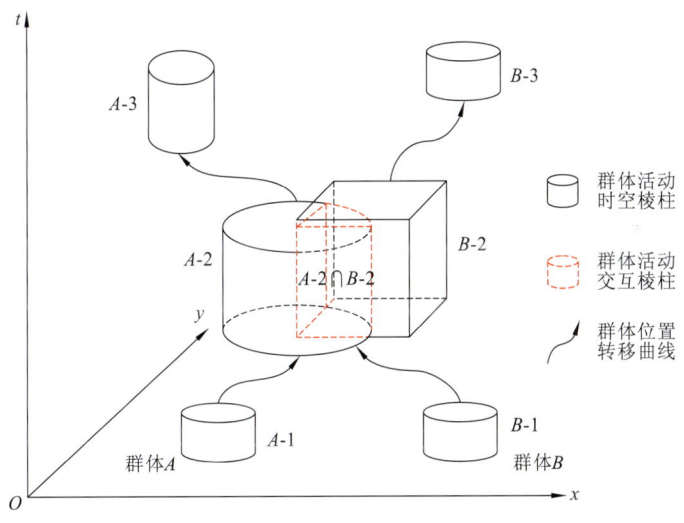

图10.2 群体行为交互的时空棱柱表达方式

群体间的信息交互相较于行为交互不存在时空活动范围的限制，在当前信息通信发达的时代背景下，即便群体间的时空棱柱不存在交集，如图10.3所示，群体间同样可以通过即时通信、网络留言等形式相互影响，从而实现群体间的信息交互。信息交互是两群体间沟通的过程，完整的信息交互过程需要包括信息输出群体、信息输入群体、信息传输介质和具体的信息内容。与群体行为交互使用活动区域的时空交集不同，群体发生信息交互的概率取决于两群体间活动语义的相似性 S 与空间距离 D。一般情况下群体活动的语义相似

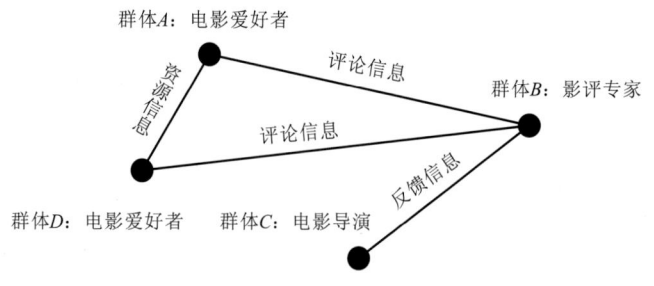

图 10.3 群体间的信息交互

性越大、两群体间的空间距离越近则越容易产生群体信息交互,因此群体信息交互强度 I_M 与语义相似性 S 呈正相关,而与距离呈负相关关系[式(10.2)]。

$$I_M \propto \frac{S}{D} \tag{10.2}$$

依据瞬时的群体活动信息交互强度公式,群体间活动信息交互的时空累计交互强度为交互强度在特定时间段上的积分值。

如表 10.1 所示,行为交互与信息交互虽均为群体间的交互,但两者间仍存在一定的差异。群体活动行为交互预测还是信息交互预测均可从两个角度出发,第一个角度是已知当前空间中各个群体的活动空间位置及语义属性,依据上述条件预测当前时刻下的群体活动交互状态。第二个角度则是已知当前及过去各时刻的群体活动与交互状态,预测下一时刻的群体活动与交互状态。上述两个角度的目标问题不同,但是预测方法具有一致性,灵活使用两个角度解决实际问题有助于协助完成群体交互动态的时空预测。

表 10.1 行为交互与信息交互的差异

对比项	行为交互	信息交互
交互形式	直接交互	间接交互
交互介质	个体的动作、行为	数据与信息
交互强度	强交互	弱交互
交互稳定性	不稳定	较为稳定
交互性质偏向	偏向于互斥	偏向于互补

10.1.1 群体活动行为交互预测

依据行为交互的定义与量化方式,群体间的行为交互必然存在时空交集,因此得知两群体在未来时刻的活动位置即可完成群体间的行为交互预测。依据传统的预测方法,群体活动下一时刻的活动位置与活动范围受到先前的活动模式与当前状态下空间内各时空要素的影响。一般来说,群体活动位置与范围的选择一般具有以下四大原则。

(1)经验性原则:趋向于选择曾经成功举办过活动的区域。
(2)独享性原则:趋向于选择与其余群体无时空冲突的区域。

（3）适用性原则：趋向于选择可以满足当前活动需要的区域。

（4）便捷性原则：趋向于选择在满足活动条件的区域中方便到达的区域。

空间 S 中群体集合 G 在 t_i 时刻的群体活动状态表示为 G^{t_i}，G^{t_i} 中的每个群体均包含当前时刻活动的空间位置 L 与语义属性 P，$G_j^{t_i}=\{L,P\}$。若当前时刻群体活动行为交互状态未知，则首先需要补全当前时刻下的群体活动行为交互关系。由于两群体活动范围间存在空间相交则必然群体行为交互，偏向于预测群体行为交互强度 I_B。将空间转移至平面，两群体 G_x、G_y 间的 I_B 可使用式（10.3）进行计算。

$$I_B(G_x,G_y)=|L_x\cap L_y|\times S(P_x,P_y) \tag{10.3}$$

式中：$|L_x\cap L_y|$ 为两群体活动区域交集的面积；$S(P_x,P_y)$ 为交互速度测算函数，通过两群体活动的语义信息推算两群体间的行为交互速度，交互速度取决于先验知识，即先验样本中各活动间的交互反应速度。

已知 t_i 时刻的群体活动状态与行为交互状态后，可预测 t_{i+1} 时刻的群体交互状态，该预测的重点在于找到分布更为合理的群体活动位置分布。依据独享性原则，群体在时空尺度会避免与其具有相同活动语义的群体存在时空交集，以避免产生更为严重的活动空间冲突，因此基于群体活动行为链预测下一时刻的群体活动范围应当充分考虑当前群体活动行为交互状态的影响。群体活动的位置预测可划分为有空间要素信息（POI）辅助的预测和无空间要素辅助的预测。

1. 空间要素信息辅助下的群体活动的位置预测

存在空间要素信息的活动区域预测本质上是群体选择适宜活动场所的过程，群体可达活动场所位于群体 G_x 在限定时间内的可达范围 R_{G_x} 中，可达范围 R_{G_x} 由式（10.4）计算。

$$R_{G_x}=(t_{i+1}-t_i-t_a)\times v \tag{10.4}$$

式中：t_a 为活动需消耗的时间，v 为群体的移动速度。

可达范围内的每个活动场所 p_m 被选择的可能性 u 可由式（10.5）计算。

$$u(G_x,p_m)=\frac{S(G_x,p_m)}{D(G_x,p_m)}+\sum_{G_y\in G_{p_m}}\left(\alpha\times I_B(G_x,G_y)\right) \tag{10.5}$$

式中：$S(G_x,p_m)$ 为 G_x 的活动与场所的匹配程度；$D(G_x,p_m)$ 为当前时刻群体 G_x 与 p_m 间的曼哈顿距离，与 u 呈反比例关系，必要情况下可将 $D(G_x,p_m)$ 设定为群体移动的风险 $R(G_x,p_m)$；G_{p_m} 为 t_{i+1} 时刻位于 p_m 中活动的其余群体；α 为互补/互斥参数，用于测定两群体间的交互是相互吸引（$\alpha>0$）或是相互排斥（$\alpha<0$），具体测算方法可见 10.2 节；$I_B(G_x,G_y)$ 为两群体在 t_{i+1} 时刻的行为交互强度。

$S(G_x,p_m)$ 可用式（10.6）进行计算。

$$S(G_x,p_m)=n\times p(P_x,p_m) \tag{10.6}$$

式中：n 为群体曾经选择 p_m 进行活动的频次；$p(P_x,p_m)$ 为基于先验知识的活动语义 P_x 与 p_m 语义的适配性，契合经验性与适用性原则。

在计算完成所有可选位置 p_m 的 u 后，选择具有最大 u 的活动位置作为群体活动下一位置的预测结果。已知群体活动下一具体位置后，即可计算该群体与其余群体间的行为交互关系，得到群体活动行为交互预测结果。如图10.4所示，假设空间中5个群体均为白领群体，已知t_i时刻各群体的所在位置及t_{i+1}时刻的活动功能。由于信息转递的滞后性，空间中各群体仅已知t_i时刻其余可选活动地点的负载状态，G_1选择距离较远但当前时刻无群体在内就餐的饭店完成进餐活动。G_3和G_5群体在缺少直接交流的情况下均会选择最近的空饭店作为下一个活动的地点，在t_{i+1}时刻G_3和G_5即发生了群体活动的行为交互。G_2与G_4群体由健身房和饭店回到对应办公楼的选择过程则满足了经验性原则，群体的工作地点一般会具备极高的选择频次。上述示例假设各饭店均能满足各群体的进餐活动需求且各群体曾经去各饭店的次数相同。

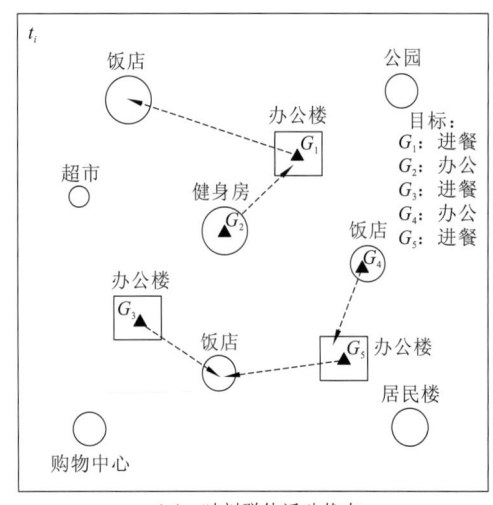

图10.4 空间要素辅助下的群体活动交互预测

2. 无额外信息辅助下的群体活动的位置预测

未知额外空间要素的情况下，群体G_x活动的下一位置预测缺乏有效参照，群体的下一活动位置由群体的移动速度向量v与移动时间t决定。群体在t_i时刻的移动速度向量取决于群体活动的频繁模式T、群体移动惯性M与群体行为交互I三个分量，因此具体的预测流程可划分为以下步骤（图10.5）。

（1）频繁模式挖掘：基于群体历史轨迹数据分析群体活动t_0至t_i时刻空间位置与语义属性的周期性T，若存在显著周期性进入（2），否则进入（3）。

（2）周期内位置匹配：找到t_i时刻在周期T内最相似的位置T_j，将T_j与$T_{j+t_{i+1}-t_i-t_a}$间的速度作为t_i至t_{i+1}的v的第一分量v_1。

（3）构建速度向量：若无显著周期性则将v_1设定为零向量，将t_{i-1}至t_i时刻群体的移动速度作为第二分量v_2；第三分量v_3取决于与G_x存在行为与信息交互的群体G_y：若两群体交互为互补关系，则会产生方向在G_xG_y连线上的相对大小为交互强度I_B的速度；若为互斥关系则速度的方向相反。已知上述三分量后，群体在t_i至t_{i+1}期间的移动方向为速度$v=\alpha\times v_1+\beta\times v_2+\gamma\times v_3$对应的方向，$\alpha+\beta+\gamma=1$。

（4）预测空间位置：已知移动速度 v 与移动时间 $t_{i+1} - t_i - t_a$ 后，即可得到群体在 t_{i+1} 时刻的空间位置，进而获得该群体与其余各群体间的行为交互强度 I_B。

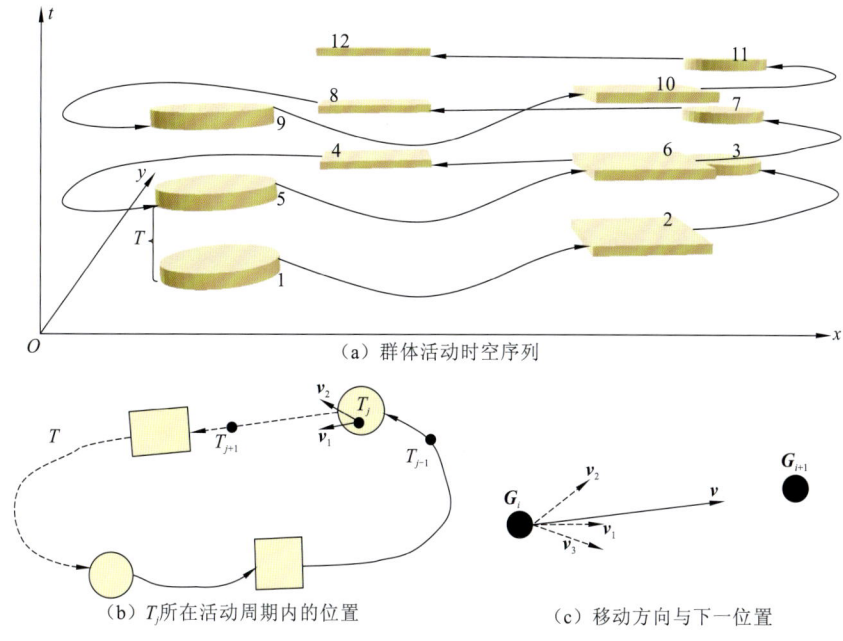

图 10.5 基于频繁模式下的群体活动位置预测

经过上述过程对空间内每个群体预测完毕 t_{i+1} 时刻所在的空间位置及其移动路线后，空间 S 内群体间的时空交互即体现在 t_i 至 t_{i+1} 时间段内各群体的时空棱柱交集。

10.1.2 群体活动的信息交互预测

群体间的信息交互是群体间通过特定渠道传递信息产生交流的过程。动物群体间的信息交互可以通过行为、营养、物理和化学 4 种介质产生，其中除了行为介质，均无须直接产生群体间的接触。与动物群体类似，人群间的信息传输的渠道可以是直接的行为交互，也可以通过即时通信、网络留言、遗留物品等方式在群体间产生信息交互(Caroline, 1996)。群体间的信息交互是空间内各群体通过群体智慧达到空间内资源优化分配的必要条件。

与群体行为交互不同的是两群体间的信息交互使用概率 p 表达，这一概率与群体间的语义相似性与距离相关。依据群体活动语义间的潜在关系，可基于样本数据中群体各项语义特性间的数值关系计算群体间产生交互的概率，构建群体信息交互概率预测模型 $p_{mn} = M(G_m, G_n)$。假设群体的语义特性集合由年龄、活动类型与群体人数三项构成：$G_m = \{\text{age}: x_1, \text{type}: y_1, \text{member}: z_1\}$，$G_y = \{\text{age}: x_2, \text{type}: y_2, \text{member}: z_2\}$，两群体的语义特性可转为特征向量 $v_1 = (x_1, y_1, z_1)$，$v_2 = (x_2, y_2, z_2)$。预测模型的输入为两特征向量的差值

v_1-v_2 及两群体间的距离 D，输出为 $p_{mn} \in [0,1]$ 间的概率值，则该预测模型的本质为多元回归模型，基础的线性多元回归模型公式如式（10.7）所示。

$$p_{mn} = \alpha(x_1-x_2) + \beta(y_1-y_2) + \gamma(z_1-z_2) + \delta D(G_m,G_n) + \varepsilon + \epsilon \qquad (10.7)$$

其中：$\alpha,\beta,\gamma,\delta,\varepsilon$ 均为待定拟合参数；ϵ 为残差；$D(G_m,G_n)$ 为两群体间的距离。

鉴于样本中群体与群体间的信息交互状态仅存在两种，即预测结果是离散变量：存在交互 $p_{mn}=1$ 与不存在交互 $p_{mn}=0$。在此情况下更推荐使用基于泊松分布的回归（Poisson regression）或基于负二项式分布的回归（negative binomial regression）。根据训练样本输出的不同定义，若将输出设定为当前时刻的信息交互关系，则预测模型适用于基于当前时刻的群体语义预测当前时刻的群体信息交互概率；若将输出设定为下一时刻的信息交互关系，则预测模型适用于基于当前时刻的群体语义预测下一时刻的群体信息交互概率。

上述构建多元回归模型进行群体活动信息交互预测的方式仅使用当前时刻的群体活动状态作为输入，未考虑群体先前活动状态对当前及未来信息交互的影响。另一种处理思路是将输入数据设定为基于时间序列的群体差异向量组合，在此基础上神经网络模型具有较强的适配性。若将向量组合视为连续输入的向量序列，则可采用循环神经网络 RNN 与长短期记忆神经网络 LSTM 构建预测模型；若将向量组合构成完整的矩阵，则可选用卷积神经网络（convolutional neural network，CNN）构建预测模型。

预测模型仅揭示了两群体活动间存在信息交互的概率 p_{mn}，在已知两群体间的信息交互概率后仍需通过一定的方式将概率转化为既定的信息交互结果，可选用的方式如下。

（1）随机取样法：依据 p_{mn} 的概率采用随机的方式赋予信息交互关系，该方法的计算结果是不稳定的，即便使用相同的预测模型，多次预测结果不一定保持一致。

（2）固定阈值法：设定阈值 ρ，假定 $p_{mn}>\rho$ 的群体活动间存在信息交互，而 $p_{mn}<\rho$ 的群体活动间不存在信息交互。

（3）固定数量法：设定信息交互的最大存在数量 N，将群体活动间产生信息交互的概率由大至小排序后，假设前 N 个群体活动间存在信息交互关系。

如图 10.6（a）所示，经基于群体间语义相似性与空间距离的群体信息交互预测后，空间 S 内的任意两群体 G_m、G_n 间均存在唯一的概率值 p_{mn}。此时若设定存在信息交互的固定阈值 $\rho=0.5$，则 $p_{mn}>0.5$ 的连线被保留，预测结果如图 10.6（b）所示。

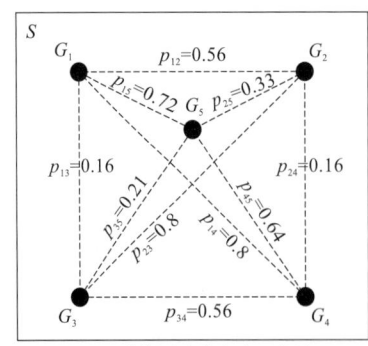
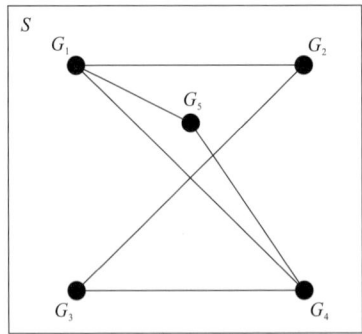

（a）群体活动信息交互概率　　　（b）群体活动信息交互

图 10.6　群体活动信息交互预测

10.1.3 群体活动交互网络

空间 S 内群体集合 G 中的各个群体均具有空间位置属性与活动语义属性,可抽象为网络中的节点 V,群体活动交互揭示了空间中群体与群体间的关联关系,可抽象为网络中的边 E,因此群体活动交互网络可表达为 Graph = $\{V, E\}$。不同于一般的使用图网络,群体活动交互网络中的各节点除了基础的坐标位置,还具备活动空间范围。群体活动网络中,节点与节点间可以存在相交、包含等面要素间的拓扑关系,而非简单的空间点表达。如图10.7(a)所示,网络中节点的连线表示群体间的信息交互;空间面的相交部分表示群体间的行为交互。

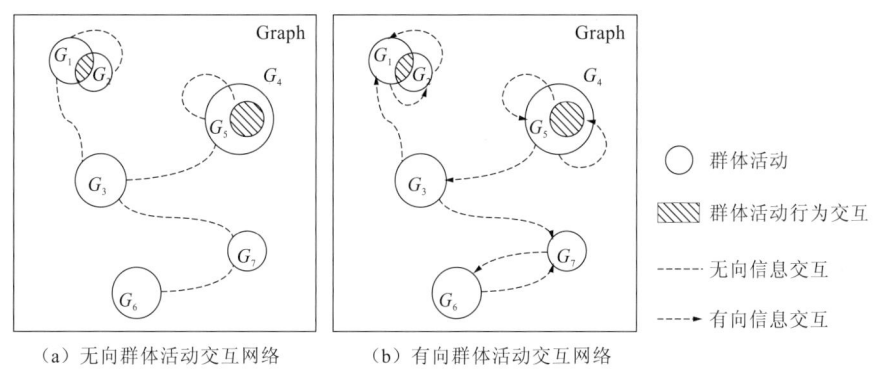

(a) 无向群体活动交互网络　　(b) 有向群体活动交互网络

图 10.7　群体活动交互网络

若假设群体间的信息交互强度是平等的,则群体活动网络是一个无向网络,但是正常情况下,群体活动间的信息交流会存在主导群体。如讲座中的演讲者群体与受众群体,在活动过程中大部分信息是演讲者流向受众,而受众向演讲者传递的信息相对较少,两群体间的信息流量处于不平衡的状态。如图10.7(b)所示,上述情况下群体活动交互网络是一个有向网络,可用有向边的属性值差异体现出群体活动信息交互的不平衡。

10.2　群体互补/互斥动态的时空预测

基于群体交互对参与交互群体产生的正面或负面影响,群体交互可划分为互补与互斥两种性质,且互补/互斥状态伴随群体语义特性与群体空间位置的变化而变化。群体互补体现在群体活动相互补充使其中一个或多个群体的活动获得有效增益,如学校中的学生群体与教师群体需要相互配合完成教学任务;群体互斥体现在群体交互过程中产生冲突,进而阻碍群体活动的正常开展,如某广场中存在多个活动群体,群体间争夺或共享活动区域会造成部分群体的活动效果不及预期。

促使群体互补产生的必要条件是群体间相互认同、相互依存且存在资源共享,上述内容通过群体活动链中的群体活动的语义特性进行表述。如表10.2所示,群体间的相互认同、相互依存取决于群体活动的功能特性,如两个具备共同爱好的群体往往趋向于相互认同,又如教师与学生群体具备相互依存的关系。资源共享在空间角度体现在活动空间的共享，即行为交互过程中不触及活动区域的承载力上限；在非空间角度体现在数据的共享，即信息交互过程中获取各自缺失的情报内容。与群体互补相反，促使群体互斥产生的驱动力为群体间的观念不同与资源争夺。

表 10.2 群体互补/互斥的引发因素

交互性质	因素	定义
互补	功能互补	群体具备不同的功能特性且互为补充，如学生群体与教师群体共同完成教学活动
	空间互补	群体人数互为补充，如旅游团需一定人数成团，两人数不足的群体人数互补报名实现活动正常推进
	信息互补	群体具备特有的信息且互为补充，如不同领域的专家群体共同参与一项重点研发项目
互斥	空间冲突	群体间存在共享活动空间且活动空间不足以支撑全部群体活动的空间需求，时空棱柱内体现为棱柱间的相交
	功能冲突	群体的功能特性存在难以调和的冲突，如某明星的支持者群体与抵制者群体
	信息冲突	群体拥有的信息间呈现对立与矛盾，该冲突主要体现在信息交互层面，对立的信息会使群体间信息交互受阻

群体互补/互斥动态是一种群体活动交互动态的派生动态，该动态旨在描述群体间交互性质的变化，数值型度量与概率型度量是两种描述群体互补/互斥动态的主要方法。在群体活动交互网络中，基于数值型度量方法与概率型度量方法的预测结果可作为网络中边的属性。

（1）数值型度量法：认为群体间的互补/互斥状态是绝对的且取决于群体活动的空间位置与语义属性。该方法通过一个绝对数值 R 表述群体间的互补/互斥关系，$R>0$ 表明两群体活动相互补充，$R<0$ 表明两群体活动相互排斥，群体间的互补/互斥动态表现为 R 随时间的变化。

（2）概率型度量法：认为群体间的互补/互斥关系虽取决于群体活动的空间位置与语义属性，但并不能使用绝对的数值描述，使用概率值替代绝对数值是该方法的核心。每一组群体 G_m、G_n 间存在产生互补的概率 $p_{mn}^{assist} \in [0,1]$ 与产生互斥的概率 $p_{mn}^{conflict} \in [0,1]$，且 $p_{mn}^{assist} + p_{mn}^{conflict} \leqslant 1$，群体间互补/互斥动态表现为概率值随时间的变化。

群体互补/互斥动态的时空预测即基于当前时刻空间内各群体的空间位置与语义属性，估算未来时刻群体间交互关系的互补/互斥性质。已知群体未来互补/互斥交互状态有助于决策者制定干预措施以降低互斥群体相遇产生的风险；增强互补群体相遇带来的积极影响，在危险事件应急响应、大型活动统筹安排等领域具有重要意义。

10.2.1 群体互补/互斥状态的判定

数值型预测模型与概率型预测模型均属于经验性模型,因此需要群体活动互补/互斥样本进行模型训练。一个完整的群体互补/互斥样本的输入为两个群体 G_m、G_n 的语义属性与空间位置属性,输出为群体互补/互斥状态或是互补互斥强度。鉴于群体的空间位置与语义属性均是已知信息,因此构建样本的核心问题是如何判断两群体间的互补/互斥关系。

基于群体活动结果的全局尺度判别旨在通过度量群体活动的实际结果与预期结果间的差异判断群体活动真实的互补/互斥状态,可选用以下指标综合判定。

1. 活动时间变异

任意群体 G_m 的活动时间预计消耗范围为 $[t_{\min}, t_{\max}]$,若群体完成活动的时间消耗 t_c 位于 $[t_{\min}, t_{\max}]$ 内,则表明活动正常开展,反之则需要进一步考虑群体活动的性质。对常规群体活动而言,活动时间的异常延长或压缩均表明群体活动在交互过程中受到抑制,如图 10.8(a)所示,影响函数为基准值为 0 且随 $\min(|t_{\min} - t_c|, |t_c - t_{\max}|)$ 增加而递减的函数。若类似于紧急救援、紧急疏散等时间敏感型活动而言,如图 10.8(b)所示,活动时间的压缩则表明群体交互产生了互补效果,反之则表明发生互斥。

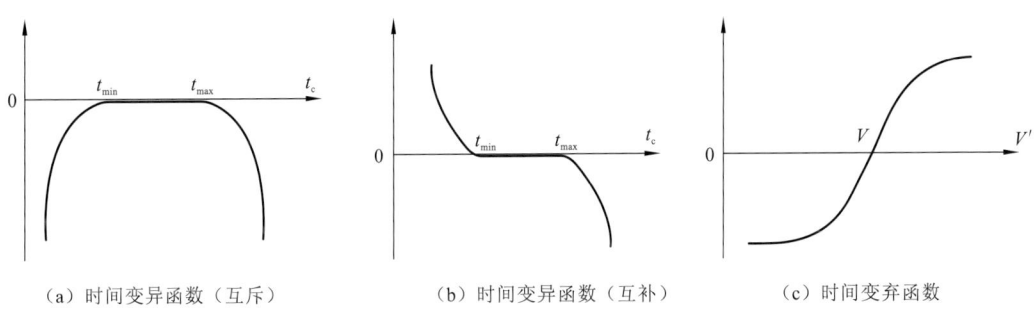

(a)时间变异函数(互斥)　　(b)时间变异函数(互补)　　(c)时间变弃函数

图 10.8　互补/互斥效应判定函数

2. 活动时空变异

任意群体 G_m 的活动预计占用的空间为 S,在时间消耗 t_c 的前提下,群体活动理论时空体积 $V = t_c \times S$。如式(10.8)所示,在有其余群体干预的情况下群体活动空间为随时间变化的函数 $S(t)$,实际时空体积表现为活动空间在时间 t 上的积分,t_s 为活动开始的时刻,t_c 为活动的持续时间。

$$V' = \int_{t_s}^{t_s + t_c} S(t) \mathrm{d}t \tag{10.8}$$

一般情况下,群体活动时空体积的增大有助于活动开展,反之则抑制,因此如图 10.8(c)所示,活动空间的影响对应为 $V' - V$ 的单调增函数,当 $V' - V = 0$ 时影响为 0。

3. 个体满意度

通过群体中个体对活动情况的反馈反映群体间的互补与互斥关系。个体评分 s 为正值表明该个体认为产生了群体间的互补效应，活动水平提升；反之则发生群体间的互斥效应。群体 G_m 对活动的综合满意度 S_{G_m} 可用式（10.9）计算，a_i 为该个体在群体中的重要程度，一般情况下可全部设为 1。该指标的数值为正表明群体间为互补关系，否则为互斥关系。

$$S_{G_m} = \frac{\sum_{i=1}^{n} a_i \times s_i}{n} \tag{10.9}$$

10.2.2 结合群体移动矢量场的预测方法

个体的空间位置与其对应的速度可在空间 S 内表示为一个矢量，群体活动范围内全部个体的矢量构成该群体的矢量场。群体活动移动过程中，群体矢量场由于群体内个体的移动方向一致性一般表现为单向矢量场；群体活动停留过程由于个体空间位置相对稳定且可能在活动范围随机移动，群体矢量场大概率表现为复杂矢量场。群体矢量场的异常变化是该群体与其余群体产生交互或受到外界自然和社会环境影响的直接反应，因此可通过群体矢量场间的变化情况，预测群体活动间的互补/互斥时空动态。

依据群体由 t_i 至 t_{i+1} 时间段内的矢量场的变化状态，群体矢量场间的互补/互斥反馈可划分为以下几种情况。

1. 无互补/互斥交互

群体间无互补/互斥交互表现为虽然矢量场空间范围产生交集，但是各群体矢量场方向无显著变化。该情况表明群体间虽共享活动区域，但实际上彼此未产生任何影响，在各群体人数总和未达到场地承载负荷时较为常见。如图 10.9 所示，两群体初始时刻处于相离状态且随时间推进产生交互，但是在交互过程中彼此未产生影响，最终群体再次相离且保持矢量场状态不变。

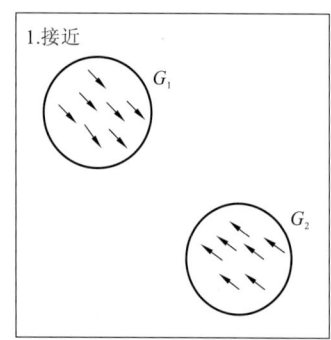
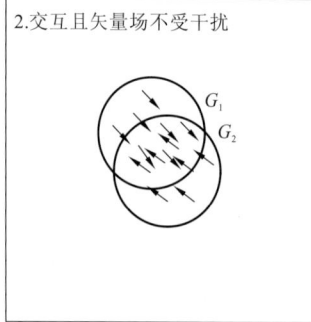
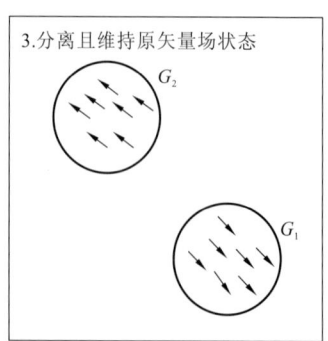

图 10.9　无互补/互斥交互的群体活动矢量场变化

2. 互补交互

如图 10.10 所示,群体间互补交互表现为群体间矢量场空间范围产生交集且矢量场随时间推进趋向于统一,是群体开始共同活动的表现。群体间的共同活动直接反映了群体间的活动功能、人数和使用空间等指标均未产生冲突,在共同活动转化完成后群体将保持伴随移动状态直至互补交互状态结束。

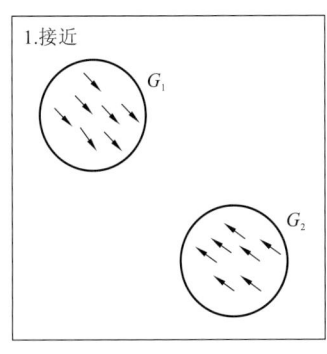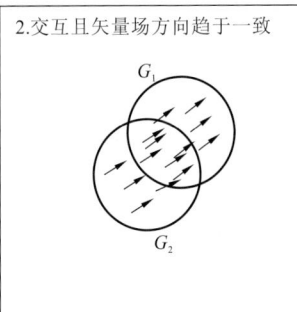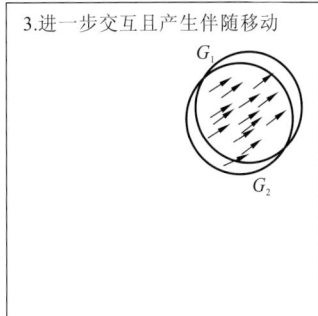

图 10.10　互补交互下的群体活动矢量场变化

3. 互斥交互

如图 10.11 所示,群体间互斥交互表现为群体间矢量场空间范围产生交集且矢量场随时间推进产生逆向变化或混乱,是群体活动间产生冲突的表现。群体活动空间交互后矢量场的不规则变化说明群体内部的个体受到了外界阻力使其运动状态发生改变,因此可推断群体间为互斥交互。互斥交互的另一特性是维持时间相较于互补交互更短,当两群体正常活动开展受到抑制时会选择避免发生更严重的冲突,因此趋向于转变运动方向使群体间保持相离状态。

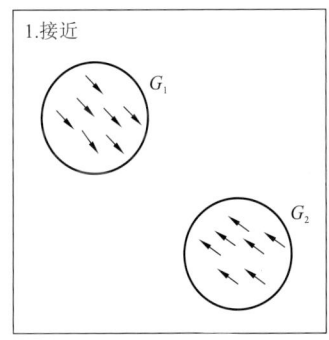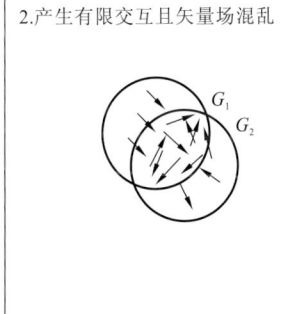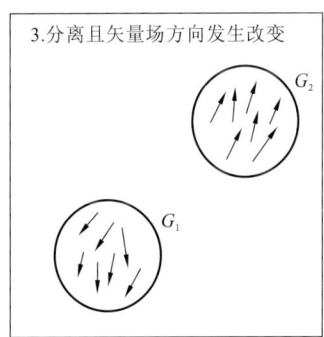

图 10.11　互斥交互下的群体活动矢量场变化

多群体间的时空交互动态预测即观测多群体活动空间交互区域的矢量场分布,核心分类规则与两群体交互一致。若交互区域内矢量场无显著变化则表明多群体间无显著互补/互斥现象,交互区域内矢量场方向变化明显且方向杂乱则表明多群体间存在互斥,矢量场方向发生变化且趋于一致则表明多群体间存在互补。若交互区域内部分群体矢量场趋向一致,则说明这些群体间产生互补且与其余群体存在互斥。

空间 S 内群体集合 G 中每个群体 G_m 已知在 t_i 至 t_{i+1} 时刻间的运动状态，由于连续运动状态难以进行定量对比，首先在时间区间内均匀采样 n 次，以测算两次连续采样时刻各群体矢量场的变化情况[式（10.10）]，需要保证群体交互反应前、交互反应过程中与交互反应后均至少包含一个采样点。群体 G_m 在采样时刻 t_{i+k*j} 的内部向量稳定性 $C_{G_m}^{t_{i+k*j}}$ 可用式（10.11）计算。

$$j = (t_{i+1} - t_i)/n \tag{10.10}$$

$$C_{G_m}^{t_{i+k\times j}} = \frac{\sum_{l=0}^{x}(A_l - E(A_l))^2}{x} \tag{10.11}$$

其中：x 为 G_m 对应矢量场中的矢量数；A_l 为每个矢量的方向角；$E(A_l)$ 为矢量场中方向角的期望。

如图 10.12（a）所示，基于内部向量稳定性可初步区分群体有无互补/互斥交互发生，若各采样点时刻的 $C_{G_m}^{t_{i+k\times j}}$ 数值无显著差异，表明该群体在交互过程中未发生任何互补/互斥效应。如图 10.12（b）所示，若群体初始状态不稳定且随时间推进逐步进入稳定状态，则预示出现互补效应；反之如图 10.12（c）所示，若群体矢量场初始状态下处于稳定状态，随时间推进进入不稳定状态则表明出现互斥效应，但由于互斥效应的存在，群体随时间推进会调整活动状态以逐步降低不稳定性。

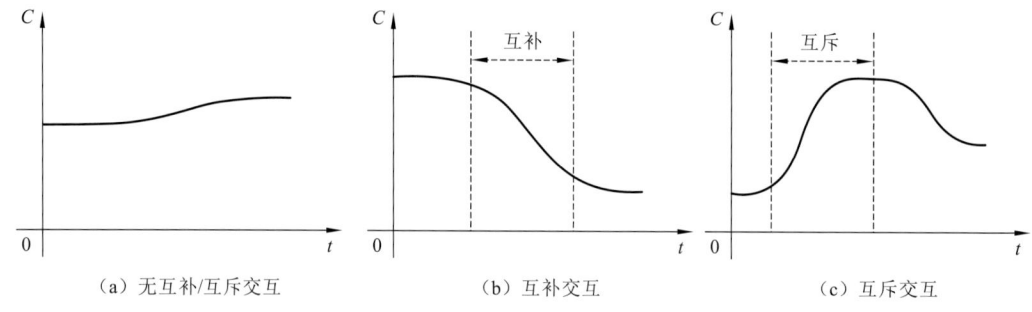

（a）无互补/互斥交互　　　（b）互补交互　　　（c）互斥交互

图 10.12　基于群体矢量场稳定性的互补/互斥效应判别

群体间的空间相交面积 S 与相交面积内的流量场稳定性 C 决定了群体间的互补/互斥效应。若流量场稳定性强且空间相交面积 S 逐步提升至恒定值，则可判定群体间存在强互补关系；若流量场稳定性弱且空间相交面积最终呈现下降趋势，则可判定群体间存在强互斥关系；其余组合方式表现为弱互补/互斥状态。上述方式同样适用于固定区域内的群体互补/互斥效应预测，将输入的矢量场设定为目标区域范围内的个体集合，即可得到范围内矢量场稳定性时序分布曲线。

10.2.3　结合时空演化树的概率型预测方法

群体活动轨迹数据是群体活动的时空位置记录，是群体活动过程的产物，群体活动的空间位置与语义属性的变化在时间尺度上即为时空演化的过程。经典的时空预测算法通常将时空数据界定在二维、三维或多维笛卡儿坐标系中，不一定能够充分地表达出时空演化过程。时空演化树是一种借鉴生物学发展演化理论，通过事物发展规程与规律的梳理，在不做维度约束的情况下以简单清晰可视化的形式，表达多维数据中可能蕴藏的机理关联脉络和演化变异（Wang et al., 2012）。时空演化树的核心理念是：地理要素状态变化形成状态空间的演化路径，多个地理要素的演化路径构成状态空间的层次结构，该结构通过经验获取或统计聚类得到的状态变量进行刻画（王劲峰 等，2014）。在已知空间内各地理要素的演化规律后，即可预测特定地理要素的下一个状态。

对群体互补/互斥动态预测而言，时空演化树中的地理要素即为空间内各群体关系 R，构建过程主要包括以下几个步骤。

1. 确定状态变量

状态变量是构建时空演化树的基础，是确定群体交互在时空演化树 T 中所在枝干的决定性因素。群体的可用状态变量从空间位置与语义属性中提取，在语义属性较为丰富的前提下，常见的状态变量可选用群体人数 N、群体平均年龄 A、群体的活动功能 P 等。需要注意的是，群体互补/互斥状态并非由单个群体决定，而是由群体关系 R 决定。R 在单个群体属性的基础上生成，数值型状态变量的差值或比值，如群体人数差异的绝对值 $|\Delta N|$，年龄差异的绝对值 $|\Delta A|$；离散型变量则需要编码后依据经验转为连续性变量，群体活动功能的相似程度 $S(P)$；群体间的空间位置同样是一项必备指标，若群体间存在行为交互则选用群体间的交互强度 I，否则可选用群体间的欧式距离 D 作为状态变量。若假设群体均为相离关系，该示例中的每一组样本群体 G_m、G_n 均包含一组作为输入的状态特征向量 $v = \{|\Delta N|, |\Delta A|, S(P), D\}$ 及已知的互补/互斥状态，这里使用 –1 表示互斥，1 表示互补，0 表示无互补/互斥。

2. 确定状态空间

在获取已知各群体间的状态特征向量 v 后，需要依据 v 中的状态变量确定时空演化树的结构，该步骤也可称为确定状态空间，时空演化树结构的简单定义即树在何时且如何进行分叉。状态特征向量 v 中的每一个状态变量理论上均对应树结构中的一次分叉，一般情况下按照各状态变量的重要程度进行排序，越重要的状态变量越靠近树的根部，反之则距离越远。对 v 进行排序后得到 $v = \{S(P), D, |\Delta N|, |\Delta A|\}$，理论上群体活动的功能相似性的影响最大，进而是群体间的距离，最后是其余的数值型群体语义属性差异。考虑根节点与用于存放样本的叶子节点，完整的 T 深度为 $n+2$，上述示例的 T 深度为 6。在状态变量过多的情况下，可将位于同一影响层级的各状态变量执行聚类，如将使用 $|\Delta N|$ 与 $|\Delta A|$ 两状态变量聚类得到 n_3 个类别，则此时 T 的深度为 5。

3. 将群体映射至状态空间

离散型变量的 k 个不同记录通过变量与变量间的排列可划分为 $\dfrac{k(k+1)}{2}$ 个组合，每个组合对应一个分叉；连续型数值变量可划分为 k 个连续的数值区间，每个区间对应一个分叉。如图 10.13 所示，假设样本数据中仅存在两种群体活动功能 A、B，在群体活动功能相对较少的况下无需计算功能相似性,因此群体活动功能为离散型变量,树的根部衍生编号为1、2、3的三个枝杈,分别对应AA、AB、BB三组活动功能组合。接下来考虑群体间的活动距离这一状态变量,每组活动功能组合中样本的距离作为数值型连续变量可按各自合适的区间划分,如AA组中D<1 000 m与D≥1 000 m的群体进一步划分至次级枝杈1-1与1-2中。更高层数枝杈的划分即不断重复上述过程,直至所有状态变量全部分配完毕。群体交互样本作为叶子可依托于各级枝杈,但一般情况下所有的群体均放置在深度最高的枝杈上。叶子中包含群体交互在 t_i 与 t_{i+1} 时刻的互补/互斥状态,以体现群体互补/互斥的演化,同时用于在预测中测算下一时刻群体互补/互斥状态改变的概率。

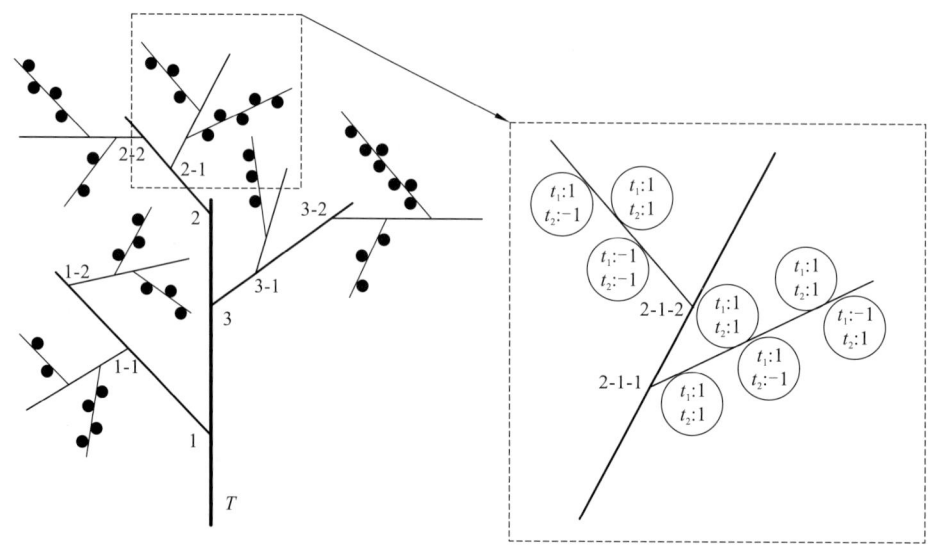

图 10.13　群体互补/互斥时空演化树

确定时空演化树的空间结构类似于归类或聚类地理要素,在对地理要素全部归类完毕后,每个末端枝杈上均会存在一个或多个叶子。若末端枝杈的叶子数量较少,则说明时空演化树的结构划分不合理。因为当某个分支中叶子过少时,得到的演化概率会具备显著的随机性,而非经验性的结果。一种解决方法即通过聚类降低树的深度,进而使每个末端枝杈中包含足够的样本数量。

4. 演化概率计算

在通过时空演化树的空间结构后,每个末端枝杈上均存在一定数量的群体。鉴于群体间的互补/互斥状态是一个离散型结果变量,因此群体互补/互斥状态的演化仅会在三种状态{-1,0,1}间不断变化,发生演化的概率即为统计作为树叶的各群体在条件概率下的演化概率。以2-1-1末端枝杈所示,该枝杈中的叶子群体中有三个保持互补状态,一个由互补状态转为互斥状态,则统计分析后得到该枝杈中的条件概率 $p_{2\text{-}1\text{-}1}(1|1)=0.75$, $p_{2\text{-}1\text{-}1}(1|-1)=0.25$, $p_{2\text{-}1\text{-}1}(-1|1)=1.0$。

在已知群体互补/互斥时空演化树后,群体互补/互斥动态的预测即转变决策树分类的过程。在已知两群体的状态特征向量 v 后,即根据 v 中包含的状态变量依次在时空演化树中搜寻与其匹配的枝杈,最终找到匹配度最高的末端枝杈。匹配枝杈中包含的条件概率即为群体互补/互斥动态概率型预测的结果。

10.3　群体活动网络动态的时空预测

群体活动会受到周边空间环境与其余群体交互的影响,因此群体在空间中并不是独立存在的,具备依赖或排斥等交互关系。如图 10.14(a)所示,将群体活动所在位置视为节点,群体间的信息交互关系视为边,即可构成最简单的群体活动二维空间网络。若原始轨迹数据中携带高程数值,二维空间网络可拓展为三维空间网络,由于个体所在高程值不尽相同,群体活动的高程可以为单个数值或数值区间。高程值的介入提升了群体行为交互的计算精度,如当多个群体在一幢大楼的不同楼层活动时,高程信息可以避免不同楼层间的群体产生行为交互。

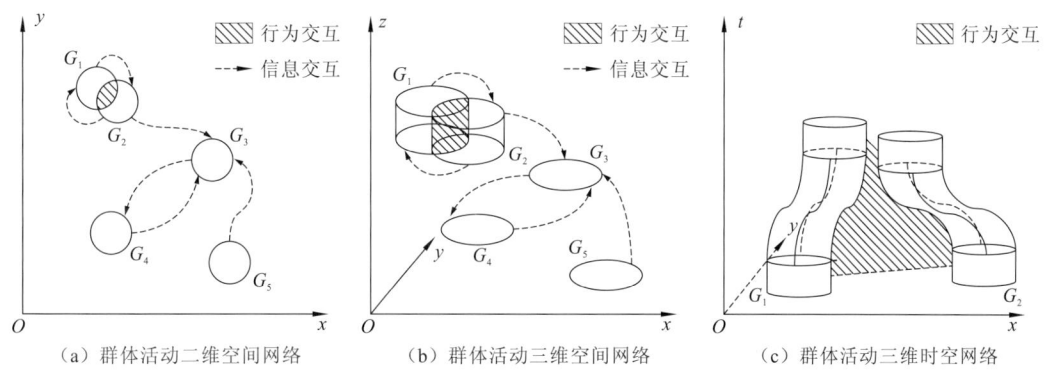

(a)群体活动二维空间网络　　(b)群体活动三维空间网络　　(c)群体活动三维时空网络

图 10.14　群体活动多维空间/时空网络

空间内群体活动随时间不断变化,在多维空间网络基础上加入时间维度即得到群体活动时空网络。从宏观意义上看,添加了信息交互关系的群体活动时空棱柱可视为广义上的群体活动三维时空网络,即 xOy 平面在 $z=t$ 处的切平面为一个完整的群体活动二维空间网络,在该网络中群体信息交互的表示方式由边变为垂直于 xOy 的平面[图 10.14(c)]。群体活动四维时空网络原理同上,在 $u=t$ 处的切几何体为一个完整的群体活动三维空间网络,但是当前连续的四维空间难以使用直观的方式有效表达。

构成复杂网络的基础要素是节点与边,因此结合复杂网络的预测可划分为:对节点状态的预测与对边状态的预测。基于 10.1 节与 10.2 节中群体间交互与互补/互斥效应预测,群体活动间的行为交互与信息交互及其性质可通过群体的基础特性、活动功能、空间距离等进行预测。上述方法在群体间交互关系未知的前提下具有重要的实践意义,同时也是构建群体活动网络的基础。但在已知群体活动网络后,网络中当前群体与群体间的交互关系同样会影响后续群体间的行为与信息交互。因此群体网络动态时空预测旨在基于已知的群体活动网络，通过挖掘网络中节点与边构成的网络结构特性预测下一时刻各群体间的交互状态，或是基于网络中部分已知的群体交互关系预测当前其余群体间的可能的交互关系。与之对应的是，网络中各节点受到与之关联的节点的影响，对未来的预测是基于复杂网络状态不断迭代推进的过程，具备时空动力学的特性。

10.3.1 复杂网络的结构特性

复杂网络是由节点与边构成的网络，因此复杂网络的结构是对网络中节点与边关系的描述。复杂网络的结构性从宏观尺度上看存在显著的层级组织关系，网络中的节点会被聚类为不同层级的组群，这种层级性可通过迭代增长的方式实现。如图 10.15（a）所示，假设网络初始具有 5 个节点，且节点与节点全部相互连接，将其中一个节点置于中心称为中心节点，其余节点围绕中心节点称为边缘节点，组合为一个基本单元。将这一基本单元复制 4 份，每一份的边缘节点均与上一层级的中心节点相连，如此反复即可得到一个具有明显层级结构且具备自相似性质的网络。如大型群体活动中部分群体存在垂直管理关系，则群体间的信息交互具备层级结构（张千明，2016）。

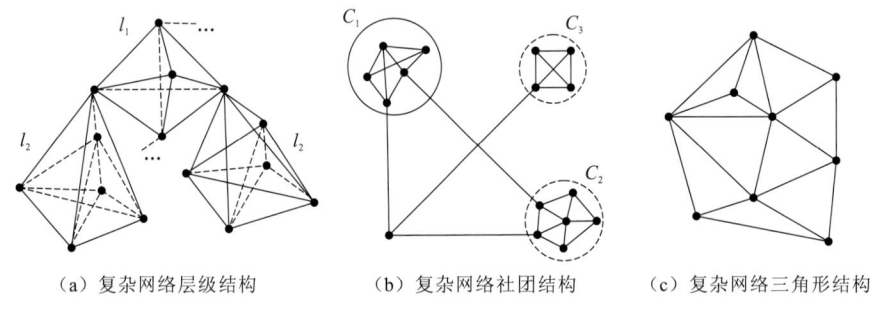

（a）复杂网络层级结构　　（b）复杂网络社团结构　　（c）复杂网络三角形结构

图 10.15　复杂网络多尺度下的结构特征

在网络拓扑结构层面，复杂网络的社团结构反映了网络中节点的聚合与分离程度，复杂网络中空间位置越接近、联系程度越紧密的节点被划分至同一个社团（Zhou，2003）。划分社团的主流方法是聚类算法，聚类结束的依据是各社团模块度，网络中各社团的模块度越大，说明该社团划分的方案越优秀。如图 10.15（b）所示，在群体活动的交互预测中社团划分具有一定的参考意义，一般情况下同社团中群体相较于群体处于不同社团具有更高产生群体信息交互与行为交互的可能性。如图 10.15（c）所示，网络中的节点作为矢量点集合可生成 Delaunay 三角网，三角形结构是相较于社团结构更细节的网络结构，也是简单图中最小的环形结构。很多链路预测算法需要依赖闭合的三角形结构条件，进而判断两节点间是否存在连接关系。

以上的结构性特征主体为复杂网络，但预测的过程通常着重于节点的状态，刻画每个节点在复杂网络中的状态即在更微观的层面描述的复杂网络结构。节点在网络中的重要程度一般使用中心性进行度量，中心性越大说明节点在网络中更重要。依据测算指标的不同，节点的中心性可划分为：度中心性、接近中心性、中介中心性等（Hyoungshick et al.，2012）。节点的度中心性 k 为节点与其余节点相连的边的数量，度中心性越强说明该节点在网络中会影响更多的节点,同时也会受到更多节点对其的影响。接近中心性 d 反映了某一节点所有可到达节点的便捷程度,一般可采用平均距离的倒数表示,接近中心性越强说明该节点可以更快捷地到达其余节点。中介中心性 m 是某一节点作为其余节点间交互中介的强度,通常以该节点出现在网络中所有最短路径中的次数表示,中介中心性越强的节点越容易被其余群体的交互间接影响。如图 10.16 所示,在链路预测中,若某一节点为未知关系两节点共同的邻居,则两节点间可能会存在连接关系。节点的另一大结构性指标是集聚系数 c,该指标定义为该节点所有邻居间有效边数与理论最多边数的比值(Eggemann et al.,2009)。

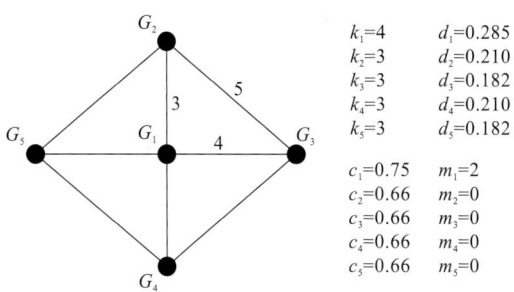

图 10.16 节点中心性与集聚系数

10.3.2 结合复杂网络结构特性的群体关系链路预测

群体间的信息交互关系在群体活动空间网络中表示为节点与节点间的边,在不考虑信息交互差异的群体活动交互无向无权二维空间网络中,两个表示群体的节点间只存在相连与不相连两种关系。链路预测是计算网络中尚未相连的每一对节点间存在连接边概率的方法,该方法可从当前观察到的网络结构中预测丢失的部分链接,同时可以根据现有的观测结果预测未来时刻网络中可能存在的链接。依据使用技术的不同,链路预测方法可划分为三类:基于相似性的预测方法,基于最大似然估计的方法与基于机器学习的方法。群体或群体活动作为网络中的节点一般具备较多定量属性,结合群体活动的空间位置信息,在群体关系预测中使用基于相似性的预测方法最为方便快捷(吕琳媛,2010)。

10.1 节中已包含结合节点与节点的语义特征相似性的群体信息交互关系预测方法,因此本小节中着重介绍结合网络结构相似性的群体信息交互关系预测。相似性的基本原则是若两节点 x、y 在网络中的相似性 s_{xy} 越大,则说明它们之间产生链接的概率越大。网络结构的相似性指标可划分为基于节点 n 阶邻域的网络局部结构信息与基于网络中所有路径的全局结构信息。表 10.3 展示了用于度量结构相似性的各项指标,其中共同邻居指标、雅卡尔指标与余弦相似性指标均认为:若两节点间拥有更多直接相连的共同邻居,则两节点间存在链接的概率越大;优先连接指标认为两节点间存在链接的概率与节点的度正相关,度越强的节点更容易与其余节点产生链接;AA 与 PA 指标均基于两节点共同邻居的度计算,认为共同邻居的度越大分配给两节点的关联就越小。全局相似性指标考虑了网络中的路径信息,LP 指标在共同邻居的基础上考虑三阶邻居的贡献;Katz 指标考虑网络中所有的路径数,短路径的权重值高,长路径的权重值低。

表 10.3 网络结构相似性指标

类别	相似性指标	公式
局部相似性	共同邻居指标（common neighbors，CN）	$s_{xy}^{\text{CN}} = \vert \Gamma(x) \cap \Gamma(y) \vert$
	雅卡尔指标（Jaccard，JC）	$s_{xy}^{\text{JC}} = \dfrac{\vert \Gamma(x) \cap \Gamma(y) \vert}{\vert \Gamma(x) \cup \Gamma(y) \vert}$
	余弦相似性指标（Salton）	$s_{xy}^{\text{Salton}} = \dfrac{\vert \Gamma(x) \cap \Gamma(y) \vert}{\sqrt{k_x \times k_y}}$
	优先连接指标（preferential attachment，PA）	$s_{xy}^{\text{PA}} = k_x \times k_y$
	Adamic-Adar 指标（AA）	$s_{xy}^{\text{AA}} = \sum_{z \in \Gamma(x) \cap \Gamma(y)} \dfrac{1}{\log(k_z)}$
	资源分配指标（resource-allocation，RA）	$s_{xy}^{\text{RA}} = \sum_{z \in \Gamma(x) \cap \Gamma(y)} \dfrac{1}{k_z}$
全局相似性	Katz 指标（katz）	$s_{xy}^{\text{katz}} = \sum_{l=1}^{\infty} \beta^l \cdot \vert \text{path} S_{xy}^{\langle l \rangle} \vert$
	Leicht-Holme-Newman 指标（LHN2）	$s = \phi A S + \psi I$
	本地路径指标（local path，LP）	$s^{\text{LP}} = A^2 + \varepsilon A^3$
	平均通勤时间（average commute time，ACT）	$s_{xy}^{\text{ACT}} = \dfrac{1}{l_{xx}^+ + l_{yy}^+ - 2l_{xy}^+}$
	随机游走（random walk，RW）	$s_{xy}^{\text{RW}} = q_{xy} + q_{yx}$

注：$\Gamma(x)$、$\Gamma(y)$ 为节点 x、y 的邻居数；k_x、k_y 为节点 x、y 的度；A 为网络的邻接矩阵；β 为距离衰减系数，且小于 A 最大特征值的倒数；ε 为可调参数，用于控制三阶路径的作用；ACT 与 RW 指标请参阅文献（Liu，2010；Klein，1993），此处不对参数做过多说明。

无论是在网络结构不完整的情况下补全网络还是基于 t_i 时刻的网络状态预测 t_{i+1} 时刻群体间的信息交互，任意两群体 G_m、G_n 均可选择一项指标或多项指标的组合得到两群体间存在链接的概率 p_{mn}，设定绝对阈值 φ 将 p_{mn} 转为离散值 $\{0,1\}$ 或按 p_{mn} 大小保留位于前 $\rho\%$ 的链接。

虽然基于群体语义特征相似性和基于群体活动网络结构相似性的预测方法均可以在一定程度上得到群体间信息交互的预测结果，但是显而易见的是仅使用一种相似性的预测方法在逻辑上不甚合理。一方面，仅使用语义特征相似性的预测没有考虑其余群体对目标群体间交互关系的影响；另一方面，仅使用群体活动网络结构相似性的预测方法，如 CN 指标会将所有共同邻居假设为同质的，但实际上应当考虑不同群体作为中介的差异性。因此在原始数据条件允许的情况下，结合群体语义特性与网络结构特性的相似性度量可以得到更加准确可信的预测结果。

两群体 G_m、G_n 间的直接语义相似性 s_{semantic} 与网络结构提供的间接关系 s_{network} 共同影响存在链接的得分 s_{mn} [式（10.12）]，其中 s_{semantic} 的训练与预测与 10.1 节中介绍的过程相同。s_{network} 以选用共有邻居指标 CN 为例，区分共同邻居间差异的有效方法是将群体间语义特征的相似性与空间距离综合后作为边的权重。群体 G_m、G_n 的共有邻居集合 $\Gamma(G_m) \cap \Gamma(G_n)$ 中的群体 z 与 G_m、G_n 均存在语义相似性与空间距离，如式（10.13）所示，显然 z 与两群体的空间距离与存在信息交互呈反比例关系，z 与两群体的语义特征相似性与存在信息交互呈正比例关系。计算得到 s_{mn} 后可选用固定阈值或保留固定百分比链接的方式判断两群体间是否存在信息交互关系。

$$s_{mn} = \alpha \times s_{\text{semantic}} + \beta \times s_{\text{network}} \tag{10.12}$$

$$s_{\text{network}} = \sum_{z \in \Gamma(G_m) \cap \Gamma(G_n)} \left(\frac{s_{\text{semantic}}(G_m, z)}{D(G_m, z)} + \frac{s_{\text{semantic}}(G_n, z)}{D(G_n, z)} \right) \tag{10.13}$$

其中：$\Gamma(G_m)$ 与 $\Gamma(G_n)$ 为群体 G_m 与 G_n 的邻居数；$D(G_m, z)$ 为群体 G_m 与 z 间的空间距离；$S_{\text{semantic}}(G_m, z)$ 为群体 G_m 与 z 间的语义相似性。

以上过程是将复杂网络中链路预测方法应用于群体活动网络时空预测的基础思路与方法。需要注意的是链路预测中仍存在很多相对复杂但准确性更高的预测方法，在条件允许的情况下同样可以适用于群体活动网络的信息交互预测，如基于朴素贝叶斯的链路预测方法等。群体活动网络的一大特性即一定存在群体的活动位置信息，因此所有已知边至少存在距离属性，在链路预测模型中应当将其作为空间特性加入以获得更高的预测精度。基于网络结构相似性的预测方法弥补了群体语义属性未知时难以进行预测的问题。在此基础上，空间 S 内的任意两群体 G_m、G_n 间的信息交互关系可使用语义相似性、网络结构相似性、语义相似性与网络结构相似性混合的方法进行预测。

10.3.3 结合动力学的群体状态时空预测

动力学是理论力学的一个分支学科，它主要研究作用于物体的力与物体运动的关系。在群体活动空间网络中，将群体视作物体，将群体交互视为作用于群体的力，随时间的推进，群体活动状态产生变化即构成动力驱动下的群体状态变化。基于上述基本规则，结合动力学的群体状态时空预测即通过已知 t_i 时刻群体网络状态，结合群体自身演变规律（内在的力）与其余群体对其产生的驱动力（外来的力）可计算 t_{i+1} 时刻的群体状态，进一步结合群体与群体间的交互关系预测方法，即可构成 t_{i+1} 时刻的群体网络（Zhang et al., 2006）。不断重复预测群体状态与群体交互的过程，即可从一个已知时刻向未来连续推算多个时刻的预测结果。

群体网络的动力学模型一般应用于长时间序列的群体状态预测且具备可以记录计算过程中每个中间时刻预测结果的优势。在空间 S 内存在群体活动空间网络 Graph=⟨Group, Relation⟩，若在 t_i 时刻群体集合内某一群体 G_m 对应的一项初始数值型属性为 u_{t_i}，则 $u_{t_{i+1}}$ 可用式（10.14）计算。

$$u_{t_{i+1}} = u_{t_i}^{\alpha} + \beta \sum_{z \in N} I(z) \tag{10.14}$$

其中：$u_{t_i}^{\alpha}$ 表示群体在无外界驱动力下的自我变化；N 为在 G_m 的 $k \geq 2$ 阶范围内的群体集合；$I(z)$ 是集合内群体对 u 这一属性的影响力；α, β 是可调参数。

结合群体活动网络的动力学模型可适用于区域人口数量预测，传染病预测等具体实用领域，在 COVID-19 大流行期间的多数病人数量预测均选用了结合复杂网络的动力学模型且在各个空间尺度的预测中均取得了优异的效果，如探究传染病在城市内部的扩散过程与预测各主要区域内的患病人数。若将目标城市按照一定（小区、社区、街道等）规则划分为不重叠的空间区域，则每一块空间区域中的城市居民被划分为一个群体 G_m，群体 G_m 与群体 G_n 间的交互关系可用人口流量 f_{mn} 表示。显而易见的是群体内确诊人数的增加会受到内部自然增长与外来人员交互的影响。SEIR 模型是基础的传染病动力学模型，该模型假设区域内群体中的个体会由一定的概率从易感人群（suspected）转向暴露人群（exposed）；暴露人群中的一部分转变为确诊人群（inspected）；确诊人群最终转变为康复人群（recovery）的过程（Michael et al.，1995）。对群体 G_m 而言，该流程解释了群体内病人数量上升的驱动力，即对应式（10.14）中的 $u_{t_i}^{\alpha}$ 项，实际各项指标的转换模式可见式（10.15）。

$$\begin{cases} \text{Suspected}_{t_{i+1}} = \text{Suspected}_{t_i} - R_0 \times \text{Exposed}_{t_i} \\ \text{Exposed}_{t_{i+1}} = (1 + R_0 - \beta) \times \text{Exposed}_{t_i} \\ \text{Inspected}_{t_{i+1}} = (1 - \gamma) \times \text{Inspected}_{t_i} + \beta \times \text{Exposed}_{t_i} \\ \text{Recovery}_{t_{i+1}} = \text{Recovery}_{t_i} + \gamma \times \text{Inspected}_{t_i} \end{cases} \quad (10.15)$$

其中：R_0 为传播系数；β 为暴露者向确诊者转化的概率；γ 为确诊者向康复者转化的概率。

网络中其余与 G_m 直接相连的群体集合 N 通过人口流量与 G_m 产生直接交互，在人流交互过程中会产生易感人群、暴露者的空间位置转移，从而可以预测传染病在群体间的传播过程。若假设群体中的个体在转移后均回到原始群体中，则可根据 f_{mn} 计算在 G_m 与 G_n 间的有效个体接触次数 ρ_{mn}。在上述假设条件下，群体间的流量交互仅会促进空间内各群体中暴露人群数量的上升，因此式（10.15）中的易感人数与暴露人数的公式更新为式（10.16），式中 μ 为在易感人群在一次接触中被感染的概率。

$$\begin{cases} \text{Suspected}_{t_{i+1}} = \text{Suspected}_{t_i} - R_0 \times \text{Exposed}_{t_i} - \sum_{G_n \in N} \mu \times \rho_{mn} \\ \text{Exposed}_{t_{i+1}} = (1 + R_0 - \beta) \times \text{Exposed}_{t_i} + \sum_{G_n \in N} \mu \times \rho_{mn} \end{cases} \quad (10.16)$$

使用以上复杂网络与时空动力学结合的预测模型，在已知 t_0 时刻群体活动网络的情况下即可以迭代的方式向未来时刻逐步预测，直至目标时刻 t_n。

10.4 群体活动影响的测算及其动态的时空预测

影响在汉语中的一种典型释义是"对人或事物产生的作用"。根据基本释义，群体活动影响动态即群体活动对空间内的其余群体与空间环境产生作用力的变化，前节中涉及的群体交互动态预测即是一种典型的群体与群体间的相互作用。10.1 节中的群体交互预测的重点在于探测交互是否产生，其中未涉及对空间中特定群体影响力变化的评估。群体活动影响动态的时空预测旨在探究群体活动对活动空间内其余自然环境、社会环境的影响，并通过定量评估的方式测算活动产生的收益或损失。

群体活动影响与群体活动风险的测算具有相似性且存在互补关系，前者是该群体活动对空间内其余要素的影响评估，而后者是空间内其余要素对该群体活动的影响评估。群体活动影响会发生改变的根本原因是群体内个体的基本性质、活动区域位置或群体活动的功能会伴随时间推进产生变化。因此群体影响动态时空预测存在两个核心问题：第一是如何度量群体活动产生的影响力,尤其是在空间内群体的影响力如何测算;第二是如何准确获取群体在未来时刻的活动位置与活动状态。

群体在空间中并非独立存在,10.3 节表明空间中的各个群体活动会组合交织构成群体活动网络,网络中各群体间存在交互且同时对空间环境产生影响。比如城市内出租车群体在工作过程中产生的尾气会对城市的空气质量产生负面影响,但城市中的绿色植物群体同时在净化城市的空气中的污染物。即便两群体间不直接产生交互,但其可以同时对城市空气环境产生影响。综合评估各群体活动产生的效应对测算目标的影响,有助于了解多群体活动的综合效应,进而辅助决策空间中各群体未来的活动计划。

10.4.1 群体活动影响力的时空测算

群体活动的影响力基于是否考虑空间分布可划分为两类:数值影响力与空间影响力。数值影响力即通过一系列定量数值表示某群体活动对另一群体或事物产生的影响,如医疗科普活动对医患关系的影响;推进大学生群体锻炼对国民身体素质的影响等。这一类的影响一般以统计的方式定量度量,且由于目标指标不具备空间特性,常使用单个定距或定比变量表示计算结果。空间影响力基于携带空间坐标的群体活动计算,计算结果中包含空间内任意一点受到群体活动的影响数值,通常以矩阵的形式表示。比如城市内车辆尾气排放的空间分布对城市空气质量产生的影响。

群体活动对环境造成的影响本质上取决于群体内个体的活动状态,若已知群体 G_m 内包含 N 个独立个体 I_j 且在群体活动范围内自由活动,则不考虑空间位置的前提下,整体层面群体活动对周边环境的影响 F_{G_m} 的基本计算形式如式(10.17)所示,式中 $f(I_j)$ 为个体产生的影响力,公式整体即为个体对周边环境影响的累加。

$$F_{G_m} = \sum_{I_j \in G_m} f(I_j) \tag{10.17}$$

该计算方式适用于测算单个群体对城市环境的整体性影响,核心在于定义个体的影响力计算函数 $f(I_j)$。如式(10.18)所示,以计算城市内出租车对城市空气质量的影响为例,出租车的污染指数与该出租车车型的单位尾气排量 E 和当天行驶距离 D 呈正相关关系。通过上述过程即可得到城市出租车群体单日汽车尾气排放总量,进而推断城市出租车对城市空气质量的整体影响。

$$f(I_j) = E \times D \tag{10.18}$$

通过上述过程,群体活动对环境的影响定量评估问题(污染程度)转化为群体内个体活动属性的计算问题(出租车的行驶距离)。因此群体活动对环境影响的预测流程转变为先进行个体活动状态的预测,而后通过个体活动状态计算对环境的影响。在已知个体历史出行距离数据的前提下,可通过时序预测的方法得到未来时刻的出行距离,并以此为基础完成群体活动影响的数值型预测。

在数值型预测的基础上,若需得到单个群体活动对空间内各个区域的影响,则需要进一步考虑群体内个体的所在位置与影响力的空间衰减。一般情况下,个体活动产生的影响力会随距离增加而不断衰减,因此 G_m 中的每个个体 I_j 在特定时刻 t_i 处的影响可用影响力场 Field 表示，即在 I_j 所在空间内的每一点都存在一个标量或矢量表示影响力的数值与方向。图 10.17（a）对空间进行均匀采样构建栅格以表示个体影响力标量场，遵循时空相关性原则，距离 I_j 越远的单元格受到的影响力越小。图 10.17（b）中假设个体活动对外具备排斥力，如吸烟等对公共环境存在影响的行为，则空间内每个点影响力的方向为个体位置向空间点位置延伸的射线方向。若个体活动具备吸引力，则影响力的作用方向相反。

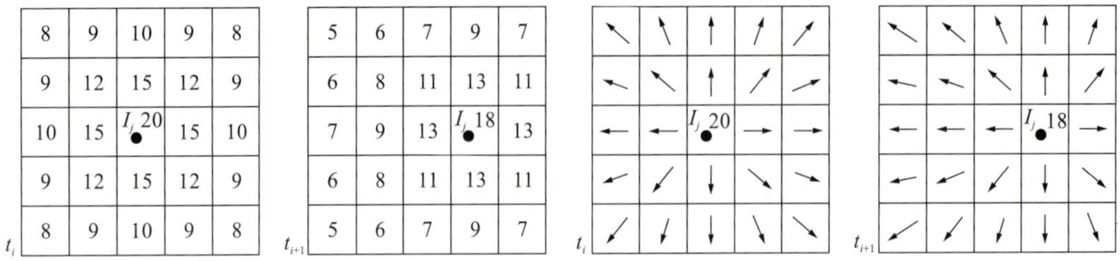

（a）个体影响力标量场及时空变化　　　　（b）个体影响力矢量场及时空变化

图 10.17　个体影响力标量场与矢量场时空变化

与数值型影响力计算类似，单个群体活动对环境的空间整体影响表现为全部个体影响力场的叠加[式（10.19）]，标量场空间内各个点的数值和，矢量场需额外计算方向。

$$F_{G_m} = \sum_{I_j \in G_m} \text{Field}_{I_j} \quad (10.19)$$

图 10.18 展示了传染病患者使用最有可能的交通工具分别在 10 min、30 min、50 min 时间消耗下的可达范围。一般情况下，位于潜伏期内的传染病患者传播病原体的能力是相同的，因此位于暴露个体 I_j 的影响力标量场内的每个空间点具备相同的数值。计算空间内各个空间点受到暴露群体出行产生的空间风险即为所有暴露者影响力标量场的叠加，可直接使用可到达该空间点的暴露者人数表示。

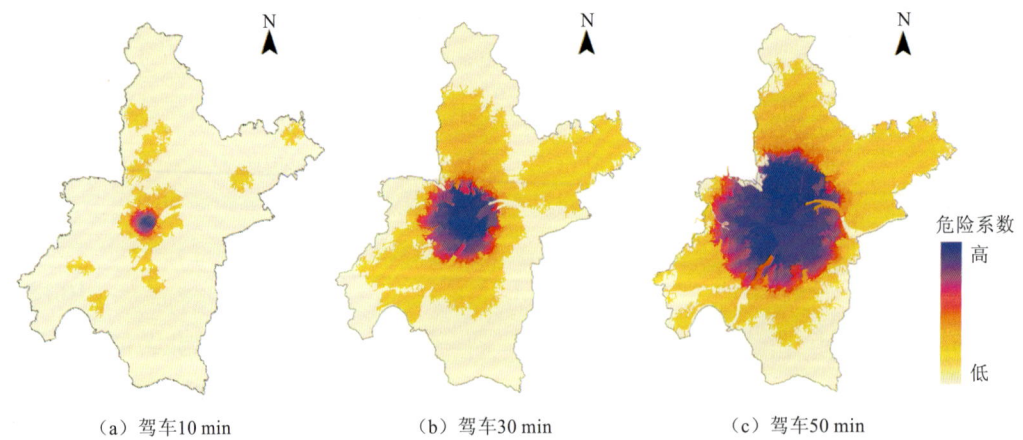

（a）驾车10 min　　　（b）驾车30 min　　　（c）驾车50 min

图 10.18　传染病患者群体的空间活动影响

10.4.2 群体活动影响动态的时空预测

群体活动具有动态性，群体活动的改变必然导致群体活动影响的改变，同时个体作为群体的基本组成单元，其活动影响力与空间位置的变化直接决定了群体活动影响力场的变化。若已知 t_0 至 t_i 时间段群体 G_m 活动的历史轨迹与活动状态，则最准确的群体活动影响时空预测方法为先预测 t_{i+1} 时刻群体内个体的活动状态，而后使用 10.4.1 小节中的方法构建群体活动影响力场。使用历史轨迹数据与活动语义数据预测未来时刻的活动位置与活动功能的具体方法已在第 8~10 章中介绍，本节中不再重复阐述。群体是其内部个体的整体性表示，群体的多数语义属性来源于个体，因此群体活动选择、活动链预测同样适用于个体，读者可根据持有的数据特性选用合适的预测方法得到 t_{i+1} 时刻的个体活动状态。

影响动态预测的核心在于预测并获取 t_{i+1} 时刻的个体活动状态，若未知目标群体的历史轨迹数据，则无法获取未来时刻的个体活动状态。依据是否构建个体活动状态，解决上述问题可划分为三种方法：时序预测方法、模拟方法与神经网络方法。

1. 时序预测法

基于影响力数值的时序预测无需获取个体活动轨迹与活动语义属性，在已有 t_0 至 t_i 群体影响力时间序列的基础上，通过拟合自回归函数模型预测未来 t_{i+1} 至 t_{i+k} 时间段内的影响力数值，如经典平滑算法、趋势拟合法和 ARIMA 模型等。

2. 模拟法

个体活动模拟是通过假设一定的规则获取个体活动的有效信息的过程，通过模拟可以在先前未知个体活动轨迹或已知部分个体活动轨迹的前提下得到 t_{i+1} 时刻的个体活动状态。一个具有代表性的示例是预测城市中部分出租车由汽油车替换为电动车后对城市环境污染的预测。在电动车替换汽油车后，车辆的续航里程、燃料补给区域发生了显著变化，因此无法通过个体轨迹的历史经验预测电动车未来的移动轨迹。部分电动车替换完成后的运营里程模拟可基于城市路网、历史总出行距离、充电站位置等基本已知要素模拟城市中汽油车与柴油车的活动状态。在得到合理有效的 t_{i+1} 模拟结果后，后续过程即转变为典型的群体活动空间影响力场计算，以完成群体活动影响动态的预测。

若某市现存 9 000 辆出租车且计划每个月替换 1 000 辆汽油车为电动车，相关部门希望得到替换后每个月出租车对城市环境的影响变化。图 10.19（a）中的折线为模拟得到的替换一定数量汽油车后汽油车与电动车每天的平均行驶里程，可以发现电动车的平均行驶里程随着电动车数量的增长逐步下降而汽油车几乎保持不变。依据平均行驶里程与对应的车辆类型可得到图 10.19（b）所示的车辆行驶总里程数，深灰色的部分为会产生空气污染的汽油车行驶里程。进一步依据汽油车的行驶总里程数可推导出出租车群体替换电动车后对城市环境影响的动态变化。基于模拟结果，可得出相较于使用 1 000 辆电动车，使用 8000 辆电动车产生的污染量可降低约 90%，而整体服务里程仅下降 18%左右的结论，说明电动车替换汽油车具有较强的可行性。

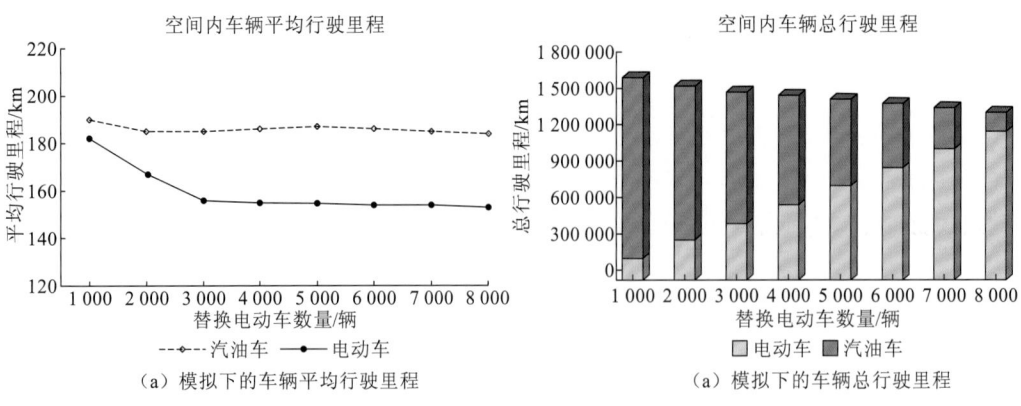

(a) 模拟下的车辆平均行驶里程　　　　　　(a) 模拟下的车辆总行驶里程

图 10.19　模拟法预测出租车未来的行驶里程

3. 神经网络法

基于各类神经网络的时空预测方法目前在预测领域已出现了一定的应用，在对影响力数值的时序预测中，循环神经网络 RNN 与长短期记忆网络 LSTM 可实现基本的时序预测，但是通常准确度不及经典的时序预测算法。其核心原因在于已训练完成的神经网络模型难以对不同实际应用中对应的数值关系，尤其是时序数据量相对较少时，模型的训练易产生不拟合的现象从而产生精度瓶颈。

卷积神经网络 CNN 已成功应用于图像识别、视频分类、文本生成等领域，若将空间影响力场表示为矩阵 M 形式，则可使用 CNN 的基本流程构建增量预测模型。模型的输入为 t_i 时刻的群体活动影响力矩阵及 t_{i+1} 时刻的外界环境参数序列，卷积过程中外界环境参数用于修正卷积核的数值进而影响最终的预测结果。卷积完成后可得到与输入影响力矩阵大小相同的 t_{i+1} 时刻的影响力矩阵，从而实现群体活动影响动态的预测，由于输入矩阵与输出矩阵的大小相同，选用全卷积神经网络进行预测是一种直接有效的方法。

如图 10.20 所示，全卷积神经网络中共存在 m 个卷积层，每个卷积层可选用 $n \times n$ 大小的矩阵作为卷积核。相比于传统的卷积神经网络中卷积层的卷积核在训练完毕后固定不变，将 t_{i+1} 时刻的外界影响参数向量作为动态确定网络卷积核的驱动力，即实现了在不同外界环境条件下卷积核内数值的动态变化。该过程的本质即在每个全卷积层上构建 C 个基本卷积核，而后使用线性或非线性组合的方式构成真实卷积核，模型的训练是不断纠正基本卷积核的过程。

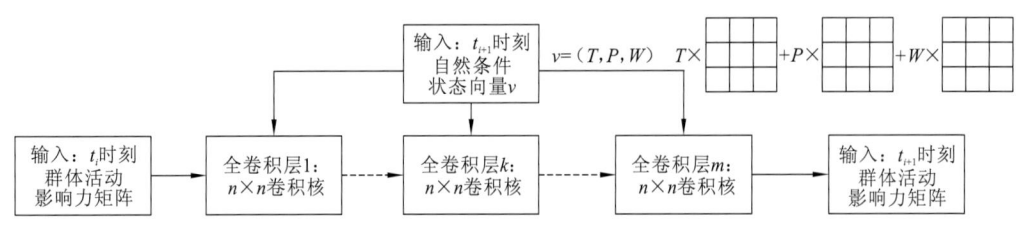

图 10.20　卷积神经网络结构示例

参 考 文 献

方志祥, 萧世伦, 冯明翔, 等, 2017. 一种大规模群体活动与群体交互行为时空关联推理方法. 中国, CN107194467A. 2017-06-13.

吕琳媛, 2010. 复杂网络链路预测. 电子科技大学学报, 39(5): 651-661.

王劲峰, 葛咏, 李连发, 等, 2014. 地理学时空数据分析方法. 地理学报, 69(9): 1326-1345.

张千明, 2016. 复杂网络结构分析与链路预测. 成都: 电子科技大学: 39-66.

CAROLINE H, 1996. Social network analysis: An approach and technique for the study of information exchange. Library & Information Science Research, 18(4): 323-342.

EGGEMANN N, NOBLE S D, 2009. The clustering coefficient of a scale-free random graph. Discrete Applied Mathematics, 159(10): 953-965.

HOU C, CHEN J X, ZHOU Y Q, et al., 2020. The effectiveness of quarantine of Wuhan city against the Corona Virus Disease 2019 (COVID-19): A well-mixed SEIR model analysis. Journal of Medical Virology, 92(7): 841-848.

HYOUNGSHICK K, ROSS A, 2012. Temporal node centrality in complex networks. Physical Review E, 85(2): 1-8.

KLEIN D J, RANDIĆ M, 1993. Resistance distance. Journal of Mathematical Chemistry, 12(1): 81-95.

LIU C, ARUNKUMAR N, 2019. Risk prediction and evaluation of transnational transmission of financial crisis based on complex network. Cluster Computing, 22: 4307-4313.

LV L Y, ZHOU T, 2011. Link prediction in complex networks: A survey. Physica A: Statistical Mechanics and Its Applications, 390(6): 1150-1170.

MALIK H A M, WAQAS A, ABID F, et al., 2016. Complex network of dengue epidemic and link prediction. Sindh University Research Journal (Science Series), 48(4): 845-848.

MICHAEL Y L, JAMS S M, 1995. Global stability for the SEIR model in epidemiology. Mathematical Biosciences, 125(2): 155-164.

WANG J F, LIU X H, PENG L, et al., 2012. Cities evolution tree and its application in land occupation prediction. Population and Environment, 33: 186-201.

ZHANG J, SMALL M, 2006. Complex network from pseudoperiodic time series: Topology versus dynamics. Physical Review Letters, 96(23): 1-4.

ZHOU H J, 2003. Distance, dissimilarity index, and network community structure. Physical Review E, 67(6): 1-10.

第 11 章 群体活动行为-效应-智能的时空预测

11.1 群体选择行为的时空预测

选择模型可以分为确定性模型和不确定性模型,常见的确定性模型包括集计模型和非集计模型,而不确定性模型则有贝叶斯网络、神经网络等。本章将首先介绍这两类选择模型,然后介绍一种新的结合时空变化和群体反馈的动态选择模型。

11.1.1 模型概述

1. 确定性模型

确定性模型适用于数据完整性较高,影响因素较为明确的选择行为预测。确定性模型包括集计模型和非集计模型,前者强调利用统计回归的思想构建影响选择因素(自变量)和目标预测值(因变量)的函数关系,这类方法适用于连续的目标预测值;后者则是基于随机效用理论推导出来的模型,用以解决非连续观测变量的模拟问题(Erlander, 2010)。根据随机效用理论,选择者会评估每个候选项的效用,并根据效用最大化的原则做出选择。比如在居住地选择模型中,认为消费者会根据居住地到工作地、购物地及学校等公共设施的可达性、居住地的花费、居住地周围的环境质量等几个方面的要素来评估候选的居住地,并且按照效用最大化选择居住地。

非集计模型是以实际产生交通活动的个体为单位。其核心包括三个概念和两个假设。
(1) 选择枝 (alternative):可供选择的选项。
(2) 变量 (variable):对个人决策过程产生影响的因素。
(3) 效用 (utility):某个选择枝所具有的令人满意的程度。
(4) 假设一:个体在每次决策时总是选择效用值最大的选择枝。
(5) 假设二:个人关于每个选择枝的效用值由个人自身的特性和选择枝的特性共同决定。

假设一被称为效用最大化行为假说。它认为个人在面对一个可以选择的、各选择枝相互独立的集合时,会选择他认为对自己来说效用最大的选择枝,并以此为根本进行建模。效用可以由个人的社会经济变量和选择枝特性变量表示。

$$U_{in} = U_{in}(SE_i, A_{in}) \tag{11.1}$$

其中:SE_i 为个人 n 的社会经济特性向量;A_{in} 为对个人 i 来说选择枝 n 的特性值向量;U_{in} 为反映个人 i 的喜好的函数,即个人 i 的效用函数。可以表示为

$$U_{in} = V_{in} + \varepsilon_{in} \tag{11.2}$$

其中：V_{in} 为可以观测的要素向量的效用；ε_{in} 为不可观测要素向量及个人特有的不可观测的喜好导致的效用的概率变动项。假定 ε_{in} 服从不同的概率分布，可得到不同的预测模型。如果假定 ε_{in} 的各分量服从（0，1）相互独立的 Gumbel 分布，则为 logit 模型。

1）多元 logit 模型

二元 logit（binary logit）模型是多项式 logit 模型的特殊形式，它主要针对 0-1 选择进行建模，在式（11.3）中，第 i 个决策者选择 n 选项的概率表示为 P_{in}，$P_{i0} + P_{i1} = 1$。

$$P_{i1} = \frac{1}{1+\mathrm{e}^{-(V_{i1}-V_{i0})}}, \qquad P_{i0} = \frac{\mathrm{e}^{-(V_{i1}-V_{i0})}}{1+\mathrm{e}^{-(V_{i1}-V_{i0})}} \tag{11.3}$$

而多元的 logit 模型适用于多个选择枝的情况，以出租车司机找寻乘客过程中，对行驶地域选择为例，假设司机在区域 i 下客后，在候选范围内的候选目标区域为区域 j（$j = 1, 2, \cdots, n$），n 为候选范围内目标区域的数目，把从区域 i 下客的每趟空载行程 x_k（$k = 1, 2, \cdots, K$）作为观测样本，则从观测样本可以得到，GPS 轨迹数据中，在区域 i 下客并且下一上客点在区域 j 的行程数目 t_{ij}。根据随即效用最大化理论，构建多元 logit 模型的基本公式。在式（11.4）中，Pr'_{ij} 是司机选择从当前区域 i 选择到区域 j 的概率。

$$\mathrm{Pr}'_{ij} = \frac{\exp(U_{ij})}{\sum_{j=1}^{n} \exp(U'_{ij})} \tag{11.4}$$

其中：U_{ij} 为从区域 i 到目标区域 j 寻客的效用，效用由影响司机到各目标区域的因素决定[式（11.5）]，效用的计算是这些因子的线性表达式。在式（11.5）中，$c_{ij,s}$ 是第 s 维特征的取值，β_{is} 是模型的参数。

$$U_{ij} = \sum_{s=1}^{S} \beta_{is} c_{ij,s} \tag{11.5}$$

2）混合 logit 模型

混合 logit 模型（mixed logit）相比多元 logit 模型最大的特点是系数不是固定值，而是服从一定的分布，因而其选择概率中含有迹份，这样一来分子分母不会相互抵消，就避免了不相关选择项独立性假设。该分布的均值和方差均是需要标定的模型系数。方差系数的变量检验值（如 t 值）如果达到一定水平，则表明该变量的确对选择行为产生了影响，也表明了选择行为存在异质性的偏好。由于系数服从的分布形式是预设的，这就需要在构建模型时尝试不同的分布形式，最终确定合适的系数分布。mixed logit 模型为 logit 模型的积分式。

$$P_{in} = \int \left(\frac{\exp(U_{in})}{\sum_{j} \exp(U_{in})} \right) f(\beta/\theta) \mathrm{d}\beta \tag{11.6}$$

mixed logit 模型的选择概率可以看作 logit 模型选择概率的加权平均值，权重由分布密度函数 $f(\beta/\theta)$ 决定。$f(\beta/\theta)$ 为某种分布密度函数，可以是正态分布、对数正态分布、均匀分布、三角分布等，可依据具体的情况对分布函数的形式做出选择；θ 为密度函数的未知参数，如正态分布的均值、方差。

2. 不确定性模型

确定性模型对于数据的完整性有较高要求，对于选择行为的不确定研究较为缺乏，无法定量表明影响因素相互间的关系。现实生活中，很多因素之间关系都很难量化（权重不明），而不确定性模型可以提供一些学习和计算方法实现参数估计，完成选择预测。

1）贝叶斯网络

贝叶斯网络由定性部分和定量部分组成，定性部分指的是以有向无环图（directed acyclic graph，DAG）表示的网络拓扑结构，而定量部分通常表示为条件概率表。贝叶斯网络可以用 $N \ll V, E >, P$ 来描述，$<V, E>$ 是定性部分，表示 1 个有向无环的节点和有向边。节点表示问题的随机变量（9.1 节中所提到的一系列特征变量），有向边则表示节点之间的关系。定性部分存在一个条件独立假设，即给定其父节点集，每一个变量独立于它的非子孙节点。

P 为定量部分，也可以称为参数部分，主要用于量化节点间相互关系强度，表示每一个变量在其父节点下的条件概率。条件概率表格（conditional probability table，CPT）可以用于描述这种条件概率，即每个节点变量上的可能取值在其父节点变量取值组合下的概率分布。按照 d-分离和条件独立假设，变量集 V 的联合概率分布 P 可以表示为

$$P(X_1, X_2, \cdots, X_n) = \prod_{i=1}^{n} P(X_i / \text{Parent}(X_i)) \tag{11.7}$$

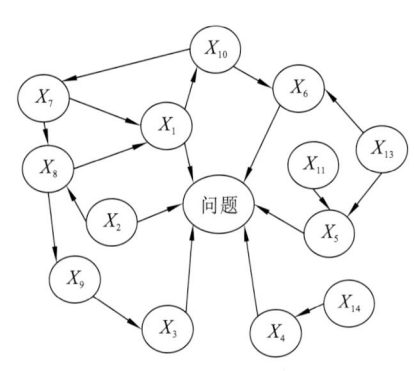

图 11.1 贝叶斯网络

如图 11.1 所示，在构建的拓扑结构中，网络中的节点 $X_1, X_2, \cdots, X_n$ 可利用样本数据进行参数估计。对于节点 X_i 而言，它有 x_i 个取值，而其父节点 $\text{Parent}(X_i)$ 有 q_i 个取值。对于根节点，其 $q_i = 1$。于是网络的参数值表示为式（11.8）。θ_{ijk} 为 X_i 节点的父节点取编号为 j 的取值条件下，X_i 节点取编号为 k 的取值的概率。根据概率分布的规范性，整个网络的概率应满足式（11.9）。

$$\theta_{ijk} = P(X_i = k / \text{Parent}(X_i) = j) \tag{11.8}$$

$$\sum_{k=1}^{x_i} \theta_{ijk} = \sum_{k=1}^{x_i} P(X_i = k / \text{Parent}(X_i) = j) = 1 \tag{11.9}$$

2）神经网络

神经网络是一种模拟神经细胞群学习特性的结构和功能而构成的计算机系统。由于其能够适用于复杂环境的要求，并具有任意精度逼近任意非线性连接函数的特性（自组织、自学习、自适应）而广泛应用在过程控制、分类检测等多个领域。如图 11.2 所示，神经网络由输入层、隐层和输出层组成，神经元是神经网络最小的神经元，每一层由神经元组成。

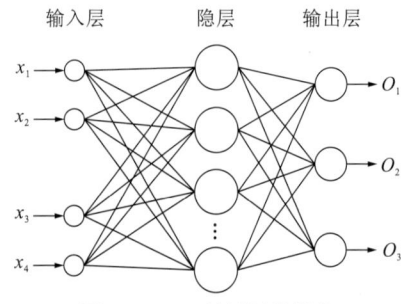

图 11.2 BP 神经网络结构

11.1.2 动态选择模型

当前许多关于选择模型的研究都没有考虑选择过程中的时空变化及群体间作用。事实上，群体的选择是具有不确定性的，同一个人对于不同选择项的偏好会随着时空因素变化及群体间互相影响而发生改变。因此，此处提出一种考虑时空变化和群体反馈的动态选择模型。

在 9.1 节和 9.2 节中，选择行为的影响因素被分为了主观因素和客观因素。主观因素是指个体的属性特征（社会角色、收入、年龄等），而客观因素则包含非时空属性和时空属性（表 9.3）。人的选择行为过程中，个体特征因子和非时空属性在短时间之内都是确定的，不发生变化的；而时空属性则是变化的。

这种时空变化主要来自两方面：一方面选择者的时空信息变化会导致时空阻力和时空引力的改变；另一方面其他人的选择结果也会改变选择项对选择者的时空阻力和时空引力。前者的驱动因素是个体的时空变化，后者的驱动因素是群体的选择结果。比如司机每次的寻客地点选择，会因为其空间位置的改变使得司机从当前位置到达寻客路段的距离发生改变，从而改变司机到达每个路段所需要的时间成本，这属于个人时空信息导致的变化；如果已经有其他司机在某一寻客路段后，此处车辆供大于求，那么此路段对未进行选择的司机而言吸引力就会下降，这属于其他人选择的结果造成的变化。因此，考虑时空变化的动态选择模型需要解决这两个方面变化的定量模型构建。

1. 个体时空移动造成的时空变化

个体的时空变化强调的是个体在选择过程中会不断移动，从而导致自身的时空信息不断改变。个体时空变化的建模主要分为两类，即有目的移动和无目的移动。

1）有目的移动下的时空变化

有目的的移动是指个体在 $t_a \to t_b$ 时间段内有目的、有规律地发生空间位置的改变，这种改变是可预测的。通过历史数据，可以获得该个体的平均移动速度 v_i，以路网为基础，生成 t_a 时刻所在位置到目的地的最短路径 s，再通过速度和时间的计算，可以获得 t_b 时刻个体所在位置的信息。如图 11.3 所示，最短路径 s 的起点为 (X_a, Y_a)，目的地坐标为 (X_3, Y_3) 在 $t_a \to t_b$ 时间段司机位置移动到 (X_b, Y_b)，总的移动距离为 $\Delta s = v_i(t_b - t_a) = \Delta s_1 + \Delta s_2$。因此可以计算得到 $X_b = X_a + \Delta s_2, Y_b = Y_a + \Delta s_1$。

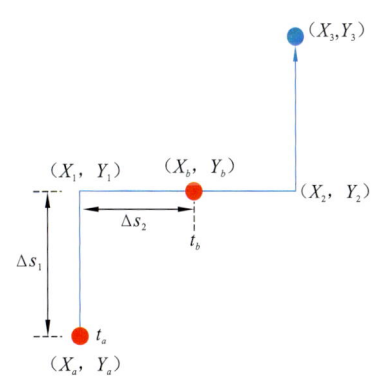

图 11.3 有目的移动下的时空预测

因此，有目的移动下的个体时空信息的变化表示如下，Δx 和 Δy 是根据路网结构、平均速度及间隔时间计算得到的横向移动距离和纵向移动距离，ε_x 和 ε_y 是误差项，用于修正最短路径的误差（因为某些情况下，司机并不是按照最短路径行驶）。

$$X_b = X_a + \Delta x + \varepsilon_x \tag{11.10}$$

$$Y_b = Y_a + \Delta y + \varepsilon_y \qquad (11.11)$$

2）无目的移动下的时空变化

无目的的移动是指个体在 $t_a \to t_b$ 时间段内的移动是随机的、无特定规律地发生空间位置的改变，这种改变是不可预测的。此时计算个体在 $t_a \to t_b$ 时刻的可达范围，在这个可达范围内，个体的移动仍然是不确定的，因此采用利用概率的方式描述 $t_a \to t_b$ 时刻可能的位置。目前常见的移动位置的预测有 5 类模型，包含基于 MC 的预测模型、基于隐马尔可夫模型的预测模型、基于人工神经网络的预测模型、基于贝叶斯网络的预测模型及基于各种先验知识的数据挖掘方法。

通过这些方法可以获得从 t_a 时刻所在位置 (X_a, Y_a) 到达其他地点/路段的概率。如图 11.4 所示，假设 (X_a, Y_a) 处有 5 条可选择路段进行移动，在已有的概率基础上再加入一个扰动概率 P_ε。扰动概率是随机的，其意义是增加个体移动的不确定性，可以表示为 $P_\varepsilon = \text{rand}(0, 1 - P_{\max})$，其中 $P_{\max} = \max\big(p(l_1), p(l_2), p(l_3), p(l_4), p(l_5)\big)$。个体最后向着概率最大的路段移动，并在此基础上计算出 t_b 时刻，个体所在的空间坐标 (X_b, Y_b)。

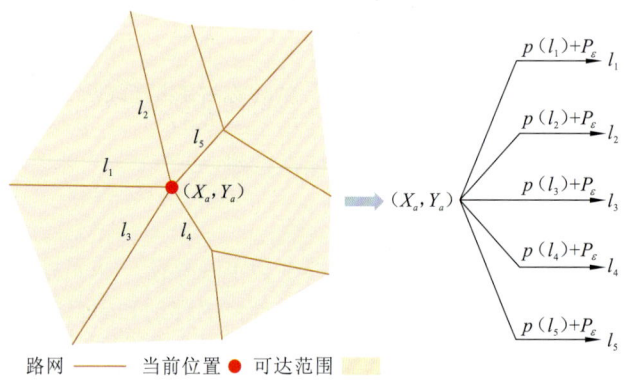

图 11.4 无目的移动下的时空预测

在第 9 章中，时空成本、时空约束等时空属性的指标计算是固定的。因此当个体时空信息可被预测后，就可以重新计算在下一个时刻选择者在位置 (X_b, Y_b) 的时空可达性及到达各个选择项所需要的时空阻力。

$$R_i(k) \to R_i'(k), \qquad i \in (1, 2, \cdots, n) \qquad (11.12)$$
$$G_i(k) \to G_i'(k), \qquad i \in (1, 2, \cdots, n) \qquad (11.13)$$

其中：n 为选择项的个数；$R_i(k)$ 和 $G_i(k)$ 为选择项 i 对选择者 k 的阻力和引力；$R_i'(k)$ 和 $G_i'(k)$ 为根据预测结果，重新计算的选择者 i 到所有选择项的引力和阻力。更新的是选择者 e_k 到所有选择项的引力和阻力。

2. 选择结果造成的时空变化

选择结果造成的时空变化通常是指由于群体中的个体执行了选择行为后，导致某个地点周围的人流、某条路段的拥堵情况发生了变化等。这些时空环境的变化仍然会影响选择项对选择者的时空阻力和时空引力。这些时空环境的计算公式也是事先定义的，在 9.2 节中已经介绍。

$$R_i(k) \to R_i'(k), \quad i \in (1,2,\cdots,m) \tag{11.14}$$

$$G_i(k) \to G_i'(k), \quad i \in (1,2,\cdots,m) \tag{11.15}$$

其中：i 为发生时空移动的选择者；m 为选择者的个数；$R_i(k)$ 和 $G_i(k)$ 为选择项 k 对选择者 i 的阻力和引力。更新的是选择项 k 对所有选择者的引力和阻力。

3. 考虑群体反馈影响

除了时空变化会对群体选择产生影响，群体间也会相互影响，从而导致群体选择结果的改变。司机间可以通过社交群实现路况或者客流信息的共享，如果某一路段特别拥堵，那么其他司机可能就会选择其他不拥堵的路段送客或寻客，这属于同类别人群间的相互反馈。途经同一地点的司机，发现此处路段正在维修，于是掉头选择其他路段行驶，这种掉头现象很快被周围的车辆发现，于是周围的司机都不再选择向维修路段行驶，这属于空间范围的反馈。同样地，先产生选择行为的群体会影响后产生行为的个体，这属于时间范围上的反馈。量化群体间的反馈分为两个步骤：首先计算反馈的影响程度，然后根据影响程度修正还未执行选择行为的选择者与选择项之间的引力和阻力。

1）计算反馈的影响程度

在 9.2 节中，定义了类别影响度 I_C、时间影响度 I_T、空间影响度 I_D。在此基础上，定义一个综合影响程度 I 来反映这三个方面反馈的综合影响 [式（11.16）]。当时间影响度不为 0 时，综合影响程度为类别影响程度 I_C、时间影响程度 I_T、空间影响程度 I_D 的线性组合。当时间影响度为 0 时，综合影响度则为 0，这是因为反馈作用是必须遵循先后顺序的，即先做选择的群体能影响后做选择的群体，反之，则不可逆。α_C、α_T、α_D 的确定需要根据实际问题。

$$I(A \to B) = \begin{cases} \alpha_C \times I_C + \alpha_T \times I_T + \alpha_D \times I_D, & \text{当 } I_T > 0 \\ 0, & \text{当 } I_T = 0 \end{cases} \tag{11.16}$$

2）修正阻力和引力

在式（11.17）和式（11.18）中，引力和阻力的修正公式被定义为 $G_i''(k)$ 和 $R_i''(k)$。其中，选择项 x_i 对于选择者 e_k 的引力和阻力是基于时空变化更新后的引力 $G_i'(k)$ 和阻力 $F_i'(k)$ 进行修正的；λ 为修正参数；N_I 为对选择者 e_k 产生影响的选择者个数；$I(u \to k)$ 是指选择者 e_u 对 e_k 产生的综合影响度。

$$G_i''(k) = G_i'(k) + \left[\sum_{u}^{N_I} \lambda I(u \to k)\left(G_i'(u) - G_i(u)\right)\right] \Big/ N_I \tag{11.17}$$

$$R_i''(k) = R_i'(k) + \left[\sum_{u}^{N_I} \lambda I(u \to k)\left(R_i'(u) - R_i(u)\right)\right] \Big/ N_I \tag{11.18}$$

4. 考虑时空变化和群体反馈的 logit 选择模型

基于阻力和引力因素的量化，可以通过构建选择项的效用函数表达式实现选择项对不同群体的效用量化，常见的函数可以表示为多要素、多参数的线性组合。$U_i''(k)$ 是选择项 i 对个体 k 的总效用，$G_i''(k)$ 和 $R_i''(k)$ 是经过时空变化和群体反馈后更新的引力因素和阻力因素。在式（11.19）中，计算选择者 i 选择选项 k 的概率被定义为 $P(i,k)$。

$$P(i,k) = \frac{\exp(U_i''(k))}{\sum_{i=1}^{n}\exp(U_i''(k))} \tag{11.19}$$

$$U_i''(k) = G_i''(k) - R_i''(k) \tag{11.20}$$

正如前面所提到的,时空变化和群体反馈在整个群体选择过程中都是动态变化的,因此选择模型也是一个动态过程。

1) t_0 时刻的选择

初始状态下,群体中的所有成员都还未做出行选择行为,因此 t_0 时刻不需要考虑选择行为产生的时空环境变化、个体的时空信息变化及选择行为产生的群体反馈。如图 11.5 所示,此时只需要考虑群体成员的时空信息,计算 $R_i(k)$ 和 $G_i(k)$,即 $G_i''(k) = G_i'(k) = G_i(k)$,$R_i''(k) = R_i'(k) = R_i(k)$。当群体成员间无明显的时间先后背景下,随机从群体中选择空间分布较均匀的成员先进行 t_0 时刻的选择。

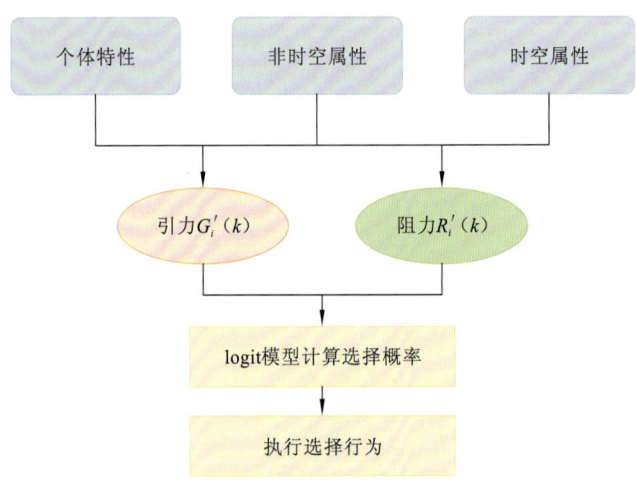

图 11.5　t_0 时刻的选择预测

2) t_j 时刻的选择

当群体成员中的部分个体已经产生选择结果后(非 t_0 时刻),就需要同时考虑选择行为产生的时空环境变化、个体的时空信息变化及选择行为产生的群体反馈。其流程如图 11.6 所示。

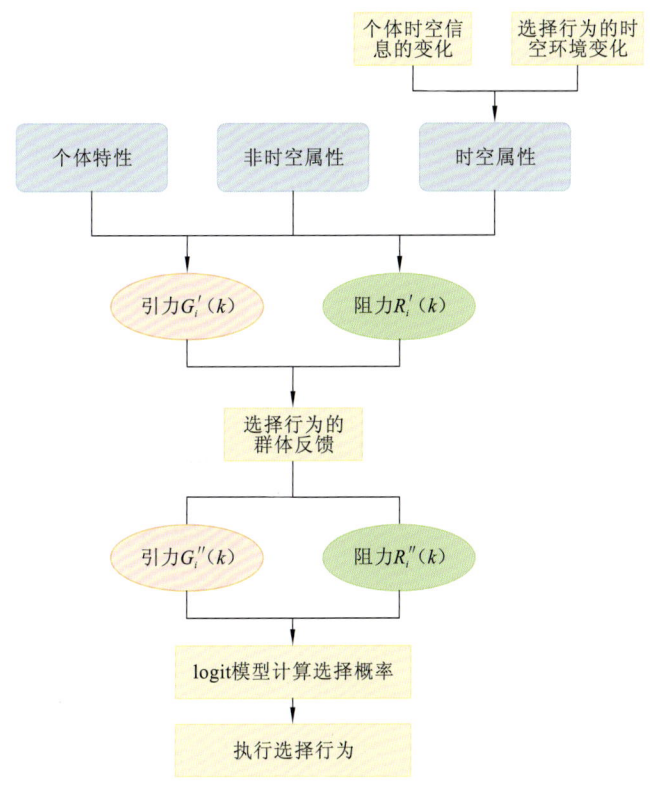

图 11.6 t_j 时刻的选择预测

11.2 群体活动链的时空预测

11.2.1 群体活动轨迹的预测

1. 基于朴素贝叶斯的轨迹预测

利用朴素贝叶斯理论来推理群体在活动过程中的轨迹，主要分为训练阶段和预测阶段两个部分。训练阶段主要是针对历史轨迹进行学习和挖掘，构建模型，而预测阶段则是基于训练得到的模型，对轨迹进行预测（李万高 等，2013）。

将空间范围划分为网格，网格总数用 NumC 表示，在网格内的对象都被看作一个点。那么活动链的空间位置就可以用一串网格号来表示。实际上，在模型中将需要被预测的轨迹看作一条不完整的轨迹，与历史轨迹相区分，用 T^q 表示。T^q 的起始位置用 l_S 表示，当前位置用 l_c 表示，下一时刻的位置用 l_n 表示。

基于朴素贝叶斯的预测方法，实际上就是计算网格 c_j 成为下一时刻位置的概率，即 l_n 在 c_j 中的概率。这个值取决于历史轨迹数据库中那些包含待预测轨迹 T^q 的轨迹点的所有轨迹里同时也包含 c_j 的概率。利用贝叶斯规则，可以得到

$$P(l_n \in c_j | T^q) = \frac{P(T^q | l_n \in c_j) P(l_n \in c_j)}{\sum_{1 \leq k \leq \text{NumC}}^{c_k} P(T^q | l_n \in c_k) P(l_n \in c_k)} \quad (11.21)$$

其中：$P(l_n \in c_j)$ 为先验概率，表示历史数据库中包含 l_n 在 c_j 中的轨迹数目除以历史轨迹总数目；$P(T^q | l_n \in c_j)$ 为历史数据中与 T^q 一致且 l_n 在 c_j 中的轨迹数目除以历史轨迹总数。但是，假如在历史数据库中很难找到与 T^q 一致且 l_n 在 c_j 中轨迹，那么预测概率则为 0。因此，朴素贝叶斯预测方法通常和马尔可夫链相结合以获取先验概率。

2. 基于马尔可夫链的轨迹预测

马尔可夫模型在移动对象轨迹预测中具有广泛的应用（Phan et al., 2015；Yuan, 2015）。马尔可夫链的定义为设随机序列 $\{X(n), n=0,1,2,\cdots\}$ 的离散状态空间为 E，若对于任意 m 个非负整数 $n_1, n_2, \cdots, n_m$ $(0 \leq n_1 < n_2 < \cdots < n_m)$ 和任意自然数 k，以及任意 $i_1, i_2, \cdots, i_m, j \in E$ 满足

$$P\{X(n_m+k)=j | X(n_1)=i_1, X(n_2)=i_2, \cdots, X(n_m)=i_m\} = P\{X(n_m+k)=j | X(n_m)=i_m\} \quad (11.22)$$

在式（11.22）中，如果 n_m 表示当前时刻，$n_1, n_2, \cdots, n_{m-1}$ 表示过去时刻，n_m+k 表示将来时刻，那么此式表明过程在将来 n_m+k 时刻处于状态 j 仅依赖于现在 n_m 的状态 i_m，而与过去 $m-1$ 个时刻 $n_1, n_2, \cdots, n_m-1$ 所处的状态无关，该特性称为马尔可夫性或者无后性。

一阶的马尔可夫链假设移动对象的下一状态只与当前状态有关，基于移动对象可达的地点间的转换概率来实现移动对象下一时刻的位置预测。移动对象从 C_i 点移动到 C_j 点的概率用 P_{ij} 表示，它等同于历史上移动对象中包含 $<C_i, C_j>$ 的轨迹数除以所有包含 a 点的轨迹数目。因此，就可以计算出地点间两两可转移的概率，然后将这些概率值存到一个二维矩阵 M 中。

$$M = \begin{bmatrix} P_{11} & P_{12} & \cdots & P_{1m} \\ P_{21} & P_{22} & \cdots & P_{2m} \\ \vdots & \vdots & & \vdots \\ P_{m1} & P_{m2} & \cdots & P_{mm} \end{bmatrix} \quad (11.23)$$

由于一阶马尔可夫链假设下一状态只与当前状态有关，这并不符合现实且忽略了历史轨迹的价值，预测准确率较低。因此，多阶的马尔可夫链也被用于提高预测精度。

$P\{X(n_m+k)=j | X(n_m)=i_m\}, k \geq 1$ 称为马尔可夫链在 n 时刻的 k 步转移概率，记作 $P_{ij}(n, n+k)$。该转移概率表示已知 n 时刻处于状态 i，经过 k 个单位时间后处于状态 j 的概率。若 $P_{ij}(n, n+k)$ 不依赖于 n 的马尔可夫链，则称该马尔可夫链为齐次马尔可夫链。这种状态只与转移出发状态 i、转移步数 k 及转移到达状态 j 有关，而与 n 无关。此时，k 步转移概率可以记为 $P_{ij}(k)$，即

$$P_{ij}(k) = P_{ij}(n, n+k) = P\{X(n+k)=j | X(n)=i\}, \quad k>0 \quad (11.24)$$

在式（11.24）中，$0 \leqslant P_{ij}(k) \leqslant 1, \sum_{j \in E} P_{ij}(k) = 1$。当 $k=1$ 时，$P_{ij}(1)$ 则是一步转移概率，也就是一阶的马尔可夫链。同理，n 步转移概率记为 $P_{ij}(n)$。可以用齐次马尔可夫链的科尔莫戈罗夫-查普曼方程获取递推关系（陈良均 等，2003）。因此，只要构建齐次马尔可夫链的一步转移概率矩阵，就可以获得齐次马尔可夫链的 k 步转移概率。

$$P_{ij}(n+k) = \sum_{r \in S} P_{i,r}(m) P_{r,j}(k), \qquad i,j,r \in E \qquad (11.25)$$

3. 基于特征序列的轨迹预测

基于 PrefixSpan 算法的轨迹预测定义了轨迹序列、子轨迹、前序轨迹、后序轨迹、投影、投影集、投影数据库中的支持度。它将频繁轨迹的求取过程视为一个递归求解的过程，轨迹模式挖掘的过程不断地将投影集进行分割，减小对数据的访问次数，同时选取可能的项作为频繁序列的增长项。在表 11.1 中，有 6 条不同序列的轨迹。表 11.2 计算了各项在数据集中的支持度。其中，$\{f\}$ 项的支持度为 1，不满足最小支持度，则被舍去，其余的 $\{a,b,c,d,e\}$ 作为频繁轨迹的起始项进行下一步的挖掘。

表 11.1 轨迹序列

ID	轨迹序列
1	$<abde>$
2	$<abdc>$
3	$<abke>$
4	$<bcadef>$
5	$<dabce>$
6	$<ebade>$

表 11.2 支持度

项	支持度
a	6
b	5
c	4
d	5
e	5
f	1

在表 11.3 中，对 $<a>$ 的投影集中频繁轨迹序列的增长过程进行分析。第 1 次挖掘首先以 $<a>$ 为频繁轨迹作为输入，计算得到的投影集合为 $\{<bde>, <bdc>, <bce>, <cke>, <def>, <de>\}$，在此基础上计算投影集中各序列第一项的支持度，将满足最小支持度的项作为频繁序列的增长项，同时将该项对应的投影集的项代入下一次迭代。图 11.7 展示了一条轨迹的预测过程，实际上轨迹预测过程简化了对频繁轨迹的匹配查找。

表 11.3 频繁轨迹挖掘例子

次数	1		2		3	
过程	频繁轨迹	投影集	频繁轨迹	投影集	频繁轨迹	投影集
1	$<a>$	$<bde>$ $<bdc>$ $<bce>$ $<cke>$ $<def>$ $<de>$ 支持度 $b:2,d:2,c:1$	$<ab>$ $<ad>$	$<de>$ $<dc>$ $<ce>$ 支持度 $d:2,c:1$ $<ef>$ $<e>$ 支持度 $e:2$	$<abd>$ $<abe>$	$<e>$ $<c>$ 支持度 $e:1,c:1$ $<f>$ 支持度 $f:2$

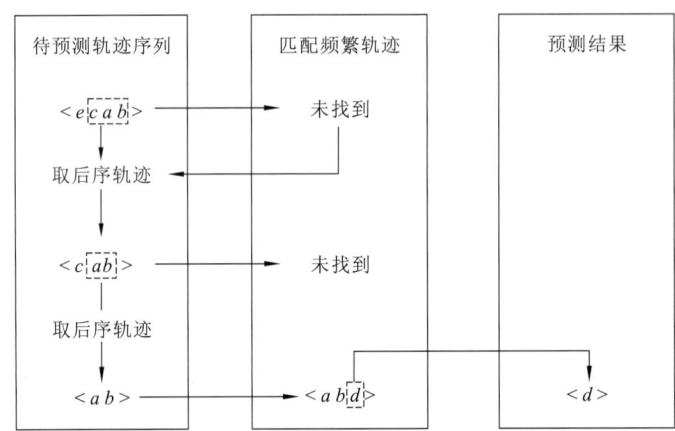

图 11.7 轨迹预测示例

4. 基于深度学习的轨迹预测

近年来，深度学习的发展为移动对象的轨迹预测提供了技术解决方案，其中包括多层感知机、深度信念网络、自编码器，卷积网络和循环神经网络等。多层感知机（multi-layer percept，MLP）使用三层前馈神经网络（输入层、隐藏层、输出层），它本质上是一个全连接网络，参数可以通过反向传播算法来进行学习（Akiyama et al.，2014）。深度信念网络（deep belief network）是一种深层的概率有向图模型，一个深度信念网络模型由若干个受限玻尔兹曼机堆叠而成，训练过程由低到高逐层训练（Huang et al.，2014）。其结构由多层的节点构成，每层的节点间没有连接，相邻两层的节点之间和全连接的前馈神经网络结构相同，都是与相邻层所有节点进行连接，网络的最底层为可观测变量，其他层节点为隐变量。堆叠自编码器（stacked auto encoder，SAE）由若干个自动编码器堆叠而成，由于这种多层堆叠结构，可以利用自动编码器逐层地提取特征，获取输入数据的深层次特征，进而利用这些深层次特征去解决具体的问题(Leelavathi et al.，2016)。卷积神经网路（CNN）是由卷积层、汇聚层和全连接层堆叠而成，通过反向传播算法进行学习。循环神经网络（RNN）也常被用于移动对象的轨迹预测中，尤其是长短期记忆（LSTM）网络在时序轨迹数据上的预测取得较好效果。李明晓等（2018）在此基础之上，提出了一种基于模糊长短期神经网络的移动对象轨迹预测算法，他们引入模糊轨迹概念解决固定网格剖分所导致的尖锐边界问题，并对传统的 LSTM 进行改进，综合利用移动对象历史轨迹邻近性和周期性出行特征，提高移动对象轨迹位置预测精度。如图 11.8 所示，算法由两部分组成：首先将输入轨迹进行切分，计算各子轨迹内各点的模糊空间隶属度，生成模糊子轨迹；然后设计一种由两组 Fuzzy-LSTM 神经网络组成的模型结构，用于分别考虑轨迹邻近性和周期性对预测结构产生的影响，并将模糊子轨迹作为模型输入，训练改进后的 Fuzzy-LSTM 模型。

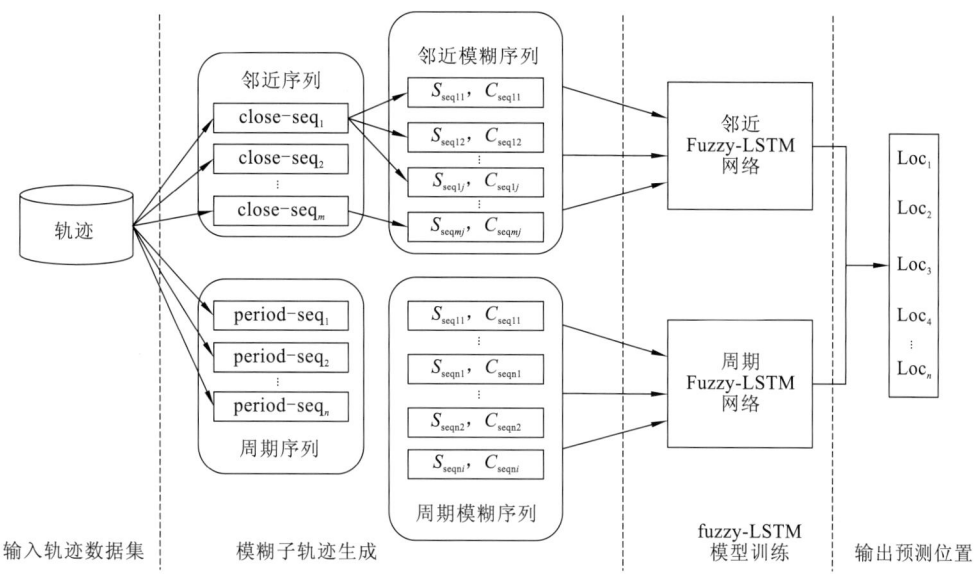

图 11.8 基于模糊长短期神经网络的移动对象轨迹的预测过程

11.2.2 群体活动内容及活动链的预测

群体活动的预测除了群体活动地点的预测以外，还包括活动类型、活动持续的时间等活动内容的预测。将常见的群体活动的类型分为 10 类，即上班（W）、上学（L）、业务（B）、餐饮（M）、购物（S）、接送（D）、休闲娱乐（E）、探亲访友（R）、在家活动（H）、其他（O）。活动预测的步骤主要分为两步，首先确定影响活动选择的因素，然后构建这些影响因素与活动内容、活动持续时间及活动链的结构性方程。

1. 活动的影响因素

表 11.4 和表 11.5 分别从主观和客观两个角度总结出 5 类 22 项与活动相关的指标，这些指标影响着群体活动的选择。从主观层面看，人的活动主要受到个体特征和家庭特征两类影响。个体特征主要包含 6 个指标，涉及自身的自然属性、社会经济属性等，家庭特征主要包含 5 个指标，以家庭结构和家庭的社会经济属性为主。以个体的年龄为例，未成年的活动以上学为主，成年人的活动以工作、日常购物、社交为主，老年人的活动主要以休

闲为主；以家庭的成员数为例，家庭结构中包含老人小孩的家庭出行活动更加复杂，会涉及接送小孩上学、探亲访友等活动。

表11.4 主观变量

变量	指标	例子
个体特征	性别	男、女
	年龄	18岁以下，18~25岁…
	职业	医生、教师、商人…
	年收入	3万元以下、3~5万元…
	车辆拥有情况	0辆、1辆、2辆…
	房产拥有情况	0处、1处、2处…
	…	…
家庭特征	家庭成员数目	2人、3人…
	家庭成员结构	老人—夫妻—小孩；夫妻—小孩…
	家庭年收入	5万元以下、5~8万元…
	家庭车辆拥有情况	0辆、1辆、2辆…
	家庭房产情况	0处、1处、2处…
	…	…

表11.5 客观变量

变量	指标	例子
时间约束	出发时间	2020-01-01 13:00
	移动时间	1 h
	停留时间	3 h
	结束时间	2020-01-01 17:00
	…	…
空间约束	出发地点	家（地理坐标）
	途中停留地点	超市（地理坐标）
	目的地点	公司（地理坐标）
	出行总距离	2 km
	…	…
成本约束	交通费用	50元…
	耗油量/耗电量	3L…
	体力消耗	300卡路里…
	…	…

从客观层面看，人的活动还会受到时间约束、空间约束及成本约束的影响。时间约束主要包含4个指标，为记录活动开始、过程、结束的时间变量；空间约束也包含4个指标，

为记录活动开始、过程、结束的空间变量；成本约束包含3个指标，主要涉及经济成本（交通费用）、交通工具成本（耗油量或耗电量）及体力消耗。比如上班族每天需要在固定的时间到达公司，并在公司工作一定的时长，这属于时间和空间约束；上班族的月收入较低，只能选择公共交通或者电动车的方式上下班，这属于成本约束。

2. 结构性方程的构建

群体活动涉及个体特性、家庭特性、空间可达性等多个因素，传统的多元回归分析难以考虑如此多的变量，而结构方程模型（structural equations model，SEM）的优点是能同时分析处理多个因变量。结构方程模型是基于变量的协方差矩阵对变量之间关系进行统计分析的方法，也称为协方差结构分析，是一种多元数据分析的重要工具（侯杰泰 等，2004）。因此，基于个体和家庭的社会经济特性背景、时空约束等影响因素，构建结构方程模型以预测群体的活动。

结构方程由两类模型组成：度量模型和结构模型（Cudeck et al.，2001）。度量模型主要描述隐变量和显性指标之间的关系；结构模型主要描述各隐变量之间的关系。隐变量（latent variable）是指具有不可直接观测特征的综合性变量，而显变量（manifest variable）则是指可观测变量。隐变量又分为内生隐变量 y 和外生隐变量 x，内生隐变量是指受到该模型中其他变量影响的隐变量，而外生隐变量是指仅对其他变量产生影响，而自身不会被影响的隐变量。以活动类型、活动地点、活动持续时间的预测为主，因此这三个变量定义为内生变量；活动出行方式和活动链结构这两个变量在模型中也定义为内生隐变量，因为它们在影响活动内容时，也会受到群体间个体差异及家庭差异的影响。个体特性、家庭特征、时间约束、空间约束及成本约束这5个影响变量则视为外生隐变量。

结构方程由三个方程式共同组成，具体表达式如下。其中：y 为内生变量组成的向量；x 为外生变量组成的向量；η 为内生隐变量组成的向量；B 为内生隐变量系数矩阵；ξ 为外生隐变量组成的向量；Γ 为外生隐变量系数矩阵；ε 是内生变量测量误差向量；δ 为外生变量测量误差向量；ζ 为结构方程残差向量；Λ_y 为内生变量 y 在内生隐变量 η 上的因子负荷矩阵；Λ_x 为外生变量 x 在外生隐变量 ξ 上的因子符合矩阵。

式（11.26）为结构模型，分析各个隐变量之间的关系，式（11.27）和式（11.28）为测量模型，表示隐变量与观测（显）变量之间的关系。

$$\eta = B\eta + \Gamma\xi + \zeta \tag{11.26}$$

$$y = \Lambda_y \eta + \varepsilon \tag{11.27}$$

$$x = \Lambda_x \xi + \delta \tag{11.28}$$

整个模型的参数构建主要依据观测变量的方差和协方差进行参数估计（李霞 等，2008）。结构方程模型的基本假设为：观测变量的方差协方差矩阵是一套参数的函数，固定参数值和自由参数的估计被代入结构方程，然后推导出方差协方差矩阵。常用的方法有最大似然估计、广义最小二乘法等。

基于结构方程的关系图（图11.9），建立内生隐变量和外生隐变量之间的关系，构建对应的结构方程矩阵表达式：

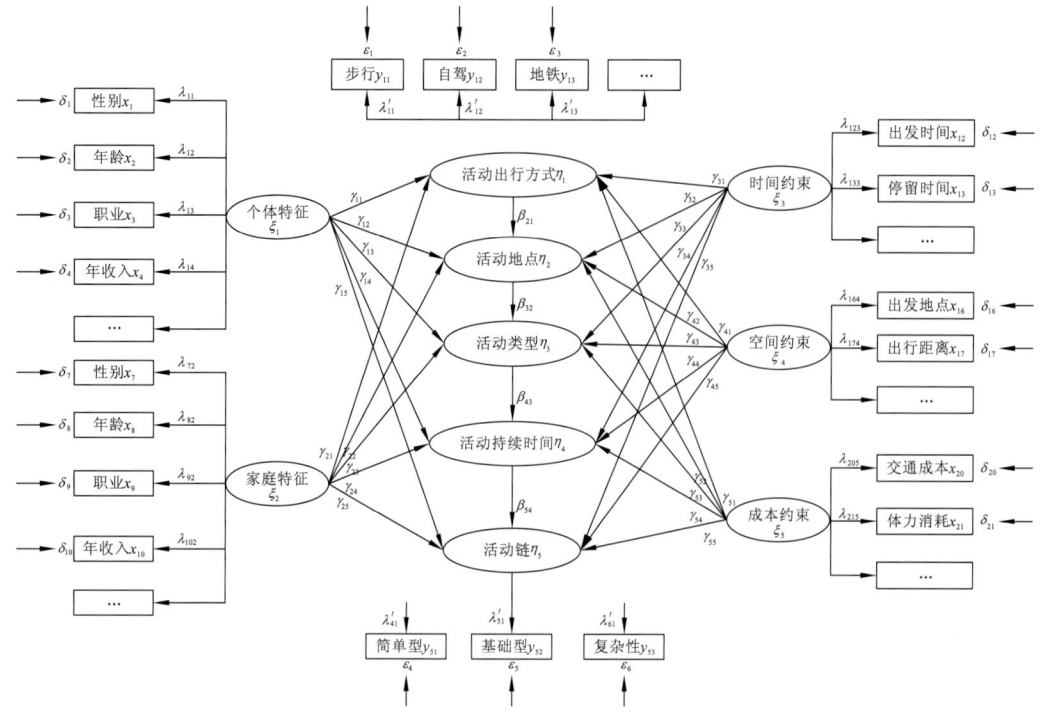

图 11.9　活动预测的结构方程关系图

$$\begin{bmatrix} \eta_1 \\ \eta_2 \\ \eta_3 \\ \eta_4 \\ \eta_5 \end{bmatrix} = \begin{bmatrix} \beta_{11} & \cdots & \beta_{15} \\ \vdots & & \vdots \\ \beta_{51} & \cdots & \beta_{55} \end{bmatrix} \begin{bmatrix} \eta_1 \\ \eta_2 \\ \eta_3 \\ \eta_4 \\ \eta_5 \end{bmatrix} + \begin{bmatrix} \gamma_{11} & \cdots & \gamma_{15} \\ \vdots & & \vdots \\ \gamma_{51} & \cdots & \gamma_{55} \end{bmatrix} \begin{bmatrix} \xi_1 \\ \xi_2 \\ \xi_3 \\ \xi_4 \\ \xi_5 \end{bmatrix} + \begin{bmatrix} \zeta_1 \\ \zeta_2 \\ \zeta_3 \\ \zeta_4 \\ \zeta_5 \end{bmatrix} \quad (11.29)$$

其对应的测量模型如式（11.30）所示，其中 m 为内生变量 y 的个数，n 为外生变量 x 的个数。图 11.9 中只展示了部分相关变量。根据训练样本数据在初始模型中的计算结果，输出模型中各变量间的标准化系数和相互作用的强弱程度。经过训练样本数据的输出结果，将解释能力弱的变量之间的关系删除，从而修正原有的结构性方程模型。

$$\begin{bmatrix} y_{11} \\ y_{12} \\ y_{13} \\ \vdots \\ y_{51} \\ y_{52} \\ y_{53} \end{bmatrix} = \begin{bmatrix} \lambda'_{11} & \cdots & \lambda'_{15} \\ \lambda'_{21} & \cdots & \lambda'_{25} \\ \lambda'_{31} & \cdots & \lambda'_{35} \\ \lambda'_{41} & \cdots & \lambda'_{45} \\ \vdots & & \vdots \\ \lambda'_{m1} & \cdots & \lambda'_{m5} \end{bmatrix} \begin{bmatrix} \eta_1 \\ \eta_2 \\ \eta_3 \\ \eta_4 \\ \eta_5 \end{bmatrix} + \begin{bmatrix} \varepsilon_1 \\ \varepsilon_2 \\ \varepsilon_3 \\ \varepsilon_4 \\ \vdots \\ \varepsilon_m \end{bmatrix} \quad (11.30)$$

$$\begin{bmatrix} x_1 \\ x_2 \\ x_3 \\ \vdots \\ x_n \end{bmatrix} = \begin{bmatrix} \lambda_{11} & \lambda_{12} & \cdots & \gamma_{15} \\ \lambda_{12} & \lambda_{22} & \cdots & \lambda_{25} \\ \vdots & \vdots & & \vdots \\ \lambda_{n1} & \lambda_{n2} & \cdots & \lambda_{n5} \end{bmatrix} \begin{bmatrix} \xi_1 \\ \xi_2 \\ \xi_3 \\ \xi_4 \\ \xi_5 \end{bmatrix} + \begin{bmatrix} \delta_1 \\ \delta_2 \\ \delta_3 \\ \vdots \\ \delta_n \end{bmatrix}$$　　（11.31）

3. 活动链的结构

如图 11.10 所示，活动链按照网络结构可以分为三种类型，即简单型、基础型和复杂型。人群的活动主要是以家（住宅地）为中心，然后进行工作、学习、娱乐、购物等其他活动。因此，在活动网络结构中，红色点表示家，蓝色点表示除家以外的其他地点。简单型的活动结构只包含家和一个其他地点，该地点通常是公司、学校等具有高频次周期性的地点。常见的模式为上班族每天上班从家到公司，下班后从公司回家，或者学生每天上学从家到学校，放学后从学校回家。基础型活动结构包含三个停留点，常见的模式为上班族每天从家到公司，午休时去商场餐厅吃饭，然后返回公司工作，最后下班回家，或者上班族每天从家到公司上班，下班去超市购买食物再回家。复杂型活动结构包含三个以上的停留点，且停留点间的移动更加复杂。

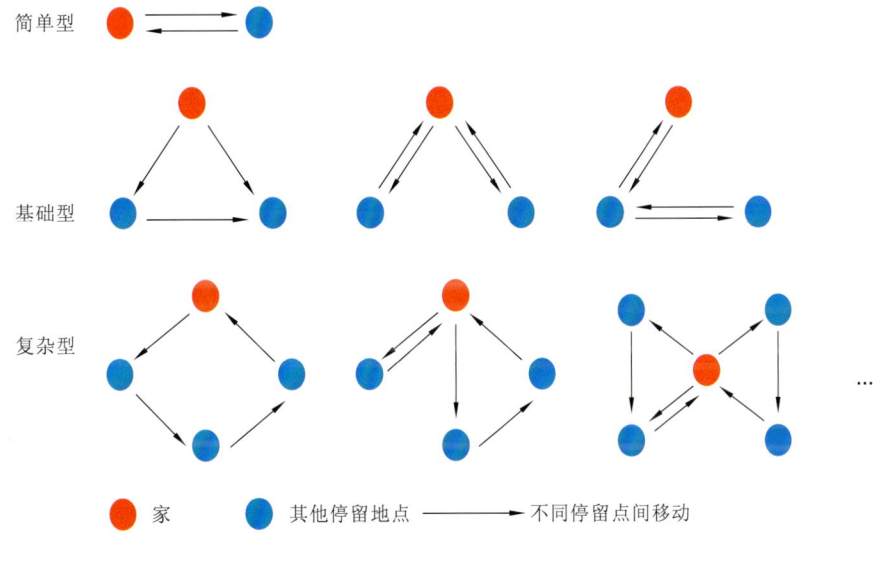

图 11.10　活动链的结构

4. 活动链的活动内容识别

根据活动链的活动停留点类别，可以将活动链分为工作类活动链、上学类活动链、生活类活动链、娱乐类活动链及混合类活动链。如图 11.11 所示，活动链的内容识别主要分为三步：首先，获取手机位置数据（通常为基站数据），根据轨迹数据捕捉轨迹停留点；然后，将轨迹停留点与活动区域的 POI 信息和城市功能区数据进行空间关联；最后依据关联的 POI 点和功能区属性，对轨迹停留点进行分类。例如，当大部分轨迹停留点周围的 POI 为工作类地点，则该停留点属于工作类，如果一个活动链的大部分停留点都为工作类停留点,则该活动链属于工作类活动链;如果活动链中含有多种数量相近的不同类别的停留点,则活动链属于混合类活动链。

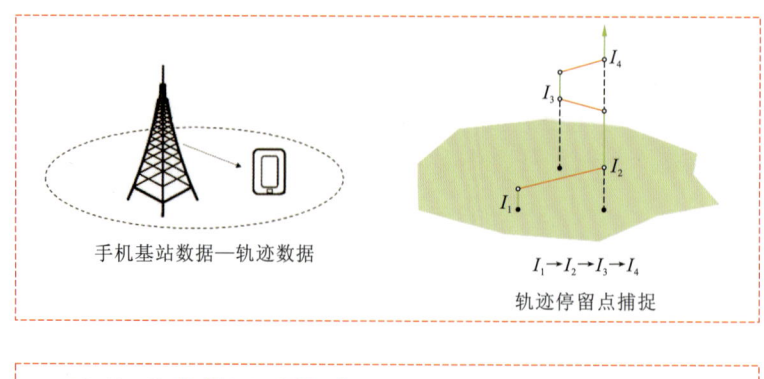

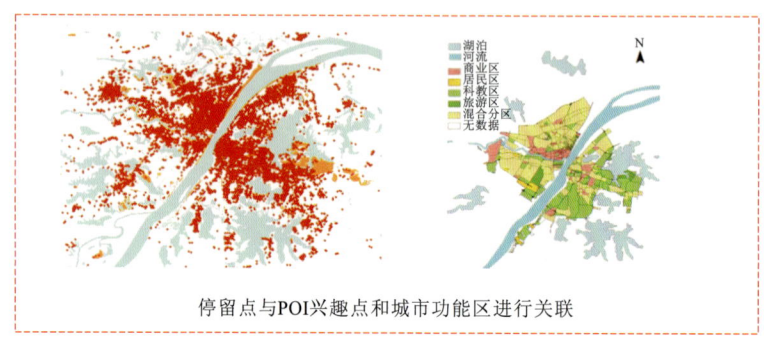

图 11.11　活动轨迹停留点的内容识别

5. 活动链的预测

11.2.1 小节介绍了活动链的轨迹位置预测方法,对于活动链的每个节点的活动内容预测可以采取结构性方程模型。但是,活动链上不同节点的活动内容和活动模式间存在一定联系,可以采取基于关联的分析法。对于同一条活动链,已知 $t-1$ 时刻活动节点的活动内容,可以根据历史数据的关联关系,计算 t 时刻活动节点进行可能的活动内容项的概率。如图 11.12 所示,移动对象开始的节点 A_0^0 的活动为在家(H),当时间增量 $t=1$ 时,通过计算移动对象的历史活动链,可以知道该对象有 90%的概率下一步去上学(L),有 80%的概率去工作(W),根据这个概率可以结合移动对象的个体特征进行判断,以此类推,获得整条活动链每个节点的概率。

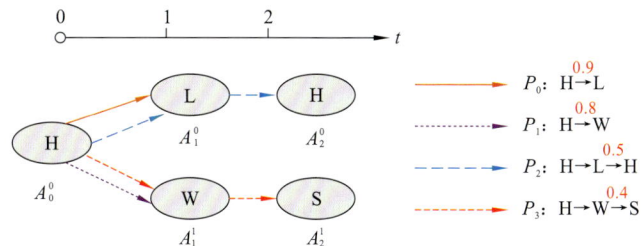

图 11.12 活动链各节点的关联分析

在进行活动链预测时,需要查询历史的活动链数据,引入前向查询和后向查询的概率。具体而言,前向查询是将移动对象最近时期(一个月、一个周)作为预测近期活动内容的一个重要参数,根据关联分析得到的概率,按照从大到小的顺序进行排列;而后向查询则用于时间相隔较远的活动链的预测,即将时间相隔较远的活动链获得的模式规律赋予较低的权重,对于时间相近的模式赋予较高的权重。

11.2.3 群体活动预测实例

在实际应用中,根据已有数据集的特征可以从更多角度对移动对象的活动进行预测。基于移动对象的手机停留行为对其出行活动的预测是通过时空约束定义手机用户的停留行为(图 11.13)。预测方法融合手机用户基站位置更新数据、上网流量记录数据、POI数据、天气数据等多源数据,然后提取手机用户出行行为、上网行为的时空特征,通过时间、空间维度的特征交叉产生多维特征。然后由出行特征集、上网特征集、外部特征集等特征集合进行组合,构成停留的行为特征集合,从而从多个维度刻画手机用户的停留活动,构建具有高可解释性的从特征到模型求解的预测模型。其主要步骤包括停留行为识别、停留行为预测特征集构建及停留行为算法等内容。

其中,手机用户的出行特征包括:出行距离、活动半径、轨迹熵、访问位置个数,以及下一时段手机用户的历史停留时长平均值、最大值、最小值、中位数、标准差。然后通过基站区域的POI数据定量计算该区域的功能多样性 E_{POI}。在式(11.32)中,$p(poi)$ 为某类型 POI 数量占该区域 POI 总数的比例。

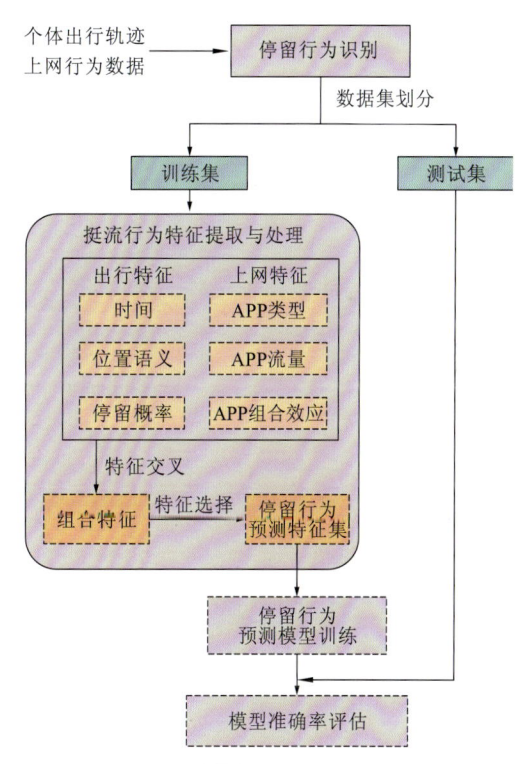

图 11.13 基于手机停留行为的出行活动预测

$$E_{\text{POI}} = -\sum p(\text{poi})\log_2 p(\text{poi}) \tag{11.32}$$

由于出行活动涉及时间和空间要素，从时间、空间特征交叉的角度通过笛卡儿积的方式构建时空特征。手机用户所在的基站通过经纬度坐标去重后对区域重新编号，以得到 n 个区域组成的区域集合 S。一天中的时段离散化为 m 个时段，然后通过式（11.33）所示的笛卡儿积公式，以获取 $m \times n$ 手机用户在特定时间段 t，在特定位置 p 的特征。

$$\begin{cases} \boldsymbol{T} = \{t_1, t_2, \cdots, t_m\} \\ \boldsymbol{S} = \{p_1, p_2, \cdots, p_n\} \\ \boldsymbol{T} \times \boldsymbol{S} = \begin{bmatrix} t_1 p_1 & \cdots & t_m p_1 \\ \vdots & & \vdots \\ t_1 p_n & \cdots & t_m p_n \end{bmatrix} \end{cases} \tag{11.33}$$

其中：T 为时段向量；S 为位置组成的区域集合；t_m 为特定时段；p_n 为特定位置；$t_m p_n$ 为在特定时段、特定位置的特征；$\boldsymbol{T} \times \boldsymbol{S}$ 是手机用户所有特征构成的矩阵。经过特征交叉后，产生丰富的特征集。对手机用户的活动（停留、移动）采取逻辑回归方式进行预测，可以检测到不同特征集对预测的准确性（图11.14）。

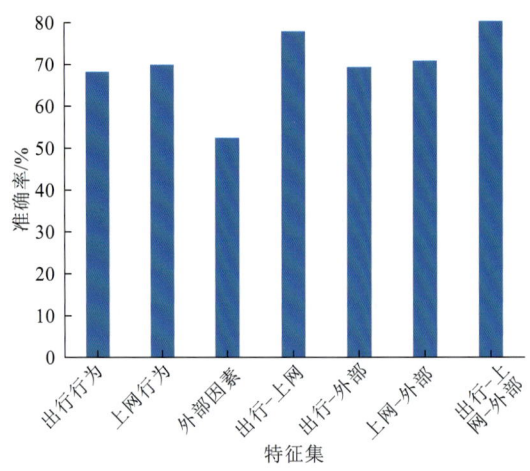

图11.14 不同维度的特征集用于个体停留行为活动预测

11.3 群体避险效应的时空预测

群体避险下的仿真模型从描述问题的层次上可以分为微观模型、中观模型及宏观模型。其中微观模型能够描述个体运动的细节，人被当作个体 agent 进行研究，且个体 agent 间有互相作用的力，但其分析能力不强且在大规模场景仿真下有较高的时间成本（Hou et al.，2014）；中观模型能够大大提高模拟速度但只适用于同质交通流的模拟，不能表达不同个体间的交互（Barbucha，2014）；宏观模型则是把人流当作流体来进行仿真（Hughes，2003）。

本节着重介绍几种微观下的人群避险仿真模型，再介绍广义的群体避险和复杂混合场景下的避险模型。

11.3.1 元胞自动机模型

元胞自动机模型将整个建筑平面人为地分割成形状和面积相同的网格，从而可以保证很精确地表示疏散空间的几何形状及内部障碍物的位置，并在任何时刻都能将人员赋予准确的位置。基本的元胞自动机有 4 个组成部分，即元胞、元胞状态空间、元胞邻居、元胞规则。元胞是指分布在离散一维、二维或者多维欧几里得空间的格点；元胞空间是离散的空间网格；元胞邻居是指距离元胞一个半径内的所有元胞。

在一些研究中，元胞自动机模型通常会引入人的行为特征，包括惰性、群体响应及不冒险性。总体而言，利用元胞自动机模型来进行避险情境下的疏散仿真主要是在经典的元胞自动机模型的基础上引入人的行为特征，将个体的运动离散化来尽可能地模拟真实的情景。其中，地面场模型是在避险疏散仿真中应用最为广泛的元胞自动机模型（Zheng et al., 2009）。地面场主要包括静态场和动态场，两者及其相关影响因素共同决定元胞的转移概率。

如图 11.15 所示，位于中心元胞进入单元格 (i,j) 的概率 $P_{i,j}$ 的概率如式（11.34）所示，其中，N 为正规化因子；k_S 和 k_D 分别为静态场参数和动态场参数；$S_{i,j}$ 和 $D_{i,j}$ 分别为静态场强和动态场强；$\eta_{i,j}$ 和 $\xi_{i,j}$ 为元胞状态参数。

$$P_{i,j} = N\xi_{i,j}(1-\eta_{i,j})\exp(k_S S_{i,j})\exp(k_D D_{i,j}) \quad (11.34)$$

$$N = \left\{\sum_i\sum_j\left[\xi_{i,j}(1-\eta_{i,j})\exp(k_S S_{i,j})\cdot\exp(k_D D_{i,j})\right]\right\}^{-1} \quad (11.35)$$

$$\eta_{i,j} = \begin{cases} 1, & \text{有墙或障碍物} \\ 0, & \text{无墙或障碍物} \end{cases} \quad (11.36)$$

$$\xi_{i,j} = \begin{cases} 1, & \text{无人} \\ 0, & \text{有人} \end{cases} \quad (11.37)$$

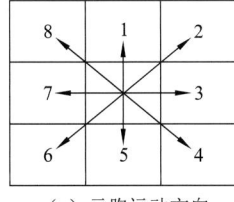

（a）元胞运动方向　　（b）元胞邻域和转移概率

图 11.15　元胞的运动方向及其邻域的转移概率

静态场参数是对场所内部结构及场所熟悉程度的描述。静态场强度 $S_{i,j}$ 主要反映建筑物内部结构和障碍物分布，而参数 k_S 反映人员对环境的熟悉程度或个体逃生速度。动态场参数是对从众行为进行描述，$D_{i,j}$ 表示路过 (i,j) 处动态人员吸引力，k_D 则反映逃生者的从众心理程度（郭良杰 等，2014）。

11.3.2 社会力模型

由于人群并不像粒子运动一样具有很强的规律性,所以社会力模型可以较好地模拟一般状态下人的运动状态。社会力模型可以很好地刻画人群运动中的群体行为,例如自组织、"快即是慢"、从众现象等。以 Helbing 提出的社会力模型为基础,一些衍生的社会力模型被提出,这些衍生模型主要从动力学、群体行为、个体特性等角度对模型加以改进。除了 9.4 节中提到的个体本身行为和个体间交互行为,小团体行为也作为社会力模型的一个重要研究方向。

小团体行为是指乘客疏散过程中存在多人一起行动或者互相扶助的情况。同一小群体内部成员往往存在统一行动的现象,小群体行为对于社会力模型的影响主要体现在小群体内成员期望速度挑战和人与人之间作用力间的调整(李芳 等,2019)。

期望速度的调整会改变自发的驱动力,小群体内乘客 i 的期望速度通过同一群体内部其他成员的期望速度进行修正。在式(11.38)中:$V_{\text{groupi}}(t)$ 和 $V_{\text{groupj}}(t)$ 分别为时刻 t 乘客 i 的期望疏散速度及其所在小群体中其他乘客 j 的期望疏散速度;n 为小群体的乘客数量。

$$V_{\text{groupi}}(t) = \frac{1}{n-1} \sum_{j=1, j \neq i}^{n} V_{\text{groupj}}(t) \tag{11.38}$$

小群体成员 i 的运动速度在疏散过程的各阶段是不同的,在小群体形成前,个体间互相寻找;汇合后小群体整体速度则保持一致。

$$v_i'(t) \begin{cases} v_i(t), & t < t_{\text{assemble}} \\ V_{\text{groupi}}(t), & t \geq t_{\text{assemble}} \end{cases} \tag{11.39}$$

其中:t 为小群体中成员到达汇合地点所用的时间;t_{assemble} 为所有小群体完成会合所需时间。

由于小群体内人的容忍距离通常比小群体外的人群容忍距离短,同时小群体内部成员还会对小群体外的人群产生排斥力,小群体内部人群更多会受到内部乘客的吸引力。因此,小群体的同伴之间可以采用 Lakoba 等(2005)提出的吸引力法则来刻画同伴间的吸引力。

$$f_{iq} = F_i \exp\left[(r_{iq} - d_{iq}) / \beta_i\right] \mathbf{n}_{iq} \tag{11.40}$$

其中:i 和 q 为同伴关系;r_{iq} 为个体与个体 q 的之间的半径之和;d_{iq} 为个体 i 与个体 q 的质心之间的距离;β_i 为一个常数;F_i 为一个负常数,表示吸引力强度;$\mathbf{n}_{iq}$ 为个体 i 指向个体 q 的方向单位矢量,这个力的方向与原始模型的作用力方向相反。

11.3.3 Agent 模型

agent 是一种用于描述人类行为及特征的自主性实体,每一个 agent 拥有自身的行为准则和学习能力,能够按照自身设定或者系统设定的目标,不断地调整自身的状态进行决策。因此,基于 agent 的疏散模型不同于元胞自动机模型的一个关键点就是每个独立的 agent 都可以定义自己的特征,同时,agent 需要利用自身的社会能力及自治能力适应环境变化。

虽然 agent 具有较为强大的属性,但是个体 agent 无法进行较大规模的模拟,因此需要将多个 agent 构成交互式的群体(multi-agent System,MAS)。环境内主体之间结构关系较为稳定，而主体间的协商、竞争及合作行为就需要构建对应的交互机制。这种交互包括单个 agent 两两间的交互，也可以是群体 agent 之间的交互。

对于公共场所的应急避险过程中的交互过程，可以分为交互需求、规划与实施、交互效果评估三个阶段。首先交互需求是时刻存在的，而协议规划的主要目的在于决策，采取避险行动。在行动实施后，则对整个交互过程和效果进行分析。每个 agent 采用五元组来表示，即表达形式为 <NAME, GOALS, RESOURCES, ACTIVITES, PLANS>，每个角色有唯一的名字，且具有一个或多个目标。

首先定义多组 agent 构成的群体单元 M，其中 A 表示群体集，$A \in \{L-A, O-A, A-A\}$，即将群体分为了引导性群体（lead-agent）、普通性群体（ordinary-agent）和惊恐性群体（alarmed-agent）。结合五元组角色模型和三类 agent，可以构建群体 agent 间的交互协作模型。在式（11.41）中，G 为协作目标，P 为协作规划，T 为协作伙伴集合（$A \notin T$，包括一些救援人员或者志愿者），S 为协作方案，与协作伙伴对应。

$$M = <A, G, P, T, S> \quad (11.41)$$

图 11.16 显示了多个 agent 群体之间的交互协议，橘色箭头表示通信服务器向 agent 发送信息，箭头长度代表信息到达相应群体的时间或者是群体的反应时间（陈迎欣，2013）。显然，引导型群体（L-A）的反映时间最短，而恐慌型群体（A-A）的反映时间最长。红色箭头表示群体 agent 之间的信息传递，群体间通过信息传递，进行交互，拟定规划方案。而灰色箭头表示目标导向箭头，指向避险目标。实际上，通信服务机制能够传递突发事件（自然灾害、人群活动等）所产生的物理现象，如气味、火光、报警声，引导型群体能够更敏感地捕捉到这种现象，并快速告诉其他人，发起协调行为。

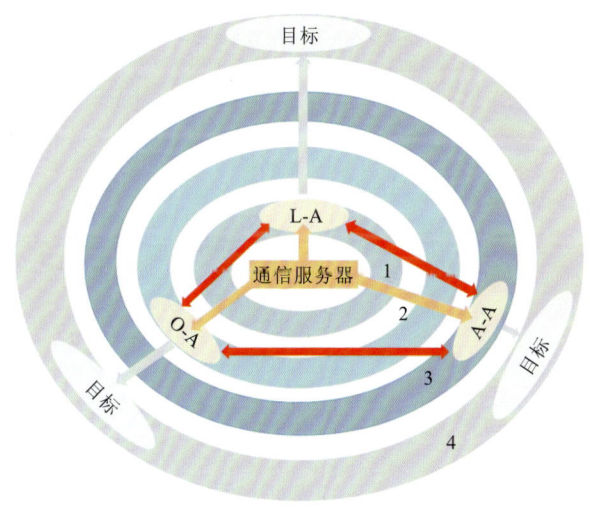

图 11.16　多个 agent 群体之间的交互协议

11.3.4　群体避险的泛化

群体避险在狭义上主要指人群的避险，而广义上还可以将群体避险定义为承载人的交通工具的避险，如车辆、船舶或者人车混合避险等。

船舶在港口的分布随着事件不断变化,形成港口交通流。由于海上交通运输的日益繁忙,船舶数量的增加,通航区船舶碰撞的事故也不断发生,对于船舶避险模拟和预测也是避险研究一个重要方向。船舶避险通常是通过评估船舶附近的时空风险,寻找到低风险的行驶路径。具体而言,可以利用船舶交通自动跟踪系统(AIS)数据判别船舶的避让起止点,来校正船舶碰撞风险参数,通过方向约束空间棱镜(DC-STP)方法计算多船舶的交互概率来评估船舶间的碰撞风险,从而生成港内海运网络的风险分布图。

此外,群体避险还需要对避险的时空环境进行构建,特别是一些复杂避险情境下,涉及多种场景和不同避险群体的疏散过程。

当避险群体为行人和机动车、避险情境从室内到室外时,如何构建避险过程是一个难点。行人流和机动车流是两种异质的交通流,两者特征差异很大,行人运动灵活且速度较低,机动车运动则被限制在车道上。因此,需要将这两种混合流量进行统一,对避险情况进行预测。在一些复杂的避险情境下,人群需要先从建筑物中撤离,由于人数众多,可能会给附近交通带来巨大压力,甚至造成交通瘫痪。如图 11.17 所示,避险研究区域从建筑物内部延伸指外围一定半径的交通路网。

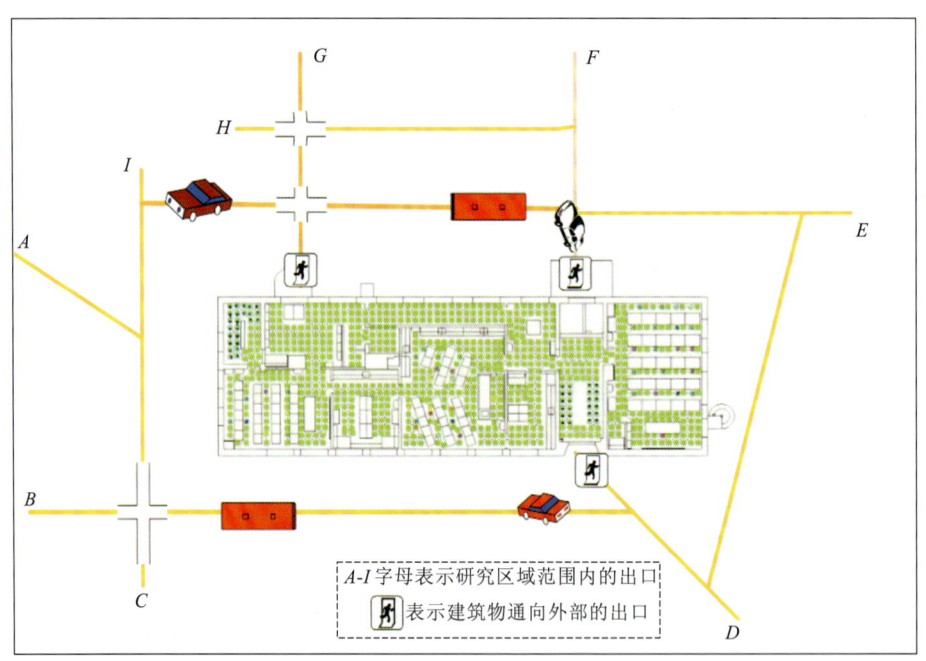

图 11.17 避险区域的范围

对于这种复杂情境下的混合群体避险情境,可以采用双层空间构建疏散网络,以解决避险路径的模拟。上层结构为决策层,下层结构为操作层。决策层网络采用图论中基于节点-弧段的方式表达建筑物内部空间结构的连通关系及距离远近,属于逻辑层面。而操作层通过将建筑物内部空间的离散型或连续性表达为个体的运动空间,属于物理层面。

其基本的路径规划思路为:先基于决策层的节点-弧段网络进行最优疏散路径的规划,对疏散个体的运动方向进行引导;再根据计算出的疏散方向,在操作层的网络中基于元胞自动机模型进行疏散过程的模拟,以得到疏散交通流的平均速度、疏散时间等参数,以供决策层规划路径。如图 11.18 所示，决策层网络是基于节点-弧段的网络表达，不同类型的道路交叉口被描述为无差别节点，缺少道路交叉口的转向细节等，无法对行人、车辆各自的通行方向及它们间的冲突进行描述，因此在操作层的上将节点、弧段进行扩展，考虑行人、车辆不同运动方向的网络。

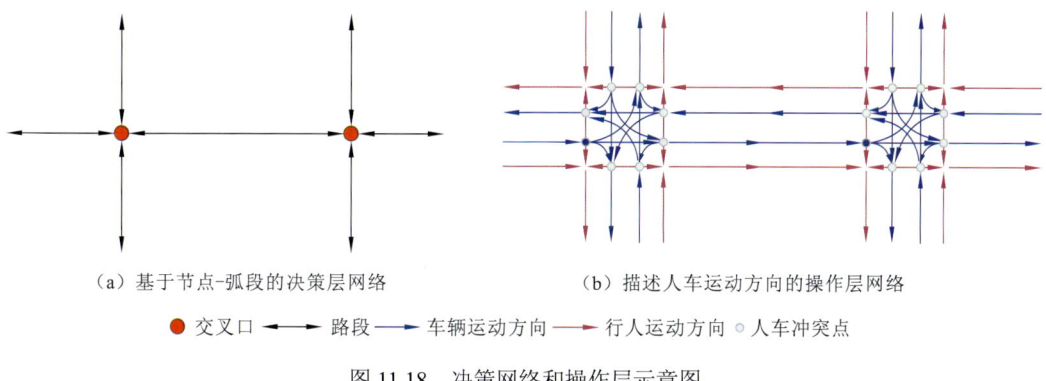

（a）基于节点-弧段的决策层网络　　　　（b）描述人车运动方向的操作层网络

● 交叉口　←→ 路段　—→ 车辆运动方向　—→ 行人运动方向　○ 人车冲突点

图 11.18　决策网络和操作层示意图

11.4　群体决策的时空预测

在过去的研究中，群体决策着重研究如何集结一个决策群体中所有决策个体的意见为群体一致意见，通常应用在专家评审、重大事件决策上。在决策过程中，群体成员通过投票、沟通的方式交流意见，构建群体交互网络，不断调整自己的决策，从而促进群体思维的收敛。

在 9.5 小节中，群体交互网络主要是从空间距离和社会关系的角度进行构建的。但群体社会关系构建十分复杂，需要大量的数据支撑，通常难以获取。实际上，一些大规模的群体决策在时空维度往往具有一些规律。比如政府在改造居民区周边公共设施时，居住在同一片区域的居民更容易达成决策一致，因此他们的交互度往往更高。因此，在难以获取群体交互信息的情况下，基于群体的时空轨迹数据可以构建时空交互网络，用于预测群体决策行为在时空维度的变化。此外，在一些大规模的群体决策中，群体成员的增加会造成"子群体"的出现，子群体达成内部决策意见一致，会增加决策者的信息，从而不会轻易改变自身决策结果，但同时还会对其他意见不一致的个体产生更大的影响。

群体决策的时空预测需要解决几个问题，哪些群体间进行时空交互？这些进行时空交互的群体成员之间的交互影响如何量化？对于每个群体成员而言，如何对自身原有的决策进行改变？因此，本节提出一种基于时空交互网络和决策稳定性的群体预测模型，时空交互网络用于量化群体间的交互影响，而决策稳定性用于量化决策个体对自身原有决策的改变程度。

11.4.1　群体时空交互网络

群体时空交互网络是群体交互网络构成的第三种方式，这是一种基于历史的时空轨迹数据推断群体间的交互关系的方法。因为群体所在的时空位置间存在不同的轨迹流量，流量可以用于描述群体间的空间交互强度。群体时空交互网络的构建主要分为三步：首先构建群体成员与时空位置的关联关系，然后计算不同时空关键点间的轨迹流量，最后将轨迹流量转换为群体成员间的交互强度。

1. 群体成员与时空位置的关联度

每个群体成员会有多条时空轨迹，这些轨迹包含许多位置点，因此需要先找到与每个群体成员关联最大的位置点。比如一个上班族每天从家去公司，偶尔会去商场购物，那么对于他而言，家、公司、商场都属于时空关键点，家和公司所在位置点与其关联度最大，商场的关联度较小，但时空关键点之间途径区域的这些位置点并不属于关键点，因为这些位置点通常不会长时间停留进行活动。因此，群体成员的时空关键点被定义为轨迹中停留时间较长、重复访问次数较高的轨迹点。

对于群体成员 e_k 而言，用集合 $S_k=\{(x_1,y_1),(x_2,y_2),\cdots(x_r,y_r)\}$ 记录群体成员的时空关键点，r 表示关键点的个数。依次遍历群体成员 e_k 的轨迹数据，对于每一个被记录的轨迹点 (x_i,y_i)，其停留时长 $T_{\text{stay}}(k,x_i,y_i)$ 为群体成员 e_k 多次从到达位置点 (x_i,y_i) 到离开位置点 (x_i,y_i) 的平均时间差。$F(k,x_i,y_i)$ 表示群体成员 e_k 访问位置点 (x_i,y_i) 的频率，由访问总数 $C(k,x_i,y_i)$ 和单位周期 T（通常为一个星期）的比值表示。当平均停留时长 $T_{\text{stay}}(k,x_i,y_i) \geqslant$ 30 min 及访问频次 $F(k,x_i,y_i)>2$ 时，该点 $(x_i,y_i) \in S_k$。此处的 30 min 和频次阈值 2 可以根据实际应用场景进行修改。

$$T_{\text{stay}}(k,x_i,y_i) = T_{\text{leave}}(k,x_i,y_i) - T_{\text{arrive}}(k,x_i,y_i) \tag{11.42}$$

$$F(k,x_i,y_i) = \frac{C(k,x_iy_i)}{T} \tag{11.43}$$

根据群体成员在各个时空关键点的停留时间和访问频次，可以定义每个时空关键点与群体成员之间的关联度 $I(k,x_i,y_i)$。如果某一关键点平均停留时间过长，而其他关键点很短，则很难突出其他关键点的区别，因此设定 $T_{\max}$ 为最大值上限。当平均停留时间大于这一阈值，则取 $T_{\max}$ 进行替代。对于群体成员 e_k 将其时空关键点的时空关联度进行归一化处理，使其值位于 0 到 1 之间。$I_{\max}(k)$ 表示成员 e_k 与其交互度最高的时空关键点的交互强度。

$$I(k,x_i,y_i) = \frac{F(k,x_i,y_i) \times \min(T_{\max},T_{\text{stay}}(k,x_i,y_i))}{\sum_{j}^{r} F(k_i x_j,y_j) \times \min(T_{\max},T_{\text{stay}}(k,x_j,y_j))} \tag{11.44}$$

$$\text{NI}(k,x_i,y_i) = \frac{I(k,x_i,y_i) - I_{\min}(k)}{I_{\max}(k) - I_{\min}(k)} \tag{11.45}$$

2. 不同时空地点间的轨迹流量

如图 11.19 所示，将研究区域划分为一个 $C \times L$ 的网格，在此基础上计算网格间的交互流量。两个网格间的交互流量 $Q(C_a,L_b \leftrightarrow C_c,L_d)$ 定义为网格 (C_a,L_b) 与网格 (C_c,L_d) 同属于一条轨迹的个数。以遍历紫色轨迹为例，该轨迹以网格 (C_4,L_2) 为起点，经过 5 个网格，到达网格 (C_2,L_5)，那么这 5 个网格两两间的交互流量都增加 1，$Q(C_4,L_2 \leftrightarrow C_3L_2) = \cdots =$

$Q(C_4,L_2 \leftrightarrow C_2,L_5)=\cdots Q(C_2,L_4 \leftrightarrow C_2L_5)=1$。图中，蓝色轨迹和黄色轨迹都经过网格$(C_4,L_4)$和网格$(C_7,L_7)$，因此$Q(C_4,L_4 \leftrightarrow C_7,L_7)=2$。

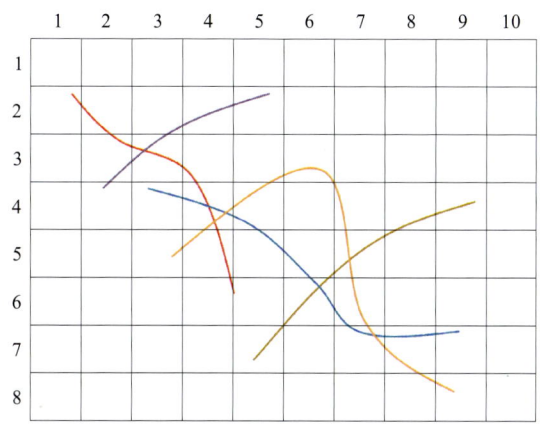

图 11.19　网格的交互流量

基于网格间的交互流量Q可以推导时空关键点间的交互流量，首先找到时空关键点对应的网格序号，再将网格序号间的流量赋值给时空关键点间的流量。

$$Q(x_1,y_1 \leftrightarrow x_2,y_2)=Q(C_a,L_b \leftrightarrow C_c,L_d), (x_1,y_1)\subset C_a,L_b;(x_2,y_2)\subset C_c,L_d \quad (11.46)$$

3. 群体成员间的交互强度

对于群体$E=\{e_1,e_2,\cdots,e_m\}(m\geqslant 2)$而言，每个群体成员$e_k$的时空关键点集合$S_k$对应的交互度即为$\text{SNI}_k=\{(\text{NI}(k,x_1,y_1)),(\text{NI}(k,x_2,y_2)),\cdots,(\text{NI}(k,x_r,y_r))\}$。群体成员间的交互强度定义为$O(e_i \leftrightarrow e_k)$。在式（11.47）中，$(x_p,y_p)$为$e_i$的时空关键点，$(x_q,y_q)$为$e_k$的时空关键点。

$$O(e_i \to e_k)=\sum_p \sum_q Q(x_p,y_p \leftrightarrow x_q,y_q)\times\left[\text{NI}(i,x_p,y_p)+\text{NI}(k,x_q,y_q)\right] \quad (11.47)$$

11.4.2　群体决策的稳定性

在群体决策过程中，群体成员间会相互影响，从而使得其他成员的决策意见逐渐与自身达成一致。决策一致性的内部成员形成"小团体"，"小团体"相比于个体对周围人群产生的影响作用更大，且越不容易受到其他个体的影响而发生改变，这属于群体决策的稳定性。如果某一个体与其他成员的决策结果不一致，那么他很容易受到他人的影响而改变自己的决策结果，从而与其他人达成决策一致，这属于群体决策的脆弱性。

决策者e_i和e_k决策一致，表现为对决策方案的选择结果一致，即他们的最大评价效用的方案选择一致。假设有三个不同的候选决策方案，e_i的评价效用为$a_{i1}^t > a_{i3}^t > a_{i2}^t$，而$e_k$的评价效用为$a_{k1}^t > a_{k2}^t > a_{k3}^t$，则两者也属于决策一致，因为他们效用最大的候选方案是一致的（参见9.5.3小节）。

群体成员每次进行决策更新时，μ_i^t 表示决策者的稳定性，即决策者 e_i 保持自己原来决策的权重，而 β_i^t 则表示决策者的脆弱性，即通过与其他成员的交互作用从而使决策产生改变的权重因子。当决策者在与其进行交互的成员中，找到决策一致的同伴后，其决策的稳定性将增强。假设在 t 时刻与其决策一致的群体成员人数为 $\delta^t(\delta \leqslant m-1)$，则 μ_i^t 定义为式（11.48）。在式（11.49）中，决策改变的权重 β_i^t 是与决策者 e_i 产生交互作用但决策不一致的群体成员的决策改变权重之和。

$$\mu_i^t = \frac{\delta^t}{m-1} \tag{11.48}$$

$$\beta_i^t = 1 - \mu_i^t \tag{11.49}$$

$$\beta_i^t = \sum_{k \neq i}^{m-1} \beta_{ik}^t, \qquad O(e_i \to e_k)^t > 0 \tag{11.50}$$

其中：$O(e_i \to e_k)^t$ 为 t 时刻下的群体交互强度，可以得到决策者间通过交互作用产生改变的权重因子 β_{ik}^t，定义为式（11.51）。在决策过程中，群体成员间不断交互，使得决策备选方案的效用评价矩阵 A_t 不断改变，从而改变群体决策智能。其更新公式如式（11.51）所示。e_u 表示 t 时刻群体中与 e_i 产生交互作用且决策结果不一致的其他群体成员。

$$\beta_{ik}^t = \beta_i^t \times \frac{O(e_i \to e_k)^t}{\sum_u O(e_i \to e_u)^t} \tag{11.51}$$

11.4.3　群体决策的预测模型

群体决策过程中，群体间的交互也是不断变化的，从而会影响下一个时刻的群体决策结果。因此，对于单个群体对象 e_i 的预测流程分为三步：首先更新群体交互网络，确定交互强度的变化信息；然后根据上一次决策结果（t_0 表示初始时刻，t_{h-1} 代表上一时刻，t_h 代表当前时刻），计算当前时刻 t_h 的群体稳定性权重 $\mu_i^{t_h}$ 和脆弱性权重 $\beta_{ik}^{t_h}$；最后更新当前群体对象 e_i 对每个决策方案的评价效用。其中，$a_{ij}^{t_{h-1}}$ 为上一时刻决策者 e_i 对决策方案 x_j 的效用评价，$a_{ik}^{t_{h-1}}$ 为上一时刻决策者 e_k 对决策方案 x_j 的效用评价。

$$a_{ij}^{t_h} = \mu_i^{t_h} a_{ij}^{t_{h-1}} + \sum_{k \neq i}^{m-1} \beta_{ik}^{t_h} a_{ik}^{t_{h-1}} \tag{11.52}$$

在此基础上，将决策成员的评价效用集结在一起（参见 9.5.3 小节）。

$$g_j^{t_h} = \sum_{i=1}^{m} w_i^{t_h} a_{ij}^{t_h} \tag{11.53}$$

其中：$g_j^{t_h}$ 为在 t_h 时刻，群体 E 对方案 x_j 的总效用评价，它是所有决策个体的效用集结的结果；$w_i^{t_h}$ 为 t_h 时刻决策个体的权重。在式（9.38）中，$w_i^{t_0}$ 是决策成员初始状态下的决策权重，该权重由群体成员的决策能力决定，即具有更高决策能力的个体将会拥有更高的权重。在式（11.54）中，随着时间的推移，决策权重 $w_i^{t_h}$ 可以根据上一时刻的决策权重 $w_i^{t_{h-1}}$ 进行修正。

$$w_i^{t_h} = w_i^{t_{h-1}}\left(1 + \lambda_i^{t_h}\right) \tag{11.54}$$

决策能力权重的修正主要依据群体决策在时空维度的变化趋势，如果决策者使得与其交互的群体成员更多地与自身的决策达成一致，则说明决策者的决策能力增强。如图11.20所示，对于某一群体成员 $E=\{e_1,e_2,e_3,e_4,e_5\}$，在 t_{h-1} 时刻，e_2 与 e_1、e_3、e_4 都产生交互作用，且 e_2 与 e_1 间决策一致；在 t_h 时刻，交互对象没变，但 e_2 与 e_3 间从决策不一致变成决策一致，说明 e_2 对 e_3 产生了影响，形成了内部决策一致的小团体，从而 e_2 的决策能力得到提升。

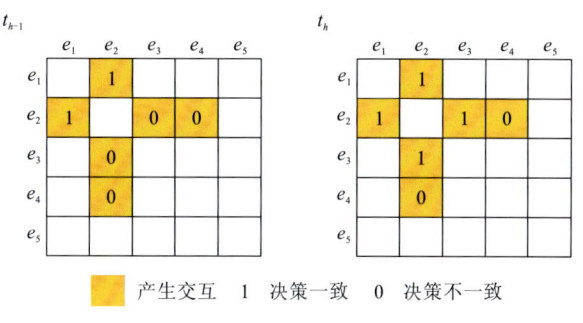

图 11.20 决策能力的时间变化

$\lambda_i^{t_h}$ 是时刻 t_h 对于决策者 e_i 的修正参数，当 $\lambda_i^{t_h}>0$ 时，说明决策者 e_i 的决策能力增强；当 $\lambda_i^{t_h}<0$ 时，决策者 e_i 的决策能力减弱。δ^{t_h} 为时刻 t_h 群体成员中与 e_i 产生交互且达成决策一致的成员数，γ^{t_h} 为时刻 t_h 群体成员中与 e_i 产生交互但未达成决策一致的成员数。

$$\lambda_i^{t_h} = \frac{\delta^{t_h}}{\gamma^{t_h}+\delta^{t_h}} - \frac{\delta^{t_{h-1}}}{\gamma^{t_{h-1}}+\delta^{t_{h-1}}} \tag{11.55}$$

参 考 文 献

陈良均, 朱庆棠, 2003. 随机过程及应用. 北京: 高等教育出版社.

陈迎欣, 2013. 基于Multi—agent的地铁站内人群应急疏散交互研究. 计算机应用与软件(10): 226-228.

郭良杰, 赵云胜, 2014. 基于元胞自动机模型的人员疏散行为模拟. 安全与环境工程, 21(4): 101-106.

侯杰泰, 温忠麟, 成子娟, 等, 2004. 结构方程模型及其应用. 北京: 教育科学出版社.

李芳, 狄月, 陈绍宽, 等, 2019. 考虑客流引导和小群体行为的地铁车站疏散模型. 西南交通大学学报, 54(3): 587-594.

李霞, 邵春福, 孙壮志, 等, 2008. 基于结构方程的节假日居民出行和活动关联性建模分析. 交通运输系统工程与信息(6): 91-95.

李万高, 赵雪梅, 孙德厂, 2013. 基于改进贝叶斯方法的轨迹预测算法研究. 计算机应用, 33(7): 1960-1963.

李明晓, 张恒才, 仇培元, 等, 2018, 一种基于模糊长短期神经网络的移动对象轨迹预测算法. 测绘学报, 47(12): 1660-1669.

AKIYAMA T, INOKUCHI H, 2014. Long term estimation of traffic demand on urban expressway by neural networks. 2014 Joint 7th International Conference on Soft Computing and Intelligent Systems (SCIS) and 15th International Symposium on Advanced Intelligent Systems (ISIS), Kitakyushu: 185-189.

BARBUCHA D, 2014. A cooperative population learning algorithm for vehicle routing problem with time windows. Neurocomputing, 146(25): 210-229.

CUDECK R, TOIT S D, SÖRBOM D, 2001. Structural equation modeling: Present and future. Chicago Scientific Software International: 1-40.

ERLANDER S, 2010. Cost-minimizing choice behavior in transportation planning. Advances in Spatial Science, New York: Springer.

HOU L, LIU J G, PAN X, et al., 2014. A social force evacuation model with the leadership effect. Physica A Statal Mechanics & Its Applications, 400: 93-99.

HUANG W, SONG G, HONG H, et al., 2014. Deep architecture for traffic flow prediction: Deep belief networks with multitask learning. IEEE Transactions on Intelligent Transportation Systems, 15(5): 2191-2201.

HUGHES R L, 2003, The flow of human crowds. Annual Review of Fluid Mechanics, 35: 169-182.

PHAN D, NA I S, KIM S H, et al., 2015. Triangulation based skeletonization and trajectory recovery for handwritten character patterns. Ksii Transactions on Internet & Information Systems, 9(1): 358-377.

LAKOBA T I, KAUP D J, Finkelstein N M, 2005. Modifications of the Helbing-Molnár-Farkas-Vicsek social force model for pedestrian evolution. Simulation Transactions of the Society for Modeling & Simulation International, 81(5): 339-352.

LEELAVATHI M, SAHANA K D., 2016, An architecture of deep learning method to predict traffic flow in big data. International Journal of Research in Engineering and Technology, 5(4): 461-468.

YUAN C, LI D, XI Y, 2015.Campus trajectory forecast based on human activity cycle and Markov method// 2015 IEEE International Conference on CYBER Technology in Automation, Control, and Intelligent Systems (CYBER). IEEE: 941-946.

ZHENG XP, ZHONG T K, LIU M T, 2009, Modeling crowd evacuation of a building based on seven methodological approaches. Building & Environment, 44(3): 437-445.

第 12 章 人群动态观测的典型应用

12.1 城市客运网络客流状态监测、风险评价

12.1.1 城市客运网络客流状态监测与风险评价基本功能

城市网络化客流拥塞形成及消散机理、异常状态识别与预警、运行安全综合评价等是城市客运网络客流的综合管理与运营的关键技术难点。城市客运网络客流状态检测与风险评价原型系统直接面向该问题，主要包含客流监测、客流预测、异常预警、风险评价四部分功能（图 12.1）。

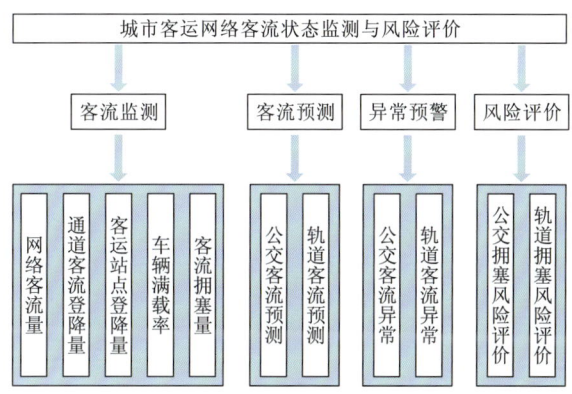

图 12.1 原型系统功能

（1）客流监测：实现包括网络、通道、站点、车辆在内的不同空间维度的客流监测。其中，网络客流量以时间轴曲线的方式展示；通道客流登降量以颜色深浅的方式展示；客运站点登降量以热力图的方式展示；车辆满载率以不同颜色点展示，以体现实际中客流拥塞各层级的指标。此外，选定特定公交和地铁通道案例，从时间和空间维度对其客流拥塞量 PC 进行系统展示。

（2）客流预测：利用研究得出最优的客流预测方法，实现公交和轨道的站点、区间、网络的客流量预测，并在时间轴上将实际客流量、预测客流量，以及上周同期客流量进行同时展示对比。

（3）异常预警：在客流预测的基础上，若预测出未来时刻的客流量超过既定的阈值，则认定为客流异常并进行预警，实现了公交和轨道在站点、区间层面的异常状态预警，以重点标注的形式和客流预测功能同时进行展示。

（4）风险评价：利用客流拥塞等级评价方法，实现公交和轨道的区间拥塞风险等级评价，包括全天早晚高峰、平峰、小时层面，以不同颜色等级图的形式进行展示，并按月、

周、日对高风险区位进行评价。

12.1.2 系统数据

数据主要来源于公交车基础数据库、GPS 实时数据、车辆到站数据和刷卡数据。基础数据通过第三方数据仓库工具数数采集方式接入，GPS 数据通过 socket 接收，车辆到站数据和刷卡数据通过文件方式。

线路基础数据库：公交线路数据主要包括每条公交线路的编码、所属企业、所属路队、线路全程票价、线路长度、平均站距、运行线路图、站序、线路非直线系数、线路类型、首站点、末站点、夏季首末班时间、冬季首末班时间等基础信息。

站点基础数据库：公交站点数据主要包括公交站点的编码、名称、位置经度、位置纬度、所属行政区划、站点类型、是否有监控设备、是否为枢纽站、站台类型、是否有站亭、站牌类型、站台分布图等基础信息。

场站基础数据库：公交场站数据主要包括场站编号、名称、属地、面积、权属类型、场站类型、场站功能、保养级别、维修能力、服务人员数、停车位数量、维修坑数量等基础信息。

公交车辆基础数据库：主要存储和管理武汉市所有公交车辆的基础属性信息，主要包括每辆公交车的编码、车牌号码、所属企业编码、所属路队、车辆类型、车牌颜色、车辆长度、运营证件号、燃料类型、额定载客人数、出厂日期、运营证件有效期、年度审验状态、发动机功率、排放标准、额定使用年限、是否无人售票、有无 GPS 设备、有无视频监控设备、有无温度调节装置、是否为低地板车、是否设有无障碍设施、能否刷 IC 卡、是否安装客流调查器、是否有停靠场站、是否有报站器、是否有动态显示屏等基础信息。

公交车 GPS 数据：对公交车辆位置信息进行存储，包括 GPS 序号、车辆编号、线路编号、数据产生日期、数据产生时间、经度、纬度、瞬时速度、方位角、下一站序号、车上人数、始发终到标识、发车日期、运行方向、是否在线、离线标志、驾驶员编号、有效标志、创建时间、更新时间等。

公交车到站数据：包含数据类型、车辆编号、线路编号、时间、此方向线路站点序号、运行方向、到站、离站、运营状态等。

公交刷卡数据：包含历史数据和实时刷卡数据，IC 卡数据内容包括系统 ID、交易类型、交易序号、交易时间、交易金额、卡内余额、SAM 卡号、卡序列号、城市号、行业号、卡发行号、卡交易计数、卡类型、卡物理类型、月票类型、应收金额、线路号、车辆号、上车站、下车站、司机号、检票员号、有效标记、创建时间、更新时间等。

12.1.3 系统实现

1. 客流综合监测

客流综合监测主要包括通道客流监测、车辆监测、站点客流监测三个维度。在通道客流监测功能中包含了地面公交系统及轨道交通系统两个方面的内容，监测主要路面站点区间及轨道通道区间的动态客流，记录并展示全网中路面公交及轨道交通通道的全天各时段的客流情况，直观地反映出通道的客流变化情况，便于准确地掌握各通道的客流情况（图12.2）。

（a）公交线网分布图

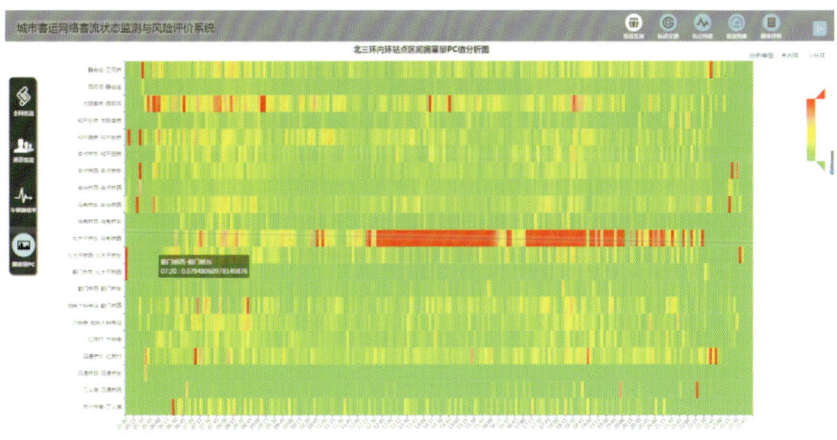

（b）站点客流分布图

图12.2　公交线网和站点客流分布图

根据监测得到的实时通道客流数据，能够得到不同通道的拥塞量的时空分布特征，便于针对不同通道的拥塞水平进行评价（图12.3）。

图12.3　公交站点区间拥塞量分析

在车辆监测方面，系统主要对车辆的满载率指标进行监控，该系统利用车载视频监控终端、其他监控设备及车辆 GPS 定位系统，同时结合上下车刷卡数据，实时对车辆位置、满载率等指标进行监测，同时记录不同车辆实时累计的刷卡量，为总的客流分析提供支持（图 12.4）。

图 12.4　公交车辆实时满载率分析

2. 客流预测

通过一定时间的实时客流和历史客流数据，预测下一时刻的客流变化，并能直观地展示全网或者指定通道区间实时客流、历史客流和预测客流的变化趋势，为地面公交线网站点的优化和动态综合出行信息服务提供信息（图 12.5）。

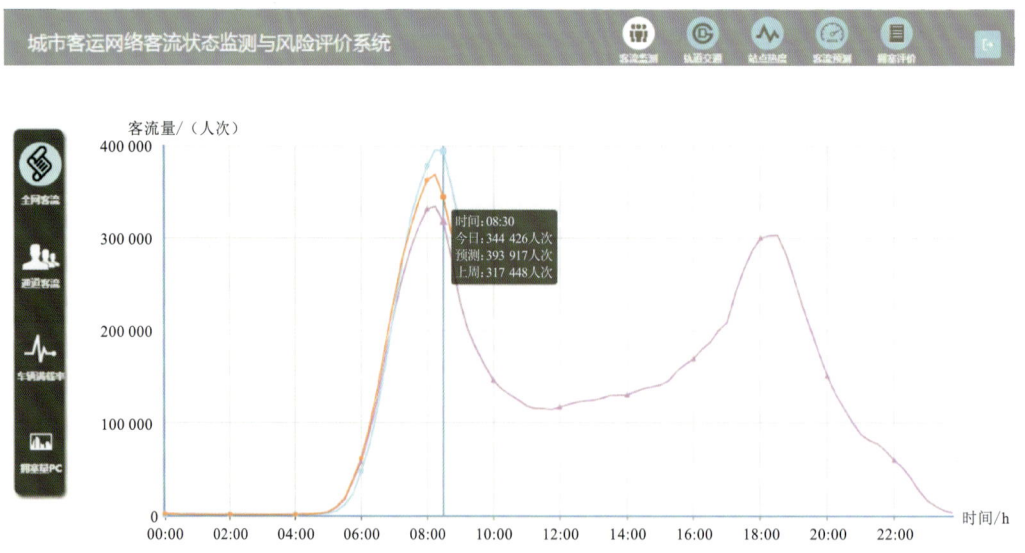

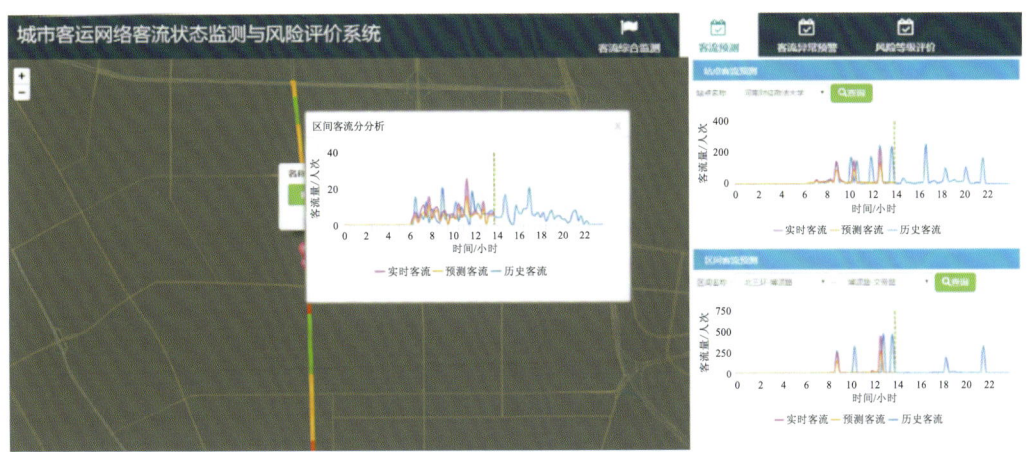

图 12.5　全网客流和公交客流时变曲线

3. 客流异常预警

根据监测的实时站点登降量、车辆满载率及相对应的历史数据，计算出相应的客流等级及判断客流情况是否异常。同时，结合实时及历史数据对下一时刻的客流情况进行预警后，对有可能发生拥塞现象的站点及通道区间提前进行预警，并对预警等级进行划分以区分拥塞的严重程度（图 12.6）。

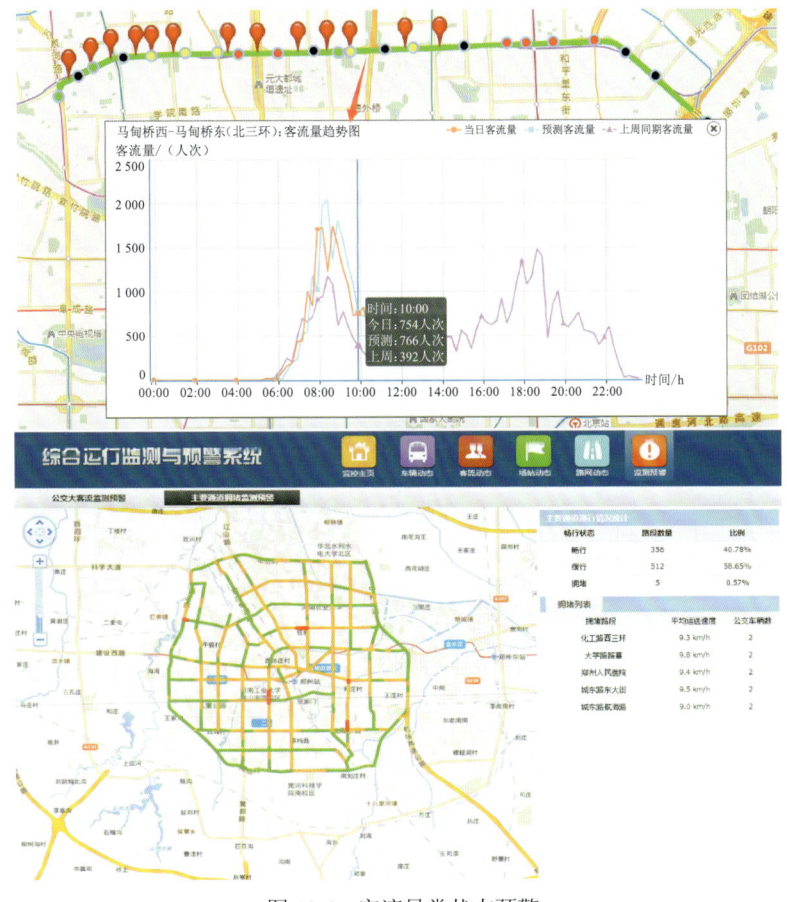

图 12.6　客流异常状态预警

· 295 ·

4. 风险等级评价

根据对历史数据的分析及对之后客流的预测情况，得到不同区段的拥塞度指数，对各站点区间的拥塞水平进行风险评估，有利于能够清晰准确地把握各通道区间的拥塞情况发展态势（图 12.7）。

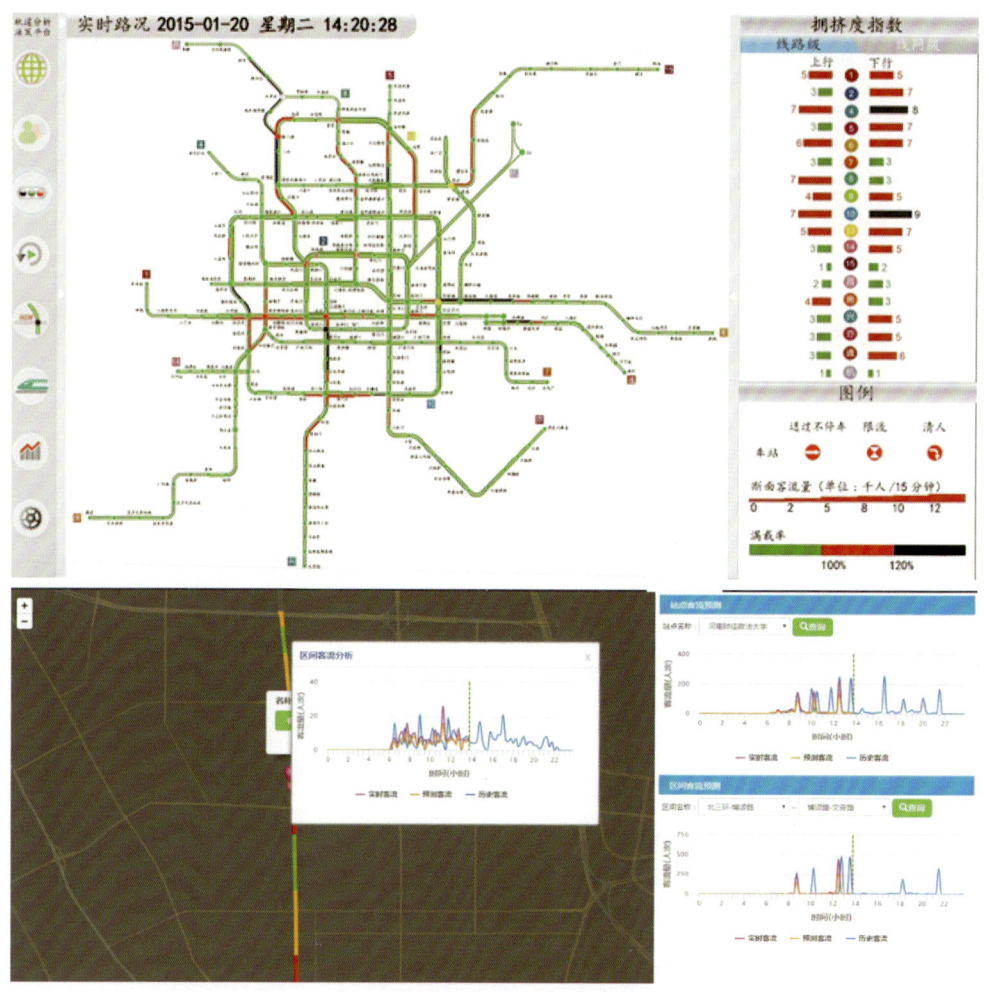

图 12.7 轨道交通客流拥塞风险分级可视化展示

12.2　轨道交通线网规划

12.2.1　城际轨道交通线网规划

汉川市（图 12.8）位于湖北省中部，东邻武汉，距离武汉 30~80 km，是承接武汉向湖北省内西部城市辐射的关键节点，战略地位突出，是未来武汉城市圈西部发展轴线上的重点发展城市。

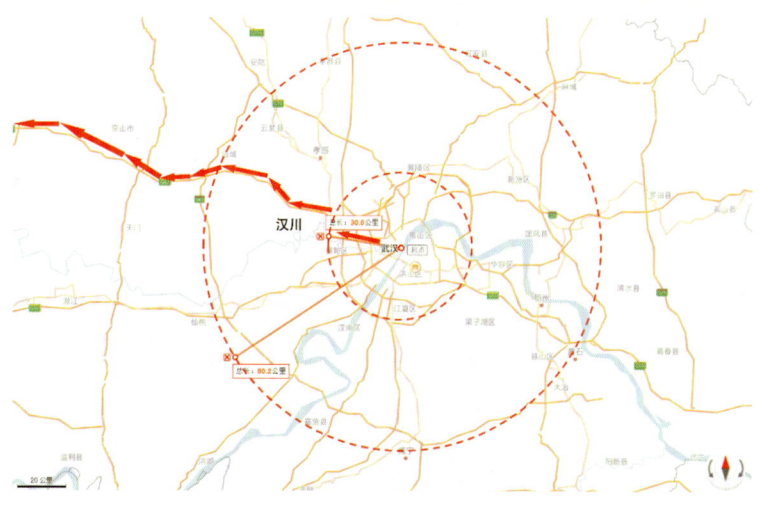

图 12.8　汉川市地理位置

1. 规划目标

基于武汉城市空间尺度——"1 小时交通圈"能覆盖的区域，界定城市空间发展的适宜尺度。主要包括三个方面：①主城区：15 km 半径范围，城市高端服务业集中区域，重点发展一定数量的城市副中心，形成多中心的空间结构；②市域集建区：30 km 半径范围，城市产业集中区域，重点打造一批功能相对完善的产业新城及新城中心；③大都市区：50～80 km 半径范围，城市一体化发展重点区域，构建多层次空间结构体系，打造特色鲜明、功能完善的独立新城（新市镇），突破市域范围，涵盖城市圈近汉地区，总面积约 $2 \times 10^4 \text{ km}^2$。

2. 城际轨道交通线网规划方案

1）职住通勤分析

通过手机大数据分析现状有通勤客流需求的汉川居住、武汉工作人群，出行起点集中在汉川市的仙女山、新河开发区，终点集中在汉口、武昌中心区（图 12.9）。

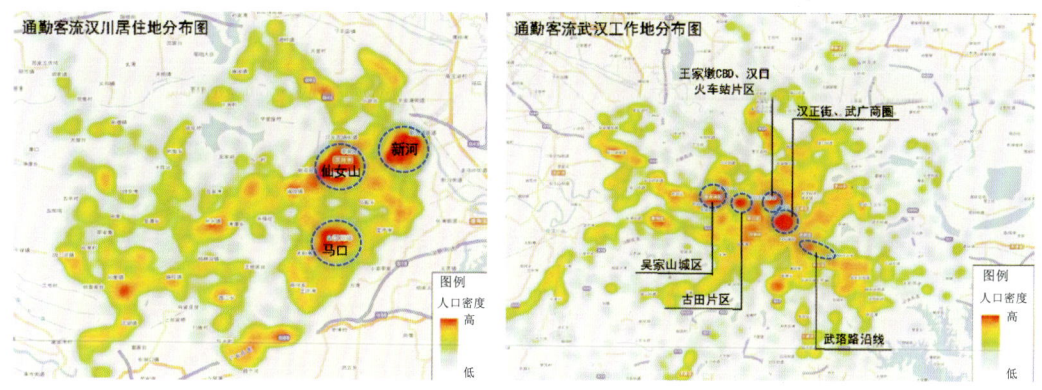

图 12.9　通勤客流需求分析

2）方案及对比

图 12.10 给出了两个规划比选方案，其中方案 1（汉川—吴家山—汉口主城）的路线走

·297·

向是汉川客运站—霍城大道—平章大道—文垱路—东西湖吴家山，在新沟预留连接孝感，长 38.9 km，设站 10 座，站间距 4.3 km；区内线路长 14.7 km，行程时间约 30 min。方案 2（汉川—蔡甸—汉阳主城）的线路走向是汉川客运站—霍城大道—华一产业园—汉蔡大道—蔡甸城关—中法生态城—新汉阳火车站，长 32.0 km，设站 8 座，站间距 4.0 km；区内长 14.9 km。

(a) 规划方案1　　　　　　　　　　(b) 规划方案2

图 12.10　两个规划方案例子

方案 1 与武汉市轨道大环线相连，提供多种换乘路径至武汉城区的选择；与城市发展中的东西向产业拓展轴高度吻合，促进汉川经开区-临空港经开区产业协同发展；串联汉川客运中心、汉川高铁站，锚固两大客运枢纽；连接高铁站与城区，实现快速客运联系；兼顾服务市内交通，服务霍城大道—新河开发区现状客流；与轨道 1、6 号线换乘一次即可到达汉口中心区，较符合现状汉川居民出行习惯。

方案 2 与武汉市轨道 4 号线、11 号线衔接，轨道 4 号线是一条镇间骨架线，一次换乘通达武昌火车站、武汉火车站两大枢纽，此后还可至新汉阳；带动汉江南岸马鞍-马口发展，为城市拓展新空间，打造滨江特色风貌区；市域轨道蔡甸段可与即将开工的汉蔡快线武汉段工程统筹考虑，同步实施。

两方案从换乘便捷性和可达性来看（图 12.11），方案线 1 换乘一次即可到达汉口中心区沿江区域，1 小时圈在汉口覆盖范围较方案 2 广；方案 2 与市域快线 11 号线相连到达汉口、武昌较为方便，与对外交通综合交通枢纽的可达性高。

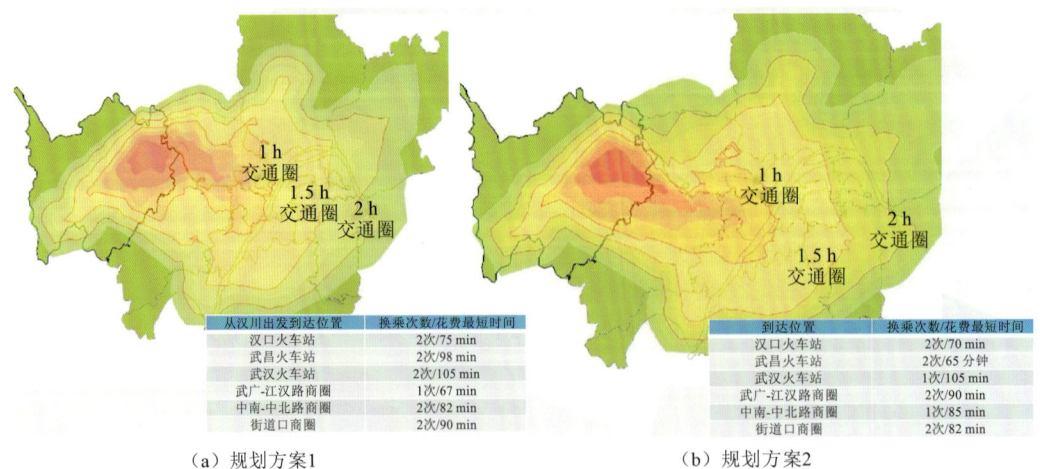

(a) 规划方案1　　　　　　　　　　(b) 规划方案2

图 12.11　方案换乘便捷性与可达性比较

12.2.2 市区内轨道交通线网规划

1. 规划思路

支撑武汉大都市区睿智一体化发展：构建汉川市与武汉的快速轨道交通联系，促进汉川市积极融入武汉大都市区，实现快速发展。通过区内布局中运量轨道交通，着力提升汉川市中心城区功能与品质，增强中心区辐射带动作用，实现以公共交通为导向的开发引领的城市集约高效发展，落实汉川市"一主两副三带"的发展战略；增强市区中心、各组团及重大交通枢纽的衔接，实现区内高品质公交出行；支撑区内近期建设重点区域、重大项目建设，提供有力支撑；进一步加强汉川市与蔡甸、东西湖之间的中运量交通衔接，构建区域一体化的中运量公交系统，带动区域一体化发展。

2. 区内交通分布特征分析与布局原则

交通引发量主要集中于中心城区、荷沙线沿线和马口镇。客流呈现"双心集聚"特征，向汉川市中心和武汉市集聚，占交通总出行量的68%。交通出行呈现出明显的廊道特征，荷沙线—城北组团—新河—武汉走廊，麻河—刘家隔—汉川市中心区—马口。

布局的原则包括：快速通达——与对外交通枢纽、客运中心衔接，避免重复投资浪费。保障各组团与综合中心至少有一条中运量直接联系。主、副中心至少有一条大中运量线路与二级以上综合交通枢纽直接联系。规模合理——根据多种方法匡算线网规模，进行合理规模论证。长度适中——根据有轨电车的运营速度（20~25 km/h）及合理的运行时间（≤1 h），建议单条有轨电车线路长度不超过25 km。服务高效——服务示范区各分区间多元用地。高度活动区域站间距建议为500~800 m，其他区域可酌情提高至1 km以上，以提高平均运行速度。运营灵活：线路适度共轨，提供同台换乘服务。

3. 方案比较

图12.12展示了两个规划方案，其中方案1为"网格放射、井字形均衡布局"，市域铁路由东西湖—新河引入城区综合中心，与中心城东西向发展轴吻合；内部中运量轨道网与市域铁路共同构成"两横两竖"网格型轨道网络，放射线路衔接各功能组团中心，支撑组团均衡协调发展，达到一体化发展的目标。方案2为"环+放射布局"，对外市域铁路由

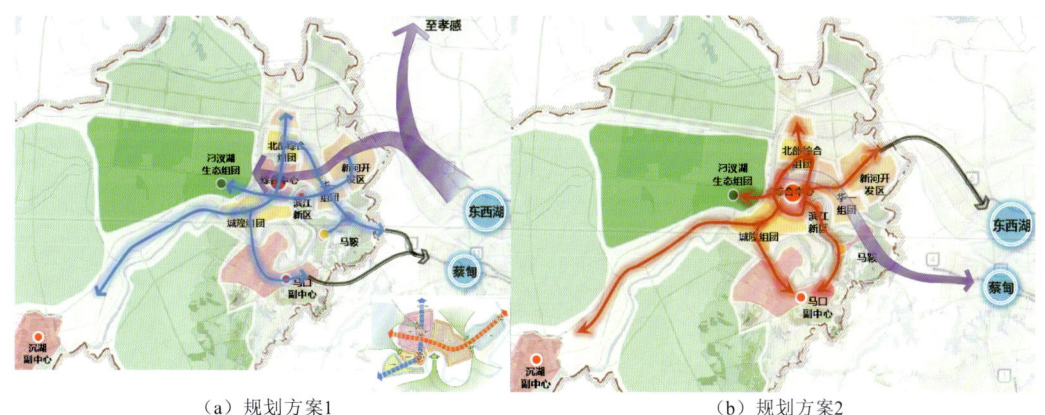

(a) 规划方案1　　　　　　　　　　(b) 规划方案2

图12.12　两个规划方案

武汉市蔡甸至汉川市区，串联马鞍组团、华一产业园和城区综合中心组团；中心城区内串联汈东、城北综合中心、老城区形成独立环线，支撑市中心的集聚和功能提升；同时，由中心区向城市各组团形成放射轴线，引导外围区城市空间轴向拓展。两种方案的线网规划指标、综合评价指标如表 12.1 和表 12.2 所示，其覆盖人口和岗位数分布图如图 12.13 所示。

表 12.1　2030 年有轨电车线网规划指标

	必选项目	规划方案 1	规划方案 2
线网指标	规模/km	135（区内 110.7）	148.3（区内 123.3）
	密度/(km/km²)	0.59	0.65
	站点 600 m 覆盖率	47	50
	服务岗位数量/万个	49.3	53.3
	服务岗位占总岗位比例/%	65.7	71.1
	服务人口数量/万人	90.1	90.6
	服务人口占总人口比例/%	70.4	70.8

表 12.2　两种方案的综合评价

比选因素	指标	规划方案 1（网络放射）	规划方案 2（环+放射）
区域发展协调性（21%）	与城市布局结构的协调性（30%）	6.3	5.5
	与交通发展战略的适应性（25%）	5	4.8
	对土地开发的引导性（20%）	4	4.2
	环境影响分析（33%）	6.8	6.8
	分项得分	22.1	21.3
网络结构（20%）	线网密度（25%）	4.3	4.5
	网络规模（25%）	4.2	3.8
	线网覆盖率（人口、岗位）（28%）	5	5.5
	衔接区域客运枢纽数量（22%）	4.2	3.9
	分项得分	17.7	17.7
经济效益（22%）	线网日客流量（20%）	4	4.4
	平均客运强度（23%）	4.8	4.6
	客流不均衡系数（22%）	4.4	4.5
	平均乘距（20%）	4.1	3.7
	换乘系数（15%）	2.6	2.1
	分项得分	19.9	19.3
社会效益（17%）	公共交通出行比例（55%）	6.5	6.2
	轨道交通占公共交通出行比例（45%）	6.8	6.5
	分项得分	13.3	12.7
实施和运营（20%）	工程实施可行性（40%）	6.5	5.8
	分期建设计划的合理性（25%）	4.2	3.8
	线网运营水平（35%）	5.4	4.5
	分项得分	16.1	14.1
	总得分	89.1	85.1

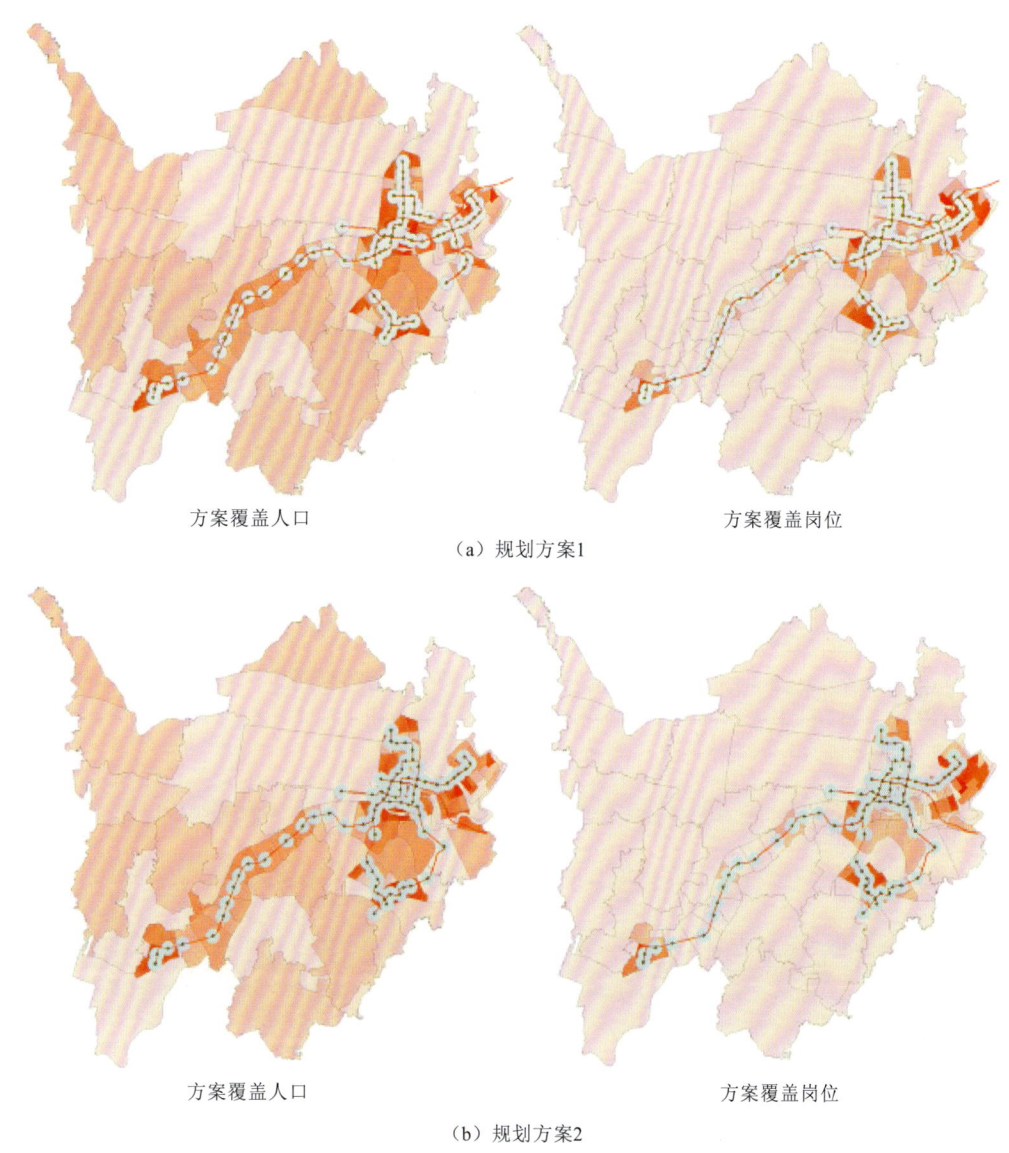

图 12.13 规划方案覆盖人口、岗位示意图

12.3 城市物流行业典型应用

移动互联网技术和信息通信技术（information and communication technology，ICT）的高速发展，推动了人群动态观测技术的发展，可以更好地感知和预测城市中个人群的移动规律，利用这些人群移动可以执行一些特定任务，其中物流配送是典型的应用之一。众包物流模式将原来由企业职工承担的配送工作，转交给企业外兼职的大众群体来完成。这样的模式不仅可以降低物流配送成本，提高物流配送效率，还充分利用了闲置劳动力资源，有较大社会效益。经过几年的发展，众包物流模式已经成为城市物流配送中重要的组成部分，特别是对于零售业、餐饮业和其他O2O（online to offline，线上到线下）服务发挥了

非常重要的作用，如：人人快递、达达、京东众包、蜂鸟众包等。

12.3.1 众包物流

1. 实时动态计算框架

在传统的城市物流中，必须提前收集有关车辆、客户和送货人员等所有信息，经过一段时间的计算得出配送方案。相对于众包物流配送规划系统，客户通过手机或计算机客户端生成食品需求，从而以近实时的方式生成订单。这里的配送路径规划问题是高度动态的。因此，提出一个基于短期战略的在线动态优化框架。如图 12.14 所示，通常在线优化框架可以包括三个过程：订单收集、求解阶段和路线导航。

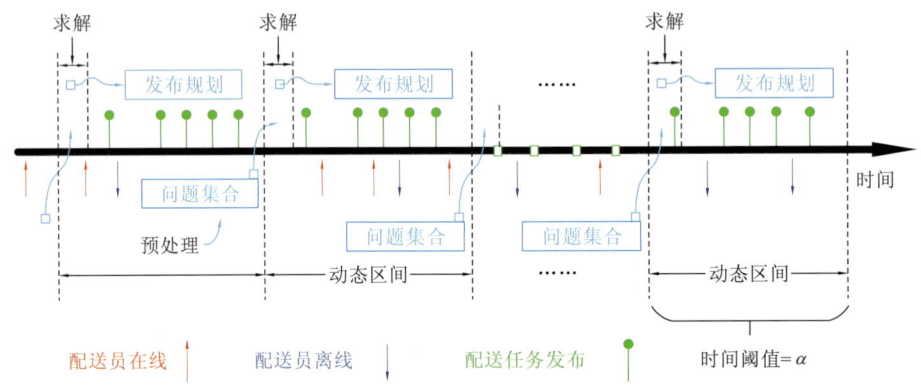

图 12.14 在线优化框架

（1）订单收集：该阶段用于收集订单和配送员位置信息。客户在平台上发送配送请求，生成配送任务，间隔一段时间生成实时配送任务需求集合。同时，记录活动配送员位置并生成配送员供应集合。如果配送员退出众包配送系统，该骑手将被标记为离线，并且在后续解决方案生成过程中将不考虑该配送员。

（2）求解阶段：该阶段是在线配送员与配送任务匹配的求解过程，生成最佳配送方案。考虑系统性能，使用混合元启发式方法来加速求解配送方案，从而将总旅行成本和配送延迟最小化。

（3）路线导航：该阶段通过上一阶段得到的配送方案，得到每个配送员配送的顺序，配送员使用在线地图服务（如高德地图或 Open Street Maps）进行导航，以确保在复杂的城市环境中有效地提供食物，指导配送任务的顺利完成。

2. 在线任务匹配

任务分配问题是指众包物流平台根据配送任务与众包配送员的时空属性和任务特点，为每个任务分配最适合执行的众包配送员。由于不同的众包物流应用对任务分配的需求不同，现有研究通常采用两种不同的算法模型对不同应用场景进行建模：一种建模采用二分图匹配模型，旨在一段时间内为每位众包配送员分配一项配送任务，通常此类场景对于配送的时效性要求不高，如前一天发布的配送任务第二天完成；另一种建模采取任务规划模型，旨在一段时间内为每位众包配送员分配多项配送任务并规划出执行这些任务的详细顺序与路径，其典型应用场景为物流派送类服务，如百度外卖等。

1）基于匹配的任务分配模型

基于匹配的任务分配模型通常将实际问题规约为经典的最大化或最小化加权的二分图匹配问题。根据不同应用中任务的实时性要求有所不同，又可进一步将此类模型分成静态离线场景的匹配模型与动态在线场景的匹配模型。

（1）静态离线场景匹配模型。此场景下的任务分配问题通常等价于空间匹配（spatial matching）问题的一个变种问题，旨在将二分图匹配问题扩展到空间数据中。早期关于众包配送员分配的研究大都采用这一模型，但是由于现实应用中的众包配送员与参与者在平台上出现前通常很难提前获知其信息，近年来的众包配送员分配研究大都聚焦于如何建模任务的动态实时特性。

（2）动态在线场景匹配模型。在此应用场景下，每位众包配送员或每项众包配送员在分配前均无法获知未来任务与参与者的信息，换言之，仅根据部分二分图信息来进行匹配决策。虽然该模型求解不易，但却很自然地刻画了配送任务的实时性需求。

2）基于规划的任务分配模型

基于规划的任务分配模型适用于对众包配送员在给定时间内要求执行多项配送任务，则众包平台需要为该参与者规划出一份优化的任务执行计划。相似于基于匹配的任务分配模型，现有的基于规划的任务分配模型也可根据任务实时性要求的不同分为静态离线场景的规划模型与动态在线场景的规划模型。

（1）静态离线场景规划模型。此场景下的任务规划问题通常被规约为经典的旅行商问题或者定向问题（orienteering problem），具体而言，即对于某位众包配送员和一个配送任务的集合，在给定众包配送员时空预算成本的条件下，众包平台如何为该参与者规划所执行的任务，从而最大化其所完成任务的数量或者完成任务的效用。

（2）动态在线场景规划模型。有别于静态离线规划模型，在动态在线应用场景下，每当有新任务在众包平台发布时，每位众包配送员需要实时地决定是否将此项新任务加入其当前的任务规划之中。

3. 路径规划算法

路径规划研究如何为众包配送员规划路径和任务完成顺序，以使其在给定时空约束下能够达到配送效率最高。路径规划问题可以归结为车辆路径问题（vehicle routing problem，VRP）。作为一个典型的 NP 难问题，车辆路径问题的计算非常复杂。对于较大规模的车辆路径问题实例，算法的计算时间呈指数级增长。构建高效的车辆路径优化算法是一个非常具有挑战性的研究课题。

相对于传统 VRP 问题，在众包物流环境下，物流路径规划可能存在诸多动态因素，如：客户需求动态变化、路网交通状况动态变化等，考虑这些动态因素的车辆路径问题成为动态车辆路径问题（dynamic vehicle routing problem，DVRP）。Psaraftis 等（2016）第一次提出了 DVRP 的概念，DVRP 根据实时出现的顾客需求安排车辆路径，更加贴近真实的配送场景。对于动态环境下物流路径规划有新的特征与挑战。①车辆路径需动态更新。系统接收到各类动态信息后，如：路网情况、新的客户等，需对车辆路径进行重新规划，实时更新车辆路线。②对动态信息具有快速响应性。系统接收到各类动态信息后，需进行实时处理，通过快速计算重新规划车辆路径，以确保系统的快速响应性和车辆路径更新的实时性。

为了大规模实时路径规划需求需要设计高效的启发式算法。常见的启发式算法包括：禁忌搜索算法（Tabu search）、模拟退火算法（simulated annealing）和大规模邻域搜索算法（large-scale neighborhood search algorithm）、遗传算法（genetic algorithm）和蚁群算法（ant colony algorithm）等。

12.3.2 深圳市众包物流配送路径优化案例

深圳市福田区某众包物流平台真实数据，包含了 7 个数据实例，配送任务规模在 917~1390。相对于传统物流配送，众包配送模式下配送员可以同时服务多个餐厅的配送订单。通过限制每个配送员为单个餐厅提供服务，对传统的物流配送进行了建模，并比较两种配送模式的配送效率。为了确保公平的比较，将行驶速度保持不变。实验结果如图 12.15 所示，在众包模式下配送员可以在餐厅提供者之间共享，可以减少返回特定餐厅的旅行成本，总旅行距离的中位数减少了 28.8%，从 2 202.01 km 减少到 1 567.94 km。同时，超时的中位数从 2 088.62 min 减少到 260.54 min。

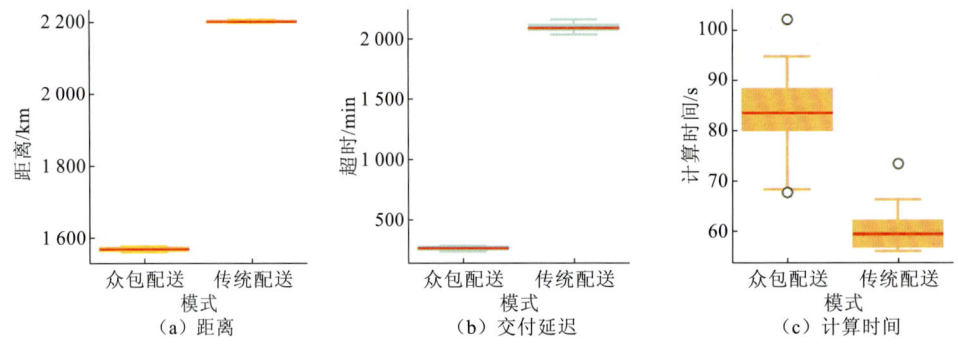

图 12.15 众包物流配送与传统物流配送模式比较

配送任务与配送员的比例（task/worker，TW）会直接影响物流众包平台任务分配效率。通过改变 TW 的大小来分析算法敏感度。以真实数据集 I1 为例，设置 TW 大小分别为 5、10、15、20、25，动态时间阈值 $\alpha=10$。实验结果如图 12.16 所示，从总趋势上看，随着 TW

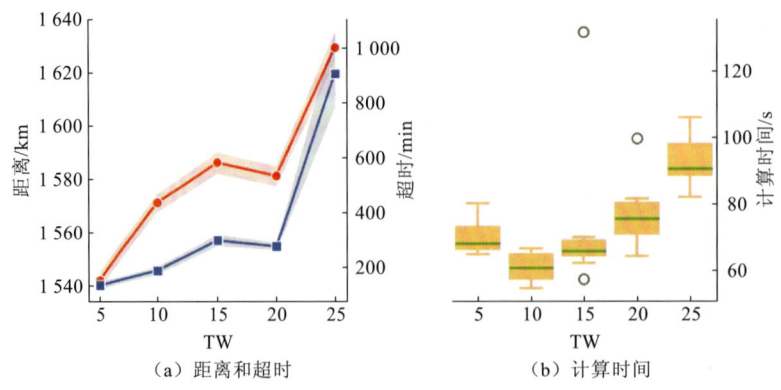

图 12.16 不同 TW 的算法表现

的提高，配送总成本和超时成本有所上升，配送总成本从 5 120.91 元上升至 5 658.88 元，超时成本从 177.84 元上升至 755.91 元。特别地，当 TW 在[10, 20]区间变化时，总成本和超时成本的变化趋势不明显。运行时间方面每个动态区间需要求解 60～90 s，相对于动态区间大小是可以接受的。

不同的物流配送场景对动态度有不同的要求，甚至相同的物流配送场景不同时段对动态度的要求也不同。用真实数据集中实例 I1 对不同的动态度进行算法敏感性分析，设置 5、10、15、20、25、30 6 个不同的动态时间阈值 α。实验结果如图 12.17 所示，配送旅行成本随 α 增大而减少；超时成本方面，随着 α 的变化呈现出先降低后升高的 "U" 型。当 α 小于 20 时，路径规划能收集更多信息能够整合更多资源使超时成本下降，但由于配送任务的执行时间窗在 20～60，故当 α 大于 20 时会造成部分任务由于系统没有及时响应而造成的超时。在求解时间方面，α 较小时，求解任务规模较小复杂度较低，能很快求解出最优解，但随着 α 增大求解复杂度急剧上升，故求解时间也随着增加，整体求解时间小于整个动态区间的 20%。在实际应用中，可以根据问题的复杂程度和动态区间大小适当减少求解迭代次数，从而降低求解时间。

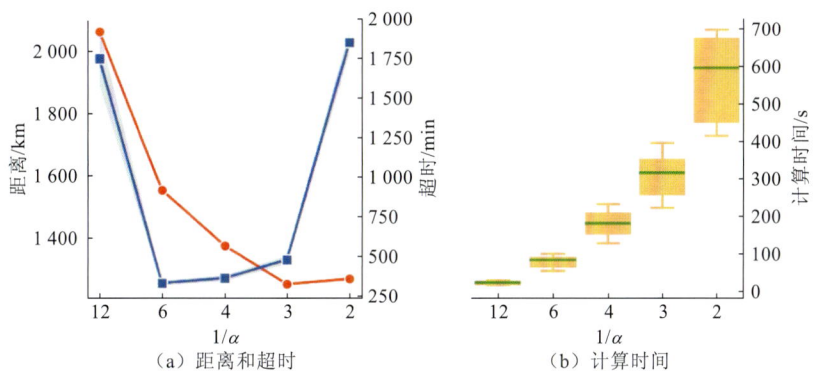

图 12.17　不同动态度算法表现

12.4　社会群体的应急疏散应用

12.4.1　利用反向流和冲突消除进行人车混行疏散路网优化服务

本节以人车混合疏散路网优化为例，对主要疏散路径进行人、车流的反向以扩大道路通行能力，并在交叉口处禁止行人、车辆的部分转向来进行人车分流以消减人车冲突，提高人车混行路网的整体疏散效率。

1. 实验区域

以武汉市局部道路网作为实验区域，假设某日清晨一辆氯罐车在图 12.18 中所示的位置发生严重氯气泄漏事故，周围 2 km 内的人群需要尽快疏散（以行人和小汽车为疏散对象，暂不考虑路网上的背景交通）。在周边选择了广场、绿地、学校等 15 个安全区域（黑色点），并生成了 15 条疏散主路径（黑色粗线）。参照武汉统计年鉴（武汉市统计局，2010），实验区域所在的武昌区人口密度为 13 425 人/km², 武汉家庭小汽车平均保有比例为 20%。人群疏散方式定义为步行和驾车两种模式, 按照研究区覆盖的居住区面积估算出受影响的居民总数为 99 000, 其中行人数目 79 149, 车辆以小汽车计算约为 4 917 辆(假设每辆小汽车容纳人数为 4 人)。

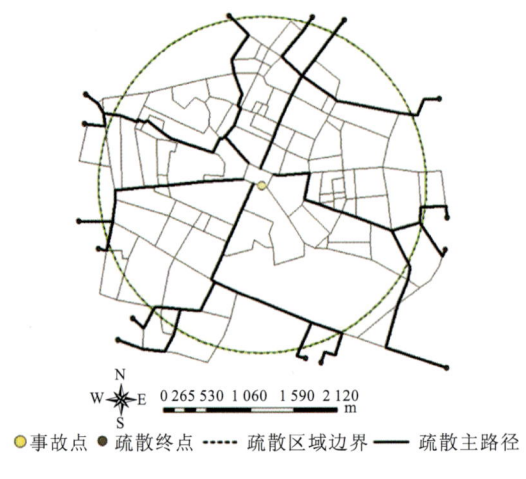

图 12.18　实验区域

2. 实验结果

表 12.3 比较了疏散网络优化前(原始路网)、后(优化方案 1~3)的疏散效率。优化方案 1~3 是在由 NSGA_Ⅱ 算法得出的多个人车流向控制优化方案中选出的 3 组方案。优化方案 1 平均疏散时间最短, 优化方案 3 平均疏散路径长度最短。此外, 表 12.4 还将路网优化方法与基于 K 最短路径的交通流分配方法(李清泉 等, 2011; Stepanov et al., 2009)进行了对比。3 组优化方案在两个评价指标上相对原始路网均有较大改善, 其中平均疏散时间缩短了 717.98 s, 平均疏散路径长度减小了 190.04 m。尽管在 K 最短路径方案中平均疏散路径长度 FL 被优化得较好, 但由于人车交通流较为集中容易造成拥堵, 且未对人车转向进行优化控制导致人车冲突较多, 其平均疏散时间 FT 相对本文方法得出的 3 个优化方案均较差。

表 12.3　优化前后结果对比

疏散方案	FT/s	FL/m
原始路网	5 662.15	2 332.57
K 最短路径方案	5 396.28	1 357.20
优化方案 1	4 944.17	2 148.54
优化方案 2	5 006.25	2 142.53
优化方案 3	5 103.79	2 144.42

图 12.19 为 3 个优化后的疏散网络中路障（黑色粗线两端即路障的位置）的分布。可以看出，有些交叉口处（虚线圈）在 3 个优化方案中均存在，说明这些地方的人车冲突明显，进行人车流向的管制能够提高疏散效率。

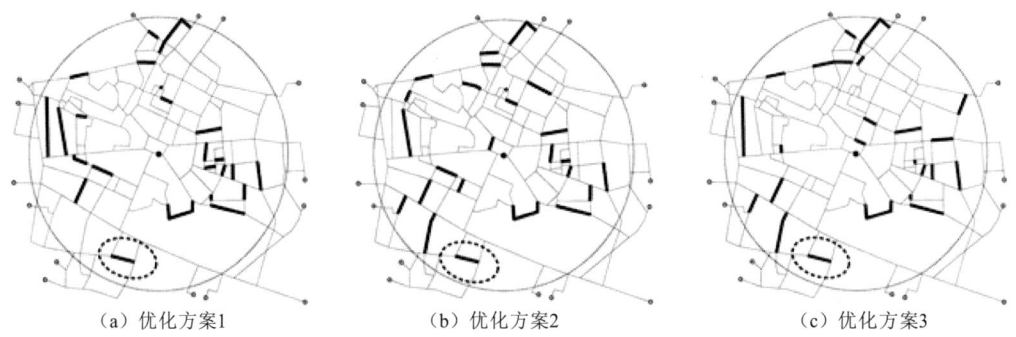

（a）优化方案1　　　　　　（b）优化方案2　　　　　　（c）优化方案3

图 12.19　优化后的疏散网络中路障的空间分布

以优化方案 1 为例，一些典型交叉口及路段的子网络如图 12.20 所示。以路段①的子网络为例，设置路障后（李秋萍 等，2018），车辆的部分转向受到限制，人车冲突点完全消除。此外，路段②、路段③子网络中人车冲突点的改善也较显著。

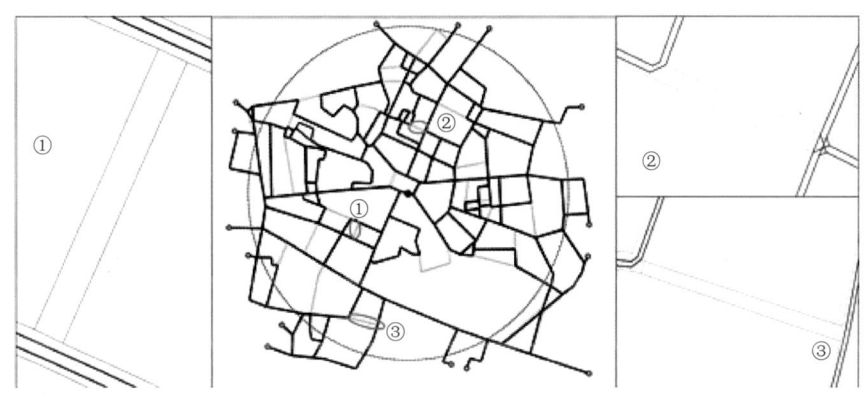

图 12.20　优化方案 1 的典型交叉口人车子网络

3. 敏感性分析

为了测试本书方法对不同人车混合比例的适应性，进行以下敏感性分析。表 12.4 为总人口数一定的情况下，9 组不同的家庭小汽车保有比例下计算出的人车疏散数目，并以此分成了 9 组不同的方案。利用本书方法分析对比这 9 组人车配比在疏散网路优化前后（优化后的疏散网络以优化方案 1 为例）的平均疏散时间、平均疏散路径长度的改善程度。如图 12.21 所示，本书的方法在行人混合比例较高的情况下对平均疏散时间的改善较明显，而在车辆占据比例较高的情况下其改善相对较小；对平均疏散路径长度的改善程度较为平稳。这是因为本书方法在处理人车冲突时对车辆的转向进行了更多约束（有些路段为车辆禁行），当车辆比例较小时，对车辆转向的限制能够清除人车冲突点，大幅提高疏散效率；当车辆比例逐渐增大时，这种约束在一定程度上制约了疏散效率。由于本书方法同时兼顾路网的连通性，不同的人车混行比例对平均疏散路径长度的影响较小。综合两个指标来看，当家庭小汽车保有比例在10%~30%时,对两个目标函数值的改善程度均较好,其中在20%时改善程度最高。实验结果表明,该方法有效地优化了人车混行疏散网络,提高了人车混合流的疏散效率。通过比较不同人车混合比例下的平均疏散时间及平均疏散路径长度,发现该方案在行人占混合疏散系统比例较高的情况下,对二者的改善程度更明显。

表 12.4　以家庭小汽车比例表示的人车混合比例设置

家庭小汽小汽车保有比例/%	人车数目	
	行人	车辆
10	89 040	2 443
20	79 149	4 917
30	69 246	7 393
40	59 354	9 868
50	49 466	12 344
60	39 563	14 815
70	29 661	17 287
80	19 753	19 769
90	9 862	22 234

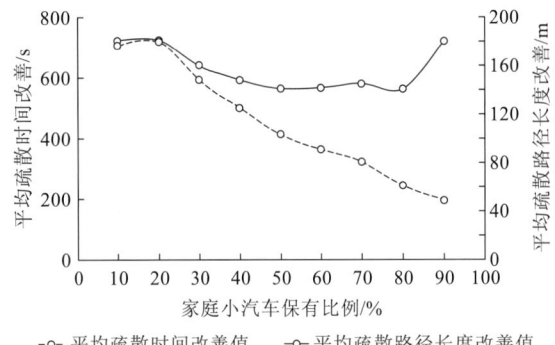

图 12.21　平均疏散时间、平均疏散路径长度随家庭保有车辆比例的变化

12.4.2　基于时空拥挤度的应急疏散路径优化服务

本小节给出时空拥挤度概念来描述时间与空间维上的移动对象的拥挤程度,并给出一种基于拥挤度的应急疏散路径优化方法,该方法能够为大型公共场所的人员疏散提供从建筑物内部经由路网离开危险区域的一个完整疏散路径方案(李清泉 等,2011)。通过以武汉沌口体育中心体育场及其周边的路网作为试验区域,证实优化后的方案能够减轻整个疏散方案的拥挤程度,同时能够为每个疏散个体提供一条相对合理的疏散路径。

1. 试验区相关参数

以武汉沌口体育中心体育场及其周边的路网作为试验区域。假设在某次大型活动中,由于火灾或者某种原因,需要对体育场内看台上的观众进行紧急疏散。由于这种突发的交通拥挤一般出现在体育中心附近区域,选择体育中心周围的 3 km 左右的范围作为危险区域,如图 12.22(a)所示。

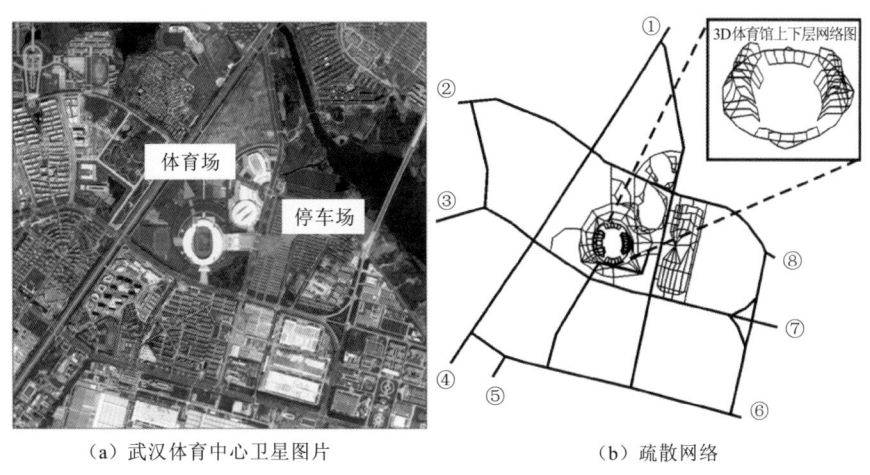

(a)武汉体育中心卫星图片　　　　　(b)疏散网络

图 12.22　实验区域及疏散网络

在试验区域中,体育馆内部分上层和下层共 42 个看台区。在上层看台区的观众,要依次经过上层看台出口,到达与上层看台相连的上层平台、楼梯、下层平台、检票口、通向地面的楼梯到达体育馆外部。位于下层看台区的观众,则要依次经过下层看台出口,到达下层平台、检票口、通向地面的楼梯到达体育馆外部。其中下层平台为 360°环状结构,将整个下层看台区联系起来。依据体育馆的这种内部结构,将体育馆上下层空间划分成一个个独立的疏散通道,楼梯也作为通道,联系上下层空间。室外疏散通道的划分则是考虑了草坪、停车场等区域,将其与现有的道路网整合起来。试验区域一共包括 476 个疏散通道。根据这些疏散通道之间的连通关系,建立拓扑网络,如图 12.22(b)所示。图 12.22 中①~⑧表示设定的疏散最终出口。室内及室外草坪、停车场、人行道等行人可达区域通行能力及容量参照《道路通行能力理论》(张亚平,2007)设置。观众数据为模拟数据,由上座率及驾车观众的比率随机生成。本研究的试验区域所采用的参数见表 12.5。

表 12.5　试验区参数数据

观众容量/人	停车场容量/辆	到场观众/人	驾车数量/辆	步行速度/(m/s)	驾车速度/(m/s)
60 000	3 000	43 851	2 412	2	15

2. 试验结果与分析

试验中,首先针对观众的需求(是否需要到停车场取车),基于 K 最短路径算法计算每一个 OD 对之间的 k 条最短路径(这里 k=10)。将这一组路径分配给在该 OD 对之间的每个观众,并根据观众的起始位置确定其开始撤离的时刻(最晚撤离时间 T_0 设为 180 s),形成初始的疏散方案。路径分配的参数及计算过程参照李清泉等(2011)。图 12.23 是部分疏散轨迹在三维时空中的表达,其中红线标出的轨迹为某驾车的被疏散者从体育馆内部疏散到试验区域出口的完整时空路径:看台 A(步行)→体育场出口 B(步行)→停车场 C

（取车）→主干道 D、E（驾车）→疏散区域出口 F。

图 12.24（a）是初次分配方案下，观众的时空路径，每条时空路径的末端在时间轴 t 上的投影即为该观众的疏散时间。以最短路径方案为基准，利用本书提出的时空拥挤度计算方法检测出时空拥挤度较大的疏散通道，最后对一部分观众的疏散路径进行重新规划、分配，形成一个优化的疏散方法，如图 12.24（b）所示。其中在分析时空拥挤度时，Δt 取 20 s。在重新计算路径时，路段权值 W_{vw} 的各个项的权重设置为 $w_1=0$，$w_2=1$，$w_3=0$，即以时间最短作为优化目标。从图 12.24（a）和图 12.24（b）右上角的缩略图的对比可以看出，优化方案中一部

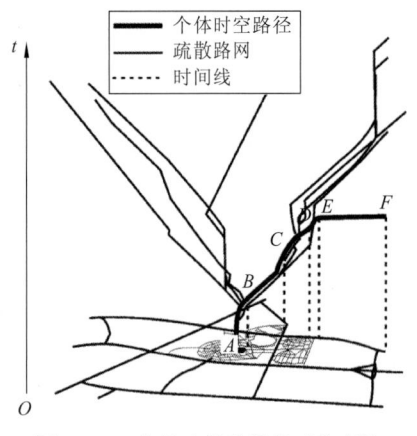

图 12.23 完整疏散路径的时空表达

分观众重新分配了路径，利用了路网中拥挤度较小的其他疏散通道，使得总疏散时间更短。从以下几个方面来分析初次分配方案与优化后的疏散方案。

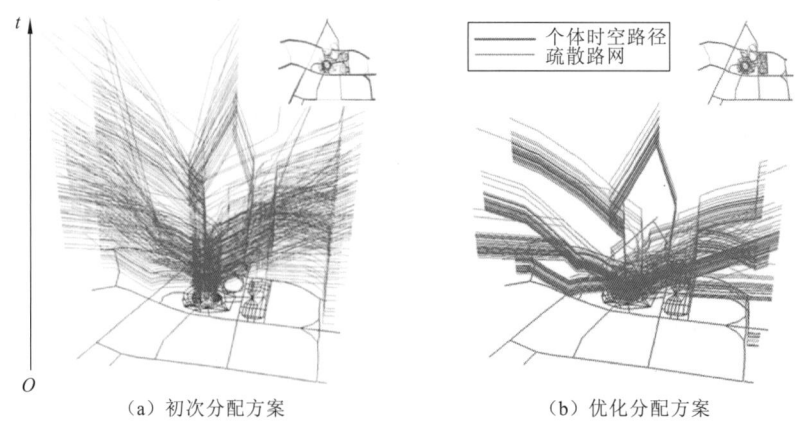

（a）初次分配方案 　　　　　　　（b）优化分配方案

图 12.24　初次分配方案与优化分配方案时空路径图

（1）疏散效率比较。评价疏散方案优劣的一个重要指标是预期疏散时间。如图 12.25 所示，优化后的方案，在 2 500 s 左右 80%的观众就已经疏散出去，而最短路径分配方案中，由于疏散路网中拥堵严重，只有大约 20%的观众疏散出去。同时，两种疏散方案的预期疏

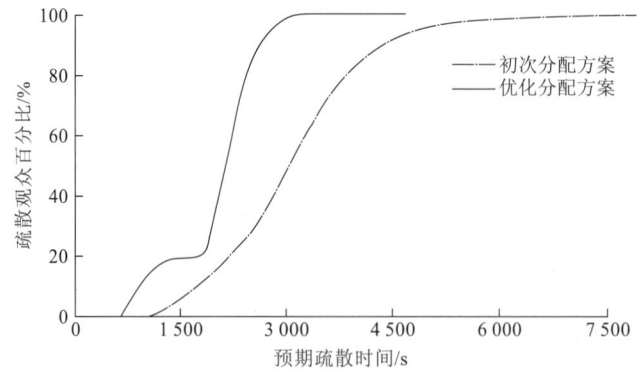

图 12.25　两种疏散路径分配方案的疏散效率

散时间也相差大约一倍。从表12.6可以看出，尽管优化后的方案中总的疏散路径长度大于最短路径方案，但是在整个疏散效率上，优化后的疏散方案明显优于初始最短路径分配方案。由于时间最短优化的主要目标在计算疏散路径时，没有选取过于偏远的通道，虽然这些通道很通顺，但是整个疏散路径长度会大大增加，增加疏散时间。因此，在优化方案中，通道利用率指数在一定程度上增加。

表 12.6　两种路径分配策略的疏散效果比较

路径分配策略	疏散路径总长/km	疏散时间/s	疏散通道利用率/%
最短路径分配	198 579.01	7919.32	67.66
优化分配	198 709.64	4 688.86	75.74

（2）整个疏散过程的拥堵状况比较。以各个疏散通道中 $\Delta t=20$ s 时间片内最大的时空拥挤值作为各个通道的拥堵水平。图12.26显示了各个通道拥堵水平。分为1～5级，5级为最高，1级为最低。从图中可以看出，疏散路网中黑色的高拥堵节点减少了。但有部分通道依然拥堵较为严重，主要是由于优化时以时间最短作为目标。在计算中权衡路径长度和所经过的疏散通道的拥堵状况，经过这些通道的路径在时间上依然是最优的。表12.7列出了拥堵等级的分类标准及两种分配方案中处在不同拥堵等级中的疏散通道的数量。可以看出，优化后的方案降低了整个疏散网络的拥堵程度，其中拥堵等级为5的疏散通道数目从52降至40。这40个通道大多数集中在体育场的看台区，所有观众必须从看台区出口离开，相对狭窄的出口是整个疏散过程的瓶颈。

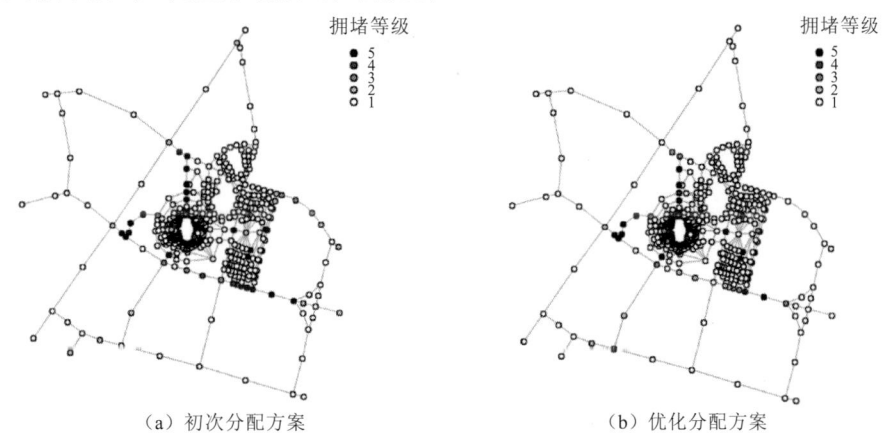

(a) 初次分配方案　　　　　　　　(b) 优化分配方案

图 12.26　两种分配方案下疏散通道的拥堵水平

表 12.7　两种路径分配方案中不同拥堵等级下的疏散通道分布

拥堵等级	时空冲突值 $f(c)$	疏散通道个数	
		初次分配方案	优化分配方案
1	$0<f(c)<10$	210	245
2	$10 \leqslant f(c) <20$	30	24
3	$20 \leqslant f(c) <30$	9	11
4	$30 \leqslant f(c) <40$	9	12
5	$40 \leqslant f(c)$	52	40

(3)各个疏散通道在不同的时间切片内拥堵值对比。图12.27表示优化前后每个疏散通道内在 $\Delta t = 20$ s 内的时空拥挤值。图例中灰度及 z 轴由小到大表示时空拥挤值由低到高。图中只显示了 $0 \sim 2\,800$ s 的时空拥挤状况,在 $2\,800$ s 以后,半数观众已经疏散出去,各个疏散通道的时空拥挤值明显减小。对比最短路径分配方案,优化后的疏散方案能使一些疏散通道的时空拥挤值明显减小。

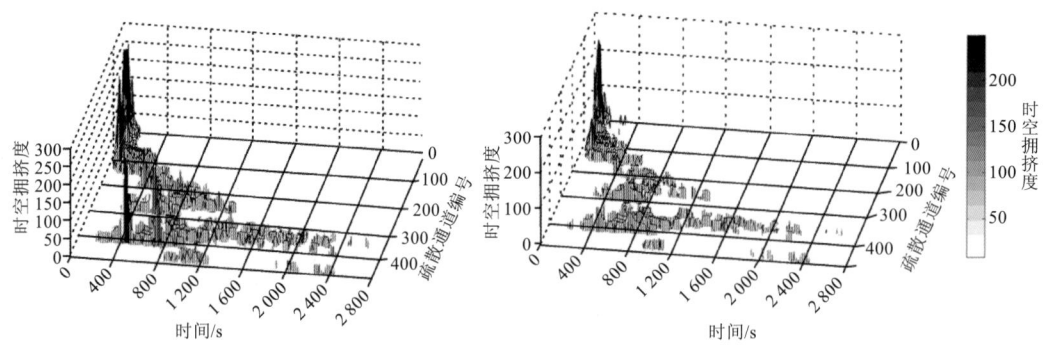

图12.27　各疏散通道20 s为时间切片的时空冲突分布

应用实例证明,该方法能够为大型公共场所人员疏散提供从建筑内部疏散到路网的完整疏散方案。通过分析疏散个体在疏散路网上各个路段上的时间分布状况,检测了路网中可能出现的拥堵。从减轻拥堵的角度,来建立考虑疏散个体需求的应急疏散路径分配方法,为每个个体分配一条时空上较为合理的疏散路径。实验结果表明,经过优化后的疏散方案,能够缓解以最短路径为基础的分配方案中疏散路网上的拥堵,减少整个疏散过程的时间消耗。

12.5　社会公共卫生典型应用

12.5.1　传染病患者的识别

1. 应用案例数据描述

本节采用Lenovo Phab 2 Pro phablet设备采集行人在街道上的运动轨迹作为实验数据,采用相对空间时空查询算法、相对动态时空模式匹配算法及群体相对运动时空分析算法,对传染病患者的传播及密切接触者的查询进行应用验证。Lenovo Phab 2 Pro phablet上配备了用于运动跟踪的传感器,能够分析移动对象相对于其起始位置的相对距离和相对角度变化。该设备还配备了GPS接收器,能够实时记录移动对象在绝对空间中的位置坐标,从而同时获得移动对象在绝对空间和相对空间中的运动信息。图12.28展示了所有34个实验对象在实验区域中的移动轨迹,这里具体列举了采用该设备所收集到的所有移动信息。

(1)User ID:运动对象的唯一标识。

(2)Time stamp:运动信息的记录时间。

(3)Longitude 和 Latitude:经度和纬度,用以记录移动对象在绝对空间中的位置信息。

（4）X increment 和 Y increment：X 增量和 Y 增量，用以记录移动对象以其初始位置构建参照系统的相对于其初始位置的相对空间信息。

（5）Rotation angle：旋转角，表示移动对象相对于初始位置的角度差。

（6）Initial azimuth：初始方向角，记录移动对象在初始位置上方向角，采用其与正北方向逆时针角度差进行表示。

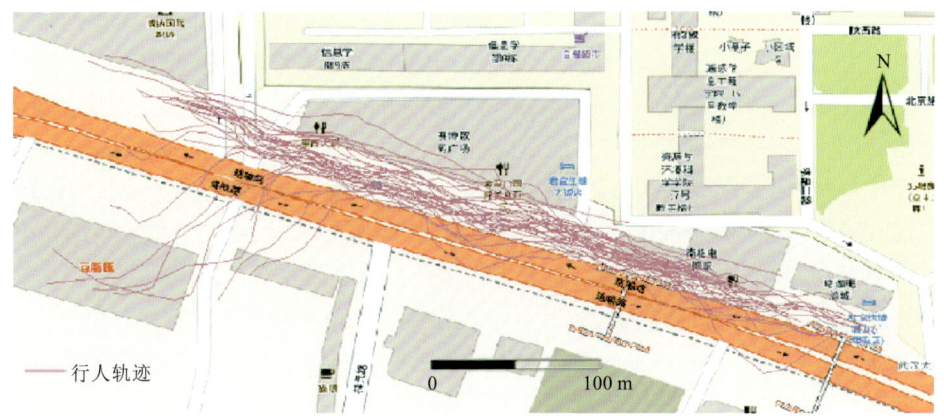

图 12.28　实验场景与移动对象轨迹信息

采集得到的数据在存储之前需要对其进行预处理，包含以下两个步骤。

（1）计算所有对象之间的相对距离和相对角度。首先，根据所收集的数据集合中 Longitude 和 Latitude 两个字段的信息，计算所有移动对象之间的相对距离。而相对角度采用其在绝对空间中的运动方向角进行表示（$\theta^{absolute}$），根据式（12.21），由 Rotation angle（φ）和 Initial azimuth（α）两个字段中的信息推导得到。

$$\theta^{absolute} = \varphi + \alpha \tag{12.1}$$

（2）设定模型中的初始参照对象。本实验将 ID 为 2 的对象（下文简称为"对象 2"）的初始位置设定为初始参照对象。因此，需要计算场景中所有对象所有时刻与对象 2 初始位置的相对距离和相对角度，并存储于数据模型。这里，根据 X increment，Y increment 和 Rotation angle 字段中的信息，能够得到对象 2 在全部时刻相对于其初始位置的相对关系。而其他对象则需要结合其 Longitude、Latitude、Rotation angle 和 Initial azimuth 4 个字段中的信息，利用绝对空间与相对空间移动信息的相互转换，计算得到其与初始参照对象之间的相对关系。

数据如式（12.22）所示，式中：Time 为影像提取的时间；id 为移动对象的标识；x 和 y 为移动对象在局部参照系统下的坐标（单位为 m）；ori 则为移动对象的头部朝向，该朝向是局部参照系统下，其相对于 x 轴的角度差，范围在 $[-\pi, \pi]$。在此基础上，对移动对象之间相对关系进行计算。计算方法与前面一个数据集类似，根据坐标计算对象之间的相对距离。相对关系的计算分为两步：①根据两个对象之间的坐标计算移动对象之间的角度差 $\theta^{absolute}$，再结合移动对象之间的朝向 ori，计算移动对象之间的角度 ang= ori-$\theta^{absolute}$。而模型中的初始参照对象被设定为局部坐标系原点，进行下一步计算。

$$\{Time, \{id, x, y, ori\}, \{id, x, y, ori\}, \cdots, \{id, x, y, ori\}\} \tag{12.2}$$

2. 基于时空立方体模型的传染病的传播及密切接触者的查询

在流行病学的研究中，疾病的传播与患者的空间社会活动存在密切的关系（黄宇琳 等，

2018),且很大程度上取决于传染病携带者的运动轨迹。因此,追踪病毒的传播路径和寻找传染病密切接触者对预防疾病的传播具有重要意义(黄春林 等,2018)。过去由于技术的限制,研究者大都只能够从传染病的潜伏期长度等角度对疾病的传播特征进行描述,难以对病毒携带者逐一进行传播轨迹的追溯和叠加分析。随着空间信息技术的发展,结合传播动力学模型、环境因素,对病毒携带者的移动轨迹进行系统分析,对于追溯传染源、确定密切接触人群、确定公共卫生重点区域、防止疾病传播和蔓延都有积极作用。目前,病毒携带者的活动轨迹收集主要通过现场流行病学调查,并根据病原体动力学参数、患者出行方式等设定不同半径的缓冲区,使用叠加技术,分析缓冲区内存在的个体,将其标定为密切接触对象。

在本应用实例中,假设已知一名严重急性呼吸综合征(SARS)病毒携带者(对象 2)的行走路径,寻找与其发生密切接触的其他行人。SARS(severe acute respiratory syndrome),即症急性呼吸综合征,为一种由 SARS 冠状病毒(SARS-CoV)引起的急性呼吸道传染病,主要的传播方式为近距离飞沫传播。而关于飞沫传播的研究表明,最大的飞沫在下落 2 m 之前会完全消散(Xie et al.,2007)。所以,当行人与 SARS 病毒携带者(对象 2)之间的相对距离在 2 m 以内时,则判定该行人为密切接触者。因而本小节将 2 m 设为阈值,采用相对空间时空查询算法,对传染病密切接触者进行查询。

该查询通过 Reference cutting 和 Labeling 两个操作完成[图 12.29(a)、(b)](Feng et al.,2019)。首先通过 Reference cutting 操作得到场景中所有对象与病毒携带者的相对距离。如图 12.30 所示,这里采用一个相对关系箱体矩阵对场景中所有对象相对于病毒携带者的距离变化进行显示,蓝色表示距离较近,红色表示距离较远,其中标为绿色的箱体表示与病毒携带者接触密切。然后,通过 Labeling 操作,对相对距离小于 2 m 的相对关系箱体进行标记(图 12.30 中标为绿色的箱体)。最终得到与病毒携带者发生密切接触的对象为对象 19 和对象 32。

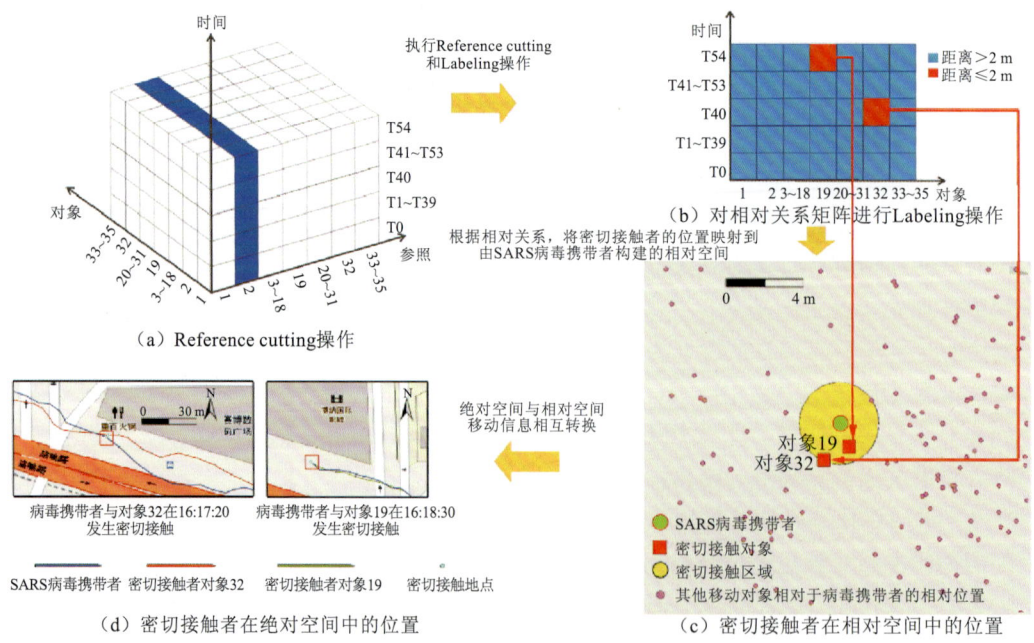

图 12.29 基于 RSMO 的传染病密切接触者查询过程

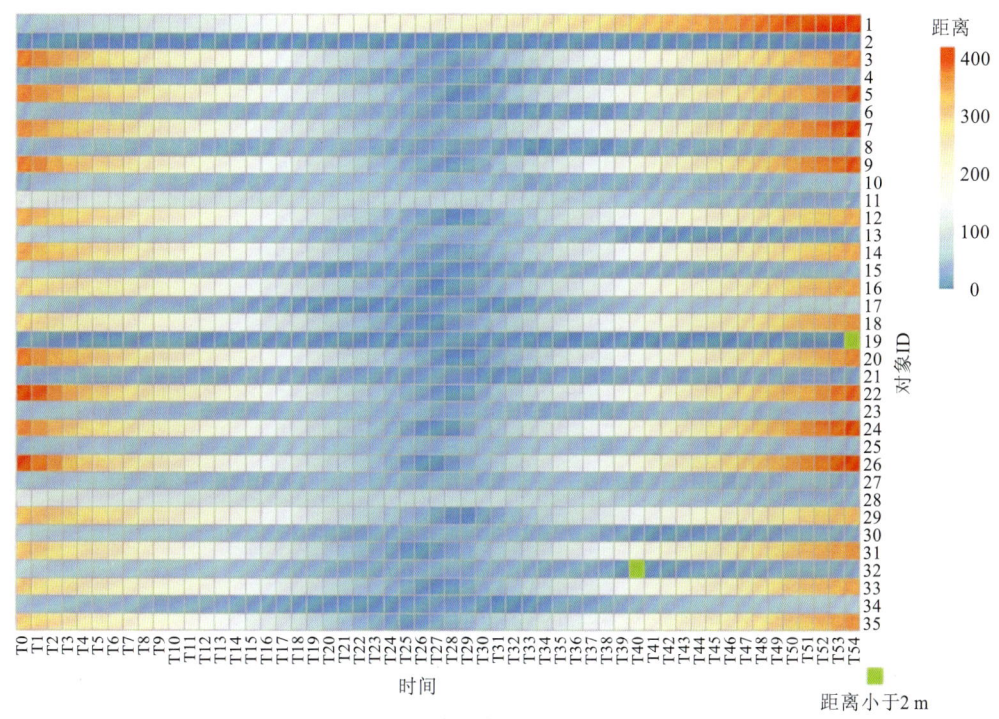

图 12.30　场景中所有对象与病毒携带者之间的相对距离变化

利用绝对空间与相对空间移动信息相互转化操作，将密切接触发生的地点进行标记。图 12.29（c）显示发生密切接触时，密切接触者（对象 32 和对象 19）与病毒携带者之间的相对位置，图 12.29（d）则采用绝对空间与相对空间移动信息相互转化的操作，在空间中显示密切接触所发生的地点。其中，对象 32 在 16:17:20 时与病毒携者的相对距离为 1.94 m，被判定为密切接触者，对象 19 则在 16:18:30 时与病毒携者的相对距离为 1.44 m，被判定为密切接触者。公共卫生安全机构可以根据查询结果，对两名密切接触者进行控制和观察，防止疾病的进一步扩散。该实验也验证了该应用，证明了所提出的相对空间时空查询算法能够快速查询得到与指定对象存在特定相对关系的移动对象。

12.5.2　传染病趋势预测

现有的流行病学模型大多是通过对统计数据进行拟合，实现对患病人数的推估，较少考虑细粒度空间人群移动交互对时空扩散特征的直接作用。2019 年 12 月武汉爆发了新型冠状病毒肺炎（COVID-19），出现了公共卫生事件危机（Wu et al., 2020），由于尚未发现有效的根治方法，为了控制传染病的急剧扩散，政府采取了大量有效的管控措施，如关闭城市、关闭居住小区、暂停公共交通等（Layne et al., 2020），并对城市内人群进行大规模检测和防控，取得了较好的效果。传统流行病学模型，如 SEIR（susceptible, exposed, infectious, and removed）（Yang et al., 2020）、SEIRS（susceptible, exposed, infectious, recovered, susceptible）（Cooke et al., 1996）、SEIQR（susceptible, exposed, infected, quarantined, recovered）（Wang et al., 2020; Jumpen et al., 2009）、SIR-X（susceptible, infectious, recovered, X）（Maier et al., 2002）等模型大多是根据官方发布的传染病数据（如确诊患者数量、疑似患者数量等），对疫情的扩散、传播及感染人数进行推估（周涛 等，2020; Li et al., 2020;

Huang et al.，2020；Chen et al.，2020）。这些模型的建模仅停留在统计层面，较少考虑细粒度空间交互对传染病扩散的影响（Smriti，2020；Wrapp et al.，2020），因此这些模型推估出的时空传播结果与实际情况存在差异，而且不具备细粒度空间上的可解释和适用性。冯明翔等（2020）将空间交互特征融入流行病学模型，提出基于手机用户空间交互数据的新型冠状病毒肺炎（COVID-19）时空扩散推估方法，并对 2019 年 12 月至 2020 年 3 月在武汉市爆发的 COVID-19 患病人数及时空扩散过程进行推估。

1. 应用实例与数据描述

利用 2019 年 12 月 10 日至 2020 年 2 月 15 日期间的武汉市手机数据，分析武汉市疫情爆发期间，不同交通分析区（TAZ）内人群的交互特征，并基于这些特征直接计算影响流行病学模型的关键参数，实现基于手机数据的 COVID-19 时空扩散推估。首先分析不同时间段内，武汉市交通分析区间的人群移动交通特征，计算得到不同交通分析区内人群的日均接触次数 k；然后将 k 作为每个 TAZ 的 SEIQR 模型关键参数，推估每个 TAZ 内部和不同 TAZ 之间传染病的相互传播，进而推估 COVID-19 在武汉市内的时空扩散过程；最后通过武汉市社区发布的公告信息，验证本模型的推估结果的可靠性，研究表明该方法能比较有效地推估细粒度空间之间的传染病传播。

采用武汉市 2019 年 12 月 10 日至 2020 年 2 月 15 日期间某公司手机定位数据，利用 250 m×250 m 的规则空间格网对武汉市区进行划分，得到每个网格内每天的人口驻留数量和格网之间的空间交互数量。根据不同运营商的占比，该公司手机用户占武汉市总人口约 27%，采用扩散系数（3.7，由手机用户占总人口 27%可得扩散系数为 3.7）对本数据集合进行扩样，并估算得到武汉市的人口驻留和空间交互分布情况。TAZ 是由交通管理部门根据城市交通主干道进行划分并用于分析城市人口通勤特征的空间统计单元，每个 TAZ 都包含若干个住宅小区，武汉市实行的小区封闭隔离主要针对住宅小区。

研究选择武汉市城区 1140 个 TAZ 作为地理分析单元。为了获得每个 TAZ 内的人口数量和交通分析区之间的空间交互人数，首先计算了所有规则网格的中心点位置，并将其与 TAZ 进行空间拓扑叠加分析，得到格网中心点所在 TAZ，从而确定每个格网所属的 TAZ（图 12.31），然后推算出每个 TAZ 内的人口数量及 TAZ 之间的空间交互人数。政府在

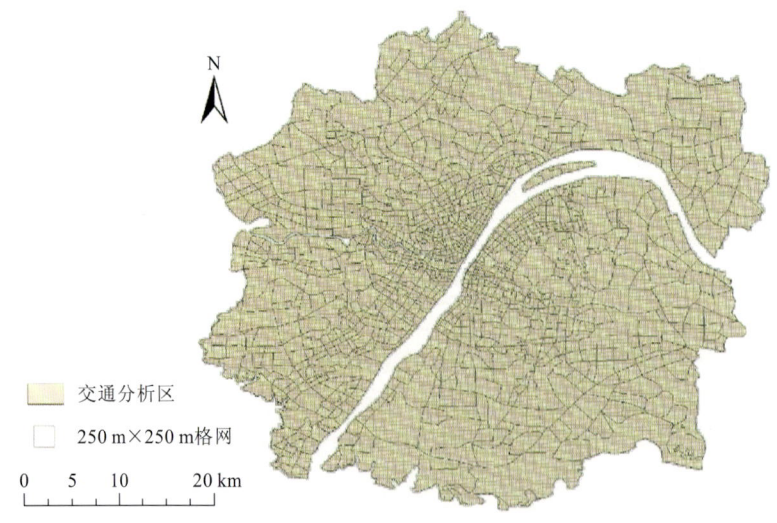

图 12.31　武汉市城区 1140 个交通分析区与 250 m×250 m 格网空间分布

2020年2月17日出台了全面封闭住宅小区的措施,因此假设2月15日之后的人口驻留数量与2月15日相同,人群日均接触次数 k 每天下降60%。此外,还收集了2020年2月4日至21日的各个社区所通报的确诊患者数量,用于验证本方法所推估结果的精度。

2. 基于手机用户空间交互数据的COVID-19时空扩散推估方法

这里给出基于手机用户空间交互数据的COVID-19时空扩散推估方法,主要工作集中在两个方面,首先利用手机数据计算交通分析区的人群日均接触次数 k,然后基于SEIQR模型,构建交通分析区尺度上的COVID-19时空扩散推估方法。

1)COVID-19时空扩散推估-武汉市TAZ间人群交互强度的时空变化结果分析

在人口数量方面,武汉市人口数量在12月期间稳定在1 300万人左右,2020年受春运影响,武汉市人口总量逐渐下降,在1月24日人口数量降至约900万人。图12.32给出了疫情期间武汉市TAZ空间交互总量变化曲线,该曲线显示:在2019年12月期间,各个TAZ间的空间交互总量在1300万次上下震荡,进入春运(2020年1月10日)后,空间交互总量出现了小幅度的下降,在1 200万次左右徘徊,可能的原因是:1月10日前后武汉市各大高校及部分企业开始放假,人口的减少导致不同TAZ间的交互数量出现了小幅度下降,但是在2020年1月20日晚,钟南山院士首次确认出现人传人的现象后,TAZ间的空间交互总量出现了一定程度的下降,从1 000万下降到790万左右,人们通过减少空间交互来避免受到感染。随后,武汉市政府出台了一系列管控措施,包括:关闭城市,暂停公共交通和出租车,限制私家车上路,关闭小区等,进一步导致了各个TAZ之间空间交互总量的逐渐下降,并在1月26日达到最低(86万次左右)。

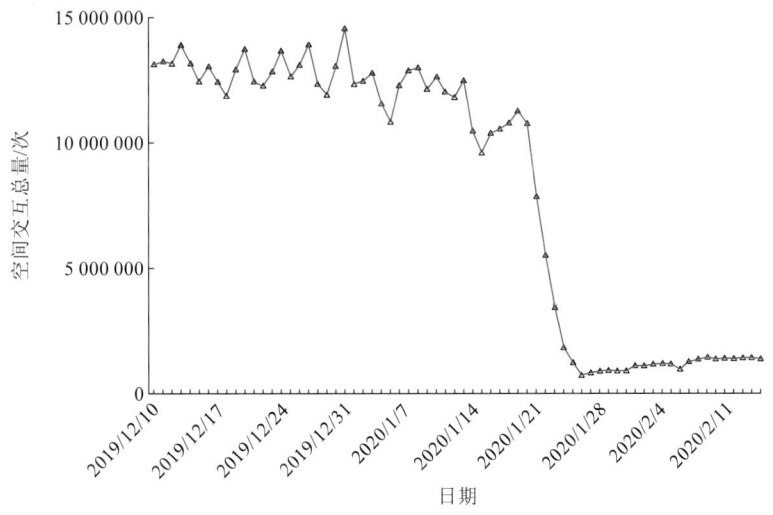

图12.32 武汉市TAZ间空间交互总量的变化曲线

图12.33给出了疫情不同发展阶段4天的TAZ空间交互数量空间分布图,具体日期为:2019年12月10日,2020年1月17日,2020年1月21日,2020年1月26日,分别对应正常情况下、春运期间、确认人传人后,以及政府出台相关措施后的空间交互空间分布情况。表12.8统计了这4天对应的空间交互总量超过250次、1 000次、2 000次

和 3 000 次的 TAZ 对数量。通过分析图 12.33 可以发现：2019 年 12 月 10 日（正常工作日）的 TAZ 间交互强度属于平常的水平，超过 3 000 次的 TAZ 对有 37 个，而且呈现的片区分布比较明显；2020 年 1 月 17 日 TAZ 间交互出现小幅下滑，表现明显是的高校所在的区域，总体上超过 3 000 次的 TAZ 对下降到 14 个；2020 年 1 月 21 日 TAZ 间空间交互量继续出现下降，只有少量超过 3 000 次 TAZ 对，并且超过 250 次的 TAZ 对数量由 1 月 17 日的 4 207 下降到 2 205，短距离的交互居多；到 2020 年 1 月 26 日，超过 2 000 次的 TAZ 对都消失了，只有 43 个 TAZ 间存在超过 250 次以上的少量空间交互，说明政府政策有明显的限制人群流动效果。

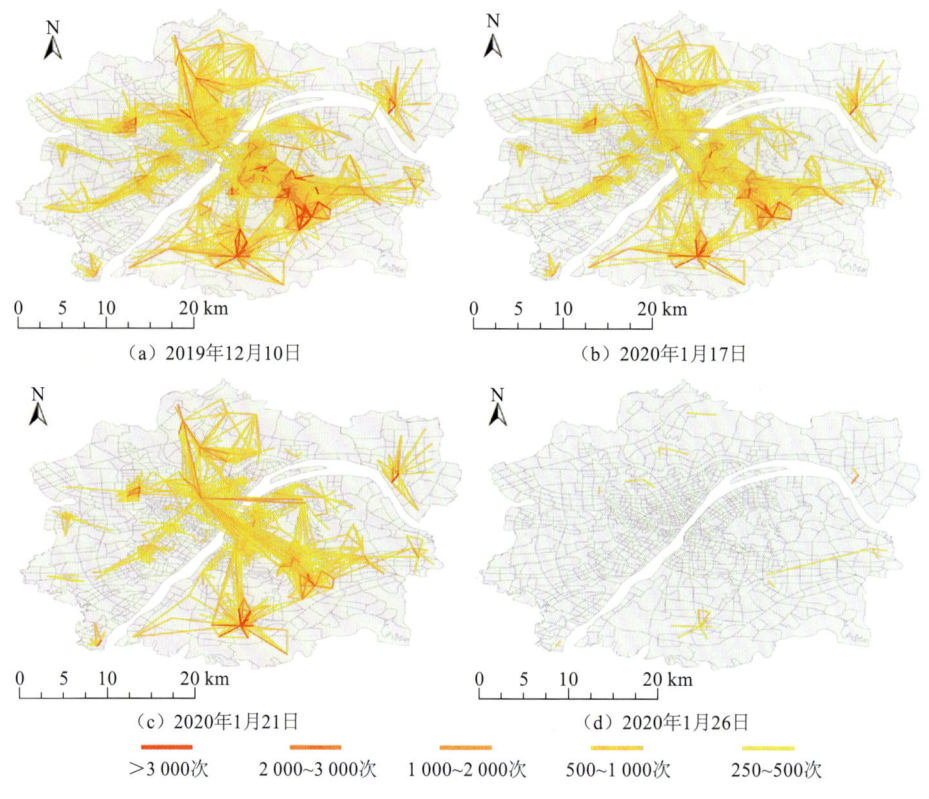

图 12.33 武汉市交通分析区之间空间交互数量分布

2）TAZ 级别的疫情时空扩散推估结果

利用这里的方法推估出了武汉市在 2019/12/10 至 2020/4/4 期间每天的患病人数。图 12.34 给出了疫情发展过程中 6 天（2019/12/31、2020/1/7、2020/1/14、2020/1/21、2020/1/28、2020/2/4）存在患者的 TAZ 分布图。表 12.8 给出了推估的患者数量及其所在的 TAZ 数量统计结果。根据表 12.9 可知，截至 2020 年 1 月 7 日，已有 147 个 TAZ 出现了患者，占全部 TAZ 的 13%，且不断在空间上扩散，距离汉口地区较近的 TAZ 都出现了患者；截至 2020 年 1 月 14 日，出现患者的 TAZ 达到 468 个，并进一步扩散，部分距离城市中心较远的 TAZ 也出现了患者，武昌片区开始出现病患小区；截至 2020 年 1 月 21 日，该传染病在空间上进一步扩散，有 698 个 TAZ 出现患者，超过 10 个患者的 TAZ 数量达到 60 个，并且有 3

个 TAZ 出现 50 个以上的确诊病例,武汉三镇出现明显的空间聚集效应;2020 年 1 月 28 日之后,空间扩散速度开始变慢,共有 804 个 TAZ 出现病例,但病情严重的小区不断增多,已经覆盖大部分武汉 TAZ 区域,有 8 个 TAZ 超过 100 例确诊病人,并且主要分布在汉口地区;截至 2020 年 2 月 4 日,超过 100 例病人的 TAZ 开始由汉口地区往其他地区扩展,汉阳地区和武昌地区开始出现超过 100 例病人的 TAZ,总数达到 44 个,占比约 3.9%。

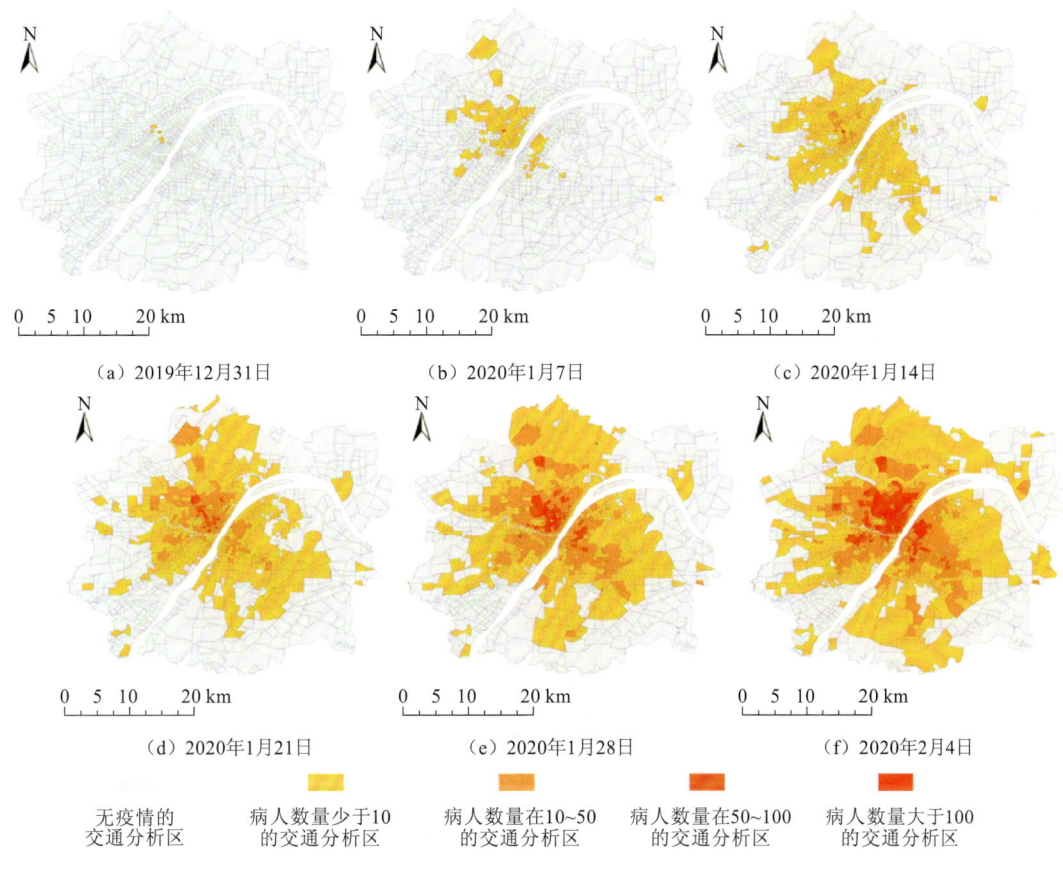

图 12.34 推估有患者的 TAZ 空间分布图

表 12.8 推估患者数量及其小区数量统计结果

日期	确诊人数	出现确诊患者小区数量(占比)	确诊患者大于 10 例小区数量(占比)	确诊患者大于 50 例小区数量(占比)	确诊患者大于 100 例小区数量(占比)
2019/12/10	1	1(0.08%)	0(0.0%)	0(0.0%)	0(0.0%)
2019/12/17	3	2(0.16%)	0(0.0%)	0(0.0%)	0(0.0%)
2019/12/24	11	2(0.16%)	1(0.08%)	0(0.0%)	0(0.0%)
2019/12/31	41	7(0.6%)	2(0.16%)	0(0.0%)	0(0.0%)
2020/1/7	188	147(13%)	2(0.16%)	2(0.16%)	1(0.08%)
2020/1/14	793	468(41%)	2(0.16%)	2(0.16%)	2(0.16%)

续表

日期	确诊人数	出现确诊患者小区数量（占比）	确诊患者大于10例小区数量（占比）	确诊患者大于50例小区数量（占比）	确诊患者大于100例小区数量（占比）
2020/1/21	3876	698（61%）	60（5.2%）	3（0.26%）	2（0.16%）
2020/1/28	13112	804（71%）	253（22%）	40（3.5%）	8（0.7%）
2020/2/4	26495	882（77%）	387（34%）	96（8.4%）	44（3.9%）
2020/2/11	39769	898（79%）	473（41%）	169（15%）	76（6.7%）
2020/2/18	47018	902（79%）	509（45%）	196（17%）	89（7.8%）
2020/2/25	49964	902（79%）	520（46%）	209（18%）	96（8.4%）
2020/3/3	50829	902（79%）	523（46%）	214（19%）	99（8.7%）
2020/4/4	51182	902（79%）	525（46%）	216（19%）	99（8.7%）

3）推估有疫情 TAZ 的验证

通过收集 2020 年 2 月 4 日至 2020 年 2 月 19 日的 2 413 个社区发布的疫情公告，对推估疫情 TAZ 进行验证。首先将各个社区与 TAZ 进行关联，确定每个社区所处的 TAZ；然后判断出现新增确诊病例的社区是否在本节推估出的 TAZ 中，并计算公告存在疫情的 TAZ 占本节所推估存在疫情的 TAZ 比例，以此作为标准评价本节推估方法的准确性。如图 12.35 所示，统计结果表明，公告中出现确诊患者的社区都在推估存在疫情 TAZ 中，并占推估 TAZ 的 72.7%，说明本模型能够较好推估疫情在 TAZ 间的时空扩散特征。

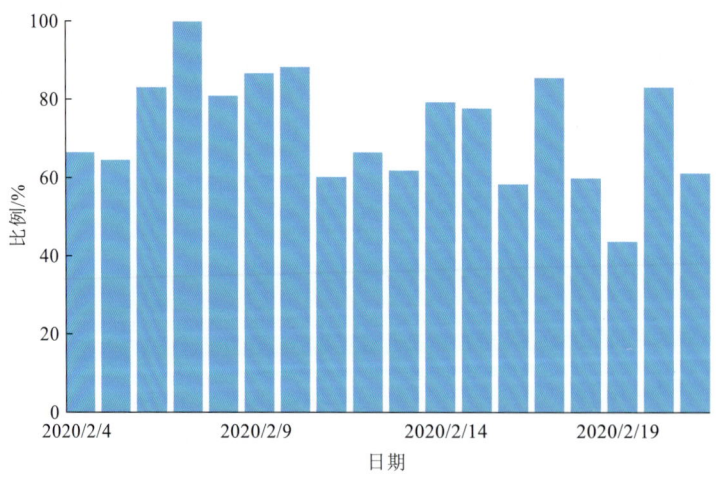

图 12.35　确诊患者的社区数量处在推估得到出现新增患者 TAZ 中的比例

3. 总体推估结果的对比与验证

图 12.36 给出了本节推估结果与官方发布结果、帝国理工大学预测结果的对比。根据本节的推算结果，2019 年 12 月 31 日疫情并没有大规模爆发，约 40 人受到感染；截至 2020 年 1 月 23 日武汉市封城之前，患者可能接近 6 000 人；封城后，武汉市政府出台限制交通等措施控制了疫情的爆发，但受到医疗资源的限制，大量确诊患者无法住院隔离，疫情仍

在扩散,患者人数接近25 000人;2020年2月5日后,随着雷神山医院、火神山医院、方舱医院的投入使用,以及应收尽收政策的落实,大量未被隔离的患者被送往医院进行隔离,未被隔离的确诊患者数量开始不断下降,在3月下旬,疫情得到基本控制,患者总人数约51 000人。

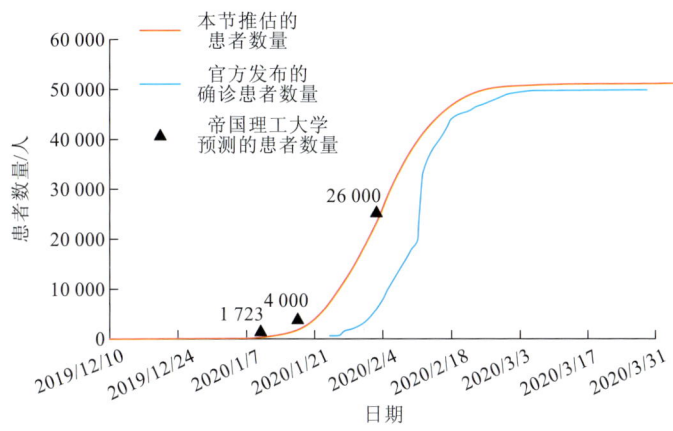

图 12.36 推估结果与官方发布结果、帝国理工大学预测结果对比

现有对武汉市患者人数预测的研究有限,帝国理工大学报告(Imai et al.,2020;Volz et al.,2020)中对2020年1月12日、2020年1月18日、2020年2月3日这三天的患者人数进行了预测,结果分别为1 723人、4 000人和26 000人,与本节所推估的结果(506人、1 976人和24 242人)相比,差距在1 200~2 000,结果相当;本节方法在2020年2月18日后的结果与官方公布的患者数量已经吻合非常好,但仍稍高,差距约2 500人(占比5.6%),这说明前期的推估存在较高的合理性。前期由于检测试盒的严重不足,检测确诊数与本节推估数有一定的差异,属于合理的范围。

参 考 文 献

冯明翔, 方志祥, 路雄博, 等, 2020. 交通分析区尺度上的COVID-19时空扩散推估方法:以武汉市为例. 武汉大学学报(信息科学版), 45(5): 651-657, 681.
黄春林, 刘兴武, 邓明华, 等, 2018. 复杂网络上疾病传播溯源算法综述. 计算机学报, 426(6): 190-213.
黄宇琳, 马文军, 2018. 社会接触模式与传染病播的研究进展. 中华预防医学杂志, 52(9): 962-966.
李秋萍, 栾学晨, 周素红, 等, 2018. 利用反向流和冲突消除进行人车混行疏散路网优化. 武汉大学学报(信息科学版), 43(3): 349-355.
李清泉, 李秋萍, 方志祥, 2011. 一种基于时空拥挤度的应急疏散路径优化方法. 测绘学报, 40(4): 517-523.
武汉市统计局, 2010. 武汉统计年鉴. 北京: 中国统计出版社.
张亚平, 2007. 道路通行能力理论. 哈尔滨: 哈尔滨工业大学出版社.
周涛, 刘权辉, 杨紫陌, 等, 2020. 武汉新型冠状病毒感染肺炎基本再生数的初步预测. 中国循证医学杂志,

20(3): 1-6.

CHEN N, ZHOU M, DONG X, et al., 2020. Epidemiological and clinical characteristics of 99 cases of 2019 novel coronavirus pneumonia in Wuhan, China:A descriptive study. Lancet, 395(10223): 507-513.

COOKE K L, VAN DEN DRIESSCHE P, 1996. Analysis of an SEIRS epidemic model with two delays. Journal of Mathematical Biology, 35(2): 240-260.

FENG M X, SHAW S L, FANG Z X, et al., 2019. Relative space-based GIS data model to analyze the group dynamics of moving objects. ISPRS Journal of Photogrammetry and Remote Sensing, 153: 74-95.

HUANG C, WANG Y, LI X, et al., 2020. Clinical features of patients infected with 2019 novel coronavirus in Wuhan, China. Lancet, 395(10223): 497-506.

IMAI N, DORIGATTI I, CORI A, et al., 2020. Report 2: Estimating the potential total number of novel coronavirus cases in Wuhan City, China. (2020-01-17) [2020-03-28].

JUMPEN W, WIWATANAPATAPHEE B, WU Y H, et al., 2009. A SEIQR model for pandemic influenza and its parameter identification. International Journal of Pure and Applied Mathematics, 52(2): 247-265.

LAYNE S P, HYMAN J M, MORENS D M, et al., 2020. New coronavirus outbreak: Faming questions for pandemic prevention. Science, 12(534): eabb1 469.

LI Q, GUAN X H, WU P, et al., 2020. Early transmission dynamics in Wuhan, China, of novel coronavirus-infected pneumonia. New England Journal of Medicine, 382(13): 1199-1207.

MAIER B, BROCKMANN D, 2020. Effective containment explains sub-exponential growth in confirmed cases of recent COVID-19 outbreak in mainland China. Science: arXiv: 2002. 07572.

PSARAFTIS H N, WEN M, KONTOVAS C A, 2016. Dynamic vehicle routing problems: Three decades and counting. Networks, 67(1): 3-31.

SMRITI M, 2020. Why does the coronavirus spread so easily between people. Nature, 579(7798): 183.

STEPANOV A, SMITH J M, 2009. Multi-objective evacuation routing in transportation networks. European Journal of Operational Research, 198(2): 435-446.

VOLZ E, BAGUELIN M, BHATIA S, et al., 2020. Report 5: Phylogenetic analysis of SARS-CoV-2. (2020-02-15) [2020-03-28].

WANG H, WANG Z, DONG Y, et al., 2020. Phase-adjusted estimation of the number of coronavirus disease 2019 cases in Wuhan, China. Cell Discovery, 6(1): 1-8.

WRAPP D, WANG N, CORBETT K S, et al., 2020. Cryo-EM structure of the 2019-nCov spike in the perfusion conformation. Science, 367(6483): 1260-1263.

WU F, ZHAO S, YU B, et al., 2020. A new coronavirus associated with human respiratory disease in China. Nature, 579(7798): 265-269.

XIE X, LI Y, CHWANG A T Y, et al., 2007. How far droplets can move in indoor environments -revisiting the wells evaporation-falling curve. Indoor Air, 17(3): 211-225.

YANG Z, ZENG Z, WANG K, et al., 2020. Modified SEIR and AI prediction of the epidemics trend of COVID-19 in China under public health interventions. Journal of Thoracic Disease, 12(3):165-174.